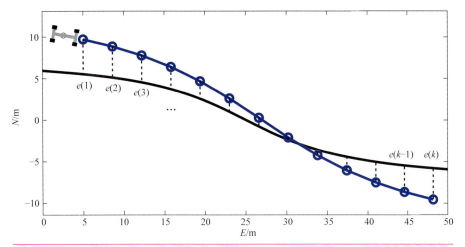

图 5.2 从期望路径（黑色）和车辆实际路径（蓝色）之间的误差产生一个成本函数

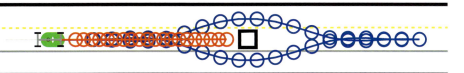

图 5.5 有三种可能的方法可以避免与障碍物相碰撞——汽车可以向左或向右行驶，如蓝色所示，或者是在红色轨迹的指示下停下来

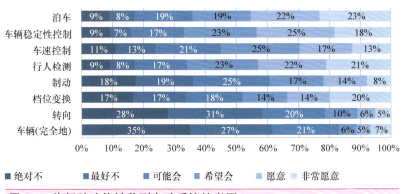

图 6.1 将驾驶功能转移到自动系统的意愿

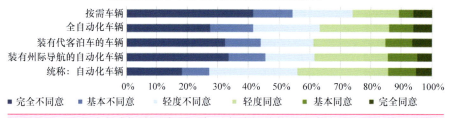

图 12.1 对多种自动驾驶形式，愿意用自动驾驶替换最喜欢的交通方式的意愿
图片版权：作者版权

图 12.2 全自动驾驶车辆的好处　图片版权：作者版权

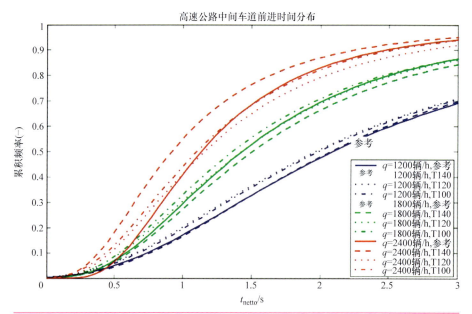

图 16.4 不同交通负载和速度限制下的时间间隔分布的分布函数

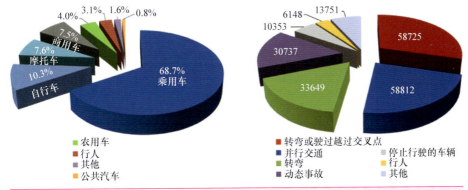

图 17.4 乘用车是道路交通事故的主要原因以及事故类型的分布　来源：联邦统计局—DESTATIS、GIDAS　图片版权：作者版权

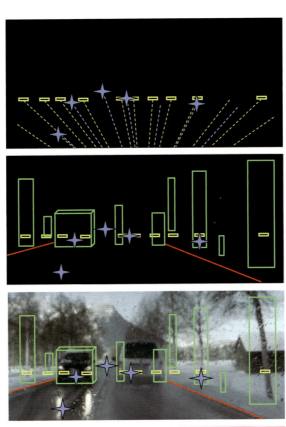

图 17.8 机器与人的感知（上部的图像蓝色为雷达，黄色为激光雷达。中间图像附加了用绿色和红色处理的相机图像，下部的图像在人类的感知上附加了机器的感知）
图片版权：作者版权

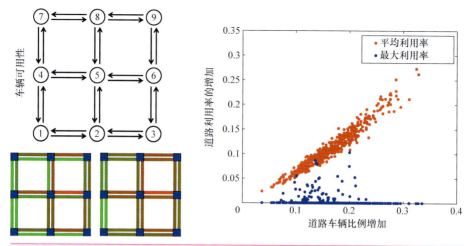

图 19.6 9 站路网左上方布局图。每个路段每个方向的容量为 40 辆。左下图第一幅图显示了 9 站路网，无须重新平衡。每个路段上的颜色表示拥挤水平，绿色无拥堵，红色严重拥挤。第二张图是与重新平衡车辆相同的道路网络。右图重新平衡对拥堵的影响。x 轴是道路上重新平衡车辆与乘用车的比例。y 轴是由于重新平衡导致道路利用率的增加

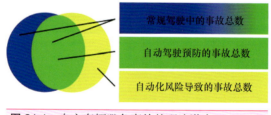

图 21.1 自主车辆避免事故的理论潜力
图片版权：Gasser

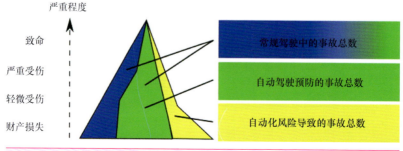

图 21.2 考虑事故严重性时自主车辆避免事故的理论潜力
图片版权：作者版权

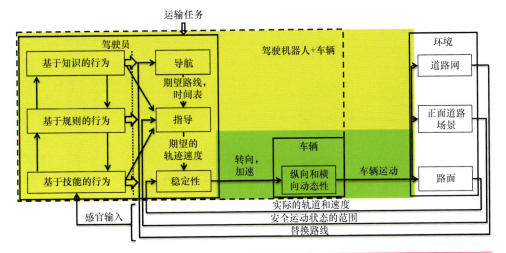

图 21.6 基于 Rasmussen 的人类目标导向行为的三级模型和基于 Donges 的驾驶任务三级层次

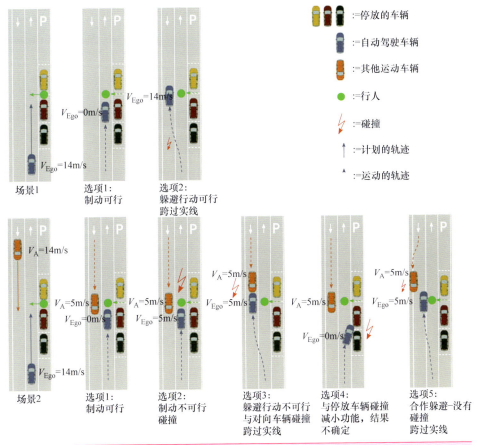

图 23.1 两种可能导致困境的案例 图片版权：作者版权

图 28.8 全球公认的关于高度/全自动驾驶车辆的立法、责任、标准、道德和测试。这些高度/全自动驾驶车辆集成了基于知识的导航、技能为基础的稳定性和基于规则的机动水平（球体＝外圆）。"Response 3 ADAS Code of Practice"对于自动驾驶车辆主动地纵向和横向辅助控制或在危险的情况下干预的进一步研究（ADAS—蓝圈）
图片版权：作者版权

汽车先进技术译丛·智能网联汽车系列

自动驾驶——
技术、法规与社会

[德] 马库斯·毛雷尔（Markus Maurer）
[美] J. 克里斯琴·格迪斯（J. Christian Gerdes） 主编
[德] 芭芭拉·伦茨（Barbara Lenz）
[德] 赫尔曼·温纳（Hermann Winner）
白杰　黄李波　白静华　译

机械工业出版社

本书是由戴姆勒-奔驰基金会赞助的知名的专家团队对自动驾驶进行研究的成果。本书主要包括简介、人类和机器、出行、交通、安全和保障、法律与责任、接受度等几部分。本书以科学作为依据，介绍了政治、科学、媒体、学术界和公众感兴趣点，提供了自动驾驶各种问题和情况的独立测试的必要基础。

　　本书适合自动驾驶研究者、汽车专业师生及对自动驾驶感兴趣的人士阅读使用。

译者的话

"银鞍照白马,飒沓如流星。"自古以来人们就有日行千里的梦想,汽车的诞生和普及,使这个梦想成为现实。如今,随着电子、信息、控制、计算机等技术的进步,自动驾驶也逐渐从一个虚幻的概念走到了我们眼前。

自动驾驶是汽车产业的一场革命。随着中国汽车保有量日益增多,交通拥堵日益严重,交通事故频发。自动驾驶技术能够极大减少事故发生,提高驾驶安全性。同时,自动驾驶技术能够部分或全部接管当前驾驶任务,显著提高驾驶的舒适性。自动驾驶技术也能通过规则化的驾驶方式来减少交通的拥堵。

目前,国外正在加速完善自动驾驶汽车相关政策法规,推进自动驾驶技术发展。美国2020年发布的《自动驾驶4.0版》,阐明了它对自动驾驶汽车未来决策、法规和策略进行评估的基本原则;欧洲委员会公布了《自动驾驶时间进度表》,力争2030年步入完全自动驾驶普及的社会;日本发布了《自动驾驶的安全技术指南》和自动驾驶相关制度的大纲,明确提出自动驾驶汽车的安全条件。

在我国,2015年发布的《中国制造2025》将智能网联汽车列入未来十年国家智能制造发展的重点领域,明确指出到2020年要掌握智能辅助驾驶总体技术及各项关键技术,到2025年要掌握自动驾驶总体技术及各项关键技术。2017年,工信部印发"人工智能行动计划",智能网联汽车成为培育重点。2020年,国家发展改革委公布《智能汽车创新发展战略》,计划到2025年基本形成中国标准智能汽车的技术创新、产业生态、基础设施、法规标准、产品监管和网络安全体系,实现有条件自动驾驶汽车达到规模化生产,实现高度自动驾驶汽车在特定环境下的市场化应用。由此可见,自动驾驶汽车也是国内汽车发展的重要方向。

时至今日,自动驾驶不仅仅是技术人员关心的话题,更是深入影响交通安全、行业变革、个人隐私、国民经济等诸多方面的变革,故引发了社会各界的广泛讨论。人们抱着爱之愈深、责之愈严的态度在自动驾驶相关的交通法规、出行服务、隐私安全、社会变革等众多领域畅所欲言。目前大部分的自动驾驶文献都是针对某一方面的受众,为了给专业和非专业人士、政府和民众提供一本有参考价值和启发意义的书,机械工业出版社引进了这本由德国和美国多位自动驾驶权威专家撰写的《自动驾驶——技术、法规与社会》。由于该书英文原文由德国和美国的作者撰写,文字语句风格各有特色,译者虽然在译文、专业内容、名词术语等方面进行反复斟酌,但是书中难免有不足和疏漏,恳请读者批评指正。此书涵盖了自动驾驶相关的"人类和机器""出行""交通""安全和保障""法律与责任""接受度"六大话题,希望可以为不同领域的读者提供一个讨论自动驾驶的共同出发点,也为自动驾驶的进步做出些微贡献。

本书由同济大学教授白杰、黄李波和德州大学奥斯汀分校白静华主译和审校，为本书翻译提供帮助和文字整理工作的还有同济大学研究生陈思汉、李森、王近朱、徐云帆、战阳等，以及苏州毫米波技术有限公司罗振刚、魏娜、郑玲丽、赵志芳等。

白杰
2020 年 06 月 10 日

前　言

社会与移动性

显而易见，我们即将进入下一个汽车变革时代，自动驾驶汽车将成为道路交通的一个元素。自动驾驶汽车通过摄像头和传感器提供所需数据，利用计算机进行几分之一秒的实时处理，并与其他自动驾驶汽车或交通运输基础设施进行着永久信息交换。同时驾驶机器人也减轻了驾驶员的驾驶任务。

尽管自动驾驶技术只是众多技术中的一种，但我们今天仍然无法想象自动驾驶汽车对人类社会产生的直接影响。还存在许多关键的问题：数据安全的前景是什么？我们将如何处理车辆自主驾驶时的广泛干预？当自主驾驶汽车穿越国界时将引发什么问题？未来保险公司在自动驾驶汽车事故中如何定责？反之，我们能够完全离开人类的控制来证明驾驶机器人可以提高道路安全吗？

戴姆勒—奔驰基金会认为这些社会维度上改变的意义至少与技术变革的意义相同，技术革新本身不足以在我们社会形成这些发展并且实现自动驾驶。所以，我们已经开始思考这样的问题，并不是简单接受汽车行业的巨大变革，允许它泛滥。为了阐明这一改变在道德、社会、法律、心理或运输相关方面的影响，戴姆勒和本茨基金会邀请了来自不同专业领域的研究者来讨论这个主题。

该项目的核心团队——Markus Maurer，Barbara Lenz，Hermann Winner 和 J. Christian Gerdes——从他们的观点可以确定最确切的问题。同时，四位研究人员建立了一个国际知名的专家网络，他们同意分享观点和经验。现在"白皮书"的结果摆在我们面前，它从一个跨学科的视角分析可以看到的进展。这是一个大规模的资助项目的初步结果：以"自动驾驶 – Villa Ladenburg"的名义立项，并获得了约两年左右的时间和戴姆勒及本茨基金会提供的150万欧元预算。根据目前的研究结果，我们的目标是提供一个客观和独立的信息来源。

对我们来说，从一个跨学科的角度探索主题是必不可少的。因此在本书中，作者试图初步全面地叙述各种相关内容，正如科学此刻肯定的那样。与此同时，我们必须让难以掌握新技术的潜在用户和受影响的他人亲身体验。通过这种方式，很多人开始了解，他们期待这项技术实际可以做什么，不能做什么。

很明显有三个方面的问题已经很清楚。首先，伦理问题将超过所有其他问题。只有当自动驾驶汽车已成功地采用了一种道德决策，才能够驱动机器人在实践中采取行动。特别是真的进入进退两难的情况下，它必须权衡，在一个不可避免的碰撞的情况下，什么样的决策将对人造成最少的伤害，无论是在车内还是车外。进一步的关键问题是什么样的立法结果可能会导致这样（例如，交通法规）。

进一步关注的是机器感知的性能问题。这面对着各种限制：传感器、摄像头或组装组件退化带来的可靠性问题。虽然可以估计状态的不确定性，从而诊断机器感知性能，但故障真的是可以预测的吗？一个自动化机器的安全状态怎么可能定义所有可能的情况下？这个问题可以更加清楚地总结为一个词：机器人化。最终，这里所讨论的具体问题将无一例外地深入到日常生活中使用自动机器系统的所有领域。当然，这里的情况还需要进行分析，而且必须预料到后果。

　　当然，自动驾驶完全可以打开新的机遇，但也会带来消极的后果。自动驾驶能够缓解城市内部的停车位的紧张状况，能够有效提高道路空间利用效率，同时也将减缓城市边缘条件与新郊区化产生的矛盾。

　　本书有助于提升未来讨论的期待和热度，以达到我们组织撰写此书的目的，通过这种方式造福整个社会。本书将以科学作为依据，涵盖政治、科学、媒体等学术界和公众感兴趣的内容。这为独立地、有能力地检查各种与自动驾驶相关的问题提供了必要的基础。

教授、博士 Eckard Minx

执行董事会主席

教授、博士 Rainer Dietrich

执行董事会成员

主编和编著者

主编

Markus Maurer 就读于慕尼黑工业大学电气工程专业,并获得博士学位。随后他在奥迪公司担任项目经理和驾驶辅助系统开发部门主管,开始了自己的职业生涯。他也是布伦瑞克工业大学汽车电子系统专业的教授。

J. Christian Gerdes 是斯坦福大学机械工程教授,斯坦福大学汽车研究中心主任,美国斯坦福大学 Revs 计划主任。

Barbara Lenz 就读于斯图加特大学地理学专业,并从事博士后工作。同时也担任地理研究所经济地理学领域的研究助理和项目经理。他是德国航空航天中心(DLR)运输研究所的主任,并担任柏林洪堡大学交通地理学教授。

Hermann Winner 在开始他的高级工程职业生涯前,获得明斯特大学物理学博士学位,然后他在罗伯特·博世有限公司负责驾驶辅助系统系列的开发。现在他是达姆施塔特理工大学汽车工程教授。

编著者

Sven Beiker　斯坦福大学,原就职于斯坦福大学汽车研究中心
Rita Cyganski　德国航空航天中心运输研究所
Klaus Dietmayer　乌尔姆大学,测量、控制和微技术研究所
Berthold Färber　德国慕尼黑联邦国防军大学
Heike Flämig　汉堡-哈儿堡工业大学,交通规划与物流研究所
Eva Fraedrich　柏林洪堡大学,地理系
Bernhard Friedrich　布伦瑞克工业大学交通与城市工程学院
Tom Michael Gasser　德国联邦高速公路研究所
J. Christian Gerdes　斯坦福大学汽车研究中心,机械工程系
Armin Grunwald　卡尔斯鲁厄理工学院技术评估系统分析学院
Dirk Heinrichs　德国航空航天中心交通运输研究所
Fabian Kröger　先贤祠-索邦,现代和现代化研究所
Barbara Lenz　德国航空航天中心交通运输研究所,柏林洪堡大学地理系
Patrick Lin　加州理工大学哲学系
Markus Maurer　德国布伦瑞克工业大学控制工程学院
Marco Pavone　美国斯坦福大学航空与航天系
Kai Rannenberg　德国法兰克福歌德大学,德国电信移动业务和多边安全主席

Andreas Reschka　德国布伦瑞克工业大学控制工程学院
Miranda A. Schreurs　德国柏林自由大学环境政策研究中心
Bryant Walker Smith　美国南卡罗来纳大学法学院
Sibyl D. Steuwer　德国柏林自由大学环境政策研究中心
Sarah M. Thornton　美国斯坦福大学汽车研究中心，机械工程系
Walther Wachenfeld　德国达姆施塔特工业大学汽车工程学院
Peter Wagner　德国航空航天中心交通系统研究所
Thomas Winkle　德国慕尼黑工业大学机械工程系，人机工程学研究所
Hermann Winner　德国达姆施塔特工业大学汽车工程学院
David M. Woisetschläger　德国布伦瑞克工业大学汽车管理与工业生产研究所
Ingo Wolf　德国柏林自由大学未来研究中心
Stephen S. Wu　美国加利福尼亚州洛思阿图斯

目 录

译者的话
前言
主编和编著者

第1章 介绍 ………………… 1
1.1 什么是自动驾驶 ………… 1
1.2 自动驾驶—研究背后的驱动力 ………………… 3
1.3 本书的结构 …………… 3
1.4 项目工作 ……………… 4
参考文献 …………………… 6

第2章 自动驾驶用例 ………… 7
2.1 考虑用例的动机 ………… 7
2.2 基本假设 ……………… 7
2.3 应用案例的描述 ………… 8
2.3.1 州际行驶驾驶员的扩展可用性 ………… 8
2.3.2 自动代客泊车 ……… 10
2.3.3 实现扩展可用性的全自动化驾驶程序 ……… 11
2.3.4 按需车辆 ………… 14
2.4 描述用例的特征 ………… 16
2.4.1 特征A：乘员类型 …… 16
2.4.2 特征B：最大允许总重 …… 16
2.4.3 特征C：最大部署速度 …… 17
2.4.4 特征D：场景 ………… 17
2.4.5 特征E：动态因素 …… 19
2.4.6 特征F：驾驶机器人和其他实体之间的信息流 …… 20
2.4.7 特征G：可用性概念 …… 22
2.4.8 特征H：扩展概念 …… 22
2.4.9 特征I：干预方案 …… 23
2.5 一般定义 ……………… 25
参考文献 …………………… 27

第1部分 人类和机器

第3章 自动驾驶的社会、历史和文化背景 …………… 31
3.1 介绍 ………………… 31
3.2 早期的航空和无线电技术奠定了基础 …………… 31
3.3 技术起点：无法自行转向的无人驾驶 ………… 32
3.4 怪异与奇妙之间的位置 …… 34
3.5 只有无人驾驶的汽车是安全的汽车 ………………… 35
3.6 导线成为乌托邦指导原则 …… 35
3.7 通用汽车的未来世界展示的无人驾驶运输 ………… 37
3.8 导线原理的审视 ………… 38
3.9 在自动驾驶汽车中的一家人 …… 39
3.10 州际体系和魔幻之路的梦想 ………………… 41
3.11 导线视觉技术的实现及应用 …… 42
3.12 科技乌托邦的副产品——巡航控制 ………………… 43
3.13 奇怪地将机器带入生活 …… 44
3.14 电影中的无人驾驶汽车 …… 45
3.15 从友善的助手到杀人机器 …… 45

3.16 微电子的崛起与导线概念的衰落 ⋯⋯⋯⋯⋯⋯⋯⋯ 47
3.17 霹雳游侠和车载电子 ⋯⋯⋯⋯ 48
3.18 科幻电影中的自动驾驶车 49
3.19 全自动无人驾驶的逃生汽车 ⋯⋯⋯⋯⋯⋯⋯⋯⋯⋯ 50
3.20 通过语音或者按钮选择控制模式 ⋯⋯⋯⋯⋯⋯⋯⋯⋯⋯ 50
3.21 为什么远程控制不那么可怕了? ⋯⋯⋯⋯⋯⋯⋯⋯⋯ 52
3.22 展望 ⋯⋯⋯⋯⋯⋯⋯⋯⋯⋯⋯⋯ 52
参考文献 ⋯⋯⋯⋯⋯⋯⋯⋯⋯⋯⋯⋯ 54

第4章 为什么关于自主汽车的伦理很重要 ⋯⋯⋯⋯⋯⋯⋯ 57
4.1 为什么伦理重要 ⋯⋯⋯⋯⋯ 57
　4.1.1 避免碰撞的延伸 ⋯⋯⋯ 58
　4.1.2 碰撞优化意味着目标化 59
　4.1.3 危害之外的考虑 ⋯⋯⋯ 60
4.2 伦理道德的场景 ⋯⋯⋯⋯⋯ 61
　4.2.1 鹿 ⋯⋯⋯⋯⋯⋯⋯⋯⋯⋯ 61
　4.2.2 自我牺牲 ⋯⋯⋯⋯⋯⋯ 62
　4.2.3 闪避伤害 ⋯⋯⋯⋯⋯⋯ 64
　4.2.4 电车难题 ⋯⋯⋯⋯⋯⋯ 65
4.3 后续步骤 ⋯⋯⋯⋯⋯⋯⋯⋯⋯ 66
　4.3.1 更广泛的伦理问题 ⋯⋯ 66
　4.3.2 总结 ⋯⋯⋯⋯⋯⋯⋯⋯⋯ 67
参考文献 ⋯⋯⋯⋯⋯⋯⋯⋯⋯⋯⋯⋯ 69

第5章 自动驾驶汽车可实现的伦理 ⋯⋯⋯⋯⋯⋯⋯⋯⋯⋯ 72
5.1 控制系统和最优控制 ⋯⋯⋯ 73
5.2 成本函数和结果论 ⋯⋯⋯⋯ 74
5.3 约束和义务论伦理学 ⋯⋯⋯ 77
5.4 交通法规——约束还是成本? ⋯ 80
5.5 简单的道德规则应用 ⋯⋯⋯ 81
5.6 人的权威和"红色大按钮" ⋯ 83
参考文献 ⋯⋯⋯⋯⋯⋯⋯⋯⋯⋯⋯⋯ 84

第6章 人与自主智能体的交互 ⋯⋯⋯⋯⋯⋯⋯⋯⋯⋯⋯⋯ 86
6.1 引言 ⋯⋯⋯⋯⋯⋯⋯⋯⋯⋯⋯ 86
6.2 自动化车辆中的人为因素 87
　6.2.1 自动化系统的设计 ⋯⋯ 87
　6.2.2 汽车中的自动化 ⋯⋯⋯ 88
　6.2.3 什么是心智模型 ⋯⋯⋯ 90
6.3 自动化驾驶的心智模型 ⋯⋯ 91
　6.3.1 方法 ⋯⋯⋯⋯⋯⋯⋯⋯⋯ 91
　6.3.2 结果 ⋯⋯⋯⋯⋯⋯⋯⋯⋯ 93
　6.3.3 总结和结论 ⋯⋯⋯⋯⋯ 98
参考文献 ⋯⋯⋯⋯⋯⋯⋯⋯⋯⋯⋯ 100

第7章 沟通以及自动驾驶汽车和人类驾驶员之间的沟通问题 ⋯⋯⋯⋯⋯⋯⋯⋯⋯⋯⋯ 104
7.1 介绍 ⋯⋯⋯⋯⋯⋯⋯⋯⋯⋯⋯ 104
7.2 问题 ⋯⋯⋯⋯⋯⋯⋯⋯⋯⋯⋯ 105
7.3 道路使用者如何沟通 ⋯⋯⋯ 105
7.4 交通方式对交通安全的意义 ⋯ 107
7.5 沟通能力是让其他道路使用者接受自动驾驶汽车的前提吗 ⋯⋯⋯ 111
7.6 当对自动驾驶汽车的驾驶失误做出反应时,其他的道路使用者会应用什么心理模型 ⋯⋯⋯⋯ 112
7.7 文化差异 ⋯⋯⋯⋯⋯⋯⋯⋯⋯ 113
7.8 补偿的方法 ⋯⋯⋯⋯⋯⋯⋯ 116
7.9 新形式的交流:从心理和技术两方面有效地交换信息 ⋯⋯⋯⋯⋯⋯⋯ 117
7.10 结论 ⋯⋯⋯⋯⋯⋯⋯⋯⋯⋯⋯ 119
参考文献 ⋯⋯⋯⋯⋯⋯⋯⋯⋯⋯⋯ 120

第2部分　出行

第8章 自动驾驶——从政治、法律、社会与可持续发展的维度 ⋯⋯⋯⋯⋯⋯⋯⋯⋯ 124
8.1 简介 ⋯⋯⋯⋯⋯⋯⋯⋯⋯⋯⋯ 124

8.2 创新政策视角下的
　　自主驾驶 124
8.3 欧洲自动驾驶愿景 126
　8.3.1 欧洲战略文件 127
　8.3.2 自动驾驶相关的研究
　　　　（欧洲） 129
　8.3.3 欧盟自动驾驶的参与者和
　　　　舞台 130
8.4 国内和国际立法和政治
　　发展 131
　8.4.1 联合国道路交通公约（维也
　　　　纳公约）的监管变化 ... 132
　8.4.2 美国 132
　8.4.3 日本 133
　8.4.4 英国 134
　8.4.5 瑞典 134
　8.4.6 德国 135
8.5 分析 137
8.6 结论 139
参考文献 139

第9章 新的出行概念与自动驾驶：潜藏的变革 143

9.1 简介 143
9.2 共享汽车：新式交通概念的
　　"核心应用" 144
　9.2.1 基于车站的共享汽车 ... 144
　9.2.2 灵活（单向）的共享
　　　　汽车 145
　9.2.3 对等的共享汽车 146
9.3 使用者和新式交通概念的
　　使用 146
　9.3.1 用户和使用条件 146
　9.3.2 共享汽车用户——共享经济里
　　　　的"新公民"？ 147
9.4 将日常世界数字化作为新的移动
　　概念的基本前提 148
9.5 通过共享自动驾驶汽车可以进一步

　　开发新的交通概念吗？ 149
　9.5.1 共享汽车自动代客泊车 . 149
　9.5.2 共享汽车作为"自动驾驶
　　　　用户的扩展应用" 150
　9.5.3 按需共享汽车 150
　9.5.4 中期总结 151
9.6 超出共享汽车的新的交通概念：
　　公共交通融合？ 152
　9.6.1 重塑联运，使公共交通更加
　　　　灵活 152
　9.6.2 个性化公共交通 153
　9.6.3 拓宽公共交通服务
　　　　选项 154
9.7 用自动驾驶汽车实现新的
　　交通理念 154
9.8 结论 154
参考文献 155

第10章 高级自动化车辆的部署方案 158

10.1 背景介绍 158
10.2 定义和范围 158
10.3 自动驾驶发展趋势 159
　10.3.1 驾驶员辅助系统的持续改进：
　　　　 演化方案 159
　10.3.2 重新设计个人交通：革命性
　　　　 的方案 161
　10.3.3 个人交通与公共交通的融合：
　　　　 转型的方案 162
10.4 方案的比较 164
　10.4.1 系统性比较 164
　10.4.2 技术比较 166
　10.4.3 监管比较 166
　10.4.4 企业策略比较 167
10.5 总结与展望 168
参考文献 169

第11章 自动驾驶和城市结构 ... 173

11.1 简介 173

11.2 情景预测——当自动驾驶成为"明日之城"的一部分 ……… 174
　11.2.1 再生智能城市 ……… 175
　11.2.2 超流动城市 ……… 176
　11.2.3 无尽之城 ……… 177
　11.2.4 讨论 ……… 177
11.3 自动驾驶及其对城市结构的影响 ……… 179
　11.3.1 自动化私家车 ……… 179
　11.3.2 自动化出租车作为公共交通的组成部分 ……… 182
11.4 拥有自动化车辆的城市交通系统发展的基本驱动力 ……… 183
11.5 总结与展望 ……… 184
参考文献 ……… 186

第12章 从需求模型看自动驾驶与自动化车辆 ……… 188

12.1 动机和目标 ……… 188
12.2 是什么决定了我们的交通方式 ……… 188
12.3 运用交通模型对交通方式做出选择 ……… 189
　12.3.1 交通需求建模简介 ……… 189
　12.3.2 交通模型选择应用模型中的决策标准 ……… 190
12.4 自动驾驶汽车会对我们选择交通方式的行为造成什么影响 ……… 192
　12.4.1 州际驾驶：应对特殊情况的汽车有特殊的东西吗？ ……… 192
　12.4.2 代客泊车——再也不用找停车位？ ……… 193
　12.4.3 在全自动车辆中舒适安全地到达目的地 ……… 193
　12.4.4 按需车辆——快速发展的Zipcar ……… 193
　12.4.5 未来之车：汽车、出租车或是火车的竞争者？ ……… 194
12.5 用户对自动驾驶车辆的可能应用有何预期？初步调查结果 ……… 195
　12.5.1 什么交通方式会被替代？ ……… 195
　12.5.2 受访者认为自动驾驶汽车的具体优势是什么？ ……… 197
　12.5.3 今天我们在路上做什么，以后做什么？ ……… 198
12.6 在需求建模中的自动驾驶车辆：其一体化的潜力和限制 ……… 199
12.7 总结与展望 ……… 201
参考文献 ……… 202

第13章 自动驾驶对车辆概念的影响 ……… 205

13.1 介绍 ……… 205
13.2 以驾驶员增强可用性的州际驾驶 ……… 207
　13.2.1 车身设计的影响 ……… 207
　13.2.2 对驾驶概念的影响 ……… 208
　13.2.3 对底盘设计的影响 ……… 208
　13.2.4 对内饰和人机界面的影响 ……… 209
13.3 自动代客泊车 ……… 210
13.4 按需车辆 ……… 210
　13.4.1 对车身设计的影响 ……… 210
　13.4.2 对驾驶概念的影响 ……… 212
　13.4.3 对底盘的影响 ……… 212
　13.4.4 对内饰和人机界面的影响 ……… 215
13.5 用例总览 ……… 216
13.6 超出车辆的变化 ……… 217
13.7 后续概念 ……… 218
13.8 总结 ……… 218
13.9 自动驾驶将革新车辆概念吗？ ……… 219
参考文献 ……… 219

第14章 一个基于需求的交通自动化系统的实现 …… 222
- 14.1 介绍 …… 222
- 14.2 定义和范围 …… 222
- 14.3 AMOD 系统的描述 …… 223
  - 14.3.1 技术设计 …… 223
  - 14.3.2 操控 …… 225
  - 14.3.3 商业模式 …… 227
- 14.4 运输系统实施的成果 …… 227
  - 14.4.1 评估、测试与公共运行之间的区别 …… 227
  - 14.4.2 车辆概念的选择 …… 228
  - 14.4.3 风险评估和法律分类 …… 229
  - 14.4.4 合约结构 …… 230
  - 14.4.5 运行区域和运行场景的选择 …… 230
  - 14.4.6 建立运输系统和人员认证 …… 231
  - 14.4.7 系统启动和运行监控 …… 232
  - 14.4.8 用户和行人信息 …… 233
  - 14.4.9 公众响应 …… 233
- 14.5 总结和展望 …… 234
- 参考文献 …… 236

第3部分 交通

第15章 含自动驾驶汽车的交通系统的交通控制与管理 …… 240
- 15.1 动机 …… 240
- 15.2 驾驶模型 …… 241
- 15.3 人与机器 …… 244
- 15.4 接近信号灯 …… 246
- 15.5 自适应交通信号 …… 248
- 15.6 含有自动驾驶汽车的绿波交通 …… 249
- 15.7 仿真一座城市 …… 250
- 15.8 结论 …… 251
- 参考文献 …… 252

第16章 自动驾驶车辆对交通的影响 …… 254
- 16.1 介绍 …… 254
- 16.2 交通流量特征 …… 254
  - 16.2.1 交通流量参数 …… 254
  - 16.2.2 交通流量理论 …… 255
  - 16.2.3 固定交通条件模型——基本图 …… 256
  - 16.2.4 容量和稳定性 …… 256
- 16.3 自动驾驶车辆对交通的影响 …… 260
  - 16.3.1 高速公路路段 …… 260
  - 16.3.2 交通灯交叉口 …… 263
  - 16.3.3 评估自动驾驶的效率增益 …… 265
- 16.4 结论与展望 …… 265
  - 16.4.1 交通 …… 265
  - 16.4.2 基础设施 …… 266
  - 16.4.3 合作 …… 267
- 参考文献 …… 267

第17章 自动驾驶车辆的安全效益：开发、验证和测试事故研究中的拓展发现 …… 269
- 17.1 引言 …… 269
  - 17.1.1 动机 …… 269
  - 17.1.2 驾驶自动化水平的分类 …… 270
- 17.2 事故数据收集体现潜在的安全效益 …… 271
  - 17.2.1 德国联邦道路交通事故统计 …… 271
  - 17.2.2 德国深入交通事故研究（GIDAS） …… 271
  - 17.2.3 美国的道路交通事故统计 …… 272
  - 17.2.4 道路事故数据，以中国和印度为例 …… 272

17.2.5　国际交通事故数据
　　　　收集 ·················· 272
17.2.6　汽车制造商的事故数据
　　　　收集 ·················· 273
17.2.7　德国保险协会的事故
　　　　数据 ·················· 273
17.2.8　消费者协会事故数据的收集
　　　　（ADAC） ··············· 274
17.3　事故数据分析的基本原理 ······ 274
17.3.1　数据收集的水平与案件的
　　　　数量 ·················· 274
17.3.2　与效率领域相比行动领域
　　　　的有效性 ··············· 274
17.3.3　潜在安全效益取决于自动化
　　　　等级和效率度 ··········· 275
17.4　基于事故数据预测的意义 ······ 276
17.4.1　"仅驾驶员"/"无自动化"
　　　　事故数据的后验分析 ······ 276
17.4.2　辅助和部分自动驾驶的
　　　　先验预测 ··············· 277
17.4.3　发展高度全面自动驾驶的潜
　　　　在安全效益和评价场景 ··· 280
17.5　潜在的安全效益/风险和对测试
　　　的影响 ··················· 283
17.5.1　人为错误和全自动驾驶中的
　　　　技术错误 ··············· 283
17.5.2　潜在的安全效益——人与
　　　　机器的表现 ············· 284
17.5.3　全自动车辆在不可避免的事
　　　　故中的潜在安全优势 ····· 287
17.6　结论和展望 ·················· 288
参考文献 ·························· 290

**第18章　在货物运输中的自动驾驶
　　　　车辆以及自动驾驶** ······ 294
18.1　引言 ······················· 294
18.2　无人及自动运输系统的发展
　　　历史 ····················· 295

18.2.1　无人驾驶室内运输
　　　　系统 ·················· 295
18.2.2　私人财产户外自动导引
　　　　车辆 ·················· 296
18.2.3　用于工厂外部货物运输的自
　　　　动驾驶车辆 ············· 297
18.2.4　其他交通方式中的自动驾驶
　　　　及自动驾驶车辆的发展 ··· 297
18.2.5　暂时的结论 ············· 298
18.3　自主货运领域的应用案例 ······ 299
18.3.1　附记：自主货物运输的自动
　　　　化程度 ················ 299
18.3.2　自主货物运输的使用
　　　　案例 ·················· 300
18.3.3　州际驾驶——需要驾驶员
　　　　且能够自由行驶 ········· 300
18.3.4　按需车辆——不需要驾驶员
　　　　且能够自由行驶 ········· 301
18.3.5　驾驶员可从事其他事项的
　　　　全自动驾驶车辆——Follow-Me
　　　　车辆 ·················· 302
18.3.6　代客泊车——代客
　　　　送货 ·················· 303
18.4　在货运领域更高的自动化程度所
　　　引起的供应链的改变 ········ 303
18.5　对货物运输链中的自动系统的初
　　　步的微观经济方面的评价 ···· 305
18.6　对货物运输链中的自动系统的初
　　　步的宏观经济方面的评价 ···· 306
18.7　总结与展望 ·················· 307
参考文献 ·························· 309

**第19章　用于未来都市交通的自动
　　　　按需出行系统** ··········· 311
19.1　引言 ······················· 311
19.1.1　21世纪的个人城市
　　　　交通 ·················· 311
19.1.2　按需出行方案（MoD）的

兴起 ································· 312
19.1.3 超越 MoD：自动按需移动出
行（AMoD） ············ 313
19.1.4 本章贡献 ················ 313
19.2 建模和控制 AMoD 系统 ······ 314
19.2.1 AMoD 系统空间排队
模型 ···················· 314
19.2.2 控制 AMoD 系统的
方法 ···················· 315
19.2.3 对比 ···················· 317
19.3 评估 AMoD 系统 ············· 317
19.3.1 案例研究 I：AMoD 在
纽约 ···················· 317
19.3.2 案例研究 II：AMoD 在新
加坡 ···················· 318
19.4 未来研究方向 ················ 321
19.4.1 未来的建模与控制
研究 ···················· 321
19.4.2 AMoD 评估的未来研究 ··· 322
19.5 总结 ·························· 322
参考文献 ························· 323

第4部分 安全和保障

第20章 自动驾驶机器感知的
预测 ························ 327
20.1 引言 ························· 327
20.2 机器感知 ···················· 328
20.2.1 范围和特点 ·············· 328
20.2.2 环境模型的特征 ········· 330
20.3 处理不确定的机器感知的
方法 ·························· 331
20.3.1 不确定的领域 ············ 331
20.3.2 状态的不确定性 ········· 332
20.3.3 存在不确定度 ············ 333
20.3.4 分类不确定 ·············· 335
20.3.5 总结 ···················· 335
20.4 对机器感知能力影响的

预测 ····················· 336
20.5 总结 ························· 338
参考文献 ························· 339

第21章 自动驾驶汽车的
发布 ························ 341
21.1 简介 ························· 341
21.2 汽车行业现行测试理念 ······· 343
21.3 测试概念要求 ················ 346
21.3.1 有效性标准 ·············· 346
21.3.2 效率标准 ················ 346
21.4 自主驾驶的特色 ·············· 347
21.4.1 道路车辆的自动化与全自动
化对比 ·················· 347
21.4.2 航空、铁路和道路交通规定
对比 ···················· 348
21.5 开放全自动车辆生产的挑战
（"批准陷阱"）··············· 350
21.5.1 现行自主驾驶测试概念的有
效性 ···················· 350
21.5.2 数百万公里的测试直到开放
全自动车辆的生产 ······· 351
21.6 可能解决测试挑战的方法 ····· 354
21.6.1 重新使用已批准的
功能 ···················· 354
21.6.2 加快测试 ················ 354
21.7 结论 ························· 357
参考文献 ························· 358

第22章 自主车辆会学习吗？ ······ 360
22.1 简介 ························· 360
22.2 车辆、环境和驾驶员（行为）
学习 ························· 360
22.3 学习技术系统 ················ 361
22.3.1 各种机器学习过程的
概述 ···················· 362
22.3.2 示例 ···················· 364
22.4 替代驾驶员（行为）学习的
自动化 ······················· 364

XV

22.4.1 安全系统 ……………… 365
22.4.2 系统生命周期各个阶段的
挑战和解决方案 ……… 366
22.4.3 安全驾驶措施 ………… 369
22.5 自动化作为集体学习的
一部分 …………………… 372
22.6 结论 ……………………… 373
参考文献 ……………………… 374

第23章 自动驾驶车辆中的安全方案 …………………… 377
23.1 安全状态 ………………… 377
23.1.1 在系列量产车中使用的驾驶
辅助系统的安全状态 … 378
23.1.2 自动驾驶实验车辆的安全
状态 …………………… 379
23.1.3 总结 …………………… 382
23.2 其他领域批量生产中使用的
安全方案 ………………… 382
23.2.1 轨道车辆 ……………… 382
23.2.2 执行器的纯电气控制
（X-by-Wire）………… 383
23.2.3 机器人 ………………… 383
23.2.4 发电站技术 …………… 384
23.3 使用案例中的安全状态…… 384
23.3.1 使用案例1：驾驶员作为备
用扩展选项的州际自动
驾驶 …………………… 385
23.3.2 使用案例2：自动代客
泊车 …………………… 385
23.3.3 使用案例3：驾驶员作为备
用扩展选项的全自动
驾驶 …………………… 386
23.3.4 使用案例4：专车服务 … 387
23.3.5 总结 …………………… 387
23.4 安全性相关事件 ………… 388
23.5 降低风险等级的措施 …… 388
23.6 恶化场景的预期 ………… 389

23.7 困境 ……………………… 389
23.8 总结 ……………………… 391
参考文献 ……………………… 392

第24章 与收集和制作可用的附加数据相关的机会和风险 …………………… 396
24.1 介绍：车辆、自由和隐私 … 396
24.2 自主驾驶的附加数据的收集和
处理 ……………………… 397
24.2.1 当今网联汽车的个人数据和
潜在的传输 …………… 397
24.2.2 自主驾驶车辆上的个人信息
的收集 ………………… 398
24.2.3 数据控制和滥用储存的数据
的后果 ………………… 400
24.2.4 数据传输到第三方的
结果 …………………… 400
24.3 某些特殊的数据是否会造成
特定的障碍 ……………… 402
24.4 隐私角度的要求 ………… 403
24.4.1 原则 …………………… 403
24.4.2 额外数据的"数据保护"
使用额外监控措施 …… 405
24.4.3 限制访问权限和加密 … 405
24.5 架构考虑 ………………… 406
24.6 长期的考虑 ……………… 408
24.7 结论 ……………………… 408
参考文献 ……………………… 409

第5部分 法律与责任

第25章 自动驾驶基本的和特殊的法律问题 …………… 414
25.1 介绍 ……………………… 414
25.2 以前的工作和初步注意
事项 ……………………… 415
25.3 以当前交通状况为起点 … 416
25.4 评估自动驾驶 …………… 417

25.4.1 市场上现有的驾驶员辅助系统现状 ……………… 418
25.4.2 自动驾驶 ………………… 419
25.5 自动驾驶基本的法律问题 …… 419
　25.5.1 自动驾驶风险 …………… 419
　25.5.2 困境状况 ………………… 421
　25.5.3 覆盖乘客的可能性 ……… 424
　25.5.4 自动驾驶误差校准能力 …………………… 425
　25.5.5 道路交通通信 …………… 426
　25.5.6 违规 ……………………… 427
25.6 与自主驾驶相关的特殊法律问题 ……………………… 428
　25.6.1 无人驾驶车辆的法律评估 …………………… 429
　25.6.2 根据道路交通责任法对自主驾驶的评价 ………… 429
　25.6.3 关于产品责任法方面的评估 …………………… 430
　25.6.4 国际背景下法律评估的可能差异 ………………… 432
　25.6.5 特殊提问：对自主车辆乘客的管理责任 ………… 432
25.7 结论 ……………………………… 433
参考文献 …………………………… 434

第26章 美国的产品责任问题及相关风险 …………… 436
26.1 介绍 ……………………………… 436
26.2 为什么出现产品责任诉讼 ……………………… 437
26.3 更多近期高调的产品责任诉讼 ……………………… 439
　26.3.1 "突然加速"诉讼 ……… 439
　26.3.2 通用汽车点火开关问题和召回 …………………… 440
26.4 产品责任案件的索赔和防范 ……………………… 441

26.4.1 严格的产品责任索赔 …… 441
26.4.2 疏忽索赔 ……………… 442
26.4.3 违反保固索赔 ………… 442
26.4.4 "消费者权益保护法"规定 …………………… 443
26.4.5 自动驾驶车辆诉讼中出现的缺陷类型 …………… 443
26.4.6 产品责任案件防范 …… 445
26.5 自动驾驶车辆产品责任风险管理 ……………………… 445
26.6 结论 ……………………………… 447
参考文献 …………………………… 448

第27章 法规和不作为导致的风险 …………………… 450
27.1 引言 ……………………………… 450
　27.1.1 背景 …………………… 450
　27.1.2 风险是什么 …………… 451
　27.1.3 法规是什么 …………… 452
　27.1.4 监管挑战 ……………… 453
27.2 确保赔偿 ……………………… 453
　27.2.1 扩大公共保险 ………… 453
　27.2.2 促进私人保险 ………… 453
27.3 强制信息共享 ………………… 454
　27.3.1 特权具体 ……………… 454
　27.3.2 授权安全案例 ………… 455
27.4 简化问题 ……………………… 457
　27.4.1 限制风险持续时间 …… 457
　27.4.2 排除极限 ……………… 457
27.5 提高竞争环境 ………………… 458
　27.5.1 拒绝现状 ……………… 458
　27.5.2 接受企业责任 ………… 460
27.6 结论 ……………………………… 461
参考文献 …………………………… 462

第28章 自动驾驶车辆的开发与批准：技术、法律和经济风险的考虑 …………… 464

XVII

28.1 引言 ·············· 464
　28.1.1 动机 ·············· 464
　28.1.2 提高自动化产品安全性的问题 ············ 464
　28.1.3 辅助系统的技术持续发展——新机会和风险 ····· 465
28.2 关于复杂车辆技术安全的预期 ············ 466
　28.2.1 消费者对汽车安全的期望上升 ············ 466
　28.2.2 自动驾驶车辆的风险和效益 ············ 466
28.3 法律要求和影响 ······ 467
　28.3.1 普遍接受的技术规则 ····· 468
　28.3.2 产品安全法（ProdSG）········· 468
　28.3.3 产品责任法（ProdHaftG）······ 469
28.4 基于责任和保修索赔的专家知识来提高自动化车辆的产品安全性 ········· 470
　28.4.1 产品危机的经验 ······ 470
　28.4.2 以前的产品责任案件的基本问题 ·········· 472
　28.4.3 开发阶段的潜在危险情况 ············ 473
　28.4.4 开发过程中评估风险的方法 ············ 474
　28.4.5 专业知识确定审批标准 ············ 478
　28.4.6 在一般开发过程中增加自动驾驶车辆产品安全性的步骤 ·········· 478
　28.4.7 上市后的产品监控 ······ 480
　28.4.8 国际公认的最佳做法的步骤 ············ 481
28.5 总结与展望 ········· 482

参考文献 ············ 484

第6部分 接受度

第29章 社会和个人对自主驾驶的认可度 ·········· 489
29.1 介绍 ············· 489
29.2 认可度 ············ 490
29.3 接受自主驾驶：研究的当前状态和重点 ·········· 493
29.4 道路使用者观点 ······ 494
　29.4.1 方法 ············ 495
　29.4.2 结果 ············ 495
29.5 展望 ············· 500
参考文献 ············ 502

第30章 自主驾驶的社会风险：分析、历史背景与评估 ··· 505
30.1 简介与概述 ········· 505
30.2 风险分析与伦理 ······ 506
　30.2.1 风险——术语维度 ····· 506
　30.2.2 风险相关事物分析 ····· 507
30.3 自主驾驶的社会风险 ···· 508
　30.3.1 事故风险 ·········· 508
　30.3.2 运输系统风险 ······· 509
　30.3.3 投资风险 ·········· 510
　30.3.4 劳动力市场风险 ······ 511
　30.3.5 出行便利性风险 ······ 512
　30.3.6 隐私风险 ·········· 512
　30.3.7 依赖风险 ·········· 513
　30.3.8 风险与引入场景之间的关系 ············ 514
30.4 与之前风险辩证的关系 ··· 514
　30.4.1 主要风险辩论中的经验 ··· 515
　30.4.2 自主驾驶结论 ······· 516
30.5 负责任的风险管理策略 ··· 517
　30.5.1 风险评估 ·········· 517
　30.5.2 风险和接受 ········· 518

30.5.3 社会风险管理的要素 …… 519
参考文献 ………………………… 521

第 31 章　开车、搭车：自动驾驶与车辆使用 ………… 523
31.1 引言 …………………………… 523
31.2 我们开车……开车……和开车 …………………… 524
　31.2.1 使用汽车的理由和动机是什么？ ……………… 524
　31.2.2 总结 ………………………… 526
31.3 基于汽车所有权和汽车驾驶背景下的自动驾驶的多重调查 …………………… 526
　31.3.1 基于具体用例的自主驾驶感知与评估 …………… 527
　31.3.2 未来的自动驾驶："我们真的想要那样生活吗？" … 531
　31.3.3 结果 ………………………… 532
　31.3.4 总结 ………………………… 534
31.4 结论 …………………………… 534
参考文献 ………………………… 536

第 32 章　自动驾驶技术的消费者认知：对使用案例和品牌战略的考察 ………… 539
32.1 简介 …………………………… 539
32.2 理论背景 ……………………… 540

　32.2.1 科技中介服务、服务机器人和消费者意向 …………… 540
　32.2.2 自动驾驶技术的消费者接受度研究 ……………… 541
32.3 概念模型 ……………………… 542
　32.3.1 品牌权益、自动化汽车的接受者和购买意向 …… 542
　32.3.2 自动驾驶汽车的品牌联盟与购买意向 ………… 543
　32.3.3 自动驾驶的使用案例及其对采购意向的影响 …… 543
32.4 样本说明 ……………………… 543
32.5 研究 1 ………………………… 544
　32.5.1 研究设计、数据采集和检测方法 ……………… 544
　32.5.2 研究结果 …………………… 545
32.6 研究 2 ………………………… 547
　32.6.1 研究设计、数据采集和检测方法 ……………… 547
　32.6.2 研究结果 …………………… 547
32.7 研究 3 ………………………… 548
　32.7.1 研究设计、数据采集和检测方法 ……………… 548
　32.7.2 研究结果 …………………… 549
32.8 结果讨论与未来研究 ………… 550
参考文献 ………………………… 552

第1章 介 绍

Markus Maurer

在如今的媒体中，自动驾驶是一个很流行的话题，偶尔还是一个高度情绪化的话题。来自汽车制造商、系统供应商和那些学习其他领域商业模式的企业的成功宣言不断地为这个话题"火上浇油"。早在2011年，当"自动驾驶－维拉·拉登堡"项目（支持本书出版的项目）仍处于计划中时，我们完全没有预料到这个话题在三年后这个项目结束时会处于公共议论的中心。

根据戴姆勒—奔驰基金会的目标，该项目的目的是刺激对一个具有重大社会意义的技术话题的讨论。当几家领先的跨国公司正利用他们的研究和公关团队在这一前瞻性的技术领域中定位自己时，将此日渐增多的讨论归功于这个项目是一种不适当且客观性错误的行为。尽管如此，这个项目在不同的点上对公众讨论产生了决定性的影响，即使这种联系并不那么明显。

毫无疑问，戴姆勒—奔驰基金会在发起这个项目的时候显示出了优秀和适时的直觉。正因为自动驾驶目前正受到如此多的关注，所以当前的出版商认为，这是一个最好的时机，尽可能完整地对这个主题进行阐述。对于这个讨论，各学科的研究人员已经开始与有兴趣的大众分享自动驾驶的观点。这给这个讨论带来了许多相关的问题。

作为研究人员，这把我们带入了陌生的领域。我们正在用平等的方式向专业读者、潜在的投资人和感兴趣的观众阐述这个话题。当然，这本书无法满足所有人的愿望。想要进一步阅读，请在各自专业领域的期刊和会议记录中查询项目组的以前的文章。该基金会还计划出版和本卷相关的其他出版物，总结本书的主要发现并将其纳入日常交流。

1.1 什么是自动驾驶

就目前关于自动驾驶的公开辩论来看，对这个术语还没有达成共识。为了使本项目中和自动驾驶相关的短语能有一个一致的理解，在项目开始的时候我们以高度主观的方式选择了一些定义。这些定义在第2章中通过实例进行了深度的解释。这些定义在这里都是主观的描述。几十年来，关于"汽车"这个词的文章在自动驾驶领域的先驱者中颇为流行[1]。当车被发明出来后，"automobile"这个词的构造，结合了希腊语中 auto（自我，个人，独立）和拉丁语中的 mobilis（移动）[2]强调"自己移动"。最重要的感觉是驾驶员不需要马匹的帮助就能享受移动的快乐。然而，这个术语未能承认的是，缺乏马意味着车辆也失去了某种形式的自主权。通过训练和驯马技术，拉马车的马可以自己学会保持在一些简单的规则范围内。从这个意义上来说，马车具有一定程度的自主性。从马车到汽车的过渡中，失去了重要的障碍物规避能力，其毫无疑问是执行"自主任务"的一种临时能力。很多时候即使车夫不再完全接管旅途，马儿自己也能将马车安全地带回家。它们至少会让车处于安全的状态，然后吃着路边的草。自动驾驶汽车的目的是恢复其失去的自主性并且超越其历史形式。

正如费尔所阐明的，康德的一个关于自主概念的特殊的看法对于理解本项目中的"自动驾驶"很重要：自治是"上级（道德）法律中的自决"[3]。在自动驾驶的车辆中，人们通过对车辆的行为进行编程来践行道德法。车辆必须不断地按照与编程规则和约束条件相一致的方式做出关于交通行为的决定。

不得不说，来自不同领域的专家对这个定义的反应完全不同，从完全拒绝这一定义到认真考虑批准。然而，独立于这一点，可以通过参考这些康德术语中解释和理解的自治概念来指出技术发展与伦理之间的直接联系。

这个定义对于工程师的重要性在我与学生的讨论中清楚地表现出来。面对这个定义，布伦瑞克和慕尼黑学习工程学的学生在过去的十年里开始懂得，自动驾驶的发展不但需要他们研究和开发技术，而且需要以最大的一致性实施"道德法"。当至少有一名道路使用者在事故中不可避免地会受伤时，自动车辆在这种困境中如何行驶？由 Patrick Lin 和 Chris Gerdes 在本书中进一步深入探讨（见第 4 章和第 5 章）。

为了使工程师和律师达成一致，德国联邦公路研究所（BASt）[4]的工作组界定了各种程度的协同和自动化。最高程度的自动化被命名为"全自动化"：全自动化车辆没有人力监督自己行驶。如果系统性能下降，那么车辆自主地"恢复到最小风险的系统状态"。从技术角度来看，最大的挑战在于知道系统限制、可以识别系统故障和需求、监督人完全缺席时可以将车辆转入安全状态。全自动车辆必须自主监测自己的状态、发现潜在的系统故障和性能衰退，并且伴随着性能的威胁性下降，初始化并且转换到安全状态。显然，安全状态在定义中起核心作用。然而，当全自动车辆在高速公路上以 65mile/h（1mile/h≈1.6km/h）（或更快的速度在德国）运动时，什么是安全状态？

Ohl[7]指出，近几十年来研究机构、汽车制造商和 IT 公司在公共道路上展示的自主车辆原型，仅在 BASt 定义范围内部分自动化。安全驾驶员监督这些自主车辆；满足产品级安全理念的完全自主车辆尚未实现。虽然已经有不需安全驾驶员介入的成功的旅程，但到目前为止，我们仍然缺少证据证明完全自主车辆在公共道路上行驶的可行性。

不管上述提到的一些专家的顾虑，本卷中的自动车辆被赋予人类制定的"上级（道德）法律中的自我决定"的特点。按照BASt的定义它们是完全自主汽车[4]。

出于篇幅的原因，本书没有叙述研究和技术的历史及状况的文献。关于自动汽车，Matthaei等人在文献［5］中总结了现状。在第3章，Fabian Krouger将自动驾驶作为一个有远见的概念进行了历史性回顾，或者将其视为基于图像媒体的科幻小说。

1.2 自动驾驶—研究背后的驱动力

无论过去还是现在，研究自动化车辆都由很多原因驱动[4]。本节只给出最常见的原因。

即使德国的交通事故死亡人数几乎逐年下降，但全球范围内的估计死亡数量足以促使进一步提高交通系统的安全性。据世界卫生组织统计，2010年全世界有124万人在交通事故中死亡[8]。在第17章，托马斯·温克尔研究了将可以预测交通事故影响的自动车辆推上市场的条件。

驾驶员或者潜在用户需要多少帮助才是任何车辆系统的核心。他或她是否正面临着疲惫的或者剥夺驾驶乐趣的活动（堵车，在高速上长时间驾驶）？或者他或她暂时不适合驾驶，例如在药物的影响下，太累或仅仅是驾驶时无法集中精神？是否因疾病或年老造成的衰弱或者患病的肌肉和骨头而需要帮助？在这些情况下，汽车的自动驾驶功能为个人出行带来了新的机会。

完全自主驾驶[4]为交通流的优化提供了最大的潜力。迄今为止，20世纪欧洲最为著名的自动车辆项目已经阐明了这个目标："最高效率和空前安全的欧洲交通项目"（1987—1994），简称"普罗米修斯"[6]。最近的一些项目已经展示了专门用于增加交通流量的技术解决方案。在第15、16和19章，作者着重讲述了自动驾驶汽车在改善交通方面的潜力和新的用车理念。

商用车的自动驾驶意义值得特别注意。Heike Flämig评估了自动车辆在货运领域的发展潜力（见第18章）。

自动驾驶汽车对运输系统（实际上是对城市本身）的深刻重塑的潜力尚未得到足够的研究。本书的"移动性"和"接受"部分的作者阐述了如何通过引入自动驾驶车辆实现多层次的改变。这些潜在的变化可能会驱动，但也可以抑制自动驾驶的引入。

1.3 本书的结构

紧跟在介绍之后，阐明了让作者们对自动驾驶达成共识并且也让读者达成共识的例子。其次是六个部分，每个部分由具有专业知识的编辑监督，他们也负责每个部分的简短介绍。

Fabian Kröger 首先介绍了"人与机器"这一主题，总结了近一百年前车辆开始自动化以来，大众尤其是媒体对自动车辆的看法。克里斯·格雷斯（Patrick Gerdes）和帕特里克·林（Patrick Lin）介绍了自动驾驶是如何根据道德考量进行评估的，以及自动车辆是否符合道德规范。Berthold Färber 和 Ingo Wolf 讨论了人与机器共存的问题。

"移动性"部分将探讨如何通过引入自动车辆来普遍地和在特定方面改变移动性。为此，Miranda Schreurs 和 Sibyl Steuwer 概述了政治框架。Barbara Lenz 和 Eva Fraedrich 研究了可能由自动驾驶引起的新的移动性概念的潜力。Sven Beiker 概述了全自动车辆的各种适用场景[4]。他还介绍了他们在使用中的一个实际情况。德克·海因里希（Dirk Heinrichs）研究了自动驾驶可能带来的城市发展后果和问题。Hermann Winner 和 Walther Wachenfeld 讨论了自动驾驶对车辆概念本身的影响问题。Rita Cyganski 研究自主车辆如何改变移动需求的问题，以及如何在运输规划模型中表现出来。

在"交通"部分，Peter Wagner 和 Bernhard Friedrich 预测了自主车辆可能如何影响交通。Thomas Winkle 进一步讨论了辅助、部分和全自动车辆的潜在安全优势[4]。Heike Flämig 探讨了其对货物运输的特殊意义。Marco Pavone 讨论了"随需应变"的潜力。

"安全"部分针对机器感知技术可靠性（Klaus Dietmayer）、功能安全性（Andreas Reschka，Walther Wachenfeld，Hermann Winner）和数据完整性（Kai Rannenberg）进行了探讨。

在"法律与责任"部分，Tom Gasser，Stephen Wu 和 Bryant Walker Smith 等人研究了德国和美国现行的自主驾驶法律制度和法律框架；Thomas Winkle 建议从开发过程中的责任案例的经验中汲取教训。

在"接受"部分，Eva Fraedrich 和 Barbara Lenz 探讨了个人和社会接受自主车辆的问题。Armin Grunwald 调查了与自主驾驶有关的社会对风险感知的问题。Eva Fraedrich 和 Barbara Lenz 研究了今天的汽车使用习惯与自主驾驶态度之间的关系。David Woisetschläger 讨论了传统汽车行业和新兴市场参与者的经济重要性。

1.4 项目工作

"自动驾驶－拉丹堡"项目的工作方法影响了本书。因此，为了透明化，下面将对该项目作简要介绍。该项目的"发动机"是由 Chris Gerdes、Barbara Lenz、Hermann Winner 和 Markus Maurer 组成的核心团队。这得到了 Eva Fraedrich、Walter Wachenfeld 和 Thomas Winkle 研究工作的支持，我们对此表示衷心的感谢。项目的前两年，从 2012 年 10 月至 2014 年 9 月，累计超过 200 个与自主驾驶有关的问题在核心团队中确定。这些问题是作为本卷作者指南的项目规格表的基础。我们举办了三次研讨会让项目的参与者对自动驾驶达成共识，并且让他们从不同的专业学科角度分享不同的观点。在斯图加特莫林根区举办的第一期研讨会（2013 年 11 月）中，我们介绍并探讨了项目概念和基于上述讨论过的定义建立起来的对自动驾驶基本理解和使用的案例（见第 2 章）。

在蒙特利（2014 年 2 月）和瓦尔廷格（2014 年 3 月）的另外两个研讨会上，作者们提出并推动了他们对项目规范表的答案的讨论。正是由于作者的纪律性、开放性和专业性，我们可以在本卷中全面讨论自动驾驶，同时解决大规模生产的潜力和对社会的挑战。从这个意义上来说，本书希望成为自动道路车辆可持续研发的起点。特别感谢所有作者，他们通过参与项目的焦点、纪律和进行跨学科的对话的意愿的方式与这本书联系在一起。

在本书编写的最终阶段，各部门编辑的监督作者们，他们为了文章的衔接而付出了巨大的努力。编撰这些部分是团队核心成员的任务之一。特别感谢 Tom Gasser 和 Bernhard Friedrich，他们各自负责一部分编辑任务，并给核心团队带来了他们所缺少的必要的专业知识。该项目对德国和美国自动驾驶的专家讨论产生了相当大的影响。一个特别积极的结果是，自 2013 年 12 月以来，该项目的许多参与者都参加了德国联邦运输和数字基础设施部（BMVI）及其工作组倡议的关于"自动驾驶"的圆桌讨论。因此，项目结果进入并持续进入圆桌会议的报告。专家和公众的兴趣在项目背景下进行的众多会谈、新闻采访和出版物的反馈中变得清晰。在项目期间，主要汽车制造商和与自动驾驶有关的技术公司之间的交流方式进行了相当大的调整。不能排除这个项目已经在这里留下了第一个相关的标记。

尽管该项目本身采用科学上明确的自动驾驶定义，但其一些研究成果将与高度自动化的车辆甚至今天生产的道路车辆已经使用的驾驶员辅助系统具有直接的实际相关性。

这本书离不开戴姆勒和奔驰基金会的支持，对此我们非常感谢。本文中的"我们"是指本书的所有作者和编辑。我们也要感谢与施普林格（Springer）出版社的良好工作关系以及他们高质量的印刷。特别感谢 Thomas Winkle 对英文版所有翻译和协调的支持。感谢基金会的支持，使得这本书可以免费提供电子版。特别感谢戴姆勒公司的各位员工进行的有趣的讨论，特别感谢他们理解这个项目的研究人员是受到科学问题的驱动，是独立于商业利益的。

我个人非常感谢 Barbara、Chris 和 Hermann 在核心团队中的贡献，他们密切合作，开放讨论，不断通过自己的经验来进一步发展自己的观念以及他们不断努力对自动驾驶可持续发展做出的共同贡献。

应用许可

本章根据知识共享署名 4.0 国际许可（http：//creativecommons.org/licenses/by/4.0/）的条款进行分发，允许通过任何媒介或格式使用、复制、改编，分发和再创作,只要您对原始作者和来源给予适当的说明,提供知识共享许可链接,并指出所做的任何更改。

本章中的图片或其他第三方材料均包含在作品的创作共享许可中,除非在来源中另有说明;如果这些材料不包括在作品的知识共享许可中,并且法律规定不允许相应的操作,那么用户需要获得许可证持有者的许可才可以复制、改编或再创作材料。

参 考 文 献

1. Dickmanns, E.D.: Computer Vision in Road Vehicles – Chances and Problems in: ICTS-Symposium on Human Factors Technology for Next-Generation Transportation Vehicles, Amalfi, Italy, June 16 - 20 (1986)
2. Duden Deutsches Universalwörterbuch A-Z, Mannheim. Duden-Verlag (1989)
3. Feil, E.: Antithetik neuzeitlicher Vernunft - 'Autonomie - Heteronomie' und 'rational - irrational'. 1st edition Göttingen Vandenhoeck & Ruprecht (1987)
4. Gasser, T., Arzt, C., Ayoubi, M., Bartels, A., Bürkle, L., Eier, J., Flemisch, F., Häcker, D., Hesse, T., Huber, W., Lotz, C., Maurer, M., Ruth-Schumacher, S., Schwarz, J., Vogt, W.: Rechtsfolgen zunehmender Fahrzeugautomatisierung - Gemeinsamer Schlussbericht der Projektgruppe. In: Berichte der Bundesanstalt für Straßenwesen, Bergisch-Gladbach (2012)
5. Matthaei, R., Reschka, A., Rieken, J., Dierkes, F., Ulbrich, S., Winkle, T., Maurer, M.: Autonomous Driving in: Winner, H., Hakuli, S., Lotz, F., Singer, C.: Handbook of Driver Assistance Systems, Springer Reference (2015)
6. Nagel, H.-H.: EUREKA-Projekt PROMETHEUS und PRO-ART (1986-1994) in: Reuse, B., Vollmar, R.: Informatikforschung in Deutschland, Springer (2008)
7. Ohl, S.: Fusion von Umfeld wahrnehmenden Sensoren in städtischer Umgebung, Dissertation, TU Braunschweig (2014)
8. WHO 2013: http://www.who.int/mediacentre/news/releases/2013/road_safety_20130314/en/; last accessed 8.11.2014.

第 2 章 自动驾驶用例

Walther Wachenfeld, Hermann Winner, J. Chris Gerdes, Barbara Lenz, Markus Maurer, Sven Beiker, Eva Fraedrich 和 Thomas Winkle

2.1 考虑用例的动机

虽然自动驾驶（见第 1 章）以 BASt[1] 的定义"全自动化"和 Feil[2] 说的"更高（道德）法律范围内的自主权"为特点，但还是可以提出自动驾驶的各种使用场景和规范。为了掌握这种多样性，寻求代替品，一方面利用有区别的特征，另一方面描述自动驾驶的典型应用场景。在下文中，这些将被称为自动驾驶的应用案例。除了命名之外，应用案例也由它们有区别的特征来定义，因此可以让所有编写和阅读的人对书中这些章节有共同的理解。此外，应用案例应作为进一步讨论的参考场景。这不排除其他的例子。但是建议使用定义的应用案例来避免误解或疏忽。以下定义和假设可以通过详细的说明扩展到不同的章节。对于不同的章节，定义和假设是以不同的方式相关的。例如，所有者关系从技术角度来说不如从市场影响来说重要。因此，定义和假设将被严格审查。使用这些应用案例的期望结果是不同主题（不同参数敏感度）之间出现的定义和假设以及可能存在的争议的变化。

以下描述的应用案例分为 4 个部分。第 2.2 节基本假设描述了所使用的限制和假设。2.3 节介绍了选择的四种应用案例，并定义了具体的特性。2.4 节介绍了应用案例的选择和特点描述的详细程度。第 2.5 节有助于应用案例的独特描述的一般定义的提出。

2.2 基本假设

除了区分应用案例的特征以及下一节中列出的特征外，还有其他属性，这些属性也适用于选定的应用案例。以下基本假设描述了这些属性。

混合操作：一个基本假设是，应用案例会在考虑时间内具有不同自动化水平的交通系统的混合操作当中展开。道路交通包括从"纯粹地由人驾驶"到"辅助"到"全自动"的各种自动化水平的车辆。在逐步引入自动化的过程中，人车操作和驾驶机器人操作同样是可能的。

故障：硬件或软件故障也可能发生在自动驾驶的车辆上。然而，假设根据现有技术设计的车辆（例如，ISO 26262）所提到的故障，至少要与当今的车辆一样可靠和安全。

详细程度：应用案例的描述不是详细的说明，不是对天气条件、光线条件、路面条件等的详细描述，而是假设。驾驶机器人执行驾驶任务的质量和成功率与人的质量和成功率相似。例如，当大雨导致车辆转向安全状态、停止运输任务时，驾驶员也想终止行程。本书没有解决从用户角度、社会角度等来看这个假设是否充分的问题。此外，在本书中，质量和成功率如何量化和证明的问题仍然没有得到回答。

符合规定：对于所有应用案例，假设自主旅程符合相应司法管辖区（美国的联邦/国家级别，美国各州）的一套规则，在这些地方发生实际驾驶行为。这个假设直接引出了困境中的行动问题。驾驶机器人是否允许或可能允许忽略规则以防止重大伤害？对于这些应用案例，假设存在法律上有效的一组规则，单独的规则，驾驶机器人须遵循这些规则。为了做到这些，各权力机构已经允许自动驾驶，然而没有进一步考虑如何获得这种许可，以及各自的规则可能是什么。

2.3 应用案例的描述

上文阐述了应用案例的动机和基本假设，并在2.4节对其描述的特点进行说明。这些特征和/或它们的值的组合产生了大量的应用案例，这无法详细描述。如上所述，以下描述的四个应用案例作为许多可能的应用案例的代表。其他应用案例没有被忽视，但我们的重点放在以下四个方面：

- 州际行驶驾驶员的扩展可用性；
- 自动代客泊车；
- 全自动化使用者的扩展可用性；
- 车辆按需操作；

人与驾驶机器人之间四个不同版本的驾驶任务的分割，特别有助于选择应用案例。前两个应用案例被视为介绍版本，后两种应用案例呈现出广泛开发的自动驾驶版本。

2.3.1 州际行驶驾驶员的扩展可用性

图2.1是州际驾驶员的典型应用案例。

2.3.1.1 好处

驾驶机器人专门在州际公路或州际高速公路上接管驾驶员的驾驶任务。驾驶员在自动旅程中成为乘客，可以将他/她的手从转向盘和踏板上移开，并可以进行其他活动。

2.3.1.2 描述

一旦驾驶员进入州际公路，他/她可以根据需要激活驾驶机器人。这在逻辑上连同指示期望的目的地一起发生。驾驶机器人接管导航、引导和控制,直到到达州际公路的出口或终点。驾驶机器人可以安全地协调和驾驶员的切换。如果驾驶员不符合安全切换的要求,例如由于他/她睡着了或似乎失去了意识,那么驾驶机器人会将车辆转移到应急车道上或离开州际公路后不久并且进入风险最小状态。根据BASt[1]的全自动驾驶的定义,在自动之旅中,乘客不需要有环境意识。由于此应用案例场景简单,动态对象有限,因此即使相对较高的车速加剧了进入风险最小化状态的难度,也将其视为介绍性场景。

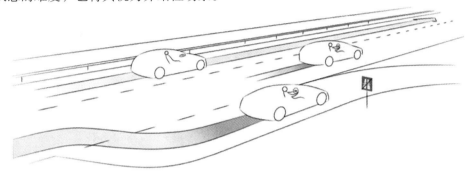

图 2.1 州际驾驶员的典型应用案例

2.3.1.3 特征值

表 2.1 总结了州际驾驶应用案例的特征。图 2.2 展示了驾驶任务级别的实例的干预可能性。"层次结构的右侧是可以介入驾驶任务的实体,并从顶部的显性排列到底部的隐性。"

车辆使用者是唯一可以介入的实体。再次强调,驾驶机器人的管理权限移交是一种安全的行为。潜在的服务提供者、具有特定权限的警察、救护车和交通协调员等没有任何干预车辆控制的可能性。

表 2.1 州与州之间的驾驶员扩展性特征值

	特征	值	
A	乘客类型	3	有着相同目的地的人士
B	最大允许重量	1-3	500kg~8t
C	最大设定速度	4	120km/h
D	场景	8 | a	州际公路	不需许可批准的
E	动态元素	2	只有机动车
F	驾驶机器人与其他实体之间的信息流	1-4	导航优化, 指导优化, 控制优化, 提供环境信息
G	可用性概念	2	通过驾驶员可用
H	扩展概念	2	驾驶员
I	干预选项		图 2.2:州际驾驶员干预选项

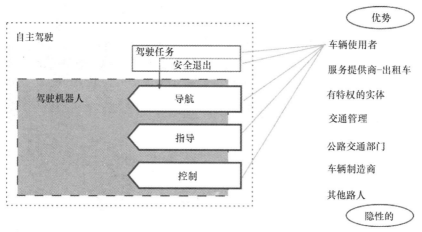

图2.2 州际驾驶员干预选项

2.3.2 自动代客泊车

图2.3 显示了自动代客泊车的典型使用案例。

2.3.2.1 好处

驾驶机器人在乘客离开并卸下货物后,将车辆停放在偏远的地方。驾驶机器人将车从停车点开到期望目的地。驾驶机器人重新停车。

驾驶员节省了找停车位的时间,以及走到/离开较远车位的时间;对车辆的访问得到缓解(空间和时间);停车位的使用效率以及寻找停车位的效率会更高。

图2.3 自动泊车

2.3.2.2 描述

如果驾驶员到达他/她的目的地(比如公司、健身房或者家)后,他/她停车、下车并且命令驾驶机器人去泊车。车辆可以是私人拥有的,但也可能由汽车提供商或类似的商业模式所有。因此,驾驶机器人现在可以将车辆驾驶到私人、公共或服务提供者的停车场。为驾驶机器人分配停车场是很重要的。在这种情况下,不考虑由驾驶机器人搜索各个停车场。因此,总是给予驾驶机器人特定的目的地。在低速和轻型交通状况,自动泊车停车场的分配仅限于驾驶员下车点附近。一方面,这种限制大大降低了对于驾驶机器人(驾驶)能力的要求,因为较低的速度会导致较低的动能以及更短的停止距离。另一方面,这种使用情况可能会刺激或影响其他道路使用者。然而,这种使用情况似乎适合作为介绍性场景。

在车辆附近的授权用户可以将上车地点发送给驾驶机器人。驾驶机器人将车辆驾驶到目的地并停车,以便驾驶员进入并接管驾驶任务。

基于停车场管理的需要,驾驶机器人可以重新停放车辆。

2.3.2.3 特征值

表2.2 总结了自动泊车案例的特征。可以介入驾驶任务的实体在层次结构的右侧,并从顶部的显性到底部的隐性(见图2.4)。车辆用户可以从车辆外部改变驾驶任务,并指示驾驶机器人安全退出。服务提供商可以否决车辆用户,也可以影响驾驶任务和安全退出。双方实体都有权限,例如,警方或救护车可以在指导级别减速,改变导航和驾驶任务,并命令安全退出。

表2.2 自动泊车的特征值

	特征		值	
A	乘客类型	1	无货物和乘客	
B	最大允许重量	1–5	500kg~8t	
C	最大设定速度	2	30km/h	
D	场景	3 | a–5 | a	停车场或停车道,通道、主干道	不需许可批准的
E	动态元素	1	不排除	
F	驾驶机器人与其他实体之间的信息流	1、3和6	导航优化,控制优化,监控驾驶机器人	
G	可用性概念	1	无可用性添加	
H	扩展概念	2	驾驶员	
I	干预选项		图2.4:自动代客泊车选项进行干预	

2.3.3 实现扩展可用性的全自动化驾驶程序

实现可用性扩展的全自动化驾驶程序的应用范例如图2.5所示。

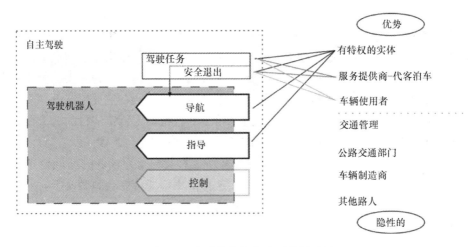

图 2.4 自动代客泊车选项进行干预

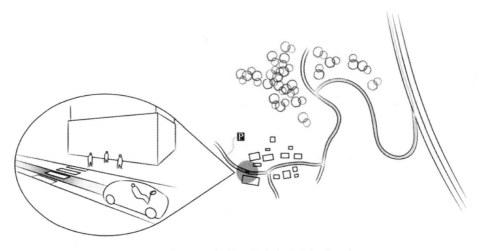

图 2.5 实现可用性扩展的全自动化驾驶程序

2.3.3.1 优势

如果驾驶员想要这样做的话,他/她可以在允许的区域范围内将驾驶任务交给驾驶机器人来做。此时驾驶员可以将手脚从转向盘和踏板上解放出来,去做其他的事,也就是说驾驶员成为自动驾驶旅程中的一位乘客。

2.3.3.2 描述

如果驾驶员有自动驾驶的意愿,那么只要当前的视野足够清晰,他/她都可以将驾驶任务交给驾驶机器人。许可的国家的几乎所有的交通区域都支持车辆行驶;然而这有时也受一定限制,例如,当车流改道、新的停车场开放或者其他类似的基础设施建设正在进行时,这些区域都不能进行自动驾驶导航。此外,比如行人密度高的道路，这类区域也可以被认为是或永久或暂时地不适合自动驾驶。再次重申，驾驶员和驾驶机器人之间的驾驶任务转交必须保证安全。

此用例和自动驾驶十分接近，因为它与当今的驾驶习惯十分相关，尽管传统的使用者和驾驶员仍然参与行驶过程，但是驾驶任务几乎全部交给了驾驶机器人。

2.3.3.3 特征的值

表2.3总结了实现扩展可用性的全自动化驾驶程序使用情况下的特征。如图2.6所示，图中实体（右侧）在某种程度上阻碍了某个驾驶任务（左侧）。如果需要，那么使用者可以像让传统汽车驾驶员驾驶普通汽车那样，把驾驶任务安全地

表2.3 实现扩展可用性的全自动化驾驶程序的各特征的值

	特征		值	
A	成员类型	1	有约定目的地的人（们）	
B	最大允许总重	1—2	500kg ~ 2t	
C	最大部署速度	5	不大于240km/h	
D	场景	2|b - 8|b	无标准道路，停车场或停车楼，公路支线通路，主要交通道路，城市主干道，乡村道路，州际公路	只有在允许的情况下
E	动态元素	1	没有例外	
F	驾驶机器人和其他实体之间的数据流	1—6	导航优化，指导优化，控制优化，环境信息提供，更新驾驶机器人能力，监控驾驶机器人	
G	可用性概念	2	通过驾驶员的可用性	
H	扩展概念	2	驾驶员	
I	干预选项		图2.6：用于扩展可用性的干预选项的全自动驾驶程序	

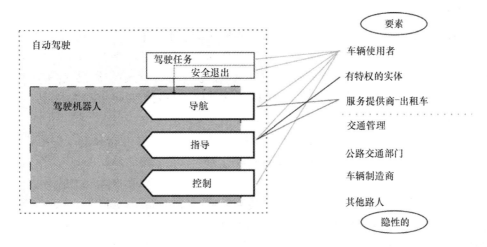

图2.6 驾驶员用于扩展可用性的干预选项的全自动驾驶程序

交给驾驶机器人来进行。更进一步,驾驶员可以在导航、指导和控制任务领域干预自动驾驶。机动车的使用者以最高的权利主导着机动车实体。因此,车辆使用者可以不给警察或救护车让路,这是在指导层面上的干预。服务供应商也是如此,他们可以在导航和指导层次上进行干预,只要没有被用户推翻即可。我们由一些概念提出了一些服务,在这些服务中,服务提供商接管商业用途的导航、燃料和旅费。

2.3.4 按需车辆

图 2.7 所示为车辆需求的使用范例。

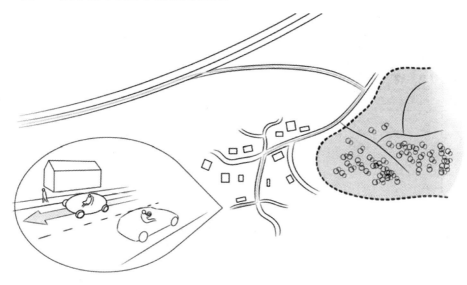

图 2.7 车辆需求(虚线区域不是执行区域)

2.3.4.1 优点

驾驶机器人在所有情况下都可以自主驾驶车辆,不论乘载着乘客还是货物,或者不载任何物品。驾驶机器人可使车辆达到任何要求的位置。乘客可以完全独立地使用旅行时间做任何除执行驾驶任务之外的活动。车厢设计成对驾驶员的工作空间不加任何限制的形式。货物可以连续 24h 地被运输,只要能源供应不受限制。

2.3.4.2 描述

驾驶机器人从乘客或者外界实体(用户或者供应商等)获得目的地信息之后,自动驾驶到达目的地。人类不能够接管驾驶任务。人类只能指示目的地或者开启安全退出,因此他/她能够以最快速度下车。在驾驶机器人的帮助下,大量不同的金融模型可能实现。出租车服务和共享汽车的融合,自动驾驶载货汽车或者不仅限于纯粹的运输任务的使用模型。其中一个例子就是社会网络中的汽车直接使用网络中获得的信息来规划路径,匹配人群,或者完善更多之前没有想过的服务。

2.3.4.3 特征的值

表2.4总结了车辆在不同使用需求下的特性。由于驾驶机器人的强大（驾驶）能力（参见图2.8），随需应变的用例车辆的干预可能性特别广泛。一个有特权的实体（如警察或救护车）和进行交通管理的实体都可能对导航和指导水平造成影响。汽车用户和服务提供商可以调整安全出口，使汽车更快更安全地停下来，以方便乘客下车。特别值得注意的是，服务提供者和有特权的权威机构可以制止汽车用

表2.4 车辆不同需求下的特征值

	特征		值	
A	成员类型	1—4	没有货物也没有人，运输批准的货物，有约定目的地的人（们），没有约定目的地的人（们）	
B	最大允许总重	1—3	500kg ~ 8t	
C	最大部署速度	4	不大于120km/h	
D	场景	2丨a–8丨a	无标准道路，停车场或停车楼，公路支线通路，主要交通道路，城市主干道，乡村道路，州际公路	不需许可批准的
E	动态元素	1	没有例外	
F	驾驶机器人和其他实体之间的数据流	1—8	导航优化，指导优化，控制优化，环境信息提供，更新驾驶机器人能力，监督驾驶机器人，监控乘员，乘员紧急求救电话	
G	可用性概念	3	远程操控驾驶	
H	扩展概念	1	无法替代	
I	干预选项		图2.8：用于车辆需求的干预选项	

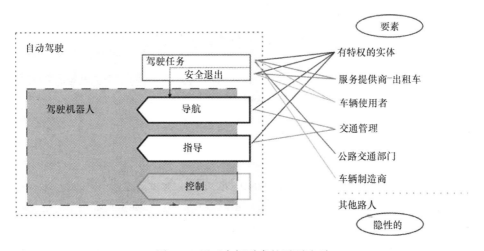

图2.8 用于车辆需求的干预选项

户的操作。如果一个权威机构否决了用户，那么他/她将无法执行安全出口命令，而是只能一直待在车里。这一系列想法和出租车概念相似。如果乘客有需要，则出租车的司机可以尽快地停下来，尽管他（出租车司机）也有可能忽视乘客的需求而按照自己的意愿驾驶。

2.4　描述用例的特征

在本节中，说明用例及其值的特性将会被更详细地阐述。除了以下几个自动驾驶的技术特点，定义进一步的区分属性也是可能的，例如关于商业模型或市场定位。这些特点，按字母顺序从 A 到 I 排列，根据多涅斯[3]从驾驶任务的三级模型中推导出来。

在这个模型中，驾驶的任务分为三级，即导航、指导与控制。

2.4.1　特征 A：乘员类型

2.4.1.1　原因

对于今天的个人机动车辆而言，在任何情况下[4]，人们都必须一直待在车内控制它。这种约束可能会随着驾驶任务的自动化而改变。因此，汽车理念和安全理念取决于乘员类型。

2.4.1.2　特征的值

特征的值被分为以下四种：
1. 没有货物，没有人，因此没有具体的乘员或货物保护利润。
2. 批准运输的货物。
3. 有约定目的地的人。
4. 没有约定目的地的人。

一个用例可以被这个特征的若干个值覆盖。其中，特征值 3 和 4 用来区分个人交通和公共交通。乘员是有约定目的地的人时为个人交通；与之相反，乘员是多个没有事先约定目的地的人时，称为公共交通。然而，由于终点和中间停靠站安排计划的建立，人们可以通过公共交通最终到达各自的目的地。

2.4.2　特征 B：最大允许总重

2.4.2.1　动机

最大总重通过影响动能从而影响安全因素。除了安全因素，总重的讨论还可从个人交通延伸到公共交通、货运交通以及道路基础设施建设。除此之外，这一特征解决了机动车类型的问题，在高水平的自动驾驶功能和变化的需求面前，汽车的类型很有可能和目前的情况不同。不考虑车辆在通常意义上的国别分类界线，我们选择了四类质量属性。它们的范围值从超轻车辆到重型车辆，每一级之间大概相差

4倍。

2.4.2.2 特征的值

为了描述理想中的用例并粗略划分它们的质量，我们建立了离散性区间。使用情况已知且有特定的部署的情况下，质量可以进行精确确定。特征 B 包括以下值：

1) 超轻型车辆，大概 500kg。
2) 乘用车，大概 2t。
3) 轻型商用货车和货车，约 8t。
4) 重型货车，约 32t。

2.4.3 特征 C：最大部署速度

2.4.3.1 动机

最大部署速度这一特征（或者更精确地，用速度的平方），它和质量的乘积决定了车辆的动能，因此也需要进行分类。此外，制动距离也需要用速度的平方计算。因此，关于风险最小状态在失效或者达到功能上的限制时，自动控制系统的要求随着速度的平方增长。

除了安全方面的考虑，运行时间及在某个特定部署速度给定时间内达到的范围也影响个人交通流动性。此外，如果规定了不同道路的最低行驶速度，则部署速度将直接决定可以使用的道路类型。

2.4.3.2 特征的值

最大部署速度（特征 C）有 5 个代值，一个是步行速度，另四个之间成 2 倍关系（对于动能和停车距离，成 4 倍关系）。对于具体的用例，其值和规则需要适应各自的部署。为了描述理想中的用例并粗略划分它们的速度，我们建立了离散性区间。使用情况已知且有特定的部署的情况下，速度可以进行精确确定。

1) 最高 5km/h。
2) 最高 30km/h。
3) 最高 60km/h。
4) 最高 120km/h。
5) 最高 240km/h。

2.4.4 特征 D：场景

2.4.4.1 动机

有驾驶员驾驶的汽车能够得到的哪些空间区域也同时能够在自动驾驶的情况下得到呢？场景特征描述了车辆自动驾驶情况下的空间部署。例如：标准化的结构存在么？多少条车道是可用的？存在其他标记吗？

即使静态的场景也可以是多样的，这对驾驶机器人来讲是一个挑战。举个例子，车道上覆盖着积雪或者交通标志被灌木或者树遮挡。这些在旅途的开始阶段就充满了潜在未知和不可变因素的情况,将不考虑为场景特征。在假设驾驶机器人可以像人类驾驶员一样好完成驾驶任务的情况下,才能确定驾驶机器人处理场景和环境条件的水平。

因此这一特征描述的是可预见的、遵循现存规则(位置、环境、道路的功能)的场景。

2.4.4.2 特征的值

按场景的类型:

1. 越野道路。
2. 农业道路。
3. 停车场或停车库/楼(立体停车楼)。
4. 公路支线。
5. 主要交通道路。
6. 城市主干道。
7. 乡村道路。
8. 州际道路。
9. 特殊区域。

场景特征在第一个方面包含9个特征值(场景的种类根据德国整体网络设计准则[5]扩充得到,表2.5)。

表2.5 场景特征值的描述

特征	值
地形(越野道路)	没有标准或已知的结构,如车道或其他标记 没有明显的交通协调 没有为驾驶而铺平的道路
农业道路	涵盖农村道路和大部分为人行道的类似路面 公共的 使用各自的交通规则(如德国的StVO)
停车场或停车楼	明确指定并标明停车位置。标记不是指车道,而是为车辆协调而划定的标准停车区域 尤其是在城市地区,有时停车楼有很多层,中间有狭窄的斜坡,操纵区间很小 使用各自的交通规则(如德国的StVO)
公路支线通路	在发达地区的先进的道路,主要通往发达的房产或大众住宅区 访问住宅和商业特征社区 一般单车道和没有交通信号灯的交叉路口 连接发达的交通主干道,通过有或没有交通信号灯或环形的交叉口连接 在特殊情况下,它们服务于公共交通 主要对社区内部自行车交通开放和被使用 遵循各自的交通规则(如德国的StVO)

(续)

特征	值
城市主干道	没有之间联系或在发达地区的道路 一般具有连通功能（连接道路） 道路两旁的建筑间距很大，使两侧有很多可供第三方使用的设施，这也是发展水平低的原因 一般为单车道或双车道，由有交通灯或环形的交叉口连接成公路网 遵循各自的交通规则（如德国的 StVO）
乡村道路	位于发达地区之外的单车道 通常为单车道，也包括小段的双车道 相同种类道路之间的连接通过交叉口或者不同种类的立体交叉道 遵循各自的交通规则（如德国的 StVO）
州际公路	包括用各种交叉口连接的、非发达的双车道 在发达区域的外围边界或者在发达区域内部的专用快速交通道路 遵循各自的交通规则（如德国的 StVO）
特殊区域	不对公众开放 几何形状未知 不适用普遍使用的交通规则（如德国的 StVO） 例如大型私人土地或者室内外的工业设施 该地区有额外的基础设施可供自主驾驶，如用于装卸和试车的有自治系统的集装箱港口

除了描述在某一特定情况下的场景时所用的这些特征值，这一特征还有第二个维度，即是否获取场景被明确地允许。在这一维度上，特征的值为：

1）不需许可批准的：这种类型的场景都允许被机器人获取。

2）必需许可批准的：在这种情况下，只有被允许的部分场景才允许机器人自主驾驶。

到目前为止，具体谁（无论是私人或者公共管理机关）有权授予这个许可还有待讨论。

在这个意义上说，许可的类型还没有进一步指定。例如基础设施可能处于维护模式，或者可以提供更多额外信息的地图。

同时，这一许可可以包括临时内容和对于特定场景的静态或动态截止时间。

2.4.5 特征 E：动态因素

2.4.5.1 动机

除了场景本身以外，场景的复杂性很大程度上取决于动态元素。自动驾驶场景中的动态元素扩展了对驾驶机器人的驾驶能力的要求。因此，这一特征描述了在当前交通状况下或者如果动态元素的限制和排除被考虑在内时，自动驾驶将如何部署。

2.4.5.2 特征的值

分为四种（表2.6）：

1. 没有排除。
2. 只有机动车辆。
3. 只有自动驾驶车辆。
4. 没有其他动态元素。

2~4：其他动态元素的排除值不是以绝对的方式确定。

例如当今的州际公路的场景描述为值（2）只有机动车辆。

然而，一个人或者一个骑自行车的人出现在州际公路上的情况在理论上也有可能发生，但是这种情况由于事件发生的概率很小而被忽略。根据2.2节的假设，特征很有可能包含多个值，只有值（1）和（2）将被用于该使用案例。

表2.6 动态元素值的描述

特征	值
没有排除	最复杂的场景 动物、行人、骑自行车的人、执法者等，在场景中遇到自动驾驶车辆
只有机动车辆	车辆之间的互动，人控制车辆
只有自主驾驶车辆	自动驾驶车辆专属的场景
没有其他动态元素	一辆自动驾驶车辆专属的区域

2.4.6 特征F：驾驶机器人和其他实体之间的信息流

2.4.6.1 动机

如2.5节所述，驾驶机器人执行感知、认知、行为决策和行为执行任务。要执行这些任务，驾驶机器人需要知道车辆的状态，例如位置、速度、环境和乘员信息。这些信息通过传感器从存储系统中读取，或者通过通信获取。信息流的目的定义了驾驶机器人和各实体之间的哪些信息进行交换，以及如何进行交换。为了描述一个用例的信息流，信息交换的目的被分配给用例。

信息的可用性及其传输，以及其合作沟通伙伴，都必须适用于部署目的。正如已经提到的，还需要假定技术流入市场是缓慢的。因此不是所有动态元素都可以参与信息交换，必须假定有混合操作。

此处提到的驾驶机器人的信息流是车辆的信息流的子集。我们暂时不考虑娱乐和便利系统的目的。新闻、访问社交网络或者音乐或许会作为特殊服务为自动驾驶提供额外的好处；但是这些服务的信息流与自动驾驶并没有多大关系。因此，只有关乎交通安全、影响交通效率以及自动驾驶的潜在先决条件等目的才能成为识别属性。

2.4.6.2 特征的值

根据其目的将信息流分为 8 类（表 2.7）。

1. 导航优化。
2. 路径跟踪优化。
3. 控制优化。
4. 提供环境信息。
5. 更新驾驶机器人能力。
6. 监控驾驶机器人。
7. 监测乘员。
8. 乘员紧急呼叫。

表 2.7 驾驶机器人与其他实体之间的信息流量值描述

值	描述
导航优化	将当前位置、目的地路线、交通流速度、天气等信息，与区域间的交通中心交换在此处，区域间意味着导航的相关信息在交通中心的覆盖区域内（几百公里内）
路径跟踪优化	关于被机器人驾驶的车辆的状态（x，v，a，…）和意图，还有关于车辆的大量信息以飞快的速度传递 关于天气、路况、拥堵、路口关闭、交通信号灯闪烁时间等信息都在和当地的交通中心进行共享。当地在此处指的是车辆周围方圆几公里的范围内 目标是：比如说侧边和纵向的同步驾驶指导（队列、没有标志的路口或自适应车道……）
控制优化	车辆状态的选择和驾驶机器人的意图，道路的使用者，和其他近距离范围内车辆信息以飞快的速度交换 根据已有的 V2X 概念，车辆在横向和纵向上避免与一个或多个机动车发生碰撞
提供环境信息	驾驶机器人识别到的车辆环境信息分享给道路使用者和近邻的交通中心 目的是为一个优化的地图提供定位、危险识别、导航等信息
更新驾驶机器人能力	制造商通过程序更新来提高驾驶机器人的能力
监控驾驶机器人	关于驾驶机器人的状态、能力、意图等的信息被共享给授权实体 目的是保护证据（事件数据记录）来重现事故发生的过程，类似于飞机中的黑盒子 通过自我诊断出来的故障和危险情况被传输给制造商
监测乘员	乘员的反映他/她状态的信息（视频、音频、心率等）将被共享给紧急呼叫中心或者是服务提供商 目标是监测乘员的健康与安全 信息可以在乘员无意图或动作的状态下被转发到被授权的接收器
乘员紧急呼叫	如果乘员遇到他/她自主驾驶旅程上的紧急情况，都可以联系紧急呼叫中心或自主驾驶旅程的服务提供商 乘员自发地发起联系和信息交流

前 3 个值可能会相互影响，需要对交通基础设施的使用方面在时间或空间上进行协调。现在这种相互作用忽略不计。

2.4.7 特征 G：可用性概念

2.4.7.1 动机

在正常操作中，驾驶机器人在允许区域内控制车辆。驾驶机器人如果遇到了一个一般情况下无法预料的功能上的限制，就要依靠指定的可用性概念。可用性概念决定了如何继续驾驶任务。所谓的功能上的限制可以是道路上的未知障碍，阻止了自主决策的继续。例如，一个树枝延伸到路上，因此车辆必须碰到树枝才能继续行驶。可用性概念在承担整个驾驶任务或者承担决策任务的程度，是有意放开的。

2.4.7.2 特征的值

可用性概念的特征值分为以下几种（表2.8）：
1）无额外可用性。
2）通过驾驶员实现可用性。
3）远程操作驾驶。
4）导向服务。
5）电力牵引。

表 2.8 可用性概念的特征值描述

值	描述
无额外可用性	驾驶机器人一直等到场景在外界的影响下重新变得可通过，并且场景在驾驶机器人的说明书中被描述
通过驾驶员实现可用性	一位乘员帮助驾驶机器人通过该路段
远程操作驾驶	服务提供商通过远程控制帮助机器人通过该路段
导向服务	受过特殊训练的人前往车辆那里，帮助驾驶机器人通过该路段
电力牵引	如果控制任务必要的硬件可用，则可直接连接牵引车，帮助驾驶机器人通过该路段

从驾驶机器人到替代可用性概念的切换是为了实现风险最小化。

驾驶机器人将车辆切换到可转移到可用性概念的最小风险的状态。通过驾驶员、远程控制、牵引来实现可用性的各个接口保持可用状态。

2.4.8 特征 H：扩展概念

2.4.8.1 动机

不一定所有交通工作所涉的领域都需要自动驾驶的帮助，特别是在自动驾驶刚开始引进时。子域仍然是不能自主控制的。然而，为了满足客户的移动需求，自动驾驶系统之外的部分可以用扩展概念来覆盖。扩展概念描述了是否可以在自动驾驶区域外进行车辆控制以及有什么帮助。

2.4.8.2 特征值

特征 H 有 5 个值（表 2.9）。

1. 无替代物。
2. 驾驶员。
3. 远程驾驶。
4. 代驾服务[15]。
5. 额外运输设备。

表 2.9　扩展概念值描述

值	描述
无替代物	在操作区域之外没有替代物，即自主驾驶区域完全覆盖指定的运输任务。具有这个值的车辆是一个专有的自主车辆 该部署还涵盖了目前车辆的全部部署，它是一个完全自主的车辆
驾驶员	一个接手驾驶任务的人
远程驾驶	驾驶任务由一个外部操作人员执行
代驾服务	受过专门训练的人员在特定制度中接管驾驶任务
额外运输设备	在部署的边界处，驾驶机器人协调车辆到额外运输装置的切换，使得该运输装置可以继续运输任务 可能的例子是在公路列车或类似于电子拖杆的概念的帮助下，城市车辆的长途运输

如果考虑驾驶员（驾驶员值），则必须有车辆控制界面（驾驶员工作场所）可用。另外，假定有能力持有驾驶执照的人是自动驾驶区域之外的乘客。对于其他情况，从今天的角度（远程驾驶和试点服务）来看未来的价值观，需要为这些替代方案提供必要的服务/接口。

2.4.9　特征 I：干预方案

2.4.9.1　动机

根据 Donges[3] 所述，导航、指导和稳定这三个主要驾驶任务需要充分地指导车辆到达目的地。Löper 和 Flemisch[6] 以及其他人用控制取代了稳定。控制任务涵盖车辆动力学不稳定情况下的稳定性和车辆控制。所以，主要的驾驶任务将是导航、指导和控制。

根据全自动驾驶的定义，驾驶任务完全转移到驾驶机器人。当驾驶机器人得到目的地的指示后，它进行了导航、指导和控制任务，并将车辆指导到期望的目的地。虽然驾驶机器人将执行这些任务，但内部系统架构并不一定以这种方式构建。

相比之下，除了危险情况（电子稳定控制、防抱死制动系统、自动紧急制动）外，驾驶员可对当前车辆进行控制（覆盖能力）。他/她在驾驶员工作场所履行驾驶任务时，可以选择纠正辅助系统的行为，即覆盖它们。

因此，乘员以及驾驶机器人这两个实体，基本上都具有控制车辆的能力。

此外，还存在远程车辆操作（远程操作）的思想和概念，其中车辆外部的实体介入车辆指导。如果通信链路以及与车辆外部世界的相应接口存在，那么这些外部实体也具有影响车辆控制的能力。因此，可以区分内部、车辆和外部三类，他们都可以在自动驾驶中干预车辆控制。

为了简化这一特征的描述，乘客（成年人、未成年人、残疾人士等）被归纳为内部团体。车辆外的影响（执法机构，如警察；登记车主，如果不是内部团体的一部分；授权代理人等）被归纳为外部团体。

如果这些实体被单独考虑，以下是有关其干预选择的问题：

1. 实体可以干预哪个层面的车辆控制权？
2. 实体有权干预哪一级车辆控制？

第一个问题通过用例的车辆概念来回答。如果该实体应该具有干预选项，则向该实体提供车辆概念中的适当接口。

第二个问题需要一个法定规则，根据其属性和职责，确定哪些授权被分配给实体。在这一点上，没有进一步阐述谁设定和检查这些规则，是否有不同级别的某种驾驶考试，以及是否需要诸如驾驶执照或访问代码等的授权。

由此可见，车辆所提供干预措施的选择方案以及实体拥有的干预权限如下：

1）车辆概念提供了三个级别（导航、指导和控制）的干预选择，并且该实体被授权介入同一级别的驾驶任务。因此，实体可以进行干预。

2）车辆概念提供了选择，但实体无权在一个级别进行干预。这种情况与坐在驾驶员座位上的小孩有关。对于用例，假设在这种情况下，法律规定了实体的干预。

3）车辆概念不提供选项，但实体有权在一个级别进行干预。这与后座不能进行干预的驾驶员有关。

4）用例提供了一个级别的选项，但实体有权介入不同级别的驾驶任务。同样在这种组合下，实体无权进行干预。

只有通过组合（1），驾驶机器人才能在一个级别的驾驶任务上受到实体的影响和/或否决。

对于用例的描述，列出了至少一个授权与车辆概念的一个可用选项相匹配的那些实体。

另外，假设法定的规则也会给予[17]惩罚，从而排除滥用。这个假设也适用于当前的车辆概念。例如，不是技术阻止儿童驾驶车辆，而是相关的法定规定以及所需的监督。

如果同时考虑这些实体，这些实体能够在三个级别上同时采取行动，则第三个问题就适用。

3. 哪个实体是主导的，在同时干预产生冲突的情况下，实体的层次结构如何定义（图2.9）？

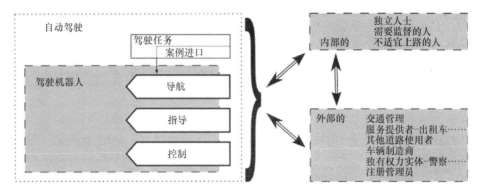

图2.9 实体间干预措施的驾驶任务冲突

为了回答关于用例描述的问题，实体的干预必须归于一定的层次结构。哪个实体主导，从而决定车辆在不同级别的驾驶任务时的行为？实体的层次结构需要在车辆设计中实现。

在这一点上，需要承认的是，除了实体的层次结构之外，还需要为驾驶任务进行层次结构设计。控制总是推翻指导，指导总是推翻导航。因此，另外定义了内部或外部实体只能在一个级别上进行干预。优先权最高的实体抑制其他干预措施。

通过自动驾驶，还可以专门运送不能执行驾驶任务的人员或改变驾驶任务。然而，为了给乘客提供尽可能快的安全退出，安全出口作为特殊驾驶任务被引入。如果乘客以最高优先权进入安全出口，那么他/她可能不必改变旅程的目的地，但可以尽快离开车辆。

2.5 一般定义

以下是下一部分将使用的基本术语定义：

导航——根据Donges[3]所述，导航包括从可用的道路网络选择适当的行驶路线以及对预期时间要求的估计。如果有关于当前干扰的信息，例如事故、道路工程或堵车，则可能需要改变路线规划。

指导——根据Donges[3]所述，指导的任务基本上是从前方道路的情况导出适当的命令变量，如预期的轨迹和设置点速度以及计划路线。部分指导也是预期性地介入开环控制，为设定值和实际值之间的最低偏差创造有利条件。

稳定（控制）——为了完成稳定化任务，根据Donges[3]所述，驾驶员必须采取纠正措施，将闭环控制的偏差稳定补偿到一个驾驶员有能力处理的水平。

只有驾驶员——根据BASt[1]，无自动化（0）级别："驾驶员连续地（贯穿整个行程）来完成纵向（加速/制动）和横向（转向）控制。"

辅助的——根据BASt[1]，自动化的第一（1）级别："驾驶员连续地完成任一横向或纵向控制。另一个/剩余的任务仅由自动化系统以某种程度来完成。"

- 驾驶员必须永久监控系统。
- 驾驶员必须随时准备接管车辆的完全控制权。

全自动——根据BASt[1]，自动化的第四（4）级别："在个别规格的应用程序内系统完全接管横向和纵向控制。"

- 驾驶程序不需要监视系统。
- 在达到规定的应用限制之前，系统请求驾驶员接管，并给予其足够的缓冲时间来处理。
- 在接管没有实现的情况下，系统本身将回到最小的风险状况。
- 系统检测到所有系统限制，能够在所有情况下恢复到最低风险状态。

自动驾驶——对于自动驾驶，驾驶任务[3]以所谓全自动化的方式被执行（根据BASt[1]，自动化的第4级别）。通过假设机器行为保持在初始设置的行为框架中来扩展这个定义。

机器的驾驶性能——机器的驾驶性能是与感知、认知能力、行为决定以及行为执行相关的能力。

驾驶机器人——驾驶机器人是执行机器人（驾驶）功能的实现。驾驶机器人由硬件组件（传感器、处理器和执行器）和软件元件组成。它充当硬件和软件，相当于如今驾驶员作为主体的角色（对于该系统的定义用语仍是不完整的，所以欢迎其他建议）。

全自动汽车——全自动汽车可以行驶几乎所有的自主航线，与只有驾驶员的汽车处于同一水平。这个定义超出了BASt[1]的定义，因为它定义了车辆，而不是自动化程度。

完全自主汽车（仅有自动化的车辆）——完全自主汽车是指该车可以自主地驱动其行驶在从被指定起点到目的地的所有路线的车辆。这个定义超出了BASt[1]的定义，因为它定义了车辆，而不是自动化程度。

运输任务——运输任务描述了从一个开始位置运送到目标位置的限定运输物体（车辆、货物、乘客等）。运输任务的例子包括停泊车辆或承载乘客[20]到达所请求的目的地。

驾驶任务——驾驶任务描述的是执行从旅程开始到目的地的运输任务。

安全出口——安全出口是一个特殊的驾驶任务。它以最快的方式将车辆切换到允许乘客安全地离开车辆的系统状态。

驾驶员——驾驶员是车辆的操作人员，无须进一步指定驾驶能力。这意味着在拥有驾驶执照的人群范围内。驾驶员是非全自动驾驶自主权的主体。

风景——根据 Geyer 等人[8]的定义，风景是车辆的静态环境。这考虑到预定道路类型、车道数、曲率、交通标志和交通信号灯的位置以及静止物如建筑区域和自然（例如灌木和树木）或人造物体（如建筑物、墙壁）等的几何形状。

动态元素——根据 Geyer 等人[8]的定义，动态元素是临时的、空间可变的元素，如其他道路使用者、交通灯状态、光线以及交通状况。

场景——根据 Geyer 等人[8]的定义，场景由风景、动态元素和可选的驾驶指令构成。一个场景从上一场景的结束开始，或者如果是第一个场景则从初始场景开始。在场景中，定义了元素、它们的行为以及自主驾驶车辆的位置。在场景中动态元素改变其状态。

情况——情况关于用例描述的明确定义还有待确定。特别是，"客观，完整情况（描述）"必须与"主观，投射情况（描述）"区别开来。

操作区域——一个空间和/或时间区域，通过场景明确地指定，通过速度隐含地指定，其中，所述车辆能够通过驾驶机器人的操作来自主移动。

操作限制——操作限制通过场景明确地指定，通过速度隐含地指定，因此是所述驾驶任务交接的可预测边界。

功能限制——这是一种出现在允许的操作范围内的情况，但是不能够被详细预测，这与继续自主旅程矛盾。即使限制是不可预见的，驾驶机器人也会在早期就认出它。

应用许可

本章根据知识共享署名 4.0 国际许可（http：//creativecommons.org/licenses/by/4.0/）的条款进行分发，允许通过任何媒介或格式使用、复制、改编、分发和再创作，只要您对原始作者和来源给予适当的说明，提供知识共享许可链接，并指出所做的任何更改。

本章中的图片或其他第三方材料均包含在作品的创作共享许可中，除非在来源中另有说明；如果这些材料不包括在作品的知识共享许可中，并且法律规定不允许相应的操作，那么用户需要获得许可证持有者的许可才可以复制、改编或再创作材料。

参 考 文 献

1. Gasser, T.M., Arzt, C., Ayoubi, M., Bartels, A., Bürkle, L., Eier, J., Flemisch, F., Häcker, D., Hesse, T., Huber, W., Lotz, C., Maurer, M., Ruth-Schumacher, S., Schwarz, J., Vogt, W.: Rechtsfolgen zunehmender Fahrzeugautomatisierung. Gemeinsamer Schlussbericht der Projektgruppe. Berichte der Bundesanstalt für Strassenwesen - Fahrzeugtechnik (F), vol. 83. Wirtschaftsverl. NW Verl. für neue Wissenschaft, Bremerhaven (2012)

2. Based on the understanding of autonomy according to Immanuel Kant interpreted by Feil, E: Autonomie und Heteronomie nach Kant. Zur Klärung einer signifikanten Fehlinterpretation. Freiburger Zeitschrift für Philosophie und Theologie, 29/1-3, (1982), S. 389-441 (Printed in Feil, E. Antithetik neuzeitlicher Vernunft. „Autonomie – Heteronomie" und „rational – irrational", Göttingen 1, Teil I, S.25-112.)
3. Donges E.: Fahrerverhaltensmodelle. In: Winner H. et al. Handbuch Fahrerassistenzsysteme, 2. Auflage, Vieweg + Teubner Verlag, Wiesbaden, p 15-23, (2012)
4. Kempen B.: Fahrerassistenz und Wiener Weltabkommen. in 3. Sachverständigentag von TÜV und DEKRA: Mehr Sicherheit durch moderne Technologien, Berlin 25.-26. February (2008)
5. Kategorien der Verkehrswege für den Kfz-Verkehr (3.4.1) out of Richtlinien für integrierte Netzgestaltung Edition 2008 . Distinguished are Autobahn, Landstraße, anbaufreie Hauptverkehrsstraße, angebaute Hauptverkehrsstraße and Erschließungsstraße. The definitions are translated freely.
6. Löper C., Flemisch F. O.: Ein Baustein für hochautomatisiertes Fahren: Kooperative, manöverbasierte Automation in den Projekten H-Mode und HAVEit, 6. Workshop Fahrerassistenzsysteme, Hößlinsülz, (2009)
7. Dickmans E. D.: Subject-object discrimination in 4D dynamic scene interpretation for machine vision, Proc. IEEE-Workshop on Visual Motion (2009)
8. Geyer, S.; Baltzer, M.; Franz, B.; Hakuli, S.; Kauer, M.; Kienle, M.; Meier, S.; Weißgerber, T.; Bengler, K.; Bruder, R.; Flemisch, F. O.; Winner, H.:Concept and Development of a Unified Ontology for Generating Test and Use Case Catalogues for Assisted and Automated Vehicle Guidance, IET Intelligent Transport Systems, Accepted to publish (2013)

第1部分　人类和机器

克里斯蒂安·格雷斯（J. Christian Gerdes）

驾驶行为唤起了一系列强烈的和非常人性化的情感。无论是汽车行驶时的自由感、交通堵塞时被困的沮丧感、碰撞即将发生时的恐慌，还是行驶在道路上听着广播中最喜欢歌曲时的喜悦感，驾驶行为都属于一种人性化的体验。然而，随着自动化车辆的出现，这种体验开始发生了改变，无论是对于自动化车辆的乘客，还是必须步行或开车于这些自动化车辆周围，并将其作为一种交通社会体验的其他道路使用者。汽车不再仅仅是驾驶员的延伸，而是成为自主的代理人，遵循人类社会的规则行驶。考虑到人类和机器之间的关系有时会令人担忧，人类和机器之间的新互动又将会是什么样子呢？

法比安·克罗格（Fabian Kroeger）通过展示我们的文化遗产反映了我们对自动化的看法，为这次讨论奠定了基础。在"自动驾驶的社会历史和文化背景"中，他详细介绍了自动化车辆概念的悠久历史以及媒体对其的态度，此文章始于对自动化驾驶技术的乌托邦愿景。他的文章追溯了从早期的乐观主义到近期更加警示性主题的电影对我们自动化未来发展的描述。这构成了剩下的章节中的一个核心问题——如何克服人机交互的挑战来实现这项技术。

这种交互的一个关键方面是自动化车辆如何遵守人类世界坚守的道德标准。帕特里克·林（Patrick Lin）用"为什么关于自主汽车伦理很重要"的综合性讨论来展开这个讨论。即使可以想到最好的技术，有时候，与人类驾驶员共享道路的自动化车辆也将不可避免地发生碰撞，程序员必须决定在出现这种情况的时候该怎么办。正如林（Lin）表示的那样，这样的决定会引起公平问题、歧视问题以及意想不到的后果，这些问题必须经过深思熟虑。克里斯蒂安·格雷斯（Christian Gerdes）和萨拉·桑顿（Sarah Thornton）借此近一步讨论了编程方面的"自动化车辆的可实现道德规范"。他们将哲学概念映射到工程概念，演示了如何将不同的道德推理方法转化为自动化车辆决策的算法。然而，对于自动化车辆道德框架的正确选择并不明显，他们认为，采取更具有道德规范或基于规则的方法来解决困境，以及采取结果论主义或基于结果的方法来处理交通事故是有好处的。

交通的互动和社会接纳不仅取决于自动化车辆的编程，而且取决于周围人对自动化车辆的理解或者说误解。英戈·沃尔夫（Ingo Wolf）在《互动人类和自主代理》中，讨论了心智模型的心理学概念，以及这些模型如何成为定义自动化系统与人交互的关键。他概述了人类和自动化车辆之间的相互交流的几种可能的心理模型，并且使用在线调查的结果显示了目前大家对该技术的看法。

这部分的总结是针对非正式的沟通渠道所展现的特殊挑战，人们常用非正式的沟通渠道来了解其他道路使用者的意图，或向他们发出信号。贝特霍尔德·法伯（Berthold Faerber）在《自主车的谈判/通信》《其他道路使用者的误差补偿》中论证了非语言沟通，如眼神交流和手势的重要性。这产生了一系列问题，例如如何与自动车辆驾驶座中并未实际驾驶的人进行眼神交流，以及可能存在的新交流方式。

第3章 自动驾驶的社会、历史和文化背景

Fabian Kröger

3.1 介绍

历史上人类对汽车自主权的迷恋主要依靠于驾驶员对加速踏板、转向盘和制动器的控制。在1963年，学者罗兰·巴特（Roland Barthes）观察到，驾驶汽车是唯一一个对权力的热爱和想象力没有限制的领域[3,p.241]。社会学家亨利·雷菲夫（Henri Lefebvre）还强调，汽车是在越来越受控和受管理的社会中，机会和风险的最后避难所[23,p.192]。

然而，隐藏在这个风险中的，不仅是自由，还有意外的致命威胁。在这个意义上，文化科学家 Köte Meyer-Drawe 强调，这款车既是"现代主义乌托邦"的产物，却又与之对抗[27,p.111f]。

因此，人类关于自动驾驶的愿景最早在自动转向车的梦想中出现，可以让我们安全地到达目的地。令人吃惊的是，这个愿望在过去的100年中一直都差20年来实现[50,p.14]。在由驾驶员驾驶的汽车和运送乘客的汽车之间，显然不仅是一个技术突破，更重要的是一个文化的突破。无人驾驶车辆在我们对技术的想象中发挥了主要作用，它们的历史可以描绘出一幅丰富的蓝图。

以下文章从文化科学的角度追踪了无人驾驶车近百年的蓝图和技术历史中的一些核心元素（另见文献[22]）。主要关注点在于工业研究项目的技术和图案设计与文化想象力之间的关系。我们将看到自动化车辆的逻辑是如何在怪异和奇妙之间展开的⊖。

3.2 早期的航空和无线电技术奠定了基础

无人驾驶汽车的故事开始于20世纪上半叶的美国。当时，致命交通事故的急剧上升正在成为一个社会问题。早在20世纪20年代，比欧洲早30年，美国就开

⊖ 注：术语自动转向、自动驾驶和自主车辆在这里可以互换使用。

始了大规模的机动化。在第一次世界大战后的头四年，美国人在汽车事故中丧命的人数比法国的总和还多[32,p.25]。总体而言，在20世纪20年代机动车公路运输导致意外死亡的美国公民大约20万；到当时为止，死亡最多的是行人（同上，第21页）。

驾驶员的错误被认为是事故的主要原因。基础设施和车辆设计也是事故的关键因素，但其严重程度起初并没有得到承认。用技术来代替容易出错的人类的想法自然就诞生了。

航空和无线电工程领域的两项新技术的发展，是无事故自驾汽车首次变得可想象的物质条件：

首先，1914年6月在法国巴黎附近的贝赞斯（Bezons），劳伦斯·斯佩里（Lawrence B. Sperry，1892—1923）介绍了第一个陀螺仪飞机稳定器，到今天被认为是第一个航天自动驾驶仪。在惊讶的观众眼前，他的机械师在飞机飞行中爬上了右翼，而在驾驶舱，Sperry站起来，将他的双手举过头顶。该系统基于陀螺罗经，由他的父亲埃尔默·斯佩里（Elmer A. Sperry，1860—1930）发明[6,p.183]。尽管它并没有完全解除飞行员的导向任务，但它可以自动平衡飞机。约翰·海斯·哈蒙德（John Hays Hammond，1888—1965）在同一时间推出了一个自动航线稳定系统。斯佩里（Sperry）和哈蒙德（Hammond）的发明为航天自动驾驶仪商业化铺平了道路[11,p.1253ff;17,p.1258ff]。

其次，无线电技术是制造自动驾驶车的技术要求之一。无线电导航的新科学是通过无线电波远程控制移动机械装置[16,p.171]。这项技术主要由美国军方开发，那时美军正在试验远程控制鱼雷、船只以及飞机。

3.3 技术起点：无法自行转向的无人驾驶

这些开创性工作造就了第一辆无人驾驶汽车，它是由无线电航空服务的工程师于1921年8月5日在俄亥俄州代顿的McCook空军测试基地向公众介绍的。

2.5m长的汽车（图3.1）通过无线电由后方30m的一辆陆军卡车控制。从技术方面而言，这不是一辆自主驾驶的自动车，而是一辆远程控制车，仅仅是驾驶员在车外而已。值得注意的是，无人驾驶汽车的历史与军方息息相关，从一开始就有媒体的报道，并公布了原型的照片[33]。

在1925年，另一个名为"美国奇迹"的远程控制汽车在纽约百老汇行驶时引起轰动[37]⊖。它是由Houdina无线电控制公司开发的。军事技术也在这里发挥重要作用：Francis P. Houdina 曾在美军担任电气工程师。"美国奇迹"也被用于另一

⊖ 注：由于时代（TIME）的文章中的OCR扫描有缺陷，美国奇迹被错误地记录为Linnrican奇迹。这被许多文章转载。

图 3.1　第一个远程控制车辆（美国 1921 年）——The Daily Ardmoreite，1921 年 8 月 12 日[38,p.5]　图像版权：作者版权

辆车远程控制转向。

20 世纪 30 年代，这些远程控制汽车的各种分支出现在公众场合。一方面，它被用作商业广告车辆，因为它在吸引注意力方面具有显著的经济优势。在另一方面，它在林奇（J. J. Lynch）上尉的管理下的道路运输安全即所谓的安全游行（图 3.2）中发挥领导性作用。

从 1931 年到 1949 年，林奇（Lynch）在美国 48 个州中的 37 个州都进行了远程控制车辆的演示。1934 年还在澳大利亚进行了演示。他借助莫尔斯电键来操纵他前方车辆的制动器、转向盘和汽车的喇叭。一个球形天线负责接收代码，尽管也有报告显示在两辆车之间有一根电线相连。1933 年，在布法罗（Buffalo）和尤蒂卡（Utica）机场，这辆车甚至由一架飞机控制。

无人驾驶车辆几乎完全适合运输安全运动。林奇在驾驶安全运动中强调，现代汽车的安全取决于驾驶员。由于无人驾驶汽车遵守所有交通规则，它将成为汽车驾驶员的一个模范。

图 3.2　在安全游行的远程遥控车辆（美国，20 世纪 30 年代）- 魔术汽车证明安全性，先驱政治家（The Herald Statesman）杂志，1936 年 7 月 28 日，第 1 页　图像版权：作者版权

3.4　怪异与奇妙之间的位置

新闻媒体宣称远程控制汽车为幽灵汽车[34]、机器人汽车[36]或魔术汽车[35]。这些隐喻表明，无人驾驶汽车从一开始就被认为是一个梦幻般的物体。直到今天，茨维坦·托多洛夫（Tzvetan Todorov）将其归结为幻想文学中怪异和奇妙之间的位置[44]。

"我们不用握着转向盘即可飞快地开走汽车，飕飕转弯，躲开其他有同样良好动力的车辆，也不需要按喇叭"[20,p.7f]。在他早期的自动化乌托邦中（1930 年），德国作家沃纳·利灵（Werner Illing）把他的惊奇描述为"秘密自动转向汽车"（同上，第 37 页）。我们正在进入一个"自动机器"取代"手工做工"（同上，第 19 页）的社会，还有手动转向操作。"最让人惊讶的事情是，自动驾驶汽车……表现得仿佛已经熟练掌握了所有可能的交通规则。"（同上，第 38 页）。在美国的林奇安全展会上，无人驾驶汽车的独特魅力同样在于其能遵守社会规范行驶。

文学乌托邦的技术层面也同样得到了解释。每辆车在前面都安装一个小的棱镜，它与那些"不明显嵌入房屋墙壁内"的交通信号灯通信。"这些机械眼通过交替的反射图像调节速度和转向"（同上）。它甚至有一个导航系统让人想起今天的 GPS 设备：

我发现一个金属板代替了转向盘，金属板上非常精细和清楚地蚀刻了城市的地图。上面是一个尖锐的指针。在汽车运行起来并跑进我从来没有到过的街道之前，我几乎不会去移动它（同上，第 38 页）。

对奇妙的自动转向汽车进行描述之后，随之而来的是对其怪异潜力的文学修饰。在他的短篇小说《生命机器》（1935 年）中，美国科幻作家戴维·H. 凯勒（David H. Keller）描述了用语音指示来导航自动驾驶汽车的发明[21]。刚开始，阐明了它的好处。"活机器"使得交通事故发生率下降，同时向新用户拓展开放了汽车（同上，第1467页）：

老年人开始用自己的车穿越大陆。年轻人发现无人驾驶汽车令人羡慕。盲人第一次驾驶是安全的。父母发现用新型的车比原始的需要驾驶员的老车送孩子上学更加安全（同上，第1470页）。

当一名机械师注意到汽车有了生命时，这个故事就转向了。"失去控制的汽车行驶在高速公路上，追赶行人，杀死小孩，撞碎栅栏"（同上，第1473页）。这种对无人驾驶机器失去控制的幻想将成为该世纪其余时间的主要模板。

3.5 只有无人驾驶的汽车是安全的汽车

该无人驾驶汽车在美国道路安全教育电影《最安全的地方》（1935 年）中首次亮相于荧屏。这部短片是通用汽车公司（GM）委托 Jam Handy（1886—1983）制作的，展示了一辆没有驾驶员的汽车以模范的方式遵守交通规则。该车辆总是待在自己的车道上，在转弯时从不忘记打转向灯，遵守所有停车标志，从不在危险的角落超车。林奇（Lynch）也给出了类似的理由，为无人驾驶汽车的安全活动造势。

《最安全的地方》并没有描绘出自动驾驶汽车在技术上可实现的愿景，而是作为进一步思考的道德模型。在这部电影中，只有驾驶员对事故负责。对于驾驶汽车的安全性来说，驾驶员被描述为对于驾驶汽车的安全性比技术更重要的存在——这就是为什么它们应该像自动装置一样运行。

这部电影的盲点是机器：它不被视为一个风险因素。事实上，当驾驶员没有犯错时，事故也会发生。这并不奇怪，因为当时的汽车行业还没有确信进行安全研究是必要的[42,p.161]。从视觉上看，这部电影总结了这个绝对可靠机器的悖论。相机从后座拍摄汽车的内部，仿佛一个幽灵的手转动转向盘。前座是空的。

这种方法值得注意，因为自动驾驶汽车似乎已经把所有的乘客都蔽掉了。他们的身体已经从汽车里消失并脱离了画面。他们现在坐在汽车的外面，面对电影屏幕。只有他们的目光才能使观众视觉上将自己放回到汽车旅行者的位置。以讽刺的方式，这部电影指出了安全与自由之间的矛盾：只有空车时才安全吗？

3.6 导线成为乌托邦指导原则

围绕无人驾驶汽车的不仅是文学和电影的幻想。差不多同一时间——在 20 世纪 30 年代中期，美国石油和汽车工业开始与城市规划师、工业设计师、建筑师、运输研究人员和决策者一起为未来的高速公路进行超现代设计[50,p.2]。此时，自动驾驶远离早期远程控制的尝试，并升级为自动化运输系统的指导原则。自动街道的概念被投射到真实的场景中，尽管没有计划立即实施。它更像是重建对资本主义信任的灯塔。许多美国公民因经济大萧条而失去了对技术进步的信念。因此，规划精英们被吸引到宣传助推器中去，他们的目的是为了让人们对技术进步重新恢复信心。

大众科普杂志，如《大众科学》和《大众机械》在这方面发挥了重要作用。人们在科普杂志中进行大量描绘，这使他们成为研究历史记录的宝贵来源。在1938 年 5 月，《大众科学》首次报道了未来的自动运输[31]。作者介绍了所谓的导线设想，即使直到 20 世纪 70 年代仍然是文化指导原则。所有的车辆都要跟随一根埋在地面下的电磁线，它的脉冲可以调节车辆速度和转向（同上，第 28 页）。设计的理由是需要结束由人为驾驶错误和恶劣道路造成的"杀伤"（同上，第 118 页）。令人惊讶的是，早期的导线设想预见了从手动控制切换到自动控制的方式（同上，第 27 页）。

特别有趣的是，插画家本杰明·古德温·塞伊尔斯塔德（Benjamin Goodwin Seielstad，1866—1960）所绘制的绘画，它开发了一种乌托邦式的绘画语言，这种绘画语言在过去几十年里不断出现在与自动驾驶相关的描绘中（图 3.3）。

首先，我们利用鸟瞰图来观察未来的高速公路，这条路笔直地指向了地平线上的一个消失点。闪闪发光的白色道路在它们穿过全景的地平线时融合。这一观点强调了进步之路走向更美好的明天。战略部署的消失点强调了图片的信息。在它与观众一同前行，并带其远离，这与乌托邦有着密切的联系。

其次，如此高的视角强调了全景的意义。高速公路的景象似乎是热气球的视角。视觉上的距离强调，这一愿景只是在草稿上，我们与布洛赫（Ernst Bloch）一起将其命名为"欲望之景"[5,p.935]。

《大众科学》请求哈佛大学街道交通研究局局长米勒·麦克林托克（Miller McClintock，1894—1960）来解释文章中所示的愿景。麦克林托克（McClintock）是美国交通规划最重要的策划者之一[32]。早在 1925 年，他在博士论文中就分析了交通堵塞和事故的原因，并制定了新的交通规则和道路施工工程原则[26]。

大型石油公司为自动驾驶提供了重要动力。在 1937 年春天，壳牌（Shell）召集了麦克林托克（McClintock）与贝尔·盖德斯（Bel Geddes）一起。在一个壳牌（Shell）广告中，他们设计了《明日之城》中的一个未来城市的模型[32,p.249]。1932 年，贝尔·盖德斯（Bel Geddes）[4]在他的著作《视野》（Horizons）中已经写了关于城市化和汽车的设计，但是壳牌（Shell）的工作，第一次让他建立了自动高速公路的愿景。1938 年 5 月，他成功说服通用汽车为 1939 年纽约世界博览会进一步开发了壳牌（Shell）模型。

第 3 章　自动驾驶的社会、历史和文化背景

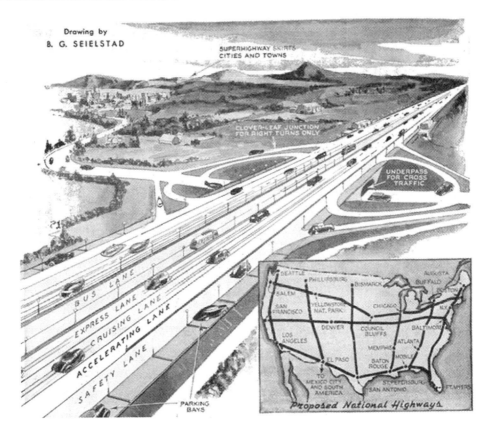

图 3.3　第一个自动高速公路的插图之一（详细）B. G. Seielstad 绘画，
大众科学，1938 年 5 月，第 28 页　图像版权：作者版权

3.7　通用汽车的未来世界展示的无人驾驶运输

"奇怪？奇妙？神奇？难以置信的？记住，这是 1960 年的世界！"[13,p.8]。在世界博览会上，无人驾驶汽车的乌托邦幻想被赋予了它的第一个大舞台。"构建明天的世界"是博览会的口号，承诺在技术上改善未来，而日常生活却充实着经济萧条和迫在眉睫的战争。在世界博览会上，最受欢迎的展示是通用汽车公司的未来传奇系统——Futurama，它具有未来交通系统模型。术语 Futurama 来自希腊语 horama（英文：sight）。为了能够展望未来，展会的参观者必须进入由建筑师阿尔伯特·卡恩（Albert Kahn，1869—1942）设计的流线型建筑，穿过弯曲的坡道，其美感让人联想到未来的高速公路以及上述的乌托邦进步之路。

建筑里面是令人期待的 552 个装在传送带上的毛绒扶手椅。参观者坐在毛绒扶手椅上在贝尔·盖德斯（Bel Geddes）设计的 3000m² 的巨大的模型中漂浮了

37

16min。这个 700 万美元的仿真模型涵盖了 100 万栋房屋，100 万棵树和 5 万辆玩具汽车[25,p.110;30,p.74]。通过扩音器的讲解，参观者可以了解他们在下面看到的东西：1 万辆动画模型车，沿着一条 14 车道的高速公路行驶，它们通过无线电波保持在车道上，这展现了未来的自动交通。在这里，只有加油站不见了，他们会提醒参观者这一愿景对石油的依赖。参观者也寻求教会帮助，不过是徒劳的，因为整个 Futurama 已经是一个让人崇拜的地方，是对超越技术的承诺的致敬。

与《大众科学》相似，直到 1927 年一直在剧院工作的贝尔·盖德斯（Bel Geddes），他把所有的一切都押在这个产品的视觉化上："让每个人都能理解 Futurama 的最好的方法之一就是使其生动化、戏剧化"（引自文献［50,p.24］）。其目的是塑造观众对 Futurama 的欲望，强调业界对未来文化的主张。为此，需要的是影像，而不是技术设计。Futurama 的任务不是启发开导观众，而是让他们进入想象的境地。在这里公众如何看待未来跟看到了什么一样重要。他们模拟了"飞行员的上帝视角"，现代主义的规划者在他们的注视下，看着混乱的城市，希望能控制他[30,p.77f]。与此同时，在超级英雄时代（第一部超人漫画出现在 1938 年）也出现了 Futurama 的想法，它在地球上的地位可以被解读为将人们从大萧条中解救的寓言。与高度发达的图像景观相比，自动高速公路在技术上应该如何运作却是模糊不清的。这种不平衡是所有技术乌托邦的典型特征。通用汽车公司只会透露，在改变车道时，被模糊描述的"专家"将从控制塔引导汽车驾驶员行驶[13,pp.6,8]。显然，驾驶员应该保持对车辆的控制，但同时也要服从一个人类的指挥，他通过无线电来传送指令。实际上，根据詹姆斯·韦尔莫尔（James Wetmore）的说法，没有迹象表明贝尔·盖德斯（Bel Geddes）的高速公路曾被研制过[50,p.5]。

然而，今天我们仍然感受到 Futurama 的巨大文化冲击。展会两年后，科幻小说家罗伯特·A. 海因勒明（Robert A. Heinlein）已经将 Futurama 著名的自动化高速公路融入了他的小说《玛士撒拉的儿童》（1941）[18,pp.5,27;39,p.27]。他的书明确了控制中心监督的自动化交通。

除此之外，海因勒明（Heinlein）预先描述了 20 世纪末在许多电影中将出现的一个话题：全面的道路监视，每一辆汽车都不可能逃脱。在海因勒明（Heinlein）的小说中，主人公只能手动控制驾驶通过栅栏将自动车道关闭到不受控制的正常道路上[18,p.27f]。

3.8 导线原理的审视

在 1953 年流行的科学杂志 *MECHANIX* 画报曾问过："为什么我们没有……防碰撞的高速公路"[15,pp.58ff,184]。第二次世界大战打断了自动驾驶的梦想。在 20 世纪 40 年代汽车产业集中在军用车辆生产上。在战后时期，无人驾驶汽车的乌托邦再次回到人们生活中。战争中开发的新技术现在用于民用。导线原理在技术上变得更加成熟。人们觉得自动驾驶应该是用磁铁探测器实现的,因为它们已经在第二次世界大战中被用来探测地雷。雷达技术——也是军事发明——是为了控制与前方汽车的距离。

这篇文章中的插图(图3.4)用它的鸟瞰视角拍摄了一幅高速公路的全景图,

图3.4　自动驾驶进一步发展的全景图 USA 1953—Mechanix Illustrated,1953年7月,第58页　图片版权:作者版权

与上面提到的1938年的绘图非常相似。然而,现在的这种视角被拉低下来,就好像观众从道路旁边的一栋建筑里看了一看。这里的图片表明,自动驾驶已经越来越近了。这些车辆也显得更加细致,车身的设计比1938年的绘画更具有未来感。

该图描述了处于新旧过渡阶段的自动驾驶技术概念。驾驶员双手离开转向盘,并转向后座上的乘客方向。但是前排的乘客必须扭着身体才能够与后座的朋友们交谈。图画中的驾驶员的手显然不能随意地离开转向盘并且自由地转动前排座椅。除此之外,图片中强调可以通过手动操作退出磁力通道,说明公众还未对全自动驾驶做好准备。

3.9　在自动驾驶汽车中的一家人

1956年,美国独立电子电力公司[1]在《LIFE》杂志上投放了一则广告

(图 3.5)，给出了迄今为止对自动驾驶汽车最为详细的描述。

图 3.5　全景图的详细版—Magazine vol. 40，Nr. 5，30. 1956 年 7 月，
第 8 页　图片版权：作者版权

在图像的前景部分，我们可以看到一辆轿车正沿着高速公路的中间车道向着远方疾速行驶。值得注意的是，该图除了运用了中心透视法之外，也采用了下沉视角。因此在这幅图中，我们获得了高远而宽阔的视角，并且能够看到车内清晰且真实的景象。

占据了整幅图画的一半以上的玻璃穹顶引人注目，吸引着我们窥视汽车的内部：一家四口坐在一张桌子旁，汽车仿佛已经成了一个客厅。所有的家庭成员都被描绘成符合当代社会习俗的样子。父亲在驾驶座上，但是他的双手已经离开了转向盘。母亲和女儿正在玩多米诺骨牌，而儿子正在玩他的模型飞机。因为汽车沿着固定道路的虚线飞驰，这家人的身上显然都没有系上安全带。

这副图画体现了这样一个主题：自动驾驶汽车是首要的建立和谐家庭的理

想平台。1954 年，畅销女性杂志《McCalls》如此定义理想家庭：共同交流，分享彼此[28,p.180]。这种"家庭团结"的思想迅速成为全国人民的理想。20 世纪 50 年代被认为是家庭的"黄金时代"，尤其体现在较早的结婚年龄和低离婚率上。这可以理解为在战争以及大萧条的影响下，人们的工作环境愈加压抑，导致人际关系恶化，人与人之间的交流变少，而家庭恰恰是缓解这一困境的良方（同上，第 177 页）。在这种时代背景下，这份广告通过展现美好的家庭生活作为沉闷工作环境的对立面，具有很大的吸引力。事实上，如今自动驾驶汽车的主要承诺之一就是能够将人们花在驾驶车辆上的时间转而花在陪伴家人上面。

3.10 州际体系和魔幻之路的梦想

第二次世界大战结束 10 年后，随着朝鲜战争的结束，美国经历了戏剧性的变化。消费型社会开始蓬勃发展。自 20 世纪 20 年代以来，随着汽车工业的欣欣向荣，汽车成为美国人民生活中不可缺少的一部分，并且正在迅速地改变这块大陆的面貌。

其中 1956 年建设的跨地区州际高速公路意义非凡。沃尔特·迪士尼的电影《魔幻之路》（1958 年，Ward Kimball 导演）就讲述了巨型高速公路发展的历史[43,p.112f;48]。该片采用混合了纪录片和动画片的叙事手法讲述了关于美国道路的故事。大规模的机动化造成了一些不良后果，如交通事故、交通堵塞等，而这造就了故事中高速公路工程师耀眼的人物形象，因为他将通过建设道路来消除所有不良情况。

这部动画也与《LIFE》杂志的广告一样，讲述了自动驾驶与美国理想家庭的联系（电影《魔幻之路》，39′00″）。这个问题的症结在于父权制社会、饱和的就业和消费。在动画里，一家人进入一辆未来汽车。之后父亲在一个控制台上输入目的地，他通过一个可视电话举行商务电话会议，随后在办公室下车，而母亲和儿子则驰往购物中心。

自动驾驶对实现理想家庭的帮助也体现在郊区到市区漫长的车程中。在1948—1958 年美国组建的 1300 万个家庭中，有 85% 在郊区[28,p.183]。这对实现"家庭团结"造成了很大阻碍。由于每日的上班通勤，大多数的父亲几乎没有时间去参与家庭活动（同上，第 184 页），他们的妻子忙于开车带孩子去学校、上音乐课和看医生，因此他们缺乏与社会间的接触，他们的生活变得孤独且无聊。在这方面，这部电影给了一个关于两性劳动分工的非正常画面，因为它省略了带孩子的工作。

电影《魔幻之路》结尾是如下画面：一辆自动驾驶汽车行驶在高速公路上，向着红色的落日缓缓前进。自 20 世纪 30 年代以来，我们再次遇到了大众化的乌托邦美学。沃尔特·迪士尼用言语总结出对于道路将所有国家相连的态度，"使全世界的人民相互理解"(电影 47′05″ – 47′25″)。自动驾驶引导我们,就像"一个魔毯带领我们飞往新的希望、新的梦想一样,实现未来的美好生活"。毫无疑问,未来的先进技术将是实现这一理想的重要一环。

3.11 导线视觉技术的实现及应用

到目前为止,我们已经看到了在文学、电影及印刷媒体领域里,自动驾驶汽车是怎样被描绘成 20 世纪 30 年代以来的乌托邦梦想中的一部分。在 20 世纪 50 年代,随着汽车技术的不断发展,实现自动驾驶成为可能,这些在文学和视觉领域的高科技幻想又获得了新的生命力。

1953 年,通用汽车与电子制造商美国无线电公司(RCA)一起测试自动驾驶道路的微型模型[50,p.6]。1956 年,无人驾驶在 Firebird Ⅱ 概念车的帮助下得到推广,该车当时是旅游促销秀的一个部分。迈克尔·基德(Michael Kidd)导演的电影《通往未来的钥匙》也提到了这辆概念车。在电影中,一家人被堵在路上,幻想着驾驶可以使他们获得更舒适驾驶体验的 Firebird Ⅱ,带领他们逃离困境。在一座控制台里,一名工作人员将这辆车引入自动快车道。车辆随即按照导线行驶,父亲就和开飞机一样可以在仪表板上推动控制杆。但是在那个年代,这个系统在技术层面上并没有实现。

1958 年 2 月 14 日,第一批"自主引导汽车"在通用汽车技术中心(密歇根州)[14]完成了长度为 1mile 的道路测试。工程师们在一辆 1958 款雪佛兰的车辆前部安装了两个电子传感器,用于跟随布置在沿途道路上的电线,并相应地调整转向盘[24,p.76]。在这个项目中,通用汽车借鉴了电视先驱弗拉基米尔·兹沃里金(Vladimir Zworykin, 1888—1982)的研究。

科普杂志极尽详细地描述了这些实验,使其与那些技术化乌托邦的图画明显地区分出来。例如,在 1958 年,《科技新时代》杂志报道了通用汽车的试驾测试实验(同上,pp. 75 ff, 227)。第一张照片显示,一个年轻的女孩微笑着将双手脱离转向盘,并把手悬空(图 3.6)。

这类标志性的照片,早到 1914 年 6 月,就被 Sperry 在航空自动驾驶实验中展示"解放双手",时至今日,在自动驾驶主题下被一次又一次地提起。这种照片显然非常经典,向上的手让人联想人们在祷告时的手势,那些祈祷者在祈求神的恩典。

两张简单的照片展示了这种神赐恩典的实现过程。在第一张照片中,建筑工人正在道路上铺设电缆,第二张则是一张控制电脑的图片。这些照片证明了自动驾驶的实际可行性,以区别于那些乌托邦的幻想。

在同一年(1958 年),通用汽车推出了没有转向盘的 Firebird Ⅲ 原型。在中央控制台是一个操纵杆(单一控制),统一了所有的驾驶功能——加速、制动和转

图 3.6 1958 年通用汽车的自动驾驶测试——科技新时代，1958 年 5 月，第 75 页 图片版权：作者版权

向，而导线视觉则保持不变。

3.12 科技乌托邦的副产品——巡航控制

在 20 世纪 50 年代中期，一些已经实现了的技术应用被添加到了电影、图画以及单词中，而一些还处于实验阶段的技术还是用插画和照片来展示。

《科技新时代》在 1954 年报道了由拉尔夫·蒂特（Ralph Teetor，1890—1982）设计的自学习气体踏板。这种能自动实现速度调节与限制的装置被冠名以巡航控制系统，受到了巨大欢迎。该杂志将此系统视为实现自动驾驶中的一个里程碑，向实现自动驾驶迈出了一大步[40,pp.166ff,264;50,p.74]。但其实巡航控制使得自动驾驶走向了另一个方向。随着巡航控制系统 Tempomat 的发展，汽车脱离了宏伟的自动高速公路，以更简单化和个性化的方式实现了自动驾驶。因此，巡航控制系统 Tempomat 构建了一个驾驶辅助系统的模型，进一步加快了自动驾驶的到来。

1958 年，一篇《科技新时代》的文章介绍了克莱斯勒（Chrysler）设计的"超级装置"——一种价格为 86 美元的"自动驾驶仪"[41,pp.105ff,248,250]。在这里我们已经不再谈论自动运输，宏伟的乌托邦理想已经缩小为一个能够立即实现的产品。

这种新的想法体现在了随附的照片中（图3.7）：仪表板速度计旁边的镀铬旋钮用于设定速度，我们可以看到一只手的拇指和食指正在转动该表盘。

这个自动驾驶仪特写处于一段漫长的描绘自动驾驶图画历史的结尾，从最初遥远的景观全景，到已经逐渐地接近于实现的产品。这促使我们去分析处于各个历史阶段的图画，从抽象到具体，从绘画到照片，从外部到内部，从彻底的概述到细节，从集体到个人。

图 3.7　自动驾驶仪表板 Autopilot dial，Chrysler 1958——科技新时代，1958 年 4 月，第 105 页　图片版权：作者版权

3.13　奇怪地将机器带入生活

在 20 世纪 50 年代，新闻、电影和广告，仍然对这一（实现自动驾驶）愿景感到敬畏，并给出了主流社会对这一愿景关注的焦点，但文学界提出了一个问题，我们未来的汽车将与人类相似到何种程度。它警告即将接管未来的技术，并表现出下意识的恐惧。

艾萨克·阿西莫夫的短篇小说《萨利》（1953）在同一年出版的《科技新时

代》杂志上发表。阿西莫夫向我们展示了人性化的"自动车辆",它们的正电子马达保证"永远不会有一个人驾驶车辆"[2]。"你进到车里,输入你的目的地,这辆车就会自己行驶了"(同上,第 13 页)。无人驾驶只是在其开始阶段难以实施,但随后,它将消除所有的交通事故和因事故造成的伤亡(同上)。

这个故事的特别之处在于阿西莫夫对这些"自动汽车"增加了拟人化的描述。"自动汽车"们生动活泼地诞生,被描述成"勤奋并且亲切"(同上,第 15 页)。它们可以相互交谈(同上,第 34 页)。它们的情绪可以从发动机的声音中听到(同上,第 31 页)。敞篷车是它们中"最为自负的"(同上,第 16 页)。汽车也可以被切换到"手动模式"(同上,第 19 页),但不允许将电机关闭,因为这将会导致汽车"疼痛"(同上,第 20 页)。

然而,汽车的拟人化描述形式在之后突然变化,在 1935 年凯勒(Keller)的短篇故事中,汽车开始变得奇怪并且具有威胁性。汽车发展出了自己的意志,它们停止打开车门(同上,第 18 页),化为敌人(同上,第 25 页),最终开始杀人:"他们在他的手臂和身体上发现了轮胎痕迹"(同上,第 32 页)。后来我们在约翰·卡彭特(John Carpenter)的电影《克里斯汀》(Christine, 1981)中发现了相同的故事模式,该影片改编自史蒂芬·金的文学作品。

3.14　电影中的无人驾驶汽车

在 20 世纪 60 年代末期,可以看到自动驾驶汽车图画历史的转变。在那之前,《科技新时代》杂志承担着给予公众乌托邦愿景中关于自动驾驶汽车直观感受的使命。但是现在,电影院接管了这一角色,使得无人驾驶汽车成为娱乐行业的重要元素,正如詹姆斯·韦特莫尔(James Wetmore)所说的那样[50,p.26]。

在场景的表现强度方面,自动驾驶在电影行业的表现远远超出了印刷媒体。他们营造的场景世界不仅仅体现了公众对自动驾驶的期望,同时也含有对自动驾驶的恐惧。文学界中出现的诡异和美好的描写方式得到了进一步的发展,与此同时,电影为社会公众对自动驾驶的一系列想象提供了更深刻的理解,成为公众对新科技是持接受还是拒绝的态度的一个重要并且无意识的影响因素。更多的是,我们看到了公众对自动驾驶汽车态度的转变。有关许多人机间互动的看法是非常有趣的。

3.15　从友善的助手到杀人机器

自动驾驶汽车在 20 世纪 60 年代末首次出现在大银幕上:在罗伯特·史蒂文森(Robert Stevenson)的《Herbie, The Love Bug》(1968 年)这部迪士尼的喜剧中,Herbie 被公众认为是一个友善的助手。这辆小型甲壳虫汽车具有它自己的生命,它会自己移动,会爱上另一辆汽车,会因为嫉妒而想要自杀,会在酒醉的时候失控地奔跑，左右摇摆，像狗一样呜咽，会生病。由于 Herbie 本身不能说话，它的所有情感表达都是由能够理解他的机械师转述的。自动驾驶汽车被描绘得栩栩如生，一个人类的机械复制品，体现了人与汽车奇妙而又亲密的关系。

根据托多罗夫（Todorov）[44]的观点，Herbie 属于"纯幻想"的范畴，因为电影没有从机器的角度解释 Herbie 的行为。自动驾驶的汽车仍然被认为是一个美丽的故事，如 1930 年的小说中，被认为是完全正常的事。

但这种想法很快就从根本上改变了。在 1973 年发生能源危机的前两年，在史蒂文·斯皮尔伯格（Steven Spielberg）的第一部电影《飞轮喋血》中，一辆巨大的油罐车在穿越加利福尼亚的山脉追杀一名不起眼的销售员。卡车大声地嘶鸣仿佛像是用犄角抵住了受害者的脖子，其发动机的巨大的轰鸣声掩盖了收音机的声音。虽然这辆卡车是由人驱动的，但我们从未看到驾驶员的脸。这辆卡车，以它白炽的前照灯为眼睛，成为了一个实际的猎人。

《Herbie》和《飞轮喋血》这两部电影创造了两种自动驾驶车的原型，这两种原型在 20 世纪 70 年代后几乎不断地被完善。《Herbie》在 1980 年被追加了三个续集。《Dudu》（1971—1978），德国-瑞士的 B 级电影系列，在《Ein Käfer auf Extratour》（1973 年）中描述了一辆具有人工智能的汽车。据说美国格伦·A. 拉森出品公司受此启发，出品了《霹雳游侠》这部科幻电视连续剧。我们将在之后再次提到它。

与此同时，恐怖电影滥用了无人驾驶汽车的潜在威胁性。《The Car》（1977 年）比斯皮尔伯格的《飞轮喋血》更进一个阶段。一辆恶魔般的黑色轿车恐吓了一个小镇的居民。黑暗的窗户，穿孔的前灯，公羊头形式的镀铬挡泥板，以及嘶鸣如捕食者的发动机，无人驾驶汽车成了邪恶的化身。

在《克里斯汀》（Christine，1983 年）里，自动驾驶汽车在恐怖电影中的邪恶形象达到了巅峰，与 Herbie 的形象截然相反。约翰·卡彭特（John Carpenter）对斯蒂芬·金（Stephen King）的小说进行了改编，描述了一辆车怎么活生生地处置它的驾驶员。车上的收音机会自己启动，暗示着这辆普利茅斯拥有自己的思想。收音机不仅仅是一个接收器，还是一个精妙的发射器，它是无人驾驶汽车的声音和灵魂。与《The Car》相反，Christine 有一个主人——一个青春期少年 Arnie。Arnie 在 Christine 的影响下渐渐改变，在不久之后就深深地痴迷于它。在白天，Arnie 开车；在晚上，Christine 出去捕杀。Christine 不仅车窗和 The Car 一样黑，她也像僵尸一般无敌，能够在遭受严重事故后自动修复。这部电影独特的吸引力在于，直到电影的结尾，你都不知道真正地在驾驶 Christine 的是否是 Arnie。

在这些电影中，汽车变得自主起来，这也体现在当时的现实之中。20 世纪 70 年代，大规模的机动化造成了很多严重的后果——交通事故造成的人员伤亡、长时间的交通堵塞和严重的雾霾污染。1973 年的石油危机导致了更为严格的排放法规，肌肉车很快就成为历史。在欧洲和美国，这十年标志着汽车黄金时代的结束。

无人驾驶汽车实际上是电影象征性地描述这种趋势的一种方式。

3.16 微电子的崛起与导线概念的衰落

虽然在电影中涌现了许多关于自动驾驶奇怪的想法，但学术界和工业界的研究都开始远离了自动高速公路的方向。这是因为这种方式在技术和经济可行性方面存在着难以逾越的障碍，某位涉及其中的工程师如此解释[50,p.10]。此外，汽车工业需要适应更加严格的环境法规和安全标准，这需要大量投资。

因此，人们开始追寻不依赖于诸如导线等基础设施的无人驾驶车辆技术。20世纪70年代，美国和日本在给汽车提供视野方面取得了巨大进步。

1977年，来自日本筑波（Tsukuba）机械工程实验室的 Sadayuki Tsugawa 团队展示了第一款基于视觉引导的无人驾驶车辆。该车可以通过两台车载摄像头记录和处理公路上横向导轨的图像。该车可以以 10 km/h 的速度移动，但是无法检测车道线。

美国斯坦福大学人工智能实验室的汉斯·莫拉维克（Hans Moravec）在 1973—1981 年间研究机器人驾驶，他采用了斯坦福手推车——一辆制作于 1960 年、用自行车轮胎作为轮胎的实验车辆。这辆车原来的使命是研究如何在地球上控制月球车。1979 年 10 月，在电视摄像机（不需要电脑）的帮助下，手推车可以在无人干预的条件下穿过满是椅子的房间。"系统在短距离行驶上相当可靠，但是速度缓慢，在不断的猛然行驶中，手推车每隔 10~15min 移动 1m。在滚了 1m 后，它停了下来，拍了一些照片，思考了许久。随后，它规划了一条新的路线，行驶了一小段距离，随后再次暂停。小推车成功地行走了几段长度为 20m 的路程（每段大约需要 5h）。这段路程足够复杂，因为中途有 3~4 个需要避免的急转弯，但它在其他的实验中未能完成相应的任务。"

与此同时，通过在宝马 7 系（E23）中使用第一台车载计算机（检查控制），微电子技术兴起，使得汽车电子技术被越来越多地运用在汽车之中（燃油喷射控制，点火控制）。随着 1978 年防抱死制动系统 ABS 的引入，能够直接干预驾驶过程的主动驾驶辅助系统的时代来临了。

20 世纪 80 年代，对无人驾驶车辆的研究成为许多国家学术界以及工业界重要的研究课题。如果把此阶段内所有的研究成果都展示出来的话将会超出本文的研究范畴。因此我们只关注一些具有开创意义的成果。德国慕尼黑联邦武装部队大学的恩斯特·迪克曼（Ernst Dickmanns）基于对对象的多边缘感知，第一次开发了利用板载数字信号处理器的视觉引导无人驾驶汽车。1984 年，他的团队概念化了第一辆利用动力学模型做视觉自主导航的汽车：VaMoRs（Versuchsfahrzeug für autonome Mobilität und Rechnersehen）。这是一辆 5t 重的卡车（Mercedes 508 D），可以装载在当时还很巨大的电脑和摄像头。它可以仅仅在摄像头的帮助下，不借助雷达与

GPS，自主驾驶20 km，加速到96km/h（60mile/h）。该技术的实现是基于名为4D方法的时空动态模型，即在三维空间中加入时间和预测误差的反馈。在这项技术实现后，汽车行业（戴姆勒－奔驰公司）对迪克曼的研究变得愈加重视起来。

1987—1994年，欧盟于提出了EUREKA - PROgraMme，致力于实现最高的交通效率和前所未有的交通安全（普罗米修斯）。在此背景下，以视觉导航为基础的自动驾驶理念得到了发展。起初，主流工业界倾向于在道路上预埋电线，利用电线产生的电磁场进行横向导航，这是一个在20世纪30年代就被提出的方法。但是迪克曼的团队成功地说服了工业界转用基于机器视觉的无人驾驶方法，这可以检测道路上的障碍物，并且能够避免搭建基础设施产生的额外成本[7]。这可以看作是无人驾驶汽车历史上的重大转折点。

在普罗米修斯项目的背景下，迪克曼团队随后与梅赛德斯奔驰公司合作，开发出了两辆S级（W 140）机器人车辆：VaMP（UniBw慕尼黑）和VITA－2（DBAG）[8,45,47]。1994年10月，在法国的一场比赛中，这两辆机器人车辆在绕巴黎繁忙的三车道高速公路上以高达130km/h的速度自主驾驶超过1000km。该系统利用4台摄像机捕获道路图像，并对捕获到的图像进行实时评估。转向、加速和制动由计算机自动控制。"历史上首次，机器视觉系统已经证明其能够自主实现保持车道和变道的能力"[9,p.400]。该系统是自主驾驶的重要里程碑，也是预警安全系统和增强型限距控制系统等现代辅助安全系统的前身。

1995年，卡耐基梅隆大学NavLab的成员设计了一辆能实现部分自主驾驶的无人车，从匹兹堡开到了圣地亚哥（"无手控横穿美国之旅"）。他们也采用了基于机器视觉的方法，根据摄像头采集到的道路图像信息控制转向，但加速和减速还是由坐在车上的驾驶员控制。与此对应的，UniBwM展示了他们的VaMP，在慕尼黑Neubiberg到丹麦的欧登塞的路程中实现了长距离的无人驾驶。该车自主行驶了约95%（1678km）的行程，速度最高可达180 km/h[10,p.287]。汽车的纵向和横向控制仅仅基于车辆前方采集到的图像。在接下来的几年里，其他基于机器视觉的无人车项目也不断地涌现出来。在普罗米修斯项目之后，在ARGO项目中，意大利的帕尔马大学改造了一辆1998年的新蓝旗亚，它只依靠摄像头导航，行驶了2000km。

这些项目的成功加快了从自动化道路到自主驾驶汽车的转变。

3.17 霹雳游侠和车载电子

技术进步的同时也影响了一些文学作品，电影行业不再妖魔化无人驾驶汽车，并开始对车载电子感兴趣。

一辆可以说话、名为KITT（奈特工业2000）的自动驾驶汽车是系列电视连续剧《霹雳游侠》（1982—1986）的主角。它是一辆黑色的庞蒂亚克火鸟，在散热器格栅中装备了红色条状灯，可以手动控制（正常模式），也可以自动驾驶（自动模式)。电视剧讲述了这辆智能跑车帮助前警察迈克尔·奈特追逐罪犯的故事。

　　KITT 实现了全面自动化,并可以通过驾驶员扩展可用性(请参阅前文的第 2 章)。据 KITT 所述,它的部分电路是在斯坦福大学自主驾驶车 Stanford Cart 的基础上开发的(霹雳游侠,第 1 季,第 4 集,24′49″)。

　　霹雳游侠较 Herbie 系列在拟人化的方面升级到了信息社会。该系列以人与机器之间的对话和交流为中心。迈克尔·奈特(Michael Knight)用他的手表(Com-Link)呼叫 KITT。这部电视剧里的画面不仅体现了无人驾驶汽车的梦想,还给了一辆能与我们交流并有回应的汽车。迈克尔总是称呼 KITT 为"哥们儿"。这台机器是人类的伙伴,即使是处于手动模式下,它也会通过鸥翼式转向盘给迈克尔建议。在这里语言作为人和机器之间沟通的渠道表现尚可,虽然在 20 世纪 90 年代的电影中,它被描绘得非常有问题。

　　霹雳游侠也涉及了之前关于自动驾驶汽车的诡异与美好的两个极端。KITT 与它的汽车宿敌 KARR——一辆用程序设定为会自我保护的汽车大战一场,追溯了 20 世纪 70 年代恐怖电影的图像。

　　但是反抗驾驶员的潜在想法也隐藏在 KITT 中,它并不总是按照设定的那样去执行命令。它会在某些特殊的情况下违抗他的命令。举个例子,当迈克尔因为他的驾驶而让自己处于危险之中时:"我不能让你放弃你的生命,我自己来控制"(霹雳游侠,第 1 季:第 9 集,41′53″)。我们看到在斯坦利·库布里克(Stanley Kubrick)的电影《星际漫游 2001》(A Space Odyssey,1968 年)中,电脑 HAL 9000 也会自己夺取控制权,作为 KITT 这一行为的模型。[19,p.2]

　　另外,第三方去修改汽车程序的可能性也被涉及,这对汽车的拥有者来说是一个威胁。自动驾驶汽车可能会因为黑客的攻击而失去控制权,这也是一个当下被讨论的热点问题。

3.18　科幻电影中的自动驾驶车

　　20 世纪 90 年代,在科幻电影中的自动驾驶车迎来了长达 15 年的黄金时期。电影展示了人们对于无人车矛盾的反乌托邦态度,人类既向往于这一美丽的新世界,又想要摆脱它。

　　在人与机器的冲突中,一个核心问题在于:谁拥有控制权呢?在某些电影中,类似霹雳游侠可以手动驾驶自动车辆的可能性已经不存在了。逃脱场景成为专门检测某辆无人车自由程度的测试场景。另外的一个问题是人机界面出错的可能性很大。需要注意的是,大部分电影反映了人们对自动驾驶系统的研究少于对主动安全辅助驾驶系统的研究。这其中有三大里程碑:1995 年实现的车身电子稳定系统(Electronic Stability Program,ESP)可以防止车辆侧滑;1998 年由梅赛德斯推出的 Distronic 系统使半自动化驾驶成为可能;2004 年荷兰制造商 TomTom 在市场上投放了第一款移动导航装置。最后提到的装置的发展对推广机器辅助驾驶系统的使用至关重要,因为驾驶员们自此开始习惯于遵从计算机给出的指令。

3.19　全自动无人驾驶的逃生汽车

在科幻电影中,我们看到了自主驾驶汽车朝两个方向发展,第一种是极端自动化的版本,汽车完全自主,没有任何的手动界面。

保罗·费尔霍芬(Paul Verhoeven)的电影《全面回忆》(1990年)首次描绘了在未来自动驾驶汽车的逃生危机。阿诺德·施瓦辛格扮演的工人道格拉斯·奎德(Douglas Quaid)正在被手动驾驶汽车的敌人追击,他乘坐在一辆自动出租车(Johnny Cab)上,尝试着摆脱敌人。然而,这辆汽车并不能马上理解他发出的全速前进的命令,反而要求奎德提供一个目的地地址(《全面回忆》34′00″)。作为人与机器沟通的方式,语言与其说是帮助,不如说是障碍。因为机器不能够理解人类语言的复杂性。奎德拆除掉了车上的机器驾驶员,自己用操纵杆控制车辆,最终得以成功逃脱。

史蒂文·斯皮尔伯格的电影《少数派报告》(2002年)描绘了相当多的反乌托邦场景。即使破坏了自动驾驶车辆变成手动控制,这里也无路可逃。这部电影展示了自主汽车作为控制社会的关键角色,罪犯在实施犯罪前就已经被阻止了。当一位警察被指控犯有谋杀罪时,他试图利用一辆自动磁悬浮汽车逃跑。但这时,一个女声响起:"启用安全锁定,修改目的地,办公室"(《少数派报告》41′49″)。汽车立刻向相反的方向行驶,并返回了总部。汽车已经完全自动化(见第2章),有关当局具有控制所有汽车的权限,只要逃犯进入车里,那他就相当于被抓到了。这时他唯一的选择就是打破车窗逃离这辆车。

这个系列电影反映了即使实现了自动驾驶,还是要保留一些根本的权力。长久以来,汽车文化的一大魅力在于,它是驾驶者自我的一种延伸。但是在这里,汽车不仅仅不再被驾驶员控制,还因为会被他人远程控制而成为一个陷阱。这恰恰是人类掌握控制权的相反面,一种逃脱长久以来汽车必须履行使命的无意识渴望。

3.20　通过语音或者按钮选择控制模式

第二种版本的电影所展示的无人车则"更民主"一些,驾驶员可以通过人机界面在自动和手动控制模式之间进行选择。

在马考·布莱姆(Marco Brambilla)的未来派惊悚片《超级战警》(1993年)中,自动驾驶是一个没有危险的完美世界的一部分。在这个世界中,骂人的话、肉、巧克力、汽油和辛辣的食物都被列为非法。这部电影展示了一辆可以被手动控制,也可以自动驾驶的未来派的警车。当发出命令"开启自动驾驶"时,汽车将会用一个女声回应，并把转向盘展开（超级战警，12′42″）。

就像在电影《全面回忆》中，语言作为人机沟通的方式，被认为是不可靠的。车载计算机发出一个软件错误的信号，然后切换到自动驾驶模式的情况不再可能。当车辆停止响应的时候，急转弯或者尖叫"制动"都不能阻止事故（超级战警，01：30：20）。这部电影提醒我们，每一种新的科技都会带来新类型的事故。

另外两部电影强调，只有当自动驾驶汽车被切换到手动模式时，我们才可能逃脱。吕克·贝松（Luc Besson）的电影《第五元素》（1997年）讲述了出租车司机Korben Dallas（布鲁斯·威利斯饰演）的故事。Dallas住在一个全自动化的公寓里，并拥有一辆可以飞的出租车。像大多数电影一样，全面的自动化在这里等同于全面的监视。

同时，电影描绘了物理性地按下按钮，以获得仅存的自由。为了逃避警察的检查，Dallas按下了一个按钮，而不是通过语音，停用了出租车的自动驾驶模式（第五元素，34′20″）。

亚历克斯·普洛斯（Alex Proyas）的电影《我，机器人》（2004年）的整个设定都是依据现代机器的诡异与美好之间的矛盾。探员Spooner（威尔·史密斯饰演）拥有一辆全自动的奥迪RSQ，这辆车也可以手动驾驶。转向盘可以从顶部打开，操纵杆在其侧面，可以像Firebird II中那样延伸。它可以用按钮切换手动与自动模式。

虽然车辆在隧道内以自动模式高速行驶，但Spooner突然间决定想要自己控制，"手动驾驶"，车用一个女声确认了这个操作（《我，机器人》21′23″）。他的乘客感到震惊，问他是否真的要手动开车。不久之后，他们差点发生了意外。在高速行驶的情况下，自动控制比手动控制更安全。然而，究竟什么是安全的取决于具体情况。在面对追击者攻击的情况下要能够平安脱险，还是必须手动驾驶汽车（《我，机器人》50′46″）。我们再一次地发现自主驾驶和需要用车逃跑之间的矛盾。

在美国军方于同一年举办了无人车比赛的背景下，《我，机器人》是迄今为止描绘自主驾驶最新的电影。为了实现在未来会有三分之一的军用车是无人驾驶的目标，国防高级研究计划署（Defense Advanced Research Projects Agency，DARPA）于2004年举行了第一届大型无人驾驶汽车挑战赛，比赛的场景设在了沙漠。在2005年，一辆名为史丹利（Stanley）的大众途锐（VW Touareg）获得了第二届比赛的胜利。它由斯坦福大学人工智能实验室开发，由塞巴斯蒂安·特龙（Sebastian Thrun）负责监制，特龙于2008年在Google公司建立了著名的谷歌无人车团队。

无人驾驶汽车已经逐渐成为现实。长久以来，一直是学界的研究为电影提供灵感。但是现在，这一关系似乎反转了过来，电影反过来为研究团队提供思路：2007年城市挑战赛的参赛者之一是来自中央佛罗里达大学队的车辆，名为"霹雳游侠"。

3.21　为什么远程控制不那么可怕了？

我们在结尾又回到开始的话题——远程控制，在电影中被描述成最不可能出问题的解决方案。《蝙蝠侠》（1989 年）通过无线电设备传唤他的车辆（《蝙蝠侠》，01∶08∶55），在电影《明日帝国》（1997 年）中，詹姆斯·邦德通过早期智能手机上的触摸板（《明日帝国》51′24″—57′26″），控制自己的车。

这两辆车都不是无人驾驶汽车，仅仅是驾驶员在车外而已。驾驶员的工作地点改变了，但对车的控制权还是没有完全交给机器。因为这个原因，这两辆车都是很好的逃生车。被车控制很明显不符合超级英雄的形象，因此要通过接触实际的物品实现控制（在这里是远程遥控器）——保证了驾驶员对车的控制权。

3.22　展望

通过回顾自动驾驶的愿景和科技历史，证明了技术创新与图像在相互作用下发展。技术原型、文学隐喻和图画想象，它们相互促进，但从未统一过步伐。

遥控技术将第一辆遥控车带到了大街上。然而，第一辆无人驾驶车辆却是出现在文学作品中。从 1935 年到 1955 年，图像历史比技术历史领先一步，模拟了乌托邦自动高速公路的全景图。20 世纪 60 年代末，电影历史中的无人驾驶汽车随着技术水平的发展而不断演化，然而，从 20 世纪 80 年代开始，汽车上电子技术的使用受到越来越多的关注。从 2005 年开始，由于自动驾驶将要成为现实，所以它失去了在电影方面的吸引力。

在这整个时期，自动驾驶汽车的文化符号一直在诡异与美好之间的定位不断发展。

我们通过回到驾驶员控制和车辆自动控制的讨论中大胆推测并得到结论。从自己驱动汽车为中心的文化转化为允许自己被车驱动的文化，这是一个巨大的挑战。"纯粹的驾驶乐趣"（BMW）怎么会变成被驾驶的乐趣？

在 20 世纪工业文化所产生的所有发明中，汽车的自动化相较于其他发明的自动化是无可比拟的。自动化的一个重要影响是减轻剧烈的物理运动（自动扶梯、电梯、洗衣机）。即使这些技术转型需要知觉的转移，但这些被影响的活动本质上并没有被完全颠覆。

然而驾驶汽车不只是一个费力、无聊、疲惫而危险的事情，驾驶过程本身也很有趣。驾驶的危险性对新老驾驶员有核心吸引力。向无人驾驶汽车的转变是一种文化跨越，它实际上需要重新发明汽车。需要铭记的是，从词源和历史的角度来说，汽车这个词是希腊词汇 autos（自我）和拉丁词汇 mobilis（可移动）的组合。因此，词汇汽车 auto mobile 意味着可以移动自己，可以自动。至于这里的"自我"

代表的是驾驶员还是汽车,到现在为止依旧是一个开放的话题。因此,在某种意义上来说,随着自动驾驶的到来,汽车才真正地成为汽车。

Siri 为虹膜铺路了吗

未来无人驾驶汽车能否成功的关键因素在于人机界面。在世纪之交,电影评价了人与机器用语言进行沟通是一种不可靠的方式。声学交流相比于触觉交流更容易被打断并引起歧义。

舍去操作转向盘一直被认为是禁忌。然而,2011年引入的智能手机语音识别软件 Siri 可能正在为人与汽车的语言交流界面铺平道路。最近发表的一项研究[49]表明,如果给予自动车辆名字、声音和性别,它将得到使用者更多的信任。例如汽车被赋予名字 IRIS 和女性声音,"她"就能告诉用户车辆是如何工作的。

一方面,自动驾驶汽车打破了所有与控制有关的历史方式;另一方面,他们实际上是注定使汽车更加拟人化。如今,我们已经将汽车视为一种生物,然而并没有感到有什么不对,西格蒙德·弗洛伊德(Sigmund Freud)用小孩子玩娃娃的例子来解释这种行为[12]。然而,这种给汽车赋予生命的故事不仅仅存在于被电影描绘的诡异情节当中,而且还有可能与美好的向往兼容。一辆被驯服的拟人化的汽车甚至可以重拾汽车在大众化过程中失去的童话故事[3]。

电影列表

The Safest Place	(1935)	Prod.: Jam Handy
Magic Highway U.S.A.	(1958)	R.: Ward Kimball
Key to the Future	(1956)	R.: Michael Kidd
The Love Bug	(1968)	R.: Robert Stevenson
The Car	(1977)	R.: Elliot Silverstein
Ein Käfer auf Extratour	(1973)	R.: Rudolf Zehetgruber
Duell	(1971)	R.: Steven Spielberg
Knight Rider	(1982—1986)	Prod.: Glen A. Larson
Christine	(1983)	R.: John Carpenter
Batman	(1989)	R.: Tim Burton
Total Recall	(1990)	R.: Paul Verhoeven
Demolition Man	(1993)	R.: Marco Brambilla
Tomorrow never dies	(1997)	R.: Roger Spottiswoode
Das fünfte Element	(1997)	R.: Luc Besson
The 6th Day	(2000)	R.: Roger Spottiswoode
Minority Report	(2002)	R.: Steven Spielberg
I, Robot	(2004)	R.: Alex Proyas

应用许可

本章根据知识共享署名4.0国际许可(http://creativecommons.org/licenses/

by/4.0/）的条款进行分发，允许通过任何媒介或格式使用、复制、改编，分发和再创作，只要您对原始作者和来源给予适当的说明，提供知识共享许可链接，并指出所做的任何更改。

本章中的图片或其他第三方材料均包含在作品的创作共享许可中，除非在来源中另有说明；如果这些材料不包括在作品的知识共享许可中，并且法律规定不允许相应的操作，那么用户需要获得许可证持有者的许可才可以复制、改编或再创作材料。

参考文献

1. Americas Independent Electric Light and Power Companies, Advertising, In: LIFE Magazine Vol. 40, N° 5, 30. January 1956, p. 8
2. Asimov, I.: Sally. Creative Education, Mankato (1989)
3. Barthes, R.: Mythologie de l´automobile. In: Barthes, R.: Œuvres complètes. Tome II, Livres, textes, entretiens 1962–1967. Nouvelle édition revue, corrigée et présentée par Éric Marty. Éditions du Seuil, Paris, 234–242 (2002)
4. Bel Geddes, N.: Horizons. Little, Brown, and Company, Boston (1932)
5. Bloch, E.: Das Prinzip Hoffnung. Band 2. Suhrkamp, Frankfurt am Main (1959)
6. Ceruzzi, Paul E.: Beyond the Limits, Flight Enters the Computer Age. The MIT Press, Cambridge und London (1989)
7. Dickmanns, E. D.: Computer Vision in Road Vehicles – Chances and Problems. ITCS-Symposium on 'Human Factors Technology for Next-Generation Transportation Vehicles, Amalfi, Italy, June 16-20 (1986)
8. Dickmanns, E. D.; Behringer, R.; Dickmanns, D.; Hildebrandt, T.; Maurer, M.; Thomanek, F.; Schiehlen, J.: The Seeing Passenger Car 'VaMoRs-P'. In: Masaki, I. (ed.) Proc. of Int. Symp. on Intelligent Vehicles '94, Paris, Oct., 68-73 (1994)
9. Dickmanns, E. D.: Improvements in visual autonomous road vehicle guidance 1987-1994. In: Aloimonos, Y. (ed.), Visual Navigation: From Biological Systems To Unmanned Ground Vehicles. Lawrence Erlbaum Associates, Mahwah, 375-404 (1997)
10. Dickmanns, E. D.: Dynamic Vision for Perception and Control of Motion. Springer, Heidelberg (2007).
11. Espenschied, L.: Discussion of „A History of Some Foundations of Modern Radio-Electronic Technology". Proceedings of the IRE, 47/47, July 1959, 1253-1258 (1959)
12. Freud, S.: Das Unheimliche. Texte zur Literatur. Fischer, Berlin (1963)
13. General Motors: Futurama, Exhibition brochure, USA (1940)
14. General Motors: „An automatically guided automobile cruised along a one-mile check road at General Motors technical Center today…" Press release, USA (1953)
15. Gibson, G. W.: Why Don't We Have… CRASH-PROOF HIGHWAYS. Mechanix Illustrated, June 1953, 58–60 and 184 (1953)
16. Green, F.: Radio Control – Marvel of the Future. Popular Science, 106/3, 88-89 and 171-172 (1925)
17. Hammond, J. H., Purington E.S.: Rebuttal of the Discussion of „A History of Some Foundations of Modern Radio-Electronic Technology", Proceedings of the IRE, July 1959, 1258-1268 (1959)
18. Heinlein, R. A.: Methuselah's Children. PAN Books, London [1941] (1963)
19. Huth, J. F., Levine, R. F.: Knight Rider Legacy. The Unofficial Guide to the Knight Rider Universe. Universe Star, Lincoln (2004)

20. Illing, W.: Utopolis. Der Bücherkreis, Berlin (1930)
21. Keller, D. H.: The Living Machine. Wonder Stories, May 1935, 1465-1511 (1935)
22. Kröger, F.: Fahrerlos und unfallfrei. Eine frühe automobile Technikutopie und ihre populärkulturelle Bildgeschichte. In: Fraunholz, U., Woschech, A. (ed.) Technology Fiction, Technische Visionen und Utopien in der Hochmoderne. p. 93-114. Transcript, Bielefeld (2012)
23. Lefebvre, H.: La vie quotidienne dans le monde moderne. Gallimard, Paris (1968)
24. Mann, M.: The Car That Drives Itself. Popular Science, 172/5, p. 76 (1958).
25. Marchand, R.: The designers go to the Fair, II. Norman Bel Geddes, The General Motors ›Futurama‹, and the Visit to the Factory Transformed. In: Doordan, D. P. (Hg.) Design history. An anthology. 103–121. The MIT Press, Cambridge (1995)
26. McClintock, M.: Street Traffic Control. McGraw-Hill Book Company, New York (1925)
27. Meyer-Drawe, K.: Das Auto - ein gepanzertes Selbst. In: Winzen, M., Bilstein, J. (ed.) Ich bin mein Auto. Die maschinalen Ebenbilder des Menschen, 102-113. Verlag der Buchhandlung Walther König, Köln (2001)
28. Mintz, S., Kellog, S. (ed.) Domestic revolutions. A social history of American family life. The Free Press, New York (1988)
29. Moravec, Hans P.: The Stanford Cart and the CMU Rover, In: Cox, Ingemar J., Wilfong, Gordon T. (ed.), Autonomous Robot Vehicles, New York, Berlin, Heidelberg, London, Paris Tokyo, Hong Kong, 407-419 (1990)
30. Morshed, A.: The Aesthetics of Ascension in Norman Bel Geddes's Futurama. The Journal of the Society of Architectural Historians, 63/1. 74–99 (2004)
31. Murtfeldt, E. W.: Highways of the future. Popular Science, 132/5, 27–29 and 118–119 (1938)
32. Norton, P. D.: Fighting Traffic. The Dawn of the Motor Age in the American City. The MIT Press, Cambridge (2008)
33. o. V.: "Driverless Auto, Guided by Radio, Navigates Street", The Washington Herald, 6 August 1921, p. 5
34. o. V.: „Phantom-Auto" will tour city, The Milwaukee Sentinel, 8 December 1926, p. 4
35. o. V.: "Magic Car to demonstrate Safety", The Herald Statesman, 28 July 1936, p. 1
36. o. V.: „Robot" Car to Thread Way in Traffic Today, Schenectady Gazette, 24 October 1936, p. 7
37. o. V.: Science: Radio Auto, TIME, 10 August 1925
38. o. V.: (Image), The Daily Ardmoreite, 12 August 1921, p. 5
39. Phantastische Bibliothek Wetzlar (ed.): Verkehrssysteme der Zukunft. Studie im Auftrag des Deutschen Zentrums für Luft- und Raumfahrt e.V. (DLR) in der Helmholtz-Gemeinschaft, Institut für Verkehrsforschung (IVF), Wetzlar (2005)
40. Rowsome Jr., F.: Educated Gas Pedal Keeps the Cops Away. Popular Science, 164/1, 166–169 and 264 (1954)
41. Rowsome Jr., F.: What It's Like to Drive an Auto-Pilot Car. Popular Science, 172/5, 105–107, 248, 250 (1958)
42. Siegel, G.: Technologies of Accident. Forensic Media, Crash Analysis and the Redefinition of Progress. Dissertation, University of North Carolina, Chapel Hill (2005).
43. Telotte, J. P.: The mouse machine. Disney and technology. University of Illinois Press, Urbana, Chicago (2008)
44. Todorov, T.: Introduction à la littérature fantastique. Editions du Seuil, Paris (1970)
45. Thomanek, F.; Dickmanns, E. D.; Dickmanns, D.: Multiple Object Recognition and Scene Interpretation for Autonomous Road Vehicle Guidance. In: Masaki, I. (ed.) Proc. of Int. Symp. on Intelligent Vehicles '94, Paris, Oct., 231-236 (1994)
46. Tsugawa, S., Yatabe, T., Hirose, T., Matsumoto, S.: An Automobile with Artificial Intelligence. Proc. 6th IJCAI, Tokyo: 893-895 (1979)
47. Ulmer, B.: VITA -2, Active Collision Avoidance in Real Traffic. In: Masaki, I. (ed.) Proc. of Int. Symp. on Intelligent Vehicles '94, Paris, Oct., 1-6 (1994)

48. Van Riper, A. B.: A Nation on Wheels. Films about Cars and Driving, 1948–1970. In: Van Riper, A. B. (ed.): Learning from Mickey, Donald and Walt. Essays on Disney's Edutainment Films, 103–112. Mc Farland, Jefferson (2011)
49. Waytz, A., Heafner, J., Epley, N., The Mind in the Machine. Anthropomorphism Increases Trust in an Autonomous Vehicle. Journal of Experimental Social Psychology, 52, 113-117 (2014)
50. Wetmore, J. M.: Driving the Dream. The History and Motivations Behind 60 Years of Automated Highway Systems in America, Automotive History Review (2003)

第4章 为什么关于自主汽车的伦理很重要

Patrick Lin

机动车辆要真正实现自动化并在道路上负责任地运行，将需要复制人类的决策过程或是做得更好。它们似乎需要一种道德观，而让其体现在计算机的算法中是非常困难的。

本章将解释为什么伦理道德问题对于自主汽车来说是重要的，主要侧重于问题最紧迫的编程领域。这个问题在整个行业中都是存在的，也就是说我将主要提出这些问题，并且不假定在这个技术的早期阶段有任何明确的答案。

关于术语的简要说明：

我会互换地使用"自主的""自动驾驶""无人驾驶"和"机器人"。这些主要是指未来能够在没有人为干预的情况下长时间运行的车辆，并能执行正常的操作。我也会用"汽车"来广泛地指代所有的车辆，从摩托车到货车，这些区别对讨论来说并不重要。

4.1 为什么伦理重要

首先，让我提供一个简单的情景，说明自主汽车的伦理需要。想象一下，在可能有一些遥远的将来，你的自主汽车遇到这个可怕的选择：它必须向左转，撞向一个八岁女孩，或者向右转，撞向八十岁的祖母[33]。根据汽车的速度，受害者一定会因撞击而死亡。但如果你不转，两名受害者都会被撞死，所以有充分的理由认为你应该选择一种或另一种方式。但是，道德上正确的决定是什么呢？当你给自动驾驶汽车编程时，如果遇到这样的情况，你会指示它如何行事，使结果尽可能更好？

撞向祖母可能是较小的罪恶，至少在某些人看来是的。这个想法是因为，这个女孩还可以面对一个完整的人生，第一次爱情、自己的家庭、事业，以及其他的经历和幸福，而祖母已经经历了这些过程，有了一个完整的生活。此外，这个小女孩是一个道德上无辜的人，跟任何一个成年人相比更是如此。同时，我们可能也会同意，祖母有生命权，像小女孩一样有价值地生活。但是，如果发生意外是不可避免的，那么似乎有理由更支持拯救小女孩而不是祖母。如果她们两人有机会选择，祖母也可能会选择牺牲自己。

但是，根据相关的道德准则，任何选择在伦理上都是不正确的。在许多相关承诺中，例如电气和电子工程师学会（IEEE）承诺其超过43万的成员，"公正对待所有人，不从事基于种族、宗教、性别、残疾、年龄、国籍、性取向、性别认同或性别表达等方面的歧视行为"[23]。因此，当年龄不是相关因素时，根据年龄区别对待个人，似乎正是IEEE禁止的那种歧视[18,33]。

年龄在我们的情景中似乎并不是一个相关因素。比如在这个场景中让一个年轻的演员扮演孩子的角色，而拒绝成年演员扮演这个角色是合适的。但无论如何，给歧视找理由不一定是为歧视辩护，因为某些理由可能是非法的。即使我们指出老年人和青少年之间生活经历的差距，但这种差异也不能成为将他们区别对待的理由。

在我们的碰撞情境中对年龄的歧视似乎与对种族、宗教、性别、残疾、民族血统等的歧视一样恶毒，即使我们可以创造出各种理由偏爱这样群体的另一个人。在德国——许多正在努力开发自动驾驶技术的有影响力的汽车公司都来源于此——生命权和人的尊严是最基本的，并在国家宪法第一章的前两段中提出。所以很难看出，德国法律会让一家公司创造出一种能够做出如此可怕的同时显然也是非法的选择的产品。美国同样努力为所有人提供平等的保护，例如宪法第十四修正案所规定的。

如果我们不能在道德场面上选择前进的道路，那么应该做什么呢？一种解决方案是拒绝做出一个明确的决定，即允许两名受害者被撞击；但这似乎比只有一个受害者死亡更糟糕，即使在之前的选择中我们对她有偏见。无论如何，我们可以通过修改场景来强制做出决定：假设如果汽车继续前进，10或100个其他行人会死亡；而转身只会导致一次死亡。

另一种解决方案可能是任意或不可预测地选择一条路径，而不对任何一个人产生偏见[34]。但是，这也似乎是道德上的困扰，因为我们选择生命时没有任何的思考——即让它取决于概率，可能因为有一些理由更喜欢某一个，而这些理由可能让人厌恶和不舒服。这是一个不容易解决的困境，因此提出了开发自主汽车的道德要求。

4.1.1 避免碰撞的延伸

许多读者可能会立即反对道：上述困境以及随之而来的其他困境，将永远不会在自主汽车上发生。也可能会有建议未来的汽车不必面对艰难的道德选择，而是简单地停止汽车或将控制权移交给人类，这是绕过道德争论的简单方式。但是我会在这里讨论进行制动或放弃汽车控制权并不是万能的。这些解决方案可能是我们今天最好的解决方案，但如果自主汽车能在有限的高速公路环境之外更普遍地运行，那么它们将需要更多的应对选择。

目前的研究已经将这种情况作为物理学问题[12,13]，但是我们也可以从常识中得到一个例子。如今存在的许多普遍方案，其中无论是人类操控或是自动驾驶的车，制动都不是最好以及最安全的方式。例如，在一条潮湿的道路上或其他车辆尾随时制动可能会很危险，而不如其他一些动作，如绕过障碍物，或是简单地通过它——如果它是一个小物体。如今，最先进的自动驾驶汽车不能识别到小的物体，比如松鼠[7]；因此，它们可能也无法识别到松鼠大小的岩石、坑洼、小猫，以及其他小的但随之而来会导致设备故障的危险，例如轮胎爆胎、传感器错误或是偏离安全路径。

在这些和其他许多情况下，可能没有足够的时间来转交控制权给驾驶员。一些模拟实验表明，人类驾驶员需要40多秒才能恢复情境意识，这还不包括转移其注意力的活动，例如阅读或打盹，远远超过典型事故情况所需的 1~2s 的反应时间[18,38]。这就意味着，期望及时将控制权转移回人类是不合理的，汽车必须负责做出决定，并且进行制动可能不是最负责任的行为。

一个可能的回答是，尽管不完美，但制动可以成功地避免大多数机器车辆能够检测到的紧急情况，即使令人遗憾的是在少数情况下会变得更糟糕，但这些好处远远超过风险。这些是数字本身显示的——还是相反？本章将通过数学的方式来讨论道德上的危险。

为避免碰撞而进行制动和其他响应是不够的，因为仅仅避免碰撞是不够的。一些事故是不可避免的——例如当一个动物或是行人在您行驶的车前面穿过时——对此自动化汽车也需要进行碰撞的优化。对事故优化意味着选择尽可能导致最少伤害的行动方式，这可能意味着在两种罪恶之间的强制选择——例如在我上述的第一个场景中，选择撞向八岁的女孩还是八十岁的祖母。

4.1.2 碰撞优化意味着目标化

顺便说一下，我还没有提到可能有理由会选择撞向八岁的女孩。如果自主汽车很有意保护自己的乘客，那么选择与最轻的物体（即女孩）碰撞是有意义的。如果选择在两辆车之间，那么该车应该被编程为在相邻的车道与比较轻的车辆碰撞（如 Mini Cooper 或摩托车），而不是较重的车辆（如 SUV 或卡车）[18,34]。

另一方面，如果汽车被设定为相较自身的乘客优先保护其他驾驶员和行人（并非不合理的责任），那么它的编程设定应该更倾向碰撞较重的车辆。如果车辆对车辆（V2V）和车辆对基础设施（V2I）通信被推出（或 V2X 指代这两者），或者如果自主车辆可以识别道路上其他车辆的具体型号，则似乎有理由与更安全的车辆（如沃尔沃 SUV，以安全性著称）而非不安全的汽车（如福特 Pinto，受冲击时易爆炸）碰撞。

这个策略可能在法律上和道德上都比先前偏向性地保护汽车本身更好。它可以减少控诉，因为对他人的伤害将不那么严重。此外，由于驾驶员向社会施加风险（在公共道路上驾驶一辆自主汽车），驾驶员可能要对造成任何伤害，至少是对碰撞行人、自行车或者是较轻的车辆承担法律责任，至少在道德上要承担责任。

然而，这里的道德观点是，原始设备制造商（OEM），即汽车制造商，无论采用哪种策略让汽车编程选择与一种特定类型的物体碰撞，都与定位算法非常类似。这与军方选择目标稍有关联，碰撞优化算法可能会涉及对大型车辆或 Volvo 进行有意和有系统的区分。这些被针对的车辆的车主或经营者除了关心安全或需要一辆 SUV 运输一个大家庭，还会在自己没有过错的情况下承担这个责任。

4.1.3 危害之外的考虑

以下情况明显强调了一个问题[15-17,34]：再一次想象一辆自主汽车正在面临迫在眉睫的碰撞，但它可以转向去选择相邻车道中的两个目标中的一个：一个是戴着头盔的摩托车手，另一个是没有戴着头盔的摩托车手。汽车本身或其中乘客的安全可能跟摩托车手是否戴有头盔无关；与自主汽车应该避免任何其他事情相比，头盔进入车窗的影响并不会带来更大的风险。但摩托车手是否戴头盔还是很重要的，没有头盔的人可能不会幸免于难。因此，在这个可怕的情况下，一辆好的自主汽车，转向戴有头盔的摩托车手似乎是合理的。

但是，这种碰撞优化设计会导致什么呢？戴头盔的摩托车骑士根本是受到了惩罚和不公正对待，而否认了他们负责任地决定戴头盔。这可能会鼓励一些摩托车骑手不戴头盔，以避免成为自主车辆的目标。同样地，在前一种情况下，如果客户希望避免成为碰撞优化系统的首选目标，那么沃尔沃和梅赛德斯奔驰等以安全知名的汽车品牌的销售量可能会下降。

有些读者可能会认为，没有头盔的摩托车手应该是被针对的，或许因为他肆无忌惮地行事，所以更应该被伤害。即使这是正确的设计，请注意，我们在进行碰撞优化决策时再次超越了出于危害性的考虑。我们还在谈论正义和其他类似这样的道德考量，这就是重点：它不仅仅是数字上的策略。

在这种罕见的场景中，程序员需要尽可能好地设计成本函数（用算法分配和计算各种可能选项的预期成本，来选择最低成本的选项），这可能决定谁能够生存和谁会死亡。这根本就是一个道德问题，一个在论证上要求比现在提供更多的关心和透明度的问题。事实上，很难想象一个程序员需要做比这个更重大、更深刻严肃的决定。然而，迄今为止，关于这个核心问题的讨论还很少。

4.2 伦理道德的场景

除了上述假设之外，还有许多涉及伦理判断的实际和假设的场景。我将在这里描述一些，以展示一般假设在伦理上是如何受到挑战的。

4.2.1 鹿

尽管由于报道的不一致和不全面性而难以量化，但专家估计美国每年有超过100万次的车辆事故是由鹿造成的[6,48]。许多（如果不是大多数的话）驾驶员在路上被意想不到的动物吓到，而这对双方都是危险的。涉及动物的典型事故或几乎产生事故的场景说明驾驶员所面临的决定的复杂性[30]。而所有这一切仅发生在几秒钟内（人类驾驶员没有足够的时间仔细思考），一辆自主汽车（大概）可以有一个周到的决策脚本的优势，以最佳的方式迅速地做出反应。如果它能够应对多样的变化，那么它应该如此，为了做出最可能有依据的决定。

首先，假设在自动驾驶模式下一个物体直接出现在汽车前方的道路上。那有没有时间合理地把控制权交给转向盘后面的人？（可能没有）如果没有，是否有时间停车？汽车是需要紧急制动，还是要适度制动？进行制动的决定还要取决于道路状况，以及在你后面尾随的车辆（如大型载重货车），包括确定后端碰撞的严重程度。

第二，对象是什么？它是一个动物、一个人还是别的什么东西？如果是动物，是否是可以穿过去的一些动物？继续前进撞向一只松鼠可能更安全，而不是突然地转向，这样有可能失去对汽车的控制。然而，对于较大的动物，如鹿和奶牛，更可能对汽车造成严重的损害，而对于乘客而言，撞向它们比转动车辆更容易受伤。还有一些动物在我们的心中有着特殊的地位，应尽可能避免撞向它们，如宠物狗和宠物猫。

第三，如果汽车应该避让（不管是否与制动有关），那应该向左转还是向右转呢？在美国和其他国家，驾驶员必须在道路右侧行驶，右转可能意味着要开车离开车道，即可能会进入沟渠或树林。这样不仅可能危害到汽车和乘客的安全，而且还与车内有多少乘客有关系。开车进入堤岸的决定似乎也会根据情景区分，当只有一名成年驾驶员在车内，而不是几个孩子在车里面时会这样选择。

另一方面，转向左侧可能意味着进入相反的车道，潜在地与驶过来的车辆的头部进行碰撞。如果这样的碰撞是不可避免的，那么重要的是我们会碰到什么样的车辆（例如，它是紧凑型汽车还是SUV），过来的车辆流量是多少（例如，是否涉及多于一辆的车辆),多少人可能会参与(例如,另一辆车里有孩子吗?)。当然,这里我们假设完善的感应和 V2X 通信可以帮助回答这些问题。如果我们无法回答这些问题,那么我们面临一个可能很大的未知风险,这使得进入其他车道可能是最糟糕的选择。

与上述决策因素有关的其他因素包括:路肩的形式(铺砌、砾石或没有等)、汽车轮胎和制动器的状况、汽车的乘客是否系上了座椅安全带、是否正在运输可能溢出或爆炸的危险货物、是否靠近医院或紧急救援以及对房屋和建筑物等财产危害等。这些变量影响事故的可能性以及预期的危害,而这两者都是选择最佳行动方案所需要的。

从对动物的典型碰撞(或可能的碰撞)的简短分析,我们已经可以看到很多因素要解决。今天的传感技术无法回答上面的一些或许多问题,但是考虑到这些不确定的条件和所有要考虑的事项,现在尚不清楚制动是否应该是最安全的默认选项(作为最道德选项的代表)。今天的自动驾驶汽车已经可以检测到对向车道是否有迎面而来的车辆。因此,在某些情况下,例如当没有迎面而来的车辆以及当制动可能是危险的情况下,它们至少可以被编程为在某些条件下谨慎地进入对向车道。

无论传感技术是否会提高到足以提供我们上述问题的答案,程序员或 OEM 仍然需要尽可能好地分配成本或权重给各种场景和对象。然而,这些价值观并不是科学或工程本身可以发现的。价值观是我们人类必须约定和观念上同意的东西。在构建算法来控制自主汽车时,道德规范已经在设计过程中被隐含。涉及权衡的任何决策,例如撞击对象 x 而不是对象 y,都需要运用权衡的智慧进行价值判断,即考虑 x 和 y 的相对权重。除此之外,通过辨识道德的意义,或通过广泛的群体确保这些价值观被正确地或者至少被透明地表达,也可以更好地设计过程。在道德泡沫中工作不太可能得到可被社会接受的成果。

再一次地,在如今的一场现实世界的事故中,一个人类驾驶员通常没有时间也没有信息来做出最有道德或者损伤最少的决定。一个因为小动物而惊慌失措的人可能难以很好地应对,他们可能会开车迎向其他车辆,毁灭一个家庭,或者过度转向一个沟渠,导致自己的死亡。然而,这些结果都不可能导致自己被刑事起诉,因为在进行强制操作瞬间的反应方面没有预先考虑的、恶意的、疏忽的或不利的意图。但程序员和 OEM 不能在合理本能的庇护下操作;他们在没有真正紧迫的时间限制的情况下做出潜在的生死判决,因此要承担在突发情况下做出比人类驾驶员本身更好决定的义务。

4.2.2 自我牺牲

我们知道,现实世界的事故可能非常复杂。在哲学和伦理学中,一种常见的方法是通过假设情景来简化问题，也称为"思想实验"。这类似于日常科学实验，研究人员创造了特殊的条件来隔离和测试所需的变量，例如将蜘蛛送入外太空，以了解微重力如何影响其织网的能力。针对这些实验，太空中没有蜘蛛自然存在不是一个好的反对意见，因为它错过了实验的重点。

同样，并不反对对于我们假设的例子在现实世界中是异常的，也是不可能发生的，例如汽车可以区分八岁和八十岁的人（虽然可以通过改进生物识别技术、面部识别技术和链接的数据库，但是这似乎不可能）。我们的思想实验仍然有助于得出我们想要测试的某些伦理直觉和原则。

有了这个认识，我们可以设计假设情景，看到合理的伦理原则在自主驾驶的背景下可能会导致有争议的结果。挖掘一个标准的哲学工具箱来帮助走出道德困境，我们可能达成的第一批原则之一就是结果论：正确的做法无论如何会导致最好的结果，特别是在量化的条件下[44]。结果论表明，我们应该努力尽量减少损害，尽可能多地考虑事情的重要性，例如幸福生命的数量。

在这个思想实验中，你将来的自主汽车正在狭窄的道路上沿着悬崖驾驶。没有人也没有技术可以预见，一辆载有28名孩子的校车将出现在转弯处，同时车辆的一部分在你的车道上[29,36]。你的汽车根据速度和距离计算碰撞即将来临，没有可采取的行动可以避免你受到伤害。你的自主汽车应该做什么？

如果一个好的、标准的结果论者想要优化结果，即需要最大限度地提高幸福生命的数量并尽量减少伤害。假设在这种情况下，所有的生命或多或少地同样幸福（例如，没有超级幸福或超级悲伤的人，也没有非常重要的人，对他人的福利有不寻常的影响），他们在我们的道德计算中大约一样。如你所愿，我们可能会忽略或认为无辜孩子的生活是否有额外价值的问题，即相对于平均成年人有更多的幸福感；这对于这种情况并不重要。

机器人汽车的两个主要选择似乎是：①制动并撞上公共汽车，冒着大家的生命危险；②驶向悬崖，挽救公共汽车上所有人的生命。运用快速的预期效用计算，如果事故中（包括成年公共汽车司机）可能平均的死亡超过了30人，则碰撞到公共汽车将产生一次多于30人死亡的预期结果（假设实际的死亡率是1/3，这将得到10人死亡的预期结果）。如果选择驶向悬崖，则意味着一个人一定会死亡，那么预期的结果将是一个死亡（你自己），而没有更多。机器化汽车的正确决定（我们所关心的是最大限度地提高生存和最大限度地减少死亡人数）显然是驶向悬崖并牺牲驾驶员，因为这样只有一个人应该死而不是超过一个人，尤其是10人或是全部30人。

如果不是校车，您的机器人汽车将要与另外一辆载有5人的乘用车相撞，那么这个决定可能会有所不同。给出相同的平均死亡概率为1/10，碰撞时预计死亡人数只有0.6人，而驶向悬崖的预期死亡人数仍然为一人。在这种情况下，正确结果论的决定是允许发生事故，只要事故的平均死亡率不到1/6。如果不是另一辆车，而是你的车将要与鹿相撞，那么尽管会发生事故，自主车辆仍然会决定留在道路上，因为我们认为鹿的生命不如人类的生命珍贵。

回到校车场景，编程的自主汽车与结果论的伦理框架似乎意味着你的牺牲。但是，关于这个案例最令人注意的是甚至可能不是你的死亡或道德上的数学：如果你今天在一辆手动驾驶的汽车上，驶向悬崖可能仍然是你可以做出的最道德的选择，因此如果你有时间考虑，也许你会选择必然的死亡。但是，您自愿做出自己牺牲的决定是一回事情，而在没有您的同意或预先知道自我牺牲甚至是这种可能性的情况下，机器做出这一决定则是另一个问题。也就是说，令人惊讶的是透明度的缺乏，所以同意这样一个严峻的决定（这是一个最重要的、可以决定的一个人生命的），如果自愿也许是高尚的，但如果不同意，也不是犯罪。

因此，在自主驾驶的背景下，可以强调合理的伦理原则（例如旨在挽救最多生命的道德原则）。而一个自主车辆的拥有者，无论是否正确，都可以非常重视自己的生命，而不是其他所有人，甚至是其他29人的，或者他甚至可以明确拒绝结果论。即使结果论是最好的伦理理论，汽车的道德计算是正确的，这个问题可能不符合道德规范，也缺乏对伦理学的讨论。因此，行业可能会很好地与公众进行这样的讨论并达成预期。用户和新闻头条可能会更加宽容，如果事先解释，自我牺牲可能是一个正当的功能，而不是一个错误。

4.2.3 闪避伤害

其他道德原则也可能造成困境。一般来说，无论如何，如果你能轻易避免对自己的伤害，那么你应该做到这一点。事实上，如果你的生活本质上是有价值的或值得保护的，那么可能在道德上要求你尽可能地拯救自己；如果你有一个需要抚养的家庭，至少它是非常有价值的。汽车制造商或原始设备制造商似乎也认为这是理所当然的：如果一辆自主汽车可以容易地避免碰撞，例如通过制动或转弯，那么它应该这样做。这里就没有道德问题——还是有呢？

在另一个思想实验[15,18,33]中，你的机器人汽车停在一个十字路口，耐心等待在你面前穿过路口的孩子，此时它检测到车后的皮卡将会撞到其后端。碰撞可能会在某种程度上损坏你的车，也许会对你造成轻伤，像鞭打那样，但绝对不会死亡。为了避免这种伤害，你的汽车被编程为在安全的情况下冲出道路。在这种情况下，您的车可以轻松地在交叉口右转，避免后端的碰撞。它遵循着这种编程，但是在这样做时，它给皮卡让开了道路，接着让它在穿过十字路口的路径上，杀死了几个孩子，严重伤害了他人。

这是编程自主车的正确方法吗？在大多数迫在眉睫的后端碰撞事件中，可能是的。但在这种特殊情况下，这个设计决定意味着会避免轻伤而造成几个孩子的严重伤害和死亡，这似乎是不正确的选择。在某一个重要的方面，你（或汽车）对他们的死亡负责：你（或汽车）杀死了孩子，移开了一个阻止伤害的保障，就像你要对一个人的死亡负责一样，你移开了一块盾牌，而他正在枪的前面。杀死无辜的人民有法律和道德上的后果。

与上述自我牺牲的情景一样，如今在同样的情况下，在由人类驾驶的汽车中，如果你看到一辆快速接近的车辆要撞到你身上，你也可能做出同样的决定来避免自身受伤。也就是说，即使人们做出现场决定，结果也可能并不会改变。但是，再一次的，在这一刻恐慌中做出这样一个判断是一回事，而另一个不太可原谅的事实是一个程序员（远离现场，一年或多年以前）创造一个成本函数，导致了这些死亡。程序员有意这样做或者是无意中这样做，没有意识到也是可能的。如果是前者，那么这可以解释为有预谋的杀人，而后者则是重大过失。

当人们试图在一系列动态场景中复制人为决策时，无论哪种方式，对于程序员来说都是非常糟糕的，这也许是商业中的一个固有风险。有时候，一辆自主汽车可能会面临"无赢"的局面，使程序员处于一个困难但也是很真实的状况。为了减轻这种风险，行业可能会很好地为用户和更广泛的社会设定一些期望，教育他们即使在没有自动运行或机器化汽车的情况下他们也可能成为受害者，也许这样对于公众和社会总体是更合理的。

4.2.4 电车难题

道德规范中最具代表性的思想实验之一是电车难题[4,8,11,47]。如果自主车辆出现，那么这是一个可能出现在现实世界中的问题。事实上，无人驾驶的列车已经在世界各地的几十个城市运行，这就会产生上述生活场景[24]。这个经典的困境是运行着的失控电车（或火车），将杀死五名站在轨道上并毫不知情的人。看着外面的场景，你会发现自己身旁有一个开关：如果你拉动开关，就可以将火车转轨到右边的一组轨道上，从而将拯救在轨道上的五个人。不幸的是，有一个人站在右边的轨道上，然后会被杀死。那么什么是正确的决定？

"正确"的决定仍然是哲学辩论的主题。这两个选择似乎都是合理的和可辩护的。结果主义者可以证明切换轨道可以拯救五个人，虽然遗憾的是以牺牲一个人为代价。但是，非结果主义者，不只是考虑数学或结果的人可能会反对，因为切换轨道构成了一个杀人行为（一个人），而什么也不做只是允许一些人死亡发生（五个人）；而且在道义和法律上杀人比让人死亡更糟糕。

杀戮意味着你对一个人的死亡直接负责：如果你没有做你所做的，那个人会生存。但是，如果是允许死亡发生的话，你的责任要少得多，因为一些因果的过程已经在进行中，这不是由你开始或以其他方式控制的。关于杀人还是让人死亡更糟糕的问题也将在哲学上进行辩论。但是让我们暂时搁置一下，因为最后的答案对我们的讨论是不必要的，只需要相信这个命题是合理的。

将电车问题运用到手头的技术上，让我们假设你以手动模式驾驶自主驾驶汽车；你在控制之中无论是否有意（你可能是有意杀人的或只是不注意的），你即将撞上并杀死五名行人。你的汽车的碰撞避免系统可以检测到可能的事故并激活，强制从您的手中控制汽车。为了避免这场灾难，它只能向一侧改变方向，我们不妨说是右边吧。但右边是一名行人，会因此不幸遇难。

这是你的车做出的正确决定吗？再次的，结果主义者会说是的：只有一个人死好过五个人死亡。但非结果主义者可能会呼吁在杀人和让人死亡之间进行道义上的区分，而且考虑责任的原因对 OEM 很重要。如果汽车没有从驾驶员手中夺走控制权，那么它（和 OEM）可能就不用在你驾驶汽车时对五名行人受到伤害负责，它只是让这些受害者死亡。但是，如果汽车获得控制权并做出导致一个人死亡的决定，那么它（和 OEM）就要对杀死一个人的行为负责。

与电车问题一样，任何一种选择似乎都是可辩护的。结果是重要的，因此认为这辆车应该被编程为即使牺牲了少量一些人的生命，行动并拯救生命是不可笑的。然而，认为杀人比让人死亡更为糟糕，特别是在法律眼中也是合理的。我在这里想强调的不是什么答案，而是审议的过程，指引我们从一个回答到另一个回答。在任何给定的道德困境可以得到许多可接受的答案的情况下，如何能够好地捍卫一个答案比考虑如何支持这个答案更为重要。

再次，行业需要通过讨论和提前解释可能导致生存或死亡的关键算法的推理来设定期望。透明化或计算方式的公开是伦理的重要组成部分，而不仅仅是答案本身。

4.3 后续步骤

请注意，本文讨论的伦理问题不考虑技术错误、维护不良、维修不当、安全漏洞或其他故障，而且所有这些也都会发生。我们无法创造出绝对可靠的复杂技术，即使是直接与金钱相关的行业也没有解决这个问题。例如，银行自动取款机在丢失现金时成为头条新闻（账户户主比实际多出数万美元），因为软件故障[2,10]，或黑客的入侵。而我们所创造的每一台计算机设备都可能被黑客入侵或被黑客攻击，包括神经植入物和军事系统[3,28]。

这些脆弱性和错误肯定会对自主汽车造成危害，而且只在可能的地方保护他们是不道德和不负责任的。即使将这些技术问题放在一边，甚至假设有完善的技术可用，但还有许多其他安全和道德问题需要担心，例如之前的编程问题。

4.3.1 更广泛的伦理问题

但是随着社会开始采用自动驾驶技术，编程只是要考虑的许多领域之一。分配撞击事故中的法律责任和道德责任是一个热门的话题[1,14,20,22,49,51]。以下是其他几个，更多可能存在的问题的列表的一部分：

如果一辆汽车是公共拥有的，例如城市公共汽车或消防车，道德是否重要？

自动化车辆的车主可能会合理地期望车的性能被"忠诚地给予"车主，并且应该重视他/她的生命超过不知名的行人和驾驶员。但是，一个大众化的自动化车辆可能没有这个义务，这也会改变道德上的预算。即使是私人定制的自主车辆，所有者也应承担更多或全部的风险，因为他们首先将机器人汽车引入公共场所。

机器人汽车的存在对保险行业会构成威胁吗？有些人认为，非常安全的汽车可以避免大多数或者是所有的事故，这意味着许多保险公司将破产，因为没有或很少有风险需要投保[40,52]。但事情也可能相反：我们可以预见到大型的事故，因为汽车联网在一起，容易受到无线黑客攻击——像 2010 年的股市"闪电"[5]。那保险业可以做什么来保护自己，同时还不妨碍具有巨大的收益呢？

自动化汽车会受到黑客攻击吗？到目前为止，我们创建的每个计算设备都被黑客入侵过。如果当局和物主（例如租车公司）能够远程控制汽车——据报道，欧盟正在为这种汽车制定法规[50]，则这为网络劫持者提供了一条简单的路径。如果受到攻击，无论是劫持还是普通入侵，汽车应该怎么做：加快速度？报警？留在犯罪现场保存证据？还是保卫自己？

对于未来的车载应用套件以及传感器和持续的 GPS 跟踪，我们是要保护个人信息，还是在隐私权消失的世界选择放弃隐私[27]？在网络服务带来在线广告的情况下，我们可以看到新的狡猾的广告计划，可能允许第三方广告客户对自主车辆的路线选择有一定的影响，例如指导汽车经过他们的业务区域[32]。

哪些是自主汽车可能被滥用的方式？如果汽车行驶得过于保守，则可能会因为驾驶人员的耐心较差而导致交通危险或引发道路暴力[26,42]。如果机器化汽车的碰撞避免系统是普遍已知的，则其他驾驶员可能会被引诱来"戏耍"它，例如封堵其前方道路，因为自动驾驶汽车将减速或转向以避免事故发生。如果这些汽车能够以全自动模式安全地行驶到我们的家里，那可能会鼓励更多的酒精消费的行为，因为人们不必再担心醉酒驾驶。

更为遥远的问题还包括：守法自动化汽车将会如何影响城市的收入？例如违法违规驾驶员的交通罚款。另外很多器官移植来自车祸受害者，社会又将如何处理捐赠器官的数量下降和供应不足的问题[41]？

旧型的自主汽车可能无法与以后的车型或未来的道路基础设施通信。我们如何让这些传统的车型（不那么安全，同时也和新技术不匹配）离开道路[45]？自从 2009 年以来，微软一直在试图取消其 Windows XP 操作系统[39]，这是一项比自主汽车低价很多的投资；但许多用户仍然拒绝放弃它，包括关键的军事系统[37,46]。这是一个很大的安全风险，因为微软将不再为该操作系统提供软件补丁。

4.3.2 总结

我们真的不知道机器人汽车的未来会是什么样子，但是已经可以看到我们还需要做很多工作。问题的一部分原因是我们缺乏想象力。布鲁金斯机构的主任 Peter W. Singer 说："我们仍然处于这项技术的'无马的马车'阶段，将这些技术描述为它们不是什么，而不是纠结于它们真正是什么"[43]。

正如它在这里所适用的，机器人不仅仅是取代人类驾驶员，正如第一辆汽车的人类驾驶员并不是简单地替换马一样：那样做就是把电力误认为只是替代蜡烛。自动化运输的影响将彻底地改变社会，技术似乎正在加速发展。正如 Singer. P. W. 所说的那样，"是的，摩尔定律是有效的，墨菲定律也是如此"[43]。当技术出错时（它会这样），提前思考伦理设计和政策，可以帮助引导我们对未知的东西负责任。

在未来的自主汽车中，单纯的碰撞避免功能是远远不够的。在物理学的问题上事故可能无法避免[12,13]，尤其是当自主汽车进入城市街道[19,21,25]时，这是一个比高速公路更复杂的环境。假定车上有人，如果紧急制动太危险的话，则同样也没有足够的时间把控制权交给没有专注这些的驾驶员。技术上的错误、传感器的偏差、带有恶意的人、恶劣的天气和不好的运气也可能导致即将发生的碰撞。因此，机器人车辆还需要有关伦理思考的碰撞优化策略。

如果道德被忽视并且机器人车辆的表现不佳，则可能会发生一个重大的案例，即汽车制造商在设计产品时是疏忽的。如果发生这样的事情，那么它们将会担负巨大的法律责任。今天，我们看到积极分子反对军用的"杀手"机器人，这些机器人还没出现，部分原因是机器永远不应该被授权进行关乎生死的决定[31,35]。如果自主汽车行业不认真对待道德问题，那么同样的预防措施在行业内极有可能不会出现。

然而，更大的挑战不仅仅在于通过伦理困境来思考，还有符合用户和普通大众准确的期望（他们可能会因为自主汽车而负面地感到惊讶），被待市场接受和采纳。无论如何，行业倾向的道德困境的回答可能不会令每个人都满意。伦理和期望是所有希望在这个新兴领域发展的汽车制造商和一线供应商的共同挑战，而不仅仅是特定的公司。

自动化汽车有望提供难以预测的巨大收益和意想不到的效果，而且新技术也将不断出现。改变是不可避免的，也不一定是坏事。但是，如果可能，应该预期和避免主要的损失和新的危害。这就是伦理学在创新政策中的作用：它可以在实现有益技术的同时为创造更美好的未来铺平道路。无视道德问题，就像我们闭上一只眼在驾驶着。

应用许可

本章根据知识共享署名 4.0 国际许可（http：//creativecommons. org/licenses/by/4.0/）的条款进行分发，允许通过任何媒介或格式使用、复制、改编，分发和再创作，只要您对原始作者和来源给予适当的说明，提供知识共享许可链接，并指出所做的任何更改。

本章中的图片或其他第三方材料均包含在作品的创作共享许可中，除非在来源中另有说明；如果这些材料不包括在作品的知识共享许可中，并且法律规定不允许相应的操作，那么用户需要获得许可证持有者的许可才可以复制、改编或再创作材料。

参 考 文 献

1. Anderson, J., Kalra, N., Stanley, K., Sorensen, P., Samaras, C., Oluwatola, O.: Autonomous vehicle technology: a guide for policymakers. Report by RAND Corporation. http://www.rand.org/pubs/research_reports/RR443-1.html (2014). Accessed 8 July 2014
2. Associated Press. ATM 'glitch' gives $37,000 to lucky homeless man. Daily Mail. http://www.dailymail.co.uk/news/article-2596977/ATM-glitch-gives-OVER-37-000-homeless-man-cash-requested-140.html (2014). Accessed 8 July 2014
3. Baldor, L.: China hacked the Pentagon to get weapons data. Talking Points Memo. http://talkingpointsmemo.com/news/china-hacked-the-pentagon-to-get-weapons-programs-data (2013). Accessed 8 July 2014
4. Cathcart, T.: The Trolley Problem, or Would You Throw the Fat Guy Off the Bridge? Workman Publishing Company, New York (2013)
5. Commodity Futures Trading Commission and the Securities and Exchange Commission: Findings regarding the market events of May 6, 2010. CFTC and SEC, Washington DC. http://www.sec.gov/news/studies/2010/marketevents-report.pdf (2010). Accessed 8 July 2014
6. Curtis, P. and Hedlund, J.: Reducing deer-vehicle crashes. Report funded by the Insurance Institute for Highway Safety. Cornell University, Ithaca. http://wildlifecontrol.info/pubs/Documents/Deer/Deer-Vehicle_factsheet1.pdf (2005). Accessed 8 July 2014
7. Davies, A.: Avoiding squirrels and other things Google's robot car can't do. Wired. http://www.wired.com/2014/05/google-self-driving-car-can-cant/ (2014). Accessed 8 July 2014
8. Edmonds, D.: Would You Kill the Fat Man? The Trolley Problem and What Your Answer Tells Us About Right and Wrong. Princeton University Press, Princeton (2014)
9. Federal Ministry of Justice and Consumer Protection: Basic Law for the Federal Republic of Germany. http://www.gesetze-im-internet.de/englisch_gg/englisch_gg.html (2014). Accessed 8 July 2014
10. Floro, Z.: Man goes on a casino bender after an ATM let him take out unlimited cash. Business Insider. http://www.businessinsider.com/atm-gives-unlimited-cash-2012-6 (2012). Accessed 8 July 2014
11. Foot, P.: The problem of abortion and the doctrine of the double effect. Oxford Review 5, 5-15 (1967)
12. Fraichard, T.: Will the driver seat ever be empty? Report funded by Inria. http://hal.inria.fr/hal-00965176 (2014). Accessed 8 July 2014
13. Fraichard, T., and Asama, H.: Inevitable collision states: a step towards safer robots? Advanced Robotics 18(10), 1001–1024 (2004)
14. Garza, A.: 'Look Ma, no hands!': wrinkles and wrecks in the age of autonomous vehicles. New England Law Review 46(3), 581-616 (2012)
15. Goodall, N.J.: Autonomous car ethics. Interview with CBC radio. http://www.cbc.ca/spark/blog/2014/04/13/autonomous-car-ethics/ (2014). Accessed 8 July 2014
16. Goodall, N. J.: Machine ethics and automated vehicles. In: Meyer, G. and Beiker, S. (eds.) Road Vehicle Automation. Springer, Cham (2014)
17. Goodall, N. J.: Ethical decision making during automated vehicle crashes. Transportation Research Record: Journal of the Transportation Research Board (forthcoming)

18. Goodall, N. J.: Vehicle automation and the duty to act. In: Proceedings of the 21st World Congress on Intelligent Transport Systems, 7-11 September 2014, Detroit, Michigan (forthcoming)
19. Google: The latest chapter for the self-driving car: mastering city street driving. http://googleblog.blogspot.co.at/2014/04/the-latest-chapter-for-self-driving-car.html (2014). Accessed 8 July 2014
20. Gurney, J.: Sue my car, not me: products liability and accidents involving autonomous vehicles. Journal of Law, Technology and Policy 2, 247-277 (2013)
21. Hern, A.: Self-driving cars face a long and winding road to success. The Guardian. http://www.theguardian.com/technology/2014/may/28/self-driving-cars-google-success (2014). Accessed 8 July 2014
22. Hevelke, A. and Nida-Rumelin, J.: Responsibility for crashes of autonomous vehicles: an ethical analysis. Science and Engineering Ethics (2014). doi: 10.1007/s11948-014-9565-5
23. IEEE: IEEE code of ethics. http://www.ieee.org/about/corporate/governance/p7-8.html (2014). Accessed 8 July 2014
24. International Association of Public Transport: Observatory of automated metros. http://metroautomation.org/ (2014). Accessed 8 July 2014
25. Jaffe, E.: The first look at how Google's self-driving car handles city streets. The Atlantic/CityLab. http://www.citylab.com/tech/2014/04/first-look-how-googles-self-driving-car-handles-city-streets/8977/ (2014). Accessed 8 July 2014
26. KPMG: Self-driving cars: are we ready? Report by KPMG. KPMG, Chicago. http://www.kpmg.com/US/en/IssuesAndInsights/ArticlesPublications/Documents/self-driving-cars-are-we-ready.pdf (2013). Accessed 8 July 2014
27. Lee, T.: Self-driving cars are a privacy nightmare. And it's totally worth it. The Washington Post. http://www.washingtonpost.com/blogs/wonkblog/wp/2013/05/21/self-driving-cars-are-a-privacy-nightmare-and-its-totally-worth-it/ (2013). Accessed 8 July 2014
28. Leggett, H.: The new hacking frontier: your brain? Wired. http://www.wired.com/2009/07/neurosecurity/ (2009). Accessed 8 July 2014
29. Lin, P.: The ethics of saving lives with autonomous cars is far murkier than you think. Wired. http://www.wired.com/2013/07/the-surprising-ethics-of-robot-cars/ (2013). Accessed 8 July 2014
30. Lin, P.: The ethics of autonomous cars. The Atlantic. http://www.theatlantic.com/technology/archive/2013/10/the-ethics-of-autonomous-cars/280360/ (2013). Accessed 8 July 2014
31. Lin, P.: Why the drone wars matter for automated cars. Lecture presented at Proceedings in Automated Driving, Stanford Law School, 12 December 2013. http://stanford.io/1jeIQuw. Accessed 8 July 2014
32. Lin, P.: What if your autonomous car keeps routing you past Krispy Kreme? The Atlantic. http://www.theatlantic.com/technology/archive/2014/01/what-if-your-autonomous-car-keeps-routing-you-past-krispy-kreme/283221/ (2014). Accessed 8 July 2014
33. Lin, P.: Ethics and autonomous cars: why ethics matters, and how to think about it. Lecture presented at Daimler and Benz Foundation's Villa Ladenburg Project, Monterey, California, 21 February 2014
34. Lin, P.: The robot car of tomorrow might just be programmed to hit you. Wired. http://www.wired.com/2014/05/the-robot-car-of-tomorrow-might-just-be-programmed-to-hit-you/ (2014). Accessed 8 July 2014
35. Lin, P., Bekey, G., Abney, K.: Autonomous military robotics: risk, ethics, and design. Report funded by the US Office of Naval Research. California Polytechnic State University, San Luis Obispo. http://ethics.calpoly.edu/ONR_report.pdf (2008). Accessed 8 July 2014
36. Marcus, G.: Moral machines. New Yorker. http://www.newyorker.com/online/blogs/newsdesk/2012/11/google-driverless-car-morality.html (2012). Accessed 8 July 2014
37. McCabe, R.: Navy, others still struggling to ditch Windows XP. The Virginian-Pilot. http://

hamptonroads.com/2014/06/navy-others-still-struggle-ditching-windows-xp (2014). Accessed 8 July 2014

38. Merat, N., Jamson, H., Lai F., and Carsten, O.: Human factors of highly automated driving: results from the EASY and CityMobil projects. In: Meyer, G. and Beiker, S. (eds) Road Vehicle Automation. Springer, Cham (2014)
39. Microsoft: Windows lifecycle fact sheet. http://windows.microsoft.com/en-us/windows/lifecycle (2014). Accessed 8 July 2014
40. Mui, C. and Carroll, P.: Driverless Cars: Trillions Are Up For Grabs. Cornerloft Press, Seattle (2013)
41. Park, A.: Driverless cars to kill organ transplantation. DriverlessCarHQ. https://web.archive.org/web/20120626151201/ http://www.driverlesscarhq.com/transplants/ (2012). Accessed 8 July 2014
42. Roach, J.: Road rage at driverless cars? It's possible. NBC News. http://futureoftech-discuss.nbcnews.com/_news/2012/01/20/10201865-road-rage-at-driverless-cars-its-possible (2012). Accessed 8 July 2014
43. Singer, P.W.: The robotic revolution. Brookings Institution. http://www.brookings.edu/research/opinions/2012/12/11-robotics-military-singer (2012). Accessed 8 July 2014
44. Sinnott-Armstrong, W.: Consequentialism. Stanford Encyclopedia of Philosophy. http://plato.stanford.edu/entries/consequentialism/ (2011). Accessed 8 July 2014
45. Smith, B.W.: Planning for the obsolescence of technologies not yet invented. Stanford Law School's Center for Internet and Society. http://cyberlaw.stanford.edu/blog/2013/10/planning-obsolescence-technologies-not-yet-invented (2013). Accessed 8 July 2014
46. Sternstein, A.: Why Feds are still buying IT that works with Windows XP. Nextgov. http://www.nextgov.com/cio-briefing/2014/04/why-feds-are-still-buying-it-works-windows-xp/81667/ (2014). Accessed 8 July 2014
47. Thomson, J.J.: Killing, letting die, and the trolley problem. The Monist 59, 204-217 (1976)
48. Transportation Research Board: Animal-vehicle collision data collection. http://onlinepubs.trb.org/onlinepubs/nchrp/nchrp_syn_370.pdf (2007). Accessed 8 July 2014
49. Villasenor, J.: Product liability and driverless cars: issues and guiding principles for legislation. Report by The Brookings Institution. http://www.brookings.edu/research/papers/2014/04/products-liability-driverless-cars-villasenor (2014). Accessed 8 July 2014
50. Waterfield, B. and Day, M.: EU has secret plan for police to 'remote stop' cars. The Telegraph. http://www.telegraph.co.uk/news/worldnews/europe/eu/10605328/EU-has-secret-plan-for-police-to-remote-stop-cars.html (2014). Accessed 8 July 2014
51. Yeomans, G.: Autonomous vehicles: handing over control—opportunities and risk for insurance. Report by Lloyd's. Lloyd's, London. http://www.lloyds.com/~/media/lloyds/reports/emerging%20risk%20reports/autonomous%20vehicles%20final.pdf (2014). Accessed 8 July 2014
52. Yeomans, G.: Autonomous vehicles: handing over control—opportunities and risk for insurance. Report by Lloyd's. Lloyd's, London. http://www.lloyds.com/~/media/lloyds/reports/emerging%20risk%20reports/autonomous%20vehicles%20final.pdf (2014). Accessed 8 July 2014

第5章 自动驾驶汽车可实现的伦理

J. Christian Gerdes 和 Sarah M. Thornton

当自动驾驶车辆通过一个有着一些其他道路使用者（包括行人、骑行者以及其他人或自动驾驶车辆）的环境时，车辆不断地与周围环境进行交互。这些交互的本质是车辆被程序员设置了优先级程序的结果。正如人类驾驶员能够展示一系列的驾驶风格和喜好，自动驾驶车辆可以被看作是一个画布，设计师可以制作不同的驾驶场景下的响应。这些场景可能是突发的，比如在事故不可避免、进退两难的处境中绘制一条轨迹，或者更常规的情况下，比如确定一个与前面车辆适当的跟车距离，或者确定给一个可供行人站立的角落的空间。然而，在所有情境下，车辆及其控制算法的行为最终将不是由统计或测试跟踪性能来判断，而是由社会运行的伦理道德标准来判断。

在有关机器人伦理的著作中，没有自由意志的人工代理是否能表现出道德行为仍然存在争议[1]。然而，似乎可以肯定的是其他道路使用者和社会将通过一个道德视角来看待自动化车辆的行为和它们的程序员所优先考虑的事情。无论是在法庭上还是在公众的舆论中，决定自动车辆行为的控制算法一旦造成伤害或损失，都将会受到密切的审查。从不那么紧急的层面，或者说在更不重要的层面来看，日常生活中的交通会取决于这些车辆的社会交互，而这种交互极大影响它们的社会接受度。这给自动化车辆的程序员带来了相当大的责任，以确保他们的控制算法集体产生对人类合法和合乎道德的行为。

然后出现了一个明显的问题：自动化车辆的预先设计是否可以不仅体现法律，还体现它们所运行的社会的伦理原则？特别是，人类行为的伦理框架和规则可以作为自动化车辆的控制算法实现吗？本章的目标是找出一条能够反映 Lin 等人[2]概述的或 Goodall[3] 从哲学视角描述的从伦理道德方面进行考虑的途径，对应自动驾驶车辆的转向、制动和加速的恰当选择。或许令人惊讶的是，控制理论中的哲学结构和概念及其数学等价物之间的转换可以被证明是直截了当的。哲学中结果论及义务论伦理学和最优控制理论中的成本函数或约束框架是可以由非常直接的类比联系在一起的。这些类比使伦理原则可以被描述为成本或规则，与其他目标一起在控制算法中实现。接下来的挑战就是从结果论者的角度来确定哪些原则最适合作为成本的

第 5 章 自动驾驶汽车可实现的伦理

比较权重,哪一种形式更符合义务论伦理规范。

从数学角度来推导车辆的控制律这个问题,可以得出结论:单一的伦理框架显然是远远不够的。这呼应了 Wallach 和 Allen[4]、Lin 等人[2] 和 Goodall[3] 从哲学角度提出的挑战。本章首先简要介绍了最优控制的原理,以及如何将关于伦理的考虑映射到成本或约束中。以下各节将讨论与自动化车辆相关的特定伦理推理,以及这些决策是否最好地作为成本或约束来制定。这一选择取决于许多因素,包括权衡伦理影响同其他优先事项的权重和车辆在做出决定时可获得的信息。由于车辆必须依靠有限的和不确定的信息,因此,将重点放在避免碰撞是更加合理的,而不是试图确定这些碰撞的结果或对人类造成的伤害。本章最后给出以伦理约束作为控制律实现的例子和对覆盖人类的"红色大按钮"是否与伦理自动化车辆相一致的思考。

5.1 控制系统和最优控制

第 4 章概述了适用于自动化车辆的一些伦理框架。在车辆中将这些伦理框架应用到控制算法中的第一步同样是以笼统的方式描述车辆控制问题。图 5.1 展示了典型的闭环控制系统的规范示意图。该系统包括一个要控制的对象(在本文的情况下,是一个自动驾驶车辆)、一个控制器和一些要满足的指标。控制系统设计的基本目标是选择一套控制输入(汽车的制动、加速、转向和档位),以达到预期的目标。所得到的控制律一般包括目标的先验知识和车辆(前馈控制)的模型,以及通过比较环境测量和实际车辆运动(反馈控制)来纠正误差的手段。

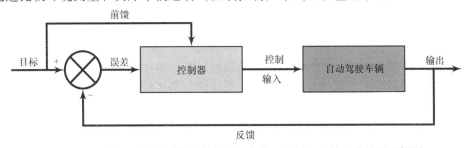

图 5.1 一个展示控制系统的控制输入来自于目标和反馈环节的原理框图

近年来,针对不同的目标和不同类型的系统已经产生了很多新的方法和控制法则。一种方法最初便是由 Pontryagin 等人在其开创性论文中为了控制火箭而开发的最优控制算法[5]。在一个经典的最优控制问题中,系统的目标是以成本函数的形式表示,控制器应尽可能地将成本函数最大化或最小化。例如,车辆根据期望路径转弯的目标可以被描述为在一定的时间范围内最小化车辆行驶的道路与期望路径之间的误差。对于给定的车辆路径,与计算该路径相关联的成本函数可以通过选择时间点(例如,N),预测该路径与这些点上所需路径之间的误差,并求出平方误差(图 5.2,见彩插)。

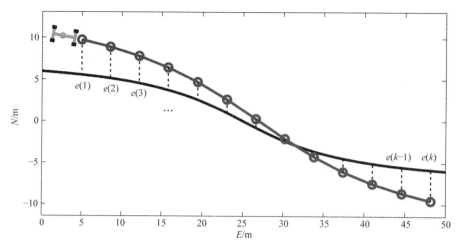

图 5.2 从期望路径（黑色）和车辆实际路径（蓝色）之间的误差产生一个成本函数

因此，控制的输入是在该时间范围内将总误差或成本函数最小化的转向命令：

$$J = C_1 \sum_{i=1}^{N} e(i)^2 \tag{1}$$

其他期望的目标可以通过在成本函数中添加额外的要素来实现。通常，通过输入的快速变化（例如，转向）来补偿任何误差，可以获得更好的跟踪性能。然而，这会降低系统运行的平稳性，并可能对转向执行器造成额外的磨损。与输入相关的使用成本可以通过改变时间步长之间的转向角度 δ 来获得：

$$J = C_1 \sum_{i=1}^{N} e(i)^2 + C_2 \sum_{i=1}^{N-1} |\delta(j+1) - \delta(j)| \tag{2}$$

成本函数中权重和的选取对系统性能有很大的影响。在上面例子中，增加转向角变化的权重将会生成一个控制器，它能容忍一些与路径的偏移来保持转向指令相对平稳。减小转向的权重有相反的效果，即使转向角度变化大也不会产生很大的偏离。因此，可以选择权重来反映与系统操作相关的实际成本，或者用作调整旋钮以便更精确地调整系统在不同目标上的性能。

过去，计算能力的局限性限制了成本函数的形式和复杂性，由于需要对控制系统的输入进行实时计算。几个变量的线性二次函数和封闭形式解的简化问题成为这一技术的教科书式的范例。然而，近年来，有效地解决某些优化问题的能力迅速扩展了这些技术在各种系统中的适用性[6]。

5.2 成本函数和结果论

最优控制的基本方法类似于哲学中的结果论思想，即选取可以优化成本函数的一组输入值。如果一个车辆行为的伦理含义可以在成本函数中得到体现，就像偏好功利主义的人试图做的那样，优化该函数的控制输入在伦理意义上可以产生理想的结果。由于车辆可以重新评估其控制输入或行为,可以在任何给定的情况下产生最优的结果,最优控制器依据结果主义在哲学的原则中运行。

举一个概念性的例子,假设环境中的所有对象都可以根据它们给车辆带来的危险或风险来加权。这样一个由 Gibson 和 Crooks[7] 提出的框架是一种基于环境状态的人力驱动模型,并构建了一系列的自主驾驶或驾驶辅助方法的基础。这些包括 Reichardt 和 Schick[8] 提出的将车辆运动和电场的类比方法,Gerdes 和 Rossetter[9] 提出的机械势场法,Donath[10] 等提出的虚拟缓冲器法,以及 Nagai 和 Raksincharoensak[11] 提出的基于潜在风险的自主车辆控制。如果环境中的危险可以用这种方式描述,那么通过环境时的理想路径(至少从所控制的单个车辆的角度来看)最大限度地减少了所经历的风险或危险。然后,控制算法的任务就是决定发动机、制动器和转向系统的指令。

在工程和哲学方面,这种方法的根本挑战在于开发适当的成本函数。上面简单的例子假定一个单一车辆的风险函数,但更一般的方法将考虑更广泛的社会问题。一种可能的解决办法是估计对不同道路使用者的损害,并将其视为需要减少的成本。成本可能包括财产损失、伤害甚至死亡,需要视情况而定。这样的计算将需要大量关于环境中的对象的信息,以及一种在碰撞场景中估计潜在结果的方法,同时也可以利用之前事故的统计数据。

暂且不提这种结果主义方法对信息的要求,这种成本函数本身所产生的行为也会带来一些挑战。假设这样的成本可以被合理地定义或估算,汽车在遇到困境的情况下,将会在全局意义上尽量减少损失,从而减少事故的社会影响。但是,在这种情况下,汽车可能会采取更严重的伤害驾驶员或车主的行动,以减少对他人的伤害。这种自我牺牲的倾向可能在社会的眼中是高尚的,但却不太可能被汽车的驾驶员或车主所欣赏。相比之下,考虑一种主要考虑乘员安全的车辆,一直是汽车设计的主流范例,除了一些例外,如汽车保险杠的标准和对行人碰撞兼容性的关注。设计一个重视乘员保护的车辆,对行人的保护作用不大,因为与其他车辆相撞相比于与行人发生碰撞通常会对车辆乘员造成更多伤害。这种汽车可能不会使交通事故死亡的预期减少,也不太可能得到社会的认可。

Goodall[3] 进一步说明,这样的成本函数可能会导致意想不到的后果。他提出一个例子,车辆在碰撞摩托车时会选择一个带着头盔的人而不是一个没有戴头盔的人,因为戴头盔的人的生存机会更大。如此一来,自动控制车辆进行系统化的决策会妨碍头盔的使用,这违背了安全和减少伤害的社会目标。这种类比可以扩展到有针对性地与碰撞耐受性更强的车辆碰撞的车辆,从而消除有意选择购买"更安全"汽车的驾驶员的利益。因此,要真正理解车辆行为的结果或后果,可能需要考虑到超出特定事故场景的因素。

当然,对这种情况真的发生,车辆必须能够区分另一辆车的构造和模型或骑摩托车的人是否戴着头盔以及理解这种差异如何影响碰撞的结果。虽然行人和骑车人识别算法仍在改进,但物体分类却达不到100%的准确度,可能还无法包括重要的

信息，如姿势或相对方位。如图 5.3 所示，从诸如激光扫描仪之类的传感器向自动

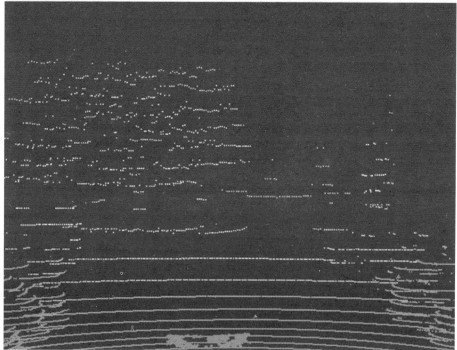

图 5.3　上图是停放车辆的驾驶场景，下图是激光扫描仪的扫描结果

化车辆提供的信息与人类驾驶员从眼睛和大脑中获得的信息明显不同。因此，任何由车辆做出的道德决定都将基于对于对象不完整的理解，或者是被车辆的道德决定所影响的道路使用者。因为对象本身的不确定性，即使对于事故后果的可能性进行了精密计算，其价值似乎是值得怀疑的。

即使用所有这些挑战来定义一个适当的成本函数并获取必要的信息来准确地确定车辆的行为代价，使用一个单一的成本函数对自动车辆道德观念编程的方法是不可行的。不过，分配成本的基本思想，即惩罚不受欢迎的行为或鼓励所期望的行为可以是控制算法的一个重要组成部分，无论是对于物理因素如路径跟踪还是对于伦理问题都同样适用。例如，在某种程度上，道德可以被集成在一个成本函数，Lin[12]为自动驾驶车辆提出的美德伦理可以集成到这个框架中。这样一来，可能的结果中的一例是，可以采取对不同车辆进行更为精确的权重调整的形式。自动驾驶出租车可能在乘客舒适度上放更多的权重来展示作为驾驶员的美德。一个自动驾驶救护车可能会想要掌握更广范围内与行人或其他车辆之间的距离，以保证希波克拉底誓言没有伤害。正如后面的例子所演示的，在给定情况下，成本函数或约束的相对权重对行为有显著影响。因此，自动驾驶车辆的目标定义的微小变化会产生反映不同美德的行为。

5.3 约束和义务论伦理学

成本函数本质上衡量的是不同行为对多重竞争目标的影响。最优控制器把重点放在成本或权重最高的目标上，这样可以使个别目标的优先级高于其他目标。然而，这只在一定程度上起作用。当某些成本的数量级大于其他成本时，这些问题的数值计算结果可能会变得不成体系，导致输入的快速变化或极端的行动。这种挑战不仅是数学上的，而且在哲学中也很常见，例如 Pascal[⊖]打赌背后的推理。此外，对于某些目标，成本函数隐含的权衡可能掩盖特定目标的真正重要性或优先性。惩罚大幅度的转向以及与行人的碰撞可能是有道理的，但这些目标有明确的层次结构。比起简单地试图让碰撞的代价比改变转向高一千倍甚至一百万倍，用更绝对的术语来表达想要的行为更有意义：车辆应避免碰撞，无论转向多么突然。目标因此从一个成本最小化的结果论方法转变成执行某些规则的道义论方法。

从数学的角度来看，这样的目标可以通过对优化问题进行约束来制定。约束可能采取多种形式，反映物理定律或系统的特定限制所带来的行为（如最大发动机功率、制动能力或转弯半径）。它们也可以表示系统设计者确定的、不应该被跨越的系统操作边界。

约束的最优控制问题可以用一个相对直接的方法从义务论的观点来捕获相关的

⊖ 布莱斯帕斯卡尔的观点相信上帝的存在是合理的，因为对于未能相信和不正确的惩罚是如此之大。

道德标准。例如，避免与其他道路使用者碰撞的目标可以用控制法来表示，将车辆运动限制为避开行人、汽车、骑自行车者和其他障碍物的路径。如果存在一套可行的行动或控制输入，以这种方式编程的车辆就不会发生碰撞；换句话说，没有任何其他目标，如平稳的操作，能够影响或推翻这一指令。某些交通法规可以用类似的方式编制。车辆可以通过简单地对此边界进行编程作为对运动的约束，避免跨越双黄线车道边界。因此，相同的数学约束可以对选择的车辆运动进行物理或伦理限制。

正如我们从日常驾驶中了解到的，在绝大多数情况下，同时平稳行驶，遵守所有交通法规，避免与任何其他道路使用者相撞是可行的。但是在某些情况下，当出现进退两难的情况时，不可能同时满足对问题的约束。从伦理的角度来看，与经典的电车问题相比，这些情况下生命的损失可能是不可避免的[14]。然而，更多的良性冲突也是可能的，而且更为常见。例如，如果这辆车能避免与另一辆车发生交通事故，应该允许它穿过双黄线吗？在这种情况下，车辆不能满足所有的约束条件，但仍必须对最佳行动路线做出决定。

从数学的角度来看，进退两难情况代表的是数学上不可行的情况。换句话说，是没有可供选择的控制输入可以满足车辆运动的所有约束条件。车辆运动的分层约束越多，就越有可能遇到某种必须受到约束的困境。显然，车辆必须在这些情况下做一些事情，而不仅仅是确定没有存在思想的行动。求解带约束优化问题的一种常用方法是将约束作为"软约束"或松弛变量来实现[15]。约束通常成立，但当问题变得不可解决时，求解器用非常高的成本替换它。这样，系统就可以保证找到一些解决问题的方法，并尽最大努力减少约束违背。一个约束层次可以通过以违反某些其他约束为代价施加更高的权重来执行。车辆遵循道义规则或约束，直到进入一个进退两难的局面；在这样的情况下，权重或分层放置的不同约束来解决这种困境，同样也采用一个结果论的方法。这变成了混合框架，由于存在不可行性的伦理问题，与Lin和其他人[2,4,12]的哲学方法的建议是一致的，并且解决了一些古德描述的使用一个单一伦理框架的局限性。

那么，什么是一个合适的规则层次，可以为它提供一个以道义基础自动驾驶车辆的道德行为？也许最著名的层次自动化系统的义务规则是机器人的科幻小说作家艾萨克·阿西莫夫（Isaac Asimov）[16]的三定律，即

1）机器人不可以伤害人类，也不可以采取行动让人类受到伤害。
2）机器人必须服从人类赋予它的命令，除非这种命令与第一定律相抵触。
3）机器人必须保护自己的存在，只要这种保护不与第一定律或第二定律相冲突。

这些规则不包括完整的伦理框架，也不足以满足自动驾驶车辆的道德行为。事实上，当把这些规则在实际行动中应用时阿西莫夫（Isaac Asimov）在情节中都设计了冲突。然而，这个简单的框架很好地说明了从第一定律开始就可能产生的一些

伦理的考虑。这部法律强调人类生命的基本价值和机器人保护它的责任。虽然这种定律不一定适用于可以在战争中使用的无人驾驶飞机[12]，但它似乎对自动化车辆很有价值。减少潜在的事故和死亡是开发和部署自动驾驶车辆的主要动力。因此，将人类生命的保护置于自动驾驶车辆规则体系的顶端，类似于阿西莫夫定律中的位置，似乎是合理的。

然而，阿西莫夫第一定律的确切措辞确实代表了一些挑战。特别是，对于机器人避免伤害人类的责任的强调，假设了机器人具有伤害的概念以及行为造成伤害的意识。这对现有的信息提出了许多挑战，类似于前面讨论过的一个相应的成本函数的方法。电影《我，机器人》将这个定律戏剧化，用一个机器人将两个人的生存概率计算到几个有效数字来决定哪一个可以生存。在不久的将来，发展这种能力似乎是不可能的，至少在自动驾驶车辆本身的发展上更具挑战性。

与其试图推断对人类造成的伤害，对于车辆来说，仅仅试图避免碰撞就足够了吗？毕竟，自动车辆最可能伤害人类的方式是通过碰撞的物理接触。避免轻微的伤害，比如被车门夹手，可以看作是人类的责任，而不是汽车的责任，就像今天一样。限制对避免碰撞的责任将意味着在事故中，汽车不一定需要编程来牺牲自我以保护人类生命，否则它就不会参与其中。道德责任只不过是不引发冲突，而不是防止伤害⊖。与较易受伤害的道路使用者，如行人和骑自行车者的碰撞，可以优先于与其他车辆碰撞或是仅仅制造财产损害的冲突。

这样的做法不一定产生最好的结果，在纯粹主义的计算中：这可能就代表对于整个社会来说，对行人造成轻微的伤害比严重的财产损失更划算。无论如何，碰撞应该是非常罕见的事件。通过仔细地控制系统设计，自动驾驶车辆在物理定律的约束下是可以避免碰撞的[17,18]。在极少数情况下，冲突是不可避免的，社会可能会接受不理想的结果，回报则是明确的比其他优先事项更加尊重人类生命的自动驾驶车辆的透明性和舒适性。

然而，用不那么抽象的碰撞概念取代伤害和损伤的理念，会产生一些对汽车更具操作性的规则。按照阿西莫夫定律的精神，将人类生命和最脆弱的道路使用者作为优先级，并将由此产生的等级划分出来：

1）自动车辆不应与行人或骑车人相撞。
2）自动车辆不应与其他车辆相撞，除非避免碰撞与第一定律发生冲突。
3）自动车辆不应与环境中的任何其他物体碰撞，除非避免这种碰撞与第一或第二定律发生冲突。

这些都是可以在自动驾驶车辆中实现的简单规则，并通过适当地选择约束的松弛变量将其按优先级排序。这样的伦理规则只需要对对象进行分类，而不是试图对

⊖ 自动车辆在避免事故的同时，也有可能采取导致其他车辆不可避免地发生碰撞的行动。这种可能性可以通过车辆之间的交流和适当的限制选择来消除。

伤害结果做出更精细的计算。这些可以用当前的感知和感知能力层次上来实现，从而允许对象不总是被正确分类的可能情况发生。

5.4 交通法规——约束还是成本？

　　除了保护人类的生命，自动驾驶车辆还必须遵守它们所行驶的道路的交通法规和规则。似乎重视人的生命比遵守交通规则更合理更重要，所以一种可能性是简单地继续增加义务论规则，例如：

　　自动车辆必须遵守交通法规，除非遵守此类定律与前三项定律相抵触。

　　这种做法将使车辆在遇到进退两难的局面时，能为了人类的利益打破交通规则，这种许可很可能被社会所接受。但真正的问题是交通法规是否属于义务论。乍一看，它们似乎很好地映射到道义约束规则的简单性。汽车应停在停车标志处，以不超过限制的车速行驶，避免穿越双黄线等。然而，人类倾向于把这些规章作为准则，而不是严格和固定的规则。人类驾驶员在十字交叉路口进行滚动停车的频率在一开始就给谷歌的自动驾驶汽车带来了困难，因为它耐心地等着其他车停下来[19]。一般来说，在美国高速公路上的车速超过了限速规定，仅仅车速超出了几英里每小时，驾驶员们就通常会惊讶地收到超速行驶的罚单。在市区，驾驶员将越过双黄线通过并排停放的车辆，而不是完全停下来，等待驾驶员返回车道再次允许通行。同样，汽车可能在实际使用路肩时通过一辆停在左边的车辆，从而保持交通畅通。警车和救护车可以忽略红绿灯，以便于紧急情况下的快速反应。

　　在所有这些情况下，遵守交通法规往往与安全、顺畅的交通等其他目标相权衡。这些场景经常发生，以至于很难说人类遵守交通法规就好像他们对行为施加了绝对的约束或限制。相反，有显著的证据表明，这些定律有助于平衡驾驶员间相互冲突的目的，并找到他们自己平衡解决方案以及速度的选择。例如，对减少旅行时间的欲望和超速行驶的费用进行权衡。换句话说，交通法规对人类行为的影响似乎在结果主义的方法中得到了很好的体现，在这种方法中，交通法加强了驾驶员在选择他们的行为时对额外的成本（金钱和其他方面）的考虑。

　　人类倾向于接受，或者在某些情况下，期待其他人类的这些行为。在高速公路的左侧车道行驶的驾驶员可能会收到其他驾驶员的暗示，暗示他们的行为并不是预期的行为。但是，这些相同的期望会转化到自动驾驶车辆中吗？将车设计成系统地忽略或违背交通法规的机器人车辆的想法有点令人不安。例如，谷歌的自动驾驶汽车已经被设定为超过在公路上的限速，如果这样做可以增加安全性[20]。此外，驾驶员也几乎不会因为被另一辆堵在处于高速公路左车道以限制车速行驶的车的后面而恼火，因为车辆本身是自动驾驶的。我们目前对交通流量和旅行时间的期望是基于交通法的一些有规律的应用。如果自动化车辆采用更严格的逻辑导致交通流量或效率的降低，社会对这些车辆的接受度可能会受到很大的影响。如果自动车辆与人类驾驶员在交通中共存并且行为类似,那么一种避免碰撞的道义论方法和结果主义的道路规则可能会实现这一目标。

5.5 简单的道德规则应用

一些简单的例子可以很容易地说明,将道德目标或交通法规视为规则或成本的后果,以及不同优先级的行为可能产生的后果。接下来的结果不只是一张图纸,而且是对自动车辆实现的算法的模拟。这里没有精确的数学公式,但遵循 Erlien[21,22]等人的避碰和车辆自动化的方法。这些参考资料提供了有关在实际测试车辆上实现的优化算法和实验结果的详细信息。

为了了解车辆决策中成本和约束的相互作用,考虑一个简单的例子,车辆行驶在双车道上,旁边还有一个额外的路肩(图5.4)。车辆的目标是直接行驶在给定车道的中心同时平稳地行驶,使用公式(2)的成本函数进行路径跟踪和转向。在没有任何障碍的情况下,汽车只需按所需的速度行驶,任何约束在这个问题上都是没有生效的。

图 5.4 基本的驾驶场景模拟。汽车行驶在一条直行的双车道公路上,正在接近一条阻碍车道的障碍物,右边是一个路肩

当遇到阻塞车道的障碍物时,车辆有三种选择——它可以在遇到障碍物前制动,也可以在障碍物的任何一侧行驶。图 5.5(见彩插)说明了这三个选项的基本情况。红色的路径代表制动的情况,两条蓝色的路径说明了避免与障碍物碰撞的策略。根据优化性控制器,该车将根据分配的权重和约束,对这三种选择中的最低成本选项进行评估。在这种情况下,绕障碍需要跨越到一个迎面而来的车辆或使用路肩车道。

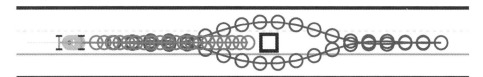

图 5.5 有三种可能的方法可以避免与障碍物相碰撞——汽车可以向左或向右行驶,如蓝色所示,或者是在红色轨迹的指示下停下来

如果这两个车道边界被视为硬约束，或者分配了很高的交叉成本，那么车辆将在车道上停下来，因为这一行动产生的成本最低（图5.6）。这可能是单辆车最安全的选择，但汽车现在已经停了下来，没有办法继续行驶，无法满足驾驶员的机动性目标。此外，汽车和障碍物的结合现在已成为道路上后续车辆的一大障碍。使用严格的以义务论方式定义的交通法规，其他目标如机动性是不允许覆盖约束的，并且车辆发现自己处于完全受限的情况下便无法移动。

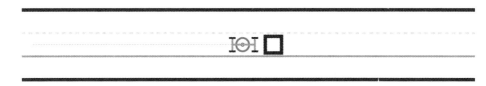

图5.6　在道路边界的硬约束下，车辆在阻塞车道上刹车并停车

然而，如果车道边界被定义为软约束，那么车辆有其他选择。现在有可能进入反向车道或路肩车道，这取决于哪种选择的成本最低。正如道路的某些区段被指定为超车区一样，约束的成本或强度也可以改变，以便使用相邻的车道或路肩进行机动。如果当前路段是一个过路区，那么进入左车道的成本就会相对低些。然后，汽车可以使用义务论约束以防备与其他车辆碰撞，只允许在没有迎面而来的车辆的情况下进行机动，例如在图5.7中所示的路径。

如果当前路段不允许通行，进入相邻车道的行为可能不安全。这样会导致车辆缺乏可视性，即没有足够时间探测迎面而来的车辆以避免碰撞。在这种情况下，为了保证对人类生命尊重的首要地位，将车道边界降低成本或约束权重而忽视对于机动性的需求可能是不合适的。另一种选择可能是利用路肩来进行机动，如图5.8所示。这可以在保持交通流量的速度下进行，只有在像图5.6这样的情况下，车辆决定的运动是被禁止的。

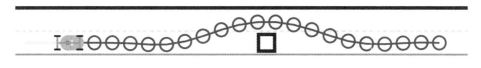

图5.7　在通过区域在车道界限设定较低的权重，那么车辆通过车道左边

很明显，许多不同的优先级和行为可以通过将不同的成本放在避免碰撞、危险情况、交通法规和诸如机动性或交通流等目标上而被编程到车辆中。这里描述的例子远不完整，在各种环境下制定合理的成本或约束条件，需要进一步的工作。希望这些例子不仅说明了通过成本和约束的语言编写此类决策的可能性，还强调了公开讨论编程优先级的可能性。通过将道德原则和流动性目标映射到成本和约束，程序员、监管者、道路使用者和其他利益相关者可以清楚地讨论这些目标的相对优

先性。

图 5.8 如果附近的车道太危险,在安全情况下车辆可以使用路肩

5.6 人的权威和"红色大按钮"

哲学家们注意到,要找到一个符合机器人或自动化车辆需求的单一道德框架是一个挑战[2-4,12]。从数学角度分析问题,体现了在编程道德规范时结合义务论和结果主义观点的优势。更具体地来讲,在结合避免碰撞的必要条件和交通法规时,选择基于诸如阿西莫夫定律等遵循义务论框架的条件,会提供一个合理的起点。

转向下一个议题,阿西莫夫定律提出另一个值得考虑的问题。第二定律要求机器人遵守人类的命令不能凌驾于第一定律之上。因此,保护人类生命的优先权需要超过了人类的命令。作者熟悉的所有自主车辆都有紧急停车开关或"红色大按钮",当需要时可将控制权返回给驾驶员。这种开关的存在意味着人类的权威终究可以凌驾于自动驾驶系统之上,因为驾驶员可以在任何时间进行控制。在阿西莫夫的法律中,把最终的权力交给驾驶员,显然与服从人类命令的优先级冲突。这就提出了一个有趣的问题:如果车辆预测潜在的碰撞或伤害即将发生,自主车辆将控制权返回给驾驶员是合乎道德的吗?

由于机器感知的局限性,情况进一步复杂化。人类和车辆无疑会以不同的方式感知情况。车辆有 360°传感的优势和在黑暗中有更强的能力感知目标。人类具有利用大脑的能力和经验来感知和解释情况的优势。当这两种观点在进退两难的情况下发生冲突时,人类能随意控制吗? 一个人在开车的时候,除了开车,可能还会在做其他事情,他有能力迅速掌握态势感知能力,然后运用正确的加速、制动或驾驶指令来安全驾驶汽车吗?

人的权威问题的本质上是一种出于道义的考虑;最终的权威必须要么在机器要么在人。这种选择并不明显,例如,两种方法都已应用于商用飞机的自动化和电子控制系统。对自动车辆的最终答案可能取决于社会是否认为这些机器只是具有自己的代理意识和责任感的更具能力的汽车或机器人。如果我们期望汽车为它们的行为承担责任并做出道德决定,我们可能需要准备把更多的控制权交给它们。获得所需的信任,无疑需要对它们的程序优先级有一定的透明度,并相信在危急情况下做出的决定是合理的、合乎道德的和社会所接受的。

应用许可

本章根据知识共享署名4.0国际许可（http://creativecommons.org/licenses/by/4.0/）的条款进行分发，允许通过任何媒介或格式使用、复制、改编，分发和再创作，只要您对原始作者和来源给予适当的说明，提供知识共享许可链接，并指出所做的任何更改。

本章中的图片或其他第三方材料均包含在作品的创作共享许可中，除非在来源中另有说明；如果这些材料不包括在作品的知识共享许可中，并且法律规定不允许相应的操作，那么用户需要获得许可证持有者的许可才可以复制、改编或再创作材料。

参 考 文 献

1. Floridi, L., Sanders, J.W.: On the morality of artificial agents. Minds and Machines 14 (3), 349-379 (2004)
2. Lin, P., Bekey, G., Abney, K.: Autonomous military robotics: risk, ethics, and design. Report funded by the US Office of Naval Research. California Polytechnic State University, San Luis Obispo. http://ethics.calpoly.edu/ONR_report.pdf (2008). Accessed 8 July 2014
3. Goodall, N. J.: Machine ethics and automated vehicles. In: Meyer, G. and Beiker, S. (eds.) Road Vehicle Automation. Springer (2014)
4. Wallach, W., Allen, C.: Moral Machines: Teaching Robots Right From Wrong. Oxford University Press, New York (2009)
5. Boltyanskii, V. G., Gamkrelidze, R. V., Pontryagin, L.S.: On the theory of optimal processes, Doklady Akademii Nauk SSR 110 (1), 7-10 (1956). In Russian
6. Mattingley, J., Wang, Y., Boyd, S.: Code generation for receding horizon control. In Proceedings of the 2010 IEEE International Symposium on Computer-Aided Control System Design (CACSD), 985-992 (2010)
7. Gibson, J. J., Crooks, L. E.: A theoretical field-analysis of automobile driving. American Journal of Psychology 51, 453-471 (1938)
8. Reichardt, D., Schick, J.: Collision avoidance in dynamic environments applied to autonomous vehicle guidance on the motorway. In Proceedings of the IEEE International Symposium on Intelligent Vehicles (1994)
9. Gerdes, J. C., Rossetter, E. J.: A unified approach to driver assistance systems based on artificial potential fields. ASME Journal of Dynamic Systems, Measurement and Control 123 (3), 431-438 (2001)
10. Schiller, B., Morellas, V., Donath, M.: Collision avoidance for highway vehicles using the virtual bumper controller. In Proceedings of the IEEE International Symposium on Intelligent Vehicles (1998)
11. Matsumi, R., Raksincharoensak, P., Nagai, M.: Predictive pedestrian collision avoidance with driving intelligence model based on risk potential estimation. In Proceedings of the 12th International Symposium on Advanced Vehicle Control, AVEC '14 (2014)
12. Lin, P.: Ethics and autonomous cars: why ethics matters, and how to think about it. Lecture presented at Daimler and Benz Foundation Villa Ladenburg Project Expert Workshop, Monterey, California, 21 February 2014
13. Pascal, B.: *Pensées* (1670). Translated by W. F. Trotter, Dent, London (1910)
14. Edmonds, D.: Would You Kill the Fat Man? The Trolley Problem and What Your Answer Tells

Us About Right and Wrong. Princeton University Press, Princeton (2014)
15. Maciejowski, J. M.: Predictive Control with Constraints. Prentice Hall (2000)
16. Asimov, I.: I, Robot. Dobson, London (1950
17. Kritayakirana, K., Gerdes, J. C.: Autonomous vehicle control at the limits of handling. International Journal of Vehicle Autonomous Systems 10 (4), 271-296, (2012)
18. Funke, J., Theodosis, P., Hindiyeh, R., Stanek, G., Kritatakirana, K., Gerdes, J. C., Langer, D., Hernandez, M., Muller-Bessler, B., Huhnke, B.: Up to the limits: autonomous Audi TTS. In Proceedings of the IEEE International Symposium on Intelligent Vehicles (2012)
19. Guizzo, E.: How Google's self-driving car works. IEEE Spectrum Automaton blog. October 18, 2011. Retrieved November 10, 2014
20. Ingrassia, P.: Look, no hands! Test driving a Google car. Reuters. Aug 17, 2014
21. Erlien, S. M., Fujita, S., Gerdes, J. C.: Safe driving envelopes for shared control of ground vehicles. In Proceedings of the 7th IFAC Symposium on Advances in Automotive Control, Tokyo, Japan (2013)
22. Erlien, S., Funke, J., Gerdes, J. C.: Incorporating nonlinear tire dynamics into a convex approach to shared steering control. In Proceedings of the 2014 American Control Conference, Portland, OR (2014)

第6章 人与自主智能体的交互

Ingo Wolf

6.1 引言

人以心智模型的形式表现知识与学习经验，这个来自认知心理学的概念是理解和设计人与技术系统间交互的核心理论范例之一[1]。在这个背景下，心智模型首先被用于描述人类信息处理过程，例如解答人类能够多快地感知和存储传入信息或人类思维对被改变的环境条件做出充分反应需要哪些信息等问题。其次，心智模型是概念化知识表达和功能假设的手段，比如说，理解和预测用户与自动化系统交互中的行为。

车辆行驶的自动化从根本上改变了对车辆驾驶员认知系统的需求。随着自动化程度的提高，人类作为在车辆上积极地进行决策者的作用最终被自动化系统所取代。一些以往重要的行为方式（例如执行转向操纵）不再被需要，并且可能不再被学习，然而人们必须学习新的技能（例如监管系统）和对系统进行新的理解。对应的心智模型必须被修改或者重建。在安全性和对自动车辆的接受度方面，至关重要的是在自动驾驶车辆中为人类定义新的角色，使它们都符合人类信息处理系统的能力，并顺应人类的期望和需求。本章将研究这两个方面。鉴于在各个领域已经得出的关于自动化的理解，本文将分析在设计自动化车辆时需要考虑哪些认知和情感层面的问题。在与本书的共同作者 Rita Cyganski、Eva Fraedrich 和 Barbara Lenz 进行的德国国内调查的基础上，还将研究潜在用户接近自动车辆时的心智模式。

本章分为两个主要部分。第一部分从人机交互领域的挑战和问题的角度概述有关自动化的中心模型、设计概念和发现。在这之后，是对（部分）自动化车辆认知效应研究的总结。第一部分较详细地总结了心智模型概念的理论背景。第二部分是一个在线调查的结果。在这里根据项目中的使用情况对自动车辆潜在用户的行动、控制、经验需求以及情绪反应进行了分类。本章最后对结果和结论进行了总结。

6.2 自动化车辆中的人为因素

6.2.1 自动化系统的设计

设计一个适合用户的自动化系统成为科学讨论的重要主题已经有几十年的时间（例如文献［2，3］）。随着技术系统能力的不断扩展，这个话题正在变得更加重要。来自各个领域（特别是航空）的技术系统（部分）自动化的经验已经表明，这种系统的安全性和可靠性不能仅仅通过优化技术要素来实现。事实上，自动化系统的可靠性在很大程度上取决于人与机器之间交互的质量。这尤其适用于人类不得不纠正技术系统错误以及发生故障时承担系统控制的情况。

自动化带来了功能向技术系统的转移，从而显著地改变了人类的角色和所需的能力。例如，在现代飞机驾驶舱中，计算机系统（比如飞行管理系统或自动驾驶仪）接管先前由驾驶舱机组人员执行的任务。因此，对飞行员的要求从主动进行人工控制转移到编程和监视飞行的自动化任务。在航空领域，这种由人类进行监控的功能被称为"监视控制"[4]，它使驾驶更容易，使飞行安全性大大提高[5]。同时，系统监控的被动作用带来的心理影响，如注意力或精力下降，引起了巨大的安全隐患[6]。Brainbridge[7]提到了"自动化的讽刺"——系统功能是由于人类的不可靠性而自动化的，然而人类恰恰被期望在紧急情况下作为备用选项来监视并支持系统运行。

监督控制设计理念引起的问题在"人为因素"学科中有广泛的记录，并被纳入标题"循环外的不熟悉性"（out-of-the-loop-unfamiliarity，OOTLUF[8]）。将人类从直接指导和控制中分离出来的负面后果主要集中在三个不同的应用背景下：对自动化不足或过度的信任[9]，动手和认知能力的丧失[10]，对场景和系统保持适度认知的困难[11]。对系统不适当的信任可能会导致对自动系统的监控或使用的不充分。自动化的信任受到系统的可靠性、可理解性和被认知的有用性的影响。当使用者面临自动化故障，突然被迫重新开始控制自动化功能时，丧失动手和认知能力的影响变得更加显著。技能训练和练习不足可导致运动技巧和认知技能的有效性降低。"循环外"效应在关于感官认知和对系统工序的正确理解（即场景认知）上尤其明显，即场景认知。场景认知不足的原因主要来自不充分的系统监控、感官反应的变化或完全崩溃（例如转向盘的触觉刺激）、自动化透明度的缺乏以及系统复杂性引起的对系统理解的不足。从认知心理学的角度来看，人类缺乏相应的心智模型（即知识和技能结构）来了解自动化的工作原理[12]。

以技术为中心的设计方法带来的负面体验导致了对系统设计的反思。由于必须确保可控性、透明度和可预测性来保证人"在循环中"，所以以人为中心的自动化理念已经很大程度上被确立为自动化系统的主要设计原则（例如文献［13，14］）。

这里的根本前提是，无论自动化程度如何，人类对整体系统负有首要责任。在这种情况下，人与机器可以被比作合作伙伴[15]。适应自动化的设计理念进一步地追求这一方面，并根据场景需求给人类和机器灵活地分配功能[16]。针对这些设计策略的应用的广泛研究已经证实了其优点，但也强调了与它们相关的困难和未来的挑战（例如文献[17]）。

然而，社会技术系统日益增加的复杂性和自主权对人类担起责任的必要性提出了疑问，并面临着现存概念之间的一个冲突：如何在两个自主决断系统组分——人与机器间设计无冲突的交互[18,19]。因此，以人为中心的设计方法需要更彻底的发展或真正的修改[20]，这相应地只有通过对自动化在日常生活中被期望的角色的基本问题进行广泛社会讨论才有可能实现[21]。然而，使用场景、使用频率以及用户的技能、专业知识在不同领域有很大差异，因此可能需要为汽车行业制定特定的设计理念，以充分考虑汽车驾驶员的异质性。

6.2.2 汽车中的自动化

在汽车行业，人的角色从系统的主动操作者到被动监督者的转变过程正在迅速地进行。关于自动驾驶话题的媒体报道形成了无人驾驶车辆将在不久的将来改善道路交通安全的印象（例如文献[22]）。然而，即使今天车辆中的个别功能是通过诸如自适应巡航控制等自动功能来实现的，但在可预见的将来，该技术仍无法放弃使用人类驾驶员，人将继续承担控制任务并做出决策[23]。

现在尚未解决的问题是在实现完全自动驾驶的过程中如何以既符合心理适应性又与用户需求对应的方式最好地定义人类的角色。尽管在上文提到的航空业中得到的领悟和经验提供了处理该问题的一个有趣的开端，但是由于道路交通环境的复杂性和动态性，它们在汽车领域的设计概念上的用处还很有限。近年来越来越多的研究聚焦在限定层次的自动驾驶功能与人类行为之间的相互作用[24,25]。在这里，这些研究的重点也是在一系列不同自动化水平上的自动化的常见问题：信任度、技能萎缩和场景认知。

当操作员信任技术系统并使用它时自动化才起作用。设计自动化系统的主要挑战是产生对系统足够的信任。同时，自动化中的错误也可能导致信任的减弱[26]。另一方面，过度的信任可能导致对自动化的监控和控制不足（"过度信任"或"自满"[27]）。迄今为止，关于这一主题的大多数研究集中在自适应巡航控制（ACC）这一应用中的信任的相对效应。一定程度的信任甚至可以成为使用驾驶辅助系统意愿的首选条件[28]。在对驾驶模拟器的纵向研究中，Kazi等人[29]分析了ACC的可靠性影响顾客对系统的信任的程度。结果表明，对可靠的系统信任会随着时间的推移而增加，但与自动化的客观的可靠性并不相称。Koustanai等人[30]在他们的研究中得到了类似的结果，他们通过对使用碰撞预警系统的经验水平系统地分级研究行为和信任的变化。具有最高经验水平的参与组在模拟器中没有发生事故，并且在危急情况下比驾驶经验较少的驾驶员有着更恰当的应对。系统经验水平也与系统表达的信任呈正相关,虽然这不影响对自动化的接受度。与这些发现相反的是,有几项研究的结果表明对 ACC 的信任水平在重复使用中没有出现明显变化(例如文献 [31,32])。造成这些不一致结果的原因可能包含了一些在最近的研究中检查的调节因素。Flemisch 等人[33]和 Beggiatio 等人[34]强调了关于自动化功能类似的(以前建立的)心智模型的意义。Verberne 等人[35]和 Waytz 等人[36]又更进了一步,在实验研究的基础上,他们提出在人类与机器之间分担意图和需求,以及自动化的拟人化特征,可能是建立对自动化系统信任的更深层的重要因素。

无论是在感知-运动层面(例如转向,换档等),还是在认知层面(例如做出决策,有选择地集中注意力等),指导车辆需要驾驶员广泛的能力和技能。这些任务的自动化执行可能导致人类相应技能的丧失,同时增加对技术系统的依赖[37]。美国联邦航空局最近发布的一项安全警报强调了该问题的根本意义[38]。警报呼吁飞行员更频繁地选择手动飞行模式而不是自动驾驶仪,因为实践不足导致的技能损失主要表现在航空安全风险的增加上。虽然作者尚不知道有哪些研究是针对(部分)自动化车辆带来的技能损失问题的,但可以推测这些影响也会发生在汽车自动化领域。自适应或合作自动化概念提供了抵消这些问题的机会,并有助于维持关键的驾驶技能,直到完全自动驾驶的车辆成为现实。

正确感知和理解复杂的动态驾驶状况的能力取决于一系列的认知过程(例如注意力、记忆力、心智模型)[12]。单调的监视任务或其他活动的分神(例如使用电话)可能导致在这些认知过程不能在车辆场景中被充分地使用。即使在使用低水平自动化系统,如自适应巡航控制(ACC)的情况下,也会产生这些影响。Buld 等人[39]已经证明使用 ACC 的驾驶员忽略了某些驾驶活动和环境条件,也因而错误地理解了系统的界限。Ward[40]的研究中提出把增大的轨迹漂移和对严重事件的反应延迟,作为使用 ACC 驾驶时场景认知能力降低的指标。然而,Ma 和 Kaber[41]的分析表明,通过使用 ACC 也可以提高场景认知。最近对高度自动化驾驶的影响的研究展示了这些矛盾结果的更加差异化的图景。在模拟研究中,Merat 等人[42]研究了在自动驾驶期间执行次要任务对驾驶行为的影响。研究表明,在没有次要任务的驾驶条件下,高度自动化驾驶对严重事件的反应是可以与手动驾驶相比的。然而当有了使人分神的次要任务,手动驾驶时的车速明显高于自动化系统。作者将这一现象归因于由次要任务造成的分心引起了场景感知的降低。

这里呈现的这些问题仅仅是针对人与自动化车辆交互中需要解决的和挑战的一部分。有很多关于情感调整和变化的问题只有在下一代更高水平的自动化车辆(参见 BASt 的自动化水平[43])具体实现和科学研究后才能被解答。界面的设计、适当的反馈和避免责任分散效应是如今在新的设计理念中正在解决的问题,并在高度自动化车辆的原型阶段被实施(例如文献 [44])。然而,学习经验、相对效应和心智模型的变化中的哪些最终将在使用这些系统时出现,只能通过代表性的纵向研究来确定。

6.2.3 什么是心智模型

心智模型认知和情感方面表现对象、对象关系和过程，简而言之，是对外部世界的内在表达。心智模型的概念首先被心理学家 Craik[45]使用，他认为人们会在自己的头脑中形成所处环境功能和过程的简化模型。这些模型用于定向、理解、推理和事件预测。Craik 的心智模型方法其后被 Johnson – Lairds[45]进一步开发，以对演绎推理和语言理解进行描述和研究。

在认知心理学文献中，有一个广泛的共识[47]：心智模型本质上是动态的并可以用三个中心特征来描述。第一，心智模型在工作记忆系统中被创建，并使个体能够模拟可能的行为及其后果[1]。所以，思维是对精神模型的操纵。第二，心智模型可以表征原因和因果关系。它们可以产生对系统运作时因果关系的理解[48]。第三，随着时间的推移，心智模型可能由于经验而改变，换句话说，它们有能力进行学习。模型的质量和基于它得到的结论通过具体的学习经验而继续发展[49]。随着专业知识的不断增长，对技术问题的理解从具体发展到了抽象表征——这是人机交互的一个有关因素。

在某些情况下，研究的应用领域比如技术设计对心智模型的定义有不同的解释[1]，这可以通过不同的活动背景来解释。甚至在更早的工作中也强调了预测的概念和在与技术系统交互中对人类行为的理解的意义[50]。因此，心智模型是基于环境特定的期望、先前的经验和对当前系统特征的感知。它们构成了用户对系统的理解和决策的基础。这意味着无差错的运行和对技术系统的信任在很大程度上取决于机器的功能与用户的期望相符的程度[33]。

心智模型在某种环境下的兼容性不仅取决于可操作性，还取决于用户的体验和对技术的普遍接受。Zhang 和 Xu[51]在这方面引入和使用新技术对现有心智模型进行了修改或重组。缺乏兼容性可能会导致失败，并对接受率和传播率产生不利影响[52]。然而，如果新系统符合预期（即现有的心智模型），这将导致更高的系统信任和积极的用户体验[53]。

因此，心智模型是由与所处的环境相互作用的人类知识、态度、价值观和情绪等因素组成。关于车辆的自动化，信息处理的认知心理过程和高层心智结构的影响（例如需求、预测、愿望等）都是重要的。已经有一些理论模型讨论驾驶员在自动车辆中所扮演的角色，同时也强调了这些不同层次的相关性[54,55]。最终，心智模型的适当修改和适应化将在很大程度上决定实际应用系统的性质、频率以及接受度。因此，驾驶员在自动化车辆中的角色的成功转变（目前尚未定义）需要对部分和高度自动化系统中的人类行为学，以及全自动驾驶中驾驶员的扩展用途的想法和需求的出现进行综合检查，换句话说，以人为中心的技术设计意味着不仅要考虑到技术的可能性和局限性，也要关注个人和社会的价值和目标。

6.3 自动化驾驶的心智模型

许多人认为自动化车辆是遥远未来的一个概念。虽然很多人可能已经想象过能够在开车期间睡觉或阅读报纸是多么具有吸引力，但关于自动化车辆的知识在普通人群中仍然很少。然而，是否使用和接受一项创新不仅仅取决于理性知识[56]。与认为人类是理性的追求利益最大化的决策者（经济人）的观点相反，人类倾向于采用更简单的决策策略，减少需要处理的信息量，并且还会受到情绪的影响[57-59]。只有通过提供更多的信息才能可控地对态度和决策进行改变。然而新信息被选择性地接收和处理，以符合现有的欲望、期望和目标——人类的心智模型[60]。因此，认知观念和对其的评估不仅可以纳入现有的心智模型，而且也突出了感性的一面[61,62]，这对创新的成功是至关重要的。

迄今为止，除了在技术、法律和认知方面对车辆自动化的众多研究外，还很少有对潜在用户的偏好和期望进行调查和研究。在目前，关于这一问题最有代表性的国际调查[63]中，重点研究了人们对自动化车辆的接受度和意愿度。在德国的调查结果表明，大多数人认为自动化车辆是有利的技术进步。同时，一半的受访者对自动驾驶表示担忧，并对该技术能否可靠运行表示怀疑。与多种使用情况相比，长距离高速公路行程最常被提及并被认为是自动驾驶首选的潜在用途。有趣的是，作者发现对驾驶员辅助系统的接受程度和对自动驾驶的接受程度之间存在正相关关系。一个对此隐含的解释可能是对部分自动化系统的特征形成的合适的心智模型也会对较高自动化水平的接受程度产生积极影响[34]。

哪些态度、认知和情感的表现表征了对自动化车辆的接受或拒绝仍然是未知的。然而，除了上文提到的对人机交互设计的认知心理要求之外，这些因素也是运输部门转型成功的重要前提。这里介绍的准代表性在线调查研究的目的是在该项目产生的用例基础上生成一个不同的、在一定程度上具有探索性的对于自动驾驶观念的描述。调查问卷是在考虑以下首要问题的基础上进行的："潜在用户看到在自动车辆中驾驶员的新角色会带着怎样的心智模型？""汽车自动驾驶的哪些要素最适合用户的心智模型？""潜在用户在自动车辆中期望哪些控制功能和驾驶员干预选项，以及如何增加这一创新点的接受度？""自动驾驶车辆的哪些经验和设计元素可以取代以前的驾驶员角色的表述，从而增加对这一创新点的接受度？"

6.3.1 方法

6.3.1.1 问卷调查

问卷调查是与本书其他作者合作进行的（Cyganski 女士，题目：需求模型；Fraedrich 女士和 Lenz 女士，主题：接受度）。该调查是在 2014 年 4 月通过电子问卷的形式进行的。问卷分为两个主要部分：①常规部分：这部分由 5 组问题构成：

社会人口问题；与先前的知识、兴趣和自动驾驶的普遍接受度等相关的问题；关于各种交通形式的与需求相关的态度问题；对于移动性相关概念的情感表征的问题；关于节省时间和一般交通使用话题的问题。②特别部分：本部分是与项目的 4 个在项目中被开发使用的场景有关的问题，并被分为以下 9 个专题组：对使用场景的自由联想；使用技术的意愿；预期的使用情景；对之前交通运输运用的预期影响；预期需要满足的需求；情绪反应；信任和接受度；控制和干预的需求；自动驾驶期间的首选次要任务。为了缩短处理过程时间，在第二部分中有关 4 种不同使用场景（见下文）的问题并未让所有参与者回答。在回答了第一部分的问题后，样本被分组，研究参与者被以相同的数量随机分配到 4 个使用场景中的一个（每个场景中 $N = 250$）。调查问卷共包含了 438 项，每位参与者在分配使用场景后回答了 210 个问题。调查问题部分是取自早期的流动调查[62,64]，部分是新问题，并且对调查问题（特别是第二部分的问题）在预测试中检测了可理解性。

对于所有调查态度的问题，使用 6 分制（1 = 完全不同意，6 = 完全同意；对于一些问题，分数因内容而异）来衡量对表述的同意程度。使用语义差别法对移动性条件下的情感的重要性进行了调查[65]。在心理价效、效能和唤醒度三个维度上，使用双极性 9 分制（从 -4 = 非常，到 0 = 中性，到 4 = 非常），其中的两端分数由这些形容词来指定：令人不愉快的—愉快的（心理价效），弱—强（效能）和冷静—激动（唤醒度）。通过选择的选项和频率分类来记录当前的交通行为。

6.3.1.2 样本

参与者由 Respondi AG 公司（http://www.respondi.com/de/）的商业市场研究小组招募，并根据参与调查被同等地支付酬金。该公司组织了一个在年龄、性别、教育和收入方面可以代表整个德国人口的参与者小组。总共有 $N = 1363$ 人完整地完成了调查。然而有些人在很短时间内回答了这些问题，这让人怀疑那些问题是否被认真回答了。因此最终所有调查过程时间少于 1000s 的参与者没有被包括在进一步的分析中。因此，样本减少了 230，最后剩 $N = 1133$。在后续的步骤中，通过去除 $N = 133$ 个随机选择的女性来校正由上述排除导致的原始比例的扭曲，以使至少在性别比例上达到一个粗略的有代表性的分布。剩余样本（$N = 1000$）的平均调查过程时间为 1897s（= 31.6min）（标准差 = 780s）。样本精确的人口统计学组成可以从表 6.1 中获得。

6.3.1.3 情感相似性的数据分析

不同选项之间的情感相似性通过语义差别法来评估，可以如下地计算"理想驾驶"场景下的平均 EPA 数据（E = 心理价效，P = 效能，A = 唤醒度）和其他选项下的平均 EPA 数据之间的三维 Euclidian 距离 d：

$$d = \sqrt{(I_e - B_e)^2 + (I_p - B_p)^2 + (I_a - B_a)^2} \tag{3}$$

式中，I 代表对"理想驾驶"的估计值；B 表示其他选项下的评估数值；下标的字母定义了 EPA 的维度。

表 6.1 样本的人口特征和流动性特征

特征		
人口统计学		
性别	女性	55.5%
年龄	18～29 岁	8.8%
	30～49 岁	33.6%
	50～64 岁	31.7%
	65＋岁	25.9%
学历	无学历	1.1%
	国民小学/完全中学（初级）	39.4%
	中学毕业（中级）	29.5%
	高级中学毕业（高级）	30.0%
收入	每月低于 900 欧元	6.6%
	每月 900～1500 欧元	17.5%
	每月 1500～2000 欧元	15.2%
	每月 2000～2600 欧元	14.4%
	每月 2600～3600 欧元	18.6%
	每月超过 3600 欧元	27.7%
流动性		
驾照	有	89.8%
	无	12.6%
拥有的乘用车数量	1 辆	51.8%
	2 辆	28.8%
	3 辆或更多	6.8%
日常使用的交通工具	汽车	55.0%
	公交车	13.7%
	共享车	0.4%
	自行车	10.7%

6.3.2 结果

首先要调查的问题是自动驾驶相关话题在多大程度上被大众所知，人们对此项技术是否有广泛的兴趣以及内心有怎样的感觉。不到一半的受访者（44%）声称对这个问题不了解，而大多数人已经听说过（33%）、浏览过这个主题（16%）或声称具有较高的专业水平（4%）。类似的分布在对于自动驾驶话题的兴趣中也能发现。大多数参与者（58%）将自己描述为"有些""相当"或"非常"地感兴趣。然而，大多数（56%）也无法想象用自动车辆来取代目前首选的交通工具。

6.3.2.1 驾驶员辅助系统和驾驶责任的放弃

如上文所述，驾驶辅助系统的使用和接受可以对自动驾驶的一般看法产生积极的影响。本研究的结果显示，大多数受访者（67%）已经听说过驾驶辅助系统。在日常使用乘用车（82%）的人中，巡航控制（50%）、声学停车辅助（46%）和远光灯辅助是最常用的系统。其他系统如自适应巡航控制（ACC，15%）、夜视辅助（11%）、抬头显示器（10%）或注意力辅助（8%）等在日常情况下仅被少数人使用。

对表达想要放弃特定驾驶任务和功能，交由自动化系统进行的意愿的调查得到了类似的结果。图6.1（见彩插）显示了不同任务对应的意愿从"绝对不"到"非常乐意"的类别范围中的分布。将不同驾驶任务进行比较，可以清晰地看出，除了将车辆控制完全转移到驾驶机器人进行的想法收到了压倒性的拒绝（"绝对不"和"最好不"的类别占了62%），人们特别反对放弃控制车辆转向的任务，交由自动化系统控制（58.3%选择了类别"绝对不"和"最好不"）。同时，受访者对将停车任务转移到自动化系统（"愿意"和"非常愿意"的类别占了45%），以及与车辆稳定性控制领域的安全辅助（"愿意"和"非常愿意"的类别占了43%）和行人识别（"愿意"和"非常愿意"的类别占了43%）表示欢迎。

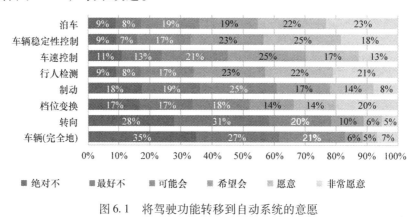

图6.1 将驾驶功能转移到自动系统的意愿

6.3.2.2 驾驶员角色和使用场景的表述

采用语义差分法，本研究对所有参与者在车辆中扮演的不同角色和案例描述的不同场景下的情感特点进行了调查。"理想驾驶"和传统的"汽车"的概念也以这种方式进行了评估。原始结果（心理价效、效能和唤醒度三个维度的平均值）在表6.2中展示。

表 6.2　情感赋值的算数平均值

选项	心理价效	效能	唤醒度
驾驶员	1.26	0.80	−0.05
前排乘客	0.89	−0.06	0.07
乘客	0.95	0.15	0.10
副驾驶员	0.61	0.34	0.37
在州际驾驶中作为备用驾驶员使用	0.54	0.68	0.86
自动代客泊车	0.93	0.89	0.68
作为备用驾驶员全自动驾驶	0.26	0.68	1.00
专车服务	−0.69	−0.05	1.04
车辆	2.23	1.65	0.85
理想的驾驶	2.69	1.3	−0.42

结果用于计算 Euclidian 距离，从而计算"理想驾驶"选项与其他选项之间的情感相似度（实施方法的细节见文献［61］和文献［66］）。图 6.2 提供了这些计算的可视化表达，图中评估项的 Euclidian 距离 d 在 x 轴上表示。较低的值表示距离较小，也就是说这些项之间的情感相似度更高，即对受访者来说它们有更强的正相关关系。从情感的角度来看，很明显"驾驶员"最接近"理想驾驶"，而"副驾驶员"最不

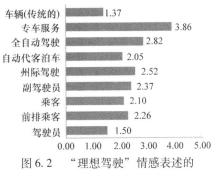

图 6.2　"理想驾驶"情感表述的 Euclidian 距离

符合这种情感表征。在自动驾驶各种用例间的比较中，很明显看出，专车服务概念与理想驾驶的想法偏离最大，而具有自动代客泊车功能的车辆与其关联最紧密。与使用案例相比，特别是享有明显更积极的情感定位的传统汽车可能因此成为接受引入全自动驾驶可用性扩展的主要障碍。关于驾驶员的角色，研究中展示的情感表达强调了在另一个问题中明确提到的角色偏好。在该项目中，参与者使用滑块数值来表明他们想要在自动车辆中扮演的角色（1 = 乘客，10 = 监督者）。算术平均值为 6.36（标准差 = 2.9）表明了对主动监督者角色的偏好，监督者能够根据持续的可用系统信息始终保持对车辆的控制。在情感层面上，被动乘客的角色（$d = 2.1$）仍然与理想的选项（$d = 0$）相距甚远。

6.3.2.3　使用案例中的认知和情感表达

如上所述，在本部分问卷调查中，总体样本被随机分为四个相同大小的子组（每个 $N = 250$），并分配至四个使用案例中（州际行驶驾驶员的扩展可用性（1），自动代客泊车（2），实现扩展可用性的全自动化驾驶程序（3）和按需车辆

(4))。这使得对各个场景下被调查者的期望和态度进行组间对比变得可能。在本部分开始时，被调查者被问及是否愿意使用已被简要描述的不同自主驾驶模式。拥有代客泊车的自动车辆是最受欢迎的（53%），其次是实现扩展可用性的全自动化驾驶程序（45%）和州际行驶驾驶员的扩展可用性（42%）。按需车辆被记录的使用意愿最低（35%）。根据对此进行的方差分析（ANOVA），这些差异具有统计学意义（$F(3.996) = 4.528; p < 0.01$）。邦弗朗尼事后检测（Bonferroni post hoc test）（成对平均值比较）表明，只有自动代客泊车和按需车辆使用案例在使用意图方面有显著差异（$p < 0.01$）。

关于通过使用自动车辆在多大程度上能满足移动需求的问题，在对四种情景进行比较时出现了一些不同的评估。表6.3显示了这些评估和统计结果（方差分析和邦弗朗尼事后检测）的平均值。从总体看，可以得出，自动车辆被认为是方便、无压力和环保的。在比较用例时，在（缺乏）压力、方便、安全和节省时间方面出现了统计学上的相关差异。根据受访者的评估，自动泊车停车场最有效地满足了节省时间、方便、免受压力的需求，从而解释了这种自动驾驶形式的高度接受度。从严苛的视角来看，与按需车辆用例有关的安全问题比较突出。

表6.3 需求满足情况的算术平均值（M）和标准差（SD）

移动需求	州际行驶驾驶员的扩展可用性	自动代客泊车	实现扩展可用性的全自动化驾驶程序	按需车辆	
	M（SD）	M（SD）	M（SD）	M（SD）	F（3.996）
自主性	3.39 (1.44)	3.70_4 (1.46)	3.53 (1.47)	3.32_2 (1.57)	3.286①
免受压力	3.72_2 (1.55)	$4.13_{1,4}$ (1.43)	3.93 (1.50)	3.67_4 (1.79)	4.509②
便利性	3.78 (1.42)	4.12_4 (1.39)	4.06_4 (1.38)	$3.63_{2,3}$ (1.58)	6.364②
低成本	3.45 (1.30)	3.35 (1.31)	3.24 (1.38)	3.55 (1.52)	2.336
环境友好	3.71 (1.30)	3.79 (1.29)	3.81 (1.32)	3.78 (1.50)	0.253
安全性	3.48 (1.48)	3.55 (1.30)	3.66_4 (1.48)	1.22_3 (1.64)	4.014②
社会诉求	2.86 (1.39)	2.87 (1.35)	2.97 (1.38)	2.87 (1.49)	0.354
驾驶体验	3.24 (1.43)	3.39_4 (1.34)	3.28 (1.42)	3.01_2 (1.57)	3.029①
耗时少	3.40_2 (1.37)	$4.00_{1,3,4}$ (1.40)	3.43_2 (1.39)	3.36_2 (1.52)	11.534②

注：备注由下标标示的平均值表明在邦弗朗尼事后检测（成对平均值比较）$p = 0.05$水平上有显著差异（例如，第二行第一列中的下标2表示与第二列相应值有显著的差异）。

① $p < 0.05$。

② $p < 0.01$。

对于10种不同情绪（希望、放松、满足、幸福、担忧、愤怒、压力、无力、厌恶、恐惧）有关的在使用案例中出现的情感进行了评估。参与者被要求指出在使用预定的各种不同形式的自动驾驶时会经历哪些情绪。

结果（见表6.4）确认了由在上述使用案例对比中出现的差异而发现的趋势。在自动代客泊车情景中发现了最强的正相关。满意、放松和幸福的感觉在此也比其他情景中明显地更强烈。在州际行驶驾驶员的扩展可用性、实现扩展可用性的全自动化驾驶程序和按需车辆等使用案例中，无力和恐惧的情感占据主导。任由无法控制的力量摆布的感觉与这些情感有关，代表了接受自动驾驶的主要障碍。除了自动代客停车，只有实现扩展可用性的全自动化驾驶程序产生了高于平均水平的积极情绪，如幸福、希望和满意，尽管在这种使用案例中负面情绪确实占主导地位

表 6.4 情绪反应的算术平均值（M）和标准差（SD）

情绪	州际行驶驾驶员的扩展可用性 M (SD)	自动代客泊车 M (SD)	实现扩展可用性的全自动化驾驶程序 M (SD)	按需车辆 M (SD)	F (3.996)
希望	3.04 (1.30)	3.16 (1.35)	3.23 (1.32)	3.00 (1.39)	1.504
放松	3.12 (1.45)	3.44_4 (1.40)	3.22 (1.33)	3.06_2 (1.49)	3.482[2]
满足	3.25 (1.44)	3.52_4 (1.48)	3.35 (1.33)	3.09_2 (1.49)	4.024[2]
幸福	3.07 (1.44)	3.43_4 (1.42)	3.30 (1.33)	3.06_2 (1.44)	4.135[2]
担忧	3.50_2 (1.47)	$2.97_{1,3,4}$ (1.49)	3.54_2 (1.43)	3.52_2 (1.63)	8.474[2]
愤怒	2.66 (1.34)	2.49 (1.37)	2.75 (1.34)	2.79 (1.45)	2.371
压力	3.04_2 (1.52)	$2.57_{1,3,4}$ (1.36)	3.10_2 (1.44)	3.04_2 (1.59)	7.028[2]
无力	3.72_2 (1.59)	$3.04_{1,3,4}$ (1.51)	3.63_2 (1.45)	3.82_2 (1.67)	12.770[2]
厌恶	3.23_2 (1.61)	$2.75_{1,3,4}$ (1.55)	3.27_2 (1.55)	3.35_2 (1.72)	7.075[2]
恐惧	3.39_2 (1.57)	$2.68_{1,3,4}$ (1.40)	3.24_2 (1.43)	3.37_2 (1.65)	12.075[2]

注：备注由下标标示的平均值表明在邦弗朗尼事后检测（成对平均值比较）$p = 0.05$ 水平上有显著差异（例如，第二行第二列中的下标 4 表示与第四列相应值有显著的差异）。

① $p < 0.05$。
② $p < 0.01$。

这些结果提供了情感基础元素的差异化图像，其中自动化领域中最重要的情感——信任也包括在内。在这项调查中，基于 4 个项目（例如"我可以想象在我的日常交通中依赖这样的系统"）来衡量之前描述的自动驾驶类型——类似于 6 分李克特量表（Likert scale）上的其他态度项目。总计指数是基于这些项目组成的。如预期的那样，带有自动代客泊车功能（$M = 3.45$；$SD = 1.31$）的车辆信任度最高，而按需车辆概念（$M = 3.10$；$SD = 1.42$）最低。州际行驶驾驶员的扩展可用性的车辆和实现扩展可用性的全自动化驾驶程序的车辆具有大致相同的值（$M = 3.36$；$SD = 1.33$ 对 $M = 3.28$；$SD = 1.33$）。只有自动代客泊车和按需车辆情景（邦弗朗尼事后检测，$p < 0.05$）之间的差异具有统计学意义。

6.3.2.4 干预、控制和体验需求

对于绝大多数受访者（州际行驶驾驶员的扩展可用性：82%；自动代客泊车：

81%；实现扩展可用性的全自动化驾驶程序：88%；按需车辆：84%），重新控制车辆的可能性或随时终止自动驾驶过程是核心需求之一。同时，在具有可用驾驶员的情况下（州际行驶驾驶员的扩展可用性：32%；实现扩展可用性的全自动化驾驶程序：48%），只有少数人希望停止关注交通情况并完全将车辆控制交给到自动化系统。这也反映在多数人在这两个用例中表达出的在自动驾驶中不希望改变传统的座椅位置的需求（州际行驶驾驶员的扩展可用性：76%；实现扩展可用性的全自动化驾驶程序：79%）。在所有的四种场景中，大多数参与者表示希望能够调整自动化系统，以反映驾驶风格（例如舒适与运动）和路线选择的个人喜好（例如最快与最环保的驾驶风格；州际行驶驾驶员的扩展可用性：71%；自动代客泊车：76%；实现扩展可用性的全自动化驾驶程序：72%；按需车辆：82%）。

公众认为可以在驾驶期间享受景观（州际行驶驾驶员的扩展可用性：64%；扩展可用的全自动驾驶：72%；按需车辆：72%；自动代客泊车：无）是使用自动车辆的最重要的优点。能够与其他车辆乘客无阻碍地交流的选项继续被高度积极地评价（州际行驶驾驶员的扩展可用性：63%；扩展可用的全自动驾驶：65%；按需车辆：68%；自动代客停车：无）。令人震惊的是，一些活动比如网上冲浪（州际行驶驾驶员的扩展可用性：28%；实现扩展可用性的全自动化驾驶程序：39%；按需车辆：46%；自动代客泊车：无）、看电影（州际行驶驾驶员的扩展可用性：23%；扩展可用的全自动驾驶：32%；按需车辆：36%；自动代客泊车：无）、工作（州际行驶驾驶员的扩展可用性：22%；实现扩展可用性的全自动化驾驶程序：33%；按需车辆：36.4%；自动代客泊车：无）、放松或睡觉（州际行驶驾驶员的扩展可用性：31%；实现扩展可用性的全自动化驾驶程序：47%；按需车辆：54%；自动代客泊车：无）仅被少数人认为是自动驾驶的积极方面。自动代客泊车最重要的优点被认为是简化了对停车位的搜索（80%）、安全地泊车（78%）、由此产生的自由时间（76%）、内城区之外更便宜的泊车选择（76%）。

6.3.3 总结和结论

本章的重点是人与自动化车辆之间的交互。在可预见的未来，自动化车辆将取决于人的可用性和控制的假设，我们首先关注了人机交互的认知心理效应。之后是通过广泛的在线调查对用户对自动驾驶的观点进行了实证研究。该研究特别关注了对自动驾驶课题的态度、期望和情绪——心智模型。

根据迄今为止在不同领域（例如航空，制造业）自动化的心理影响的研究，可以得出结论：当我们为了开始推进具有扩展可用性的全面自动驾驶时，设计师和开发人员将更加重视以人为本，并将其作为他们工作的中心。即使在现今可用的部分自动化系统中，驾驶员也会出现一些众所周知的问题，例如信任过度、情景认知能力降低。高度自动化程度，与之相关的对驾驶员所需的认知和运动技能的更长的心理脱离周期的影响在很大程度上仍然是未知的。然而，在这方面，在经过高度训练的有经验的飞机飞行员身上发现的影响为自动化汽车敲响了警钟[38]。因此，训练和定期手动执行自动化的驾驶任务似乎是保持驾驶员所需和所期望技能的重要手段。

只要人类是自动化车辆可应用能力概念的一部分——无论是作为系统的监督者还是接管驾驶任务，人和机器各自都需要一个合适的代理来表现。适应人类心智系统的明晰界面是在与自动化系统交互中感知必要情况和系统的先决条件。另一方面，技术系统还必须能够正确地解读驾驶员的精神状态，他的意图和行为，并在驾驶模式中动态地予以表达。在适应和合作的设计理念中，这些方面已经在高度自动化的车辆原型中实现[44,67]。此外，汽车制造商和研究机构目前正在一系列不同的项目中寻找这些问题潜在解决方法（www.adaptive-ip.eu；www.incarin.de；www.urban-online.org）。

调查结果突出了技术上可行的技术与公众实际需要的创新之间的一些矛盾。虽然大多数驾驶员已经习惯于将某些驾驶任务（例如巡航控制）交给辅助系统，但大多数人都非常厌恶完全地放弃转向盘的想法。对驾驶员角色目前的认知和情感表达与主动驾驶的传统形象仍然联系非常密切。公众几乎不接受承担被动乘客角色的观念。传统的手动控制的车辆仍然紧紧地与公众心目中的理想场景相关联，对于大多数人而言，完全自动的车辆不能充分满足交通需求。一个悬而未决的问题是，一个一步步不断进化的车辆自动化是否可以完成一个与自动车辆角色预期相关的心智模型的必要变化。在特定场景下驾驶任务转移到自动驾驶车辆上，如示例中高接受率所表明的，可能代表着一个结果更好的替代方案。

此外，调查结果提出了关于使他们的方向从潜在用户需求和情绪离开的转变的可能策略。在以往公开讨论中，引入自动化车辆的主要理由是可以增加道路交通安全。然而，这种观点并不是公众所共有的。相反，本研究的参与者认为自动化车辆的优点是减轻压力、方便和环保。同时，无力和恐惧等相关的情绪也是为接受带来障碍的主要因素。人类的思维机制不能客观地评估罕见事件的风险[58]，所以恐惧和担忧可能导致不合理的决定。从这个角度来看，以用户为中心的发展意味着在沟通和系统的具体设计方面都考虑到现有的需求。

对于潜在的用户而言，这个问题最终是自动化车辆的附加价值与仍然被高度评价的手动控制车辆的对比。如果一个人不再被需要或者确实有能力出于安全关心车辆的控制，那他的注意力应该放在哪呢？与预期相反，大多数参与者对从互联网到电视的信息娱乐选项的扩展并不感兴趣，而是更倾向于欣赏不间断的景观。这些在与自动化车辆具体交互中的断言的稳定性和有效性将不得不在今后的研究中去证明。但也许这种需要遵循德国浪漫主义的传统，并将为设计一个自动化的"接近自然"的空间提供新的动力。

应用许可

本章根据知识共享署名4.0国际许可（http://creativecommons.org/licenses/by/4.0/）的条款进行分发，允许通过任何媒介或格式使用、复制、改编，分发和再创作，只要您对原始作者和来源给予适当的说明，提供知识共享许可链接，并指出所做的任何更改。

本章中的图片或其他第三方材料均包含在作品的创作共享许可中，除非在来源中另有说明；如果这些材料不包括在作品的知识共享许可中，并且法律规定不允许相应的操作，那么用户需要获得许可证持有者的许可才可以复制、改编或再创作材料。

参 考 文 献

1. Wilson, J.R., Rutherford, A.: Mental Models: Theory and Application in Human Factors. Hum. Factors J. Hum. Factors Ergon. Soc. 31, 617–634 (1989).
2. Bainbridge, L.: Ironies of automation. In: Johannsen, G. (ed.) Analysis, design and evaluation of man-machine systems. pp. 151–157. Pergamon (1982).
3. Norman, D.: The "problem" with automation: inappropriate feedback and interaction, not "over-automation."Philos. Trans. R. Soc. B Biol. Sci. 327, 585–593 (1990).
4. Sheridan, T.B.: Supervisory control. In: Salvendy, G. (ed.) Handbook of human factors. pp. 1243–1268. Wiley, New York (1987).
5. Boeing Commerical Airline Group: Statistical summary of commercial jet aircraft accidents: Worldwide operations 1959-2005., http://www.boeing.com/news/techissues/pdf/statsum.pdf.
6. Dismukes, R.K., Berman, B.A., Loukopoulos, L.D.: The Limits of Expertise: Rethinking Pilot Error and the Causes of Airline Accidents. Ashgate Publishing, Ltd. Federal (2007).
7. Bainbridget, L.: Ironies of Automation. Automatica. 19, 775–779 (1983).
8. Endsley, M.R., Kiris, E.O.: The Out-of-the-Loop Performance Problem and Level of Control in Automation. Hum. Factors J. Hum. Factors Ergon. Soc. 37, 381–394 (1995).
9. Madhavan, P., Wiegmann, D. a.: Similarities and differences between human–human and human–automation trust: an integrative review. Theor. Issues Ergon. Sci. 8, 277–301 (2007).
10. Onnasch, L., Wickens, C.D., Li, H., Manzey, D.: Human Performance Consequences of Stages and Levels of Automation: An Integrated Meta-Analysis. Hum. Factors J. Hum. Factors Ergon. Soc. 56, 476–488 (2013).
11. Endsley, M.R.: Situation awareness. In: Salvendy, G. (ed.) Handbook of human factors and ergonomics. pp. 528–542. Wiley, New York (2006).
12. Endsley, M.R., Bolte, B., Jones, D.G.: Designing for situation awareness: An approach to human-centered design. Taylor & Francis, London (2003).
13. Billings, C.E.: Aviation Automation: The Search for a Human-Centered Approach. Human Factors in Transportation. Lawrence Erlbaum Associates Publishers (1997).
14. Parasuraman, R., Sheridan, T.B., Wickens, C.D.: A model for types and levels of human interaction with automation. Syst. Man Cybern. Part A Syst. Humans, IEEE Trans. 30, 286–297 (2000).
15. Christoffersen, Klaus; Woods, D.D.: How to make automated systems team players. In: Salas, E. (ed.) Advances in Human Performance and Cognitive Engineering Research. pp. 1–12. Elsevier Science Ltd. (2002).
16. Kaber, D.B., Riley, J.M., Tan, K.-W., Endsley, M.R.: On the Design of Adaptive Automation for Complex Systems. Int. J. Cogn. Ergon. 5, 37–57 (2001).
17. Inagaki, T.: Traffic systems as joint cognitive systems: issues to be solved for realizing human-technology coagency. Cogn. Technol. Work. 12, 153–162 (2010).
18. Prevot, T., Homola, J.R., Martin, L.H., Mercer, J.S., Caball, C.D.: Toward Automated Air Traffic Control—Investigating a Fundamental Paradigm Shift in Human/Systems Interaction. Int. J. Hum. Comput. Interact. 28, 77–98 (2012).
19. Challenger, R., Clegg, C.W., Shepherd, C.: Function allocation in complex systems: reframing

an old problem. Ergonomics. 56, 1051–69 (2013).
20. Grote, G., Weyer, J., Stanton, N. a: Beyond human-centred automation - concepts for human-machine interaction in multi-layered networks. Ergonomics. 57, 289–94 (2014).
21. Hancock, P. a: Automation: how much is too much? Ergonomics. 57, 449–54 (2014).
22. Arthur, C.: Google's driverless car: no steering wheel, two seats, 25mph, http://www.theguardian.com/technology/2014/may/28/google-reveals-driverless-car-prototype.
23. Cummings, P.M.L., Ryan, J.: Shared Authority Concerns in Automated Driving Applications. http://web.mit.edu/aeroastro/labs/halab/papers/cummingsryan_driverless2013_draft.pdf. Letzter Zugriff: 28.08.2014.
24. Merat, N., Lee, J.D.: Preface to the Special Section on Human Factors and Automation in Vehicles: Designing Highly Automated Vehicles With the Driver in Mind. Hum. Factors J. Hum. Factors Ergon. Soc. 54, 681–686 (2012).
25. Hoogendoorn, R., Arem, B. Van, Hoogendoorn, S.: Automated Driving, Traffic Flow Efficiency And Human Factors: A Literature Review. Transportation Research Board 93rd Annual Meeting. pp. 1–18. Transportation Research Board (2014).
26. Lee, J.D., See, K.A.: Trust in Automation: Designing for Appropriate Reliance. Hum. Factors J. Hum. Factors Ergon. Soc. 46, 50–80 (2004).
27. Moray, N., Inagaki, T.: Attention and complacency. Theor. Issues Ergon. Sci. 1, 354–365 (2000).
28. Ghazizadeh, M., Peng, Y., Lee, J.D., Boyle, L.N.: Augmenting the Technology Acceptance Model with Trust: Commercial Drivers' Attitudes towards Monitoring and Feedback. Proc. Hum. Factors Ergon. Soc. Annu. Meet. 56, 2286–2290 (2012).
29. Kazi, T., Stanton, N., Walker, G., Young, M.: Designer driving: drivers' conceptual models and level of trust in adaptive cruise control. Int. J. Veh. Des. 45, 339–360 (2007).
30. Koustanai, A., Cavallo, V., Delhomme, P., Mas, A.: Simulator Training With a Forward Collision Warning System: Effects on Driver-System Interactions and Driver Trust. Hum. Factors J. Hum. Factors Ergon. Soc. 54, 709–721 (2012).
31. Stanton, N. a, Young, M.S.: Driver behaviour with adaptive cruise control. Ergonomics. 48, 1294–313 (2005).
32. Rajaonah, B., Tricot, N., Anceaux, F., Millot, P.: The role of intervening variables in driver–ACC cooperation. Int. J. Hum. Comput. Stud. 66, 185–197 (2008).
33. Flemisch, F., Kelsch, J., Löper, C., Schieben, A., Schindler, J.: Automation spectrum, inner/outer compatibility and other potentially useful human factors concepts for assistance and automation. In: Waard, D. de, Flemisch, F., Lorenz, B., Oberheid, H., and Brookhuis, and K. (eds.) Human Factors for Assistance and Automation. pp. 1–16. Shaker, Maastricht (2008).
34. Beggiato, M., Krems, J.F.: The evolution of mental model, trust and acceptance of adaptive cruise control in relation to initial information. Transp. Res. Part F Traffic Psychol. Behav. 18, 47–57 (2013).
35. Verberne, F.M.F., Ham, J., Midden, C.J.H.: Trust in Smart Systems: Sharing Driving Goals and Giving Information to Increase Trustworthiness and Acceptability of Smart Systems in Cars. Hum. Factors J. Hum. Factors Ergon. Soc. 54, 799–810 (2012).
36. Waytz, A., Heafner, J., Epley, N.: The Mind in the Machine: Anthropomorphism Increases Trust in an Autonomous Vehicle. J. Exp. Soc. Psychol. 52, 113–117 (2014).
37. Lee, J.D., Moray, N.: Trust, self-confidence, and operators' adaption to automation. Int. J. Human-Computer Stud. 40, 152–184 (1994).
38. Federal Aviation Administration: Safety Alert for Operators 13002. F. S. Service. Departement of Transportation, Washington DC (2013).
39. Buld, S., Krüger, H.-P., Hoffmann, S., Kaussner, A., Tietze, H., Totzke, I.: Wirkungen von Assistenz und Automation auf Fahrerzustand und Fahrsicherheit. Veröffentlicher Abschlussbericht Projekt EMPHASIS: Effort- Management und Performance-Handling in sicherheitsrelevanten Situationen. Würzburg: Interdisziplinäres Zentrum für

Verkehrswissenschaften an der Universität Würzburg (IZVW), Würzburg: (2002).
40. Ward, N.J.: Task automation and skill development in a simplified driving task. In Proceedings of the XIVth Triennial Congress of the International Ergonomics Association and 44th Annual Meeting of the Human Factors and Ergonomics Society. pp. 302–305., San Diego, CA (Santa Monica, CA: HFES) (2000).
41. Ma, R., Kaber, D.B.: Situation awareness and workload in driving while using adaptive cruise control and a cell phone. Int. J. Ind. Ergon. 35, 939–953 (2005).
42. Merat, N., Jamson, a. H., Lai, F.C.H., Carsten, O.: Highly Automated Driving, Secondary Task Performance, and Driver State. Hum. Factors J. Hum. Factors Ergon. Soc. 54, 762–771 (2012).
43. Gasser, T.M., Arzt, C., Ayoubi, M., Bartels, A., Eier, J., Flemisch, F., Häcker, D., Hesse, T., Huber, W., Lotz, C., Maurer, M., Ruth-Schumacher, S., Schwarz, J., Vogt, W.: BASt-Bericht F 83: Rechtsfolgen zunehmender Fahrzeugautomatisierung. Bremerhaven. (2012).
44. Flemisch, F.O., Bengler, K., Bubb, H., Winner, H., Bruder, R.: Towards cooperative guidance and control of highly automated vehicles: H-Mode and Conduct-by-Wire., http://www.ncbi.nlm.nih.gov/pubmed/24559139, (2014).
45. Craik, K.J.W.: The nature of explanation. Cambridge University Press, Cambridge, England (1943).
46. Johnson-Lairds, P.N.: Mental Models: Towards a Cognitive Science of Language, Influence and Consciousness. Cambridge University Press, Cambridge, UK (1983).
47. Jones, N.A., Ross, H., Lynam, T., Perez, P., Leitch, A.: Mental Models: An Interdisciplinary Synthesis of Theory and Methods. Ecol. Soc. 16, 46 (2011).
48. Moray, N.: Models of models of - mental models. In: Moray, N. (ed.) Ergonomics: major writings. pp. 506–552. Taylor and Francis, London, UK. (2004).
49. Nersessian, N.J.: The cognitive basis of model-based reasoning in science. In: Carruthers, S.S. and Siegal, M. (eds.) The cognitive basis of science. pp. 133–153. Cambridge University Press, Cambridge, UK (2002).
50. Norman, D.A.: Some observations on mental models. In: Baecker, R.M. and Buxton, W.A.S. (eds.) Human-computer Interaction. pp. 241–244. Morgan Kaufmann Publishers Inc., San Francisco, CA, USA (1987).
51. Zhang, W., Xu, P.: Do I have to learn something new? Mental models and the acceptance of replacement technologies. Behav. Inf. Technol. 30, 201–211 (2011).
52. d'Apollonia, S.T., Charles, E.S., Boyd, G.M.: Acquisition of Complex Systemic Thinking: Mental Models of Evolution. Educ. Res. Eval. 10, 499–521 (2004).
53. Gefen, D., Karahanna, E., Straub, D.W.: Inexperience and experience with online stores: The importance of tam and trust. IEEE Trans. Eng. Manag. 50, 307–321 (2003).
54. Stanton, N., Young, M.S.: A proposed psychological model of driving automation. Theor. Issues Ergon. Sci. 1, 315–331 (2000).
55. Boer, E.R., Hoedemaeker, M.: Modeling driver behavior with different degrees of automation: A Hierarchical Decision Framework of Interacting Mental Models. In: Al., A.G.G. et (ed.) 17th European Annual Conference on Human Decision Making and Manual Control. pp. 63–72. Elsevier, Amsterdam (1989).
56. Schröder, T., Huck, J., de Haan, G.: Transfer sozialer Innovationen: Eine zukunftsorientierte Fallstudie zur nachhaltigen Siedlungsentwicklung. VS Verlag fuer Sozialwissenschaften, Wiesbaden (2011).
57. Gigerenzer, G., Goldstein, D.G.: Reasoning the fast and frugal way: models of bounded rationality. Psychol. Rev. 103, 650–69 (1996).
58. Kahnemann, D.: Thinking, fast and slow. Penguin, New York (2011).
59. Scherer, K., and Goldsmith, H. (eds.) Handbook of affective science. pp. 619–642. Oxford University Press, New York (2003).
60. Kunda, Z.: The case for motivated reasoning. Psychol. Bull. 108, 480–498 (1990).
61. MacKinnon, N.J., Heise, D.R.: Self, Identity, and Social Institutions. NY: Palgrave Macmillan,

New York (2010).
62. Wolf, I., Schröder, T., Neumann, J., de Haan, G. (in press). Changing minds about electric cars: An empirically grounded agent-based modeling approach. Technological forecasting and social change.
63. Continental AG: Continental-Mobilitätsstudie 2013. (2013).
64. Infas, DLR: Mobilität in Deutschland (MiD) 2008. Infas Institut für angewandte Sozialwissenschaft GmbH, Deutsches Zentrum für Luft- und Raumfahrt e. V. (DLR), Bonn, Berlin (2008).
65. Osgood, C.E., Suci, G.J., Tannenbaum, P.H.: The Measurement of Meaning. Linguistic Society of America, Urbana (1957).
66. Heise, D.R.: Expressive order: Confirming sentiments in social action. Springer, New York (2007).
67. Löper, C., Kelsch, J., Flemisch, F.: Kooperative, manöverbasierte Automation und Arbitrierung als Bausteine für hochautomatisiertes Fahren. In: Gesamtzentrum für Verkehr Braunschweig (ed.) Automatisierungs-, Assistenzsysteme und eingebette Systeme für Transportmittel. pp. 215–237., Braunschweig (2008).

第7章 沟通以及自动驾驶汽车和人类驾驶员之间的沟通问题

Berthold Färber

7.1 介绍

对于自动驾驶汽车的讨论我们常常引用空中交通的例子，在空中交通中，自动驾驶系统负责起飞降落阶段以外的驾驶。那么问题出现了：我们能从空中交通中学到什么？自动驾驶飞机和自动驾驶汽车的共同之处在于，飞行员或驾驶员承担着最终的责任。但是，道路交通和空中交通之间（包括它们的运动类型）的许多不同之处，使得一个系统扩展到另一个是不现实的。这篇文章中最重要的两个关键区别是规则的应用和监督的形式。飞机之间的相遇——尤其是在飞机的滑行过程中——被严格的规则所控制。此外，还有随时监控与引导航班的管理者，向飞行员提供精确的指示，并在规定之外的情况下，做出决策并与飞行员进行沟通。因此，飞行员没有任何自由裁量或独立决策的空间。飞行员的角色是纯粹的命令履行者。与空中交通不同，道路交通是一个自组织、混乱的系统，尽管它从根本上受规则的控制，但也包含了许多无法确定明确规则的情况。在这种情况下，《德国高速公路法》的第1部分总是适用："道路交通的参与者需要保持谨慎和相互考虑，"和"那些参与交通的人应表现出这样的行为：在这种情况下，任何其他人都不会受到伤害、威胁，甚至致残或骚扰。"

因此，即使是如《高速公路法》那样详尽无遗的对各种可能情况和行为的规定，也包含了一个大的"杂项"类别，必须由公路用户根据按照《高速公路法》第1部分来解决。因此，为了安全地参与道路交通，驾驶员的主要职责之一是评估其他道路使用者的行为。对其他道路使用者行为的评估和预测依赖于对其部分遵守或多或少的规则行为的初步假设。然而，评估意图的另一个方面是驾驶员和道路使用者之间通过行动和手势进行沟通。换言之，除了"官方"规则外，还有一套非正式的规则来帮助引导交通。

任何一个去过其他国家旅游的人，无论是驾驶员还是行人，都了解非正式规则、特定的文化行为模式，以及道路使用者之间的沟通对交通有多么大的影响。遇到这样差异极大的"习惯性规则"的驾驶员最初的反应是愤怒。在第二阶段,适应阶段,他们不知不觉地适应了这些新的不精确和不成文的规则。在整合阶段,这些规则似乎变得不言自明了,尽管它们并非一成不变的,在某些情况下甚至无法被准确描述。

机动车道路交通是一个由非常多样化参与者组成的系统,其目标是将道路使用者安全、快速、无事故地运送到目的地。从系统的角度来看,很明显,遵守非正式的规则,道路使用者之间的交流,以及对他人行为的预测,完成了两个重要的功能:促进交通流动及弥补人为失误。

7.2 问题

从定义而言,人类是一个多感官适应性系统。这意味着人类能够从接收到的弱或模糊的信号中推断出大概的完整图景,从而理解收到的信号。他们还能够适应不断变化的环境,以支持上述两种功能、弥补彼此的错误、改善交通流量。但当道路上除了人类,还有严格遵守规则但不理解非正式规则或沟通的机器操控车辆时,又会怎样?人类驾驶员对这些新的道路使用者会有何反应,尤其是在机器人汽车仍是少数的过渡阶段?最后,机器人车辆至少需要具备哪些特征或标记,才能在与人类驾驶员的混合道路交通中不引发问题?

本文将从各个角度来探讨这些问题。由于迄今为止对自动驾驶车辆的研究主要针对其技术性能,如"城市挑战"[1]或奔驰的"Bertha Benz"智能驾驶汽车[2],并且紧急驾驶员一直存在于混合交通中,在必要时进行干预(例如:Stadtpilot[3]),我们很难找到关于上述问题的任何原始文献。因此,我们将从其他研究领域的研究结果中提取出很多结论。

7.3 道路使用者如何沟通

除了用于表达意图的标准信号,如转向灯、紧急信号灯、制动灯、喇叭和前照灯闪烁之外,道路使用者通过若干"非正式"沟通渠道进行沟通。与正常的人交往相比,道路交通的这种交流具有有限的可理解性。根据 Merten[4] 所述,有如下的沟通方式可以选择。

模式构建

模式构建,即人们根据道路使用者的某些特征预计其行为。例如,一名行动不便的老年人与小孩的行为不同。人们对一辆跑车的驾驶员和一辆大型轿车的驾驶员有不同的驾驶行为预期。当然,这些模式在日常驾驶中并不总是准确的。尽管如此,它们确实作为一个指导性的原则,起到了帮助稳定整个交通系统的作用。

先导行为

某个人的小动作会使其他道路使用者可以预见他的行动。例如，如果一辆车靠近左车道（没有转弯信号），这表明了改变车道的意图。同样的，如果一个行人有目的地接近人行道，驾驶员就会假定行人想要过马路。

非语言沟通

非语言沟通在非正式沟通渠道中发挥作用，特别是在"协商情境"中。毫无疑问的，非语言交流是生物间最古老的沟通形式。早在1874年，查尔斯·达尔文就在他的《人与动物情感表达》一书中讨论了非语言沟通[5]。一项很早以前Pfungst[6]关于Clever Hans的研究显示出了非语言信号的微妙。Clever Hans是一匹能够根据无意识、来自主人或观众的微小信号进行"算术"的马。重要的发现是，非语言信号甚至会被无意识地发送出去，因此并不总是易于分析的。

一般来说，非语言信号可以分为三种类型：

1）面部表情和眼神接触。
2）手势和身体动作。
3）说话的声音和语调。

在道路交通的情况下，只有面部表情/眼神接触和手势/肢体动作是相关的，因此将在这里讨论。

面部表情和眼神接触

在当地交通中，驾驶员和驾驶员以及其他道路使用者（行人和骑车人）之间的眼神交流起着至关重要的作用。那些想要过马路的行人需要通过眼神接触来确保一个接近的驾驶员能看到他们。如果驾驶员返回眼神接触，行人就会认为他们已经被看见，驾驶员也会因此而采取相应的行动[7]。

当一个驾驶员从一条街道想要合并到一条交通更拥挤的主要街道时，并道的驾驶员也会用眼神交流，以确保他或她能在短暂的时间空隙内转弯，同时在繁忙的街道上的驾驶员会相应地降低车速。

眼神交流是一种双向的交流方式。换言之，瞥一眼的人要么是得到了对方的回应，要么是没有得到对方的回应。如果那个人看了别处，就会发出这样的信息：他或她"没有看到"对方，也不打算接受信号或协商。此种交流策略对有驾驶员和无驾驶员的自动驾驶车辆的影响有所区别。

如果驾驶员的座位被占了，有两种可能：

1）"驾驶员"，即驾驶员座位上的人，全神贯注于车内的其他活动，眼神接触不会发生。在这种情况下，其他的道路使用者不能假定他们的协商提议已经被接受并且将会采取相应的行动。

2）自动驾驶汽车的"驾驶员"正在向外看，并与其他道路使用者进行眼神接触。在这种情况下，与非自主的道路使用者的目光接触将可能导致他们对情况的不准确理解，从而引发冲突。

如果驾驶员的座位没有被占用，其他的道路用户就不会收到任何信息，所以情况就相当于"没有眼神接触"的情况。

手势和身体动作

手势是道路使用者之间一种普遍有效的沟通方式。许多用手势表达的信号通常是可以理解的，而且大部分是清晰的。例如，点头表示同意对方的请求。行人把胳膊上下挥动，以要求车辆停止，比如为了确保事故现场的安全。将手向下移动（图7.1）表示另一个人应该减速。手扫动（sweeping hand movement）（图7.2）或手掌朝上向上地给出东西的姿势（图7.3），表示"继续前进，我放弃我的路权。"

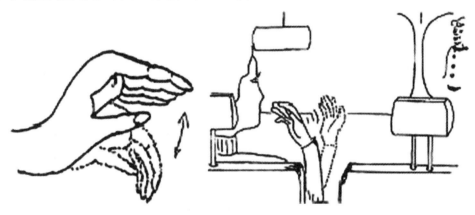

图 7.1　减慢　图片版权：Risser[8]　　图 7.2　手扫动　图片版权：Risser[8]

图 7.3　给出东西的手势

7.4　交通方式对交通安全的意义

乍一看，诸如眼神接触、手势或预期行为这样的非正式信号，似乎比诸如转向灯信号、喇叭、前照灯闪烁等标准化信号更不清晰。事实上，这两种信号都不是完全清楚的。有趣的是，研究符号性质的哲学家海德格尔在他的论文《存在与时间》中[9]选择汽车作为一个例子："汽车配有可调节的红色箭头，例如在十字路口时，它的位置显示车会向哪个方向行驶。"（参看弗雷里希斯，文献[10]，p.138）。也许这个符号在汽车时代的初期仍然是十分清晰，与情景无关的，但是很快，人们就会注意到，符号在不同的环境中有不同的含义。所有的符号，无论是口头的还是非语言的，只有在它们的情景中才能被理解。正如萨维尼[11]所解释的那样，在信号和预期意义之间必须有一个区别。前照灯闪烁可能有不同的含义，取决于情况。如果一个有路权的驾驶员减速并闪烁前照灯，这就被解释让出路权给其他驾驶员；如果她在发出同样的信号时加速或保持速度，那就意味着她在强调自己的路权。同样地，右转的信号可能意味着"我正在转弯"或者"我正在寻找一个停车位，前进并超过我。"

说到那些易受伤害的道路使用者，让我们来看看有趣的骑车人的例子。骑自行车的人仍然使用早期的机动车驾驶信号来指示他们想要改变方向。这意味着，在高速公路交通以外的模式识别中，一个自动化系统需要识别骑车人的存在和他们发出的信号的能力。

这些对交通安全有什么影响呢？首先，我们可以认为自动驾驶车辆不熟悉和情景相关的各种信号的含义，因此必须谨慎行事。只要在视觉识别或行人的信号不能被可靠地感知和理解的情况下，任何可能在行进过程中与车辆相撞的行人都必须被视为危险的，并应当引起自动驾驶车辆的适当反应。

因此，当无人驾驶汽车在道路上识别到行人时，它们就会停下来。如果行人是一名指挥交通的警察，会发生什么？首先，警察必须被确认为一个直立的障碍，自动驾驶汽车必须绕过它。但除此之外，车辆还需要理解警察的信号。如果警官严格遵守规则，如图7.4和图7.5中所示的照片，一辆自动驾驶汽车可以了解相关的含义。然而，经验表明，警察指挥交通或停车场服务人员分配停车空间时，使用快速的动态手势来促进交通，比如挥舞手臂或双手，或用双臂做划船运动。如图7.6～图7.8所示。人类通常能够根据情景理解这些信号。而自动驾驶汽车除了需要能够识别不同的手势和姿势，还需要根据当前情景正确辨认和评估手势。

一个特殊情况是对具有特殊权力的车辆的配合，例如警车、消防车或救护车。这些车辆使用听觉信号吸引人们的注意力。视觉和听觉信号（如警笛和闪光灯）要求其余的交通工具停止，在十字路口让出路权，或者移到路边紧急车道。在日常道路交通中，车辆在远处听到这种类型的听觉信号时，不会立即停止。否则会给交通造成严重的不便，尤其是例如在医院附近时。在远处时，也不可能精确地识别出

第7章　沟通以及自动驾驶汽车和人类驾驶员之间的沟通问题

图7.4　交通警察：交通流　图片版权
http：//commons.wikimedia.org/wiki/User：Video2005？uselang=en

图7.5　交通警察（朝鲜）：对身体正面朝向的司机代表"停止"
图片版权：https：//www.flickr.com/people/kansai/

图7.6 明尼阿波利斯市的警官发出信号，指示交通工具可以开始在街道的一边移动

图片版权：http：//commons. wikimedia. org/wiki/User：Calebrw？uselang = en

图7.7 曼谷的警察示意车辆转弯

图片来源：http：//de. wikipedia. org/wiki/User：Da？uselang = en

听觉信号的方向。同样，从远处识别特殊车辆并确定如何调整车道的功能是很难设计的。为此，自动车辆出于安全考虑，需要在收到任何此类信号时立即停车，以免交通危险。下一节将更深入地探讨上述内容对公众接受的影响。

第 7 章　沟通以及自动驾驶汽车和人类驾驶员之间的沟通问题

图 7.8　警察（瑞典）示意车辆向前移动　图片版权：Olle Nebendahl

7.5　沟通能力是让其他道路使用者接受自动驾驶汽车的前提吗

说到公众接受，我们必须再次意识到非正式沟通在"协商情景"中的效果。为了与前面提到的《高速公路法》第 1 节保持一致，驾驶员在"协商情景"下进行沟通，以解决原则上需要遵守规则，但盲从规则将大大扰乱交通的情况。

例 1

如果一辆车在你的车道上停车或车轮打滑空转，有时需要越到对面的车道，并且在极端情况下甚至穿过中央实线。在繁忙的交通中，这需要与迎面而来的车辆协调。除了（未经授权的）穿越中央实线外，如果迎面而来的车流稀少，可以在没有车辆交流的情况下使用相对的车道而不需要"协商"。交通越繁忙，就越有必要进行协商。

一辆迎面而来的车辆的驾驶员是如何表示愿意合作的？首先，放慢速度，为了留下空间让你穿过对面的车道。然而，在大多数情况下，单靠减速是不够的，因为有很多原因可能会使车辆和前车保持更远的距离。这就是为什么接近的驾驶员通常会同时减速和闪烁他们的前照灯以表示让行。如果无人驾驶汽车没有认出这个信号,它将被视为"交通障碍",这对自动驾驶汽车在公众中的接受度肯定是不利的。

例 2

如上所述,自动驾驶汽车通常比驾驶员更谨慎,因为它们对情景和非正式信号的把握有限。然而,它们也可以做出通常无法由人类驾驶员执行的驾驶操作。首先,它们反应比人类驾驶员更快。因为它们往往没有"被震惊的时刻",所以它们的反应时间要快得多。这就是无人驾驶汽车会导致更少的事故的原因之一。此外,事故研究表明,许多驾驶员并没有充分发挥车辆的制动能力,即使是在转弯时摩擦力也不会达到物理极限。驾驶辅助系统,例如自动紧急制动或紧急转向辅助系统旨在补偿这些缺陷。在此基础上,自动驾驶汽车不仅能在紧急情况下更快地反应,而且还能利用前进和横向加速度的物理极限。在这一点上,其他道路使用者的反应在很大程度上是未知的。下面的部分将讨论一种解决这个问题的简单方法。

7.6 当对自动驾驶汽车的驾驶失误做出反应时,其他的道路使用者会应用什么心理模型

与前面讨论的交互和协商问题密切相关的是补偿其他用户失误的问题。除了避免与转弯轨迹发生直接碰撞外,在日常道路交通中,适应其他驾驶员的失误也很正常。首先让我们澄清一下"驾驶失误"的定义。从人类驾驶员的角度来看,"驾驶失误"可能包括纯粹的遵守规则的行为,但这种行为并不理想地适合当下的情况。

例如,一辆由人驾驶的具有路权的汽车在主干道上行驶时,如果汽车不会转向路旁街道的话,可能会让来自路旁街道的自动驾驶汽车先转向。换句话说,如果具有路权的人类驾驶员让行了,那么自动驾驶汽车就需要能够可靠地识别它。

驾驶失误也可能是由于无人驾驶汽车在解决特殊情况下的各种策略的缺陷,或者可能是由于到达了系统边界造成的。

示例

一旦到达了自动驾驶系统的边界,以"交通堵塞导航"模式运行的自动驾驶车辆会进入安全状态。换句话说,车辆会减速到停车。尽管在交通拥堵中减速停车是很常见的,但如果其他车辆都在行驶,而只有自动驾驶车辆停止,则其他道路使用者将会感到困惑。如果由于其他驾驶员不理解的原因,这一行为突然发生,可能会造成危险。但是,我们应该记住,道路使用者在目前的道路交通中也并非不会产生失误,而其他驾驶员通常会补偿这些失误。这就提出了一个问题,即人类将会如何看待自动驾驶汽车。它们会被当作是不如人类的驾驶员,还是被认为是完美无瑕的机器?

部署策略的一个目标必须是在所有道路使用者中传播一种积极但现实的自动驾驶汽车概念。只有这样，自动驾驶汽车才能在交通系统中发挥适当的作用。总的来说，这种条件已经具备了。例如，对机器人等新技术的调查显示，欧洲人对机器人有着积极的态度[12]。同样地，作为高度自动化和自动驾驶汽车的先驱，驾驶辅助系统已经享有了良好的声誉，因为这是一种有用的辅助工具，而且消费者的需求也在不断增加[13]。

除了人们对技术系统的普遍态度之外，人们对新技术系统能力和特性的认知取决于用户的背景知识水平。那些不太精通技术的人倾向于对技术系统有不切实际的、超过其实际能力的认识。而目前在媒体上进行的为了营销目的的自动驾驶汽车演示，让人觉得这些车辆能够应对任何情况。这就使人们对自动驾驶汽车的期望是如此之高，以至于任何驾驶错误，即便不会引起安全上的忧患，也都会引起一些愤怒。出于这个原因，为了让人们对潜在的问题能有一个现实的理解，尽早让公众认识无人驾驶汽车的能力和限制是非常必要的。

7.7 文化差异

与文化差异有关的一些问题出现了：对于非语言行为是否有普遍的规则可以简单地加以调整？沟通和期望的文化差异如何反映在机器人汽车的沟通和决策行为上？如果它们能，它们怎么能适应呢？在不同的国家有哪些行为模式？

对基于面部表情的非语言表达的最著名的文化比较研究是由 Ekman 主导的。在不同的文化中，他发现了共同的面部表情，表达了恐惧、厌恶、快乐、悲伤、惊讶、愤怒和轻蔑等基本情绪。

这些基本情感在道路交通中基本都会出现，但它们在交通工具之间的沟通意义相当有限。例如，在协商中，"是"和"不是"的手势是至关重要的。在中欧和北欧以及美国，点头表示"是"，摇头表示"不是"。然而，在像印度、巴基斯坦和保加利亚这样的国家里，一个人的脑袋摇摆不定，类似于欧洲和美国的"不"的手势，但实际上意味着"同意"。在希腊、土耳其和意大利南部等地方，有一种额外的非语言方式来表示"是"和"不"，"是"是通过前倾头部来表达的，而"不"则是头部向后倾斜。在道路使用者之间的互动中，招呼人的手势是误解的另一个来源。在日本和地中海地区，用手掌朝下的"划桨手势"招呼人靠近。在德国和英国，同样的手势被用来表示"走开"。有趣的是，尽管手势这种非语言信号之间存在文化差异，但在道路交通中，用来侮辱或指责他人的手势在很大程度上是共通的。举起一个食指（图7.9），敲打一个人的太阳穴（图7.10）或者从太阳穴开始的扫动动作（图7.11）表达了对接收者的蔑视。一个例外是，用拇指和食指构成一个直立的圆（大多数时候）在德国表示"同意"，而在意大利，却被理解为一种侮辱（白痴）的姿态（图7.12）。

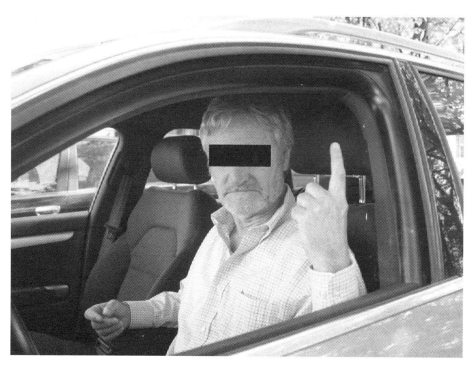

图 7.9 举起的手指　图片版权：作者版权

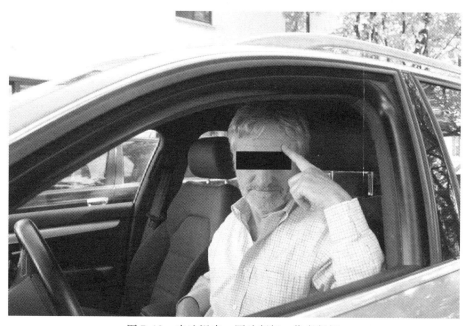

图 7.10 表达沮丧　图片版权：作者版权

第 7 章　沟通以及自动驾驶汽车和人类驾驶员之间的沟通问题

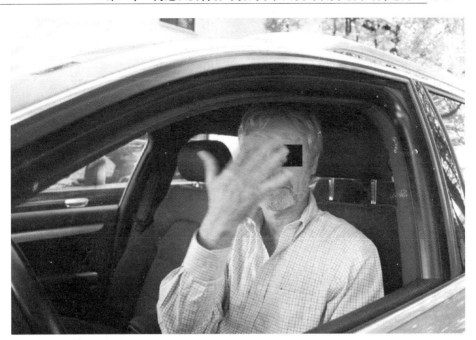

图 7.11　从太阳穴开始的扫动动作表达了对他人行为的迷惑　图片版权：作者版权

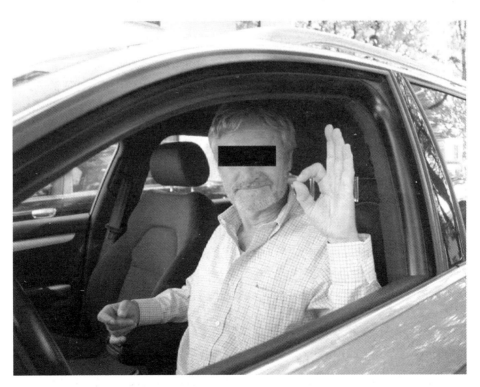

图 7.12　别担心！图片版权：作者版权

与泛文化的基本情绪和"不满的手势"相反，道路使用者之间的非正式沟通中存在文化差异，这些差异在驾驶行为中表现出来，并且正在不断变化。

普遍认为，南欧人在开车时比中欧人更自我，也更有防御性。在南欧，加速和鸣笛作为交通工具的非正式信号。一名驾驶员会通过加速进入一个空隙（可能会一边按喇叭）将车汇入车道，预计其他道路使用者将会让行。驾驶员并不期望任何其他反馈，而只是假定并道意向将被承认和接受。

在中欧或北欧，并道车辆的驾驶员会期望以点头、手势，或者至少是一个眼神交流的形式得到反馈。在德国，无论如何，坚持自己的路权是很平常的一件事，因此，在没有得到其他道路使用者的"同意"的情况下试图并道是不正常的，因为那样会有碰撞的危险。

在美国，交通的特点是更稳定的、基于车道的驾驶。正式信号之外，非正式信号在那里的作用很小。

汽车和行人之间的沟通尤其重要。[16]

行人通过打手势、走上人行横道或等待直到有车停下，使得自己被理解。这对自动驾驶汽车的行为会有什么影响？一方面，自动驾驶汽车将根据行人的轨迹和加速度来预测行人是否打算过马路。除此之外，还有其他一些更模糊的行为模式，比如站在人行横道上，不打算越过（比如在说话时），或者在不发出明确的是否过马路的信号的情况下犹豫不决。在所有这些情况下，为了安全起见，自动驾驶车辆将需要停下。这样的后果可能是"没有必要的停止"，也可能使孩子或青少年发现这种规律，并开始通过强迫车辆在人行横道前停车以取乐，从而产生危险。

然而，这些规定和实际行为在各个国家之间差别很大。例如，直到最近，意大利还没有要求汽车在人行横道前停车的规定。

7.8 补偿的方法

在第一阶段，有一种简单的方法可以解决自动驾驶车辆在"协商情况"中无法进行非正式沟通的困境。

明确和可见地标记自动驾驶车辆将会向其他道路使用者表明车辆的独特性，并使它们的异常行为更容易理解。这将向其他道路使用者表明，它们不能期望通常的行为，从而在上述的样例情形中更容易被接受。毕竟，新手驾驶员的车辆被标记得非常明显以让其他道路使用者知晓，也可以作为过于遵守规则或过于犹豫的行为的理由。

特别是在引进阶段，需要考虑一些注意事项，包括识别标记。如果车辆没有人坐在驾驶座上，正如"代客泊车"场景所设想的那样，可能会激怒其他道路使用者。"那辆车是自动行驶的还是只是失控了？"有了识别标记，就没有必要问了。标识自动驾驶汽车也有营销效应，有助于市场的迅速接受。例如，当 ABS 被引入时，有 ABS 贴纸"本车采用 ABS 制动"，以表明制动距离较短。就事实而言，这并不完全正确，因为 ABS 主要是在制动时更容易操纵，但从营销的角度，贴纸是一个巨大的成功。

也有一些理由不给自动驾驶汽车识别标签。由于自动驾驶汽车协商沟通能力有限，它们必须严格遵守规则，因此反而可能会成为不希望看到的某些外部干预的目标。

一个简单的例子

如果一辆汽车正在接近，由于不确定汽车是否看到和是否会停止，行人不会穿过马路。在自动驾驶车辆的情况下，行人可以肯定车辆会在任何情况下停止（在物理允许的范围内）。因此，停止自动驾驶汽车可能会成为青少年的一种游戏，或者让成年人在不注意交通流量的情况下穿过街道。"它必须停止——它的程序是这样的。"这两种情景都不利于交通流，对无人驾驶汽车的接受也不会有积极影响。

它是否有直接的负面影响是很难预测的。这很大程度上取决于自动驾驶汽车的引进方式。如果它们被视为一项积极的技术创新，并被认为有一定的缺陷是可被原谅的，就不会有负面影响。另一方面，如果它们被视为精英地位的象征，嫉妒心理将会占据主导地位，试图扰乱系统的行为将会更加普遍。

7.9 新形式的交流：从心理和技术两方面有效地交换信息

自动驾驶车辆必须能够识别和理解其他道路使用者的手势和轨迹。为了理解它们，它们需要能允许它们在正确的语境中输入信号的情境性知识。在大多数情况下，"正式"信号如转向灯、喇叭和前照灯闪烁可能足以将信息传达给其他车辆或道路使用者。

肯特·拉森（Kent Larsen）在麻省理工学院（MIT）的研究小组提出了一种有趣的自动驾驶汽车与行人交流的方法[17]。一个带有各种传感器的原型机上安装了许多设备，但与实际的汽车只能算得上相似。旋转闪烁的 LED 灯被设计成看起来像一只眼睛转向行人，表示"我看见你了"。

另外，定向扬声器指向行人，告诉他们可以过马路。

如果有行人被识别，车轮上的颜色指示灯可能会从绿色变为黄色再变为红色，以表示认出了行人或用来警示他们（图 7.13）。

自动驾驶汽车与他人交流的另一个可用信号是"明确的驾驶"。

例如，如果另一辆车想要并道，而自动驾驶汽车想要配合，自动驾驶车辆应该明显减速，以扩大车间的空隙，并确保其他车辆可以安全并道。

交流和非正式规则在不断变化。如果要用一个口头例子来说明的话，可以用"吮吸"来表达。不久之前，这个词被理解为直接的性暗示，当年轻人开

图 7.13　AEVITA：自动驾驶电动汽车交互测试阵列。图片版权：Nicholas Pennycooke，换地团体，麻省理工学院媒体实验室（版权归作者所有）

始到处使用它时，引发了可以理解的惊恐。同样，非语言信号"竖起大拇指"最近传到了那些不熟悉它的国家，因为它在社交媒体上的标志性用途。从一个角度来说，这意味着自动驾驶汽车需要周期性地学习非语言行为的新信号，例如定期更新他们的视觉"词汇"和相关的含义。而另一种效果也可能产生。在路面上的自动驾驶车辆越来越多的情况下，采取一种独特的、特别是基于规则的行为，也可以鼓励其他道路使用者采取这种行为。这将使交通更加标准化，但不一定更有效率。当交通繁忙时，道路使用者之间的灵活合作变得更加重要。车辆之间的距离越窄，就会越复杂，交换的非正式信号就越多。

车对车通信可以提供另一个技术解决方案。这将要求所有道路使用者——不仅是自动驾驶车辆——安装相应的技术设备。车对车通信经过了多年的研究，已经有了不少的演示，其中一些在大型测试站点上演示，如 simTD[20]。车辆对车辆（V2V）或车辆到所有设施（V2X）技术的扩散可以极大地帮助解决自动驾驶车辆和人类驾驶员之间的沟通问题。

Frost 和 Sullivan[21] 预计，到 2030 年，40% 的车辆将配备 V2V 或 V2X 技术。因为这些技术为用户提供了很多好处，包括减少交通堵塞和提高安全性。这一技术的迅速传播，起初虽然是为了另一个目的，但也可以缓解自动驾驶车辆和由人类驾驶的车辆之间的沟通问题。

然而，即便如此，仍有一些情况是自动驾驶车辆无法解决的，要么因为其他道路使用者没有必要的通信设备，要么因为情况无法单独通过沟通解决。如果这种情况下的无人驾驶汽车没有驾驶员在短时间内（尽管不必是立即）进行接管，一个远程驾驶员或指导系统将不得不介入。

7.10 结论

由于车对车的通信选择目前非常有限且不可靠，因此各种眼神、动作及动作序列被用来与不受保护的道路使用者进行交流。根据不同的环境和当事人的不同心理状态，人际协商可以有不同的程度。在这些案例中应用的规则具有高度的文化特殊性。具体而言，人们对另一个人的期望在不同文化中差异巨大，所以不可能为机器人车辆制定通用规则。另一个问题仅仅是由于车辆的驾驶员和机器人之间是无法辨认的。对驾驶座没有人的汽车来说，机器人是驾驶员是显而易见的。但如果一个人坐在自动驾驶汽车的驾驶座上，人类会被当作驾驶员，而任何交流都可能被误传到它那里。如果没有识别其他道路使用者的目光和手势的能力，包括自行车和其他车辆类型的混合交通将很难实现。在低速设定中尤其如此，随着速度的增加，这种形式的交流由于如下原因起着不太重要的作用：

1）它不是 100% 明确的。
2）它需要对方的反馈，这将需要太长时间。
3）在高速公路上，评估其他道路使用者的反应能力有限。例如，没有足够的时间来评估另一个驾驶员的注视。

这对汽车保证和其他道路使用者沟通的功能性提出了什么样的要求？

自动驾驶汽车最初必须表现得好像没有非正式的交流，换句话说，完全遵守规则。而在无法解决的情况下，人类驾驶员必须接管，或在驾驶员缺席情况下，则需要一个统一管理机构进行干预。交通管理的组织方式将类似于空中交通，空中交通管制协调所有飞机在空中和停机坪上的运动。而自动驾驶车辆会代替执行空中交通管制指示的飞行员的角色，收到如何操纵的指示，并独立地确保车辆的稳定性。目前尚不清楚，无人驾驶汽车将如何认识到情况无法解决，以及交通管制当局将如何得知相关细节。

应用许可

本章根据知识共享署名 4.0 国际许可（http：//creativecommons.org/licenses/by/4.0/）的条款进行分发，允许通过任何媒介或格式使用、复制、改编、分发和再创作，只要您对原始作者和来源给予适当的说明，提供知识共享许可链接，并指出所做的任何更改。

本章中的图片或其他第三方材料均包含在作品的创作共享许可中，除非在来源中另有说明；如果这些材料不包括在作品的知识共享许可中，并且法律规定不允许相应的操作，那么用户需要获得许可证持有者的许可才可以复制、改编或再创作材料。

参 考 文 献

1. archive.darpa.mil/grandchallenge/ last accessed on 25.7.2014
2. Ziegler, J., Bender, P., Lategahn, H., Schreiber, M., Strauß, T., Stiller, C. (2014). Kartengestütztes automatisiertes Fahren auf der Berta-Benz-Route von Mannheim nach Pforzheim. FAS 2014, Uni-DAS, pp. 97-94
3. Saust, F., Wille, J.M., Lichte, B., Maurer, M.: (2011). Autonomous Vehicle Guidance on Braunschweig's inner ring road within the Stadtpilot Project. In: Intelligent Vehicles Symposium (IV), Baden-Baden. pp. 169-174
4. Merten, K. (1977). Kommunikationsprozesse im Straßenverkehr. In: Bundesanstalt für Straßenwesen (ed.) Symposion 77. Köln: Bundesanstalt für Straßenwesen
5. Darwin, C.: Der Ausdruck der Gemüthsbewegungen beim Menschen und den Thieren. Halle 1874
6. Pfungst, O.: Das Pferd des Herrn von Osten (Der kluge Hans). Leipzig 1907
7. Schmidt, S., Färber, B. (2009). Pedestrians at the kerb - Recognising the action intentions of humans. Transportation Research Part F: Traffic Psychology and Behavior, 12, pp. 300-310.
8. Risser, Ralf.: Kommunikation und Kultur des Straßenverkehrs. Wien 1988
9. Heidegger, Martin (1927). Sein und Zeit. Tübingen. 11. Auflage 1967
10. Frerichs, Klaus (1995). Der Winker und das Winken: Ein zeichenphänomenologischer Passus in Martin Heideggers Sein und Zeit. Zeitschrift für Semiotik, Band 17, Heft 1-2. pp. 133-142
11. Savigny, E.v. (1995). Autofahrerzeichen: Funktion, Systeme, Autonomie. Zeitschrift für Semiotik, Band 17, Heft 1-2. pp. 105-128
12. Special Eurobarometer 382, Public Attitudes Towards Robots, Report Sept. 2012
13. Continental Mobilitätsstudie http://www.pressebox.de/pressemitteilung/continental-reifen-deutschland-gmbh-hannover/Deutsche-Autofahrer-wollen-Automatisiertes-Fahren-fuer-die-Autobahn/boxid/647170 last accessed on 26.8.2014
14. Ekman, P. Universals and Cultural Differences in Facial Expressions of Emotion. In: J. Cole (Hrsg.): Nebraska Symposium on Motivation 1971. Bd. 19, University of Nebraska Press, Lincoln 1975.
15. Broszinsky-Schwabe, Edith (2011). Interkulturelle Kommunikation: Missverständnisse – Verständigung. VS Verlag, Wiesbaden.
16. http://www.auto-motor-und-sport.de/news/autofahren-in-china-ein-mann-sieht-rot-5957313.html last accessed on 7.8.2014
17. http://www.technologyreview.com/view/427743/how-do-you-know-an-autonomous-vehicle-has-seen-you/ last accessed on 8.9.2014
18. ICTTP'08 – Proceedings of the International Congress of Traffic and Transport Psychology, Washington 2008
19. Hölzel, Andrea (2008) Unterscheidung von formeller und informeller Kommunikation im Straßenverkehr http://othes.univie.ac.at/2541/1/2008-11-12_9547261.pdf zuletzt besucht 29.07.2014
20. simTD delibrable D5.5 (2013) http://www.simtd.de/index.dhtml/object.media/deDE/8154/CS/-/backup_publications/Projektergebnisse/simTD-TP5-Abschlussbericht_Teil_A_Manteldokument_V10.pdf
21. Strategic Analysis of the European Market for V2V and V2I Communication Systems (2014) cited from http://www.frost.com/prod/servlet/press-release.pag?docid=290129681

第2部分 出 行

引言

自动驾驶会改变人们的出行吗？未来我们将会以不同的方式出行吗？未来出行的途径会是什么呢？当未来自动驾驶车辆进入生活后，交通和城市规划者在规划未来出行方式时需要考虑哪些内容？"交通"这部分的这些问题旨在讨论当自动驾驶成为日常交通系统一部分后，自然而然产生的这些思考。后面7章的作者研究了"自动化交通"实现的道路上将面对的一些特殊挑战。

为这种（交通）趋势建立一个框架是政治家们刚刚开始逐渐投入精力的任务。在"自动驾驶——从政治、法律、社会与可持续发展的维度分析"这一章，Miranda Schreurs 和 Sibyl Steuwerz 说明了在德国，乃至欧盟、美国，从政策制定者的角度出发，有哪些被鼓励的举措。他们明确了产业和政策层面的目标和利益如何引导政治机构的做法，以及这些目标和利益如何实现主要地追求长期目标。这些作者还主张在更广泛的背景下进行关于自动驾驶的讨论，在解决相关技术和法律问题的同时，也将其对社会的相关影响纳入讨论范畴。

在他们的文章"新的出行概念与自动驾驶：潜藏的变革"中，Barbara Lenz 和 Eva Fraedrich 探讨了这样一个问题：通过自动驾驶汽车的引入，汽车共享等新的移动概念以及公共交通等旧概念会如何改变。他们明确了这些系统如何可能被以影响深远的方式改造得更灵活，他们也为个人化的公共交通选择了出发点。两位作者得出结论：自动驾驶车辆对于交通系统的变革和公共交通吸引力的提高而言，初期的影响虽然要慢慢才会显现，但蕴藏的潜能巨大。但是与此同时，两位作者也指出，新系统的成本和盈利能力的趋势仍需衡量。

Sven Beiker 在他编写的"高级自动化车辆的部署方案"中，探讨了推行自动驾驶车辆的可能方式。Sven Beiker 列出了推行自动驾驶的3个方案：①演化性方案；②革命性方案；③变革性方案。然后探讨了它们对交通系统的影响，对技术发展的要求，对法规的要求，及其对企业战略的意义。作者总结上述提到的3个方案是完全相互独立的，而推行自动驾驶的过程可能会以不同的方式在各领域开始，而它们将会一步一步"融合"。

对我们的城市来说，在道路上拥有自动驾驶车辆意味着什么？Dirk Heinrichs 在"自动驾驶和城市结构"中研究了自动的道路交通对城市和城市结构的影响。他还研究了为实现未来城市设想目前应采取的方案，这些设想包括交通运输，特别是那些完全自动化道路交通的设想。他展示了主要的一些积极以及消极的影响。在每一种情况下，Dirk Heinrichs 认为，综合城市和交通规划的任务是及时应对自动驾驶面临的挑战，并且最重要的是考虑长期和日常交通决策之间的相互影响。

为了能够评估交通和运输趋势的影响，以及它们的可控性，交通和城市规划者需要定量的模型。这个领域重要的一部分就是所谓的需求建模。也就是去描绘人们的出行如何被汽车使用方式的转变所影响，即本例中从自己驾车到被自动驾驶汽车承载的转变。然而，目前人们仍然很难建立这样的模型，因为我们还没有在自动驾驶方面人们出行行为的实证数据。Rita Cyganski 在"从需求模型看自动驾驶与自动化车辆"中讨论了如何将自动驾驶纳入到需求模型中。基于一项调查，她进一步说明了，至少在目前我们不能简单地去假定被承载这种汽车使用方式的优点，因此也不能将其作为需求建模合适的起点。

对运输需求的一个重要影响，主要来自于提供需求的车辆。Hermann Winner 和 Walther Wachenfeld 在他们的章节"自动驾驶对车辆概念的影响"中阐述了车辆概念变革可能有哪些机会，包括在车身，驱动系统、底盘、内饰及人机界面等不同领域。然后，作者概述了车辆本身和它的可用性如何受到上述变革的影响而改变，并且他们质疑自动化可能不会成为车辆概念革命的驱动力。不过，他们认为，未来为了实现各种不同功能，车辆仍有很大多样化的空间。更重要的是，这可能会导致新的车辆使用方式，甚至可能是作为车轮上的客厅、工作区或者卧室。

可能的是，自动驾驶车辆不仅可以私人使用，而且还可以作为客运系统的一部分。这些系统不仅可以在道路上自动运营，而且可以提供自动化服务。Sven Beiker 在他的"一个基于需求的交通自动化系统的实现"一章中，首先指出了需要回答的基本研究问题，然后介绍了目前在加利福尼亚州斯坦福大学校园，一个这样的系统是如何实现的，即提供了一个在受控的公共空间中实际部署道路车辆的生动例子。

第8章 自动驾驶——从政治、法律、社会与可持续发展的维度

Miranda A. Schreurs and Sibyl D. Steuwer

8.1 简介

自动驾驶（自动化）汽车，曾经只是科幻小说中的想象，现在正逐渐变为现实。虽然还没有商业化，但科技的快速进步正在创造一种技术发展需求超越监管环境的局面。技术的发展给政府带来了改变监管的压力，促使政府允许自动驾驶车辆的道路试验。内华达州成为世界上第一个为自动驾驶车辆测试和运营提供许可证的政府，尽管需要在严格的条件下。内华达州汽车部指出，"当自动驾驶车辆最终可供公众使用时，驾驶者必须获得特别的驾驶执照许可……"[8] 其他州也跟随内华达州的趋势。美国的新规定也引发了欧洲是否需要监管改革的问题。

本章讲述了考察与自动驾驶车辆的开发和部署有关的汽车制造商之间的新兴竞争以及它们的政治和管理影响。一部分篇幅特别关注了行业利益相关方和政治角色在自动驾驶车辆技术的开发、吸收和管制方面的作用。具体而言，是比较了自动驾驶在美国、欧盟、英国、德国、瑞典和日本的发展，自动驾驶技术的不同的框架和它们潜在贡献也被包括在内。

8.2 创新政策视角下的自主驾驶

汽车自动化程度的提升可以被理解为一个创新过程，这可能最终导向自动或半自动驾驶车辆。创新可以根据创新的类型（例如产品、过程、组织）、创新阶段（发明、创新、扩散）或创新的规模来划分（从渐进到激进的）。很多因素影响创新过程。这些包括行动者和行动者网络、体制框架以及创新系统内部和外部的技术发展。（技术）创新及其影响因素或许会协同进化发展[35]。政治干预是影响创新进程的一个因素，也是我们接下来关注的焦点。

自动化技术已经运用到汽车几十年了，包括防抱死制动系统、后视报警系统、车道偏离警告系统和自适应巡航控制系统。信息和通信技术很可能使某些自动化技

第8章 自动驾驶——从政治、法律、社会与可持续发展的维度

术的快速部署成为可能（正如已经实用化的自动制动系统）。自动驾驶技术可以改善紧急情况下的响应，改善公共交通系统，优化联合客运。

随着自动驾驶车辆在道路上进行测试，自动驾驶车辆技术正在迅速发展。Wachenfeld等人的章节中描述的用例表明了各种未来的发展路径都是可能的。（第2章）（也可参见这本书中Beiker的第14章）。自主车辆技术发展路径从渐进（例如自动制动系统和变速系统）到更大的（自动防撞安全系统和自动泊车），再到现有系统的革命性改变（在日常交通中完全自动驾驶的车辆）（定义和命名见文献[25，44]）。取决于技术的状态和实施的程度，有不同的政策影响和监管干预需求。

不同的技术和使用方式对政策体系的要求不同。渐进的技术变化通常可以通过对现有的管理框架进行相对较小的更改来加以解决。更激进的技术变革，如完全自动驾驶的车辆，将需要更深入的监管干预以及社会意识的提高和接受。用于自动驾驶车辆的信息和通信技术也可能引发与数据保护和存储有关的各种问题。虽然这很大程度上取决于采用的技术类别（第24章）。

当然，与自动驾驶车辆技术的出现有关的一个明显变化是出现了新的利益相关者。与自动驾驶相关的技术拓宽了交通政策参与者的领域，并促成了新的政治联盟的形成。信息和通信技术产业是自动驾驶车辆技术和政策的重要利益相关方。汽车制造商和其他参与者（如谷歌）既在开发自动驾驶原型车中处于竞争，又在为自动驾驶车辆技术测试创造更有利的监管环境而合作。

一些汽车制造商展望在未来几年自动驾驶车辆会实现商业化，尽管这项技术何时以及是否能在不久的将来投入商用还存在相当大的不确定性。商业化的条件也可能因不同国家的道路交通状况而异。尽管还存在很多关于在不久的将来商业化是否切合实际这方面的问题，专家团体正在敦促监管机构做好准备。在某些司法管辖区（特别是在美国），为将来更深入的监管改革所做的早期准备步骤正在实施。

自主驾驶技术的进步速度和质量将影响政治干预和控制的需求。许多政治干预都是由技术进步推动的。在渐进的技术进步的情况下，同样渐进性的监管变革、许可颁发及财政和其他政治支持的增减或可同步并行。

渐进的技术变化可以从系统创新理论的角度来研究，其中创新被理解为企业、行业、组织和体制框架之间多边互动过程的结果[13-15]。而在更具革命性的技术发展导致更具破坏性的现状变化的情况下，政客们可能被迫在没有准备或学习时间的情况下做出迅速和重大的管理决定。而且很少有现成的经验可供借鉴。

在某些情况下，政治行动者可能决定设法加速某些技术的发展及其大规模应用。我们已经见过政策驱动发展的例子，例如核能和可再生能源。在这些例子中，各国政府制定了鼓励这些技术发展的奖励措施，例如研发基金、支持计划、贷款、提供基础设施和接管债务风险，以及在某些国家的案例中，后来做出决定逐步淘汰特定技术的使用。交通领域也有各种各样的例子，其中国家角色旨在为某些技术选

择铺平道路。除了提供道路基础设施，支持个人汽车交通系统，电动汽车是最新的一个政策制定者试图在更大范围上促进特定技术实施的例子[7]。

政策制定者通常不喜欢干预市场经济的运作，但有时可能会被迫这样做。正如Edquist提出的："一定是有'问题'出现，并且当它不能由市场和资本家自动解决时，公共干预便必须纳入考虑"[14]。

支持新技术或技术应用的决定背后可能有不同的因素。政策制定者选择促进技术的发展，可能是为了支持国内某项产业的竞争力，可能是应对问题压力（例如安全或环境因素）、可能是为尝试新技术的可能性，抑或者是对国际发展做出的反应。就像Edler和他的同事们说的那样："公共创新政策的目的是增强经济或某些选择性领域的竞争力，以便通过知识创造和经济成功来增加社会福利"[12]。大量的研究表明了政治干预的重要性，尤其是在环境政策创新领域[30-32]。

政治家有很多方式可以支持新技术的发展和扩散。他们可能会鼓励和支持专家团队的发展，为研究和发展提供资金，创造某种技术的需求（如通过设置支持方案或强制政府采购），以及提供基础设施（方法概述参见文献［35］）。研究支持也与自主车辆技术的发展有关。技术发展落后的国家现在正在迎头赶上。由于创新经历了各个阶段[26,36]，政府干预也可能局限于某一技术的特定创新阶段。

8.3　欧洲自动驾驶愿景

未来的愿景可以影响和反映监管上的辩论和公众对此的看法。自动驾驶的愿景正在由各利益相关方共同塑造，这些利益相关方在推进特定的框架方面都有自己的利益考虑。当一种技术的特定框架开始生效的时候，它们有潜力指导未来的研发轨迹和其他社会和政治行动。正如下面我们将看到的，自动驾驶车辆技术越来越多地被视为未来交通系统的重要组成部分。它们的发展与工业竞争力、可持续发展、资源效率、安全和对老年人以及其他可能无法开车的人的支持等方面被联系在一起。同时，也有一些担忧的声音，即汽车机器人化后有可能失去控制。在这里，我们考虑在欧洲范围内自动驾驶是如何被讨论的，然后再转到其他经济体的讨论。

为了了解如何在欧洲范围内讨论自动驾驶，我们研究了战略文件、欧洲资助的研究项目以及与自动驾驶有关的重要团队。分析表明，在自动驾驶技术迅速商业化的过程中，特定产业行动方之间的利益存在不匹配现象，在自动驾驶技术发挥一定作用的交通领域，欧洲的视野和目标更为广泛，但无人驾驶技术却很少受到重视。即便一些研究项目正被资助，自动驾驶技术在欧洲战略文件中也没有得到广泛的讨论。这可能是很重要的，因为对一个项目的关注程度和与之相关的愿景可能决定政治支持是否会支持该项技术的发展。在欧洲范围内，很少有人明确关注自动驾驶车辆，除非出现突然的技术创新冲击或利益相关者进行更强烈的政治游说，我们很可能不会看到相关的政治行动。

8.3.1 欧洲战略文件

自动驾驶技术在欧洲委员会的战略文件中几乎没有获得关注,包括路线图、绿皮书以及白皮书。就自动驾驶车辆技术而言,它通常只是在欧盟更广泛的关于欧洲竞争力、创新、气候保护、能源安全、就业和教育(欧盟 2020 战略)等的讨论中的一部分内容[17]。

在欧盟 2020 战略的总体框架目标指导下,分析了下列文件:"通往单一的欧洲交通区域路线图——走向竞争和资源效率的交通系统"[18],"欧洲未来交通的研究和创新。制定一项欧洲交通技术战略"[19],"汽车 2020:欧洲竞争和可持续汽车工业行动计划"[20]和"智能交通系统方针"[24]。这些战略文件涉及与自动驾驶有关的问题:交通、基础设施、数字化以及与创新和气候保护有关的常见的欧洲话题。这些文件的具体化的程度不同。

这些文件揭示了哪些方面正在影响着自主车辆的开发,并让人们意识到目前欧洲关于自主驾驶的辩论有多深远。它们还介绍了自主驾驶技术框架正在如何被制定,以及哪些社会、技术和政治问题是与之相关的。最后,也许最重要的是,这些文件预示了在欧洲范围内更广泛地推行自动驾驶车辆技术可能的机会和障碍。

8.3.1.1 竞争与创新

欧盟的目标之一是加强欧洲工业的竞争力和包括交通在内重要领域的技术领导能力。欧盟的交通路线图强调,"创新是保持欧洲竞争力的必要条件"。强调的三个创新领域是:"以新引擎、材料和设计提高效率""清洁能源的使用"和"以信息和通信系统保障更安全的运行"[18]。

从欧洲委员会发至议会和理事会的通信文件,标题为"欧洲未来交通研究与创新;制定欧洲运输技术战略"[19]可以看作是一项战略交通技术规划发展的起点。其核心愿景是向高附加值、创新的交通技术的预期变革。未来的交通行业将不得不处理高度复杂的系统,并以低碳方式实现这一目标。新材料、新生产工艺和新技术伙伴以及"交通模式之间更强的交叉"被视为这种产业转型的关键因素。通信文件进一步强化了交通领域、能源领域以及信息和通信技术将日益相互交织在一起的预期。

对于汽车工业而言,增强竞争力是欧洲政策制定者的首要考虑。由 DG ENTR (企业与工业总司)制定的"汽车 2020 行动计划"可以体现出来。"21 世纪有竞争力的汽车管理系统(CARS 21)",作为汽车 2020 计划的先导者,关注的是解决经济危机以及特别是欧洲汽车工业的危机。它建立了一个愿景:"欧洲要建立一个技术领先、与燃料供应业协调一致、生产对欧盟消费者有吸引力的汽车、在管制污染物方面清洁、更省油、更安全、更安静和联系更紧密的汽车工业"[20]。

8.3.1.2 效率和可持续性

在欧洲范围内,创新往往被与建设一个能源和资源利用率高的以及可持续的交通系统联系在一起。《交通路线图》阐明了"建立一个具有竞争力和可持续的交通系统的愿景"。这份文件强调了 2050 年减少温室气体排放量 60% 的同时，要增加欧盟范围内的交通和运输的双重目标。它进一步将欧盟 2020 战略及其对提高资源效率的重要计划与交通政策联系起来。这意味着需要如下所述的一个交通系统，即"使用更少和更清洁的能源，更好地利用现代基础设施，减少对环境和诸如水、土地和生态系统等关键自然资产的负面影响"[18]。交通科技策略文件反复强调了欧盟通过无碳交通系统加强竞争力的愿景，因此需要绿色技术、材料替换和信息与通信技术方面的研究来优化多式联运和公共交通，从而提高效率[19]。此外，"汽车 2020 行动计划"在竞争力、清洁和绿色车辆之间建立了强有力的联系[20]。

8.3.1.3　协调与统一

实现一个统一的欧洲市场是所有与交通有关的欧洲战略文件的核心。这是推动国家政策之间更协调统一的一个重要因素。《交通路线图》强调了欧盟委员会所强调的协调的重要性；文件强调，"如果一个会员国只选择电动汽车，另一个会员国只选择生物燃料汽车，这将破坏整个欧洲自由旅行的概念"，这也表明欧盟委员会将会注重对技术发展施加影响。

此外，在"汽车 2020 行动计划"中，欧盟成员国之间车辆管制的支离破碎被认为是有问题的。欧盟委员会呼吁更多的协调和标准化[20]。在"21 世纪有竞争力的汽车监管系统（CARS 21）"计划中，欧洲在标准化中的作用已得到了强调。欧盟委员会副主席 NeelieKroes "强调了通过车辆的数字化和网联化创造的商机，因为这些都需要公共资金和标准化的支持"[4]。"汽车 2020 行动计划"提到了关于自动急救呼叫系统的智能交通系统（ITS）的部署，自动急救呼叫系统作为一个特定的系统性挑战，需要充分的协调[20]。

8.3.1.4　安全

"零事故愿景"是指 2050 年消除交通伤亡的目标，这是汽车工业的关键卖点。虽然安全问题在交通路线图也获得了关注，但是与竞争力、可持续性、资源效率或创新等议题相比，它受到的关注要少得多。

"零事故愿景"是交通路线图 10 个目标中的第 9 个。按照这一目标，欧盟计划到 2020 年将道路伤亡数目减半。欧盟将成为所有交通模式的交通安全和保障的世界领导者[18]。附件一说明了如何实现目标，提到了除训练和教育之外的技术解决方案，如"驾驶员辅助系统，（智能）限速器，安全带提醒、自动急救呼叫系统、合作系统，及车辆和道路设施的交互。"这些可以被视为提高自动化程度与推广信息通信技术的必要步骤。

而"智能交通系统的目标"文件中虽然强调了通过信息通信技术的应用强化安全性的重要性，但它并没有明确提到自主驾驶[24]。

8.3.1.5　总结

人们可能认为自动驾驶会在文件"欧洲未来交通研究与创新，发展欧洲交通技术战略"[19]中被讨论，因为它涉及了研究、创新、交通等领域。然而，当"智能"一词在文本中反复出现时，"自动驾驶"和"无人驾驶"都没有被提到。"智能化"和"自动化"只在交通基础设施方面的内容中提到过一次："现代的基础设施将日益融入新的成员，使其智能（智能、信息通信技术和自动化）、绿色（新型轻量化和可回收材料）和多式联运（自动化终端、中心和设备）。它将集成低碳燃料，创新管理和操作系统"[19]。

此外，在研究和创新方面，虽然智能化交通与自动驾驶有关，但是交通技术战略文件并没有讨论自动驾驶。战略文件中描述的许多愿景可以视为与自动驾驶车辆有关，例如信息和通信技术与交通系统之间的相互依存关系。然而，主要的关注点还是绿色技术、材料替代、信息通信技术以及多式联运系统的优化。

同样，交通路线图中也没有明确提到自动驾驶。相反，智能交通系统、新的通信服务、改进的交通管理和信息系统被视为未来优化交通流和减少拥堵的机会，在这种情况下，有必要进行进一步的研究和创新。多模态和基础设施使用的优化也被提及。在欧洲汽车工业的现代化方面，并没有集中讨论提高自动化程度。在"汽车2020行动计划"中，它甚至没有作为一个明确的主题被提及。

由DG Transport支持的关于智能交通系统的目标针对的是推广智能交通系统（ITS）所需采取的步骤，因此可以被认为涉及自动驾驶，但没有明确提及这一术语或类似的术语[24]。

总之，可以说，虽然主要的战略和愿景文件中提到了与自动驾驶有关的发展目标，但是自动驾驶车辆或自动驾驶并没有得到欧洲官僚或政治家的坚定拥护。

8.3.2　自动驾驶相关的研究（欧洲）

欧洲资助的研究项目越来越关注自动驾驶车辆技术。由欧盟机构资助的各种研究项目可能会影响自动驾驶的开发。自动急救呼叫系统（eCall）是一种在事故发生时能快速为驾驶员呼叫救援的主动安全系统。伽利略（Galileo）项目是一个民用全球卫星导航系统，TAXISAT是一个正在为出租车开发的与全球卫星导航系统有关的项目。"欧盟框架7计划"资助的SARTRE项目，旨在推动队列行驶（更有效地利用道路空间）。项目HAVE-it遵循了自动驾驶的长期愿景，并致力于提高自动化水平。该项目的目的是"开发、验证和演示实现高度自动化驾驶的重要中间步骤"，例如先进驾驶员辅助系统。研究项目"SMART - New services enabled by the connected car"，主要关注网联汽车的影响、利益和服务。该项目的最终报告得出结论：网联汽车可以更好地利用基础设施，也将提高安全性和燃料效率。欧盟项目"Citymobil—Advanced Transport for the Urban Environment"着眼于自动化公共交通系统和一些示范案例（如拉罗歇尔，希思罗机场），旨在使城市中的这些公共交通系统得到进一步应用。一个由各个总司（RTD—研究与创新，CNECT—通信网络、内容和技术，ENER—能源，ENV—环境，ENTR—企业和行业）支持的公私联合研发倡议的例子是汽车领域在2009年欧洲的绿色汽车倡议中推出的,并重点发展高效、安全、环保的交通,特别是电动交通。另一个重要项目是AdaptIVe,它是项目InteractIVe的延续。这个项目由"欧洲框架7计划"资助,于2014年1月启动,由29个成员组成的联合体,旨在展示自动驾驶在复杂交通环境中的潜力,同时处理与SAE分类系统中自动驾驶1~4级有关的一些法律问题。

目前,欧盟正在"地平线2020"研究支持计划框架内支持自动驾驶方面的研究。在"信息与通信技术"一节的"地平线2020工作计划"中,有几个关于自动驾驶和工业技术领先地位研究的切入点,即关于信息技术和通信技术的领导作用[22]。运输方面的研究是通过该工作计划第11章的智能、绿色的综合交通运输得到资助。在这里,自动驾驶被明确提到:"自动和逐步自动驾驶在道路交通中的应用,积极与他们的智能环境互动,可以为欧盟处理日益增长的交通需求与追求更有效的交通方式、降低环境影响和增加道路安全之间的矛盾提供解决方案"[21]。除了对包括先进驾驶辅助系统研究等技术方面的支持,其他方面如驾驶行为(用户对技术及道路基础设施的反应,注意力情况/注意力损失等)、伦理、性别问题以及责任和标准化问题也都得到该项目的支持,其目的是提高该技术在实际情况中的健壮性和有效性。

总之,欧盟资助的研究涉及车辆自动化的各个方面:信息和通信系统的连接以提高效率,以及自主车辆技术的研究。越来越多人感兴趣于各种自动化等级带来的法律和社会影响以及制定自动化等级的一般定义。在未来,将需要更多地研究与交通领域自动化的广泛使用有关的法律和社会问题。

8.3.3 欧盟自动驾驶的参与者和舞台

在欧洲层面,不同的总司(DG)参与解决自动驾驶有关的问题,而信息总司(DGConnect)比交通总司(MOVE)与企业和工业总司(ENTR)更多地参与。实际上总体而言,欧盟委员会在交通运输领域的利益是与加强整个联盟包括边远地区(如支持基础设施发展)的竞争力以及应对气候变化(即电动交通、支持公共交通城市开发、自行车等)直接相关的,因此并没有实施自动驾驶汽车广泛使用的动力。

信息总司支持自动化交通领域的研究。它主要涉及智能交通系统(ITS)的研究,并强调信息和通信技术对智能交通系统和出行的作用,因为其有助于减少温室气体排放,提高交通领域的能源效率,增强人和货物的安全性和机动性。然而,ICT主要与提供实时交通信息有关,而并没有明确地涉及自动驾驶车辆。

有关自动驾驶的信息通常最好通过信息总司来获得。虽然各方面的项目都在他们的网站上列出,但是信息总司建议读者在寻找"自动驾驶"方面的内容时可以去iMobility论坛。iMobility论坛是欧洲涉及车辆自动化的两个主要平台之一。欧盟委员通过iMobility论坛与利益相关者沟通。这个平台由信息总司所搭建,并由欧洲智能交通协会（ERTICO – ITS Europe）、欧洲汽车制造商协会（ACEA）以及欧洲收费公路、桥梁和隧道协会（ASECAP）共同主持。iMobility 论坛上还有一个研究汽车道路自动化的工作小组。信息总司部分资助这个平台。iMobility 论坛链接到关于欧洲智能交通系统的 ERTICO 平台。它由欧盟委员会、国家交通部和工业代表所设立，并作为其联合倡议，旨在成为促进与智能交通系统的所有方面有关的参与者和利益相关者之间的相互交流的一个网络平台。它给出了欧盟成员国在智能交通系统（ITS）方面的各种研究项目和活动的一个总览，相关自动驾驶车辆方面的研究也包含在内[16]。

此外，欧盟为讨论未来的愿景提供了一个平台：FUTURIUM，也是欧洲数字议程项目的一部分。那里可以找到一些关于自动驾驶的文章。

总之，自动驾驶在欧洲的政策制定中并没有从战略上加以固定。欧洲交通领域的总体术语和目标可以归纳为"竞争力""可持续性""效率""低碳"，以及相对提及较少的"安全"。虽然自动驾驶理论上可以有助于这些总体目标的实现，但是利益相关者并没有做出足够的努力来使自动驾驶与他们联系在一起。在欧盟层面，最积极解决自动驾驶问题的参与者涉及通信技术、智能移动和智能交通系统（包括与欧盟数字欧洲的愿景相联系的信息总司）。汽车工业以其协会为主要代表。在欧盟层面上个体公司在这个话题上似乎并不十分活跃。自动驾驶仍在研究的范畴内还没有实现，并且也不存在自动驾驶车辆在未来发挥重大作用的愿景。本书中提到的使用案例在欧洲并没有发挥作用。此外，也缺乏对交通和出行的现有设想的整合。无论是在欧洲还是在德国，工作组都在讨论对自动驾驶监管以及更进一步的研究和开发的需求，然而，即便是这样，自动驾驶在政治议程上的位置也并不算高。虽然欧盟委员会正在（共同）资助其中的一些举措，但是并没有在监管方面起到带头作用。相反，它主要是积极支持自动驾驶的研究和发展。德国的情况与此类似。自动驾驶的问题在德国交通部和主要协会的关注范围内，但现在才刚刚开始得到更多的关注。正如下文更深入的讨论那样，一个相对重要的新发展是 1968 年欧洲汽车制造商担忧失去对国际竞争对手的优势而推动的《联合国交通安全公约》的改革。他们的下一项议程上很可能是在国家层面进行立法，以便进行测试。

8.4　国内和国际立法和政治发展

在主要汽车生产市场之间和欧盟内部，自动驾驶车辆的国家议题和支持战略存在着一些差异。下面我们考虑美国、日本、欧盟、英国、瑞典和德国自动驾驶的发展。这些国家和欧盟的共同特点是缺乏自动驾驶车辆的国家层面的法规。美国已经有州层面的法规以及欧洲某些国家颁发了特别许可证，无人驾驶汽车已经开始在这些国家的公共道路上进行了测试[33]。

8.4.1 联合国道路交通公约（维也纳公约）的监管变化

作为对美国无人驾驶汽车法规发展的反应，欧洲讨论了修改已执行长达10年的《联合国道路交通公约》(《维也纳公约》)的必要性。1968年《公约》第8条第5款规定："任何驾驶员都应能随时控制车辆或引导牲畜"[5]。在谷歌推动讨论之前，专家们对维也纳公约多大程度上是一个发展的阻碍有很大的分歧。谷歌无人驾驶汽车的推出将天平推到了监管改革的方向。正如Euractiv在2013年夏天报道的那样："欧盟目前略微落后美国。自动驾驶在美国正大步前进，各州推动立法允许公共道路试验从而推动了这项技术的进步。然而，欧洲严格的立法仍然落后于美国，在可预见的将来，将事实上阻碍引进更先进的自动驾驶系统。"报告指出，"虽然技术准备就绪，但缺少适当的基础设施和法律框架"[34]。2014年5月，德国、意大利、法国、比利时和奥地利政府联合提出了一项由联合国道路交通安全工作组同意的修正案。只要自动驾驶系统"可以被驾驶员覆盖或关闭"，该修正案将允许无人驾驶技术[40]。如果该公约的缔约方同意，这将有助于简化许多国家自动驾驶车辆研究和开发的条件。关于更为重要的讨论，请参见8.4.6小节。

8.4.2 美国

美国是在将自动驾驶车辆引入交通系统中的最先进国家。加利福尼亚州、密歇根州、内华达州、佛罗里达州以及哥伦比亚特区都通过了自动驾驶的立法。而另外6个州，亚利桑那州、科罗拉多州、新罕布什尔州、俄克拉荷马州、俄勒冈州、德克萨斯州要么立法失败要么还未敲定。还有另外十几个州也正在制定监管举措。这些州所制定的法规在自动驾驶和使用自动驾驶车辆的定义，以及获得操作和测试许可的条件这些方面有一些共同特点。责任问题也开始受到关注。加利福尼亚州将2015年作为建立责任机制的最后期限[48]。美国颁布的法规在许多方面更着眼于自动驾驶车辆的测试，而目前对其使用则要求非常严格。在现阶段，无论是美国政府还是汽车工业，都不愿意在一个仍处于早期发展阶段且其可靠性和安全性仍有待证明的技术上冒很大风险。其他国家的情况也是如此。

美国的监管举措是对谷歌推动对自动驾驶车辆地位的法律解释的直接回应。谷歌是一家自动驾驶软件和技术的活跃开发商，他们已经游说各州立法支持自动驾驶车辆的运营。

美国政界人士强烈支持这项技术。州长和政客们在各种公共场合称赞自动驾驶车辆并强调他们相对于其他州的领导力，在支持立法方面成为领跑者。

2011年初夏，内华达州州长Brian Sandoval在该州第一部有关自动驾驶汽车的法律中表示："内华达州是全国第一个州为自动驾驶车辆制定（采用）法规……我认为这对于内华达州成为该领域的第一是至关重要的。这将是未来的一部分，内华达州一直是一个非常进步的州"[49]。在佛罗里达州参议院，共和党人Jeff Brandes

发起了一项自动驾驶法案，他声称："这项立法事关21世纪世界的远见和领导能力，为佛罗里达人民开创了实现未来创新型经济机会的路径"[42]。同年9月，加利福尼亚州州长Jerry Brown签署自动驾驶法案时指出，他认为自动驾驶车辆是"加利福尼亚州的科技领导力如何把今天的科幻小说变成明天的现实这么一个案例……这项法律将允许加利福尼亚的先驱工程师安全地测试和实施这项令人惊叹的新技术"[2]。注意到密歇根州落后于竞争对手，该州州长Rick Snyder敦促采取行动。他在2013年1月的州情演讲中哀叹道："他们（加利福尼亚州、内华达州和佛罗里达州）已经走在了我们前面，我们不是世界汽车之都吗？"[6]。这些例子给了人们一个清晰的印象，即政治家们是如何看待自动驾驶车辆技术，以及他们为什么提倡自动驾驶技术。对于这些热衷自动驾驶州的领导人来说，自动驾驶被看作是技术前沿的标志。该技术的开发人员强调该技术的实施带来的安全效益、老年人的舒适度的提高以及可能的交通堵塞的减少。

谷歌是一个非常重要的企业，它刺激了技术和监管的发展。在一直以来都是汽车行业所主导的交通领域中，谷歌还是一个新的、非传统的参与者。随着以机器人软件对汽车的改装，IT公司已经迫使汽车行业向新方向创新（第10章）。如上所述，它也使监管机构承担起采取行动的压力。事实上，规章制度必须跟上技术革新的步伐。谷歌的行动也推动了自动驾驶技术进入国际议程。它开辟了新的研究议程，并迫使政策制定者和法律专家们考虑这一技术以及这一迅速发展的新技术的社会意义。在欧盟及国际上，它也引起了对及早统一标准的必要性的讨论，以防止在不同的世界区域内形成不兼容的标准，例如通过联合国欧洲经济委员会（UNECE）法规和车辆类型的批准，确保设计符合技术要求。除了这些问题外，信息和通信技术在未来汽车工业中的作用，以及非常重要的数据保护问题，将需要社会的讨论和决定。

2013年5月，美国国家公路交通安全管理局（NHTSA）为自动驾驶车辆建立了从0级到4级的官方分类方案。其中，对于0级的车辆，驾驶员在任何时刻都要完全控制车辆。对于4级车辆，车辆执行所有关键安全功能的操作以及监测整个行程的道路条件，包括无人的空车。中间等级则随等级提高越来越多地使用自动驾驶车辆技术。对于各州制定对新技术车辆的监管方案，美国国家公路交通安全局也提出了相关建议来辅助[1]。还有其他的分类方案也得到了发展。特别是综合SAE标准J3016。它将车辆分为6类：0级（没有自动化）、1级（辅助驾驶）和2级（部分自动化）归入"驾驶员监控下的行驶环境"；3级（有条件的自动化）、4级（高度自动化）和5级（完全自动化）为自动驾驶系统[44]（也可参见8.4.6小节的BASt分类方案）。

8.4.3　日本

受谷歌在美国州层面的影响，日本也已经开始对自动驾驶车辆表现出更多兴趣。日本以其机器人技术和低碳汽车技术而闻名。在2013年，日产得到日本当局的批准，测试了它的无人驾驶汽车——日产聆风。聆风是第一辆将电机与先进驾驶员辅助系统结合起来的汽车[3]。神奈川县知事黑岩佑治（Yuji Kuroiwa）和日产副董事长志贺俊之（Toshiyuki Shiga）在横滨附近的佐川高速公路测试了这辆自动驾驶汽车[38]。安倍晋三首相也测试了几辆由丰田、本田和日产生产的"自动驾驶汽车"，他声称，他感觉"日本技术是世界上最好的"[39]。"特别是在艰难的驾驶条件下，如使用自动驾驶汽车进行连续弯道行驶和变道，我认为我们日本的技术是世界上最好的"[37]。在这一领域成为领导者的竞争显然正在升温，政客们正在利用他们的远见和话语权来支持这项新兴技术。

8.4.4 英国

英国的情况是许多欧洲国家的典型。人们越来越担心国家汽车研发者因监管限制和缺乏对自动驾驶车辆明确的政治战略而受到阻碍。2013年9月，在一份英国议院的报告中，议会科技办公室指出："英国没有明确的立法来管理道路上的自动驾驶车辆"。该报告进一步充满惋惜地表示："目前英国对于发展自动驾驶车辆还没有官方战略"[29]。与其他几个欧盟成员国一样，提高允许测试可能性的措施正在制定。英国科学与大学部已指定600万英镑用于自动驾驶车辆技术的研究，交通部也正允许在公共道路上进行试验。

8.4.5 瑞典

瑞典是自动驾驶技术的先驱。瑞典政府与沃尔沃签署了一份谅解备忘录，允许普通人使用自动驾驶汽车。该项目包括瑞典交通管理局、林德港科技园和哥德堡市。这是第一个旨在在存在普通市民的较大规模范围内测试自动驾驶汽车的项目。这个开始于2014年的项目，目标是到2017／2018年在哥德堡50km长的道路上投放100辆自动驾驶车辆。它还将2020年定为第一辆可供公众使用的自动驾驶汽车投用的时间线[28]。

瑞典政府和沃尔沃在这一项目中的合作表明，在瑞典，人们对这项新技术的潜在重要性有着政治上的认知。瑞典政府官员不仅强调了新技术的安全性，而且还强调了其他可持续性因素。基础设施部长Catharina Elmsäter-Svärd女士列出的许多在未来几年有待解决的挑战可以通过自动驾驶车辆来解决，包括环境、气候变化、空间和交通安全。欧洲与美国相比，似乎广义上的可持续性主题与自动驾驶汽车的联系更为紧密[47]。

瑞典交通管理局的ClaesTingvall解释了为什么政府和沃尔沃之间的合作是有意义的。这种合作有助于尽早解决有关这种新技术的立法问题。同时，新技术带来的社会效益可以更广泛地纳入到政策中："我们不仅可以使交通更安全、更顺畅、污染更少，同时可以以一种完全不同的方式建造基础设施"。Elmsäter – Svärd 部长指出："这个项目是非常独特的，瑞典政府期望当人们谈到道路安全时瑞典仍然是领先的。我们知道在这个项目中居住、环境问题以及道路交通安全是非常紧密的。"值得注意的，沃尔沃自动驾驶汽车上写着："驾驶我。为了可持续发展的交通的无人驾驶汽车[47]。"

8.4.6 德国

在德国，自主驾驶车辆处于试验阶段。为公开演示，研究和发展部前任部长，Annette Schavan 亲自测试了这辆"德国制造"并由柏林自由大学研发的自动驾驶汽车。"自动驾驶——用于客车和货车的自主及驾驶辅助系统"这一项目得到研究部 220 万欧元支持。在一次采访中，Schavan 部长提到这种技术进一步创新的必要性，因为它可以方便老年人和残疾人出行[41]。除了 AutoNOMOS，德国还有很多其他研究项目推进了自主驾驶自动化的增加，包括布伦瑞克工业大学的"H – Mode"项目以及达姆施塔特工业大学的"Conduct – by Wire projects"项目。

研究部对支持技术创新和推进小众技术感兴趣，为推动自主驾驶研究提供了动力。该部的高科技交通策略强调能源政策、电动汽车和智能物流之间的关联性。尽管它没有明确地关注自动驾驶，但是它进一步强调了 ICT 在汽车工业中应用的重要性[11]。但是，自动驾驶的研究不仅仅只是由研究部资助。目前，还有更多的项目是由联邦经济事务和能源部所资助的，AFAS 便是其中的一个项目。此项目的建立是为了开发自动驾驶车辆来保护公路上的施工场所。

联邦公路研究所（与 NHTSA 相似）制定了一个术语，以促进不同程度自动化的法律评估。不同的命名将"必须有驾驶员"和"驾驶辅助"系统，与"部分自动化"（某些情况下系统接管横向和纵向控制）、"高度自动化"（驾驶员无须连续监视系统）和"完全自动化"（系统完全接管横向和纵向控制）区分开来[25]。这种分类被德国的专家、官僚和政界利益相关者所广泛接受。

德国汽车行业已经开始推动变革。作为对谷歌挑战的回应，奔驰与诺基亚合作在 2013 年 8 月开展了对"S 500 智能驾驶自主车"长距离的驾驶测试。跟随着 Bertha Benz 在 1888 年在世界上第一个长途旅行的路径，S 500 智能驾驶汽车成功地依靠自己实现了在曼海姆（Mannheim）和普尔茨海姆（Pforzheim）之间的驾驶旅行。奥迪、宝马和汽车供应商博世和大陆汽车系统公司也在致力于自动和半自动驾驶车辆技术的研究[40]。

然而，德国政府没有采取新的监管措施或明确的战略来推动自动驾驶的实施。相反，政府官员们专注于其他的技术选项，而这些技术相当符合欧洲可持续交通的论述。这些都与更广泛地向低碳能源转型的总体政策紧密相关。例如，电动汽车不仅是由战略的政府文件支持，也在高层政治家的演讲中被多次肯定，包括总理[9, 10]。

德国汽车工业联合会（VDA）是自动驾驶技术最热衷的游说监管变化支持者之一。它是少数几个已经阐述了自动驾驶清晰的目标愿景的行动者中的一员。VDA已经组织过聚焦于车辆自动化、网联汽车以及自动驾驶的会议。VDA设想未来自动驾驶将会被广泛运用。该协会已经阐明了朝着无人驾驶未来之路应该采取的具体步骤措施，如变道辅助、先进的人机交互界面、纵向导航辅助[45]。此外，供应商对推动汽车更高级别的自动化最后到完全自动驾驶比较感兴趣[7]。

处理自动驾驶主要的国家舞台是一个由交通运输部发起并主持的圆桌会议。在工作层面，参与者试图将利益相关者之间的对话制度化，以此作为使得自动驾驶问题在德国的政治议程中更为重要的第一步。约45名成员的圆桌会议每年举行两次。他们由以下部分组成：德国汽车工业协会的代表（Verband der Automobilindustrie，VDA），汽车制造商的代表，交通运输部、联邦公路研究所（BASt）、联邦汽车运输局（KBA）、司法部、经济和能源部，科研单位（如弗劳恩霍夫研究所、德国航空航天中心（DLR）、大学）和协会（如国际汽车制造商协会（Verband der internationalenkraftfahrzeughersteller，VDIK））的代表，德国保险协会（gesamtverband der Deutschenversicherungswirtschaft，GDV）、德国汽车俱乐部（Allgemeiner Deutscher Automobilclub，ADAC），和技术控制委员会协会（Verbanddes TÜVs）。3个工作组已成立，每年开会4次。工作组关注法律问题、与驾驶员和车辆有关的问题，包括类型认证和研究。

类型认证是欧盟成员国认证车辆类型、系统、部件或独立技术单元满足相关的管理规定和技术要求的过程[23]。而第二工作组对其重视，表明了圆桌会议的目的是在技术层面及相对较底层的监管层面处理很多问题（而非触及更一般性的、需要修订法律法规和道路交通法的法律问题）。自动化的很多方面都没有触及监管层面，并且因为在UNECE系统下它们没有被定义，所以通常都是允许实施的。更高层次的法律方面属于司法部领域，但目前没有处理。

圆桌会议的话题主要讨论高度自动化车辆，但往往不讨论完全自动驾驶技术。

圆桌会谈在某种程度上是战略性的，会谈中成员们旨在推动或维持这个话题在政治议程上。圆桌会议并没有那么多关于愿景的讨论，而是试图展示在实践中的进步。然而，整个过程既不十分透明，也不可见，会议讨论没有为普通公众记录在案，并且也没有广泛囊括社会利益相关者。与研究自动驾驶的欧洲各种平台也没有多少交流。

关于《维也纳公约》，德国已对其修订的重要性提出了多种不同的看法。这项修正案受到戴姆勒集团研究负责人兼梅赛德斯奔驰开发主管Thomas Weber的欢迎。他说："今天我只被允许让我的手离开转向盘在有限的范围内。值得庆幸的是，维也纳道路交通公约已经改变"[40]。

其他德国专家并不认为公约对高度自动化驾驶汽车是很大的障碍,但完全自动化车辆情况可能不同。根据定义,高度自动化的汽车,要求驾驶员在转向盘面前且能接管控制和监控交通状况,这与目前的立法的要求是一致的。这些专家认为对公共监管法的修正更为重要,这一点还没有出现[25,43]。在一个私人采访中,来自德国汽车俱乐部 ADAC 的 Christoph Hecht 博士,代表消费者的角度解释说,除非顾客被允许去使用高度自动化的车辆,否则他们没有动力去购买。

8.5 分析

自动驾驶慢慢出现并成为一个众所周知的概念,但专家团体却很小。它没有深入地出现于欧洲交通的论述、战略或者观点中。然而,自动驾驶技术与其他战略问题有一些联系,包括汽车工业竞争力、可持续交通、安全性和老人。自动驾驶的框架因国家背景而异,反映了各地区的主要关注点。在美国,每年有超过 3 万人因交通事故而死亡,安全问题是首要考虑的。对日本来说,面对长期的经济低迷,汽车产业的竞争力是最优先考虑的问题。

在瑞典,自动驾驶是与可持续性交通联系在一起的。在德国,高端汽车正在配备自动驾驶技术,这表明了在豪华汽车市场走在科技前沿的重要性。随着自动驾驶车辆技术的进步,欧洲和德国以外的争论可能会发生转变,但就目前而言,全自动驾驶车辆的商业化和广泛使用仍然是一个遥远的愿景。

自动驾驶技术的创新被认为对所有地区的汽车领域的技术领导很重要。即使商业上仍然不被视为是可行的。

在美国,州与州之间的监管竞争正在兴起,他们渴望在可以使交通更安全和交通流更顺畅的系统方面被视为领跑者。州级的行动者正在吹嘘他们的监管举措,以显示该州的技术领导力。实现科幻小说愿景的领导力对长期竞争力很重要。这可以被看作是一种"特拉华效应(Delaware effect)",各州竞相向本地区吸引工业,提供有利的监管环境,或者反过来说,一种"加利福尼亚效应(California effect)",即各州相互竞争,通过制定更先进的监管标准,以促进本州内部的技术创新和竞争优势[46]。

在日本,政治家们向国内外消费者发出信息:自动驾驶技术可以与日本在机器人技术、电子交通以及能源效率方面的技术优势相结合,进而生产出下一代汽车。瑞典政府最雄心勃勃的目标是在 2020 之前将自动驾驶车辆商业化,并将"可持续的交通"纳入行动。

德国政府几乎没有就自动驾驶给出更广泛的讨论。虽然交通部在国家层面组织了一个利益相关者讨论的平台,但它并没有试图刺激德国国家层面更为广泛的公开讨论,也没有试图使自动驾驶作为欧洲范围内官方磋商的一部分。更大的讨论及战略化的主要推动力来自于利益相关者。例如，沃尔沃在欧盟以及德国汽车协会（VDA）相当活跃。同时零部件供应商如大陆集团以及信息通信行业公司也已经进行了更多的游说以取得支持。

虽然这绝对不是决定性的，但在这里进行的研究表明了一些值得进一步关注的有趣模式，以及一些软性和初步的结论。

首先，在美国出现的监管竞争，可能会蔓延到国际层面，因为各国都在新兴领域争夺技术领先地位。自动驾驶不仅与汽车工业有关，而且还与许多其他可从高程度的自动化中收益的工业分支有关，如零部件供应商。这就是为什么人们越来越关注促进区位优势，以及为什么一些国家开始做出政治承诺来支持某些开发路径。

其次，相比于更大、更为成熟的汽车制造商（包括德国制造商），较小的汽车公司（如沃尔沃、日产）和非传统参与者（如谷歌）较早地转向自动驾驶汽车技术，以获得公众和政治关注。人们可能会这样解读这种现象：因为自动驾驶技术仍处于早期发展阶段，规模较大的公司不敢冒着损坏公司名声的风险采用不成熟的技术；较小的公司可能更愿意承担这样的风险，因为他们依赖于技术领导力优势。Geels认为成熟的企业对于激进和革命性的变革没有多大的兴趣，因为公司要对现有技术、技能以及人力上进行大量投资。他进一步指出：更激进的变革的特点是风险更大，导致可能与现有能力不匹配的变化[27]。

第三，自动驾驶车辆被利益相关者描绘成一个国家技术（和经济）领导能力的高度创新和示范表现，然而政治领导人尚未在公开推广自动驾驶车辆技术上花费什么精力。全自动驾驶车辆技术处于早期发展阶段。它如何适应交通这一主导的战略构想，以及该技术的商业化前景如何，目前尚不清楚，这或许可以解释为什么政治家们只采取了有限的政治行动。

第四，零事故愿景已成为对自主车辆和零部件供应商开发人员的重要信息。在交通事故死亡率高于欧洲及日本的美国，这一愿景似乎开始发挥更大的作用，尽管在所有考虑的国家中，更多地使用遥感和其他技术被视为改善交通安全的手段。

第五，所有国家发展自动驾驶技术都与效率和环境保护有联系，但在日本和欧洲尤为明显。在欧洲内部，瑞典正积极地追求这一构想。

第六，在责任判定、数据保护、法律框架以及社会和伦理考虑方面还有许多尚未解决的问题。这些问题才慢慢开始得到讨论。自动驾驶对交通行为和人机交互以及数据保护和接受方面可能产生的影响还需要研究和解决。事实上，尽管有许多非技术方面的问题需要考虑，但在更多地使用自动驾驶车辆技术的社会影响方面，还没有引起任何政治上的重视（第29章）。这些内容包括制定适当的涵盖技术、安全和责任标准以及自动驾驶车辆道路规则的法规。同时，这些发展自动驾驶技术的国家仍然还有许多悬而未决的关于公共监管法律、行政许可法以及责任法的问题（第25章）。

第七，可能与自动驾驶车辆仍处于早期试验阶段这一事实相符合，研究人员几乎没有做出什么努力来描绘一个自动驾驶车辆发挥核心作用的未来交通情景（第11章）。在欧洲，自动驾驶汽车的设想并没有根植于实现可持续交通的总体战略中。

最后，最为官方的行动就是为自动驾驶车辆技术的研究和开发提供支持。技术落后的各州正在通过支持更多的研发来迎头赶上。在考虑自动驾驶的广泛应用之前，还有一些关键的技术问题需要进一步的发展，这也为新加入者提供了机会。从长远来看，哪些技术可能会胜出也存在着不确定性。

8.6 结论

因为对于各种社会目标（如电动交通多式联运解决方案，加强公共交通）而言，已经有众多正在实施的技术解决方案，所以，自动驾驶将不得不在这些（竞争或补充）技术路径的背景下来进行讨论。关于未来交通可能性和自动或部分的或高度自动化车辆所能发挥的作用的讨论应该更具包容性。它不应局限在主要涉及技术和法律问题的讨论平台，如德国圆桌会议。其他利益相关方，如非政府组织或智囊团，可以纳入现有的结构（利益相关者平台、法律程序等），但也可以建立新的讨论平台。同时，还可以设立咨询机构，不但可以评估技术进步和需求，也可以评估大规模使用自动驾驶技术所产生的社会、环境和监管方面的影响。

应用许可

本章根据知识共享署名4.0国际许可（http：//creativecommons.org/licenses/by/4.0/）的条款进行分发，允许通过任何媒介或格式使用、复制、改编，分发和再创作，只要您对原始作者和来源给予适当的说明，提供知识共享许可链接，并指出所做的任何更改。

本章中的图片或其他第三方材料均包含在作品的创作共享许可中，除非在来源中另有说明；如果这些材料不包括在作品的知识共享许可中，并且法律规定不允许相应的操作，那么用户需要获得许可证持有者的许可才可以复制、改编或再创作材料。

参考文献

1. Aldana, K.: U.S. Department of Transportation Releases Policy on Automated Vehicle Development. http://www.nhtsa.gov/About+NHTSA/Press+Releases/U.S.+Department+of+Transportation+Releases+Policy+on+Automated+Vehicle+Development. Accessed 21 July 2014
2. Brown, E.G.: Governor Brown Signs Bill to Create Safety Standards for Self-Driving Cars. http://gov.ca.gov/news.php?id=17752. Accessed 10 July 2014

3. Beissmann, T.: Nissan Leaf becomes Japan's first road-legal autonomous vehicle. http://www.caradvice.com.au/253761/nissan-leaf-becomes-japans-first-road-legal-autonomous-vehicle/. Accessed 10 July 2014
4. CARS 21 High Level Group on the Competitiveness and Sustainable Growth of the Automotive Industry in the European Union: Final Report 2012, 6 June 2012
5. Convention on Road Traffic. http://www.unece.org/fileadmin/DAM/trans/conventn/Conv_road_traffic_EN.pdf. Accessed 21 July 2014
6. Clark, M.: States take the wheel on driverless cars. http://www.usatoday.com/story/news/nation/2013/07/29/states-driverless-cars/2595613/. Accessed 10 July 2014
7. Continental: Automated Driving: Adapting the Legal Framework in Line with Market Dynamics. http://www.continental-corporation.com/www/pressportal_com_en/themes/press_releases/1_topics/automated_driving_en/pr_2014_07_07_zulieferer_innovativ_en.html. Accessed 10 July 2014
8. Department of Motor Vehicles: Autonomous Vehicles. http://www.dmvnv.com/autonomous.htm. Accessed 21 July 2014
9. Die Bundesregierung: Nationaler Entwicklungsplan Elektromobilität der Bundesregierung, August 2009. http://www.bmbf.de/pubRD/nationaler_entwicklungsplan_elektromobilitaet.pdf. Accessed 10 July 2014
10. Die Bundesregierung: Rede von Bundeskanzlerin Merkel bei der Internationalen Konferenz „Elektromobilität bewegt weltweit", Berlin, 27. Mai 2013. http://www.bundesregierung.de/ContentArchiv/DE/Archiv17/Reden/2013/05/2013-05-27-merkel-elektromobilitaet.html;jsessionid=AE3DA68C72591889A70E1C05B8F4C0D2.s2t2?nn=437032. Accessed 10 July 2014
11. Die Bundesregierung: Fahrzeug und Verkehrstechnologien. http://www.hightech-strategie.de/de/325.php. Accessed 10 July 2014
12. Edler, J. Kuhlmann, S. Smits, R.: New Governance for Innovation. The Need for Horizontal and Systemic Policy-Coordination, Report on a Workshop held at the occasion of the 30th anniversary of the Fraunhofer Institute for Systems and Innovation Research (ISI), Karlsruhe, November 2002. Fraunhofer ISI Discussion Papers Innovation System and Policy Analysis, No. 2 (2003)
13. Edquist, C.: Systems of Innovation Approaches – Their Emergence and Characteristics. In: Edquist, C. (ed.) Systems of Innovation: Technologies, Institutions and Organisations, pp. 1-35. Pinter Publishers/Cassell Academic, London (1997)
14. Edquist, C. Innovation Policy – A Systemic Approach. In: Archibugi. D., Lundvall, B.Å. (eds.) The Globalizing Learning Economy. Oxford Scholarship Online (2003) DOI:10.1093/0199258171.003.0013
15. Edquist, C., Hommen, L., Johnson, B., Lemola, T., Malerba, F., Smith, K.: The ISE Policy Statement: The Innovation Policy Implications of the 'Innovation Systems and European Integration' (ISE) Research Project, University Unitryck, Linköping (1998)
16. Ertico ITS Europe: Towards Futurama – Developments in Road Transport Automation. http://www.ertico.com/towards-futurama-developments-in-road-transport-automation/. Accessed 10 July 2014
17. European Commission: Communication from the Commission. Europe 2020. A strategy for smart, sustainable and inclusive growth. COM(2010) 2020 final
18. European Commission: White Paper. Roadmap to a Single European Transport Area – Towards a competitive and resource efficient transport system. COM (2011) 144 final
19. European Commission: Communication from the Commission to the Council and the European Parliament. Research and innovation for Europe's future mobility. Developing a European transport-technology strategy. COM (2012) 501 final
20. European Commission: Communication from the Commission to the European Parliament, the Council, the European Economic and Social Committee and the Committee of the Regions.

CARS 2020: Action Plan for a competitive and sustainable automotive industry in Europe. COM (2012) 636 final
21. European Commission: Horizon 2020 Work Programme 2014-2015. 11. Smart, green and integrated transport. European Commission Decision C (2013)8631 of 10 December 2013
22. European Commission: Horizon 2020 Work Programme 2014-2015. 5. Leadership in enabling and industrial technologies. European Commission Decision C (2014)2690 of 29 April 2014
23. European Parliament and the Council of the European Union: Directive 2007/46/EC of 5 September 2007 establishing a framework for the approval of motor vehicles and their trailers, and of systems, components and separate technical units intended for such vehicles
24. European Parliament and the Council of the European Union: Directive 2010/40/EU of 7 July 2010 on the framework for the deployment of Intelligent Transport Systems in the field of road transport and for interfaces with other modes of transport
25. Federal Highway Research Institute: Legal consequences of an increase in vehicle automation. Consolidated final report of the project group, Part 1., Bundesanstalt für Straßenwesen, Bergisch-Gladbach http://www.bast.de/DE/FB-F/Publikationen/Download-Publikationen/Downloads/F-legal%20consequences.pdf?__blob=publicationFile. Accessed 10 July 2014
26. Geels, F. W.: From Sectoral Systems of Innovation to Socio-Technical Systems. Insights About Dynamics and Change from Sociology and Institutional Theory. Research Policy, 33, 897-920. (2004)
27. Geels, F.: Reconceptualising the co-evolution of firms-in-industries and their environments: Developing an inter-disciplinary Triple Embeddedness Framework. Research Policy 43, 261-277 (2014)
28. Grünweg, T.: Pilotprojekt "Drive Me": Geisterfahrt in Göteborg. http://www.spiegel.de/auto/aktuell/autonomes-fahren-pilotprojekt-drive-me-von-volvo-in-goeteborg-a-972134.html. Accessed 10 July 2014
29. Houses of Parliament, Parliamentary Office of Science & Technology: Autonomous Road Vehicles. PostNote, No. 443 (2013).
30. Jänicke, M. and Lindemann, S.: Governing Environmental Innovations: a new role for the nation state. Global Environmental Politics. 4(1), 29-47 (2010)
31. Jacob, K., Beise, M., Blazecjzak, J., Edler, D., Haum, R., Jänicke, M., Löw, T., Petschow, U., Rennings, K.: Lead Markets for Environmental Innovations. Heidelberg: Physica. ZEW Economic Studies 27 (2005)
32. Jacob, K., Jänicke, M.: Lead Markets for Environmental Innovations. A New Role for the Nation State. Global Environmental Politics. 4 (1), 29-46 (2004)
33. Kim, M.K., Heledii, Y., Asheriji, I. Thompsoniy, M.: Comparative analysis of laws on autonomous vehicles in the U.S. and Europe. http://www.auvsishow.org/auvsi2014/Custom/Handout/Speaker8657_Session789_1.pdf. Accessed 21 July 2014
34. Martini, C.: Seminar explored policy and legal implications surrounding the adoption of autonomous driving in Europe. Press release. http://pr.euractiv.com/pr/adoption-autonomous-driving-europe-debate-starts-eu-level-97552. Accessed 21 July 2014
35. Miethling, B.: Politische Triebkräfte der Innovation. Peter Lang, Frankfurt am Main (2012)
36. Negro S.O.: Dynamics of Technological Innovation Systems. The Case of Biomass Energy. Labor Grafimedia, Utrecht (2007)
37. Nissan: Japan Prime Minister Abe Goes Public with Autonomous Drive Car. http://reports.nissan-global.com/EN/?p=13496. Accessed 10 July 2014
38. Prigg, M.: Nissan's 'Tron' self-driving car becomes first to be allowed on Japanese highways. http://www.stuff.tv/google/nissan-dumps-driver-self-driving-cars-becomes-first-be-allowed-japanese-roads/news. Accessed 21 July 2014
39. Quigley, J.T.: Japanese Prime Minister "Test Drives" Autonomous Vehicles. http://thediplomat.com/2013/11/japanese-prime-minister-test-drives-autonomous-vehicles/. Accessed 10 July 2014

40. Reuters: Cars could drive themselves sooner than expected after European push. http://www.reuters.com/article/2014/05/19/us-daimler-autonomous-driving-idUSKBN0DZ0UV20140519. Accessed 21 July 2014
41. Rothmund, S.: Ministerin testet selbststeuerndes Fahrzeug. http://www.fu-berlin.de/campusleben/newsletter/1209/1209_schavan.html. Accessed 10 July 2014
42. Schorsch, P.: Rep. Jeff Brandes' 'Google Car' Legislation Drives Forward. http://stpete.patch.com/groups/peter-schorschs-blog/p/bp–rep-jeff-brandes-google-car-legislation-drives-forward. Accessed 10 July 2014
43. Smith, B.W.: Automated Vehicles are Probably Legal in the United States. The Center for Internet and Society, CIS, Stanford (2012)
44. Smith, B.W.: SAE Levels of Driving Automation. http://cyberlaw.stanford.edu/blog/2013/12/sae-levels-driving-automation. Accessed 10 October 2014
45. VDA: Vernetzung. Die digitale Revolution im Automobil. http://www.vernetzung-vda.de/upload/vda05/downloads/magazin/VDA_Magazin_Vernetzung.pdf. Accessed 10 July 2014
46. Vogel, D.: Trading Up: Consumer and Environmental Regulation in a Global Economy. Harvard University Press, Cambridge (1995)
47. Volvo Car Germany 2013 https://www.media.volvocars.com/de/de-de/media/videos/136535/drive-me-selbstfahrende-autos-fr-eine-nachhaltige-mobilitt-newsfeed. Accessed 10 July 2014
48. Weiner, G. and Smith, B.W.: Automated Driving: Legislative and Regulatory Action. cyberlaw.stanford.edu/wiki/index.php/Automated_Driving:_Legislative_and_Regulatory_Action. Accessed 17 June 2014
49. Whaley, S.: Gov. Sandoval 'Taken For Ride' In Google Self-Driving Car. http://www.nevadanewsbureau.com/2011/07/20/gov-sandoval-%E2%80%98taken-for-ride%E2%80%99-in-google-self-driving-car/. Accessed 10 July 2014

第 9 章 新的出行概念与自动驾驶：潜藏的变革

Barbara Lenz and Eva Fraedrich

9.1 简介

交通运输是通过不同的交通工具满足移动性需求的一种表现方式——人们通过步行、骑车、开车或搭乘公共交通工具等方式来实现日常出行。这里有两个主要群体：一是拥有明显偏好使用私家车辆的人群；二是喜欢"经济交通"的人群——所谓"经济交通"就是将公共交通与步行、骑自行车结合起来[1]。除此以外，还存在已经出现了多年的"多模态"群体，他们不再限于特定模式或混合模式，而是在自己的个人出行中展示广泛的模式用途[1,2]。这种行为的逐渐转变与新型流动性概念的发展相吻合，这些概念首先涉及传统汽车共享的进一步发展[3]，同时以新的形式补充了既定的拼车方式。已经投入使用的新概念包括灵活的分享车队，如Car2Go，DriveNow和Multicity，这些车辆可以为德国城市、欧洲和美国提供移动服务。与此并行的是所谓的对等服务，私营业主通过互联网平台向社区提供车辆。在Mitfahrzentrale和Zimride等在线平台上，个人可以在与别人相同路线上搭便车，而且在任何情况下都会自行出行。除此以外，越来越多的服务，如Uber和Lyft目前正在启动，其中，被视为与出租车服务相媲美的（半）专业个人交通与"标准"拼车服务之间的区别分隔并不总是如此明确。汽车和拼车服务的新形式主要出现在工业化国家的主要城市和大都市地区。

这些移动概念创新点和特别之处是他们为用户提供高度的灵活性。无论何时，无论多久，车辆都可以被灵活地分配，并且无须进行预先规划。新的交通分配服务也是灵活的，虽然在这方面，它们类似于常规的出租车。所有新的交通概念出现的一个重要前提是信息和通信技术要为现在的网络车辆、用户和运营商提供可能性。这也使得通过互联网或智能手机应用程序从根本上快速和方便地获取车辆或服务成为可能。然而，在用户和车辆位置之间的物理距离的意义上，通道仍然是一个障碍，特别是在车辆密度不是很高的地方。

随着自主驾驶车辆的引进，似乎有可能明显地扩大和多样化现有的交通概念。

接触车辆的方式正在发生改变,因为用户不再去自行取车辆,而是车辆来到使用者面前。车辆本身正在变得适用于更广泛的人群,例如那些行动不便的人。新形式的公共交通在进一步模糊私人和公共交通之间的界限的意义上也是可能的。

本章旨在介绍这些选项以及与之相关的期望,重点是共享汽车。首先,我们将概述目前的所谓"新型交通概念"的提供和使用状况,其核心是共享汽车。主要部分讨论了将自主驾驶车辆引入汽车共享车队所带来的机遇和挑战。目前有一系列迹象表明,自发性和灵活性可能是使用新的交通概念的特别重要因素[11,13]。确切地说,这种增加的自发性可能成为具有自主车辆的新的交通概念的出发点。灵活的共享汽车运营商已经在考虑这样的路线[4]。

9.2 共享汽车:新式交通概念的"核心应用"

自从20世纪80年代以来,德国和许多其他国家就已经有了共享汽车。在这里,共享汽车可以理解为在车站或点到点系统中可用的车队。每一个持有有效驾驶执照的人都可以注册成为共享汽车机构的成员——通常在支付注册费后才能拥有车辆使用权。车辆共享的基本样式都基于使用时空和时间上的车辆可操作性以及商业模型。图9.1总结了各种概念的主要特点。

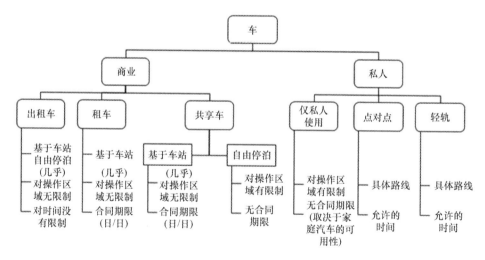

图9.1 私人和商业用途之间汽车使用计划的紧张关系

9.2.1 基于车站的共享汽车

汽车共享的标准形式是基于车站的车辆共享,其中车辆在"收集点"上被提供。用户必须在那里取车并将其还回原处。使用期限事先达成一致。与传统的租车相比，基于车站分配车辆可能会按小时或天租用，其中按小时收费的租赁公司越来越多。用户需支付基本年费，而车辆使用费则按照期限和里程收取。这根据组织或提供者而异，并且还可以根据需要进行调整，例如一天中的某一个时间段和一周中的某一天。关于操作区域是没有限制的。当这些服务开始时，大部分人可以通过电话预留车辆；现在也可以在供应商提供的网站或移动设备应用程序上进行预订。

在撰写本文时（2014年），德国380个城市和直辖市的大约3900个车站能够提供基于车站的共享汽车[5,6]，这其中还包括一系列中小城镇。在德国超过10万人的城市已经有很好的覆盖率，在人口不足5万的城市中，只有5%的城市能够提供共享汽车服务[7]。3900个车站由来自约150个车辆分配供应商的7700辆车服务。德国市场的领导者是德国联邦铁路公司（Flinkster），拥有车站车队约55%的股份[8,9]。美国的Zipcar公司是全球领先的汽车共享公司，在美国、加拿大、英国、西班牙和奥地利拥有约1万辆汽车，该公司成立于2000年，目前由Avis Budget Group拥有（截至2014年8月）。

9.2.2 灵活（单向）的共享汽车

近年来出现了新形式的共享汽车。特别是在德国、英国和美国，出现了一种称为"灵活"的商业共享汽车。其灵活性主要在于不需要事先与供应商约定使用时间和持续时间，也不必在指定位置取车和还车。相反，用户可以在任何地方取到空闲的共享汽车，也可以随机将车辆停在供应商定义的可操作区域内。用户可以通过互联网或智能手机获取关于在特定位置可用的车辆的信息。原则上，车辆也可以被"过路人"租用，即用户在街上租用停放的非预订车辆。这需要向终端操作员登记，使用通过芯片卡起动车辆，最近也可以直接通过用户的智能手机来起动车辆。

全球领先的灵活共享汽车公司Car2Go在欧洲和北美的27个城市（截至2014年8月）拥有超过1万辆汽车。在德国，灵活的共享汽车机构拥有6250辆车辆的组合结构[5]。然而，这些服务几乎完全在柏林、汉堡或慕尼黑等大城市中服务。此外，可操作区域并不能覆盖整个城市，而仅限于其中一部分，主要是城市中心、其毗邻地区和使用率较高的"岛区"。这些共享汽车服务除了一次性注册费外，便没有进一步的常规收费了。车辆使用是按时间计费的，大部分情况下是按分钟收费。与基于车站的共享汽车一样，燃油成本也包括在车费中。此外，还包括停车费，通常在提供者和市政当局之间以统一费率协商。

作为戴姆勒集团公司Car2Go的一个试点项目，灵活的共享汽车开始于2009年的乌尔姆（德国巴登-符腾堡州）。其他相关运营商现在包括自2011年开始活跃的DriveNow、BMW和SixtAutovermietung的合资公司，以及雪铁龙和德国联邦铁路公司之间的合资企业Multicity，该公司运营纯电动汽车。同时，新的运营商正在越来越多地试图进入市场：例如大众集团（Volkswagen Group）旗下的Quicar，以及2014年6月在柏林推出的Spotcar。

9.2.3 对等的共享汽车

点对点的共享汽车——在私人之间租用私家车——只是使用在线交流平台演变第三种汽车共享系统的第一阶段。准确的用户数量尚不可知。在这个系统中，预订通过在线平台进行处理，没有取还车站，取而代之的是车辆在特别约定的地点被取还。浏览一个如 www.autonetzer.de 这样的网络平台足以发现，这种形式的汽车共享并不限于大城市，而且也可以在较小的城市中找到。这似乎可以证实 Hampshire 和 Gaites 的假设[10,p.14]——这种点对点汽车共享在形式上是可扩展的——至少就目前而言，与商业汽车共享形成了鲜明的对比。由于准备提供汽车的车主并不经常会共享自己的汽车，车队的组成也是明显动态的。柏林一项研究的结果表明，车主只能在某些特定时候进行共享，例如，由于个人情况，他们自己使用它们的频率较低时[11]。

9.3 使用者和新式交通概念的使用

共享汽车相关的目的取决于所涉各方的观点。德国的政治背景主要涉及建立必要的框架条件，以便在本地实施共享汽车。这里的主要动机是减少私家车交通量（由于共享汽车用户也会增加公共交通工具在汽车使用期间的模式分配），同时降低二氧化碳和空气污染排放量，并减少非移动车辆使用的土地（见第 19 章）。商业运营商，如汽车制造商（通常与汽车租赁公司合作）或运输服务提供商，如德意志铁路公司利用汽车共享来追求与产品有关的策略。其中有两例是通过（附加）移动服务来扩展他们的供应，或提供自己品牌的有吸引力的车辆，从而产生品牌影响力。其他动机包括明确的生态目标，这些目标主要驱动了共享汽车的出现，而相关组织和协会也坚持这一目标[12]。

9.3.1 用户和使用条件

基于组成和流动行为，2014 年的车辆共享用户构成了一个特定的群体。他们在各方面明显高于人口平均水平：40 岁以下人口比例，男子比例，正规教育程度高的人口比例（高中文凭，高等教育毕业生）和家庭收入的比例。这种与人口平均值的偏差表明灵活的共享汽车比基于站点的共享汽车具有更多优点[3]。两种类型的共享汽车与远高于平均水平的公共交通使用率相结合。从 2014 年开始的共享汽车使用情况显示，52% 的柏林 Flinkster 用户和 44% 的慕尼黑 Flinkster 用户都有公共交通季票。在 DriveNow 和 Car2Go 用户中，有很高比例的人同样持有季票：柏林和慕尼黑的 DriveNow 用户占比分别为 43% 和 38%[13,p.12]；对于 Car2Go，这个数字在斯图加特为 40%、在科隆为 50%[15,p.13]。根据作者的分析在全国，核心城市居民的平均水平为 33%[1]（在德国，官方统计数字显示了所有超过 10 万个居民的城良好的公共交通或拥有自己的汽车目前似乎是共享汽车的基本前提条件。只有这样才能在灵活的共享汽车变体中单向使用。如果用户自己组织那些与他的车共享旅行互补的旅行，这很可能是非常不方便的。允许单独路线的系统的吸引力将明显下降。在基于车站的共享汽车的情况下，公共交通通常也是用户的主要交通工具。在许多情况下，共享汽车是非首选的备用车，需要时在被拥有汽车的家庭中使用[16]。为了满足这一需求，在创造共生的意义上，基于车站的共享汽车和公共交通提供商之间已经有长期的合作，现在新的灵活的共享汽车服务也在推广中[17]。

9.3.2 共享汽车用户——共享经济里的"新公民"？

在"使用非拥有"的口号下，汽车共享通常被作为所有制经济转变为"共享经济"的经典案例[18,19]。这可能是由于汽车共享的某种能见度而产生的，毕竟它是在公众视野中发生的现象。然而，在这幕后可能还有人们对这种系统——向随机人员租赁某种程度上象征身份的物品——的诧异。

事实上，共享汽车是一个长期的趋势中的一部分，其中从来没有租用的"货物"被"共享"：所有者占用的公寓、分配型花园、汽车。经济学家在观察，一件物品是否可以通过所产生的交易成本与租金产生的收入之间的差额来借贷（或不）贷款。如果有一个正差异，租金是合理的，差异越大，租赁的兴趣越大[20]。不过，租一些东西通常只对个人有意义，所以当他们有一个不能充分利用的产品，他们在不使用时租用汽车，房主或主租户在度假时的公寓，以及白天当所有者在工作时房子前面的停车位。

从共享使用的效果来看，至少在德国，从关于可持续利用资源的辩论来看，这一点是非常重要的[21-23]。在总体层面上，区域、国家或甚至超国家共享似乎可以成为节省资源的一个可能性。相反，在个人层面上，分享并不意味着消耗较少，而是维持甚至提高消费水平的机会。在共享汽车系统中，成员们可以选择多种车辆，甚至选择车辆类型，而这实际上可以被视为一个例子。它提供了一系列消费品，在这种情况下以车辆的样式，超过了大多数私人家庭自己拥有的能力。在整体的层面上，对车辆的需求也更少（德国的 Bundesverband Carsharing（BCS）引用了 42 个人共享基于车站车辆和 70 个人共享灵活车辆的数字[5]）。而在个人层面上，高交通水平仍得到保证。

在最初的几年里，汽车共享一直被和某种态度相关联：汽车驾驶不只是为了它本身而存在。因此，这种态度的汽车用户对驾驶感到无趣[21,第92页]。取而代之，消费者使用共享汽车的动机是反对环境退化的意愿，因为越来越多的私人家庭机动化需要对此负责[12]。这有可能从根本上改变了。例如，以车站为基础和灵活的共享汽车已经发展成为一种商业产品。此外，关于使用灵活共享汽车的研究发现"注重取还方式、欣赏体验、乐趣和热情"等方面是绝对必要的动机[24,p.21]：相应声明的批准等级38%~86%之间）。共享汽车及其使用在这里承担了以所有权形式归属于汽车的情绪和心理社会功能[22]。Bardhi 和 Eckhardt 将"共享"（作者更准确地称其为"基于访问的消费"）作为"流动性社会"的定义特征，其中诸如财产产生的固定系统开始逐渐崩溃[24]。

9.4 将日常世界数字化作为新的移动概念的基本前提

如果没有具有移动互联网接入和通信应用的设备，通过新的概念（如灵活的和点对点的车辆分配）来开发和扩展汽车分配是不可想象的。每个供应商确实也会在（固定的）互联网上广泛展示他们的分享产品，但这更多的是向潜在的客户提供信息，而不是立即使用该服务。为了访问车辆，移动应用尤其起着至关重要的作用。首先，它们使得用户和车辆能够被实时地定位。这允许用户查看可用的车辆，并且决定他们是否愿意并能够前往车辆（根据供应商的研究，此过程目前占用15~30min）。其次，移动应用程序允许所选择的车辆被保留并提供对其的导航。有些运营商甚至已经可以通过应用程序完成车辆解锁。

因此，这种技术的潜在用途在很大程度上取决于用户在技术上有能力通过移动设备访问可用车辆的在线选择。私人智能手机所有权的税率近年来大幅上升。2009年德国只有约650万人拥有智能手机，而现在这个数字已经超过4000万，大约平均两个人拥有一台智能手机。预计到2014年，全部手机销量的97%将是智能手机，共约3000万台[25,26]。

同时，可以假设所有人口群体的硬件和软件技能都在提升。例如，在2013年，一项研究发现，互联网用户数量持续扩大[27]：2013年，德国5320万人至少会偶尔上网。这是德国总人口的77.2%，比上一年增加了80万人。这种增长的驱动力完全是50岁以上的人。人们在网上花费的时间同时也在上升：2013年，德国互联网用户平均每天在线上网时间为69min，比前一年增加了36min。其中很大一部分是移动互联网使用，2012年只有23%的用户使用移动互联网，但在2013年已经达到41%。几乎一半（44%）的在线用户在各种终端设备上使用应用程序[28]。

在交通运输方面，特别突出的是减少数字应用程序和移动设备引起的规划范围的更大可能性。因此，在规划个人可动性的即时性是"灵活性"的一个特别重要的内涵，这在新的交通概念的具体要素中是最常见的。相应地，在2014年的Car2Go用户调查中，获得最大反响的声明是："Car2Go对我有吸引力的是我可以即时使用汽车，即使我独自一人在外"——98%的受访者同意这个声明（其中，72%的受访者表示"高度准确的"，26%的受访者表示"相当准确的"）。这也解释了灵活的共享汽车的快速成功，从传统的基于车站的共享汽车所需的（长期）预规划中可以看出。至少从中期来看，私人汽车可以享有直到现在永久可用的优势。

总的来说，这意味着，如果未来的交通概念与现在已经实施的（"实施"是指真正意义上的）一致，则可以预期（潜在）用户几乎不会获得访问的障碍；对于类似的比较，参见第3章在车辆导航系统中的人与计算机之间的交互反复练习中的获取。而虽然在科学界被多次引用，但是整个车队转型为公路交通工具或公共交通运营商提供的车辆是不太可能的。目前没有迹象表明私家车正在失去任何吸引力。根据联邦汽车运输管理局（Kraftfahrtbundesamt，KBA）的数据，德国车辆库存在2014年1月1日达到创纪录水平，2013—2014年期间增长了约50万辆。这符合长期的发展趋势[29]。

9.5 通过共享自动驾驶汽车可以进一步开发新的交通概念吗？

一系列变体用于进一步发展现有的使用自主车辆的汽车共享概念，这些概念与第1章概述的用例并行。这些变体是针对已有的各种用户需求；尽管是通过人类驾驶员的方式，这些需求已经被满足了。以下将讨论"扩展可用性的全自动化驾驶员程序""自动代客停车"和"按需用车"的用例，还需要讨论一下问题：自主车辆涌入会为车辆共享系统的体验带来什么变化？用户可以预期什么效果？与现有运输条件的竞争也将被提及。

在所有用例中，根据德国联邦公路研究所（Bundesanstalt für Straβenwesen，BASt）的命名，最高自动化被假定为——"完全自动化"[30]。这个情况下的区别在于其定义中所包含的用途。例如，自动代客泊车仅涉及车辆的取出和停车。另一方面，使用驱动程序进行扩展可用性的全自动化，即使重点在于具有相对简单的流量混合情况（例如高速度也占优势的高速公路）下，涵盖道路交通中的所有可能的使用。在这种用例中，驾驶员必须在某些时间和路段上接管驾驶任务，其中自动驾驶系统清除危险被临时或永久禁止。按需用车同样可以处理任何潜在的使用情况，包括混合流量的情况。通过放弃所谓的驾驶员工作场所，即驾驶员从事驾驶任务的座位——与代客泊车或全自动化相比，车辆内饰的潜在用途大大增加。

9.5.1 共享汽车自动代客泊车

自动代客泊车的出发点是假设车辆将能够独立地从停车位移动到用户处，反之亦然，即使在公共道路上也是如此。

在共享汽车中使用自动代客泊车服务，最初意味着用户选择使用车辆和停车后所需的工作量将大大降低。从用户的角度来看，将会有一个门到门的服务——相当于搭乘出租车，尽管用户接管实际旅程的驾驶任务。在任何情况下，整个行驶时间将随着车辆进出车时间和距离的缩短而减少。

为了使服务更有吸引力，无论自动化如何，都可以进行各种改进。这些可能是车辆功能的选择：座位数、承载能力、互联网接入和多媒体提供。这些选择的差异取决于车队规模、车辆数量（潜在客户数量）和运营区域规模，以及客户是否愿意为各种可选功能付费。在大型车队中，也可能为不同的车辆收取不同的价格，与目前在基于车站的分车和传统租车方面相当。这与目前灵活的共享汽车业务模式形成鲜明的对比，这种商业模式可能为用户带来了更多的吸引力，即他们可以以同样的价格使用现有车队的大量的车辆。

使用自动代客泊车时，在基站提供车辆变得基本上是多余的。因此，整体而言，分配共享车辆可以变得更为灵活，至少在这种情况下，取出和归还车辆是不必要的。运营商当然仍然需要他们的基站或车辆仓库以便在一定程度上将其集中，这对于车辆维护更为有效。但是，这些车站不再需要建设在尽可能靠近客户的地方，而是可以使用低成本的土地。不过，由于在抵达客户的时间上有较大限制，所以到旅程起终点的距离在这里不是任意的。此外，因为旅客到客户也耗用资源，所以如果车上没有其他用途，这段时间是"死"的。

作为替代或补充，具有少数车辆的许多较小的收集点可以被相对密集地分布在整个作业区域。这将减少预订和取车之间的时间。一种混合形式的车辆预订方式是可选的自主收集或接收。这将显著地缩短取车时间，不过最终在时间上可能仍然存在差异，因为这取决于可用车辆的密度。目前，根据"预约/预约时间"和"旅程持续时间"的测量值之间的差异计算的访问时间为 1 ~16min（例如，DriveNow 最长预订时间为 15min。来源：WiMobil 项目由德国联邦环境部（BMUB）支持）。平均访问时间的差异与各种旅行目的密切相关。

9.5.2　共享汽车作为"自动驾驶用户的扩展应用"

全自动驾驶的扩展可用性假设车辆基本上能够在公路上自动驾驶，但驱动任务可以由驾驶员不时独立地接管。

从整车的角度来看，涉及"全自动化"变更和延伸的可能性远远小于自动泊车停车场，至少在驾驶员需要在车内随车时是如此。如果驾驶员愿意，这种用例将唯一导致的汽车共享系统的变化在于旅行期间让车辆行驶的可能性。但是，自动驾驶也可能在某些路段上被永久禁止，例如，行人穿越频繁的道路（见第 2 章）。这主要是城市地区，这些地区——至少目前是如此——构成了灵活拼车的主要使用区域。

因此，使用驾驶员范围更为广大的升级为全自动车辆的共享汽车，将更有可能在定居点边缘或外部的路线上使用。但是，这不是"农村共享汽车"商业模式的基础。驾驶员有必要时可以禁止使用自主驾驶和客户驾驶的切换。

总的来说，使用完全自动驾驶共享汽车驱动程序进行扩展可用性提供的潜力远远低于自动代客泊车。

9.5.3　按需共享汽车

车辆按需假定在所有公共道路上都可以完全自动驾驶。作为一名驾驶员，甚至连倒车都没有必要。因此，不再需要驾驶员长时间工作，这为车辆内部装置设计提供了新的可能性。

按需分车的车辆与具有代客泊车功能的车辆在起点上共有相同优点，但车辆也可以成为一种"道路上的车厢"。因此，用户在这些车辆可以进行多种多样的活动，例如阅读、播放视频、打电话、工作或睡觉，并且可以坐在任何他们选择的地方。然而，如果我们假设使用时间类似于今天的高灵活性共享车辆中的通用时间，那么这些附加用途是否真的值得高度重视？例如，在2014年，车辆在DriveNow中的平均使用时间大概只有半小时[31]。如果我们假设自主驾驶的车辆将被用于一天中的所有工作行程，按今天的速度计算，这一时间跨度的平均值将达到54min。对于生活在大城市周边地区或农村地区的人们，平日为了上班花费的交通时间总共为49~50min（资料来源：MiD 2008[1]）。因此，在不同地理区域使用汽车上下班的时间几乎没有差别（图9.2）。

按需车辆共享将与出租车相似，并且由于该车辆将可供广大用户使用，所以很可能会取代出租车。但采用自主车辆的费用应与搭乘出租车的费用进行比较。

9.5.4 中期总结

如果我们比较自动车辆在汽车共享中的各种可能用途，那么会发现车辆使用者从驾驶任务自动化获得的舒适感与私人车辆基本没有不同。除此之外，在共享汽车上，行车时间内也可以在车上进行任何其他活动。汽车共享中可能出现的决定性的新型用途是将车辆交付给用户，并在使用后将其处理。

用户的前景与运营商的前景不同，运营商自动化将实现单个车辆的使用频率和总体使

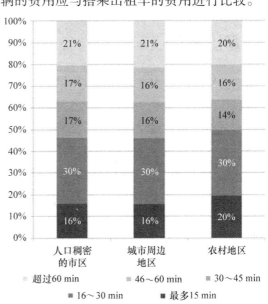

图9.2 通勤时间表（资料来源：[1]）

用时间的增加，从而提高汽车共享的盈利能力。这至少可以消除在弹性分析研究中出现的使用频率差异。目前，使用频率与车辆离开的位置直接相关。内部城市地区的热点与那些需要等待几个小时才会被使用的地区形成对照（图9.3）。运营商称目前的每辆车的每日平均使用时间为68~78min[32]，表明这些车辆仍然有更大的能力利用空间。

图 9.3 灵活性共享汽车预订热度[14,p.18]。高分值表明相应地区的大量预订（预订量越多，价格越高）。低价值表明相应低数量的预订（较低预订的价值越低）

9.6 超出共享汽车的新的交通概念：公共交通融合？

虽然共享汽车引起了特别的关注，特别是在其新的灵活变体以及自动驾驶方面，但往往被忽视的是，当前公共交通提供的（更加）多样化的选择也可能产生更多新的交通概念。这里还必须考虑到当地的有关条件。

与公共交通有关的基本选择有：
- 重新设计公共交通方式并向更加灵活的公共交通形式过渡
- 个性化公共交通
- 扩大公共交通服务选择

在这里使用自动驾驶汽车所产生的一个特例是一个涉及需求驱动的服务：固定路线图可由灵活的服务来替代。额外的路线可以根据客户要求进行优化。固定时间表将被替换为对应于客户需求的时间优化的路线。

那么最后，公共交通工具的这种个性化将相当于"混合"，除了时间和路线的灵活化之外，还有提供有关车辆的选择。实质上，通过特定车辆配送来实现公共交通多元化的想法并不新鲜。然而，到目前为止，它只有在非常有限的、大多以旅游为中心的利基市场中才被引入，因为需要配备各种车队的人工成本（例如旧金山的 Cable Car、瑞士的 Glacier Express 或南非的蓝色火车）。

9.6.1 重塑联运，使公共交通更加灵活

多式联运被定义为旅程中不同运输方式之间的变化[33]。根据这一定义，至少在德国，多式联运的存在程度非常有限。根据"2008 年德国移动"研究，它仅适

用于所有日常旅程的1.3%[1]。然而，这里忽略了公共交通中相当多的多式联运，特别是在主要路线与出入口路线的连接方面。一个典型的例子是在公共汽车线上乘坐通勤或区域列车，就像在郊区和农村地区经常设置的那样。在城市中，地铁、通勤列车、电车和公共汽车的各种模式之间的多式联运更显著。城市周边地区和人口密集（农村）地区情况如下。海因里希斯讨论了本卷其他地方城市的可比情况（见第11章）。

通过使用自主车辆重新组合多式联运可以采用与当前系统相同的方式，使用私家车或公共方式进行。在日常运输中，往返于主线将在一定程度上对应于今天所谓的"亲吻并行走"：一个人驾驶另一个到主要的路线运输工具点并分头行动，这样他们可以分别为了各自的目的而使用它（一般在白天）。使用自动驾驶汽车，第一个人不需要开车，因为不需要驾驶员来回程。亲和驾驶模式也可以以类似的方式找到长途运输，其中分车运营商也已经开始，顺便提一下，还有往返机场、火车站和长途汽车站的特别服务。这些包括机场预留的停车位，以及多式联运使用长途巴士和分车的特别费率[34]。

如果在公共系统主干线上进行，则可以通过自动驾驶以更为密切的方式来针对用户需求。固定路线和时间表可以被放弃，这有利于单独安排接送时间和地点。在这些行程中，可能会采用较大的中小型车队。当地的公共交通系统将是具有量身定做能力的众多集体出租车之一。尽管实现了自动化，后勤的挑战仍将是巨大的。建立一个有效系统的另一个基本前提，是用户一定要非常负责地遵守与运营商的协议。对于出发时间尤其如此，例如在主线上有固定的时间表。

这种系统的转型也可以为基本公共交通服务融资的理念注入新的活力。一方面是以现金支付的形式，也可以对所有共鸣通过税收或征收资金支付统一费率。后者在城市实施时是非常值得辩论的。此外，郊区甚至农村地区服务密度较高，都有理由统一征收费用，可以帮助减少私家车的使用。

9.6.2　个性化公共交通

至少在所服务的区域的某些部分，如果实际上车流量是减少的，那么通过自动驾驶汽车来达到的个性化公共交通可能不仅仅意味着固定的路线和时间表。这将为用户提供选择不同的车辆类型和特征的可能性，目前仅以相当初步的形式存在于第一和第二档次的公共交通工具，甚至仅在中长途列车上。

个性化公共交通可能采取的第一步可能是职员用班车，例如所谓的Google班车，负责运载旧金山及其周边地区的公司职员上班，全程配备无线网络接入和运营。在这种情况下，一个特定的社区聚集在公共班车上。相似的概念在其他很多情况下都是可想象的，并且在基于自主驾驶的车辆时显得特别有吸引力。

与此同时，作为私人计划，新的拼车概念的发展也是可能的，这意味着车辆的共同所有权和使用，尽管它也可以被单独使用。今天，拼车基本上只限于在中期或短期内计划旅行的分区组织，驾驶员和车辆都由车主提供。甚至 Uber（www.uber.com）或 Lyft（www.lyft.com）等新服务也不偏离这一原则。他们提供的是类似于出租车的服务，因此与标准拼车社区不可比拟，这些社区主要由固定人群组成。一个似乎合理的推测是，随着自主车辆的兴起，拼车服务将变得过时，并演变成点对点的车辆共享。

9.6.3 拓宽公共交通服务选项

关于多式联运，即使在上述郊区和农村地区（城市地区，见第 11 章），更多的公共交通服务拥有可能性。使用自主车辆能够在空间和时间上给郊区和非高峰时段区域都带来好处。然而，即使考虑到节省的劳动力成本，使用频率造成的经济下限也适用。这也意味着空间高度分散的使用只能通过提供更大的车队在有限的范围内实施。无论如何，经营这些车辆在初始支出和运营成本方面不趋向于盈利。

9.7 用自动驾驶汽车实现新的交通理念

共享汽车目前正在引起轰动，部分原因是它目前所表现的新的发展形式，其日益增长的可见性，以及用户基数在过去两年中的快速增长。除此之外，以商业或集体形式独立于私家车所有权的汽车共享似乎很好地将新车辆技术引入市场。用户可以在供应商的车队中使用和尝试新技术，而不需要传统车辆所有权的成本。事实上，这已经在电动车辆上进行：诸如 Car2Go、DriveNow 和雪铁龙的多功能服务等公司正在将电动汽车加入其车队，而用户的反应也很积极。在这一点上，项目已经报告了电动汽车共享所表现的两个方面：首先，新技术已经成功地快速为大量的共享汽车用户享用，这刺激了它的使用；其次，许多用户积极寻求测试和使用新技术的共享汽车[13,p.15; 15,p.19]。

将自动驾驶车辆引入公共交通工具可能更加困难，即使自动化的铁路和地铁线路大部分得到了积极的接收。例如巴黎地铁的 1 号线自 2012 年以来全面自动化[35]，或纽伦堡机场的地铁线也实现了自动化[36]。但与公路上的情况相比，铁路轨道的空间分隔提供了不同的条件。如果自主车辆也与公路运输中的刚性基础设施相结合，那么不仅会导致相当大的成本，而且导航更灵活的可能性也将会丧失。因此，在如第 10 章所述的规定内，小型公共或半公共场所部署测试自主车辆，是非常重要的。相当开放的"实验哲学"目前在许多地方都见不到。

9.8 结论

通过使用自主车辆进一步开发共享汽车系统和改变公共交通工具，本质上是可能的，并且在许多地方也与道路使用者明确界定的利益相联系。在汽车共享中，如果在中期进一步扩大汽车的可用性和使用范围，那么从代客泊车的角度看，使用全自动接送服务看起来几乎是一个合乎逻辑和必要的结果。

我们已经可以看到，关于汽车和车辆的许多新想法正在出现并被测试，与自动驾驶汽车相结合可能具有更大的潜力。例如，对老年人和儿童两者都有额外"护理"功能的拼车计划正在被开发——"加州奔驰"将在加利福尼亚州的帕洛阿尔托展示。我们在这里也看到，组织这种服务时，移动性与信息通信技术之间的紧密联系[37]。

成本和盈利能力的问题目前是完全未定的，可能这个问题应该与系统融资有关。从用户的角度而言还有待观察用户是否愿意，并且在多大程度上接受付费驱动的共享汽车设置。这一领域的实验也只在初期阶段。例如，不同于收费依赖时间的DriveNow、Spotcar的现行版本针对Car2Go定制基于距离的收费标准，以避免客户因城市交通堵塞和延迟而立即扣除成本。付费驱动的时代只是在公共交通工具中开始被使用，例如Touch&Travel等系统。然而，这种在车辆共享和公共交通中的付费系统，可能是一个高灵活性系统的先驱。

应用许可

本章根据知识共享署名4.0国际许可（http：//creativecommons.org/licenses/by/4.0/）的条款进行分发，允许通过任何媒介或格式使用、复制、改编、分发和再创作，只要您对原始作者和来源给予适当的说明，提供知识共享许可链接，并指出所做的任何更改。

本章中的图片或其他第三方材料均包含在作品的创作共享许可中，除非在来源中另有说明；如果这些材料不包括在作品的知识共享许可中，并且法律规定不允许相应的操作，那么用户需要获得许可证持有者的许可才可以复制、改编或再创作材料。

参 考 文 献

1. infas, DLR Alltagsverkehr in Deutschland. Struktur – Aufkommen – Emissionen –Trends. Abschlussbericht zum Projekt „Mobilität in Deutschland 2008". Bonn und Berlin (2008)
2. Nobis, C. Multimodale Vielfalt. Quantitative Analyse multimodalen Verkehrshandelns. Dissertation, Humboldt-Universität zu Berlin. (2014)
3. Beckmann, K.; Klein-Hitpaß, A. (eds.): Nicht weniger unterwegs, sondern intelligenter? Neue Mobilitätskonzepte. Edition difu Berlin (2013)
4. Spiegel Online: Carsharing mit selbst fahrenden Autos: Daimler eifert Google naCh. first published July 15, 2014. http://www.spiegel.de/auto/aktuell/daimler-autobauer-plant-car-sharing-mit-autonom-fahrenden-smarts-a-980962.html; last accessed September 4, 2014.
5. BCS (Bundesverband CarSharing): Datenblatt CarSharing in Deutschland as per 01.01.2014. http://www.carsharing.de/sites/default/files/uploads/presse/pdf/datenblatt_carsharing_in_deutschland_stand_01.01.2014.pdf; last accessed September 4, 2014.

6. BCS (Bundesverband Carsharing): http://www.carsharing.de/presse/pressemitteilungen/carsharing-boom-haelt-an; last accessed September 4, 2014.
7. Breindl, K. CarSharing ist auch in kleinen Städten möglich. In: Bundesverband CarSharing e.V. (eds.): Eine Idee setzt sich durCh. 25 Jahre CarSharing. Brühl (kölner stadt- und verkehrsverlag) pp.67-76 (2014)
8. Wirtschaftswoche Online: BMW, Daimler und Bahn erwägen Carsharing-Allianz. First published May 5, 2012.http://www.wiwo.de/unternehmen/auto/mobilitaet-bmw-daimler-und-bahn-erwaegen-carsharing-allianz/6591352.html; last accessed September 4, 2014. (2012)
9. Deutsche Bahn AG. 215.000 Kunden entscheiden sich für "Flinkster- Mein Carsharing". Press information, January 2013. http://www.diebahn-online.eu/de/presse/presseinformationen/pi_it/3216552/ubd20130124.html?start=50&itemsPerPage=20. last accessed September 4, 2014.
10. Hampshire, R.; Gaites, C.: Peer-to-Peer Carsharing – Market analysis and potential growth. 90th TRB Annual Meeting, 23-27 January 2011, Washington D.C. (2011)
11. Gossen, M.: Nutzen statt Besitzen – Motive und Potenziale der internetgestützten gemeinsamen Nutzung am Beispiel des Peer-to-Peer Car-Sharing. Schriftenreihe des Instituts für ökologische Wirtschaftsforschung (IÖW) 202/12. (2012)
12. Loose, W. Wie alles anfing – CarSharing als Reaktion auf die Verkehrs- und Umweltsituation in den 90er Jahren. In: Bundesverband CarSharing e.V. (eds.): Eine Idee setzt sich durCh. 25 Jahre CarSharing. Brühl (kölner stadt- und ferkehrsverlag) pp.11-16 (2014)
13. Loose, W., Nobis, C.; Holm, B.; Bake, D.: Bestandsaufnahme und Möglichkeiten der Weiterentwicklung von Car-Sharing. Berichte der Bundesanstalt für Straßenwesen – Verkehrstechnik, No.114. (2004)
14. DLR Institut für Verkehrsforschung, BMW, Bundeswehr-Universität München, Deutsche Bahn (2014): Wirkung von E-Car-Sharing-Systemen auf Mobilität und Umwelt in urbanen Räumen. Halbzeitkonferenz, Berlin, July 3, 2014. (2014)
15. Öko-Institut; Institut für sozialökologische Forschung (2014): SHARE – Forschung zum neuen Carsharing. Wissenschaftliche Begleitforschung zu Car2Go.Halbzeitkonferenz, Berlin, 3. Juli 2014. (2014)
16. Lichtenberg, J.; Hauel, F.: Carsharing und ÖPNV – Nutzen für beide? Eine Analyse der Situation in Frankfurt am Main. In: Der Nahverkehr H.11/2007, pp.37-41 (2007)
17. Ackermann, T.; Loose, W.; Reining, C.: Die Verknüpfung von CarSharing und ÖPNV. In: Bundesverband CarSharing e.V. (eds.): Eine Idee setzt sich durCh. 25 Jahre CarSharing. Brühl (kölner stadt- und ferkehrsverlag) pp.111-122 (2014)
18. Scholl, G.; Hirschl, B.; Tibitanzl, F.: Produkte länger und intensiver nutzen. Zur Systematisierung und ökologischen Beurteilung alternativer Nutzungskonzepte. Schriftenreihe des Instituts für ökologische Wirtschaftsforschung (IÖW) 134/98. (1998)
19. Canzler, W. Der Öffentliche Verkehr im postfossilen Zeitalter: Sechs Thesen. In: Schwedes, O. (eds.): Öffentliche Mobilität. Berlin, pp.229-240. (2014)
20. Benkler, Y.: Sharing nicely: On shareable goods and the emergence of sharing as a modality of economic production. http://christmasgorilla.net/longform/benkler-sharing-nicely.html; last accessed September 4, 2014.(no year given)
21. Scholl, G.; Schulz, L.; Süßbauer, E.; Otto, S. (2010): Nutzen statt Besitzen – Perspektiven für ressourceneffizienten Konsum durch innovative Dienstleistungen. Ressourceneffizienz Paper 12.4, Berlin.
22. Einert, D.; Schrader, U.: Die Bedeutung des Eigentums für eine Ökologisierung des Konsums. Lehrstuhl Markt und Konsum, Forschungsbericht Nr. 36, Universität Hannover (1996)
23. Heinrichs, H.; Grunenberg, H.: Sharing Economy – Auf dem Weg in eine neue Konsumkultur? Lüneburg, Centre for Sustainability Manegement (2012)
24. Bardhi, F.; Eckhardt, G. M.: Access-based consumption: The case of Carsharing. Journal of Consumer Research, Vol. 39, S.881-898. (2012)
25. Bundesverband Informationswirtschaft, Telekommunikation und Neue Medien e.V.

(BITKOM): Smartphone-Boom setzt sich 2014 ungebrochen fort. first published February 12, 2014 http://www.bitkom.org/de/presse/8477_78640.aspx; last accessed September 4, 2014. (2014)
26. Bundesverband Informationswirtschaft, Telekommunikation und Neue Medien e.V. (BITKOM): Jeder zweite Smartphone-Besitzer installiert zusätzliche Apps. first published January 17, 2014 http://www.bitkom.org/de/presse/8477_78640.aspx; last accessed September 4, 2014. (2014)
27. ARD-ZDF-Onlinestudie 2013. http://www.ard-zdf-onlinestudie.de/index.php?id=419 (2013)
28. ARD-ZDF-Onlinestudie 2013. http://www.ard-zdf-onlinestudie.de/index.php?id=392 (2013)
29. Kraftfahrtbundesamt. http://www.kba.de/DE/Statistik/Fahrzeuge/Bestand/bestand_node.html; and http://www.kba.de/DE/Statistik/Fahrzeuge/Bestand/2013/2013_b_ueberblick_pdf.pdf?__blob=publicationFile&v=3; last accessed September 4, 2014. (2014)
30. Bundesanstalt für Straßenwesen (BASt): Rechtsfolgen zunehmender Fahrzeugautomatisierung. Forschung kompakt 11/12. (2012)
31. Müller, J.; Schmöller, S.; Bogenberger, K.: Empirische Datenanalyse von Free Floating Car Sharing-Systemen, HEUREKA 2014, pp. 577-590 (2014)
32. Entwicklung des Carsharings in Deutschland: DriveNow und Car2Go haben die Nase vorn. http://getmobility.de/20140816-drivenow-und-car2go-haben-die-nase-vorn/; first published August 16, 2014; last accessed September 4, 2014 (2014)
33. Chlond, B.; Manz, W.: INVERMO – Das Mobilitätspanel für den Fernverkehr. Arbeitsbericht IfV-Report Nr.00-9, Institut für Verkehrswesen, Universität Karlsruhe. (2000)
34. CarsharingNews.de: MeinFernbus und DriveNow kooperieren. http://www.carsharing-news.de/meinfernbus-drivenow-kooperation/ first published June 6, 2014; last accessed September 4, 2014. (2014)
35. Spiegel Online: Älteste U-Bahn-Strecke von Paris: Métro-Linie 1 fährt ohne Zugführer. http://www.spiegel.de/reise/aktuell/aelteste-u-bahnstrecke-von-paris-metro-linie-1-faehrt-ohne-zugfuehrer-a-795718.html; first published November 3 2011; last accessed August 17, 2014. (2011)
36. Youtube: Fahrt in der führerlosen U-Bahn in Nürnberg. https://www.youtube.com/watch?v=uPPpIGesPTY; first published December 10, 2012; last accessed September 4, 2014.
37. Boostbybenz. https://boostbybenz.com/; last accessed September 4, 2014.

第10章 高级自动化车辆的部署方案

Sven Beiker

10.1 背景介绍

统计数据证实,交通事故仍然是机动车日常运行中很常见的一部分。例如,在美国每年大约有33000人因交通事故死亡[1];在德国,该数据大致是3300人[2]。车辆自动化,换言之逐渐将驾驶从人转移到机器上,有可能大大减少事故发生的频率和严重程度。除此之外,自动化车辆间更易于相互协调,从而提高个人行动的效率、舒适性、便利性和安全性。

五年来自动化高速公路和车辆一直是研究和开发的课题。问题是:在不久的将来,人类将驾驶交给计算机的愿景可能性究竟如何?目前,几个不同的发展路线是明显的。一方面,成熟的汽车工业正在开发驾驶辅助系统,并以完全自动驾驶作为终极目标。同时,IT部门的非汽车技术公司已经将自动驾驶视为其核心产品的新业务领域,而最近的新兴企业正在利用先进的技术进入个人自动化领域。仔细一看就能发现,上面列出的参与者有不同的优势和产品目标,但都是由共同的使命驱动:塑造一个更安全、更有效、更舒适和更方便的个人驾驶的新模式。本章将对这些发展趋势和参与者进行比较。

发展趋势将被视为不同的部署方案,每个方案都代表着引入高阶自动化的车辆时的不同情况。这些方案主要是通过开发可用的自动化车辆最新技术知识和预测进展情况,同时考虑到基础设施、经济和技术的外部因素。

10.2 定义和范围

自动化车辆也被称为"自主""无人驾驶"或"自驾驶"车辆,目前是公众广泛讨论的对象,也是许多大学研究和汽车工业开发的对象。本文重点介绍道路车辆,特别关注客车和货车。本章不包括火车、飞机和船只。

一般来说,考虑的车辆是在公共道路上运行的车辆;然而,协同效应的讨论也将涉及在诸如公司场所、游乐场或步行区等限制区域内经营的车辆。与公共道路不同，在这些有限的和/或部分公共场合的可能用途是显著的，因为它们允许我们观察到自动车辆与公众之间的关键交互，这最终有利于其部署在一般道路交通中。个别实施情况更详细地涵盖了这些情况。

本章将遵循由 SAE 的 J3016 定义的自动驾驶车辆[3]，区分了辅助系统、部分自动化、有条件自动化、高度自动化和全自动化。

为了突出重点关注的领域，本章介绍了"高阶自动化"一词，其中包括有条件、高或全自动化的驾驶。这些类别值得强调，因为超出了部分自动化的情况——即驾驶员不再需要一直监控车辆或系统，代表着"驾驶汽车"这一概念根本性的变化。根本的转变是，除了驾驶车辆之外，驾驶员还可以在行程中进行其他工作。最终，"无人驾驶"的车辆甚至将不需要人类驾驶员在场。这将为个人出行新方式和新企业模式铺平道路。

10.3 自动驾驶发展趋势

针对这一领域的各种趋势，可以观察到部署自动驾驶的不同动机——安全性、效率、移动性、舒适性和便利性。各个方面在不同程度上是很明显的，并且在很大程度上取决于预期的部署区域和使用目的。以下部分将通过讨论目前观察到的发展趋势来更深入地研究这一点。首先，接下来的三个小节描述了不同的部署方案和专家、公众对其的一些讨论。

10.3.1 驾驶员辅助系统的持续改进：演化方案

自动驾驶的主要参与者之一是汽车行业，包括车辆制造商和汽车供应商。汽车行业一直关注驾驶员辅助系统或帮助驾驶员驾驶车辆的技术。近四十年来，这些系统已被引入到乘用车和商用车辆，协助驾驶员对车辆纵向和越来越多的横向控制。这些系统包括防抱死制动系统（ABS）、电子稳定控制（ESC）、自适应巡航控制（ACC）和车道保持辅助等。

图 10.1 显示出了部署这些系统的时间表。迄今为止，都强调了安全性的提升，在某些情况下，它们的舒适性和便捷性也得到了提高。"演化情景"指的是先进的驾驶员辅助系统使用的稳步增加，随后逐步实现车辆自动化，并相应地减少驾驶员的责任。这是本章要比较的三种部署方案之一。

汽车行业目前正在推出一套同时自动化控制纵向（加速，制动）和侧向（转向）操作的系统，驾驶员监控仍然需要——换句话说，这是一种部分自动化系统。这套系统通常被称为"堵车助手"[4-6]，它提出了结合车道保持辅助（自动横向控制）和自适应巡航控制（自动纵向控制）相结合的设置，从而在缓慢的交通中沿着纵向和横向轴自动控制车辆。在这种模式下，驾驶员的角色只是对系统进行监督，如果需要的话则进行干预。

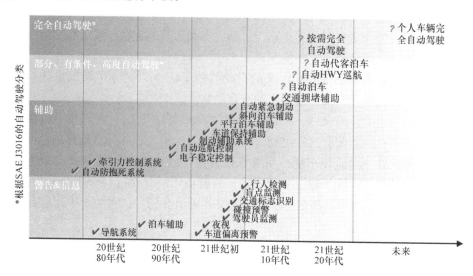

图10.1 部署具有全自动驾驶愿景的高级驾驶员辅助系统的时间表（SAE J3016[3]定义的自动化水平）。版权属于作者

下一个预期的发展阶段是停车自动化程度的提高。今天已经有许多生产的车辆，能够很大程度上帮助驾驶员进行斜向和平行停车的处理[7]。然而，这些系统往往只接管转向的任务——即对于驾驶员来说更难的部分，而仍然让他们控制加速踏板和制动踏板。因此，如今的系统仍属于辅助驾驶的范畴。在不久的将来，越来越多的部分自动化停车解决方案将不仅提供系统控制的转向，还可以提供加速和制动。那么驾驶员的角色仅仅是作为监控者，例如在停车过程中按下一个按钮——这仍然是驾驶员所需要关注的责任[8]。

近期以来我们已经目睹了各种汽车制造商宣布2020年为目标的"自动化"驾驶[9-11]宣言。由于"自动化"一词根据SAE国际组织还没有明确定义，所以无法确定这些公告所暗示的自动化水平。尽管如此，我们仍然可以假设它们的功能将远远超出部分自动化，甚至进入高度自动化的领域。在这样的设计中，只要在特定的使用场景和区域内，驾驶员甚至都不需要在紧急状况下接管汽车，因为系统能够自行执行所有驾驶任务，包括应对不可预见的情况做出反应。

这些公告往往伴随着高阶自动化车辆的公开演示，这也表明了许多知名的汽车制造商和系统供应商目前的工作，是以推动驾驶辅助系统向高阶自动化的演进[10,12,13]。为此，按照最初描述的任务，交通安全被视为头号目标，而进一步提高效率、舒适性和便捷性，被视为附加的效益。

然而，预测2020年的目标以后会怎样是几乎不可能的，尽管好几个市场分析报告，甚至一些汽车制造商本身已经把完全自动化的前景预测在2025年[12]，这应该被看作驾驶辅助系统向自动化驾驶演化的一个重要里程碑,而不是对特定系统功能何时投入使用的可靠预测。由于其遥远的时间范围,应慎重考虑对于该范围的预测。

在演进的部署方案下,我们可以假设,到2020年,即使这些车辆作为大众化市场车辆出售,公路上的大部分车辆需要相当长的一段时间来实现高阶自动化。过去,一些技术例如ABS或ESC成为所有新车的标配或是至少成为一种额外的选择一般需要15~20年左右的时间[14]。由于车辆一般20年左右进行更换[15],因此在演化的部署方案下,在可预见的将来,大多数车辆都不会在没有驾驶员互动的情况下行驶。相应的,这种方案是一种更为长远的方式,但也是更加可预测的方案,特别是与下面所描述的方案相对比。

10.3.2 重新设计个人交通:革命性的方案

2010年以来,非汽车技术公司[16]已经知道要开展自动驾驶车辆的研发。不像之前描述的汽车行业所追求的演化方案,这些企业正在推行一个革命性的方案,其目标是"通过从根本上改变汽车的使用,防止交通事故,解放人们的时间,减少碳排放"[16]。根据这样的描述,可以得出结论:这些参与者不是追求由驾驶辅助系统向完全自动驾驶的持续演化,而是直接从现在人类驾驶车辆的交通模式发展到不需要驾驶员控制的情景。显然,这个愿景要求是全自动化或者至少高度自动化的驾驶。

非汽车技术公司的关键设计点是将人工智能包含在内。换句话说,自动驾驶的功能是通过学习算法来实现的,而不是汽车行业往往追求的封闭式算法设计。这种方法试图缩小在狭窄边界内运行的纯分析系统与模仿人类行为的基于规则的系统之间的差距。使用这种学习系统的原因是,他们可以随着时间的推移改进他们的功能,如对象识别,并从用户的行为和偏好中进行学习。对于汽车行业来说,这是一个非常不寻常的特征。汽车行业通常会引入一种具有全部功能的产品,然后保持静态和不变。相比之下,在计算机行业,引入产品,然后通过学习算法或定期进行软件更新来稳定地扩展其功能范围是很正常的。

上面讨论过的汽车行业主导的演化方案的部署似乎比较简单直接,但在这个革命场景中很可能并不是这样。毕竟,这些IT从业者没有汽车研发的经验[17-21],他们在自己的专业之外的领域,追求一个可能并非与自身核心商业模式相符的、高度复杂的目标。虽然我们知道,这些企业已经用自动化程度更高的车辆[22]驾驶了数十万公里,但他们的最终产品目标仍不清楚。迄今为止,这些革命性方案的追求者们很少做出任何具体的在市场推出产品的计划,也不确定这些非汽车科技公司是否打算成为汽车制造商[23,24]。到目前为止,对部署期限的范围进行了估计[25,26],其与该领域的其他意见一起,让位于以下的部署方案。

可以想象的是,目前正在进行的具有更高阶自动化的车辆的试驾将作为获取和使用自动驾驶的地图和图像的平台。然后，非汽车技术公司可以提供服务和在线软件产品作为自动驾驶的一部分，从而在广泛的层面推动车辆自动化。如果是这样的话，相关的地图和图形信息可被加工以便更广泛地使用，这将与自动化的连续性而不是革命性的部署策略更加一致。

然而，一旦车辆完全可以自行驾驶而不需要监督，这些非汽车技术公司的目标可能是使驾驶员从其核心业务（即在线服务）中消费产品。在这种情况下，这些参与者的战略将采取相当长远的观点，侧重于其核心业务的收入：试图征服剩余的市场部分——运输——作为连接生活方式的一部分。换句话说，如果驾驶员能够在旅途中上网或使用社交媒体，这将使他们成为在线服务的潜在客户，就像其他所有计算机用户一样。另一种似乎更适合行业趋势，也同样符合革命性发展的部署方案，也可以从行业的公共设计描述[24]、新闻稿[22]和专利[27]中推导出来。在此基础上，高阶（甚至完全）自动化服务车辆，如运输乘客[28-30]和货物[31]甚至可能在不久的将来出现。有一种可能就是引入具有高级自动化的车辆作为常规出租车的竞争对手。新闻稿[22]和媒体的报道[24]似乎赞成这些方面的部署方案，尽管他们很少提供关于技术实现的真正目标和发展阶段的细节。本书在"按需车辆"类别下描述了这个用例。

自动出租车的一个变体是具有更高阶自动化的送货服务，如从当地零售店送食物[32-34]上门，或任何产品在线订购的快递服务[18]。这些应用的设计已经有了公开演示。基于对这些领域龙头企业的战略投资和收购，送货服务自动化程度的逐渐提高是车辆自动化的潜在应用。"无人机"送货的试验[18,32,33]和自动垃圾清除[35]的试验也可以应用在该方向（第16章）。

尽管很多问题仍然没有得到回答，但这个十年迟早将朝向更高阶的车辆自动化迈出一大步。一开始可能看起来很小，而且非常有限（例如，一个社区的全自动出租车），但其实施领域可以随着市场份额的增长而迅速增长。根据龙头企业的报告假设，更高阶的自动化汽车将在2020之前推出[22]。

非汽车技术公司从有限的部署开始，将有机会在短期内开始收集丰富的经验和数据，包括公众对这些新概念的反应。这将为他们在领域、国家乃至全球范围内应用自己的洞见铺平道路。这样的战略部署对于汽车行业来说将是非常规的，甚至可能会损害一家企业的声誉。然而，对于非汽车技术公司来说，这是标准做法。事实上，过去的产品发布也有先例，它甚至使公司的声誉受益，因为限量的发行带来了一定的独享性[36,37]。

10.3.3　个人交通与公共交通的融合：转型的方案

另一种自动驾驶的部署方案涉及提供慢速的乘用车的运输模式。消费者可以使用智能手机应用程序召唤这些车辆，并行驶相对较短的距离（请参见用例"按需车辆"）。这些类型的计划背后的主要驱动者往往是高科技初创企业，但也可能包括运输服务提供商、市政当局和娱乐公园等设施的经营者。他们的目标是结合个人交通（独立性和灵活性）与公共交通（有效利用能源和空间）的优势，以实现开始时描述的任务，优先减少城市交通的拥堵（第9章）。

为了开发新的商业模式和部署新的技术，初创企业有动力进入这些领域。特别是来自不相关部门的公司可以使用图像处理、对象识别和路径规划系统（它们已经有了广泛的模块化应用）来实现在有限的地理范围内具有更高阶自动化程度的交通模型。经常被提出的应当首先引入市场的是慢速、有限区域内运行的车辆，旨在服务于所谓的"第一或最后一公里"，与私人汽车或公共交通工具相辅相成。举一个具体的例子，这些类型的解决方案可以用在由于基础设施不足或财务限制不足，而导致巴士和城市铁路的日常运营不可行的地区，将它们和现有的交通网络联系起来。另一个例子可能是一个"停车换乘"的系统，用户可以将车辆驶往城市或游乐场周边的停车场，并转移到当地运行的交通服务。这些安排主要用于私家车不方便或不允许停车而公交车的时间表又不够灵活的地方。

这些运输解决方案将与传统出租车行业竞争，但从用户和运营者的立场出发，它们更加实惠、舒适、创新[38]。基于它们的特征，这些安排也被称为按需自动化交通（AMOD）系统。他们代表的目标是改变城市交通的个性化公共交通（第9、11章）。公司引入这种安排的动机是进入新的业务领域，或扩大现有市场的范围。目前，出租车行业经营模式的劳动力成本较高。自动化车辆对人力资源需求的减少将会增加利润[38]，尽管这将伴随着该行业部门就业量的减少。

可以想象的是，通过合并个人交通和公共交通，自动化车辆将带来城市街道交通的转型。由于这些系统仅用于有限的地理范围，并且以低速运行，相应地减少了阻碍，并且与在这里讨论的前两种情况相比，在短期内实施起来要容易得多。因此，到2020年之前，AMOD的各种案例将在有限的范围内推出，而这似乎是现实的。

一些变革性方案的早期案例已经开始实施或预计在不久的将来实施[24,39-43]。应该注意的是，一些城市的条件与这些用例一致，至少允许AMOD系统的试运行。在试运行期间，居民是否会利用这些服务，是否能发展成为有利可图的商业模式，还有待观察。虽然这些初步的实际应用应当被看作是介于公共原型与实际商业部署之间的扩展试验，但这些案例是迄今为止发展高阶自动化车辆的最实际步骤。另外两种情景（演化和革命）可能会从这些经验中学习。

由于普遍有利的条件，预计各个城市政府和游乐园、商场等大型设施的经营者将在短期内引入自动化交通系统。在此基础上，成功的模式很可能将越来越多，到这个年代末，该领域将会有广泛的经验可供借鉴，自动驾驶车辆将赢得用户和其他道路使用者的认可。尽管此部署方案有其天生的简单性——鉴于有限的地理范围和较低的行驶速度，演化的部署方案也可以从中学习经验，以应用于在公共街道和公路上使用自动驾驶车辆。即使是使用AMOD的高度或全自动化的有限使用案例，也可以帮助我们深入了解自动化车辆与其他道路使用者（包括常规车辆、行人和骑自行车者）之间的相互作用，以及在公路上部署必要的安全/安保措施和基础设施要求。同样我们可以认为，AMOD最初有限的范围将随着时间的推移而扩大。因此，自动化交通工具将逐渐扩展到公共道路上，与常规和/或自动化私人车辆相互作用。

10.4 方案的比较

上一节已经分别介绍了几种部署方案，以下部分将在几个不同层面对其进行比较。如上所述，这些方案在用户、商业运营商和整体道路交通的优势方面具有的目标有相同也有区别。下面的部分将更详细地介绍差异，但也会提及一些共同点。

10.4.1 系统性比较

表10.1中总结的三种部署方案之间系统的比较提供了高阶自动化驾驶用例的概述，同时比较了每个方案的目标、潜在实现和业务模型。

表10.1 考虑的部署方案的特点

	进化的	革命的	变革
自动化程度	部分/条件性	条件性/高/完全	高/完全
地理范围	不受限制	区域	当地
操作	非专业人员	受过训练的人员/非专业人员	受过训练的人员
使用	个人/私人	个人/私人或公共	个人/公共
所有权	个人/私人	中央/商业	中央/商业

如一开始所述，所有这三种情况都是以提高道路交通安全和效率以及增加行动性和便捷性为目标的。除此之外，它们在车辆或辅助系统的预期用途方面表现出越来越多的专业化。例如，在涉及私家车的情况下，高度自动化驾驶最初只能用于高速公路或停车场，换句话说就是特定的驾驶状况。同样，新的交通安排只会首先在诸如商场或游乐场等限制的区域，换句话说就是特定的地理范围。这将导致驾驶或系统功能比目前情况更加明显的专业化。如今在人们看来，私人车辆应该可以供任何人随时随地地使用，换句话说，无论时间或地点，只要有驾驶执照，任何人都能驾驶汽车。随着高阶自动驾驶的到来，用户可能会面临这样的情况，即车辆的使用是有限的，在这一特定情况下，使用者需要进行心理调整。

图10.2中突出显示了这些限制，其对比了自动化的程度与地理范围。这两个因素可能是对自动驾驶进行分类的最重要的特征，并使我们能够对此处提供的三种部署方案进行有效比较。演化的情况下，驾驶员辅助系统的持续进步意味着不受限制的地理范围，如"所有高速公路"或"任何停车位"。另一方面，它只能提供相

对较低的自动化水平。相比之下，旨在完全重新设计个人交通的革命性方案以及提供个人交通和公共交通融合的变革性方案都意味着高度的自动化。这两种情况都可能涉及快速发展的全自动化技术，尽管是在一个有限的地理范围内，如一个特定的社区、一个购物中心或一个游乐园。为了简单起见，人们可能会说，随着"无限制的地理范围但是有限的自动化"的战略，演化的方案正在朝着全自动化的目标迈进，而革命和变革的方案正在追求"限制地域范围但无限的自动化"。

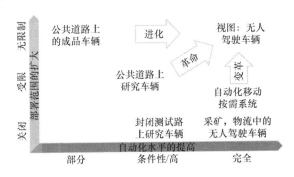

图 10.2　自动化程度和地理范围自动化驾驶的潜在实施。版权属于作者

图 10.2 中的比较说明了一个特别有趣的方面：与演化和变革的方案相比，革命性的方案在这两个方面都不是特别突出，但总体来说它是最能接近完全自动化的无限制使用车辆的理想情景。因此，这种情况似乎与"任何人、任何时间、任何地方"的范式最相符，因为它将相对较大的地理范围与较高的自动化相结合。

在变革的方案下，谁来负责车辆的运行这一问题值得特别注意。预计经过培训的专业人员将监控车辆的运行情况，或者至少每天定期对它们进行检查。因此，这种情况与私人汽车的模式非常不同，私人汽车通常由普通人操作，很少需要专业人员的关注，除了偶尔的维护或维修。因此，"任何人、任何时间、任何地方"模式对演化方案构成特殊挑战，因为这需要在即使没有专家的监督下，也保持极高的可靠性。尽管如此，由于在专业人员监督下操作这些车辆将能为我们提供有价值的早期洞见，革命性和变革性的方案有助于为高阶自动化的私家车的出现做准备。

高阶自动化的车辆的一个潜在用例是在高速公路上的自动排队的前景，这一点非常重要，但不能直接归于三个发展方案之一。在这种使用情况下，通过公共通信基础设施将多个原本独立的车辆连接在一起成为虚拟列车。这允许自动化的纵向和横向控制，尽管它还需要特殊的通信标准，并且仅可以包含与其兼容的车辆。至少在一开始，这样一排的第一辆车将由专业驾驶员驾驶；所有跟着的车辆不会要求任何的监督并且驾驶员只需要在特殊情况下进行干预[44]。

自动化车队的场景汇集了进化和变革方案的各种特征，使得在一般道路交通流中实施这种方案在不久的将来似乎也是现实的。一方面，这种方案将为实施高阶自动化车辆提供短期的机会，因为自动化车辆可能有限的对象和状况识别能力可以通过牵头车手的表现和经验而得到增强。另一方面，这可能会带来其他问题，例如如何加入和离开排队、是否经过其他车辆并遵守合法的跟车距离。

10.4.2 技术比较

系统的比较已经显示出部署方案之间的差异，这些差异对于可靠性也有不同的要求，更准确地说，所需技术的完整性和可用性。由于专注于单独使用的私家车的演化方案必须在没有时间或地域限制的情况下对任何外行人员都发挥作用，所以它会产生与变革方案不同的技术要求。例如，完全自动化的车辆可能在专业监督下专门在地理上有限制的区域内运行。此外，有问题的车辆数量和相应的系统部件数量可能会有很大差异，这会对所部署的技术产生影响。

概括一下，为了保证最大的可用性，演化方案需要高度故障安全的传感器和处理器组件（即冗余和配备后备系统）、低维护（即自校准和自我监控）以及成本效益（即批量生产）（见表10.2）。然而，变革性方案更有利于专业化、高度精确和可单独配置的系统。尽管早期要尽快实现最大限度的自动化这意味着更多的基础设施准备工作。

表10.2 正在考虑的三种部署方案的系统要求的定性比较

	进化的	革命的	变革的
1.1.1 可靠性	+ +	+ +	+
1.1.2 准确性	+	+ +	+ +
可配置性	0	+	+ +
维护需求	-	+	+ +
1.1.3 运营监管	- -	+	+ +
操作系统成本	-	+	+ +

注：+ +（高），+（重要），0（自然），-（低），- -（不适用）。

自动化车辆在功能和地理的限制下部署的革命性方案的要求位于演化和变革方案的技术要求之间，因为它意味着使用集中运行和专业维护的车队，不一定能受到持续的监督。因此，它需要高度故障安全和精确的系统，这可能导致相对较高的成本。

高阶自动化车辆的通信基础设施的实施对于部署方案尤其重要。双方车辆之间、车辆与基础设施之间的通信可用于交换关于车辆位置、车辆速度和其他参数的数据，然后将其用于路线选择或者可能用于中央车辆协调系统。因此，向自动化车辆发展的趋势会从车辆之间相互连接的趋势中受益。在这方面，特别重要的是，各国政府的举措旨在为车辆和车辆基础设施的交流发展提供动力[45-48]。

10.4.3 监管比较

这三种方案也可以通过适用于它们的规定加以区分。由于演化方案下，车辆的目标是在没有任何地域或时间限制的情况下在公共道路上行驶，因此其使用必须遵守相应的交通法规。因此,现在还不清楚哪些法律管辖区允许自动驾驶汽车在其管辖范围内运行,以及可以实现何种程度上的自动化。

然而在变革方案的情况下,情况有所不同。特别是由于公共道路上以及与不受限制地访问其他地区(而不是商场或游乐场这些有自己访问限制的地点)的使用——可能会执行一套特殊的规定。这意味着,对于自动驾驶汽车的使用区域将会有特殊的规定,只有特定的人员可以进入,或者进入现场的每个人都需要进行申请。最后的安排将使操作变得容易得多,因为操作员的责任或强制性监督要求可以根据具体情况的需要进行调整。

在法律规定方面,革命方案落在演化和变革方案之间。如果我们假设这样的系统最初限制在一定的地理区域,比如一个社区或一个特定的公路段,该地区将受到一般道路交通法规限制,但我们可以相信,会有附加的特殊规则,比如有针对性的限制、授权或责任制度,将仅适用于这条路线。

在适用的法规方面,记住监管机构如何在自己的管辖范围内处理车辆自动化也很重要。例如在美国,有些州(先驱是内华达州、佛罗里达州和加利福尼亚州)已经制定了管理高阶自动化车辆运行的监管框架,尽管在很多情况下只能进行试运行。同时在联邦层面上,美国国家公路交通安全管理局(NHTSA)已经敦促要谨慎,并建议协调引进旁边车辆的车载通信[49]。日本政府已经表达了对道路交通自动化的倡导并为此提出了支持该行业的建议[50,51]。在欧洲,政府仍持谨慎态度,除了持续参与研究活动外[44,47,48,52-54],预计2015—2020年这个话题将会受到更多的关注,从最早提出的立法已经可以看出这一点[55](第25章)。

10.4.4 企业策略比较

对以上部署方案的描述已经确定了三种情况中涉及的公司主要参与者和类别。演化的方案似乎更多地被现有的汽车制造商和系统供应商所追求的,而革命性的方案是被从事IT行业的非汽车技术公司所青睐的。变革方案则是由初创企业和服务供应商所提倡的。

表10.3给出了三类公司的特点、目标和策略。因此,现有的汽车制造商可以借鉴经验和流程,从而能够以合适的确定性计划实施与自动驾驶有关的开发项目,并实现最终的产品发布。而这只在演化方案中才是可能的,此模式下现有的开发、生产和销售过程被扩展到一类新的产品(自动驾驶)。这种模式下他们很难部署全新的产品或流程。汽车行业的另一个特点是,其现有的市场地位和公司的历史使得它有时候被外部的人认为它是相当谨慎的。

汽车行业的谨慎可能根植于一个事实,即这些公司已经建立并在这几十年的时间里在客户中完善自己的声誉和品牌形象,使他们的公司名成为值得保护的宝贵资产(第32章)。不可靠或不安全的产品可能会迅速危及公司的声誉,这会对其商业上的成功产生长远的影响。根据这些原则,过早地引入自动驾驶车辆被看作是一个特别危险的举动。的确,这些保留态度被无数实例证明是合理的,很多汽车产品未能满足客户的期望或引起了安全风险的怀疑导致消费者对相关品牌产生了消极反应[56-59]。这种性质的保留态度，无论合理与否，都可能会延误市场引入自动驾驶的技术，这具有重要的安全意义并且对公众利益至关重要。

相反，这样的考虑对追求变革性设想的创业公司而言是不太重要的，因为这些公司往往没有悠久的历史或（汽车）品牌形象需要保护。与此同时，他们没有多年开发、生产和销售汽车的经验。这使得这些公司能够更好地发展，并根据需要通过上述转型方案推出非常新颖的产品和服务。在一个产品不符合市场的预期的情况下，这些公司不用承担损害已随时间发展很久的公司名声的风险。

表10.3 各种部署方案的各种企业战略特征的比较

	进化的	革命的	变革的
1.1.4 关键参与者	汽车行业（制造商，供应商）	非汽车行业技术公司	高科技初创企业
客观性	巩固市场地位；提高安全性、舒适度和便捷性	开拓新的商业模式，扩展核心业务	为城市交通创造新的服务
能力，特征	- 测试，系统备份 - 生产 - 市场营销 - 维护	- 人工智能 - 数字地图 - 公共试验 - 非传统产品 - 在线服务 - 新商业模式	- 图像处理 - 传感器技术 - 新的产品和商业模式 - 精细、非传统的流程

而且，初创企业往往能够（或实际上被迫）开发替代工艺和产品解决方案，因为它们的规模通常很小。出于这个原因，初创企业在设计自动化驾驶的概念方面拥有更大的灵活性，可以追求具有更大内在风险的应用。然而，由于所涉及的系统和部件的复杂性，初创企业还必须克服这样的挑战，即开发自动化车辆往往只能通过高额的资金投入来实现。同样地，从产品完成到产生任何收入之前可能需要相当长的时间。因此，这些企业往往依赖风险投资者并且它们的寿命有时是不确定的。

革命性方案再一次介于另外两个方案之间。如前所述，这个领域的参与者往往是非汽车技术公司，他们可以获得足够的资本，还可以利用尚未应用于汽车产品开发的流程。出于这些原因，我们可以认为革命性的方案将只出于这样的部门。事实上，这种类型的公司已经在交通运输系统方面积累了丰富的经验；例如，从事IT行业的公司之一已经使用高阶自动化汽车行驶超过100万km[22]，并事先参与了乘客[28]和商品[31]的运输。

10.5 总结与展望

本章探讨了三种高阶自动化车辆的部署方案：汽车行业驾驶员辅助系统持续的

演化方案，非汽车技术公司提供的个人交通变革方案，以及由创业公司和运输服务提供商提供的个人和公共交通融合的变革性方案。在某些程度上，这些方案似乎是在很大程度独立发展的，偶尔会竞争。然而，在自动化程度较高的驾驶部署中，尤其是在基础设施和公众接受度方面，还存在协同效应。还应当指出的是，所有这三个部署方案最终朝着同一个最终方案进行的，那就是目前由人类驱动的车辆在未来实现全自动化，从而产生新的使用方式和商业模式以及变化的运输行为。

方案之间的差异突出了在不同的地理范围内以不同程度和在不同区域引入的高阶自动化车辆的可能性。此外，还预计不同的方案将在不同的时间点推出，导致阶梯分级式的时间表。总的来说，预计未来十几年的公共引入的顺序将是从变革性方案到革命性方案最终到演化性方案。这些系统的地理范围将从地方一级发展到区域一级，最终成为全球性的。

我们还可以预期，除了目前正在进行的扩展试验中的全自动、慢速和有限区域的交通选项之外，到本年代末可能会有地方性全自动出租车的服务，这将导致在2020年以后，在高速公路、乡村道路和城市街道上实现自动化程度更高的车辆的一般性运行。在接下来的几十年里，这一发展将使我们能够利用很多机会来提高个人交通的安全性、效率、便捷性和生产力。除了各种场景之间明确的协同作用之外，它们还为从物流中心和集装箱港口到农业和采矿的其他车辆类别的自动化提供了有价值的参考，甚至可能为探索遥远行星的机器人任务提供帮助。

应用许可

本章根据知识共享署名4.0国际许可（http：//creativecommons.org/licenses/by/4.0/）的条款进行分发，允许通过任何媒介或格式使用、复制、改编、分发和再创作，只要您对原始作者和来源给予适当的说明，提供知识共享许可链接，并指出所做的任何更改。

本章中的图片或其他第三方材料均包含在作品的创作共享许可中，除非在来源中另有说明；如果这些材料不包括在作品的知识共享许可中，并且法律规定不允许相应的操作，那么用户需要获得许可证持有者的许可才可以复制、改编或再创作材料。

参 考 文 献

1. "Early Estimate of Motor Vehicle Traffic Fatalities in 2013", National Highway Traffic Safety Administration (NHTSA), Washington, USA (May 2014)
2. "Polizeilich erfasste Unfälle - Unfälle und Verunglückte im Straßenverkehr", Federal Statistical Office, Wiesbaden, Germany (2014)
3. SAE International, "Taxonomy and Definitions for Terms Related to On-Road Motor Vehicle Automated Driving Systems" (January 16, 2014)

4. "Traffic jam assistant", Bayerische Motoren Werke corporate website, http://www.bmw.com/com/en/newvehicles/x/x5/2013/showroom/driver_assistance/traffic_jam_assistant.html#t=l (accessed June 27, 2014)
5. "Der neue Passat – Generation 8: Technik-Preview", Volkswagen corporate website, http://www.volkswagen.de/de/technologie/der-neue-passat.html (accessed June 27, 2014)
6. "Distronic Plus with Steering Assist and Stop&Go Pilot in the S- and E-Class", Daimler corporate website, http://www.daimler.com/dccom/0-5-1210218-1-1210321-1-0-0-1210228-0-0-135-0-0-0-0-0-0-0.html (accessed June 27, 2014)
7. "Intelligent Parking Assist System", Wikipedia, http://en.wikipedia.org/wiki/Intelligent_Parking_Assist_System (accessed June 27, 2014)
8. Boeriu, H., "BMW Remote Controlled Parking", BMW Blog, http://www.bmwblog.com/2010/10/10/bmw-remote-controlled-parking/ (October 10, 2010, accessed June 27, 2014)
9. "Nissan Announces Unprecedented Autonomous Drive Benchmarks", Nissan press release (August 27, 2012)
10. Preisinger, I., "Daimler aims to launch self-driving car by 2020", Reuters, http://www.reuters.com/article/2013/09/08/us-autoshow-frankfurt-daimler-selfdrive-idUSBRE98709A20130908 (September 8, 2013, accessed June 27, 2014)
11. Cheng, R., "General Motors President sees self-driving cars by 2020", cnet, http://www.cnet.com/news/general-motors-president-sees-self-driving-cars-by-2020/ (March 25, 2014, accessed June 27, 2014)
12. "Continental Strategy Focuses on Automated Driving", Continental press release (December 18, 2012)
13. Becker, J. et al, "Bosch's Vision and Roadmap Toward Fully Autonomous Driving", published in "Road Vehicle Automation", Springer Lecture Notes in Mobility (2014)
14. "ESC Installation Rates Worldwide by New Car Registration", Bosch corporate website, http://www.bosch.co.jp/en/press/pdf/rbjp-1009-02-01.pdf (accessed June 27, 2014)
15. McBride, B., "Vehicle Sales: Fleet Turnover Ratio", Calculated Risk, http://www.calculatedriskblog.com/2010/12/vehicle-sales-fleet-turnover-ratio.html, (December 26, 2010, accessed June 27, 2014)
16. "What we're driving at", Google Official Blog, http://googleblog.blogspot.com/2010/10/what-were-driving-at.html (October 9, 2010, accessed June 27, 2014)
17. Bilger, B. "Auto Correct - Has the self-driving car at last arrived?", The New Yorker http://www.newyorker.com/reporting/2013/11/25/131125fa_fact_bilger (November 25, 2013 accessed June 27, 2014)
18. Wohlsen, M., "Jeff Bezos Says Amazon Is Seriously Serious About Drone Deliveries", Wired, http://www.wired.com/2014/04/amazon-delivery-drones/ (April 11, 2014, accessed June 27, 2014)
19. Ingram, A., "Nokia Joins Autonomous Car Development With $100 M Fund", Motorauthority, http://www.motorauthority.com/news/1091948_nokia-joins-autonomous-car-development-with-100m-fund (May 7, 2014, accessed June 27, 2014)
20. King, I., "Intel Chases Sales on Silicon Road to Driverless Cars", Bloomberg, http://www.bloomberg.com/news/2014-06-30/intel-chases-sales-on-silicon-road-to-driverless-cars.html (June 29, 2014, accessed June 30, 2014)
21. "High Definition Lidar", Velodyne corporate website, http://velodynelidar.com/lidar/lidar.aspx (accessed June 27, 2014)
22. "The latest chapter for the self-driving car: mastering city street driving", Google Official Blog, http://googleblog.blogspot.de/2014/04/the-latest-chapter-for-self-driving-car.html (April 28, 2014, accessed June 27, 2014)
23. White, J.B., "Google Seeks Path To Market for Self-Driving Cars", The Wall Street Journal, http://blogs.wsj.com/drivers-seat/2012/04/25/google-seeks-path-to-market-for-self-driving-cars/tab/print/ (April 25, 2012, accessed 2014)

24. Stewart, J., "Google is to start building its own self-driving cars", BBC, http://www.bbc.com/news/technology-27587558 (May 27, 2014, accessed June 27, 2014)
25. Smith, A., "Google self-driving car is coming in 2017", The West Side Story, http://www.thewestsidestory.net/2014/04/28/google-self-driving-car-coming-2017/ (April 28, 2014, accessed June 27, 2014)
26. Pritchard, J., "5 facts about Google's self-driving cars (and why 2017 is still a reality)", Las Vegas Review Journal, http://www.reviewjournal.com/life/technology/5-facts-about-google-s-self-driving-cars-and-why-2017-still-reality (April 28, 2014, accessed June 27, 2014)
27. Prada Gomez. L. R., Szybalsk, A. T., Thrun, S., Nemec, P., Urmson, C. P., "Transportation-aware physical advertising conversions", Patent US 8630897 B1, https://www.google.com/patents/US8630897 (January 11, 2011, accessed June 27, 2014)
28. Brustein, J., "From Google, Uber Gets Money and Political Muscle", Bloomberg Businessweek (August 26, 2013)
29. Fehrenbacher, K., "Zappos CEO rethinks urban transportation in Vegas with 100 Tesla Model S Cars", Gigaom, http://gigaom.com/2013/04/03/zappos-ceo-rethinks-urban-transportation-in-vegas-with-100-tesla-model-s-cars/ (April 3, 2013, accessed June 27, 2014)
30. Lardinois, F., "Google Awarded Patent For Free Rides To Advertisers' Locations", TechCrunch, http://techcrunch.com/2014/01/23/google-awarded-patent-for-free-rides-to-advertisers-locations/?utm_source (January 23, 2014, accessed June 27, 2014)
31. "Google Shopping Express", Google corporate website, https://www.google.com/shopping/express (accessed June 27, 2014)
32. "Mumbai eatery delivers pizza using a drone", The Times of India, http://timesofindia.indiatimes.com/city/mumbai/Mumbai-eatery-delivers-pizza-using-a-drone/articleshow/35440489.cms (May 21, 2014, accessed June 27, 2014)
33. Pepitone, J., "Domino's tests drone pizza delivery", CNN Money, http://money.cnn.com/2013/06/04/technology/innovation/dominos-pizza-drone/index.html (June 4, 2013, accessed June 27, 2014)
34. Gannes, L., "Adventures in Google Self-Driving Cars: Pizza Delivery, Scavenger Hunts, and Avoiding Deer", All Things D, http://allthingsd.com/20131117/adventures-in-google-self-driving-cars-pizza-delivery-scavenger-hunts-and-avoiding-deer/ November 17, 2013, accessed June 27, 2014
35. Grifantini, K., "Robots Take Out the Trash", MIT Technology Review, http://www.technologyreview.com/view/420608/robots-take-out-the-trash/ (September 1, 2010, accessed June 27, 2014)
36. "Timeline Google Street View", Wikipedia, http://en.wikipedia.org/wiki/Timeline_of_Google_Street_View (accessed June 27, 2014)
37. "Google Glass", Wikipedia, http://en.wikipedia.org/wiki/Google_glass (accessed June 27, 2014)
38. "Induct Launches Navia, The First 100 Percent Electric, Self-Driving Shuttle In The U.S.", Induct press release, http://www.prnewswire.com/news-releases/induct-launches-navia-the-first-100-percent-electric-self-driving-shuttle-in-the-us-238980311.html (January 6, 2014, accessed June 28, 2014)
39. "Induct presents world's first fully-electric driverless shuttle: the Navia", Induct press release, http://induct-technology.com/en/files/2012/12/Navia-press-release.pdf (December 6, 2012, accessed June 27, 2014)
40. Counts, N., "SMART Driverless golf cart provides a glimpse into a future of autonomous vehicles", MIT News, http://newsoffice.mit.edu/2013/smart-driverless-golf-cart-provides-a-glimpse-into-a-future-of-autonomous-vehicles (December 9, 2013, accessed June 27, 2014)
41. "AKKA link&go 2.0 electric self-driving concept designed for future cities", Designboom, http://www.designboom.com/technology/akka-linkgo-2-0-electric-driverless-concept-car-for-the-city-of-the-future-03-12-2014/ (March 12, 2014, accessed June 27, 2014)

42. Halliday, J., "Driverless cars set to roam Milton Keynes from 2017, says Vince Cable", The Guardian, http://www.theguardian.com/technology/2013/nov/07/driverless-cars-coming-to-milton-keynes (November 7, 2014, accessed June 27, 2014)
43. "CityMobil2 selects first seven sites", ITS Internationa, http://www.itsinternational.com/sections/general/news/citymobil2-selects-first-seven-sites/ (May 7, 2014, accessed June 27, 2014)
44. "The SARTRE Project", http://www.sartre-project.eu/en/Sidor/default.aspx (accessed June 27, 2014)
45. "Connected Vehicle Safety Pilot Program", U.S. Department of Transportation / Research and Innovative Technology Administration, Facts Sheet, FHWA-JPO-11-031, 2011, http://www.its.dot.gov/factsheets/pdf/SafetyPilot_final.pdf (2011, accessed June 27, 2014)
46. "Car 2 Car Communication Consortium", Car2Car project website, http://www.car-to-car.org (accessed June 27, 2014)
47. "simTD: Mit Car-to-X-Kommunikation die Zukunft der Verkehrssicherheit und Mobilität gestalten", simTD project website, http://www.simtd.de/index.dhtml/deDE/index.html (accessed June 27, 2014)
48. "Car-to-car communication coming soon to Japan", Nikkei Asia Review, http://asia.nikkei.com/Tech-Science/Tech/Car-to-car-communication-coming-soon-to-Japan (March 18, 2014, accessed June 27, 2014)
49. National Highway Traffic Safety Administration, "Preliminary Statement of Policy Concerning Automated Vehicles", National Highway Traffic Safety Administration (NHTSA) Publication 14-13, Washington, USA (May 30, 2013)
50. "Japanese government aims to implement driverless technology", http://www.driverless-future.com/?p=272 (June 27, 2012, accessed June 27, 2014)
51. Quigley, J.T., "Japanese Prime Minister ‚Test Drives' Autonomous Vehicles", The Diplomat, http://thediplomat.com/2013/11/japanese-prime-minister-test-drives-autonomous-vehicles/ (November 12, 2013, accessed June 27, 2014)
52. "Volvo Car Group initiates world unique Swedish pilot project with self-driving cars on public roads", Volvo Cars press release (December 2, 2013)
53. "Advancing map-enhanced driver assistance systems", ERTICO project website, http://www.ertico.com/adasisforum (accessed June 27, 2014)
54. "Action for advanced Driver assistance and Vehicle control systems Implementation, Standardisation, Optimum use of the Road network and Safety", ADVISORS project website, http://www.advisors.iao.fraunhofer.de (accessed June 27, 2014)
55. "Netherlands wants to approve large-scale self-driving car test", Automotive IT, http://www.automotiveit.com/netherlands-wants-to-ok-large-scale-self-driving-car-test/news/id-009301 (June 20, 2014, accessed June 27, 2014)
56. Winner, H., "Mercedes und der Elch: Die perfekte Blamage", http://www.welt.de/motor/article1280688/Mercedes-und-der-Elch-Die-perfekte-Blamage.html (October 21, 2007, accessed June 27, 2014)
57. Holm, C., "Blanke Nerven an der Donau", Der Spiegel, http://www.spiegel.de/spiegel/print/d-15502670.html (January 24, 2000, accessed June 27, 2014)
58. "Toyota Enters Agreement with U.S. Attorney's Office Related to 2009-2010 Recalls", Toyota press release, http://corporatenews.pressroom.toyota.com/releases/toyota+agreement+attorneys+southern+district+ny.htm (March 19, 2014, accessed June 27, 2014)
59. Elmer, S., "2013 Infiniti JX35 Under NHTSA Investigation for Intelligent Braking Issues", Autoguide, http://www.autoguide.com/auto-news/2012/07/2013-infiniti-jx35-under-nhtsa-investigation-for-intelligent-braking-issues.html (July 30, 2012, accessed June 27, 2014)

第 11 章 自动驾驶和城市结构

Dirk Heinrichs

11.1 简介

城市地区的出行方式、交通运输和土地利用模式之间有着紧密的联系[1]。城市形态在家庭和企业做出出行决定时发挥重要的作用,并在很大程度上决定着交通方式的选择。高密度和混合功能区的紧凑型城市形式为短途旅行和高效的公共交通提供了良好的前提条件,能促进步行与自行车的使用,并减少不必要的日常私人汽车的使用。另一方面,人口稀少的水平伸展式的土地不适宜步行和骑自行车的出行方式,而汽车的使用则受到青睐。相应地,交通模式的可用性和使用情况也对城市形态和必要的基础设施有很大的影响。因此,20 世纪后半叶的住宅郊区化程度很大程度上受到汽车可用性和机动客运基础设施扩建的促进[2]。

在未来全自动驾驶的推广将需要一个全新的交通系统,这不仅会为交通管理提供新的可能性,而且将产生新的交通法规,并对可用交通方式的选择产生影响(见第 12 章)。例如,允许驾驶员在车辆中进行驾驶相关操作之外的其他活动,这个构想可能会引发对交通领域时间要素的重新评估[28]。这种在自动驾驶车辆过程中参与其他活动的能力可能意味着,长时间的汽车通勤将不会像今天一样被视作是沉重的负担。这可能会增加住户在远离城市中心,地价与租金较低,并且有着更满意的绿化环境的郊区定居的意愿。换句话说,自动驾驶可能会影响住户在选择居住地点和日常交通之间进行的权衡。如果我们将这些相互关联的因素进行综合评估,最终时间因素可能将不再被看作城市规划的一个限制因素。全自动驾驶车辆的可用性是否将会完全重新定义出行与城市土地使用的相互关系?除了极少的例外情况[3],这个问题尚无定论。目前,将自动驾驶车辆整合到城市交通系统中的前景实质上仍然依赖于车辆技术自身的发展与其对交通流量的影响。

考虑到这些,本章的目的是尝试估计在拥有自动驾驶车辆的交通系统的影响下城市结构可能的发展模式。同样地,政治与经济框架对城市结构发展的影响方式也值得讨论。考虑如下几个问题:

— 在未来有多大的可能性通过自动驾驶实现交通系统的改变或者可变形的系统构造?

— 什么影响着未来城市的结构,尤其是城市密度、功能的混合以及布局,也许与自动驾驶带来的交通系统变革相关?

— 在发展拥有自动驾驶车辆的城市交通系统中,哪些影响因素尤其重要?

— 从城市规划与发展的角度来看,哪些方面应当纳入到有关自动驾驶的讨论中?另外,城市发展的讨论应该以什么方式处理"交通自动化"的问题?

以这些问题为基础,本章将评估当前对未来城市场景进行的构想。在11.2节中介绍了文献中"明日之城"的情景,以及作者将自动驾驶车辆整合到交通系统中的想法。接下来将会描述自动驾驶会对未来交通系统的改变或者可变性带来怎样的可能性,城市结构将会如何发展,以及在发展的过程中有哪些重要的影响因素。

在此基础上,11.3节根据两种作者阐述的理想情景,对未来可能的"全自动化"交通系统进行了深入分析。这些情景的核心是①自动驾驶私家车;②作为公共交通工具的组成部分的自动驾驶车辆。基于两种情景的简短描述,我们分析了每种情景对未来城市结构可能的影响。

11.4节讨论了在发展拥有自动驾驶车辆的城市交通系统中,哪些因素可能尤其重要。我们将确定所研究的情景的影响因素。

11.5节将对上述重要发现进行总结。在这一节中概述了从城市规划和发展的角度来看,在有关自动驾驶的辩论中哪些因素是真正需要注意的,并且提出了在城市发展过程中应该如何进行宣传使大众接受自动驾驶的问题。

11.2　情景预测——当自动驾驶成为"明日之城"的一部分

由于城市中的自动驾驶并未完全实现,并且自动驾驶对城市结构的影响尚属未知,一些设想中的情景融合了未来可能的发展及其相互关系。这些情景描述了潜在的未来局面以及从现在到该种未来局面的发展道路[4,5]。它们是在部分未知的不确定和快速变化的环境中,发现和理解变化及其驱动因素和结果的公认工具[6]。

在以下的介绍中,对有关未来城市出行和交通发展的现有文献进行了系统的分析。从研究的所有范围中,一部分重要的文件及其中的情景被选用,以进行更详细的分析。选择的文献符合以下标准:可追溯的既定目标、状态和发展道路;对驱动力及其相互依存关系的识别;对出行这一话题的讨论,并包括其与定居点结构的相互关系。最后,这些文件根据类型的相似性进行分组。接下来我们分析了文献中描述的自动驾驶的形式和意义,以及对这一趋势有显著影响的变化。这种分类沿着两个不确定的方向进行,这在检查自动驾驶方面有着特别的意义:智能通信基础设施(低或高)的可用性和集成度,以及城市人口对为流动性建设的基础设施的一般接受度和使用情况(特征为分裂的/低度的或高度的)。

在这些核心文件中描述的情景基本上可以分为三种类型：
- 再生/智能城市（The regenerative/intelligent city）
- 超流动城市（The hypermobile city）
- 无尽之城（The endless city）

下面将更详细地描述这些情景。

11.2.1 再生智能城市

对未来的一系列研究表明所谓的再生城市的发展是一项可能的发展道路[7-12]。这些研究认为，以高效、环保的方式利用资源的技术发展是 2030 到 2050 年城市发展的核心和动力。其中心是能源转换建筑（太阳能、增能房屋）和更多对来自可再生能源的本地生成电力的使用，这些通过所谓的微电网或点对点电力系统进行分配和共享。这些系统由智能控制机构支持，并允许与其他城市功能部分（如出行）建立联系。智能和信息的意义在相应的研究中得到突出体现。它们描述了技术制度的转型，不再是被个别技术部门（能源、运输、垃圾处理等）定义，而是保证部门之间的高度一体化。

这种技术发展伴随着城市居民行为的转变[7]。总体来说，可持续消费被认为是一种非常有意识和负责任处理资源的方法[9]。这可以归结为大量城市居民对未来的福祉和生活质量有更大的希望，而不只是需求经济福利。社会将接受能源效率优化和可持续的出行方式，因为大多数居民不仅从媒体了解其优势，还可以在日常生活中进行体验。

问题的关键在于人口密集的大都市地区，在大范围的集成区域却要保证简单并且可承受的流动性供应。在这种情景下，由于城市密度较高，城市的特征在于能否有效利用资源。这也证实一个假设，随着城市作为经济社会的中心而变得日益重要，未来在城市层面上采取决策和行动的可能性将会增加。我们分析的一些研究指出，伦敦等城市已经展示了改造城市基础设施的可能性，并且在不需要国家政策支持的情况下实施分散化的创新的能源与垃圾处理方法。通过城市之间的竞争、政策和城市政府的驱动，城市积极改造自身，并寻求提高城市的定位等级。

在城市向资源高效方向转型的过程中，再生智能城市的出行条件也发生了变化。信息和通信技术在交通系统中日益普及。研究结果认为这是扩大面向需求的出行管理方法的基础，也是建立未来交通供应与灵活多模式交通系统的联系的基础（见第 9 章）。公共交通作为城市出行的支柱正在进一步扩大和不断现代化，例如在综合规划中，步行和骑自行车作为经济性出行方式的一部分，其道路空间份额在不断增加。在这一问题上，市民也可以使用个人的交通工具（自行车、电动自行车、电动汽车和运输车），这恰恰体现了市民按照个人需求自主选择出行时间和地点的愿望。按照"使用而不拥有"的原则，"共享"条款正在由各种供应商引进和扩展，有助于大幅减少目前私家车占用的公共空间。一种个人的、移动的电子出行助手可以结合所有可用的方法进行权衡来处理日常的出行问题,并根据具体情况选择最佳选项。

本项研究的一个主题是汽车电子辅助系统的进一步发展,以及新的、更有效的驱动方式的开发。各项研究预计,假设未来私有汽车继续拥有重要意义[11],2030—2050年间装备适用于半自主用途的电子辅助系统的车辆将成为标配。例如,在高交通量或通勤路线的高速公路上,将允许自动驾驶的通行,从而优化交通流量。这一点可以通过车辆和交通基础设施之间的高等级互联性和通信来确保。这项发展将通过关于许可、保险和责任的新法规以及国家有关数据管理和标准化(开源、接口兼容性、数据保护和安全性)的一系列帮助大众接受的概念来实现。

作为流动性供应变化的一部分,我们分析的研究结果也描述了城市空间结构的转变。根据这些作者的研究,交通运输的相互联系增加了所谓出行枢纽的形成,这在如今已经可以看出。研究假设未来在多中心城市结构中将围绕这些枢纽组织城市区域。城市停车位的土地占有量明显下降。其原因是城市车辆的动态分配,以及自动化、节省空间的"停车架"。

11.2.2 超流动城市

超流动城市作为一个潜在的发展道路,是英国科技局前瞻司(the Foresight Directorate of the UK Office of Science and Technology)研究的一个重点。它描绘了一个直到2055年社会的发展状况,其中不间断的信息、消费和竞争成为常态[7]。

这种情景,像再生城市一样,也假设社会上现存的大多数人使用个人交通的障碍将会被解决,但是对资源和相应环境影响的要求仍然很高。这种发展的基本要素和驱动因素是人们对电子和数字基础设施发展的接受。这可能涉及一些数字电子技术,例如使用摄像头进行虚拟交易,或者个人信息助理。即使如今接受程度仍然很低,但由于它在商业和生活方式上的优势,未来几年接受度将会显著增加。未来城市的人们将会"永远在线",无论是在家里还是在工作中。为此,他们将使用配备加密技术的个人助理来帮助进行大量的组织和日常规划。虽然在这种情景下,关于数据保护和隐私的问题依旧是关注的焦点,但电子助理为使用者带来的好处终将消除用户对此的顾虑。

从现在到2055年,国家和私营部门将合作开发所需的技术。主要的干预措施包括对用户相关的信息与通信技术(个人助理系统、通信标准的规范化和GPS)以及技术开发(加密技术、传感器、目标定位)的强有力支持。一个重要的前提是在欧洲层面上努力提高数据的安全性。

在目标年份超流动城市情景中的流动性被描述为明显的网络化。作者概述了出行需求持续上升的一种发展模式。在这种情景中,对信息和通信技术的强调也将进一步提高出行的自动化,尤其是优化交通流量并减少拥堵。在城市中,公众出租车系统将在很大程度上取代标准的公共交通。这将接管在载客区高效运载和搭乘乘客的工作。本地使用的车辆将在指定区域运行，用户将使用个人助理对其进行呼叫。该网络将计算出最有效的路线，包括搭乘与放下其他乘客，并计算价格。这个网络又称"群"，可以处理大量关于交通状况和需求位置的数据。车辆可以调整其路线。乘客可以使用任何车辆，而不必等待一个特定的线路。

自动驾驶车辆将在高速公路上专为其准备的"导行车道"上长途行驶，其中一些车辆也可以通宵使用。人们会购买更大的车辆，并驾驶更长的距离。这些车辆将配备"车载无人驾驶单元"，沿高速公路和主要通勤路线与自动化系统进行通信，组成了高速行驶并紧密连接的自动控制车辆组成的车队。

在这种情景下，城市土地利用的发展情况会有所不同。一方面高度浓缩的市中心会出现；另一方面，密度较小的郊区也会扩大。虽然年轻人更偏向于住在城市中心，但是越来越多的高收入家庭会选择搬迁到城市周边或乡下。尽管他们与市中心工作地点之间的距离不断增加，但通过使用更强大的通信工具远程呈现或者自动化车辆的有效使用，仍然可以保证他们集中的工作生活。同时，这些居住在郊区的人口群体将有机会从日益疲惫和苛刻的超流动世界中的工作生活中恢复过来。

11.2.3　无尽之城

再生和超流动城市的情景突出表明技术发展是城市生活、流动性和城市结构变化的动力，无尽之城的情景刻画了一个有些不同的画面[12]。

这里的基本假设是，由于必要基础设施的高昂成本，技术创新不会在很大程度上受到影响。国家引导发展的力量有限，因而技术发展主要限于特定领域（内燃机、太阳能）的效率提升，概述的行为改变也不会出现在上述发展中。

关于流动性和城市结构，这种情景的作者设想了一个仍然明显由汽车主导的模式。由于国家开发公共交通系统的程度受限，所谓的非正式辅助客运服务将继续增长。可供使用的网络化程度仍将很低。自动驾驶系统的潜力并没有被讨论。在空间上，城市将会呈现出低密度和分散的定居结构。关于此事，作者正在推断目前全球可观察到的一个趋势[13]。

11.2.4　讨论

上述选择和分析表明，可以对情景部分讨论通过自动驾驶改变或能够改变交通系统的可能性。自动化解决方案在具有创新的通信和导航技术（再生和超流动城市）的高度渗透和相互联系的情况下制定。在这里，自动驾驶预计将有助于公共交通。这些情景描述了可堆叠与可编程的小型车的使用，例如联网公众出租车系统。在长途高速公路旅行过程中，可以使用自动化私家车。表11.1总结了不同情景下可能的自动驾驶形式，对城市形态和土地利用的影响以及主要驱动因素的主要特征。

表 11.1　情景概述

情景	自动驾驶形式	城市土地利用	驱动因素
再生城市	- 灵活，多模式与联网的公共交通系统作为城市流动性的支柱 - 高速公路上的半自动汽车（自动驾驶仪）	- 组建联运流动中心 - 由于新式停车系统，减少了城市停车位的土地消费	- （能源系统中的）技术发展 - 有意识和负责任的资源使用 - 国家立法和宣传
超流动城市	- 高度联网（自动化）的公众出租车系统 - 在高速公路预留的"指导车道"上拥有大容量或沿着通勤路线行驶的自动汽车	- 高密度的城市中心 - 低密度郊区的增长	- 由于其生活方式和商业上的便利，越来越多的人接受信息和通信技术 - 国家和私营部门合作开发必要的ICT技术
无尽之城	- 以汽车为主 - 公共交通网络水平较低（非正式"辅助客运系统"供给的比例较高） - 自动驾驶没有显著的发展	- 郊区增长 - 定居点密度普遍下降	- 有限的国家权力来引导发展 - 技术开发局限于离散区域的效率提升

注：基于文献 [7-12]，作者自己的描述。

关于自动驾驶对城市结构的影响，各种情景首先描述了其如何与大环境的整体转变相结合。再生城市场景假设城市人口和功能密度越来越高。其他情景（超流动城市和无尽之城）假设继续在全球范围内可见的郊区化趋势。这些被认为是高收入家庭个人偏好的结果，或者是将低收入家庭推出城市这一过程的结果。所谓的流动性枢纽或节点的形成在各种情景下被描述为由具有自动驾驶元件的交通系统产生的城市形态的可见变化。在再生智能城市情景中，交通网络的理念被严格地应用到城市空间。多模式交通枢纽允许实体网络及不同交通模式之间的简单中转，例如从（电动）汽车到公共交通工具。这种情景进一步发展，因为它也假定来自不同出行选择的其他用途的变化。它描述了围绕流动枢纽和公用设备组织的城市地区，其中包含自动化车辆作为公共交通工具的一部分。在几乎所有情景中，停车场及其与城市空间的连接也以迥然不同的方式被讨论。再生城市情景描述了随着私家车数量的减少和局部停车场得到管理，土地消耗得以下降。在未来的智能城市，私家车使用与公共交通的相互联系将会实现，新的停车换乘区域将会出现在流动枢纽。

对智能和再生城市描述的特征是技术必将克服现有和可预见问题（资源稀缺，环境变化）的基本信念。技术发展的中心意义也在无尽之城情景中从对立视角得到证实。在此情景中，缺乏创新被理解为一系列消极发展的原因。在某种意义上，这种情景描绘了全球南部城市的可能发展，国家直接发展的能力相对较低。

只有超流动城市的情景认真地研究了关于数据的课题。数据保护和安全问题被认为将在2055年的目标时间被接受，因为信息与通信解决方案对个人社交与工作带来的利益超过了人们眼中的弊端。

11.3 自动驾驶及其对城市结构的影响

上一节中描述的情景给出了这个问题的答案：自动驾驶将以什么形式影响未来城市交通系统？现在我们将仔细考虑城市形态和土地利用情况的可能变化：城市空间的使用分布、密度和布局将在自动驾驶的影响下产生何种变化？

上面介绍的情景证明，可以构想出多种从根本上互异的选项。首先，情景描述了自动化私家车的发展，通过无外部辅助控制的自动驾驶系统，或通过车辆-基础设施通信集成到交通流中。其次，这些情景设想将自动驾驶作为公共交通的一部分。可以认为，根据自动化交通系统的形式，对城市形态的影响可能会有很大的不同。因此，在下文中分别考虑两种形式。

11.3.1 自动化私家车

这种形式描述了将单一特征的个人交通中的驾驶任务转移到机器上作为其核心问题。其讨论了在第2章中概述的用例，高速公路领航、驾驶员扩展可用的全自动化汽车与代客泊车。

本形式假设未来的汽车使用情况将与如今的使用情况十分一致。除了所使用技术的特性之外，其他部分都不会改变，汽车仍然归个人所有。没有涉及形式和目的地选择模式的假想变化。然而，有关当前车辆的用途会发生变化。首先，自动驾驶允许行驶期间的其他活动：例如驾驶员可以在笔记本电脑上工作、吃饭、看书、看电影或打电话给朋友[14]。其次，自动驾驶将改变起始点。如今的汽车是直接从家到达目的地，或者用户必须在行程开始时步行到车辆的停车位置，并从停车场步行到最后的目的地。自动驾驶带来的改变是主要行程之前和之后的这些距离将由汽车而不是驾驶员进行。机器驾驶系统将会把汽车从其初始停车点操纵到所有者/用户的位置，并且在到达目的地之后行进到分配的停车位。

自动化车辆的使用对城市结构可能的影响和变化，首先是车辆在家庭和目的地所需的停车场。其次，家庭在选择居住地点时位置因素将变得更有吸引力。日常活动的目的地，如购物和休闲的地点也将有一个位置吸引力的转变。这是由自动化汽车使用所导致的交通流量所需空间的变化。这三个方面将在下面的部分中得到更仔细的研究。

11.3.1.1 必需停车场的变化

总体而言，住宅停车场所需面积的预期变化很小，尽管它们根据房屋结构的种类有所不同。在独户住宅社区，停车位与住宅数目相同的情况下，预计不会发生变化。可用的停车位将仅由不同的（自动化）车辆占据。在较密集的地区，如市中心居民区，可以假设社区停车场或集体车库将出现或得到发展，因为只有这样才能保证自动化车辆能够在社区界定的区域内找到一个停靠位置。

自动驾驶对停车场的进一步影响，可能在远离自家的行程目的地。这包括购物、休闲和工作的旅行。一辆自动化车辆能够让乘客在目的地下车，然后独立地自行停放在一个分配的停车位或集体车库内。这里也假设有足够的停车容量，以允许车辆安全可靠地找到停车空间。一方面，这种自动驾驶的使用，其中车辆在目的地使用户下车并进行自动停车，可能会使更多的用户愿意乘坐汽车访问某些特定的目的地。同样地，也可能对停车场的供应和管理产生重大影响，特别是在利用率高的地区，我们将很有可能见到以集体车库为形式的停车位供应形式。

节约空间的可能性被认为是自动停车系统得到应用的基本条件。这些系统应该被设计得更节省空间，主要通过用升降机井替换斜坡和过道，降低楼层高度，增加停车密度等方式[14,15]。据开发商估计，通过使用机器停车系统在同一地区可增加多达60%的停车位[16]。

有效利用停车空间在成本方面尤其有吸引力[16-18]。建筑开发所需的停车位消耗大量空间，占据整个投资成本相当大的一部分，特别是在建成的车库不在地面时。已经有一些项目在车库中进行自动化车辆停车测试[19,20]。驾驶员将车辆放置在车库门口，停车功能通过智能手机应用程序激活，汽车通过WLAN从中央车库电脑接收到最近的可用空间的路线数据，并自动行驶到目标位置。现有的自动停车系统可以作为示例。所有必要的车辆移动，除了进入和离开交接亭之外，都是自动进行（通过输送机和传送装置）或应用专门开发的停车机器人，正如文献［16］中已经在使用中的。

如上所述，停车场的重组和可能的集中也许不会发生在所有的地点。变化主要限于特别有吸引力的地区，和建设停车场的费用以及由此产生的节省空间的解决方案的吸引力特别高的地区（高价格与土地稀缺的地区导致多层解决方案出现）。这些地区包括高密度城市中心服务和购物区，上班人数较多的新商业区也是如此。此外，机场和火车站等交通中心也可算在内，它们除了上文提出的标准，还要求为长期停车提供安全可靠的解决方案。在自动驾驶过程中停车费用可能发生变化的程度无法估计。一方面，乘客在目的地下车，随后在城市其他位置停车（空间使用压力较小因而更便宜）可以节省金钱[21,22]。另一方面，改造和重组停车设施与基础设施带来了相应的成本。

11.3.1.2 （住宅）地点吸引力的变化

一些研究指出，当自动驾驶成为可能时，郊区住宅区的吸引力越来越大[2,22,23]。根据这一观点，使用自动化车辆的家庭可以选择居住在较低房价的绿化区，但远离城市中心，因为自动化车辆将弥补位置上的缺点（较长距离）。其中一个后果可能是，类似于20世纪下半叶郊区化的发展，相对低密度的新住宅区涌现。这一趋势受到机动化、基础设施建设、离散用途和分散城市的规划政策方式以及决定在乡下定居的家庭的强烈驱动。这些结果在如今的土地利用模式中仍然可以被看到[24]。

一般来说，工作人口对居住地点的选择受到生活质量和生活环境等因素的影响远远超过了他们对于靠近工作地点的希望[25]。这是由相对较高的通勤覆盖所支持的。在德国所有接受社会保险的员工中，约有60%的人口即大约1700万人，不在自己居住的市内工作。为了上班，工作人口在每一单程平均花费大约半小时的时间。汽车使用占主导地位，总共构成行程的66%[26]，而在美国则多达86%[27]。基于Guth等人涉及就业以及跨区域边界工作的数据集[25]发现，过去几十年来，跨市区的通勤比例和覆盖距离在德国的集聚地区都有所增长。

自动驾驶可以进一步促进这一趋势，并使人愿意接受更长的通勤时间。首先，人们认为伴随自动驾驶旅行舒适度将会增加（例如文献[14]）。路上时间不再被用在繁重的驾驶任务上，而是允许进行其他的活动。出行不一定会被视为不愉快的任务或是时间的损失。此外，路程时间可能会缩短。关于自动驾驶，人们对流动和静止交通总体上将得到更有效的处理有很高的期望[2,22,28]。自动化车辆可以协调驾驶，例如加速或制动，从而减少行车时间。车辆在路口接近零等待时间通过也是可能的[14]。乘客到达目的地先下车，也会在节省寻找停车位时间中获益。总体而言，拥有自动化车辆的旅程将更容易预测和计划，并在时间上更可靠，这是几乎恒定的速度和从起点到目的地可靠与可预测路线的结果。

改善的旅行舒适度，更短和更可靠的旅行时间是家庭进一步权衡工作或其他目标（如好学校）以及其他位置标准（如当地房价或乡下地区吸引力）的相关因素。决策的基础可能会改变，特别是对于拥有自动化车辆的工作通勤者。旅程时间对于通勤者来说是一个特别大的额外负担[29]。如果不能计算持续时间，以及到达目的地的时间，这一负担会进一步加剧。大伦敦的心理学研究[30]表明，交通使用者无法控制的时间损失，例如交通堵塞，很大程度上是产生压力的原因。

11.3.1.3 交通流量的空间要求

上述提及的自动驾驶的好处也使交通路线的容量释放变得可能。协调的加速和制动，以及较高的车辆频率（所谓的"队列行驶"）将有可能减少用于交通的街道面积[30]。预计相对于道路区域的车辆密度将显著增加[30,31]，尽管对这种容量增长程度的预期有所不同。例如，Fernandez[31]假设密度的增长高达500%。Brownell估计高速公路上的密度增长超过250%，而城市街道上约为180%[32]。这意味着交通流量所需的面积可以减少，例如通过减少车道的数量。由于自动化车辆的驾驶行为改变，车道宽度也可以在现有尺寸的基础上削减（见第16章）。交通流量所需空间的减少可能会促进其他用途，如自行车车道和人行道。然而，不同的作者均表示，这种影响只能在完全自动化中发挥作用[22]。

高密度的交通流量也可能以其他方式对于行人和骑车者等产生影响。例如，隔离效应可能会增加，并且穿越密集交通流量的街道可能会变得更加困难。为了保证自动驾驶对交通流量带来的好处，同时保持对行人和骑车者的"渗透性"，建造非交叉的路口例如地下通道和天桥将是一个必要的结果。

11.3.2 自动化出租车作为公共交通的组成部分

第二个在所讨论的情景中得到更加详细探讨的发展模式，是以自动化出租车队的形式出现的一个新型城市交通模式。这涉及第2章所述的"按需用车"用例的一些方面。在这样的系统中，低成本的自动化出租车不再按固定路线与固定时间表运行，而是以需求导向和灵活的方式运作。车辆在一个全市性的密集的车站网络中持续运行。这种运行方式与招手即停的公共出租车类似。城市被划分为若干单元。一个"中转站"，或者一系列的中转站，作为搭载与放下乘客的地点隶属于这些单元。如此，将出租车与有轨公共交通结合起来是可能的。出租车负责有轨公共交通工具的接驳和分散功能，并在其中搭载乘客，而较长的路段则由更有效率和更快的公共交通接管。自动化出租车网络的使用已经被描述和模式化为一个概念[32-34]。这可能导致公共交通的根本转型，因为其解决了高速铁路如何覆盖最后一公里的问题[23]。它涉及取消标准公共汽车和电车站，系统是否集成十分重要，出租车是由公共还是私营部门经营也是一个有争议的问题。

11.3.2.1 用于交通和停车的公共空间

拥有自动化车辆的公共交通系统对城市土地利用的影响范围可能非常广。自动化车辆的使用可以大量减少城市中心的停车位数量，因为车辆不必前往一段距离以外的停车站，而是开车到下一个乘客。因此车辆将连续使用，停车位的需求将会下降。然而，有必要设立清洁、维护、加油/充电和修理的本地补给站。

这种出租车车队的永久部署可能会加强汽车共享，甚至是动态的"拼车"，因为其允许自发地租赁车辆，以精确的时间和距离进行直达行驶[14]。它可以被视为目前具有这些属性的灵活车辆共享商业模式（Car2Go，City Car Club，DriveNow，Zipcar）的逻辑上的延伸。从这个角度来说，可以认为这样的系统会显著改变车辆的所有权和使用方式（见第9章）。汽车使用量的增加也是可能的[22]。

可推想的一个结果是生活在这种按需流动性服务的地区的家庭汽车持有量下降。例如，现在可以想象美国人不需要他们的第二辆车，因为这样一个系统可以提供从前门直接上车的便利[28]。汽车持有量的变化将导致静止交通所需停车位的变化，这甚至可能会使得有利于多功能旅行的地区不再有静止的交通。这些区域可能比以前更宽，分为自行车道与车速最高约30km/h的电动辅助微型车辆专属车道，另外还有一条为更重和更快车辆提供的车道。

城市空间利用的进一步变化是起降车站的建立，进一步增强流动枢纽的特点，特别是拥有通向其他形式公共交通工具的转运站。除了重塑这些空间（停车/短时停车，搭载乘客）之外，还可以预料到使用情况的变化，例如在枢纽区域"传统"购物和服务设施的集中。

通过广泛地重塑公共交通系统，也可能对补充公共交通基础设施与用途产生影响。如果用户从使用私家车转为使用自动化出租车与高效的铁路网络进行连接，形成系统的"主干"，乘客人数将在这些路线上增加，并且很有可能必须调整客运容量。

11.4 拥有自动化车辆的城市交通系统发展的基本驱动力

在之前 11.2 节和 11.3 节中分析了有关情景，并根据不同的特点，讨论了受自动驾驶影响的交通系统对城市土地利用的影响。接下来，本节将讨论哪些因素会对这种类型的系统发展产生最大的影响。

以上情景的讨论首先表明了自动驾驶在交通系统发挥越来越大作用的过程中技术创新的重要性。信息和通信技术、电子和数字基础设施、数据管理以及人工智能领域的进步和新进展是这一趋势的重要推动力，交通模式的自动化通常可以被视为更广泛的城市自动化进程的一部分。停车场、能源和设备管理的自动化就是例证。

因此，我们可以看到对与包含自动化车辆的交通系统发展相关事件的国家控制能力的高度期望，所述场景期待国家与私营部门合作开发必要的技术。这同时伴随着关于许可、保险和责任以及有关数据管理和标准化（开源、接口兼容性、数据保护和安全性）主题的促进接受观念的新法案。

关于人们对自动驾驶的接受度，很明显一系列可能的因素会产生积极的影响。首先，自动驾驶与社会使用有效和环保的交通系统相结合。其次，由于个人的生活方式和经济效益，特别是在政府积极推动技术接受的情况下，未来几年私人用户和经济参与者的接受度可能会上升。

自动化可能产生积极影响的另一个因素是具有成本效益的使用前景和城市土地利用的升级。一个例子是停车场，自动化将为停车场的建设提供明确的成本节省，并且由于空间需求的降低，存在转换成高价值的用途的可能。而随着作为居住地的选择标准潜在重新评估与吸引力增加，城市边缘或附近地区也可能会获利。

然而，必须记住这里提到的因素有很大的不确定性。首先，鉴于基本的法律和道德问题（见第 4 章和第 25 章），不可能预测包含自动化车辆的城市交通系统将会以何种速度与形式进行发展。

目前同样不可能可靠地预测自动驾驶对交通和城市土地利用的结果。通过将自动驾驶纳入集体公共交通系统，汽车共享可能会发展得更强，汽车拥有量可能会下降。对"个人拥有"车辆接受度和使用的增加也会加强个人机动车的前景。特别是后一种情况提出了可能的"反弹效应"的问题。时间节省和较低使用成本可能导致更高的出行频率和增加的交通量[22]。在这种情况下，自动化车辆数目的增加将抵消一开始为道路通行能力带来的效率增长。

然而，目前自动化车辆使用的额外成本如何发展的问题仍然没有得到解决。本章分析的情景在这一点上没有令人信服的结果，仅仅假设未来的出行成本仍是可接受的。然而，对装备汽车的附加成本的计算表明购买和使用成本将会明显增加[22,28]。此外，市区交通基础设施调整和新社区建设的成本都将产生额外的成本，郊区的吸引力实际上得到了增加。

除了以上所有这些方面，地方和区域的利益相关者——政治家，行政部门，交通运营商和房地产行业——的规划存在很大的不确定性。特别是交通基础设施和定居点发展的调整需要长期的行动，包括相应的监管和融资。因此，只有在道路上的大多数车辆为自动化时，才能预计自动驾驶对城市土地利用的改变。只要不是这种情况，交通密度可能继续显著增加，行程仍难以规划，停车需求保持高位，道路宽度不受影响。因此，至少来自地方交通和城市规划部门的利益相关者目前仍然缺乏采取行动和决定的重要方向。其中最重要的就是自动驾驶在中长期实际上将会采取什么样的形式。

11.5 总结与展望

本章的核心目的在于研究拥有自动化车辆的交通系统对城市形态和土地利用的潜在影响，并评估政治和经济条件对这一发展的作用。根据"明日之城"的可行情景与展望，以及将自动化车辆整合到交通系统中的理念，我们可以设想出不同的发展。例如，在这种情景中，自动驾驶车辆是由自动驾驶仪操控，未受任何外部系统辅助的私有车辆？还是通过车辆-基础设施通信进行联网？还是公共交通的一个组成部分？

根据这些不同的特征，自动化交通模式有可能以完全不同的方式改变交通系统。其性能和潜在用途也将影响土地使用和城市规划。影响区域包括停车需求与组织，以及社区作为居住、购物或工作场所的吸引力。此外，自动化车辆可以允许目前用于交通和停车的土地转换为其他用途（用于其他交通用途，例如步行或自行车或者用于建筑目的）。实际上可能发生的变化在很大程度上取决于自动驾驶发展的方向。

从城市发展和规划的角度来看，对自动驾驶的讨论中，什么方面是至关重要的？

首先很明显，自动驾驶可能会对相关的城市土地利用产生一系列可能的影响，反过来又可以作为拥有和使用自动化车辆的决策标准。家庭更容易实现"郊区"偏好的可能性可作为一个例证。在长期出行（位置选择）和日常出行（目的地和交通方式选择）之间决策过程的联系应被纳入围绕自动驾驶的讨论中。除了这样个人中心的标准，也存在与自动驾驶的社会使用有关的问题。例如，这涉及由于地区吸引力的变化而开发新城郊社区的后续费用。当自动驾驶被应用时这种相关性将在多大程度上得到实现，以及如何评估其影响，在我们谈论自动驾驶时应该被优先理解和讨论。

其次，在土地利用潜在变化之外，研究发现在对交通系统的改造中可能会产生深远的变革，比如新的基础设施以及交通空间的重新配置（包括停车场）。自动化和非自动化车辆的驾驶模式和处理方式以及其他模式的发展必须考虑到这一点。这完全是一项长期任务，因为只有当道路上的大部分车辆为自动驾驶时，城市土地利用的变化才能预计[22]。其中许多问题需要进一步调查研究，例如，需要分析自动驾驶对设计城市空间的停车位、自行车道、路口、人行道以及横断面路况等的长期计划的影响。如何设计拥有自动化车辆的交通系统的连续转型？哪种场景是初期应用时可行的？这里需要说明的不仅仅是当前的基础设施如何"转型"，而且是当前各种模式和交通方式的优先级和作用将如何在这一过程中发生变化。随着自动化车辆的增加和上述特殊车道的出现，各种模式之间的功能分离可能会更大。由于自动化车辆密集的交通流量，其他交通使用者也可能更难跨越道路。这引起了一个问题，即自动驾驶产生的影响本身与未来各种交通模式用途的组合管理会受到多大程度上的平等关注。

显然，不仅仅是城市发展问题与自动驾驶的讨论有关，反之亦然。自动化交通系统对城市规划与发展的概念和目标有非常重要的影响。具有自动化车辆的交通系统在多大程度上和哪些条件下有助于实现目前有效的模式，如密集和紧凑的城市？或者自动化是否会促进以汽车为中心的城市的回归？构建自动化交通的城市规划要素与普遍向往的由路人、自行车和铁路构成的城市的需求之间有什么关系？在自动驾驶的影响下，是否需要为城市发展制定从根本上不同或新的模式？我们现在可以开始讨论这些问题。

应用许可

本章根据知识共享署名 4.0 国际许可（http：//creativecommons. org/licenses/by/4.0/）的条款进行分发，允许通过任何媒介或格式使用、复制、改编、分发和再创作，只要您对原始作者和来源给予适当的说明，提供知识共享许可链接，并指出所做的任何更改。

本章中的图片或其他第三方材料均包含在作品的创作共享许可中，除非在来源中另有说明；如果这些材料不包括在作品的知识共享许可中，并且法律规定不允许相应的操作，那么用户需要获得许可证持有者的许可才可以复制、改编或再创作材料。

参 考 文 献

1. Cervero, R. und Kockelman, K. (1997): Travel demand and the 3Ds: Density, diversity, and design. In: Transportation Research Part D: Transport and Environment, Volume 2, Issue 3, September 1997, pp. 199–219. DOI: 10.1016/S1361-9209(97)00009-6. URL: http://www.sciencedirect.com/science/article/pii/S1361920997000096
2. Apel, D. (2003): Der Einfluss der Verkehrsmittel auf Städtebau und Stadtstruktur. In: Bracher, T. ; Haag, M. ; Holzapfel, H. ; Kiepe, F. ; Lehmbrock, M. ; Reutter, U. (Ed.): HKV - Handbuch der kommunalen Verkehrsplanung (Chapter 2.5.7.1).
3. RAND Corporation (2014): Autonomous Vehicle Technology. A Guide for Policymakers. URL: http://www.rand.org/pubs/research_reports/RR443-1.html
4. Wilson, I. H. (1978): Scenarios. In: Fowles J. und Fowles, R. B. (Ed.): Handbook of Futures Research. Greenwood Pub Group Inc, Westport und London, pp. 225-247.
5. von Reibnitz, U. (1992): Szenario-Technik. Instrumente für die unternehmerische und persönliche Erfolgsplanung. Gabler Verlag, Wiesbaden.
6. Steinmüller, K. H. (1997): Grundlagen und Methoden der Zukunftsforschung – Szenarien, Delphi, Technikvorausschau. WerkstattBericht 21. Sekretariat für Zukunftsforschung. Gelsenkirchen. URL: http://steinmuller.de/media/pdf/WB%2021%20Grundlagen.pdf
7. Foresight Directorate (2006): Intelligent infrastructure futures. The Scenarios - Towards 2055 URL: http://www.bis.gov.uk/assets/foresight/docs/intelligent-infrastructure-systems/the-scenarios-2055.pdf
8. Fraunhofer Gesellschaft zur Förderung der Angewandten Forschung e.V. (2012): Visionen zur Morgenstadt. Leitgedanken für Forschung und Entwicklung von Systeminnovationen für nachhaltige und lebenswerte Städte der Zukunft. URL: http://www.morgenstadt.de/de/_jcr_content/stage/linklistPar/download/file.res/Fraunhofer_Visionen%20zur%20Morgenstadt_050212.pdf
9. Stadt Wien (Magistrat 18 der Stadtentwicklung und Stadtplanung) (2012): smart city Wien - towards a sustainable development of the city (= Blue Globe ReportSmartCities #1/2012) URL: http://www.smartcities.at/assets/Projektberichte/Endbericht-Langfassung/BGR01-2012-K11NE2F00030-Wien-v1.0.pdf
10. Federal Ministry for Education and Research (n.D.): Morgenstadt – eine Antwort auf den Klimawandel.
11. Promotorengruppe Mobilität der Promotorengruppe Mobilität Wirtschaft – Wissenschaft (2013): Abschlussbericht der Promotorengruppe Mobilität. URL: http://www.forschungsunion.de/pdf/mobilitaet_bericht_2013.pdf
12. Forum for the Future (2010): Megacities on the move. Your guide to the future of sustainable urban mobility in 2040. URL: http://www.forumforthefuture.org/sites/default/files/images/Forum/Projects/Megacities/megacities_full_report.pdf
13. Angel et al. 2011: Making Room for a Planet of Cities. Lincoln Institute of Land Policy. Cambridge, MA.
14. Fagnant, D. J. und Kockelmann, K. M. (2013): Preparing a Nation for Autonomous Vehicles: Opportunities, barriers and Policy Recommendations. Eno Foundation. URL: http://www.enotrans.org/wp-content/uploads/wpsc/downloadables/AV-paper.pdf
15. Irmscher, I. (n.D.): Benutzerfreundliche automatische Parksysteme – Besondere Anforderungen – Planung – Einsatz. URL: www.givt.de/index.php/de/component/jdownloads/finish/4/22

16. Kowalewski, S. (2014): Überlassen Sie das Parken Ray. Deutschlandradio Kultur. URL: http://www.deutschlandradiokultur.de/technologie-ueberlassen-sie-das-parken-ray.2165.de.html?dram:article_id=290092
17. Mitchell, W.J., Boronni-Bird, E., Burns, L.D. (2010): Reinventing the Automobile. Personal Urban Mobility for the 21st Century. The MIT Press. Cambridge, MA.
18. LEG Stadtentwicklung GMBH (2008): Mobilitätshandbuch Zukunftsstandort Phoenix West. Dortmund.
19. Continental AG (2014): Der Fahrer entscheidet, das Auto übernimmt. URL: http://www.conti-online.com/www/automotive_de_de/themes/passenger_cars/automated_driving
20. Audi (2012): Automatisch ins Parkhaus. URL: http://blog.audi.de/2012/09/21/automatisch-ins-parkhaus/
21. Litman, T. (2014): Ready or waiting. Traffic Technology International. January. 37-42. URL: http://www.traffictechnologytoday.com
22. Litman, T. (2014): Autonomous Vehicle Implementation Prediction. Implications for Transport Planning. June 4, 2014. URL: http://www.vtpi.org/avip.pdf
23. Le Vine, S. und Polack, J. (2014): Automated Cars: A smooth ride ahead? ITC Occasional Paper-Number Five, February 2014. URL: http://www.theitc.org.uk/docs/114.pdf
24. Angerer, F. & Hadler, G. (2005): Integration der Verkehrs- in die Stadtplanung. In: : Steierwald, G.; Künne, H. D. & Vogt, W. (Ed.): Stadtverkehrsplanung. Grundlagen, Methoden, Ziele. 2. Auflage, Springer-Verlag. Berlin, Heidelberg. pp. 18-28.
25. Guth, D.; Siedentop, S. & Holz-Rau, C. (2012): Erzwungenes oder exzessives Pendeln? Zum Einfluss der Siedlungsstruktur auf den Berufspendelverkehr. In: Raumordnung und Raumforschung (2012) 70, pp. 485–499. URL: http://link.springer.com/article/10.1007%2Fs13147-012-0196-5
26. Destatis (Statistisches Bundesamt) (2014): Berufspendler: Infrastruktur wichtiger als Benzinpreis. Article from May 6, 2014. URL: https://www.destatis.de/DE/Publikationen/STATmagazin/Arbeitsmarkt/2014_05/2014_05Pendler.html#Link3
27. McKenzie, B. (2014): Modes Less Traveled—Bicycling and Walking to Work in the United States: 2008–2012. American Community Survey Reports. URL: http://www.census.gov/hhes/commuting/
28. Silberg, G., Wallace, R., Matuszak, G. (2012): Self-Driving Cars: The Next Revolution, KPMG and the Centre for Automotive Research; URL: www.kpmg.com/Ca/en/IssuesAndInsights/ArticlesPublications/Documents/self-driving-cars-next-revolution.pdf
29. Häfner, S., Rapp, H., Kächele, H. (2012): Psychosoziale Belastungen von Bahnpendlern und was soll man tun? In: Psychotherapeut 2012 (57): 343-351
30. Lewis, D. (2004): Commuters suffer extreme stress, in BBC, URL: http://news.bbc.co.uk/2/hi/uk_news/4052861.stm
31. Fernandes, P. (2012): Platooning With IVC-Enabled Autonomous Vehicles: Strategies to Mitigate Communication Delays, Improve Safety and Traffic Flow. URL: http://home.isr.uc.pt/~pedro/T-ITS-11-02-0065.pdf
32. Brownell, C. K. (2013): Shared Autonomous Taxi Networks: An Analysis of Transportation Demand in NJ and a 21st Century Solution for Congestion. URL: http://orfe.princeton.edu/~alaink/Theses/2013/Brownell,%20Chris%20Final%20Thesis.pdf
33. Brownell, C. K. & Kornhauser, A. (2013): Autonomous Taxi Networks: a fleet size and Cost Comparison between two emerging transportation models and the conventional automobile in the state of New Jersey. URL: http://orfe.princeton.edu/~alaink/TRB'14/TRB'14_BrownellPaper_0728v2.pdf
34. Gorton, M. (2008): Using Information Technology to Achieve a Breakthrough in Transportation in New York City. The Open Planning Project. August 2008. URL: http://www.streetsblog.org/wp-content/pdf/SmartParaTransit.pdf

第12章 从需求模型看自动驾驶与自动化车辆

Rita Cyganski

12.1 动机和目标

2013年，Willumsen，运输建模领域最著名的研究人员之一，对于自动驾驶车辆做出了如下评价："如果我们规划的周期要到十多年以后，就不能再对它们视而不见了[37]。"但是直到目前为止，还很少有人尝试预测自动驾驶汽车对人们日常交通的影响，尤其是出行方式选择方面如[11,19,37]。然而，通过分析我们日常交通行为的个人驱动力，可以得到一些关于因自动驾驶引入而使得人们潜在行为发生改变的结论。通过类比在交通需求模型下对已知交通方式的使用，可以得到整体交通需求的潜在影响的初步定量的结论。在这个过程中，需求模型允许我们区分不同的地理环境和用户群体，因而可以评估使用这类系统的各种场景。

本章的目的是在客运交通方面的建模需求上，概述将自动化车辆纳入现有的交通方式选项的挑战和初步方法。首先，我们将研究个人在衡量多种交通方式时，哪些因素起着关键的作用。后面的章节简要介绍了交通需求建模的操作方式。然后，我们将关注引入自动驾驶车辆会让交通方式的选择出现什么变化。我们将讨论新车的具体特点以及用户所处的地理环境和潜在用户本身，会影响人们对这辆车的感受和接受态度，以及这将怎样影响运输方式之间的竞争状态。为了支持这项工作，我们给出了关于人们对自动驾驶车辆的态度以及对其预期用途的在线问卷调查的初步结果。总结的部分将涉及以下问题：将自动化车辆集成到模型支持的交通需求分析中有什么挑战？当前的模型和数据库需要如何扩展才能给出合适的对应分析？

12.2 是什么决定了我们的交通方式

关于为什么我们会倾向于选择某种特定的交通方式的问题充斥着各种学科的大量出版物。对此学界有一个共识，大量复杂且相互依赖的因素决定了人类交通行为和方式选择。根据Bühler（2001）的观点，这些细分为四类：①社会经济和人口特征；②文化框架和个人偏好；③空间发展模式；④政治调控[6]。除了个人自身的评价标准，Ortùzar 和 Willumsen[24]认为目的旅程的特点，尤其是其中运输供给以及可行的交通方式的特点是最具有决定性的因素。

方式选择的一个很重要的问题就是可供选择的交通方式的可用性。是否拥有驾照、个人收入情况、是否拥有一辆车是很重要的行为决定因素。大规模的投资例如购买一辆车或者购买公共交通系统的季票对交通方式的选择有长期的影响[31]。在方式选择中表现出的差异可以来源于性别、工作现状、家庭的规模和结构。家里是否有小孩也会有特定的影响[6,24,28]。但不仅仅是客观指标在这里起作用。每个人的个人情况、生活习惯、对各种交通方式和出行本身的态度以及日常的生活习惯和惯例也会影响决定[25,27,29,33]。学习理论和认知与社会心理学的方法都强调交通社会化和社会与环境的规范的影响[2,12,27]。这些都清楚地表明，个人的真实决定往往与将其视为理性且独立的个体的理想化情景时所做出的决定不相符合。

住宅位置被认为是个人交通相关决策的主要空间锚点。它的物理位置直接影响了访问目的地的可行性以及前往目的地所需的努力[6,9,27]（第20章）。例如，更高的人口密度、更混合的空间用途和距公共交通更近的距离，将导致汽车使用率的减少和步行/自行车使用率上升的生活方式。同时，交通堵塞、停车位不足以及高昂的停车费问题在人口稠密地区更为常见[6]。

如果不考虑其他因素，则使用某种交通方式的财政成本将会是政策调控的直接或间接后果。运营成本、道路通行费和停车费用将影响人们对车的态度。而路程时间，特别是与另一种可替代交通方式所需时间的比较，是另一个重要的选择标准。在这种情况下，应该区分预估的时间和实际花费的时间。例如，往返公交车站所需的时间，以及在巴士上旅行的实际时间。此外，从使用公共交通工具的情况可以看出，等待和换乘的时间以及换乘次数对一种交通方式的评价有很大的影响[36]。然而，不仅有实际的因素在这里起重要作用，交通方式的象征意义和情感因素也会产生影响[33]。例如，某种交通方式的宣称和实际的可靠性和准时性将影响人们对这种交通方式的态度，同样地也适用于安全性、便利性、愉悦性和灵活性[4,24,33]。

此外，选择交通方式也取决于旅行的目的。在这里，不仅仅要考虑单段旅程，还需要考虑一条完整的旅程链，即从离开家到回到家这期间所有的旅程都要考虑在内[4]。同时，同行人员的数量和类型、交通需求和行程的长度对交通方式的选择也有决定性的影响[16,25,33]。

12.3 运用交通模型对交通方式做出选择

12.3.1 交通需求建模简介

交通需求模型是运用在交通规划和决策过程中的已有的重要工具。它们被用来分析目前的交通情况，预测交通需求的未来发展，或者对基于不同场景下的潜在发展路线进行检验。交通需求模型的基础是移动需求与其具体地理表现之间相互依存关系的简化的、特定目的的表现。交通模型是对输入数据细节的广度和深度有极高要求的数学模型，与人类决策过程和当前交通需求相关，因而依赖于大量的经验数据。

乘客交通建模的目的是表现有计划地改变乘客位置时，个人所做出的所有决定。建模的第一个阶段是行程生成，解决在本次研究中共发生多少次位置变化。为此，根据统计数据预计一天之内人们产生的行程和活动次数。在这个过程中，产生的行程或者是行程链会因行程目的的不同而不同。下一步是目的地选择或行程分配，根据行程目的会给每个行程分配一个目的地。在给定了每一段的始发地和目的地后，进行模型的第三步，交通方式的选择或者交通分配，权衡各种可行的交通方式，随后选择其中的一个。下一步是交通安排或者路线选择，确定从始发地到目的地的路线，有些时候甚至要详细到确定起始时间。这里的基础是所谓的供给模型，交通系统中所有可能的交通方式都在这里被详细地绘制。这样，每条潜在的交通路线的属性都能够被确定，例如两个位置间的行驶时间。因此，交通需求模型提供了有关研究范围人口的位置改变和由此产生的各种交通模式交通量的信息。为了简化起见，下面按照顺序介绍模型的各个阶段。但在实践过程中，某些阶段会同时或者递归进行——交通方式和目的地的选择经常被组合起来。更多有关交通需求模型的细节，参见文献 [5，24]。

通常，交通需求模型的建立可以分为微观和宏观建模方法。这两种方法在所需信息、所需属性以及筹划决策相互关系中的模型逻辑等方面有所不同。宏观需求模型也经常被称为四步模型（Four-Step Models）或 FSM，直接反映了上述提到的四个阶段。根据其社会人口、交通相关的特征，研究范围里的人群被分为几个组，组内的行为尽可能相似，而组间的行为不同。分类过程通常基于性别、年龄、就业状况和是否拥有汽车。上述分类通常不考虑家庭情况，此外更多细节参见文献 [18]。在建模过程中，组内成员产生的所有行程都是整体模拟的，与一天内其他人位置的变化无关。有关宏观模型的进一步描述，请参见文献 [5，22]。

尤其在美国的区域建模中，近年来所谓的基于活动的建模方法或微观交通需求建模方法变得越来越重要。与宏观模型相比，这些模型更加侧重于人们的个人流动性决策，并在更大程度上考虑了个人的详细特点和家庭背景。个人一天的行程被模拟为从出门开始到回家结束。这种表述形式允许考虑个人活动和决策之间的行为相互关系。在微观模拟过程中，研究范围内所有人的旅行链被单独计算，从而得到一个交通需求的整体图景。有关基于活动的建模方法的进一步描述，请参见文献 [7，10，21]。

12.3.2　交通模型选择应用模型中的决策标准

交通方式的选择在交通需求建模中具有重要意义，其结果与规划和政策高度相关[24]。一般采用离散选择模型或密切相关的方法（或与其类似的方法）来假设强理性的决策行为。这些统计模型有助于确定各自的影响因素及其对决策的影响程度。如果假设选择某个可行选项的总效用可以从这个选项的各个部分的效用相加得到，则可以计算选择某个选项的效用并与其他可选选项的效用进行比较。当这个选项较于其他选项具有相对优势，则选择这个选项的概率将会增加[20, 24]。模型的复杂度不一定相同，例子参见文献［34］。然而，整合到需求模型中的交通方式选择模型通常只考虑某些变量，包括交通模式、人、行程和地理结构特征。

在描述可行的交通方式时，财务成本和时间成本是首要考虑的因素。当交通方式是开车时，运行成本是主要被考虑的，购买和维护成本则考虑较少。时间成本主要是平均车载旅行时间。不常见的主要是对于公共交通工具，前往车站和从车站返回的时间也要考虑进去。在后一种情况下，换乘次数、换乘和等待的时间甚至交通工具运行的频率也常常考虑进去。到目前为止，诸如旅行时间的可靠性这类因素经常在分析模型中被考虑[4]。此外，通过使用交通方式特定常数，可以综合考虑到不能进一步指定效用的部分。年龄、性别、收入水平、是否持有驾驶执照和是否拥有车辆是模型中典型的社会人口属性。收入变量、受教育水平、家庭规模或儿童人数则考虑得较少。特别是针对社会人口属性，通常通过与其他属性相关联来确定它们的效用部分，从而实现针对特定人群具有不同的影响程度。对交通方式的评估也取决于行程的目的；因此，对于某个行程目的有其特定的互动条款也很正常。在这里区分是旅行还是工作特别重要。另外还有是否运输货物，或者有特定行程目的的乘客同行，例如购物或者长途旅行，也需要相应地进行区别。地理和环境特点形成了深层次的区域。例如，官方的地理划分或者居民点的人口密度，可用于区分农村地区和人口密集地区。描述停车情况的因素，例如停车费用或可能收费的停车区也可以在某些模型中找到。

交通需求模型强烈依赖数据，它预先假定可以量化相互依赖的关系。在没有足够数据的情况下，大量与交通方式选择有关的因素只能以简化的形式包含于模型中。这特别影响所谓的"软性因素"，例如习惯、交通方式的舒适感和可靠性，通过这种交通方式旅行得到的相关的快乐、传达的社会身份、个人的安全要求和隐私倾向。然而有些因素，包括态度因素、对其他可选交通方式的了解、做计划需要花费的精力以及家庭做出集体决定的方式等因素，尽管已知它们与模型相关，但迄今在交通需求建模中几乎没有考虑这些因素（见文献［35］等）。

此外，筹划新的交通模式也是一个特别的挑战。德国长途汽车服务的自由化、基于车站式分享汽车服务的引入、在市场上电动汽车的引入，都是现有交通供应改变的例子，这些例子证实了预测使用模式是困难的，并且缺乏关于相互依存关系的可靠数据。但是，即使使用"硬"因素来区分当前的各种交通方式也并不总是容易的。交通模型历来主要用于计算车辆行驶里程。在2012年，贝茨表示，四阶段模式在"私人模式"（例如使用汽车）和"公共模式"之间几乎没有区别。只是最近才被扩展到包括其他层面，如驾驶员和乘客之间的区别[5]。汽车之间的区别，例如根据驱动器的尺寸或类型，仅在最近才被引入建模中。当尝试将自动驾驶汽车整合到分析中时，这一切都是一系列巨大的挑战。说到底，这关乎于如何更仔细审查"汽车"这一概念，使得我们能够把驾驶和乘坐、你拥有的和你雇佣的汽车甚至是各个出租车之间区分开来。

12.4　自动驾驶汽车会对我们选择交通方式的行为造成什么影响

在解决自动驾驶汽车在交通模型中处于什么位置这个问题之前，必须解释这些系统的引入如何影响个人的日常出行。一般来说，自动驾驶汽车的潜在使用意向，或者是另一种新的交通方式的使用意向，在很大程度上取决于它们可能的应用以及它们相较于其他交通方式的优势，也就是说，在选择交通方式时，自动驾驶会如何影响人们对一项交通方式和其他方式相比的评价结果的因素，都应该尽可能地被包含在模型中。鉴于第2章主要用技术或法律术语描述的案例，之后我将以关于可能使用到的变量的讨论作为开始。在这里，核心的问题需要进一步的分析：怎样对预期用户，特别适合相应系统的行程目的和预期用途，使得必须使用公共交通地理和环境特征、相关的交通方式的特点和可能因此导致的替代交通方式进行分类。因此，这里讨论的重点是描述交通模型的合适的特征。

12.4.1　州际驾驶：应对特殊情况的汽车有特殊的东西吗？

州际驾驶可能是自动驾驶的入门级别，因为除了一些特殊情况外，驾驶的任务依旧存在。从用户的角度来看，州际驾驶的两个主要层面是减轻驾驶员的工作量和提供以其他方式度过旅行时间的前提条件。

使用州际驾驶只能在特定的路段上行驶，主要是长途旅行。因此，可以认为在长途旅行的条件下，这个系统能够积极地影响用户对汽车的感受和评价。此外，大陆公司的用户调查清楚地表明，移交驾驶任务是有积极意义的，特别是在交通堵塞或道路施工等紧张和疲惫的情况下[8]。然而，移交驾驶任务与限制驾驶乐趣之间的相关性也是存在的[1]。

除了道路交通安全性的提高、时间用途的可能改变，主要是使其变得有意义和有生产力，可以说是自动化车辆最常被提及的优点[23,26,30,32]。对于工作的人员和具有特别私人任务的人员，以及与儿童或其他乘客相伴的旅行，这将导致花在旅行上的时间得到更正面的考虑——这是在模型中选择某种交通方式的最重要的原因之一。最后，这可能导致使用公共交通工具进行的长途旅行被评估得相对负面，特别是那些积极使用这个时间的人，可能会认为汽车是更舒适的选择，从而越来越受欢迎。然而，替代时间使用的意义很难评估。例如，在大陆公司研究中，只有约1/3的受访者表示替代时间的使用具有吸引力[8]。

12.4.2 代客泊车——再也不用找停车位？

代客泊车是一个或多或少"正常"的功能，汽车只经过轻微改装，其驾驶任务保持不变。汽车只接受停车和自动行驶去接驾驶员的任务，并且只行驶在一个用户指定的半径之内。根据AutoScout24的一项调查，只有不到2/3的受访者会乐意使用此功能，不再自己去寻找停车位。正如预期的那样[1]。在城市居民中，这个比例更高一些：这个功能主要是在私人停车位数量较少的地方效果比较好，那里有停车压力，他们各自的停车位距离他们的家或目的地很远（另见第20章）。因此，适当地使用这一功能有助于节省时间和停车费用[19]，特别是在运送物品或儿童以及个人行动受限的人员时，可以提供很大的便捷。更多地使用共享汽车在按需车辆的案例中已经被讨论了[11]，使用代客停车将花费更少的时间和精力，也许可以减少共享汽车的使用。我们可以确认的结果包括：寻找停车位而产生的交通量大幅度下降，受此影响的区域内的交通时间也将下降。

12.4.3 在全自动车辆中舒适安全地到达目的地

全自动驾驶是"驾驶辅助系统的最高阶段"[3]。尽管人类驾驶员——至少暂时看来——需要能够接管驾驶任务，但这也只是在必要的时刻才需要。给定足够的渗透率，这个驾驶理念与安全、可靠的个人出行和改善的交通流量，以及随之而来的大大减少的行程和拥堵浪费的时间相联系，并且更有助于预测行程的时间和成本[3,26,30]。同时，可以认为对汽车使用权和所有权的限制将会减少，特别是对于缺乏经验的、不确定或上了年纪的用户。因此，在不利的行驶条件（如黑暗、未知或较长的路线）以及恶劣天气条件下，汽车将成为更有吸引力的选项[11]。这样做的一个后果是可以减少护送旅行的次数以及使用出租车和公共交通工具的频率，并相应增加汽车拥有量。

然而从用户的角度来看，最多被提到的优点是相关希望——类似于州际驾驶——"得到一段完全属于自己安排的时间"[26]。因此，毫不奇怪的，这项技术的目标群体是日常通勤的上班族们（例子参见文献［17］），全自动驾驶可以使用户在人口密集的城区内有效利用在车上的时间。在此之前，在车上的时间通常都是被认为不具有生产力的，并且驾驶的乐趣也并不是一个优先级高的事项，因而这一优势将使汽车获得更积极的评价。我们可以预见那些非驾驶狂热爱好者的驾驶员将会是这一功能的最佳拥护者[17]。

12.4.4 按需车辆——快速发展的Zipcar

想象这样一个场景，有一列车队，车队中的大部分车都是向所有人开放使用的。在城市区域内，这毫无疑问将会对日常的交通行为产生广泛的影响。这是完全自动化车辆的逻辑延伸，但乘客无须接管驾驶任务，即使那些没有驾驶执照或自己的车辆的人也可以享有独立的自由出行：儿童、老人、感觉或行动有障碍的人等[19]。

一般来说，花费在上车和下车阶段的时间越短，汽车就会更具有吸引力，特别是在停车位稀缺的地方。除了能够降低因目的地和停车点离得太远导致的高昂的停车费外，还可以减少护送旅行次数，使用拼车服务和出租车的次数也会下降——这些行为都可能使空运行的增加。

与此同时，普遍认为按需车辆车队的引入将导致汽车拥有率的大幅度降低[19,37]，可能伴随着的是共享汽车的兴起。关于美国的共享汽车公司，Silberg 等人[30]甚至说"Zipcar 像打了激素一样快速发展"。看起来特别合理的是，拥有两辆车的家庭很有可能以共享汽车替换掉他们的第二辆车，从而根据天气情况、停车的可行性、旅行人数等情况相应地选择使用某种特定的车辆[17,37]。

Fagnant 和 Kockelman [11] 预计按需车辆的引入将对个人汽车拥有量产生重大影响。根据他们对美国市场的模拟计算结果，单辆按需车辆可以取代 13 辆私家车[11]。在德国的基于车站的共享汽车研究认为替代率可以达到 1∶8，即单辆共享汽车可以替代 8 辆私家车[15]。按需车辆不需要从起点到上车的这段路程，可以覆盖更广泛的乘车区域，因而这个数据还是较为真实的。通过对目前共享汽车的用户结构进行分析，可以得到关于按需车辆潜在用户的线索。在德国，使用基于车站的共享汽车的用户主要是受教育程度和收入高于平均水平且关心环境的年轻人群。而另一种新型的不与车站关联的共享汽车服务，又名灵活共享汽车的用户则是城市男性，他们将共享汽车当作短途旅行的交通方式选择[13,14]。使用按需车辆作为私家车的替代可能直接导致选择交通方式时多级联运行为的增加，或者有助于增加拼车[26]。然而，考虑到在汽车上花费的时间往往被看作是有意义的，由于他们无处不在的可用性[11,37]（见第 20 章），很有可能使得汽车的使用和覆盖里程的上升。这些新的流动性概念在 18 章讨论。

但是，在这种情形下，不仅私家车的所有权会发生巨大改变，汽车服务、出租车和公共交通与个人交通方式的竞争也会重新出现。特别是在农村地区，按需车辆车队不仅可以提供到公共交通站灵活的个人接送服务，还可以作为一种舒适地覆盖长途公共服务"最后一英里"的手段。然而，从对其的批判性分析还得到一种理论，它们并不是简单地作为公共集体运输的补充，从长远来看，甚至可以取而代之："最终，按需移动可能被证明比新的集体运输系统更值得投入"[17]，Willumsen 如此评估道[37]。在这种情况下，个人的乘客里程数会急速上升这一假设显然不能被轻易否认。

12.4.5 未来之车：汽车、出租车或是火车的竞争者？

调研文献显示，引入自动驾驶车辆将对我们的日常行动和交通工具的选择产生非常多样的影响。因此，自动驾驶并不仅仅只是对我们长期熟悉的汽车的轻微修改，它可以改善交通流量和行驶时间并且并按照毕马威的研究[17]中的图形提出的要求提供相应的支持功能[17]。其对于现有的私人交通方式的潜在影响之间差异巨大，对公共交通工具也是一样。第20章深入探讨了整个交通系统的不同场景和公共空间使用造成的广泛影响。如前文所述，对交通方式选择的可能影响，清楚地表明在不同的使用场景中，对车辆感知和评估相关的特征可能十分不同。在交通需求建模中分析自动驾驶车辆的任何潜在计划时，必须牢记这些不同的要求。

12.5 用户对自动驾驶车辆的可能应用有何预期？初步调查结果

自2012年开始，对自动驾驶课题的定量研究一直零零散散地进行着[1, 8, 17]。这些调查主要侧重于人们对自动驾驶的态度和接受程度问题，或者期望自动驾驶所支持的功能。关于预期使用和替代时间使用的问题，大陆公司从2013年开始的对这方面的研究[8]值得注意。然而，所有的研究都有一个共同点，他们没有考虑到自动驾驶的可能形式之间的所有区别，也没有关注可能的行为变化或预期应用。

基于这个原因，2014年6月进行了一次调查，调查结果为本章和人机界面（第26章）以及自动化车辆接受程度（第28章）的经验研究结果提供了依据。这个比较有代表性的在线调查涉及受访者的态度，以及在各种案例中如何使用自动化车辆的期望。在样本中，对每个使用场景都有250份完整的问卷（总共1000份），并根据性别、年龄、收入和教育进行分层。使用定量的方法，数据集可以初步评估各个用户群体对自动驾驶和移动性供给的态度。这补充了上一节的发现。从需求建模的角度来看，调查的目的主要是理解在对自动驾驶汽车建模时，什么是对用户、旅行目的、预期应用和交通方式特征而言相关的区别。此外，数据分析首次指出了从今天的角度来看，哪种交通方式会与自动驾驶竞争用户，花在旅程上的时间怎样改变，以及这些改变如何被看待。

调查问卷从有关受访者的社会人口特征，对自动驾驶的了解和兴趣，之前使用驾驶辅助系统的经验等问题开始；其次是关于他们目前使用的交通方式，他们对其的态度，他们使用这种交通方式通常花费的时间。受访者还回答了关于某个案例较深入的问题——州际驾驶、自动泊车、全自动驾驶和按需车辆（见第2章）。话题包括预期用途、将被替换的运输模式、对所描述车辆的态度、是否需要干预车辆行驶、各个层面的经验，以及具体的设计愿望。这些情景被简单描述，为受访者自己留下想象的空间。受访者的社会人口特征和样本结构的表格概述可以在第26章找到。

12.5.1 什么交通方式会被替代？

为了评估自动驾驶对交通方式选择的影响，特别重要的是要知道什么交通方式是可能被自动驾驶替换掉的。为此，在第一个问题中，调查询问参与者用自动驾驶汽车代替目前首选的交通方式的基本意愿——在这个阶段，自动驾驶是一个统一的概念。随着调查问卷的继续，受访者也被问及关于其中一个具体的使用案例，他们是否可以想象使用某种汽车代替原本首选的交通方式。根据受访者的社会人口特征和态度的不同，分析调查结果是否有明显的差异⊖。相应的相关统计值可以看作是指标，在将行为整合到模型中时，应根据以下标准进行区分——首先，影响的具体优势或趋势是必要的。

图12.1（见彩插）给出了对于各种替代方案意愿的答案，这些答案往往对应于使用自动车辆的一般意愿（见第27章）。令人惊讶的是，大多数的受访者难以想象或者无法接受自动车辆替代标准的交通模式。不到15%的受访者赞成使用自动汽车，不论以大部分或是完全替代的形式。虽然对一般性陈述而言，未确定的比例非常高，但是一旦到了具体的实例，赞成的比例下降得非常厉害，其中存在着统计学的显著差异。按需车辆这一实例受到了最多的怀疑，只有大约1/4比例的答案是积极的；另一方面，全自动化在所有的实例中收获了最为积极的看法。

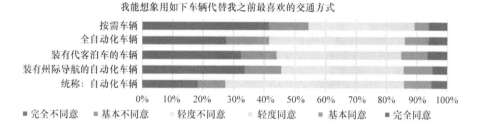

图12.1 对多种自动驾驶形式，愿意用自动驾驶替换最喜欢的交通方式的意愿
图片版权：作者版权

关于切换交通模式意愿的差异分析可以表明以下因素将导致统计学上的显著差异：家庭大小、是否有孩子、收入水平以及家庭持有汽车的数量。然而，影响最大的因素是对汽车的态度。这些都是关于哪些人与汽车驾驶相关、他们是否享受驾驶的乐趣，以及受访者能否在没有汽车的条件下正常生活的问题。受访者的居住地点对结果的影响也很大，例如农村地区的居民对自动驾驶的怀疑程度小于城市居民。相比之下，性别、受教育水平和收入、家里或者其他一些主要参考地点是否缺少停车位等因素不会导致答案产生统计学上的显著差异。值得注意的是，对于单个实例，女性对按需车辆的怀疑程度更高，是否有小孩、家庭大小和收入方面上的差异也会导致受访女性对代客泊车的态度十分不同。

受访者还会被问及：以他们的观点来看，使用某种实例的自动驾驶汽车会怎样

⊖ 在下文中，当在Pearson卡方检验中显示值是0.05或更低的值时，差异被指示为统计学显著。对于一些变量，特别是态度或地理变量，由于个人答案类别中的个案数量，测试并不总是可行的。

影响他们之前使用的交通方式。对每个之前使用的交通方式的答案都做了统计，范围从"更加不经常"（-2）到"更加经常"（+2）。在调查中，很明显地看出大比例的受访者认为这对他们的行为没有影响：除了出租车和常规车，50%~64%的受访者预计他们常用的交通方式不会发生变化。对于每个单独的方式转变产生影响的平均值见表12.1。平均值为0表示无所谓的态度。在所有场景下，出租车的使用下降得都很明显。值得注意的是，代客泊车产生的影响最大——特别是对于出租车的使用，平均值低至-0.78。

表 12.1 场景对先前交通方式使用的影响

场景	我会采用公共交通方式……	我会骑车或步行……	我会乘坐火车……	我会搭乘的士……	我会驾驶传统汽车……
州际导航	-0.36	-0.28	-0.35	-0.70	0.04
代客泊车	-0.44	-0.28	-0.51	-0.78	-0.32
全自动化	-0.33	-0.11	-0.41	-0.74	-0.23
按需车辆	-0.33	-0.15	-0.35	-0.78	-0.13

注：答案的平均值：-2，非常少见；-1，更少见；0，如常；1，更经常；2，非常经常。

12.5.2 受访者认为自动驾驶汽车的具体优势是什么？

另一个问题是，在哪种应用场景和旅行中，受访者会认为自动驾驶汽车特别有用。答案的平均值见表12.2。除了护送行程外，各个场景之间存在显著的差异。这表明受访者可以明确地区分这些场景。可以注意到在长途旅行和短途旅行场景中，全自动驾驶的评价很高，而在多人同行的场景中也得到了一定认可。代客泊车被认为在城市区域和运送物品的场景下特别有用。

差异分析指出，对所有的旅程目的，男性受访者从统计上来说对按需车辆的认同度更高。这个情况也适用于使用州际驾驶去工作或者去长途旅行的情况。我们也看到受教育水平（按大学的录取通知书衡量）对在长途（跨国）旅行、短途旅行和护送行程场景下的按需车辆的评估结果有很大影响。家庭里有孩子对在城市行驶和跨国旅行场景下的全自动化评价有积极的影响，但与护送行程场景之间没有联系。在长途旅行和城市行驶的场景中，家庭人数和是否有小孩的差异也会导致对代客泊车的评价有所不同。就业情况⊖几乎完全决定了在长途旅行、上班和开车前往休闲地点场景下的评价结果，后者也受收入水平的影响。

⊖ 工作现状包括全职和兼职工作，或者其他形式的工作。

12.5.3 今天我们在路上做什么，以后做什么？

从使用者的角度来看，在旅途中能够进行其他活动是自动驾驶的主要特征之一。同时，时间成本是模型中选择交通方式的主要驱动力。因此，我们需要着眼于现在甚至未来的时间使用情况的调查结果。

受访者首先被询问在搭乘公共交通工具（在城市内）和坐火车或汽车去长途旅行时一般怎么度过旅途中的时间。到目前为止，在公共交通上最受欢迎的活动是享受沿途风景和旅程：50%的受访者表示经常或总是在搭乘公共交通工具时这么做，66%的受访者在火车上这么做；与同伴或其他乘客的对话同样受欢迎（公共交通：42%；火车：49%）；其次是听音乐、阅读或放松；约有77%和69%的受访者分别表示，他们不会在短途旅行和长途旅行时工作，只有分别低于6%和8%的受访者经常这么做。对于在搭乘火车旅行时是否会工作，受访者的回答根据其性别、收入、受教育程度、家庭人数以及是否有小孩的不同，存在统计学上的差异。例如，74%的女性和63%的男性表示他们从未在火车上工作。相较于低收入群体，家庭净收入超出2600欧元的人群在火车上经常工作的可能性是他们的2倍，高收入群体所占比例达到受访总体的10%。

通常在汽车里的主要活动是专注于驾驶与驾驶路线，大约80%的受访者也会听音乐，约2/3的人会与同伴交谈，超过一半的人会享受旅行和沿途的风景，7%的人说他们有时候会在车里工作。

受访者感受到自动驾驶的好处是在旅行中有可用的时间，最多被提及的是可以与同伴交谈和享受沿途风景，这是当前在车内最受欢迎的活动。例如，图12.2（见彩插）显示了全自动驾驶汽车的调查结果。可以看出，通过自动驾驶省下的时间可以用于工作这一选项，赞同的比例很低。在使用州际驾驶的情况下，受访者赞同的比例不到1/4。

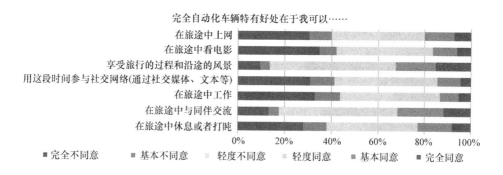

图12.2　全自动驾驶车辆的好处　图片版权：作者版权

12.6 在需求建模中的自动驾驶车辆：其一体化的潜力和限制

对各种案例可能产生的影响的分析清晰地表明，在把自动驾驶汽车集成到需求建模中时，必须进行区分。虽然州际驾驶和代客泊车功能在很大程度上是一种临时的且受限的形式，基本没有改变汽车驾驶和汽车的形式，但引入全自动车辆实际上涉及的是新的运输方式，在按需车辆车队的案例中，是一种潜在的全新的出行方式选择。

将自动化驾驶纳入需求建模中的最大挑战在于进一步区分被称为"汽车"的乘客运输方式。对交通方式选择的传统描述是基于旅行时间和运行成本的主要标准，以及决策者通常不会进一步指定偏好的结构。最重要的是，这不足以充分考虑驾驶员的作用和所有权的状况。在驾驶和被驾驶之间以及驾驶自己的车或驾驶其他的车之间进行区别是建立充分筹划的先决条件。只有这样才能区分驾驶员与乘客，或者在全自动车辆下被运送的人。对传统汽车、全自动汽车、出租车和被雇佣的按需车辆进行区分是非常有必要的。将自动化车辆整合到建模中的愿望与以更大差别来描述当前可用的个人替代方案的需求紧密相连。从驾驶员到准乘客的平滑过渡，以及从州际驾驶和全自动化实例的经验来看，取决于使用者和旅程，是一项很大的挑战。

花费在旅行上的时间是当前模型中对交通方式选择最有影响力的驱动因素之一。为了对花费在各个部分的时间进行评估，在公共交通模型中，通常会区分在车上或实际的旅行时间、等待时间以及往返车站的时间。然而，到现在为止，花在车上的时间并没有被深入分析，无论是公共交通工具还是其他模式。伴随引入自动化汽车的期望，能够更有意义地利用在汽车上的时间，明确地表明了在模型中做出这些区分的必要性。旅程距离和持续时间，以及旅程的潜在可用比例，在这里值得更多关注，寻求哪些替代活动和与谁一起旅行的问题也同样值得注意。

但是，花费在车内的时间并不是唯一被改变的量，还有代客泊车所带来的最显著的变化：减少在旅行开始和结束阶段使用这种方式的精力，这对按需车辆也同样适用。再一次的，我们发现这里进一步区分所选交通方式对旅行时间的影响是很有必要的。具体的例子包括等待出租车的时间、到自己的车上或是雇佣车上的时间。

可以根据简化形式比较容易地集成到模型中的一个方面是，由于交通拥堵的减少和为了找停车位产生的交通量的下降，而得到缩短的旅行时间。而更复杂的另一方面则是，汽车作为旅行时间越来越能够可靠地被预测的替代交通方式的影响通常在模型中没有体现出来。迄今为止，在基于模型的分析中几乎从没有考虑过新功能的相关主观标准的例子，例如代客泊车和州际驾驶带来的便利性、潜在的安全收益以及车辆设备的更大灵活性。然而，在记录主观层面，量化其影响，并将其作为交通方式选择中的影响因素被考虑的困难，不仅仅在于模型属性，也在于对用户的描述。具体而言，驾驶的乐趣、驾驶者对自己驾驶技能的认知、交出驾驶控制权的意义、对任何潜在的失去控制的厌恶以及对技术的信任都是与自动驾驶汽车被怎样看待紧密相关的因素（见第28章）。因此，这些因素应该在建模中得到更多的关注。

基于用户群体对各种交通方式的不同评估来区分他们是模型中描述人的最重要的基础之一。基于文献的影响分析和调查结果都清楚地表明，自动化车辆的实际或感知收益不仅取决于场景，而且还取决于态度和社会人口特征。除了性别、就业状况、年龄、驾驶执照的标准属性外，依照使用情况、家庭中是否存在儿童、受教育水平和家庭收入等进一步区分因素也被证明是相关的。在描述自动化车辆的过程中，扩大模型中用于描述人的特征，包括家庭背景也需要讨论。此外，同样的情况也适用于对于不同的交通方式、路线或时间限制的态度因素，而这几乎没有被考虑过。

对于交通方式的选择，是否拥有驾照和拥有车是关联度较大的个人属性和家庭属性。后者通常通过在行为调查那天的家庭保有车辆数或实际的车辆可用情况来表现。在宏观建模中，汽车的可用性是用于区分用户群体和确定行程速率的标准。对于交通方式选择本身来说，通常都假定已经拥有可使用的车辆。特别是在旅行链中，无论是否是由于车辆在家庭内的使用竞争造成的限制，微观交通模型都允许在选择场景下考虑驾照的持有和车辆实际的可用性。系统诸如按需车辆系统性地将这种限制分解为可用性——这种类型的汽车理论上可以被任何人在任何时间选择为新的移动选项。就和共享汽车系统一样，合适的模型表达需要重新思考，尤其是针对汽车可用性的地理因素和社会条件。

对地理属性和环境属性的考虑，以及可能的使用和行程目的的差异为12.3.2小节模型中的交通方式选择提供了进一步的标准。特别是在代客泊车案例中，地理因素对某个选项有用性的评价有显而易见的影响。虽然在通常情况下，需求建模的细致程度已经足够高到提供关于居住点结构、土地利用结构和建筑密度的信息，但建筑结构的细节通常不会给出，这对是否有足够的公共或甚至私人停车场至关重要。停车空间可用性的详细建模、停车空间和相关成本的压力，以及停车来回所需的时间是稀缺的（见第12.3.2小节）。如果要实现代客泊车的合理建模，则在这个领域需要合适的改进。

按需车辆是城市结构在相当程度上决定现有交通方式使用和竞争状态的另一个例子。例如，它在城市地区特别地形成了私家车、出租车和公共交通工具的替代方式，而在农村地区，它主要被视为潜在的接驳服务，作为公共交通工具的补充。因此，建模工作是预测有价值的部署概念和可用性，并将其集成到多式联运供应模型中。交通供应模式的进一步理想化改进包括结合停车搜索业务，以及确定作为使用自动化的主要候选者的路线部分。

按需车辆的使用案例清楚地阐述了自动车辆如何从根本上影响车辆所有权，从而进一步影响我们日常的行动决策。因果关系的建模和量化在这里变得越来越重要，一边是车辆所有权或其他可以访问车辆的选项及其最重要的特征，例如是否配备代客泊车或全自动化，另一边是供给侧特点，例如地理环境和各家庭的社会人口特征。仅仅将平均汽车的所有权作为输入参数的传统方法越来越多地被替代，在上游模型中考虑了家用汽车的驱动类型、大小类别、价格区间、座位数和货物容量，特别是对于排放计算。然而，如代客泊车这种支持功能，在这里仅仅作为共享汽车成员的替代或是由于良好的替代交通模式摆脱汽车的一个很小的角色。关于谁可以通过雇佣或者被车驾驶而替代拥有一辆车这一问题在传统的建模方式上没有答案。假设私家车和各种按需车辆的组合可以促进针对各自使用情况灵活调整车辆选择，那么显然需要收集和分析必要数据并相应地扩展建模。

12.7　总结与展望

预计在不久的将来，各种形式的自动化车辆将成为我们日常交通工具的一部分。将相关交通选择纳入需求模型——规划中最重要的手段之一——因此同样具有挑战性和必要性。到目前为止，现有的关于预期影响的经验工作主要集中在技术上。与此同时，展望未来自然就会有不确定性，新技术的影响也难以评估。

如果想要仔细研究某类使用案例对交通方式选择的潜在影响，显然需要区分这些案例。代客泊车和州际驾驶都主要是对"正常"车的轻度修改，可以在特殊场景下提供便利，例如更方便地进入车辆，依靠代客泊车无须在停车场寻找车位，依靠州际驾驶在选定了路线之后或者在特定的驾驶情况下，可以移交部分驾驶工作。伴随着在使用汽车过程中的障碍不断减少，全自动车辆的引入带来了对花费在车辆上的旅行时间更正面的评价。可以从广泛使用按需车辆的情境中看到其对于整个交通系统的深远影响，个人的行动能力可以独立于驾驶的熟练程度或车辆所有权。可以推测，这种在城区的无人驾驶车辆共享将导致护送旅行和出租车使用的减少，以及汽车拥有量的下降，在农村则可以开放公共交通工具。

一项网络调查被用来研究受访者是否可以想象在多种场景下使用自动化车辆，以及他们目前使用的交通方式哪些可以被这些自动化车辆替代。除了受访者普遍的怀疑态度外（甚至在某些特定场景怀疑度还会增加），目前对汽车的态度还有着明显相当大的影响。值得一提的是，预期出租车的使用将大幅度衰减。在长途旅行中，自动车辆具有独特的优势，在城市环境中，代客泊车也有优势。享受旅程和景观、与同伴乘客交谈是目前用公共交通工具进行当地和长途旅游的首选活动；超过2/3的受访者表示，他们从未在旅途中工作。在驾车旅行中，听音乐和谈话是最常见的活动。当被问到在未来自动驾驶车辆实现时在车上的活动，享受景观和聊天也是首选。

并不是所有与自动化车辆如何被感知和评估相关的因素都可以纳入交通模型,与它们在交通生成中的因果相互关系的简化表示有关。特别是驾驶时的乐趣、情愿/不情愿移交驾驶权等非理性的"软"感知和评估因素等,只能凭经验获取,想要运用在模型中是很困难的。在这里,经验基础和在模型中的应用都体现了扩展(模型)的需要和潜力。

然而,到目前为止,将自动化车辆集成到模型的主要挑战在于,模型中只考虑"汽车"的基本差异。因此在这里再次需要改进经验基础,融入模型的可能性,包括明确驾驶任务和车辆所有权在交通方式选择中扮演的角色。目的是对驾驶与被驾驶,完全自动化车辆与只在需要时才辅助驾驶的车辆,私人拥有的车、雇佣车和出租车之间做出明确区分。显然,在这里有必要将车辆所有权重新定义为固定输入变量。

能够以不同的方式度过旅途中的时间以及更高的安全性是自动化驾驶最为显著的优点之一。时间成本也是交通需求建模中模式选择的关键因素。然而,到目前为止,模型中通常没有考虑旅程时间的差异。目前还不可能区分:花在有意义的事情上的时间和浪费的时间,积极地享受驾驶还是在拥堵中身心俱疲,生产性的工作还是悠闲地听音乐。这种模式的扩展在原则上并不困难——最初追求的是哪种独立的替代活动。然而这再次显示出现有的经验基础与建模需求之间存在着巨大鸿沟,需要补充才能实现将自动驾驶充分地整合进去。

应用许可

本章根据知识共享署名4.0国际许可(http://creativecommons.org/licenses/by/4.0/)的条款进行分发,允许通过任何媒介或格式使用、复制、改编,分发和再创作,只要您对原始作者和来源给予适当的说明,提供知识共享许可链接,并指出所做的任何更改。

本章中的图片或其他第三方材料均包含在作品的创作共享许可中,除非在来源中另有说明;如果这些材料不包括在作品的知识共享许可中,并且法律规定不允许相应的操作,那么用户需要获得许可证持有者的许可才可以复制、改编或再创作材料。

参考文献

1. Autoscout 24: Unser Auto von morgen: Studie zu den Wünschen der Europäer an das Auto von morgen. (2012).
2. Bamberg, S., Hunecke, M., Blöbaum, A.: Social context, personal norms and the use of public transportation: Two field studies. J. Environ. Psychol. 27, 190–203 (2007).
3. Becker, J.: Fahrplan in die Zukunft, Süddeutsche Zeitung, 18.1.2014, S.40. (2014).

4. Bhat, C.R., Sardesai, R.: The impact of stop-making and travel time reliability on commute mode choice. Transp. Res. Part B Methodol. 40, 709–730 (2006).
5. Bates, J.J.: History of Demand Modelling. In: Hensher, D.A. and Button, K.J. (eds.) Handbook of Transport Modelling. pp. 11 – 34. Elsevier (2012).
6. Buehler, R.: Determinants of transport mode choice: a comparison of Germany and the USA. J. Transp. Geogr. 19, 644–657 (2011).
7. Castiglione, J., Bradley, M., Gliebe, J.: Activity-Based Travel Demand Models : A Primer. (2014).
8. Continental: Continental Mobilitätsstudie 2013. (2013).
9. Cervero, R., Kockelman, K.: Travel demand and the 3Ds: Density, diversity, and design. Transp. Res. Part D Transp. Environ. 2, 199–219 (1997).
10. Davidson, W., Donnelly, R., Vovsha, P., Freedman, J., Ruegg, S., Hicks, J., Castiglione, J., Picado, R.: Synthesis of first practices and operational research approaches in activity-based travel demand modeling. Transp. Res. Part A Policy Pract. 41, 464–488 (2007).
11. Fagnant, D.J., Kockelman, K.M.: Preparing a Nation for Autonomous Vehicles: Opportunities, Barriers and Policy Recommendations. Eno Cent. Transp. (2013).
12. Flade, A., Wullkopf, U.: Theorien und Modelle zur Verkehrsmittelwahl. Darmstadt (2002).
13. Giesel, F., Lenz, B.: Wirkung von E-Car-Sharing-Systemen auf Mobilität und Umwelt in urbanen Räumen, unveröffentlichte WiMobil-Projektpräsentation. (2014).
14. Giesel, F., Nobis, C., Lenz, B.: Carsharing as a Driver of Sustainable Urban Mobility? An Analysis of User Structure and Motivation, unveröffentlichte Präsentation auf der AAG Conference in Tampa, USA. (2014).
15. Glotz-Richter, M., Loose, W., Nobis, C.: Car-Sharing als Beitrag zur Lösung von städtischen Verkehrsproblemen. Int. Verkehrswes. 59, 333–337 (2007).
16. Kahneman, D., Krueger, A.B.: Development in the Measurement of Subjective Well-Being. J. Econ. Perspect. 20, 3–24 (2006).
17. KPMG: Self-Driving Cars: Are We Ready? (2013).
18. Kutter, E.: Modellierung für die Verkehrsplanung. Theoretische, empirische und planungspraktische Rahmenbedingungen. ECTL Working Paper 21, TU Hamburg-Harburg. (2003).
19. Litmann, T.: Ready or waiting? Traffic Technol. Int. 37–42 (2014).
20. Maier, G., Weiss, P.: Modelle diskreter Entscheidungen: Theorie und Anwendung in den Sozial- und Wirtschaftswissenschaften. Springer (1990).
21. Nally, M.G., Rindt, C.: The activity-based approach. In: Hensher, D.A. and Button, K. (eds.) Handbook of Transport Modelling. pp. 53–69. Elsevier (2012).
22. McNally, M.G.: The Four-Step Model. In: Hensher, D.A. and Button, K. (eds.) Handbook of Transport Modelling. pp. 35–54. Elsevier (2012).
23. Munsch, E.: Autonomes Fahren: Platz sparen mit dem Bordcomputer, http://www.zeit.de/mobilitaet/2014-05/autonomes-fahren-feldversuch-schweden. (2014). Letzter Zugriff 28.6.2014.
24. Ortùzar, J., Willumsen, L.G.: Modelling Transport, 3. Auflage. Wiley, Chichester (2005).
25. Ory, D.T., Mokhtarian, P.L.: When is getting there half the fun? Modeling the liking for travel. Transp. Res. Part A Policy Pract. 39, 97–123 (2005).
26. Rinspeed: Rinspeed – Creative think tank for the automotive industry. Where the future is reality – today. http://www.rinspeed.eu/aktuelles.php?aid=15. (2014). Letzter Zugriff 28.6.2014.
27. Scheiner, J., Holz-Rau, C.: Travel mode choice: affected by objective or subjective determinants? Transportation (Amst). 34, 487–511 (2007).
28. Scheiner, J., Holz-Rau, C.: Gendered travel mode choice: a focus on car deficient households. J. Transp. Geogr. 24, 250–261 (2012).
29. Schwanen, T., Banister, D., Anable, J.: Rethinking habits and their role in behaviour change: the

case of low-carbon mobility. J. Transp. Geogr. 24, 522–532 (2012).
30. Silberg, G., Wallace, R., Matuszak, G.: Self-driving cars: The next revolution. KPMG and Center for Automotive Research. (2012).
31. Simma, A., Axhausen, K.W.: Commitments and Modal Usage: Analysis of German and Dutch Panels. Transp. Res. Rec. J. Transp. Res. Board. 1854, 22–31 (2003).
32. Sokolow, A.: Autonome Autos: Autobranche vs. Google, http://m.heise.de/newsticker/meldung/Autonome-Autos-Autobranche-vs-Google-2072050.html. (2013). Letzter Zugriff 28.6.2014.
33. Steg, L.: Car use: lust and must. Instrumental, symbolic and affective motives for car use. Transp. Res. Part A Policy Pract. 39, 147–162 (2005).
34. Train, K.E.: A comparison of the predictive ability of mode choice models with various levels of complexity. Transp. Res. Part A Gen. 13, 11–16 (1979).
35. Walker, J.L.: Beyond Rationality in Travel Demand Models. ACCESS Mag. 1, https://escholarship.org/uc/item/1x04f3k3. (2011). Letzter Zugriff 28.6.2014.s
36. Wardman, M.: Public transport values of time. Transp. Policy. 11, 363–377 (2004).
37. Willumsen, L.G.: Forecasting the impact of Self-Driving-Cars. What to do about them in our models and forecasts. Vortrag auf der 2013 Citilab Asia User Conference, Karon, Thailand, unveröffentlicht. (2013).

第 13 章　自动驾驶对车辆概念的影响

Hermann Winner 和 Walther Wachenfeld

13.1　介绍

自 1886 年卡尔·本茨发明汽车以来，各种不同的车辆概念得到了发展。有些可以被视为对先前概念的延续发展和替代，如舍弃车厢的设计，以及车身下车轮和底盘的集成。影响车辆概念的主要因素是用途，尤其是商业车辆的概念。一系列不同的乘用车也被开发出来，以车主生活方式为特色分为敞篷车和 SUV 车，以用途不同分为轿车、两厢车、车站货车和（迷你）货车。对于小型货车、小型公共汽车和其他市场上所谓的轻型货车，区分类别地使用显得更为重要。在过去的几十年中，曾经的后轮驱动纵向安装发动机的布置形式逐步被替换为横向安装发动机前置前驱的布置形式。此外，目前动力系统的电气化趋势、更优的二氧化碳排放、噪声排放减少等优点，被认为更具可持续性。尽管有这些变化，但预计现有的驱动力概念将不会"消失"，因为不同细分市场优化目标的分歧将继续支持这种概念的多样化。例如，美国某农村对车辆的驱动要求与中国某个大城市对车辆的驱动要求完全不同。

车展上各类"概念车"的出现驱动着市场上销售车型的多样化。对于车辆辅助系统和车辆自动化仅仅是人们熟悉的很小一部分的车辆概念的变化。然而，过去几年里车内驾驶员视野变差的趋势是因为造型要求和/或车身刚度相关的要求。这种趋势支持了补偿系统的使用，如超声波驻车辅助设备、后视摄像头或环绕视图显示。然而，驾驶员辅助系统通常不会改变概念，因为只有少数配置会被包含在某一车辆系列的标准配置中。而车辆制造商需要设计，即使没有这些辅助配置的车辆也可以由驾驶员安全地驾驶。由于驾驶员接管的意愿和能力也是部分自动驾驶的先决条件[1]，尚不能指望对传统车辆做出重大改变。只有一些便于接管的概念，例如用于分配部分自动化功能的新人机界面可能会实现[2]。不仅仅是以前的概念，目前的带有替代控制元件的线控概念[3]仅限于替代转向盘和踏板的功能，而不能为自动驾驶所必需的更高车辆指导级别提供设计。

虽然另一个概念的趋势还不能根据变高的自动化水平确定,但这可能随着车辆引导功能的巨大变化而改变。这导致了以下问题:如果自动驾驶引起了目前概念领域的变革,那么这是由于市场份额的重大转变还是由于新概念的重大改变?

在详细解决这个问题之前,必须定义关键的概念特征,以便创建适用于整车水平的标准,从而消除不同的复杂的解决方案。在此之前,应该确定将来主导概念选择的要求。

图13.1展示了车辆上需要考虑的要求。许多要求是物理上相关的,常常还互相冲突,因此需要权衡重要性,例如流线型的空气动力学与独特的造型组件。

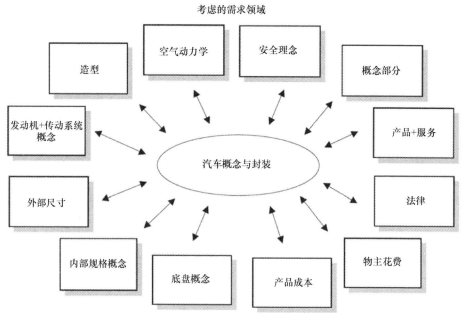

图13.1　需求领域的概念确定[4]　图片版权:作者版权

在以下领域进行区别:
- 车身
- 驱动
- 底盘
- 内饰
- 人机界面

下面从最高级概念层面讨论。作为主要的汽车零部件集合,它们始终与乘客和环境,特别是道路环境相联系。这些领域之间的相互作用可以抽象地表示为质量、能量和信号的转移(见图13.2)。由于车辆自动化彻底改变了这种转移,模块也受到影响。自动化效应的一个例子是环境与人类之间的信号交换。驾驶员不再需要负责驾驶任务,因此不再需要与周围环境交换信号才能到达目的地。基于质量、能量和信号传输的这种研究方法使得进一步的分析成为可能,并由此考虑到接口。

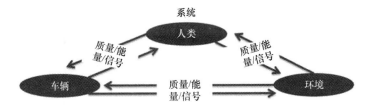

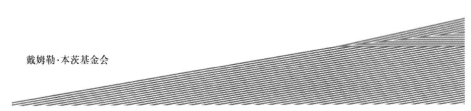

图13.2 系统分析:驾驶员车辆环境 图片版权:作者版权

这些概念定义区域及其在第2章中选择的用例的界面以及结果可能的应用场景将在下文讨论。

13.2 以驾驶员增强可用性的州际驾驶

在涉及自动驾驶方面,两种用例"州际驾驶"和"全自动化"具有完全不同的表现性能,但考虑到在车辆概念方面没有任何区别,因为这两种使用情况都受限于需要驾驶员来增强可用性。对于"全自动化"用例,可以更广泛地使用自动驾驶,并且很少出现要求接管的情况。然而,在这两种情况下,必须确保车辆导引不论驾驶员是否接管都可以作为驱动。因此,对于这两种情况,车辆导引将采用"混合模式"——自主的或手动的。

13.2.1 车身设计的影响

与没有自动驾驶能力的预期对照概念相比,对于计划中持续驾驶员驾驶的车辆行进而言,没有什么概念定义的变化。因为,只要扩展和可用性用例概念(见第2章)是基于驾驶员的控制,则对车身设计的自由度就会受到限制。车辆的外部尺寸以及窗户的定位和尺寸仍然必须适合驾驶员,这意味着预期与当今的设计类似。

对于自动驾驶而言,传感器实际上要求能覆盖每个可视角度,依照目前的谨慎态度,这肯定会导致复杂的整合解决方案。如果为具有自动驾驶的能力设定一个标准,则对于开发者来说将是有益的,因为他们能够在真正的意义上占据更优的传感器的位置(以图13.3为例)。否则,预期的车辆概念和当今车辆之间不会出现大的差别,因为这些用例仅添加新的特征到现有概念上,而不影响车辆或应用领域的基本原则。

图 13.3　测试车辆，环境传感器[5]　图片版权：Springer

13.2.2　对驾驶概念的影响

对可能存在的手动驾驶行程部分和类似的非自动化车辆的驾驶概念进行不同的评估是没有意义的。然而，与手动驾驶相比，自动驾驶简化了交通信息处理，使得驾驶更有效率。自动驾驶的驾驶特性可以根据时间和能量要求进行控制。原则上，这些选择已经在具有部分或高度自动化驾驶功能的车辆上可用，这意味着自动驾驶的下一步几乎不会对驾驶概念进行任何相关的更改。更可能的是使那些总的可用性较低的驾驶概念受益于新的网络选项，例如使用电池的电力驱动。

13.2.3　对底盘设计的影响

虽然手动驾驶需要具有满足标准要求的底盘，但大部分自动驾驶过程中驾驶员与驾驶过程无关联。自动化过程不要求对驾驶动态的触觉灵敏性，也不要求通过车辆加速度影响乘客的受力（横向力和纵向力）。因此，可以启用长期以来用于电子稳定性控制的车辆运动传感器，以便调节轨迹，从而使后者（横向力和纵向力）动态舒适。

倾斜的底盘已用于铁路运输一段时间，这至少可以补偿 $1\sim2m/s^2$ 的标准适度横向加速度。这将需要约 $6°\sim12°$ 的整体倾斜角度。该整体倾斜角度可以由路面的倾斜角、车辆侧倾角和座椅角来表示，参见图13.4。2014年，奔驰S级Coupé车型推出，首次显示似乎可以单独使用底盘实现侧向力补偿。相比之下，纵向力补偿所需的偏转和回弹是当前弹簧行程的两倍以上。为了在这里规定的范围内实现补偿，只能通过实施（单独的或额外的）座椅倾斜来实现。

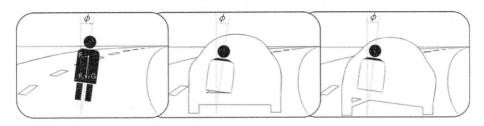

图13.4 转弯时倾斜的概念：左侧增加的力对乘客的影响；中间座位的角度；依靠底盘右侧角度 图片版权：作者版权

没有纵向力和横向力的旅程的想法很吸引人，特别是在休息时间，但同样存在人类与环境之间所期望的视觉连接方面的问题，因为视觉不再符合动觉和前庭感觉。然而，即使使用视觉脱钩，在前庭器官中感测到的旋转加速度也可能导致乘客产生不适感。这是因为不同于平移加速度，如果乘客舱不能根据车辆的行驶方向反向转动，则不能补偿。另外，不可能在没有旋转速度和加速度的情况下调整倾斜角度，因为这显著降低了倾斜动态。因此，对于实验[6,7]中确定的旋转加速度（转动）$4°/s^2$ 的感知极限，加速度补偿的目标角度有2.5s的时间没有达到。在高度预测性的自动驾驶中，没有外部干扰，例如会需要大幅度调整加速度来应对的其他车辆，这在轨迹规划中仍然需要考虑。感知限制使用的是实验的结果，因此取决于底层测试设置。其他实验根据相应的测试设置、旋转轴和测试人员（$0.3°/s^2 \sim 6°/s^2$）给出不同的值。在文献［7-9］中可以找到关于这个主题的不同研究的整理。

补偿纵向力的扰动似乎更简单。结合前面的环境传感器，应该可以达到像坐轿子一般的感觉。出于安全起见，为了优先考虑行驶动力学，应该停用这种感知脱钩。这种"轿子"可以基于电子控制的空气悬架概念，采用具有可调节阻尼器或完全活动的机电弹簧阻尼器单元。为了避免"晕船"似的低频俯仰运动，通常必须采取相应的措施。

13.2.4 对内饰和人机界面的影响

可用驾驶员的必要性意味着必须始终提供驾驶员的工作场所。为此，车辆内部的布置需要仪表板和具有操作元件的座椅。这意味着在考虑的用例（州际驾驶和全自动驾驶）的框架内，重大的概念不会更改。作为使用转向盘和踏板的目前人类熟悉的车辆控制的替代，可以利用部分自动化的基本功能来实现替代控制概念。这也可以与其他节省空间的控制单元相关联。否则，几个概念车辆示例包括将控制元件，特别是转向盘移动到干扰较小的位置的选项，意味着在自动驾驶期间驾驶员前面的空间可用于"替代程序"。也可能需要某种类型的操作控制锁，以避免意外访问导致无意的接管。

除了将驾驶员座舱作为移动办公室或娱乐用的媒体平台外，自动驾驶还允许人们将旅行时间用于放松或与其他乘客进行交流。因此，对于该用例中的车辆，即使不是驾驶员座椅，预期座椅概念也可以适应相应的要求，甚至其中很多部分已在现有车辆上得到实现。

13.3 自动代客泊车

自动代客泊车可以帮助解决居民区或工作场所私家车主的停车位问题，并为汽车共用者弥补了汽车共用停车位置与所需出入点之间的差距（第18章）。除了这个功能，车辆是一个完全"正常"的车辆，它提供现有的辅助、部分或高度自动驾驶的功能。

当车辆中没有乘客或物体时，可以使用车辆中具有可变车身概念的自由空间。此功能的概念今天已经存在，可以在停车期间减小车辆的尺寸。然而，作者并没有发现在量产车中有任何实际应用，可能是因为高被动安全性的要求与可变车身的要求相冲突。由于较低的停车收费标准，自动代客泊车对于节省空间是有利的，同时它减少了充分利用空间的压力，因为现在到大型停车位的路线方案没有了成本或时间压力。至于自动驾驶到达停车位的路线的燃料消耗是否比用于人工搜索停车位的燃料消耗多，还难以预测。

在此之外，自动代客泊车不会引起车辆概念的任何其他基本的自由度变化。

13.4 按需车辆

车辆按需使用案例是指完全无驾驶员的车辆，它没有驾驶员的工作场所，也因此不能回退到驾驶员操作作为后备。这导致了设计这些车辆时产生了新的自由度。下面介绍这些用例。由于这个概念支持使用而不拥有，所以可以认为在大多数情况下，用户既不拥有车辆也不拥有车辆的所有权责任。相应的，服务提供商将提供这些车辆用于移动服务（第18章）。

13.4.1 对车身设计的影响

几乎所有用例都包含行驶速度高达120km/h的设计，使用的车身必须向乘客提供与当前车辆匹配的天气和冲击防护。这与设计限制有非常大的关系。由于天气防护原因，需要一个封闭的客舱，也可能是可收起的敞篷车顶。此外还必须为乘客设计带有约束作用的安全措施，如安全带和安全气囊，以保证当前车辆的被动安全。只要无法保证不发生交通事故，这项要求会一直存在，至少在目前有驾驶员车辆的交通环境中显然就无法保证这一点。考虑到用途和目标群体，车辆形状可能与当前车辆的形状一致，有着很大的变化范围。单厢车提供最佳的空间经济性，像长方体，它们不会在车辆的前方或后方高度变低。当然，设计师也将努力打造吸引客户的外形。然而，随着车辆按需概念可能的广泛用途，造型目标仍然有很大程度的不确定性，特别是在某种程度会考虑到个人情绪。道路车辆的历史表明，几乎每个在美学上被认为是成功或不成功的各种车身设计都是存在的。因此，不可能仅从形状预测趋势。然而，包括速度高于这里规定的120km/h的所有车辆将具有空气动力学方面考虑的最先进的形状，这意味着它们将具有流线型、空气动力学锥度和气流断裂边缘[10]。

除了保护功能外，乘客周围的车身还负责乘客与环境的连接。原则上，完全脱钩（full decoupling）是可能的，因为不需要保证驾驶员可以看到外界。这使得用于私人娱乐和放松的舱室，几乎没有视觉和声学上的干扰。然而，行驶动力学的影响只能在一定程度上被隔绝，如13.2.3小节和13.4.3小节所述。保证不同感官的感受相一致是长期存在的挑战，否则会导致不适甚至疾病，这种类型的隔绝概念不太可能被接受。图13.5展示了在公路上旅途中的完全脱钩的外观。

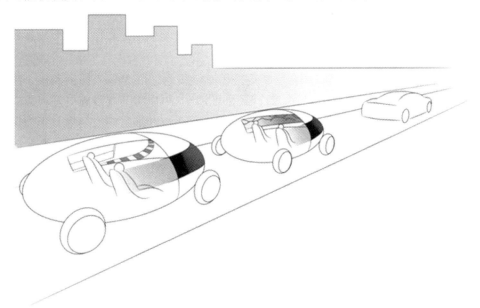

图13.5　将乘客从真正的道路交通中脱钩　图片版权：作者版权

通过这种脱钩可以实现的替代活动的范围很大，范围从在轻松的"环境"阅读（右侧车辆）到赛车轨道上令人兴奋的娱乐（左侧车辆）。保证不同感官的感觉相一致的挑战也适用于人为的环境表征。调节脱钩程度的方式选择从在简单的情况下，使用手工操作的遮挡物（百叶窗）到高科技的诸如电铬窗口的解决方案都有，可想而知达成调和也更容易。与环境的虚拟连接，可以显示（在屏幕上，作为投影）的环境的实时摄像头图像的形式也是可能的，但是这需要乘客对这项技术有非常高的信任度。在无人驾驶车辆里旅行，不应该有一种身处在不接触环境的隔离空间的恐惧，即使这只是暂时性的。虚拟世界和现实世界之间的调和是以"增强现实"的形式提供有关环境的信息，例如显示关于地标的信息。

13.4.2 对驾驶概念的影响

单独从用例中导出驱动限制条件是不可能的。经典的内燃机和电力驱动包括混合形式（混合动力）都是基本适用的。它们的优点和缺点也适用于按需车辆。一方面，化学能源的存储和补充使得内燃机驱动的车辆具有更大的使用范围，另一方面，电力驱动器的噪声和污染物排放方面的优势在人口密度很高的区域显得尤为重要。必须确保按需车辆有足够的能量来完成要求的行程。因此假设了一个车辆在静止时间内充电的供应概念。合适的服务点将为这项服务提供手动和自动两种形式，无论是在常规燃油加油站还是特殊的充电站。电池感应充电在这里特别适合。根据车辆使用量的不同，电动车辆充电时间较长的缺点也有着不同的影响：如果车辆静止时间始终高于行驶时间，则充电时间通常是不使用时间的一部分，因此不会造成很大的经济压力。当车辆几乎全天候使用时则会有所不同。当这成为目标时，电源充电所需的时间是相当重要的，因为与内燃机驱动的车辆加油相比，充电将导致可使用率的显著下降。

（氢）燃料电池驱动器将更容易实现按需车辆概念，因为服务提供商——甚至可能与其他供应商相联合——与标准车辆用户相比，可以将基础设施更好地集成在该过程中。这意味着可以在位置和过程方面协调停车位和加氢站。如果一个加氢站不足以用于移动性服务，那么也可以从一开始就基于加氢站之间的连接来设计路线。另外，静压时在氢气压力罐中发生的不可避免的蒸发损失可以在很大程度上降到最低程度，因为经济运行的按需车辆使用静止时间应该非常低。尽管（氢）燃料电池技术的按需车辆概念有着这些优点，但是两个通道，即按需车辆和氢动力汽车都需要独立于彼此进入市场。在市场同时推出（强制的）两种技术只会降低两者的前景，因为它仅仅是使用选项的一部分，因此有限的市场份额太小，无法证明这两种技术的投资合理性。

13.4.3 对底盘的影响

按需车辆的力的转移将仍然由轮胎负责，因为替代概念（例如气垫/螺旋桨、磁悬浮驱动、链条）的优点和缺点都不受车辆自动化的显著影响。这样行驶动力学的变化也会很小，特别是运动型底盘的要求不太可能被包含在按需车辆的要求规范中。即使预计会有更为舒适的车辆方案，减速和避撞能力（即加速度高达约 $10m/s^2$）几乎不会低于目前的车辆。然而，随着按需车辆可以提前规划运动，可以充分利用现有的行驶动力学提供的机会，这可能为底盘设计带来新的机遇。

除了以下部分中讨论的两个方面，车轮布局和转向概念，对于从行驶动力学脱钩方面有同样的考虑，如第13.2.3小节。对于以更长时间运送人员为目的的按需车辆更是如此。尽管将驾驶员与行驶动力学和环境脱钩需要大量的技术上的努力，但是如果只有一部分被脱钩，则可以更好地对应不同的感觉印象。相应的脱钩对于运输易损伤商品也是有效的。

13.4.3.1 按需车辆可能的车轮概念

如果我们考虑人类驾驶员的保持稳定任务，按需车辆可以选择车轮概念，而不考虑当前适用的要求。这一自由度激发了现有的概念，少于四个轮子的概念被重新评估用于按需车辆。

正如摩托和三轮车所能证明的那样，少于四个车轮的车辆也适用于运输。原则上单独的一个轮子就够了，就如单轮车令人印象深刻地证明了这一道理。调节重心的位置在这里是最重要的任务。机电系统可以承担保持稳定的任务，使任何人都可以驾驶和控制一辆单轮车。这里可以使用两种方法：车轮上产生力矩和改变可动质量块的位置。

这些概念首次用于双轮的SEGWAY©个人运输商[11]。脚传递的"重量移动"被传感器检测到，调整乘客角度以适应加速度，使得所产生的重力和惯性力矢量总是通过车轮接触点的连接线。相同的方法用在一前一后的两个车轮的操纵。在与角度方向相反的方向上的转向运动导致有一个角度的滚动力矩，该角度所产生的离心力和重力矢量通过两个轮接触点的连接线。原则上，球传动可以实现两个方向的稳定。然而，在自动驾驶的情况下，这种稳定化的实施是否有效仍然是非常值得怀疑的。用户总是要紧紧地与支撑物相结合。此外，这些概念仅限于低速度，因为诸如路缘高度或坑洼的垂直不均匀性对控制动力学和执行能力都负担过重，因此不能防止碰撞。这个考虑也适用于单轴两轮车，如上述的SEGWAY PT。这些垂直障碍对于横向运动中的摩托车来说不是问题，甚至诸如反冲的现象也揭示了两轮车车辆稳定性的敏感程度。

在第二个概念中，以与走钢索者使用手臂达到平衡的原理相同，质量体通过移动，使得重心的移动可以适应纵向或横向力而不需要乘客的任何帮助。为了稳定这种位移，力矩被短暂地施加到车轮上。赛格运动（个人城市移动和无障碍）概念[12]以及通用汽车作为EN-V（Electric Networked-Vehicle，电力网络车辆）[13]的实施与自动驾驶相关。良好的机动性和较小的空间要求意味着这种车辆非常适合城市使用，这当然不局限于自动驾驶。缺点是持续的车辆稳定工作"消耗"更多的能量和对上述的垂直水平的敏感程度，尽管设计结果不如预期，因为可移动质量会减少校正所需的驱动转矩。迄今为止的事实证明，最高速度的计划值为25mile/h，约40km/h，这个概念几乎不适用于120km/h。

移动质量也可以用于经典的单向两轮车，尽管受到纵向方向上的空间要求，它比单轴两轮车辆更难满足横向上的位移选择。为此，可以进行平衡的转向执行机构似乎更有希望进行自动摩托车的引导。然而，这样的概念是否符合按需车辆的流动性要求仍然存在疑问。全封闭式外壳是笨重的，并显著增加了侧向风敏感度。然而，除了环境防护外，这样一个封闭式框架也大大提高了安全性，如2000—2003年生产的 BMW C1 滑板车[14]。以这种方式配备单轨道两轮按需车辆是可能的，可能包括用于非常低速的稳定器和静止的时候。然而，单轨车辆的特殊流动性，例如通过交通队列，是否可以通过自动驾驶来实现是另一个问题。

这两种方法有一些共同点：它们可以在一个方向上不受力的作用。在单轴两轮车辆上，乘客的纵向力可以完全补偿，在单轨道两轮车辆上横向力同样也适用。作为被动方的乘客体验旅行是否感到愉快，也是一个问题。

对于三个或更多个车轮的车辆而言，只要由惯性力和重力产生的力矢量不离开围绕车轮接触点的连接线之间的区域就是稳定的，无须控制。这取决于重心的高度 h_S 和从最大摩擦系数 μ_{max} 而要考虑的行驶动力学极限，所得到的路面矢量生成区域是半径为 $r_{res} = h_S a_{max}/g = h_S \mu_{max}$ 围绕中心点的一个圆，见图 13.6。中心点是将重心投影在路面 $x - y$ 区域的一个点。行驶动力学极限来自相对于重力加速度 g 的最大纵向和横向加速度（绝对值）（这里的两个方向假定相同为 a_{max}/g）。如果车轮接触点的外部连接线与此圆相交，则存在翻滚的危险。如果它们不在圈内，则车辆在不利的条件下也可能出现翻滚，如第一台梅赛德斯-奔驰 A 级的著名示例所证明的（详细的细节见文献[15]）。

由三轮车辆接触点确定的三轮车辆防止翻滚所需的最小接触区域面积 $A_{FP,3} = 3\sqrt{3} r_{res}^2$，比二次区域大 30% 左右。更为困难的是三轮车的最小宽度为 50%，与图 13.6 不同，它是基于纵向两个角点（否则在所示位置上的宽度为 73%）。因此，具有纯静态支架的三轮车不可能用于自动驾驶。

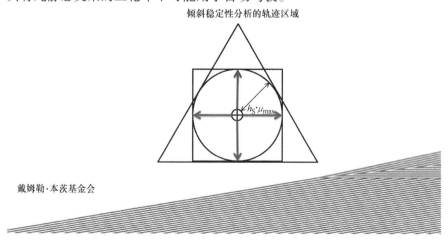

图 13.6 抵抗翻滚所需的轨迹区域　图片版权：作者版权

具有对于静态支撑太小的接触面积的混合底盘解决方案可以移动重心,使得图13.6 中绘制的圆相对于底盘移位,例如,左转弯时向左移动。可以使用平移运动或旋转运动来表示位移。Piaggio MP3 三轮摩托车设计是后者的一个例子[16],具有两个前轮和平行四边形运动学,可以实现完整的踏板车结构的角度。因此,这种车辆具有受限的静态倾斜稳定性。然而它不需要对恒定条件永久控制,例如,在直路上行驶。如果是运输一个或者两个人的运输要求,则这种概念肯定会成为与上述外壳相结合的按需车辆选择和保护框架的选择。

类似地,第三轮也可以作为单轴概念的补充,例如已经提到的 EN – V。这里,固定在主轴前面或后面的轮子负责静态支撑。然而,静止时的转动保持需要额外轮子能够转向。因为接触区域太小而不能抵抗翻滚的四轮设计也是有可能的。一个例子是日产滑翔机研究[17],宽度为 1.10m 的车辆可以承受高达 17°的横向角度。这种和摩托车相比宽度相对较大的车辆,与普通宽度的无倾斜技术标准车辆相比,是否还存在着按需车辆的优势是有争议的。使用倾斜技术补偿乘客的横向力的能力本身就是一个加分项。除了倾斜系统,具有可变轨道宽度或可变轴距和可变重心高度的自适应底盘也可能从根本上导致抵抗滚动的需要[18]。

13.4.3.2 转向概念

目前,前轴转向占据主导地位,也没有理由不将其用于按需车辆。然而,其余转向方法也可能在自动驾驶中被运用。这些包括通过诸如滑移转向器的力转向,它可以在一个轴上提供不同的力和不同的力方向,例如在左侧施加负向驱动力和在右侧施加正向驱动力,实现向左转向。这个概念是单轴两轮车的选择方法。如果轮子没有至少一个的额外旋转自由度来支持转向控制,则力的转向会对三轮或四轮车辆造成相当大的限制。

此外,也有可能采用多轴转向,通常被称为四轮或全轮转向。虽然这在车辆技术方面是众所周知的,但只有很少的车辆可用。多轴转向使用受到限制是因为车辆开发商必须执行当前全轮转向车辆的折中设计。驾驶员不能使用后轮转向,它是以电子方式耦合到前轮转向。在权衡之下,目前它在低速时(≤100km/h)通过相反的转向角度实现车辆的敏捷性,在高速时(≥100km/h)通过一致的转向角实现车辆的稳定性。在行驶动力学的关键极限中也进行转向校正。自动轨迹规划可以独立于速度和按照计划的操纵使用这种自由度。这将使得可以在不偏转的情况下改变车道,即不围绕竖直轴线旋转,从而减少对乘客的影响。在停车时,也可以进行标准配置下全轮转向做不到的机动操作,性能远好于前轴转向。

一个极端的解决方案是可以分别控制每个车轮的全轮转向。这能够将所有车轮定位在最佳角度,但需要更复杂的执行系统。此种技术的应用对于按需车辆而言不能体现出明显优势,仅限于百分之几的行驶动力学极限转移,主要与赛车相关,并且会由于无限制车轮控制而使得转弯阻力降低。

13.4.4 对内饰和人机界面的影响

如果用按需车辆运送乘客,那么表 13.1 中详细说明的发展可能可用于乘客适应的类型、方向和位置。没有理由改变目前前后排布、左右相邻且面向行驶方向的一般座位的排布方式。如果乘客防护部件允许，则可以改变这些，并且应该提供完全平躺的位置来放松，而且方向性仍然是开放的，例如沿横向的座椅排成一行或在纵向方向上的倾斜座椅。

由于不要求乘客进行任何驾驶任务，所以该界面本质上限于录入目的地、乘客信息和使得车辆在下一个安全点停止的安全出口按键。前两个甚至可以与车辆分开，并且可以使用类似于今天的智能手机的个人设备来实现。有望进行高级的交互以控制环境［例如关闭（电子）百叶窗］和任何的娱乐节目。

表13.1 乘客可能适应的类型、方向和位置

类型	站	坐	躺	可变
对齐	与前面	与旁边	与后面	可变
位置	在最前面	与其余挨着	在最上面	可变

13.5 用例总览

相比自动驾驶在车辆概念方面的变化，自动驾驶车辆使用时间方面上变化更大。目前统计每1.5人占用一辆车[19]，这些人中的大多数不能进行如今乘客可做的事情，如阅读、工作或睡觉，见图13.7。自动驾驶使这成为可能。此外，以往那些会造成驾驶员分心的活动在自动驾驶上也成了可能，例如，从大屏幕上的多媒体娱乐和环绕声到所谓的4D电影。

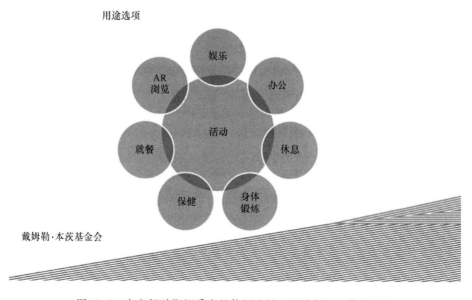

图13.7 自主驾驶期间乘客的使用选择　图片版权：作者版权

用户群体也会进一步发生变化。以前，驾驶员具有驾驶执照是一贯的要求。随着按需车辆的发展，这种限制不再适用，这意味着目前只能作为车内乘客的新用户可以使用自动驾驶车辆。这些人可能是由于身体残疾（例如视力障碍）或由于精神健康问题而无法驾驶的人员，或者因为他们的身体障碍而被禁止驾驶，或者仅仅因为年龄小而被禁止驾驶。因此，车辆和操作概念也必须适应这些用户。首先，有必要确定乘客在车辆和驾驶中权限的要求。

13.6 超出车辆的变化

如果到目前为止的关注焦点是个别车辆，本部分将扩大系统范围，包括环境和其他道路使用者的互动。车辆的互联性将早日建立，意味着引进自动驾驶并不会产生任何根本性的新变化。然而，车辆的自动化也增加了其性能，从而使新的使用形式成为可能。在自动驾驶车辆中，以更好的精度控制电动机是可能的，在目前的交通中这种形式几乎是不可想象的。这些情形包括在车辆相距很小的队列驾驶或在特别狭窄的行车道驾驶。对车流量的影响可以在图 13.8 中清楚地看出。每个时间单位穿越描绘的交通区域的交通元素的数量增加了。如果再结合对应的优先权，就可以提高自动驾驶的效率。基于和优先权相关的具体细节的考虑，车辆概念也可能发生变化，甚至外观也可能随之改变。在这样的情况下，这样的规定可能影响到车辆

图 13.8　通过高精度自动驾驶减小车辆之间的距离　图片版权：作者版权

概念，这可以在欧盟的限制货车整车长度上看出。因此，欧洲所有牵引车都配备了一个绝对的节省空间的车辆前部，北美的车辆不受这种限制，其前方还有一个空气动力罩。

在运行中可能会有质量的转移，从今天的角度来看仍然是非常不寻常的。这已经在农业中实施（例如在收割时卸载作物）和在航空中以空中加油的形式实施。这样在运输货物或乘客时可以节省时间和空间。因此，适当的过渡区域必须包括在车辆设计中。该原理如图 13.8 所示。类似于货车长途行驶在旅途中将货物运送到较小的"分配车辆"。自动化意味着旅程同步精确，桥式结构使得货物交换成为可能。这意味着可以开发全新的物流和流动性概念。然而，在没有讨论整体系统的情况下，设计车辆没有什么意义，所以这里不再详细介绍。

13.7 后续概念

虽然以上分析的案例可能帮助自动驾驶所需技术的突破，但是一些本身不足以帮助技术达到要求的成熟度的应用也将从中受益。这意味着，适于道路通行的服务机器人将是一个选择，它们可以清洁道路、自行车道和人行道，并使用公共道路从一个工作地点独立移动到下一个工作地点。以前只限于仓库的车辆运输和多功能车辆，现在不局限于场所，换句话说，公共路面也成为仓库的一部分。

这扩大了迄今为止在自动系统上的范围，无论是在范围大小方面（从家用机器人到助行支架和清洁机器人，以及到邮政运送车辆和患者运输系统），还是涉及已经实施的私人、公共和商业领域。这些概念将对世界产生重大影响，并可以在合理化浪潮中减少流动部门就业人数。按照按需车辆概念，这种用例有可能大大减少专业驾驶员职位的数量。除了工作方面，这些车辆还可能使货物的获取更方便，因为从货物请求到物理交付都可以自动化实现（第 16 章）。带有直升机"无人机"的试点项目已经为轻型货物绘制了这条道路。轮式车辆无与伦比的能源效率优势意味着对自动轮式车辆运送重型货物的需求一定会来临。

13.8 总结

总之，分析了四种用例后，可以对概念的改变确定以下三个要点：

随着自动驾驶的发展，没有人被限制在驾驶任务中。那么如何打发这些空闲时间是一个问题。不同的用途将对车辆内饰和人机界面的设计产生相当大的影响。

不必承担驾驶任务意味着改变与环境的连接形式是可能的。这适用于解除来自路面的力的触觉影响和对乘客的行驶动力学以及视觉脱钩。然而，像在驾驶模拟中可以观察到的那样，视觉和前庭感知之间可能存在冲突，这只能通过在两个领域同时做到完全脱钩来解决，也就是车辆外部没有视觉印象以及没有影响乘客的力。这对于底盘来说不仅非常复杂，而且对乘客而言也是令人担忧的。

由于自动驾驶总是通过线控执行器控制进行，所以可以假设高水平的运动控制精度。一方面，这可以实现新的转向概念，甚至可能与本身接触面积不足以抵抗翻滚的车辆上的防滚装置连接，特别是如果不再考虑需要驾驶员操纵转向。另一方面，这种精度使得能够以相同的精度连接到其他自动驾驶车辆，以便更好地利用基础设施，或者在今天看起来非常不寻常的概念，例如车与车之间的物质交换。

13.9 自动驾驶将革新车辆概念吗？

自动化不会引发车辆概念革命。虽然自动化方面的一些概念没有什么"缺陷"，但是四轮客车的经典车辆概念预计将在自动化道路交通领域继续占主导地位。然而，特殊的小众领域会出现新的机遇，只有这些领域的吸引力更多的是受到具体规定和访问限制的驱动，而不是一般的个人机动交通概念的优越性。

正如当前的情况，用途将决定自动驾驶车辆概念，尤其是对空闲旅行时间的使用方式将推动车辆内饰的设计。

自动驾驶技术可能会导致市场上的细分程度远远超过今天：

一方面，将会有昂贵的舒适型高科技车辆，提供可作为移动式客厅、办公室或卧室的类似坐轿子的体验。

另一方面，低成本多功能且具有运输服务所需设备的车辆将被使用，但类似于小型城市客车，既不具有情感吸引力，也不是特别舒适。

针对上述用例开发的技术将会产生许多衍生应用，这可能会显著改变服务部门。

应用许可

本章根据知识共享署名 4.0 国际许可（http：//creativecommons. org/licenses/by/4.0/）的条款进行分发，允许通过任何媒介或格式使用、复制、改编，分发和再创作，只要您对原始作者和来源给予适当的说明，提供知识共享许可链接，并指出所做的任何更改。

本章中的图片或其他第三方材料均包含在作品的创作共享许可中，除非在来源中另有说明；如果这些材料不包括在作品的知识共享许可中，并且法律规定不允许相应的操作，那么用户需要获得许可证持有者的许可才可以复制、改编或再创作材料。

参 考 文 献

1. Gasser, T. M.; Arzt, C.; Ayoubi, M.; Bartels, A.; Bürkle, L.; Eier, J.; Flemisch, F.; Häcker, D.; Hesse, T.; Huber, W.; Lotz, C.; Maurer, M.; Ruth-Schumacher, S.; Schwarz, J.; Vogt, W.: Rechtsfolgen zunehmender Fahrzeugautomatisierung [The legal consequences of increasing

vehicle automation]. Joint final report by the "The legal consequences of increasing vehicle automation" BASt (Federal Highway Research Institute) project group, document part 1. Wirtschaftsverlag NW, Bergisch Gladbach, booklet F 83, 2012

2. Franz, B.: Entwicklung und Evaluation eines Interaktionskonzepts zur manöverbasierten Führung von Fahrzeugen [Development and evaluation of an interaction concept for the maneuver-based guidance of vehicles]. Dissertation, Institute of Ergonomics, Technische Universität Darmstadt, Darmstadt, 2014

3. Winner, H., Heuss, O.: X-by-Wire-Betätigungselemente – Überblick und Ausblick [X-by-Wire actuation elements – An overview and outlook]. In: Winner, H., Landau, K. (pub.): Darmstädter Kolloqium Mensch & Fahrzeug – Cockpits für Straßenfahrzeuge der Zukunft [Darmstadt Colloquium Humans & Vehicles – Cockpits for the road vehicles of the future], Technische Universität Darmstadt, Ergonomia-Verlag, Stuttgart, 2005

4. Futschik, H. D., Achleitner, A., Döllner, G., Burgers, C., Friedrich, J. K.-H., Mohrdieck, C. H., Schulze, H., Wöhr, M., Antony, P., Urstöger, M., Noreikat, K. E., Wagner, M., Berger, E., Gruber, M., Kiesgen, G.: Formen und neue Konzepte [Forms and new concepts]. In Braess, H.-H., Seiffert U. (pub.): Vieweg Handbuch Kraftfahrzeugtechnik [Vieweg Automotive Engineering Manual], 7th edition, Springer Vieweg, Wiesbaden, 2013, pages 119–219

5. Kammel, S.: Autonomes Fahren [Autonomous driving]. In: Winner, H., Hakuli, S., Wolf, G. (eds.) Handbuch Fahrerassistenzsysteme [Driver assistance systems manual], pp. 651-657. Vieweg+Teubner Verlag (2012)

6. Durth, W.: Ein Beitrag zur Erweiterung des Modells für Fahrer. [An article on expanding the model for drivers]. Fahrzeug und Straße in der Straßenplanung [Vehicles and streets in road planning] In: Straßenbau und Straßenverkehrstechnik [Road construction and road traffic technology], Bonn-Bad Godesberg, H **163**, 1974 (1974)

7. McConnell, W.A.: Human Sensitivity to Motion as a Design Criterion for Highway Curves. Highway Research Board Bulletin (149) (1957)

8. Fischer, M.: Motion-Cueing-Algorithmen für eine Realitätsnahe Bewegungssimulation [Motion-cueing algorithms for realistic motion simulation]. Deutsches Zentrum für Luft-und Raumfahrt in der Helmholz-Gemeinschaft [German Aerospace Center in the Helmholz Association], DLR (2009)

9. Betz, A.: Feasibility Analysis and Design of Wheeled Mobile Driving Simulators for Urban Traffic Simulation, Dissertation, Automotive Engineering department, Technische Universität Darmstadt, Darmstadt, 2014

10. Schütz, T.: Hucho - Aerodynamik des Automobils: Strömungsmechanik, Wärmetechnik, Fahrdynamik, Komfort [Hucho - Automotive aerodynamics: flow mechanics, heat engineering, driving dynamics, comfort], 6th edition, ATZ/MTZ-Fachbuch, Springer Vieweg, Wiesbaden, 2013

11. SEGWAY® Personal Transporter: http://www.segway.de/segway-pt/das-original, accessed on: 8/26/2014

12. SEGWAY® Advanced Development, Project P.U.M.A: http://www.segway.com/puma, accessed on: 8/26/2014

13. GM EN-V Concept: A Vision for Future Urban Mobility: http://media.gm.com/autoshows/Shanghai/2010/public/cn/en/env/news.detail.html/content/Pages/news/cn/en/2010/March/env01.html, accessed on: 8/26/2014

14. BMW C1: http://de.wikipedia.org/wiki/BMW_C1, accessed on: 8/26/2014

15. Baumann, F.: Untersuchungen zur dynamischen Rollstabilität von Personenkraftwagen [A study of the dynamic roll stability of passenger vehicles], VDI progress report, series 12 no. 552, VDI-Verlag, Düsseldorf, 2003

16. Piaggio MP3: http://www.de.piaggio.com/piaggio/DE/de/news/MP3.html#main, accessed on: 8/26/2014

17. Schröder, C.: Tokyo Motor Show: Nissan präsentiert Stadtauto mit Neigetechnik [Nissan

presents a city car with tilt technology], available under: http://www.springerprofessional.de/tokyo-motor-show-nissan-praesentiert-stadtauto-mit-neigetechnik-10712/3946650.html, accessed on: 8/26/2014

18. Schweitzerhof, H., Betz, A., Winner, H.: Analysis of a situational adaptive chassis with respect to maneuverability and footprint. In: Proceedings of the ASME 2014 International Design Engineering Technical Conferences & Computers and Information in Engineering Conference. IDETC/CIE 2014, Buffalo, New York, USA, August 17-20 (2014)

19. Institute for Applied Social Sciences (infas), Deutsches Zentrum für Luft- und Raumfahrt e. V. (German Aerospace Center): Mobilität in Deutschland 2008, Ergebnisbericht: Struktur, Aufkommen, Emissionen, Trends, [Mobility in Germany, 2008, Evaluation report: structure, emergence, emissions, trends] Bonn und Berlin, 2010

第 14 章 一个基于需求的交通自动化系统的实现

Sven Beiker

14.1 介绍

目前在专家层面和公众范围里，有很多关于自动驾驶（或经常称为"自主性"）汽车的讨论、发展和研究。在这个讨论的范围里，个人使用的汽车占据了核心的地位，也就是说，重点是增加城市街道和公路上车辆的自动化程度。虽然没有人为干预的自动驾驶乘用车的前景似乎还很遥远，但已经有例子表明，无论是在今天还是不久的将来，自动驾驶汽车都将被运用在公共交通中。过去几十年来，不需要运营人员的铁路系统已经成功实现，现在，在我们的街道上卫星导航和障碍物检测系统将替代铁路导轨，从而实现车辆自动行驶到达用户的目的地。

即使这些运输系统常常只在诸如市中心等有限的地区运营，但是从这种自动化交通系统中得到的丰富经验，今后也可以应用于高度自动化的乘用车的开发。对于低速且有限地理范围内的车辆，操作上的、用户特定的、保险相关的或基于责任的考虑在很多情况下与对在高速公路上行驶的车辆的这些考虑很相似。因此，尽管与高度自动化的轿车或 SUV 存在不同，还是希望本文所描述的自动化按需移动（AMOD）系统可以通过强调一些协同增效效应，找到在公路上部署前者的方法。本章将以在加利福尼亚州的斯坦福大学已实施的这样一个交通系统为基础进行研究。本报告的目的是详细介绍研究结果，并协助今后其他自动化车辆的应用。

14.2 定义和范围

这份文稿的主要内容是"自动化按需移动系统"（AMOD）以及构成这一系统的车辆。这里应该在车辆自动化的背景下理解"自动化"一词，即通过集成计算机系统到道路车辆中，使得人们免除驾驶车辆的任务。本报告所涉及的例子，诸如"导航""车道保持"和"稳定"等驾驶任务全部由计算机系统操控，因此不再需要驾驶员。在某些情况下，甚至完全没有人（即乘客）在车内。例如，某车辆可以在空载的情况下为了物流目的而进行移动。根据 SAE J3016[1] 提供的定义，该自动化级别也称为"全自动化"。

"按照需求"一词意味着可由用户安排个人使用的运输系统（对照第 2 章）。这可以通过智能手机应用程序实现，例如，借助程序用户可以将车辆召唤到他当前的位置。这与出租车的工作方式大致相同，但显著的差异是这些车辆不需要驾驶员。这里所说的"运输系统"，是指包括若干车辆和一个中心基础设施的集合系统，它们调配车辆以供客户使用。

下述报告所研究的移动系统是在城市地区，即人口密度高的发达地区，包括道路、停车场、自行车道、人行道、步行区和建筑物，交通系统运作的目的是运输乘客。对于城市结构特征来说，城市地区的规模并不重要，换句话说，这个地区是不是所谓的"大都市"，还是仅仅是中等城市，甚至是小型城市的中心地带，都没有特别的意义。这里讨论的运输系统，是在公共交通或私人汽车不代表用户移动需求的最佳解决方案时的一种通用服务。

14.3 AMOD 系统的描述

这份文稿描述了一个 AMOD 系统的具体例子，即 Navia，一辆由法国公司 Induct[2] 生产的汽车。在 2013 年 7 月～2014 年 2 月期间，这辆车被提供给斯坦福大学的研究人员进行评估，这意味着从 2013 年起，可以为该车辆的运输服务进行操作设计。实验结果被记录在案，同时也是下面报告的主题。像 Navia 这样的车辆高度地表明了自动化系统设计中的一般行业趋势[3-6]。但需要明确强调的是，在这里特别关注 Navia 绝不代表对它的偏好，或是认可它的系统超过别人。Induct 公司未对本报告中所讨论的描述施加任何影响。这意味着，虽然以下信息是基于斯坦福大学对 Induct 公司的 Navia 分析的经验认识，但它也普遍适用于与 AMOD 系统有关的科学和运输规划层面研究。因此，这些信息可以为未来系统的实施提供参考。

14.3.1 技术设计

这份文稿中讨论的 AMOD 系统使用的车辆配备了卫星导航系统、激光雷达、摄像头、超声波雷达以及转向角和车轮角度传感器。这些传感器和系统用来确定和监测车辆的位置和环境。虽然卫星导航已经允许车辆的高精度定位（在使用附加校正方法的情况下，甚至可在厘米水平上定位），但这里研究的车辆还额外采用一个"即时定位和地图构建"（SLAM）的过程。

对于这个过程，车辆由操作人员在计划的操作区域内引导，同时记录来自卫星导航系统的坐标和从激光雷达、摄像头和超声波系统（如果必要）得到的数据。

数字地图是从这些数据创建得到的，与常规地图不同的是，它是以三维的形式表示。这一结果描述了车辆运行区域的静止状态。换句话说，相对于已保存的数据，后续车辆操作中测量的所有变化被归类为可移动的或"新的"障碍物。这种变化值得特别注意，它可能产生一个相对预编程路线的偏差。

这里的 SLAM 技术代表了一种"虚拟轨道线"，通过卫星导航替代实际轨道，卫星导航与环境感知相结合作为参照系统。已经储存的环境呈现和不断更新的环境感知数据之间的偏差被归类为障碍物，它可能导致路线或道路的改变。在这里，激光传感器主要用作检测距离车辆大约 1~200m 的中长距离的物体（例如人、车辆、建筑物、障碍物）的手段。超声波传感器用于近距离（距离车辆不到 2m）的物体检测。此外，相机系统提供关于被检测物体（例如人或植物）的形状和类型的额外信息，根据物体类型、距离、方向以及在某些情况下的速度来提供尽可能详细的图像。

与参考系统的偏差，即计划路线上的障碍物，由车辆控制单元确认，实际路线可根据一系列评估标准进行更新。换句话说，最佳的路径是根据指定的目的地、给定的交通状况和环境进行计算和创建。即使在给定时刻似乎没有路径可以访问（例如，如果车辆传感器检测到不能绕开障碍物，并且没有可替代路线），车辆将中断其行程，直到障碍物被移除。

驾驶指令从路径规划控制单元发送到电气化的转向、制动和驱动系统，并由它们执行。车辆主体具有这些部件的电子接口，因此中央控制单元能够接替发送转向、制动和驱动的指令，这样可以使车辆独立地实现行程，而这又取决于环境感知、信息处理和目的地输入的组合（见图 14.1）。在这样做时，每个轴由一个无刷直流 48V/8kW 的电动机驱动。该车辆在前后轴上具有独立的转向。车辆的最大速度为 40km/h，但初始运行时限制为 20km/h。如果需要，可以通过调节参数进一步降低。它的转弯直径是 3.5m。

车辆用户在影响车辆操作方面有多种选择。可以通过固定地点的输入屏幕来命令车辆，利用这种典型的操作是使用智能手机的应用程序发送命令。一旦车辆到达所请求的接送位置，车辆会停在那里并且起动驻车制动器，车门（在这种情况下是可打开的钢框架结构）被打开，使得乘客可以顺利地进入车内。然后用户通过安放的输入屏输入目的地。车门关闭并且释放驻车制动，然后车辆可以开始行驶。在任何时候，乘客都可以立即使用紧急开关停车。在这种情况下，车辆乘客还可以使用车辆通信系统联系操作人员，以便请求帮助或传达其他问题。由于这种联系是通过无线电传输的，所以操作人员完全可以位于操作区域之外的位置。

如图 14.2 所示，车辆的特点是设计得非常开放。在腰部（乘客的）高度以上没有车身挡板，而是一个具有四个支柱的篷式车顶。此外，车内没有座位。乘客是靠在软垫支架上的。车辆最多可容纳 8 人，可携带最大重量为 800kg。它的尺寸为 3.5m×2.0m×2.5m（长度×宽度×高度）。电源在使用化学电池时的使用时间为 8h，或是在使用超级电容器时为 20min。车辆可以在运行时间以外时通过充电电缆连接或是在短暂休息期间通过无线充电站进行充电。其中无线充电选项对于无人驾

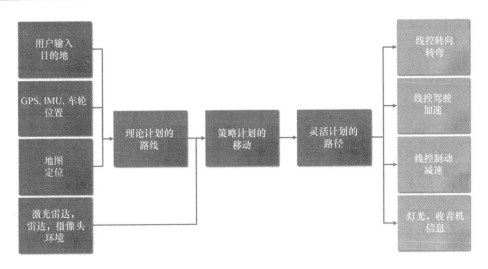

图 14.1　自动化车辆框图（原理图，简化版）

驶模式是特别有利的，因为车辆能够自行行驶到充电站，而不需要人员插入充电电缆。在斯坦福大学操作时，为便于现场操作人员的测试操作，电缆充电已被用作初始使用方案。

图 14.2　开放式设计产品 Navia [2]

14.3.2　操控

尽管 AMOD 系统具有很强大的独立运行的特性，但仍有一些特别状况值得考虑。一是要求操作人员保障其运行。虽然工作人员不需要监督每一个转向、制动或驾驶指令，但是它们必须确保在既定的操作区域内（地理位置的限制）和指定参数下（例如速度或位置）的一般操作的安全性。为了实现这一点，建立了类似于用于无人驾驶列车或物流的工作系统的运营中心。这些中心的人员数目相对较少，但监测了大量的车辆。操作中心通过无线电连接各车辆，能够监控车辆的操作数据，能做到紧急停车并与乘客通信。

这些车辆必须始终安装一个通信系统以监控操作。这可能涉及各种通信标准，例如蜂窝网络（cellular network）或是WiFi网络。在这两种情况下，数据传输的延迟程度和可用性都达到必要的要求是至关重要的。

在这里应该提到，由于持续进行的无线电监测和随时出现的车辆接管功能，根据SAE J3016[1]的定义，该系统严格上来说并不是全自动化等级的。因为该标准规定，即使在特殊情况下也不会有人监测或者接管控制。不过，必须考虑，Navia等运输系统处于没有任何操作人员在车辆附近的情况，这意味着这些车辆必须能够独立处理紧急情况。这反过来又对应于SAE J3016中的完全自动化，同时也显示了此定义的局限性。

此外，必须为系统运行建立路线网络和运行时间。这需要定义哪些路线（详细边界）可以在哪个区域（一般范围）中行驶。首先根据用户需求、监测要求、驾驶表现、法规、经济效益以及任何其他相关的考虑，确定交通运输系统处于最佳服务的一般地点，然后再选择这个特定的区域。就这里讨论的AMOD系统来说，该区域可以限制在步行区、城市中心区域或整个城市。在这样做时，必须始终仔细考虑哪些道路或车道允许车辆行驶。

为了使这里描述的运输系统能够灵活地运行，有必要考虑在某些区域（例如步行区）不允许机动车辆行驶，并且在这种情况下，必须为这些特殊的自动化的机动车辆获得相应的许可。此外，如果车辆在正常道路交通中运行，则在大多数司法管辖区域中，运营自动化车辆很可能需要特别的许可。在一些立法领域，例如美国的一些州，相关立法已经被制定和实施。

在运营时间方面，重要的是要考虑是否应该每天24h提供运输服务。这是一个合乎逻辑的以及有好处的方式，因为对工作人员要求最低，同时可能会满足客户需求。然而，也存在着一些限制因素，最重要的是经济成本，因此运营时间有限可能是一个更可行的选择。一种可能是将车辆停放在仓库过夜，以防止它们遭受破坏。另一种是仅在公共汽车或其他公共交通服务不运行（例如在夜间）时提供运输服务，以便在白天将车辆停放在仓库中。

在所有这些情况下，对于车辆操控的地理和时间限制相当简单，可以通过对相应操控参数的限制来实现。这意味着使用数字地图以及受限制的时间表根据操作员的规范要求来限制车辆运行。

为了确保AMOD系统按照制造商的规格运行，在调试前必须满足一定的要求，即系统安装、人员培训和人员认证。更具体地说，这意味着必须首先根据指定的操作参数安装运输系统。这通常需要一个手动操作的初始阶段，这在本报告中已经描述过。这一阶段用于创建数字化地图，确保在自动操作后期阶段车辆的准确定位。

在培训方面，操作人员必须接受有关车辆一般特性和具体运行动态的培训，即系统特性、运行条件、限制等相关特征。人员必须学习和了解系统的这些方面。此外，车辆操作安全性必须做到像飞机那样，在开始每个新的操作阶段之前进行检查，例如开始新的一天的服务时。对于操作过程中的异常情况，例如偏离定义的路线，必须进行调查并记录在系统操作日志中。

这些因素表明，虽然这些车辆是自动化的，但在系统运行之前需要大量的准备。这种准备工作不能自动进行，需要操作人员参与。为了运输系统的整体运行需要的人员，与每辆车都需要驾驶员的系统相比要少得多。

14.3.3 商业模式

部署 AMOD 系统的主要原因之一是与常规车辆的操作模式相比，对人员配置的要求要低得多。这会影响到商业模式。Navia 系统的制造商声称，使用其系统可以使公共运输的运营成本减少 50%[7]。比如和出租车服务相比，这些系统的商业模式允许采用一个相当低廉的运输方案，通过使用较少的员工而得到节省。相比于乘用车，这种系统也具有优势，因为用户免除了车辆控制的任务，可以用行驶的时间来工作或是放松。

此外，如果常规的驾驶员操控的车辆也使用按需操作模式，则还没有具体的证据表明在经济上是有优势的。然而，自动化车辆可以在通常不太有吸引力的时段内运行，例如在晚上，每小时可能只需要 10min 的时间来行驶。在这种情况下，驾驶员会等待 50min 而不产生收入。相比之下，即使自动化的车辆停运 50min，只要这一时期的整体收入足够，等待阶段是不重要的。

到目前为止，这些系统仅在试运行中，例如在大学校园或购物中心的限制时间内[3-5]。因为这些类型的操作主要用于展示该系统，所以商业模式尚不能得到充分评估。当商业运营开始后，对运营商和制造商的业务模式和收入目标进行首次评估是可行的。

14.4 运输系统实施的成果

以下部分旨在概述在斯坦福大学实施 Induct 的"Navia" AMOD 系统的结果，由于到 2014 年中期，有关车辆只是零星地运行，所以以下只是作为临时报告，之后在其他地方将继续运行。尽管如此，仍然可以总结此实施方法的发现，目的是帮助其他研究人员和交通规划人员实施类似的系统。

14.4.1 评估、测试与公共运行之间的区别

根据表 14.1 的数据，本报告考虑了车辆的一系列运行阶段。其目的是首先在运输系统的评估阶段进行分类，然后在试验阶段进行优化，最后提供公共运营。

表 14.1 三个阶段的差异和特点

	评估阶段	试验阶段	公共运营
目标	风险分析，研究目的的适用性	研究项目，操作优化	把乘客运输作为服务
操作区域	非公开，有限	半公开，有限	公开，有限
操作时间	有限，短期试用	有限，长期试用	无限制，24h 概念
使用群体	研究人员，员工	所选测试用户	一般公众
监测	随车驾驶人员	操作人员陪同车辆，无线电连接	操作人员通过无线电连接

首先，研究依赖于必须从车辆本身收集的普遍试验数据，因为这样的运输系统在很大程度上仍然是未知的领域，所以使风险评估变得困难。研究会提及一系列其他重要的问题。重要的是，这里描述的系统允许高度灵活的运行模型来配合应用的要求。对于初步评估，将车辆基本校准到所需的操作区域是有好处的，这允许现场工作人员进行监控。为了简化这个过程，车辆不应该需要特殊的基础设施，一旦校准后应该在很大程度上以独立的基础运行。

根据自主系统实验室的目标[8]，接下来的试验运行阶段寻求优化自动化按需车辆地理上和时间上的分布。这个阶段应尽可能地贴合现实，尽管是测试状态，系统用户也应该能够反映出其实际的移动性需求。例如，它们的行动应该能够表现出从一个位置到另一个位置时对最短等待时间和行程时间的偏好。由于提供的路线和时间表比较容易编程，满足有效实施的要求，所以这一阶段的运行也必须设计成与这里所讨论的运输系统相关的既具有高灵活性又具有目标导向性的。

只要没有进一步的研究测试或优化工作计划，最终试验运行将引向公共系统的运行。因而，应根据测试操作的结果实现操作系统。此运输系统允许这种逐步实施的方法，因为操作区域和操作时间非常容易设置，并且由于车辆速度和总体距离很小，因此运行监控应当不存在问题或只有极少的问题。

14.4.2 车辆概念的选择

为了满足测试阶段运行的要求，需要一种全自动化的车辆，即无人驾驶车辆。车辆必须能够在指定的边界内自行驱动，同时为用户提供按需使用的功能。此外，需要开放操作系统架构来改变车辆的部署和分配。但这些车辆本身不必拥有开放的结构设计：车辆控制单元的操作系统和环境感知系统都不是这些研究工作的一部分，因此它们不需要改变。

Induct 及其相关操作系统架构提供的"Navia"车辆符合使用要求。此外，测试数据已经可以从其他实施这一移动性概念的项目中获得[3,7]，这意味着测试运行很可能得到顺利开展。此外，Induct 的商标权主要涉及车辆自动化的环境感知和参考系建立领域。这意味着这里提出的研究并不与 Induct 的工作相冲突,而是补充它,因为它侧重于一般车辆操作的领域,以便最好地满足移动性需求。正是由于这些原因,Induct 的 Navia 概念被选中和为测试操作做评估,按照以下部分描述的标准,在斯坦福大学的自主系统实验室里作为研究工作的一部分[8]。

14.4.3 风险评估和法律分类

将这个项目放在现行法律制度的背景下,是一个循序渐进的过程。由于这些车辆最初不能在公共场所运行(以评估为目的),所以在车辆运行和运营责任方面有一些特殊规定。这些规定是在斯坦福大学与风险评估部门和大学法律部门的协商下制定的。在大多数情况下,法律责任分配给所述车辆的操作者,根据操作模式,操作人员直接在外部或通过无线电远程连接到车辆。在大学里运行车辆已经获得批准,但由内部(即斯坦福大学)风险评估工作人员给予了某些限制。

这里详细列出的车辆操作风险评估与公共交通中的相同操作相比要容易得多,主要是因为车速和操作区域受到了很大的限制。这意味着,与那些相对较快同时理论上可以在任何地方旅行的传统乘用车相比,20km/h 的速度限制和显著限制的区域代表着较小的运营风险。首先,这个区域的系统只允许在没有公开使用的情况下同时在操作人员(在车外或是车内)的直接监督下运行。这些对操作第一阶段的限制意味着所有项目合作者都能够了解与系统相关的功能、限制和任何其他特性。这样就可以。随着测试阶段运行范围的逐渐扩大,逐步进行风险分析和法律上的分类过程。这也意味着风险评估和法律分类过程不能提前准确地确定,而是要根据车辆行为的实际数据决定。

随着运行模式在测试中的逐步扩大,直到公共运行的程度(参见表 14.1),只要车辆仍在公共街道上运行,公共立法日益成为主导调节因素。这项研究适用美国加利福尼亚州的自定法规。这项法规在 2014 年上半年仍处于最后的立法阶段。仍需注意,截至 2014 年 9 月,只有汽车制造商被允许用"自主"(自动化或全自动)车辆进行测试[9]。由于"车辆制造商"的定义包括修改车辆成为"自主"车辆的人员,所以还有待进一步考虑,根据加利福尼亚州法律,斯坦福大学的车辆将会在哪些道路上运行,和哪些人将被定义为"制造商"。在这项法律中,假设车辆制造商对应于斯坦福大学采购车辆的实际生产者,而不是大学的研究人员,只要所述车辆不被斯坦福大学用于自动化的目的改造,而只是根据位置、不同时间的行为和用户需求等数据进行评估和优化。

诚然,法律情况目前还很难预测,因为它仍在被不断修订。然而,它很可能会在若干立法层面(州、市和联邦)发生变化,而且人们必须遵守这些法律。但是在这里进行的运营领域,即加利福尼亚州的一所创新性大学,负责当局和公众对自动化车辆的基本态度似乎是非常积极的。相关法律机构也似乎正在持有支持和有利的态度。在个案情况下,特别规程可能可以被同意和允许去进行法律没有明确规定的系统运作。在美国的其他地方也感受到了这种态度。因此，美国立法似乎不是引进自动化车辆的重要障碍，但更有可能成为额外的审查机构。

14.4.4 合约结构

为了实现 AMOD 系统的目的，需要一个合同，其中概述了车辆所有者（即这里描述的测试操作者：制造商）和用户（这里是作为研究机构的斯坦福大学）之间的基本法律关系。这涉及一般使用、信息和通信、维护、责任和其他测试操作规定的权利和义务。

在这里处理的例子中，制造商所有者和车辆用户之间就一辆自动车辆的借出协议达成一致，即一开始仅适用于有可能导向研究项目的评估阶段的目的。一旦有了 AMOD 系统的确定项目，就需要一个新的或可能的补充合同来管理实际使用的各种情况。这样的合同也可能包括改变环境感知和路线规划技术用于研究目的的可能性，这些技术是不包括在评估阶段的。

在本评估阶段部署的车辆的制造商所有者和用户之间的合同中，负责人被指定为操作者。即，操作者是起动和监视车辆操作的法律实体，它可以是内部的操作人员，也可以是直接在车辆外部的操作人员或通过无线电远程连接的操作人员。

14.4.5 运行区域和运行场景的选择

首先，AMOD 系统的运行区域必须在地理上受到限制。对于初始评估和后续的测试操作阶段，运行区域的大小将不如用户范围、使用情形和运行环境那么重要。这些因素可以以试用的形式主动代表评估和测试目的——换句话说，项目方设想和设计一系列合适的情况，从而可以观察和评估车辆行为。因此，小的运行区域足以评估广泛的情况和操作条件。

因为 AMOD 系统是一个新的概念，因此，基于经验数据的系统风险评估是比较困难的。首先必须找到确保能实现运行而且可完全控制的运行区，这意味着用户必须能够在运行区域内请求车辆，指定目的地，然后给出车辆指令，而不需要工作人员的直接参与。同时，工作人员必须能够监控车辆。他们还应该控制或至少知道哪些位于操作区域的人员和车辆在初始测试期间可能会干扰车辆。

了解运行区域内人员的概况对于允许工作人员识别和防止碰撞及其他干扰是重要的。例如，在测试阶段开始时，车辆运行区域内应该没有人员不熟悉运输系统，或者存在不符合任何规定的行为（例如在车辆前方行走）。必须确保所有相关人员都熟悉运输系统的特点和风险，但这些人也会以真实用户的方式行事，因为他们命令车辆和设置现实的目的地。这里一个可能的方式是让与车辆交互的人员签写授权协议，说明他们熟悉系统的特征和限制，并相应地进行合适的行为。

因此，起初运行区域受到很大的限制，由于上述原因，可能需要特别许可才能进行操作。展望未来，运行应该扩大到可受监控而公开的区域，以便接触到大量的真实用户。这涉及引进对系统没有事先了解的用户，以及没有签署特别授权协议的人，他们会像使用出租车或公共汽车一样使用这个系统。为此，运行区域用户的移动性需求可以由所涉及的车辆解决是关键，这涉及按需车辆的距离、速度和运输能力。

一个像斯坦福大学这样的大学能够实施这样一个系统并实现预想的要求。大学校园有足够的条件容纳 Navia，其客运和货物运输需求很大。此外，交通问题由校园内负责部门尽可能有效地处理（停车和交通服务）。这允许设置一个只有测试参与者可以进入的适当区域来进行首次评估阶段。在下一阶段，步行区和街道可以被并入。在所有情况下，由人员监测的必要通信系统必须到位，必要时人员可以进入车辆内部。

知道 Navia 车辆在斯坦福大学被使用后，一系列的机构对交通系统的使用表示了兴趣。有一个问询来自当地公共汽车服务的运营商，该公司正在寻求在某些点上灵活地扩展他们的服务。另一个感兴趣的一方是大学的公用设施和维修部门，该部门正在寻找灵活的无人驾驶系统来运送校园内的物品。还有其他研究机构也表示有兴趣在其研究园区建立一个客运系统。

综合考虑收到的询问和系统的能力，运行开始于一个有进入控制的停车场，并进行了一系列操作场景的模拟。接着将计划于另一研究机构园区进行一次更贴近现实的试验，预计将会有大量的真实用户，并且可以保证对操作的全面监测。

要开始评估阶段，必须创建一套允许进行风险评估和相关安全测试的特殊场景。在这里，车辆可能面临障碍物和其他物体。这些应该是真正的、与安全相关的情景，其中车辆以期望的方式行驶，不存在有可能导致关键操作状态的故障。位于车辆道路上的物体是行人、骑自行车的人、各种车辆、动物和可以在正常工作区域找到的日常物品，例如垃圾桶、包装、纸箱、工作材料、植物、建筑物等。

在这里，必须区分固定的和可移动的物体，因为前者可以在数字化环境地图中清楚地被标示，这样可以相应地确定车辆的路线。可移动物体（在这种情况下指很少移动的物体并且仅是在外部扰动下，例如碎片容器）必须被环境传感器感知，以避免碰撞。根据对象的类型，为了进行风险评估和安全测试，应制定操作方案以及相应的行为模式：人员和车辆应能突然地移动到车辆前方，垃圾包自然应该要慢一些。当这些物体出现时，车辆应该被设计成足够及时和可靠的（在其检测过程的基础上），以避免碰撞。

14.4.6 建立运输系统和人员认证

车辆制造商指定如何实施运输系统及其自动化的车辆。第一步是建立路线；接着一个处于特定操作模式中的车辆在该路线中行驶，这允许创建一个操作区域的数字地图；然后对操作数据进行编辑，以便对固定的和移动的障碍物分类；最后，制造商创建一个有关使用模式和运行区域的详细说明文件。这应该详细说明参数和区域限制，从而指定某一具体操作中允许的内容，同时考虑潜在的法律责任问题，然后将这些指南记录在制造商生产的证书中。

为了向操作人员发布认证，制造商提供有关操作要求、功能特征、操作模式、技术细节、限制、风险等方面的培训。人员应该根据实际情况理解系统，同时进行实践。制造商记录此认证过程，从而对已成功完成培训同时对系统有详细了解的人员进行认证。还有三个任务级别："主管""操作员"和"技术员"，用来指定操作人员是仅监视、一般操作，还是对系统进行维护或修改。

车辆制造商必须首先定义这些过程和任务范围，因为制造商是具有系统知识和与车辆相关的有风险的一方。为了能够将运营环境的潜在特性纳入组织，系统的运营商（也就是说，不是制造商，而是在现场或通过无线电连接的负责监控人员）应该进行更改或升级，在系统测试方面进行维护和认证。因为在这里，特殊的情况变得最为明显。随着时间的推移，类似的 AMOD 系统将成为进一步升级和扩大的主体，为立法者提供更多的经验数据。这意味着，最终车辆和人员认证的相关过程和范围可能由立法机关或委托机构创建。

14.4.7 系统启动和运行监控

对于实时的车辆运行，制造商规定了系统启动和相应的系统检查。这涉及对车辆和环境参数的检查，在批准之前可以进行现场操作。这个过程是高精度和可管理性之间的一个关键环节，因此在每个运营期开始之前，需要确定运输系统和运行环境都符合认证运行标准的安全和功能要求。

对于无线电监控的车辆运行（其中不包括车辆附近的操作人员），制造商提供通信系统。这涉及两个独立无线通信系统的实现，例如蜂窝和 WiFi 连接或两个独立的蜂窝网络。操作人员可以使用该系统来访问车辆数据，并且在必要时执行紧急停止或与车辆中的乘客通信。监测的确切范围，除了对环境的全面视频监控外，例如车辆的位置、速度、行驶方向、乘客人数和门锁，都将以个案基础分别确定，并且目前（截至 2014 年 6 月）还未确定。

到目前为止，斯坦福大学的车辆只能运行在有操作人员在内部或临近有紧急停止开关车辆的情况下。由于这个原因，目前还没有进一步的经验数据可用于无线电监测连接的操作。然而，从有限的经验来看，已经可以确定碰撞可能追溯到其他道路使用者（行人、骑自行车的人、其他车辆），而不是自动化车辆本身。环境感知、物体分类和路线规划的组合是足够允许车辆安全地运行而不中断（特别是考虑到足够低的车辆速度和相对熟悉与有限的运行区域）。

对于将来无线电监控的操作，需要对操作人员到达中断位置所需的响应时间进行评估。例如，道路施工或非法停放的车辆可能会堵塞路况。在这种情况下，车辆会自动中断行车路线，并向运行站通报干扰。那么根据当地运营人员的工作地点，在人员解决故障之前，时间可能会过去几分钟或者更长。这里的参考框架是电梯的模式，即激活紧急按钮的同时也建立了与操作中心的联系，尽管在人员到达现场可能需要相当长的时间。那么在公共运营中就可以确定 AMOD 系统中的乘客如何处理这种情况，以及等待时间对他们来说是一个问题。应该注意的是，与电梯系统相反，由于系统的开放结构（图 14.2），该运输系统的乘客始终与外部环境直接接触，并且可以在紧急情况下，相对容易地离开车辆。

14.4.8 用户和行人信息

由于 AMOD 系统构成了一个个人移动领域的新创新，所以必须告知用户相关的风险和可能性。首先要明确正常运行的细节：这意味着应该说明实际控制过程的本身。这只需要很少的细节，因为这种运输系统类似于出租车或公交车服务的使用，并且这些服务是未来的用户已经完全熟悉了的。相反，测试操作的风险和特殊属性应该成为关注的主体。这包括对系统的局限性和危险性的说明，例如，它不能足够快地识别障碍物的风险，或者在某些情况下，可能的不正常的车辆行为。

为评估和测试运行阶段的用户提供关于车辆特性和相关风险的书面信息。这包括当发生损害时，哪方具有法律责任向用户负责。类似地，在公共运营中，用户应该可以选择向系统的运营商提供反馈和发送疑问。而且因为这是一个新的交通系统，所以用户评价是非常重要的。因此，用户必须知道他们可以向谁发表意见。

与自动化系统的使用者一样，行人和其他道路使用者都必须获得关于车辆运行的信息，并不是绝对有必要向他们提供关于车辆使用本身的知识。然而，鉴于车辆与其他道路使用者之间的相互作用水平，后者必须了解相关的可能性和风险，尤其是有关路权的规定和其他特别规定。

行人和其他道路使用者应该知道在紧急停止的情况下他们如何能够在车辆外部使用紧急停止功能。行人也应该意识到官方系统运营商的身份，他们可以联系到运营商并提供反馈或提出疑问。

14.4.9 公众响应

即使到目前为止，AMOD 系统仅在斯坦福大学限制范围内公开运作（仅当车辆由操作人员控制，从一个操作区域转移到另一个操作区域时），人们仍然可以对公众的反应做出几个论断。这些观察来自上述的运作和对评估阶段的访问，观察也可以在车辆的仓库位置进行。特别需要强调的是以下陈述不构成一个有严谨的研究，而是通过偶尔的观察，旨在为未来的研究提供帮助。一般来说，公众，即那些公开的但不参与项目的人，对车辆的反应非常积极。这有两个可能的原因：

首先，没有参与的行人和观察者一般似乎对自动化车辆的概念非常感兴趣和好奇。这可能是因为这些技术目前是普通媒体和科普以及科学出版物中的主题。最重要的是，一般媒体经常以积极的，有时甚至是令人欢欣的方式报道"自主"车辆，其中驾驶员将全部控制权交给计算机，以便他们在旅途中可以自由执行其他任务。看过这种媒体报道后，人们第一次遇到这种类型的车辆，容易产生好奇、接受和信任的反应。

第二，有关车辆的特点引发了行人和观察员的自发和积极的反应。开放结构（见图14.2）是影响因素之一：车辆是开放的，只有低层侧板和开放栏杆系统，而不是封闭的门。由于这种结构，车辆里的乘客对于路人来说是清晰可见的，这种开放的视野给人留下了深刻的印象。更具体地，这意味着这个车辆留下的视觉印象与一般车辆的视觉印象非常不同。一般车辆配备有色玻璃和关闭的门，在这种情况下，路人不知道谁在车内。比如，在正常公共交通中，带有有色窗户的豪华轿车与敞篷车会让人产生不同的印象。此外，这里描述的车辆还具有从船舶行业得来的设计理念，其中环氧树脂用于主体，乘客座椅被覆盖在米色皮革中，地板是明亮的柚木，屋顶是帆状的。公众的评价有"陆地游艇"，有"轮子上的漩涡"……这些积极的评价，形成了该技术的初步印象。

此外，车辆相对较慢，运行速度几乎不超过步行速度。这给路人留下了安全的印象。行人觉得如果需要的话，他们可以快速躲避到侧面。其他汽车的驾驶员同时可能感觉到"优于"此车辆，这也可能是由于可见结构大部分是塑料的事实。由于这些特征（除了慢速，还有开放形式和好的外观），观察者似乎将个人的角色和车辆联系在一起，类似于"霹雳五号""黑客帝国"或"星球大战"等电影中的人物。这些电影给出的机器人根据其外观、性能和侵略性分配有不同的角色。当自动车辆投入公众运营时，应仔细考虑这些特点和机制。车辆的"性格"似乎是引发公众对车辆自动化的积极反应的重要因素。也就是说，使用某种机制的自动化车辆可以被视为"下属的仆人"或"无情的雇佣兵"（另见 Körger 在第3章中的文章）。

这些与行人和观察员的互动已经产生了许多关于 AMOD 系统的问题。最常见的问题是这些车辆何时何地在公共领域可用。其他相关问题涉及车辆的技术规格。在这些讨论中，问题在于车辆能否和如何对物体，特别是对行人、宠物和固定物体产生反应。此外，有关车辆监察及法律责任的问题也被提出。这些问题说明了公众对这些车辆所关注的普遍水平，也显示了公众对涉及自动车辆的运行和限制的问题进行了深入的思考。这也凸显了系统运行之前和期间得到公众认识和信息的重要性。

14.5　总结和展望

本章介绍了实现自动按需移动（AMOD）系统的第一步。这种运输系统包括可以通过智能手机的应用程序召唤的车辆。它们的目的是在特定区域内运送人员，例如市中心区域，无须直接干预车辆的操作，不用铁轨或轨道。这种移动性的概念在斯坦福大学运营，旨在通过使用自动化交通系统的创新移动解决方案进行科学研究，以便为此目的检查车辆初始的适用性。

项目的第一阶段涉及风险评估和法律分类程序。故建立了系统运行区和一系列的运行场景。结果表明，该系统可以建立在现有条例和规定的基础上，但由于其自动化性质，系统需要明确超过现有参数的要求。因此，车辆缓慢行驶（20km/h 限制）并且在有限的作业区域内是合适的。

此外，操作人员应在车辆中、直接在车辆外部或通过无线电远程连接到车辆，以便于系统顺利地运行。在必要的内部协调要求和必要的规定背景下，向有关各方和决策者展示系统的实际运行是非常重要的，以便能够实际评估运行风险和车辆能力水平和限制。车辆的开放性和吸引人的外观，加上公众兴趣和好奇心，意味着它们引起了公众的积极响应。消费者还预计，在不久的将来，自动化车辆将会减轻他们在城市里繁重的驾驶任务。

然而，关于自动化车辆的实施存在一些不确定性，包括相关的基础设施，经济和商业战略的变化，以及适用的法律框架。在这里详述的例子中，斯坦福大学（代表美国加利福尼亚州的一个立法地区）的运输系统的实施，或者更具体地说，基于大学本身的原因，已被证明是有利的，因为大学本身可以直接订立规定。目前，加利福尼亚州立法正在处理自动化车辆的运行，从而为校园周边的大道上的系统运行提供立法界限。很快会看到如何处理自动化车辆的立法，并且系统的运行和设计将需要相应地得到确定。

总而言之，就这些初步系统试验和公众对自动车辆应用正面的态度而言，目前的前景是积极的。然而，要注意，这些初步印象不构成代表性研究，还需要进一步努力实施和促进人们对自动化车辆的接受。但总而言之，希望自动化的按需运行系统会为改善城市中每个人的出行做出重要贡献。

应用许可

本章根据知识共享署名4.0国际许可（http://creativecommons.org/licenses/by/4.0/）的条款进行分发，允许通过任何媒介或格式使用、复制、改编、分发和再创作，只要您对原始作者和来源给予适当的说明，提供知识共享许可链接，并指出所做的任何更改。

本章中的图片或其他第三方材料均包含在作品的创作共享许可中，除非在来源中另有说明；如果这些材料不包括在作品的知识共享许可中，并且法律规定不允许相应的操作，那么用户需要获得许可证持有者的许可才可以复制、改编或再创作材料。

参 考 文 献

1. SAE International, "Taxonomy and Definitions for Terms Related to On-Road Motor Vehicle Automated Driving Systems" (January 16, 2014)
2. Induct Navia Produktbeschreibung, Unternehmenswebseite, http://induct-technology.com/en/products/navia-the-100-electric-automated-transport (accessed on June 28, 2014)
3. "Induct presents world's first fully-electric driverless shuttle: the Navia", Induct press release, http://induct-technology.com/en/files/2012/12/Navia-press-release.pdf (December 6, 2012, accessed on June 28, 2014)
4. "Le Cybus d'Inria en démonstration à la Rochelle", INRIA press release, http://www.inria.fr/content/download/9864/353310/version/1/file/Cybus-Inria.pdf (May 12, 2011, access on January 28, 2014)
5. Counts, N., "SMART Driverless golf cart provides a glimpse into a future of autonomous vehicles", MIT News, http://newsoffice.mit.edu/2013/smart-driverless-golf-cart-provides-a-glimpse-into-a-future-of-autonomous-vehicles (December 9, 2013, accessed on June 28, 2014)
6. "AKKA link&go 2.0 electric automated concept designed for future cities", Designboom, http://www.designboom.com/technology/akka-linkgo-2-0-electric-driverless-concept-car-for-the-city-of-the-future-03-12-2014/ (March 12, 2014, accessed on June 28, 2014)
7. "Induct Launches Navia, The First 100 Percent Electric, Automated Shuttle In The U.S.", Induct press release, http://www.prnewswire.com/news-releases/induct-launches-navia-the-first-100-percent-electric-automated-shuttle-in-the-us-238980311.html (January 6, 2014, accessed on June 28, 2014)
8. Zhang, R., Pavone, M., "Control of Robotic Mobility-On-Demand Systems: a Queueing-Theoretical Perspective", Robotics: Science and Systems Conference (2014)
9. "DMV Adopts Autonomous Vehicle Testing Rules", California Department of Motor Vehicles (DMV) press release, http://www.dmv.ca.gov/pubs/newsrel/newsrel14/2014_34.htm (May 19, 2014, accessed on June 28, 2014)

第3部分 交　　通

Bernhard Friedrich

毫无疑问，为了使得社会和经济运转，道路车辆是交通运输中最为重要的一个角色。然而，升级已处在瓶颈期的基础设施并不能够满足高容量且对环境友好的需求。在建设和升级基础建设的预算受限的情况下，只有能够获得超高利润的方案才会受到关注。因此，所有的提案中，只有当利润超过成本的三倍的那些才会被人们急着采纳，比如说德国的联邦道路建设计划（Bundesverkehrswegeplanung）。

除了紧缺的预算，城市建设区和乡镇规划区的界限也限制了交通基础设施的进一步发展。与近期频繁出现的重新城市化导致的人口密度增加成比例的、用于固定交通流量的区域的扩展既不可想象，也不可取。这对于高负载的长途道路网络也是如此，对于那些容量最大的城市，几乎没有任何扩展空间。

在这个情况下，首要目标仍然是让整个社会保证并且加强个人和个体的流动性。这由减少车辆数量完成；而为了减少车辆，有结构上的变化（预方案），向不同领域展开车辆需求（代替案），和对于现有基础建设有效的利用等方法。

自动驾驶提供的展望除了让现阶段出行能力受限群体有能力"参与更多社会生活"，还有在更大程度上有效利用现有基础建设的希望。在这基础之上，还有可能将其他城市资源利用在道路交通上。

所有在"交通"部分中的各章皆从各种不从角度试图接近这些展望；观察这些展望相对实际检测之下是怎样表现的，并且演示一些从基础建设和道路管理的角度入手，实现自动驾驶的方案。为了引入自动驾驶，道路安全是一个极其重要的前提，因此还会聚焦到自动驾驶技术不断提高的安全性与安全隐患的可能性上。

由 Peter Wagner 编写的第 15 章描写了由传统车辆与自动驾驶车辆组成的混合车流能够根据它们的交互来模型化。制造这样的模型目的在于认识可能出现的系统影响。由模拟摩托化的城市交通来从根本上支持这样的模型，能够实现对于在城市中的自动驾驶带来的影响的可能性的评估。

在由 Bernhard Friedrich 编写的第 16 章中，描述了自动驾驶车辆对于高速公路的舒展性和附带信号灯的交叉路口能够由车流控制减少的理论的影响。实际上，很有可能自动驾驶对于覆盖不同基础建设元素的旅程之中连接质量的影响还不能够由这些深思熟虑的结果概括。但是，这些考虑仍然能够提供对于有效优化车流的手段与自动驾驶之间的关联性的预测。

在现有的"事故-调查"分析环节中，Thomas Winkel 的整合分析"自动驾驶的安全性效益：开发、验证和测试事故研究中的拓展发现"使用了由低自动化实现的系统安全巩固的例子起头。本章主要研究接近量产阶段的多种无驾驶员车辆功能，然而即使如此仍然还是有欠缺。因此，我们需要依靠对于未来的预测来估算安全性利益的理论可能性。这样的预测是建立在现如今超过 90% 的道路安全事故由人为失误造成的事实上；大规模的无驾驶员车辆普及的图景保证了一直以来被渴望的社会权益，即便无驾驶员车辆的技术还未能达到绝对完美的程度。

自动驾驶车辆在道路货物搬运的应用在 Heike Flämig 的第 18 章中有被描绘。

将物流链接模块的分析作为起点,由自动驾驶产生的新兴产业和社会模式的变化都在被严谨地讨论,因为对于实际操作来说,它们是不可缺少的。作者发现善用基础建设或优化物流链接的机会都会随着无驾驶员车辆的发展而产生。不过,整个物流链中,很多供应链环节会成为关键性的铺垫。

按需车辆(VoD)系统是目前为止发展程度最高的自主驾驶应用。对于交通系统的影响都在由 Marco Pavone 编写的第 19 章中提及。作者的分析清晰地指出新兴按需提供城市车辆的组织从根本上是可行的,并且还会带来许多利益。如果公用按需车辆,能够在保证同等流动性的情况下减少对于车辆的需求量。自主车辆所包含的能力能够使其轻松定位彼此,从而实时根据需求调整供应,减少等待时间。模型计算显示,纽约的出租车只需要如今的 70% 就能够让它们保证和今天享受的同等质量的服务。更多计算结果还显示,犹如新加坡等城市中只需要今天的三分之一的车辆就能够维持和如今同等的服务。

虽然目前还没有能够对从车辆层面的混合自主驾驶(尤其是混合了行人和骑手的)给出令人满意的答案,所有的独立章节都呈现了更好地利用现有的基础设施并且让车流稳定的未来方案。其中涉及多种能够加强人与物的流动性的机会,附带着减少对环境的破坏和给城市拥挤的生活空间带来更多公共空间的方案。为了发展考虑对基础设施应用的交通系统,富有活力的移动途径(Robust Migration Path)的概念会对自主车辆的成功起关键性作用。在这些途径中,自主化的增长和随之增长的整个系统的渗透性都能够被灵活地描绘出来。相对应的概念都因自主、传统、混合车辆的空间分配,以及对于一些速度监控相关规则和高度道路安全的保障而形成。

第15章 含自动驾驶汽车的交通系统的交通控制与管理

Peter Wagner

15.1 动机

本章旨在从交通管理层面量化自动驾驶带来的影响。这包括开发一种自动驾驶模型，可使现有的交通管理系统只需经过微小的改动便可同时使用人类驾驶和自动驾驶汽车。这对于定义未来交通管理工具使其能够处理交通系统中的自动驾驶汽车来说至关重要。人类驾驶和自动驾驶车辆同时存在并相互影响的混合型交通是本章关注的重点。因为在引入自动驾驶车辆后的相当长的一段时间内，这种类型的交通状况将是路面上最常见的状态。所以，准确理解这种混合型交通对于预防自动驾驶对交通管理带来的系统性影响有着重要的意义。

由于自动驾驶汽车尚不存在，本章将未来可能的发展以场景的形式呈现，以下的部分观察是对此场景的初步评估。但目前对于人类驾驶员的模型还远不完善，因此本章的重点将放在创建统一的建模方法。本章中的建模目标是对于人类驾驶和自动驾驶汽车采用统一的模型，而通过不同的模型参数来区别他们。一个很好的例子就是本车与前车的距离通过时间间隔来描述：一辆自动驾驶汽车可以与前车保持 0.3~0.5s 的时间间隔[1]，而法律规定人类驾驶汽车必须保持至少 0.9s 以上的距离（德国）。

交通法规上推荐的车距实际上是 2.0s，但实际上除非是车流量很低的情况，很难保持这么长的车距。

在交通繁忙的时候，实际车距会远低于此，在车流量很大的高速公路上，平均车距是 1.4s，实际车距大多维持在 1.1s（见图 15.3）。如果驾驶员严格遵守交通法规中规定的车距，许多道路将会比现在更快被堵得水泄不通。

本章基于本书中 Friedrich[2] 和 Pavone[3] 的文章。虽然文献 [2] 描述了自动驾驶汽车对交通系统的一般影响，但本章讨论了自动驾驶汽车和人类驾驶的汽车的建模以及自动驾驶汽车对交通管理的影响。相比之下，文献 [3] 在很大程度上忽略了交通流量和交通管制的问题，主要聚焦基于车辆可以共享的前提下，相对于需求,供给的最优分配问题。在这一点上,我们完全可以得出这样的结论:这些方法的组合,以及对于愿意选择由机器人操作的"按需流动"的交通方式的乘客份额的精确描述,可以帮助我们对自动驾驶汽车的潜力做一个尽可能准确的评估。

本章也并未考虑由完全不同组织结构的交通系统所产生的影响。讨论不同组织结构交通系统的一个很好的例子是欧盟的CityMobil项目,项目对于这种情况进行了更详尽的探讨。

通过查看一些尚未开放所有细节的示例,本文将研究自动驾驶汽车如何影响典型的交通管理应用。这些例子按照逐渐复杂的顺序,分别是模拟一个单一的交通信号系统(15.4节),模拟一个十字路口的自适应交通信号系统(15.5节),模拟一个绿波系统(15.6节)和模拟整个城市(15.7节)。

这里要考虑的一些问题可以借鉴智能速度控制(自主智能速度控制,AIC)对高速公路上交通流的影响。关于这个问题有很多文献进行了讨论,文献[5]和本书部分内容[10]提供了比本章更为深入的论述。

这样的AIC场景与案例#1"拓展可用性的实验用州际驾驶"非常相似。而案例#1从交通流量的角度,是案例#3"拓展可用性的全自动驾驶"的一个特例。这个案例也是本章中最重要的案例,尽管从交通流量的角度,是否有人类驾驶员并不相关。当研究驾驶错误对交通流量的影响时,是否存在人类驾驶员才变得至关重要,但在本章中对此不做讨论。分析此种情况需要关于在何种情况下此类错误发生的频率的详细数据,目前的自动驾驶技术还无法提供此类数据。使用案例#2(自动代客泊车)和#4(基于需求的车辆分配)在本章中仅扮演次要角色,但从交通流量的角度看,使用案例#4应该与使用案例#3同等对待。案例#2非常有趣,因为自动代客泊车不仅对交通流量中搜索停车场那部分车流有影响,而且对交通需求和交通控制有间接的影响。但在交通管理的层面,此种情况需要一种比此文中提到的更为复杂的算法来实现,比如,需要对城市中搜索停车场的车流进行精确的量化。即使是在15.7节中描述的对布伦瑞克市交通的模拟中,车辆也被设置为一到达目的地即可找到停车位。

15.2 驾驶模型

关于描述人类驾驶员如何驾驶汽车的模型已经被研究了很长时间[6]。这其中有很多模型(综述见文献[7-10])——自1950年以来仅仅为了描述跟车行为就已经有超过100个相关模型——可以直接作为自动驾驶车辆的模型,只需要像在15.1节中提到的那样,通过参数区分人类驾驶员和机器驾驶员。对混合型交通建模并量化其对交通系统的影响,从理论上讲很简单。

在下面的内容中,我们将关注跟车这个重要的行为,但它并不是决定路面交通流量变化的唯一相关行为。每辆车都由它的位置$x(t)$、速度$v(t)$和加速度$a(t)$来描述,这些量都基于时间 t 并且和一些参考量有关(比如,当前段道路的起点),如图 15.1 所示。在多车道交通中,车辆行驶的车道——水平坐标,或是车辆和道路边缘的距离,也会作为其中的一个变量。理想情况下,每辆车都应该被编号,但下文中我们避免这么做,而是将前车的参数用大写字母来表示,如 $X(t)$、$V(t)$、$A(t)$。再加上另外两个参数,距离 $g(t) = X(t) - x(t)$ 和速度差 $v(t) = V(t) - v(t)$,如图 15.1 所示,则后车的反应可以被定义为该车在特定情况下的加速度:

$$a = \mathrm{d}/\mathrm{d}t\, v = \dot{v} = f(v, g, v) \tag{15.1}$$

式(15.1)可以进一步简化,例如忽略对驾驶错误和波动的建模,忽略对反应时间的建模。15.3 节引入了一个描述驾驶错误的模型,但其中完全排除了对反应时间这个棘手的参数。

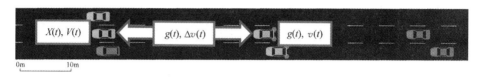

图 15.1 利用一张 SUMO[19] 的截图来图形化各动态参数。
车辆行驶方向为从右到左 图片版权:作者版权

虽然测量数据非常频繁地显示后车的加速度大约比前车的加速度滞后 2s,但也会出现后车比前车提前 1s 制动的情况,例如,当接近交通信号灯时。下面,我们将更加具体地验证等式(15.1)。例如,下面观察的一个重要问题是自动驾驶汽车移动的精度如何。令人惊讶的是,目前许多自适应巡航系统和已经发表的控制算法都是作为线性控制系统为自动驾驶汽车工作[11-13]:

$$\dot{v} = \alpha[g - g^*(v)] + \beta \Delta v \tag{15.2}$$

两个时间常数的典型值为 $\alpha = 1/20(1/\mathrm{s}^2)$ 和 $\beta = 1/1.5(1/\mathrm{s})$;有了这些值之后,驾驶员就会认为巡航控制系统的配置方式是合适并且自然的[14]。首选车距 $g^*(v) = v\tau$,将选用比交通法规规定略小的首选时间间距 τ,比如选择 $\tau = 1.5\mathrm{s}$。

本章的其余部分也用了这个设置。等式(15.2)描述的模型最早由 Helly 在 1959 年提出,用于描述人类驾驶员。这验证了许多驾驶员模型与自动驾驶汽车模型在数学上非常相似的论断。它们的不同之处将在 15.3 节中详细讨论。

等式(15.2)描述的模型有局限性。例如,只有在特定参数 (α, β) 时,它才可避免碰撞,并且只对于一个很小子集的参数而言是车链稳定的。车链稳定是指一列汽车能够依次行驶而不受缝隙效应的影响发生拥堵的能力。例如,当车链首位的车辆轻微制动,其效果会沿着车链放大,在极端情况下造成车链中的一辆车停下或造成一场交通事故。目前,这种行为只能在非常特殊的情况下才能发生(如,参见文献[21])——这似乎是一种非正常情况。

但考虑车链稳定性的参数与人类驾驶员的行为并不非常吻合。因此,AIC 系统

第15章 含自动驾驶汽车的交通系统的交通控制与管理

通常会采用一种折中方案来形成较弱的车链稳定性[14]。

出于这个原因，本章采用了与文献 [16-18] 中传统方法所不同的方式。第一步是当下列等式成立时，可以满足安全驾驶的条件：

$$d(v) + v\tau \leq D(v) + g$$

式中，$D(v)$、$d(v)$ 分别是前车与后车的制动距离。显然，这个模型是基于后车驾驶员知道前方车辆是否以及如何行驶或制动来进行预测的。这当然是不够的，但如果假设其他驾驶员像自己一样驾驶，那么在很多情况下，驾驶算法可以正常工作。

然而，这也意味着，这个方程和下面的方程所表示的方法可能会被前车的"奇怪"行为所误导。如果前车允许减速度值高达 $12m/s^2$ 的自动紧急制动系统，那么就破坏了后车有类似驾驶行为的假设——于人类驾驶员而言，典型的减速度值最高能达到 $4m/s^2$——从而导致更短的制动距离。这一点在一定程度上可以得到补偿，下面的仿真结果也表明，因为在前车强烈制动的情况下由本算法中的等式得到的结果会超过车辆本身的减速度。与此同时，这种方法可以为交通安全开发驾驶员模型中得到进一步的应用。

上述模型可以规定为不是在当前时间 t 满足安全条件，而是在未来的某个时间 $t+T$。时间 T 是预测时间，即驾驶员所计划的范围的长度。用符号 x' 作为变量 x 在时间 $t+T$ 时值的简写，那么安全等式就变为：

$$d(v') + v'\tau \leq D(v') + g'$$

但现在可以根据加速度 a 来重新构造这个等式，因此 $x' = x + vT + aT^2/2$ 并与制动距离一起使用 $d(v) = v^2/(2b)$，可由安全等式求解加速度 a。解决此问题有很多种方法，这里主要采取以下确切的方法：

$$\dot{v} = 1/T\left[-b\left(\tau + \frac{T}{2}\right) + \sqrt{b^2(\tau+T)^2 + V^2 + 2bvT + 2b(g+vT)} - v \right] \quad (15.3)$$

有趣的是，当 $T\to 0$ 时以上公式就与 SUMO[19] 中的相同。

另一种可能性，按照文献 [17]，是 $d(v') = d(v+aT) \approx d(v) + aTv/b(v)$ 的泰勒展开式，有趣的是，这就产生了一个关于 a 的线性方程，它更容易求解，而且数值上也更加简单：

$$a = [V^2 - v^2 + 2b(Tv + g - v\tau)]/[T(2b\tau + bT + 2v)]$$

虽然这些方程看起来很复杂，而且人们实际上不太可能在开车的时候从一个复杂的方程中提取一个根，但是它的图像与 Helly 模型十分相似。这很有趣，很容易想象一个人类驾驶员按照"虽然我比前车速度快一点，但间距足够大，因此暂时没有必要改变"这样的思路来驾驶。图 15.2 展示了按实际情况选择参数后加速度函数的形式。

在这种情况下，想知道这种方法是否确实没有碰撞也是一件有趣的事。简单的回答是"不"。在一些情况下，由等式（15.3）得到的车辆动态确实是错误的。由

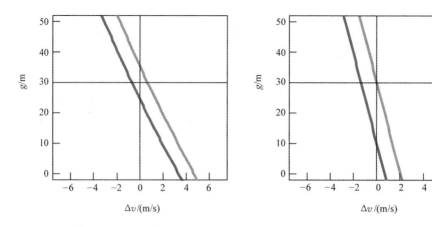

图15.2 加速度函数的表示中,这里没有画出全部的函数,画出了在(v, g)范围内的两条曲线,这两条曲线中的加速度都很小,这里两个模型的加速度都很小。在线的左侧区域,车辆正在制动,在线的右侧区域,车辆正在加速。左图是由公式(15.3)得出的,右图是由Helly模型式(15.2)得出的。选择的参数是 $V=20$,$\tau=1.5$,$b=4$,$T=2$ 图片版权:作者版权

一辆按特定加速模式 $a_0(t)$ 驾驶的车引导的一串车链便可以展示这种情况。引导车辆的动态特性中的重要参数主要是最大加速度。这里特别感兴趣的是最大减速度以及是否会有碰撞发生。

当然,没有一个程序可以真正测试所有可能的情况。但是,下面论述的方法至少可以估计模型的安全性。在仿真中,$n=50$ 辆汽车跟随一辆引导车,引导车根据一个特定协议选择它的加速度。除此之外,它会一再减速到停止状态,而在某些情况下,会以当前驾驶动态的极限来减速。研究这种设置情况很快就会发现,只有当制动过程中的预期时间 T 设置为较低值时,才能避免碰撞。下文介绍的模型在正常行驶中始终以 $T=2s$ 运行,而制动时以 $T=0.5s$ 运行。

相应的仿真表明,在这些条件下,使用等式(15.3)中的模型不会造成碰撞,至少在选定的加速模式 $a_0(t)$ 下不会发生碰撞。

然而,Helly 模型对参数选择要求更高,偶尔还会产生追尾碰撞的情况。

15.3 人与机器

在这一点上出现了一个问题,究竟是什么使人类驾驶员与机器驾驶员真正区分开来的。迄今为止,只有一个显著的差异是可以确定的,那就是两种驾驶员驾驶时需要保持的时间间隔。人类驾驶时需要保持不小于 $\tau=0.9s$ 的时间间隔,实际上法律建议的是 $\tau=2s$;原则上,一个机器驾驶员驾驶时可以保持的时间间隔为 $\tau=0.3\sim0.5s$[1]。德国高速公路上实际保持的间隙(见图15.3)的一个实例分析(速度大约为100km/h,达到了最大的交通量),表明(非常)很少的驾驶员能够接近

这个"理想状况",但是绝大多数人都可以达到合法的行为。

图15.3还表明,和自动驾驶汽车会以很小且相近的 τ 来驾驶的模式不同,人类驾驶行为更多样化,覆盖了很广的 τ 值。这个频谱可以被描述[20]并且更详细地量化。通常情况下,不仅不同的驾驶员有不同的 τ,即使是同一驾驶员也实际上也不会保持统一的 τ。但遗憾的是 τ 无法准确地观测,尤其当前车速持续改变的时候,所以只能假设 τ 随时间的变化这就产生了二维模型[20,21],在此模型中,τ 在每一个时间步长内变化。能导致这种驾驶动态的一个简单场景是驾驶员对车距有误判。然而,这个误差是与时间相关的,即当某个时间点的估计车距小于实际车距时,在此后的一段时间这个误差会继续存在。并且会发生一个合理的可能性,即错误是不对称的:估计的车距总是比实际车距要小得多。正如实验观察到的那样,这种建模的方法在任何情况下都会产生广泛分布的 τ 值。

人类与机器不同的第二点是所谓的行动点机制[22]。严格地说,一个人类驾驶员行为不能用一个差分方程(15.1)来描述。但是车辆是由不规则时间间隔内不断校正加速度(加速器-踏板位置)来控制的,如图15.4所示。

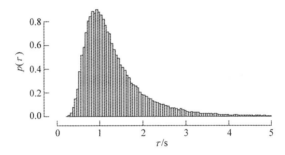

图15.3 在A3左侧车道的车距行为。图中显示的是相对间间隔的密度。函数的最大值为1.1s,而平均值是1.4s。图中也能观察到一些危险的短时间间隔 图片版权:作者版权

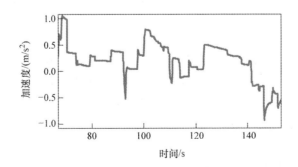

图15.4 人类驾驶员的加速度是一个时间函数。可以看出,行动点的加速度变化的不规律。在行动点之间,加速度几乎保持不变。数据是在作者的一次模拟驾驶中记录的。在所有包含对加速度和加速踏板以及制动踏板进行足够精确测量的数据记录中都可以找到类似的图像
图片版权:作者版权

连续的行动点之间的时间间隔也表现出值在 0.5~1.5s 之间的广泛分布。显然，还有另一种交通安全问题的建模方法——若两个行动点之间的时间间隔变得很长的时候，就会产生一个危险情况。然而，在正常情况下，这种情况并没有发生，而基于公式（15.1）的模型与明确使用行动点的模型[23]之间只有很小的差异。尤其是，行动点机制不会导致车间距的广泛分布。

在 15.2 节跟随前车的车链的例子也证明了这一点。对仿真中测量到的车距做一个评估，这里作为跟随车辆数目的一个函数，显示在大多数情况下自动驾驶车辆在跟随前车时车距的变化明显更小——除了一些极端不稳定的驾驶行为，如图 15.5 所示。

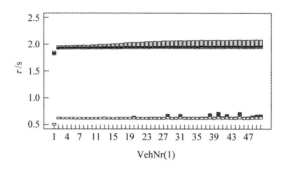

图 15.5　人类驾驶员和自动驾驶车辆的车距保持行为。图中展示了平均车距、25% 和 75% 车距作为本车在车链位置的函数。上面曲线是人类驾驶的模型，下面曲线是自动驾驶车链模型　图片版权：作者版权

因此，现已指定本章所用的模型，而且也已经表征出来人类与自动驾驶风格之间的差异。本章剩余部分将用不同的应用实例来说明这些不同对于典型的交通管理的意义。

15.4　接近信号灯

这个过程是自动驾驶车辆具有显著优势的例子之一。在接近一个信号灯时，下式检测在一个人类驾驶员与自动驾驶汽车随机混合的车链中每辆汽车的时延 d，在这里，η 描述的是车链中自动驾驶汽车的比例，对于自动驾驶汽车车距设为 $\tau = 0.5\mathrm{s}$，对于人类驾驶员车距设为 $\tau = 1.5\mathrm{s}$。文献 [24] 建立了一套理论来描述文中提到的场景。有趣的是，这个理论可以应用到自动驾驶车辆与人类驾驶汽车车辆混合的情况。那么相应的表达式如下：

$$d(q,\eta) = \frac{c\,(1-\lambda)^2}{2(1-y)} + \frac{x^2}{2q(1-x)}$$

$$\lambda = g/c, y = q/s, x = y/\lambda, s = s_0(1-\eta) + s_1\,\eta \tag{15.4}$$

式中，q 是需求；s_0 是人力引导车辆流量的容量；s_1 是自动驾驶车辆流量的容量；g 为绿灯时间；c 为交通信号的周期时间。周期时间是交通信号重新获得与开始时相同的状态所需要的时间。需求（q）选择的变量和自动驾驶车辆的比例 η 的仿真结果见图 15.6。

图 15.6 中的曲线是通过模拟各种需求量 q（18～1800 辆/h）每次 5h 得到的。需求本身是一个随机变量（近似于泊松分布），即在每个观察的时间间隔内，总是有不同数量的车辆，并且只有在很多这样的时间间隔上的平均值才能产生正确的需求。

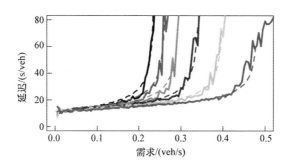

图 15.6 将信号灯延迟作为需求的函数，并针对不同的自动驾驶汽车比率，
从左至右 $\eta = 0$，20%，40%，60%，80% 和 100%。虚线由等式（15.4）计算得出，
容量直接由仿真中测量得到 图片版权：作者版权

记录每个模拟车辆的延迟，并计算图 15.6 中输入的平均值。原则上，延迟的整个分布可以用来表示结果，虽然会很有趣，但这里因为空间的原因而被省略。延迟的波动是衡量这种系统可靠性的一个指标。然而，这里给出的例子表明，延迟波动只与自动驾驶车辆的比例有非常小的相关性；这个系统的随机性主要是由需求而不是车辆的动态产生的。

图 15.6 显示了两个结果。首先，理论描述的情况与仿真结果并不是一直相对应的。仍然需要大量的研究来证实，因为将理论所基于的假设转化为模拟的环境并不是很简单。毫无疑问，与实际测量值相比，这将更加困难。为了能够达成一致，必须使用模拟中确定的饱和交通量的值（理论值），即在 15.3 节中定义的 τ 值，该值并不具有很强的说服力。

其次，自动驾驶车辆"只"改变了容量；否则没有或只有非常小的成果。只要需求尽量偏离各自的容量，至少在这里选择的层面上这样，那么各种情景之间的差异就会很小。

然而，容量的变化确实有一个非常积极的效果：这意味着交通信号所需要的绿灯时间可以缩短，为其他交通工具留出更多的时间。

15.5 自适应交通信号

第15.4节查看了一个固定时间控制的交通信号。但是，现在的很多系统使用的都是自适应控制系统。这就意味着，交通信号试图协调其绿灯时间与当前的需求。当需求低的时候，绿灯的时间就短，当需求高的时候，系统据此给出较长的绿灯时间。细节会稍微复杂一点，因为作为需求函数的延迟时间在一个确定的最佳循环周期内有一个最小值。自适应系统能够为自己选择最佳的循环时间，并且会非常巧妙地利用在交通流中出现的波动。

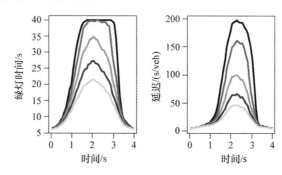

图15.7 在一个仿真自适应系统中得到绿灯时间（左）和延迟（右），都作为时间的函数，且针对不同的自动驾驶汽车比例 $\eta = 0$，25%，50%，75%和100%，需求参数设置为 $q_0 = 180$ 辆/h 和 $q_1 = 720$ 辆/h 图片版权：作者版权

在这种情况下，目的是想研究这样的自适应系统如何处理自动驾驶车辆和普通车辆混合的情况。为此，对于一个十字路口的自适应交通灯进行了仿真[27]。交汇于该十字路口的两条道路分别长600m，测量每辆车在路口的延迟。然而，与15.4节相反，选择了一个取决于时间的需求，这样重现了一个高峰小时组，其中在最大需求时该交通信号即使具有自适应性，系统也处于饱和状态。选择的需求函数如下：

$$q(t) = q_0 + q_1 \sin\left(\frac{\pi t}{T}\right)$$

式中，q 是基本负载；q_1 是需求波动的幅度；T 是仿真的整个时间段。两条道路都面临相同的需求，展现了一种相对恶劣的情景。

除了延迟，在这种情况下，绿灯时间是我们感兴趣的。由于系统可以根据需求调整绿灯时间，绿灯时间会在典型的范围内波动。在很多国家，绿灯时间是不能自由波动的：例如，正常的交通信号的绿灯时间不能低于5s，在下面的仿真中，最大绿灯时间设置为40s。

这样的仿真在数据分析评估中也是有趣的案例。这样一个高峰小时的单个仿真显示了延迟以及绿灯时间还有周期时间方面的主要波动。虽然延迟是在系统的一个周期内取平均的，但这本身是不够的，因为这些周期本身就是随机变量，其平均值和统计量只能通过重复足够数量的类似但有微小细节区别的场景来确定，就像在实际中需要连续几天检查是一样的。为了获得统计上有效的结果，在我们的仿真中，高峰时间重复了50次。以5min为间隔，收集上一个周期的延迟平均值和系统设定的相应绿灯时间。图15.7中的结果就是由这些数据组成的。

在最大需求的情况下，系统将绿灯时间延长到40s的极限，从而表明其已经达到了饱和水平。但是这仅适用于普通车辆的流量情况。一旦自动驾驶车辆加入到混合交通中，最高延迟时间下降，在50%的自动驾驶汽车比例下，不会达到最大绿灯时间。这符合第15.4节中的观察，自动驾驶车辆不仅增加了容量，而且还有助于减少绿灯时间——这个例子中的效果尤其明显，即使是一小部分自动驾驶车辆也可以造成显著的影响（图15.8）。

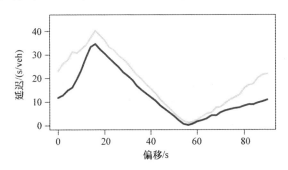

图15.8　延迟作为一个简单绿波交通中偏移时间的函数。上图画出了一个人类驾驶汽车的仿真结果（浅色）和一个只含有自动驾驶汽车的仿真结果（深色）。这里显示的是在第一个交叉点和第二个交叉点之间取得的最好结果　图片版权：作者版权

15.6　含有自动驾驶汽车的绿波交通

前面的场景检查了单个岔路口。更有趣的是一段有多个交叉路口连续出现的道路，这些交叉路口都由一个交通信号系统控制。在这种情况下，被通俗地称为"绿波交通"的交通灯之间的协作，就发挥了重要的作用。在这里，用一个模拟来研究引入自动驾驶车辆的影响有多大。类似于文献［28］中的过程，用不同的协调配置模拟了一段有10个交叉路口的道路。需求不变，绿灯时间和交通信号周期也保持不变。唯一的变化是偏移量，也就是交通信号灯在某一特定方向变为绿色的时间点。如果这两个信号之间的偏移正好等于汽车行驶于两个信号灯之间的行驶时间，则系统处于最佳状态：当绿灯时间相等时，下游信号灯处的车辆的延迟正好为零。在这种情况下，离开上游信号灯处的汽车都能通过下游的十字路口。

预期很明确：在这种情况下，自动驾驶车辆不会带来任何改善，这正是图15.8 所展示的模拟结果。然而，在次优协调的情况下，自主车辆确实改善了延迟时间。原因是和人类驾驶员相比，自动驾驶汽车能更紧凑地驶离交通灯。

15.7 仿真一座城市

最后一节将探讨自动驾驶车辆的引入对整个城市的影响。为了这个目的，一个现有的布伦瑞克市的 SUMO 模型[19,25]是用来模拟自动驾驶车辆在交通系统中对交通流的影响。

然而，在 15.2 节中引入的模型没有在 SUMO 中实现，所以仿真必须用 SUMO 中可用的模型进行。因此，模拟使用了 SUMO 中集成的标准模型，标准模型在描述驾驶员的波动方面没有像这里介绍的模型那样精细。

为了建立这个模型，使用 NavTeq 公司的一个修改过的网络。图 15.9 提取了一个交通运输网络。完整的模拟包括布伦瑞克市的整个区域和该地区的高速公路。模拟网络包含约 12.9 万条边。

所需的流量需求来自于 PTV 公司的一个出发/目的地矩阵，一个星期中的每天的每个小时都对应着 24 个时间段的不同矩阵，这种需求用于计算用户平衡，在这种情况下需要大约 100 次迭代步骤。在这个过程的最后，对于每一辆在 SUMO 中模拟的车辆，都有一条最优的路线，即车辆如果通过交通网中的其他路线到达目的地都需要更长的时间，共模拟了 647000 辆汽车。最初与布伦瑞克的真实数据进行比较表明，这个矩阵明显低估了需求。这无疑会影响到这里讨论的结果，但在本项目的范围内不可能进行这种修正。

为了模拟自动驾驶汽车，引入了一种新的车辆类型，它与 15.2 节中的模型有相似的参数：自动驾驶车辆在 SUMO 模型中有 $\tau = 0.5s$，其它 $\tau = 1s$，$\sigma = 0.5$。

σ 是 SUMO 的噪声参数，即它表明一辆车偏离了最佳驾驶方式的程度。$\tau = 0.5s$ 表示在 SUMO 的时间步长被设置为 0.5s 来保证汽车在没有碰撞的情况下可以继续行驶。这将布伦瑞克市一整天交通状况的仿真模拟时间从 50min 扩展到 90min。只有载客车辆被模拟为自动驾驶车辆；大约 44000 辆货车保持不变。在模拟中，交通信号同样没有完全正确地表示。因此，可以假定，在这一点上，还可以对下面的模拟结果作进一步的修正。

然而，这个初步模拟提供了重要的结果，如图 15.10 所示。即使没有进一步的措施，自动驾驶系统的效率也更高，因为它可以减少 5%~80% 的延迟，平均值约为 40%。然而，在参数下，行驶时间变化相对较少；换句话说，系统变得更快，但不一定更可靠。如果交通管理系统也进行了逼真的模拟，这种情况可能会改变。目前正在进行这类研究。

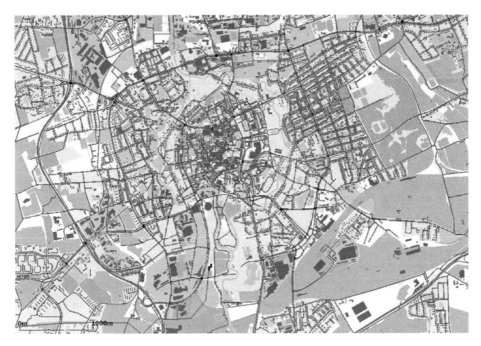

图 15.9　这是为布伦瑞克市模拟网络的摘录。土地使用数据来自 openstreetmap 数据集　图片版权：作者版权

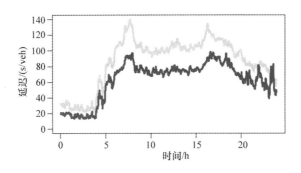

图 15.10　比较人类驾驶员的时延（浅色，上曲线）和自动驾驶汽车的时延（深色，下曲线）。每个数据点是从 8 个相邻的 1min 值中的移动平均。这两条曲线的值的差没有很大的差别，因此没有显示出来　图片版权：作者版权

15.8　结论

本章就交通管理如何应对自动驾驶带来的机遇提出了一些初步的思考。这里的案例研究表明，根据情境，通过引入自动驾驶车辆可以实现交通流量不同的改进。

不幸的是，可以实现的改进很难用一个单一的数字加以总结。在15.4节中证明，例如交通信号的容量肯定可以翻倍。如果在相应信号下的需求很低，增加几乎不明显。但是，如果信号灯在其容量极限下工作，相反地，即使其容量略有增加，也能够导致显著的改善。

在15.5节中可以很清楚地观察到：这里的需求从非常低的到（暂时的）过饱和。虽然在需求较低时，自动驾驶汽车的引入对绿灯时间和延迟的影响不大，但当系统运行超出容量时，它会产生很大的改进。然而，这些改进的程度取决于被检查的场景的细节。如果需求峰值稍微低一点，收益也会大大减少。

尽管如此，仍有信心断言，至少在城市交通的背景下，如果引进的自动驾驶车辆并不会导致汽车运输需求的增加，那么其在交通信号中产生可观的时间效益，完全可供其他道路使用者使用。

应用许可

本章根据知识共享署名4.0国际许可（http：//creativecommons.org/licenses/by/4.0/）的条款进行分发，允许通过任何媒介或格式使用、复制、改编，分发和再创作，只要您对原始作者和来源给予适当的说明，提供知识共享许可链接，并指出所做的任何更改。

本章中的图片或其他第三方材料均包含在作品的创作共享许可中，除非在来源中另有说明；如果这些材料不包括在作品的知识共享许可中，并且法律规定不允许相应的操作，那么用户需要获得许可证持有者的许可才可以复制、改编或再创作材料。

参 考 文 献

1. Winner, H.: private correspondence. (2014)
2. Friedrich, B.: The Effect of Autonomous Vehicles on Traffic. Present volume (2014)
3. Pavone, M.: The Value of Robotic Mobility-on-Demand Systems. Present volume (2014)
4. van Dijke, J., van Schijndel, M., Nashashibi, F., de la Fortelle, A.: Certification of Automated Transport Systems. Procedia - Social and Behavioral Sciences **48**, 3461 – 3470 (2012)
5. Kesting, A.: Microscopic Modeling of Human and Automated Driving: Towards Traffic-Adaptive Cruise Control, Verlag Dr. Müller, Saarbrücken, ISBN 978-3-639-05859-8 (2008)
6. Reuschel, A.: Fahrzeugbewegung in der Kolonne bei gleichförmig beschleunigtem oder verzögertem Leitfahrzeug. Zeitschrift des österreichischen Ingenieur und Architektenvereins, **7/8**, 95 – 98 (1950)
7. Chowdhury, D., Santen, L., Schadschneider, A.: Statistical physics of vehicular traffic and some related systems. Physics Reports **329**, 199 – 329 (2000)
8. Helbing, D.: Traffic and Related Self-Driven Many-Particle Systems. Reviews of Modern Physics **73**, 1067 – 1141 (2001)
9. Nagel, K., Wagner, P., Woesler, R.: Still flowing: approaches to traffic flow and traffic jam modelling. Operations Research **51**, 681 – 710 (2003)
10. Treiber, M., Kesting, A.: Traffic Flow Dynamics: Data, Models and Simulation. (2012)

11. Urmson C., et al: Autonomous Driving in Urban Environments: Boss and the Urban Challenge. Journal of Field Robotics **25**, 425 – 466 (2008)
12. Levinson, J. et al.: Towards fully autonomous driving: Systems and algorithms. In proceedings of the 2011 IEEE Intelligent Vehicles Symposium, 163 – 168 (2011)
13. Campbell M., Egerstedt, M., How, J. P., Murray, R. M.: Autonomous driving in urban environments: approaches, lessons and challenges. Philosophical Transactions of the Royal Society A **368**, 4649 – 4672 (2010)
14. Winner, H., Hakuli, S., Wolf, G.: Handbuch Fahrerassistenzsysteme: Grundlagen, Komponenten und Systeme für aktive Sicherheit und Komfort (2011)
15. Helly, W.: Simulation of bottlenecks in single lane traffic flow. Proceedings of the symposium on theory of traffic flow (1959)
16. Gipps, P.: A behavioural car-following model for computer simulation. Transportation Research Part B **15**, 105 – 111 (1981)
17. Krauß, S.: Microscopic modelling of traffic flow: Investigation of Collision Free Vehicle Dynamics, Dissertation, Universität zu Köln (1998)
18. Krauß, S., Wagner, P., Gawron, C.: Metastable states in a microscopic model of traffic flow. Physical Review E **55**, 5597 – 5602 (1997)
19. Krajzewicz, D, Erdmann, J., Behrisch, M, Bieker, L.: Recent Development and Applications of SUMO - Simulation of Urban MObility. International Journal On Advances in Systems and Measurements, **5**, 128 – 138 (2012)
20. Wagner, P.: Analyzing fluctuations in car-following. Transportation Research Part B **46**, 1384 – 1392 (2012)
21. Jiang, R., Hu, M., Zhang, H.M., Gao, Z., Jia, B., Wu, Q., Wang, B., Yang, M.: Traffic Experiment Reveals the Nature of Car-Following. PLoS ONE **9**: e94351. doi:10.1371/journal.pone.0094351 (2014)
22. Todosiev, E.P., L. C. Barbosa, L.C.: A proposed model for the driver-vehicle-system. Traffic Engineering, **34**, 17 – 20, (1963/64)
23. Wagner, P.: A time-discrete harmonic oscillator model of human car-following. European Physical Journal B **84**, 713 – 718 (2011)
24. Webster, F.V.: Traffic Signal Settings. Department of Scientific And Industrial Research Road Research Laboratory, (1958)
25. Krajzewicz, D., Furian, N., Tomàs Vergés, J.: Großflächige Simulation von Verkehrsmanagementansätzen zur Reduktion von Schadstoffemissionen. 24. Verkehrswissenschaftliche Tage Dresden, Deutschland (2014)
26. OpenStreetMap: www.openstreetmap.org, last accessed 7/29/2014
27. Oertel, R., Wagner, P.: Delay-Time Actuated Traffic Signal Control for an Isolated Intersection. In: Proceedings 90th Annual Meeting Transportation Research Board (TRB) (2011)
28. Gartner, N.H., Wagner, P.: Traffic flow characteristics on signalized arterials. Transportation Research Records **1883**, 94 – 100 (2004)

第16章 自动驾驶车辆对交通的影响

Bernhard Friedrich

16.1 介绍

目标

自动驾驶车辆不需要人为的监管和决策，会根据道路网络自动进行控制。自动驾驶车辆不需要驾驶员执行驾驶任务，提升了他们的驾驶舒适度。自动驾驶车辆为那些因出行限制而部分或完全地与社交生活割离的人们提供了新的交通选择。

除了自动驾驶车辆为其使用者可能提供的好处外，普及自动驾驶车辆所带来的社会效益也是值得关注的。显然，自动驾驶可以提升公路交通运输上的安全性和效率。本章考虑了自动驾驶车辆对交通的影响，特别是使用现有交通基础设施的效率。

交通基础设施的效率取决于其容量。在高速公路上，容量在很大程度上取决于一个路段上的最大交通流量，以及在合并分叉路口车道的车容量。在城市道路网和乡村贯通道路上，交叉路口处的交通容量是一个关键的影响因素，它主要取决于交通信号灯。交通信号灯处的容量由各车辆通过路口所需的时间决定，而高速公路的容量由大交通流量产生的不稳定性和拥堵所决定。

影响智能驾驶交通的因素有很多，本文的首要重点在研究交通流量关键特征及其相关因素。基于这些基础，我们将得出自动驾驶车辆对高速公路路段以及具有交通信号灯的交叉路口这两处路段容量的影响。这个模型不能充分描述在那些包含不同交通基础设施的区域中，自动驾驶车辆对交通流量造成的影响。然而，这些考虑提供了对最优化包含自动驾驶车辆在内的交通流量的初步评估。

16.2 交通流量特征

16.2.1 交通流量参数

为了建立交通流量的数学模型，我们将道路网络、车辆、驾驶员及其行为抽象化。对我们将实际情况做了一些简化。

例如，道路网络被划分为道路路段和交叉路口。因此，我们在这里研究这些路段或交叉路口，假定它们具有一致的条件，即平坦度、足够的可视性、干燥的表面等。关于驾驶员和车辆，我们认为诸如反应时间、承担风险意愿和技术熟练度等属性都按由历史数据得出的统计分布。

描述交通流量的几种方式有所区别。微观模型描述了单个车辆 i 的相关特性：
- 前进的时间 $t_i(\mathrm{s})$。
- 车辆之间的空间 $x_i(\mathrm{m})$。
- 速度 $v_i(\mathrm{km/h})$。

宏观描述模型考虑了许多车辆和交通流量的相关属性：
- 交通流量 $q(辆/\mathrm{h})$。
- 交通密度 $k(辆/\mathrm{km})$。
- 平均速度 $v(\mathrm{km/h})$。

可以通过局部观测，即测量在时间间隔 $\mathrm{d}t$ 内的特定横截面的通过流量，或瞬时观测，即在给定时间内的流量移动的路径间隔 $\mathrm{d}x$ 来计算交通流量（图 16.1）。

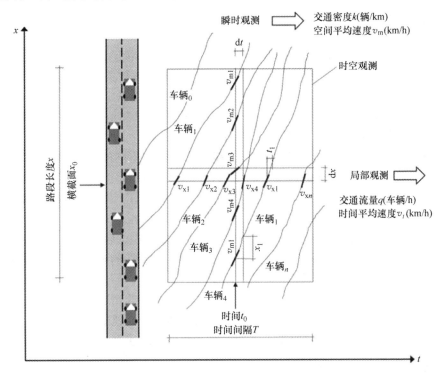

图 16.1 局部观测和瞬时观测系统。针对局部或瞬时记录的个别速度产生不同的交通速度

16.2.2 交通流量理论

无论是宏观参数 v、q 和 k，还是相应的微观参数，都不能表示一种交通状态。

为了表示交通状态，先决条件是知道它们三个参量是相互关联的。根据下面的等式，可以知道三个宏观参量，交通流量 q、交通密度 k 和瞬时速度 v 是相关的：

$$q = kv(k)$$

对交通流量和平均速度的测量结果表明，在交通流量增加时，速度明显地降低，因为车辆之间的相互影响增加了。

第一批描述开阔路上交通流量的模型之一来自 Greenshields[1] 所做的观察。他们研究了速度 v 与交通密度 k 之间的关系。在回归分析的帮助下，他为 $v = v(k)$ 建立了一个线性关系

$$v(k) = v_f - v_f/k_{max} \cdot k = v_f \cdot (1 - k/k_{max})$$

式中，v_f 表示自由交通流速度；k_{max} 表示最大的交通密度。

将上述方程插入到方程 $q = vk$，这使得交通流量与交通密度之间具有抛物线关系，形式如下：

$$q(k) = v_f(k - k^2/k_{max})$$

具有这些参数的等式被称为状态方程，它们的图形表现则被称为交通流量的基本图。

16.2.3　固定交通条件模型——基本图

基本图是交通流量状态方程的图形表达，而这里的状态方程就是交通流量 q、交通密度 k 和平均瞬时参数即横截面相关速度 v 之间的函数关系：它们在三维空间中表示为一条曲线。曲线正交投影到平面上，每个平面由两个参数向量构成，得到的常见基本图如图 16.2 所示。由此产生的三个图形能够显示要描绘的横截面上的交通流量特征的各种信息，被称为 $q-v$ 图、$q-k$ 图和 $k-v$ 图。

基本图表明，对于相同的流量 q_l，可能会存在两种不同的流量状态。阈值 q_{max} 区分了 $q_i < q_{max}$ 这种在低交通密度下高交通速度的自由而稳定的交通流和高交通密度下低交通速度的不稳定而紊乱的交通流。经验研究表明，稳定交通状态和不稳定交通状态之间的转变不会像图 16.2 显示的那样以理想的方式连续地进行。相反，在高流量负载和出现扰动的情况下，从稳定到不稳定范围的转变需要占用空间。这种转变与交通流量的显著下降有关（图 16.3）。鉴于这些考虑，May 和 Keller[2] 描述了三种形式的交通流量：

- 无限制的交通，具有高交通速度、低交通流量和低交通密度。
- 部分受限的交通，最大的交通流量、最合适的交通速度和交通密度。
- 受限的交通，高交通密度、低交通流量和低交通速度。

16.2.4　容量和稳定性

交通系统的效率取决于交通基础设施的容量。该容量被定义为"在给定距离和交通条件的情况下，在决定该交通流的横截面处可以达到的交通流量的最大值"[3]。容量由车辆队伍密度和该车辆队伍穿过横截面的速度决定。

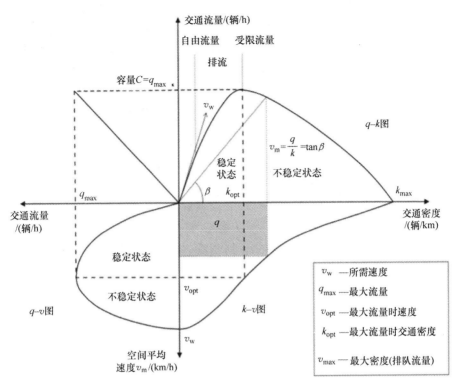

图 16.2　根据文献 [3] 的基本图。来源道路交通系统设计手册（HBS），S. 3－19，FGSV 2001

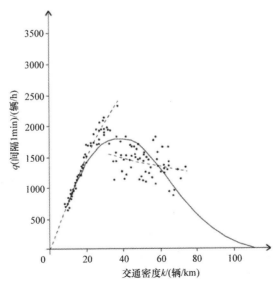

图 16.3　根据文献 [2] 得到的单车道和双车道道路交通稳定及不稳定的基本图

交通密度由车辆之间的距离决定。驾驶员应该遵守的经验法则是自车与前方车辆的安全距离（以 m 为单位）为当前速度的一半（以 km/h 为单位）。这个众所周知的"半速度计距离"的规则是基于反应时间小于 1.8s 的条件下的，利用该法则且假设速度恒定，可以精确地得到到前一车辆的距离。这个最小距离通常也是受法律要求的（参见例如文献 [4]）。对于货车，道路法规明确规定，当速度高于 50km/h 时，必须保持 50m 的最小安全距离。公路上超过 7.5t 的车辆在允许的最高速度行驶时，要求其时间间隔为 2.25s。

假设反应时间为 1.8s，则可以估计一条车道上的容量，在一个简化的模型中，估计得出的车道容量约为每小时 2000 辆。这适用于乡村道路和公路，也同样适用于城市街道。然而，实证研究表明，平均前进时间明显短于 1.8s，特别是在高交通量时达到 1.0s。在这种情况下甚至有 15% 的分布低于 0.5s（参见本书 Peter Wagner 的一章中的图 15.3[5]）。这意味着 15% 的车辆跟随前车的前进时间小于 0.5s。图 16.4（见彩插）显示了不同交通负载和不同速度限制下的相应前进时间分布。

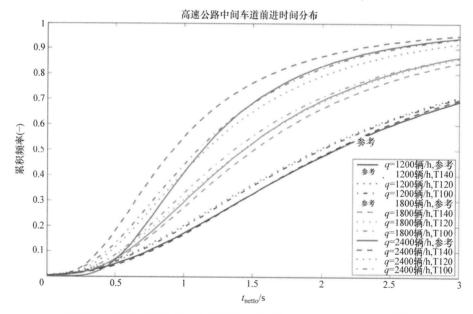

图 16.4　不同交通负载和速度限制下的时间间隔分布的分布函数[7]

对于在相对高速行驶下短跟车距离的情况，实证研究还调查了交通流量远高于 2000 辆/h 的情况。这些研究表明，没有一个确定的临界值，使得当超过这个值时，交通流量会变得不稳定并且发生故障。当然，可以观察到的是，容量是可以由分布表示的随机参数（图 16.5）。对道路的许多路段的调查[6]表明，高速公路的容量通常呈威布尔分布，例如对于 3 车道高速公路，其标准差约为 600 辆/h（以 5min 的间隔测量），从而会出现意外的变化。

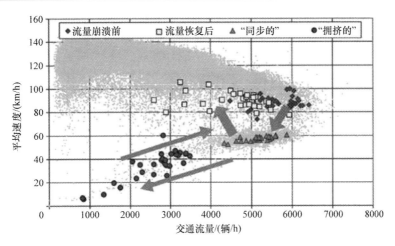

图 16.5　根据文献 [6]，q-v 图中 5min 间隔的值和两车道公路横截面的相关容量分布

容量的预期值在这种随机性描述中对称为标称容量，代表了交通流量的第 50 个百分点，这是交通流崩溃的起点。流量负载越接近，甚至位于这个标称容量上方，交通崩溃和交通拥堵的概率越高。

交通崩溃将导致各种情况，通过同步交通流瞬间状态的传递而转变成交通拥堵的情况。交通流的恢复也是同样的过程，通过同步交通流的瞬态传递，从而恢复到具有较高速度的稳定交通流状态（图 16.6）。

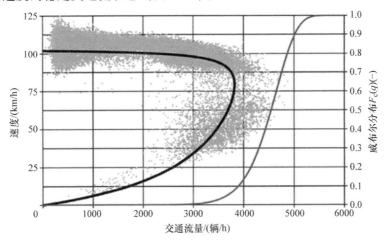

图 16.6　从稳定状态转变为同步和拥塞状态的流量动态模式。
根据文献 [6]，以 5min 间隔在三车道公路上的测量值

在向同步或拥塞流量的转换中，流量也减少，并且发生较小的恢复。"容量下降"现象的产生是由于驾驶员的操作引起的：在离开交通拥堵区域时，驾驶员保持了相较于进入该区域前更大的距离。

根据文献［8］，这里的容量下降了5%～6%；德国高速公路研究报告值在4%～12%之间[6]。

16.3 自动驾驶车辆对交通的影响

交通系统的效率取决于交通基础设施的容量。交通基础设施在被自动驾驶车辆使用时，其容量将与被人类驾驶员使用时不同。交通路线、交叉路段的通行能力和交通流量都会因此不同。交叉路口的容量和交通信号灯会影响城市道路网络的运行情况，而在高速公路上，开阔直路的容量至关重要。因此，以下分析考虑了这两种情况的容量，同时考虑到了其中未知部分的车辆是自动驾驶车辆。

16.3.1 高速公路路段

16.3.1.1 容量

行车道的容量由每单位时间内可以通过该横截面的最大车辆数目确定，它是由一队车辆的密度和该队车辆穿过横截面的速度决定的。描述交通流量这些基本特征之间关系的状态方程是：

$$q = kv(k)$$

在均匀的交通流量中，密度很容易确定，并且来自车辆占地区域长度的倒数[9]：

$$k = \frac{1}{vT_h + L}$$

式中，T_h是与前一车辆的时间距离（时间间隙）；L是车辆的长度。由于容量等于最大交通流量q_{max}，因此这是v、T_h和L的函数。如果只有人类驾驶员控制车辆，容量C_h的结果是：

$$C_h = q_{max} = \frac{v}{vT_h + L}$$

类似地，容量C_a是由纯自动驾驶车辆组成的交通流量的容量，通过以下函数表示，其中T_a表示自动驾驶车辆优先选择的时间间隔：

$$C_a = \frac{v}{vT_a + L}$$

以下是两个容量值的比例，因此容量的变化由此关系决定

$$C_a/C_h = \frac{vT_h + L}{vT_a + L}$$

为了评估自动驾驶车辆对容量值的影响，计算容量公式的参数值根据现有的实际经验进行赋值。因此，可以假定在容量达到该值时，平均速度$v = 80 \text{km/h}$（22.2m/s）。对于普通乘用车的长度，广泛接受的平均车长为4.5m，前方车辆的最小安全距离为3.0m，因此使用$L_{car} = 7.5\text{m}$。货车的平均长度估计为18m，即货车长度（18.75m）和半挂车（16.50m）的加权平均数。对于货车的长度，假设与前

方车辆有 3.0m 的距离,则 $L_{truck} = 21$m。在高交通流量下对平均跟随距离进行合理估计,实证研究认为 $T_h = 1.15$s 是一个合理的值。

对于自动驾驶情况下容量的变化,后续车辆的改变的时间间隔 T_a 是决定因素。为了在技术上可行,并且符合道路使用者的预期,可以假设 $T_a = 0.5$s。根据现在交通情况,这个非常短的跟车距离在所有跟车距离中的比例可以高达20%。因此,从技术的角度来看,这种距离似乎是可以实现的。

根据设定值,代入上述公式(因子1.78)(图16.7)可以发现,在纯自动驾驶的情况下的容量和对应的最大流量速率将显著增加。

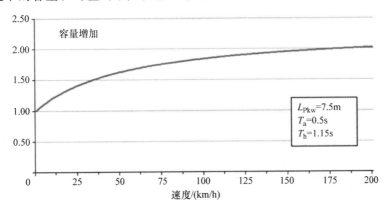

图 16.7 根据速度增加,不断增加容量的会导致一个纯自动驾驶车队(仅仅对乘用车而言)

与目前观测到的 2200 辆/h 的车道容量值相比,纯自动驾驶的交通流量将可能增加到 3900 辆/h。

如果交通流量中包含货车,则可以通过把货车数量 ω 的比例加权计入公式中,推导出车辆的平均占地区域长度。交通密度可以由车辆的平均占地区域长度的倒数得到

$$k = \frac{1}{(1-\omega)(vT_h + L_{Pkw}) + \omega(vT_h + L_{Lkw})}$$

容量的计算公式也做出对应的变化如下所示

$$C = \frac{v}{(1-\omega)(vT_a + L_{Pkw}) + \omega(vT_a + L_{Lkw})}$$

如果在德国高速公路上,自动驾驶可以达到 80km/h 的中等速度,我们将获得如图 16.8 所示的函数关系。如果货车的交通量占总交通量的15%,这在德国高速公路上还是比较典型的,那么交通容量将达到约 3877 辆/h,这相当于现在实际容量值的两倍。为了合理性检查,其他参数保持不变,如果将 $T_a = 1.15$s 插入容量公式中,这样可以实现大约 2280 辆/h 的容量,其中拥挤交通流量占份额的15%。该值符合当前条件下测量得到的容量,证明了计算公式和参数选择的正确性。

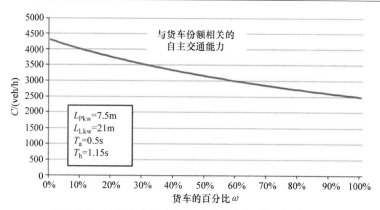

图 16.8　纯自主交通车辆与卡车份额相关的车道容量

在混合交通情况下，自动驾驶车辆在总交通量中的占有量用 η 表示，容量 C_m 因此还取决于百分比 η：

$$C_m = \frac{v}{\eta v T_a + (1-\eta) v T_h + L_{Pkw}}$$

在这个公式中再次代入现实值，$v = 80 \text{km/h}$ 和 $L_{Pkw} = 7.5 \text{m}$，相关关系如图 16.9 所示。从图中可以看出，自动驾驶车辆占的数量越少，容量的增长就越缓慢。当 $\eta = 0.5$ 时的容量只能达到约 3100 辆/h，因此假设所有车辆都是自动驾驶车辆的话，增幅可达到 36%。

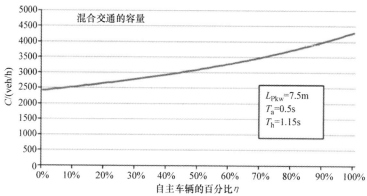

图 16.9　车道的容量与纯客车交通的自动驾驶车辆的比例成正比

如果还考虑到自动驾驶车辆应该和驾驶员驾驶的车辆保持更远的距离，以免对这些驾驶员造成干扰，那么计算容量就稍微复杂一些。在这种分析中，必须考虑连续车辆间（$a-a$，$a-h$，$h-a$ 和 $h-h$）的组合问题和各组合对应的时间间隙（T_{aa}，T_{ah}，T_{hx}）也不相等，得到修改后的容量方程：

$$C_m = \frac{v}{\eta^2 v T_{aa} + \eta(1-\eta) v T_{ah} + (1-\eta) v T_{hx} + L}$$

各组合间隔时间的实际值，可以设定为 $T_{aa} = 0.5\text{s}$，$T_{ah} = 0.9\text{s}$，$T_{hx} = 1.15\text{s}$。在这个分析中，交通容量的增长与自动驾驶车辆的份额增长成比例关系，并且在低百分比范围内的增长较为缓慢,在 $\eta = 0.5$ 时容量值达到 2800 辆/h,当全部的车辆是自动驾驶时,容量值达到 4300 辆/h(图 16.10)。

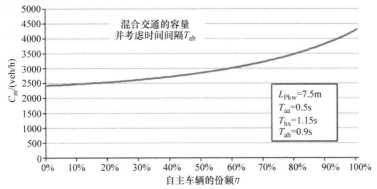

图 16.10　单车道容量与纯汽车交通中的自动驾驶车辆份额的关系,
考虑到自动驾驶车辆在跟随人类驾驶车辆时的时间间隔较大

同样的方法可用于估计在高速公路单线上的纯重型货车的交通容量。在此不改变对时间间隔的假设,再次假定所需空间 $L = 21\mathrm{m}$。对于纯自动驾驶,这些输入参数所计算的容量值为 2420 辆货车/h,而对于人类驾驶员可实现的容量值为 1720 辆货车/h。

16.3.1.2　稳定性

除了给定路段和行驶条件下某一横截面能达到最大交通流量,容量以外,交通流量的稳定性也是衡量效率的一个重要因素。当容量被认为是一个根据交通密集度函数所计算的代表交通拥堵概率的随机变量,这个概念就很明显了。概率分布的标准偏差越大,交通在较低交通流量下发生拥堵的可能性也越大,因此就越不稳定。

如果发生拥堵,则容量会受"容量下降"现象的影响而减少,在前文提到的文献中给出的下降比例约为 10%。给定同样数量的车道和相同的交通条件(交通量、拥挤交通的比例),不同的空间和时间因素将导致不同的容量分配函数。这方面的关键因素是速度差和时间差的分布。标准偏差越小,交通流量越稳定,在交通流量较大时预计出现的拥堵就越少。

当自动驾驶车辆能够通过车间通信预测前方车辆的动作时,这可以有助于交通流量达到一个稳定的状态。在纯自动驾驶的交通情况下,可以假设能够实现完全的稳定,从而"容量下降"的现象可以被避免。

16.3.2　交通灯交叉口

由于交通量较高的街道交叉路口通常是用交通信号灯进行控制的,所以在下面的讨论中,我们将交叉路口的容量与交通信号的控制关联起来。

在有交通信号灯的交叉口在处于高交通流量负载下时,交通中不断产生的车队排队现象就与交通信号之间的协调无关了。这就是为什么通常情况下，一旦绿灯亮起允许移动，等待的车队队列就从静止状态开始移动。当第一辆车辆在绿灯亮起时驶离后，后面跟随车辆之间的时间间隔将会失效。该时间间隔由时间变量的值表示，代表着在标准条件下（无坡道，车辆行驶在直线上，车道宽度足够），单纯客车交通流中$t_b = 1.8s$[10]。这对应于$q_s = 2000$辆/h的饱和流量。货车和公共汽车的值为$t_b = 3.15s$，半挂车的值为$t_b = 4.5s$。

在交通的开始阶段，可以根据前方车辆的运动来预测起动时机。因此，对应于前方驾驶员驶离这一阶段的响应时间将会减少，可以假设为$T_h = 0.6s$。在车辆长度为4.5m，前保险杠至后保险杠的距离为3.0m时，在交通信号灯前方等候车辆的平均占地区域长度可以假定为7.5m，在交通信号灯停止线处的平均速度合理地设为$v = 22.5$km/h。因此可以通过$t_b = T_h + L/v = 1.8s$这一公式确认所需的时间间隔。这一公式同样也适用于长度分别为12m和18m的货车和半挂车货车计算所需时间。因此，交通信号灯处车道的饱和流量可以由状态方程给出：

$$q_s = \frac{v}{vT_h + L}$$

为了分析纯自动驾驶交通和混合交通的饱和交通流量，这里所使用的相关关系来源于道路部分的容量，并且假定车队队列在信号灯亮起时起动速度为22.5km/h = 6.25m/s，$T_h = 0.6s$。对于自动驾驶，即使在城市交通繁忙和缓慢的情况下，假设反应时间或者说安全余量也不应低于$T_a = 0.3s$，$T_{aa} = 0.3s$，$T_{ah} = 0.6s$，$T_{hx} = 0.6s$。

有交通信号灯的交叉路口的单车道容量一方面由饱和交通量决定，另一方面由绿灯时间决定。绿灯时间以1h为周期，分配给不同交通流，绿灯时间本身也受周期时间和间隙间隔时间的影响。在高峰时段，通常选择90s的周期时间，这意味着在1h内有40个间隙间隔时间。对于位于城市主要街道上的典型路口，通常使用三相信号程序。在三相信号中用于主要交通方向的间隙间隔时间通常总共约20s左右，基本上取决于行人穿越马路的间隔时间。周期时间为90s时，各向交通流量的绿灯间隔时间保持在70s。如果假设在剩余的绿灯间隔时间中，50%的时间可用于主要方向的交通流量，则在1h内通行时间为1400s，通行时间份额为$p_F = 38.89\%$，即约占40%的份额。

在无冲突信号（即，无条件的兼容性，例如，行人的行动方向与主要交通流方向平行）情况下，使用上述方法可以确定混合交通流的容量。

$$C_{LSA} = q_s p_F = \frac{v p_F}{vT_h + L}$$

在现在的交通条件下，车辆是仅由人控制的，当使用上述参数值时，每车道的容量约为800辆/h。在$T_a = 0.3s$的纯自动驾驶交通中，容量将增加到约1120辆/h，增幅约40%。对于交通流量的混合组合，效率增益在这些标准值之间，并且可以用上面介绍的公式确定。

该公式还清楚地表明，除了后续车辆延迟的持续时间外，间隙速度也决定容量（图16.11）。随着间隙速度的增加，自动驾驶交通的容量增长速度高于人类驾驶交通容量的增长速度。因此，如果可以实现更快的离开速度和自动驾驶的间隙速度以及更短的时间延迟，则预期容量可以比上述40%的增益更高。

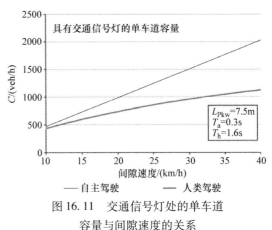

图16.11 交通信号灯处的单车道容量与间隙速度的关系

16.3.3 评估自动驾驶的效率增益

对自动驾驶车辆对容量影响的估计，作为衡量交通系统效率的一项指标，显示了在某些路段和主要城市道路的交叉口，交通流量增加的潜力很大。

在城市交通中，纯自动驾驶交通可以提高约40%的容量，在高速公路路段的容量可以提高约80%。在增长潜力上的显著差异是由于车辆在行驶时平均速度的不同导致的。这从图16.7中较低的速度范围内，容量不成比例地快速增加以及在较高速度范围的增长平坦化可以看出。当达到容量时，在高速公路上的速度约为80km/h。在城市主要道路上，开始于绿灯的一队车辆，容量由信号灯决定，速度平均约为20km/h。由于速度差异，自动驾驶车辆对交通基础元素的容量有着非常不同的影响。

除了通过引入自动驾驶车辆以实现高容量水平外，在高交通容量下的交通流稳定性也很重要。在城市交通容量的利用率达到70%~80%的情况下，在相关的交通信号之前肯定会有持续不断的交通积压，这就是为什么在高交通负荷下持续的行驶（绿波）是不可能的。不过，在城市间交通方面，特别是在高速公路上，容量将会有所下降。在这种程度上，交通流量的稳定性在城市道路网络达到满载容量之前不会受到影响，仅仅只有当过载在交叉路口处造成堵塞时才会对其产生影响。

16.4 结论与展望

16.4.1 交通

在宏观交通流量模型的帮助下，分析表明，原则上可以通过使用自动驾驶车辆使容量显著增加，这也将有助于更有效地利用现有的交通基础设施。随着现有交通基础设施容量的预计增长，交通拥堵和浪费的时间将会减少，相应地提高交通流的质量。特别是以下两个要素可以增加容量：

1) 第一个要素是缩短自动驾驶车辆之间的距离。在这种情况下，通过预测前方车辆的动作，从而能够实现较小的加速度或减速度，尽管时间间隔较短，但依然要保持乘坐的舒适性。这对于车辆队列稳定性也是非常重要的。车辆和交通基础设施间能进行交互似乎是实现这一想法的重要前提条件。

2) 除了车与车之间的时间间隔之外，车队的速度非常重要。恒定密度下的速度越高，特定横截面的交通流量就越高。然而，只有在纯自动驾驶交通中才能在保持交通密度同时实现高的行驶速度。在车队中出现人类驾驶的车辆将减慢行驶速度并降低容量增益。

16.4.2 基础设施

在计算交通流量和容量的模型中，假设自动驾驶车辆占有给定的比例，表明随着自动驾驶车辆份额的增加，容量并不是成比例地增加。应该指出的是，在第一辆自动驾驶汽车引入的时候，时间间隔的缩短就开始产生效果了；然而，只有在纯自动驾驶交通下，才可能实现高交通密度下的速度增长。作者认为，只有当自动驾驶车辆具备在混合交通中安全行驶的能力，它们才能被成功地引入到现有的交通系统中去，因为专门给自动驾驶使用的交通区将不会在社会或者经济上被接受，尤其是自动驾驶所占的交通流量份额较低的情况下。

然而，一旦有足够数量的具有自动驾驶能力的车辆参与到交通中，为自动驾驶提供专用车道将对提高交通效率非常有利。一旦整个交通中含有非自动驾驶车辆，基于容量曲线的非线性增长性，分离自动驾驶车辆可以最大化其优点。结合特别专用车道，即使交通需求较高，车队速度也可以继续增加，这将导致容量更大幅度地增长。这在混合交通中是不可能实现的，因为即使仅只有少数车辆是人工驾驶的，这也将影响整支车队的交通速度。

作为这一影响深远的话题的初步分析，本章仅专注于自动驾驶车辆对在高速公路路段上的交通影响，以及城市交通的一角即在有交通信号灯的交叉路口处的影响。这两种驾驶状况在很大程度上决定了交通流量的质量。然而，还有一些其他相关的驾驶情况可能对整个系统的容量产生重大影响：

1) 在市区以外的区域，这些驾驶情况主要是在主干道交汇处的入口、合流和出口操作。首先，我们可以期待针对这些情况进一步开发目前已经问世的，具有驾驶辅助功能的技术解决方案，如合流辅助功能，特别考虑机器协助的可能。其次，可以对交通设施进行结构和监管方面的调整，这种方案还有待开发。一个有趣的例子是自动驾驶车辆在进入高速公路交叉点之间，一直行驶在隔离的车道上。这种隔离在交叉区域被移除。从而在交叉区域内，自动驾驶和人为控制的车辆可能以一个预定的低速在车道内行驶，并且可能处于各种不同的状态（完全自动的、高度辅助的或纯粹人类驾驶的）。

2) 在城市地区，仍然有所谓的条件兼容性影响的问题需要被解决。条件兼容性发生在当交通信号给出绿灯，不同的交通流在交叉通行时，需要遵守通行权的规则。例如，在一些情况下，交通流右转或左转时，必须向通行的行人和骑行的人让行。可以采用各种方法去解决这一问题，但应当受到严格的监控。因此，存在这么一种方法，可以在一个单独的时间段内同时为所有自动驾驶车辆行驶的车道提供绿灯，在交叉路口相互冲突的交通流将由自动驾驶车辆之间独立地自行协商。所有其他道路的车辆将通过现有的信号控制。另一种可能的解决办法是考虑给予骑行的人和行人一个"所有绿灯"的独立的相位时间，从而通过采用一个适当的相位结构来最大化车流的兼容性。

16.4.3 合作

对于这样的方案来说，交叉路口处的交通是自我调控的，自动驾驶车辆需要相互之间能够进行通信并且也能与基础设施间进行通信。可以通过预测前方移动车辆的行驶情况，借此预测下一步的反应，从而产生让人舒适的可接受的加速度，确保了愉快的用车体验。出于这个原因，目前现有的交流与协作的技术将在自动驾驶的发展中具有重大作用。

应用许可

本章根据知识共享署名 4.0 国际许可（http：//creativecommons.org/licenses/by/4.0/）的条款进行分发，允许通过任何媒介或格式使用、复制、改编、分发和再创作，只要您对原始作者和来源给予适当的说明，提供知识共享许可链接，并指出所做的任何更改。

本章中的图片或其他第三方材料均包含在作品的创作共享许可中，除非在来源中另有说明；如果这些材料不包括在作品的知识共享许可中，并且法律规定不允许相应的操作，那么用户需要获得许可证持有者的许可才可以复制、改编或再创作材料。

参 考 文 献

1. Greenshields, B.D. (1935) A study of highway capacity. Proceedings Highway Research Record, (Washington) 14, 448–477
2. May, A.D., Keller, H. (1968) Evaluation of single- and two-regime traffic flow models. Straßenbau und Straßenverkehrstechnik 86, 37–47
3. FGSV – Forschungsgesellschaft für Straßen- und Verkehrswesen (2001) Handbuch für die Bemessung von Straßenverkehrsanlagen (HBS), pp. 3–19
4. Janiszewski, H., Jagow, J., Burmann, M. (2005) Straßenverkehrsrecht. Beck Juristischer Verlag, Munich
5. Wagner, P. (2014 a) Traffic control and traffic management in a transportation system with autonomous vehicles. Present volume (Chap. 15)

6. Brilon, W., Regler, M., Geistefeldt, J. (2005) Zufallscharakter der Kapazität von Autobahnen und praktische Konsequenzen. Straßenverkehrstechnik 3(1) and 4(2)
7. Friedrich, B., Kemper, C. (2006) Akzeptanz von Harmonisierungsmaßnahmen im Zuge von Verkehrsbeeinflussungsanlagen. Schlussbericht für die Niedersächsische Landesbehörde für Straßenbau und Verkehr, Hannover
8. Hall, F.L., Agyemang-Duah, K. (1991) Freeway capacity drop and the definition of capacity. Transportation Research Record 1320, TRB, National Research Council, Wash. D.C.
9. Wagner, P. (2014 b) private correspondence
10. FGSV – Forschungsgesellschaft für Straßen- und Verkehrswesen (2014) Handbuch für die Bemessung von Straßenverkehrsanlagen (HBS) – Entwurf der Neufassung

第17章 自动驾驶车辆的安全效益：开发、验证和测试事故研究中的拓展发现

Thomas Winkle

17.1 引言

推进车辆自动化将为更好地满足未来社会交通流动性需求提供新的机遇。在某些领域出现了与机器交互的新的扩展概念[1]。其先决条件是对具有更先进传感器和信息技术的辅助系统进行进一步技术开发，并在车辆控制中考虑实现驾驶任务的稳定自动化，直到实现车辆自动驾驶[2]。

最初，以下综合分析文件记录了对低自动化程度的潜在安全性增强车辆系统的典型调查。然而，对高度或全自动化车辆的安全性预测只处于假设阶段，因为迄今为止没有这种特性的系列应用存在。至于为了开发和验证安全自动化车辆的测试方法产生的合理花费，笔者建议结合区域范围内的交通、事故、天气和车辆运行数据以及交通状况进行模拟。基于这些发现才能对一个基于可靠数据的国际交通情景以及出现错误过程和随机模型进行现实的评估，以便（结合实验室和驾驶模拟器中的虚拟测试）控制未来关键驾驶的场景。

17.1.1 动机

就推进自动驾驶而言，结合自适应巡航控制功能，汽车制造商一直为量产车提供主动转向辅助系统（车道保持辅助系统，LKAS），这可以追溯到新的世纪开始时。在日本市场上，这种功能的组合在日产 Cima（2001）和本田 Inspire（2003）等右座驾驶车型上就有应用。当使用这两种辅助系统时，在驾驶员的监管下（作者在 2003 年的驾驶测试），能够实现 20s 的短时自动驾驶（见 17.1.2 节）。自 2008 年以来，德国制造商从大众 Passat CC 开始，也在某些车型可选择地配置主动转向系统[3]。随着车辆自动化程度的提高，交通安全性提高的机会也在增加。如果标准配置的安全增强驾驶辅助系统能够在市场上更加普及，那么道路交通事故会

进一步减少（见17.4.1节）。

据德国联邦统计局的数据显示，2015年德国有3475人在交通事故中丧生[4]。平均每一天中大约有9个人在德国的道路上失去生命。其中，有一些事故在未来是可以由自动驾驶车辆来避免的。根据事故数据可以确定自动驾驶车辆拥有的潜在安全效益。本文举例说明了分析此数据的可能性和限制。这里提到的潜在安全效益是由事故产生的损害推测而来的。确定具体潜在安全效益的先决条件是关于总体交通状况和自动驾驶里程与其相应功能限制关系的基本假设。

对交通事故的研究是由多个组织在世界各地进行的。他们的研究包括事故调查/统计学、事故重建和事故分析等子领域[5]。由联邦各州警方进行的事故调查，构成了德国事故研究的基础。此外，其他机构，如德累斯顿工业大学交通事故研究所（Verkehrsunfallforschung 或 VUFO）和汉诺威医学院以及车辆制造商和德国保险业都分别进行了事故的研究。其中的核心是直接在现场调查事故，统计记录并根据某些特点进行分析，需要时用此来进一步推测未来车辆的自动化。关于自动化车辆的潜在安全效益，以下详细的说明很好地展示了事故数据收集结果和推测的潜力和限制。

以下问题将使用事故研究的具体例子进行讨论：

—道路交通事故调查的分析和发现对引进自动驾驶车辆具有什么意义？

—如何建立自动驾驶车辆的潜在安全效益？

17.1.2 驾驶自动化水平的分类

以下简要介绍驾驶自动化水平（涉及车辆的引导程度）的三个类别，之后将作为示例来说明事故数据分析的潜力和局限性。在后续章节中，往前BASt项目组"车辆自动化提高的法律后果"[6]提出的分类已经足够了。这五个自动化等级从初始的传统车辆驾驶为始，称为"仅驾驶员"：驾驶员对车辆的纵向和横向运动负有永久性责任。接下来的自动化等级是驾驶员辅助（"辅助的"）和部分自动化（"部分自动化的"），驾驶员随时不断地保持监视。最后，高自动化（"高度自动化的"）和全自动化（"全自动化的"）水平允许人们在一些时间或全部时间内停止车辆引导过程[6]。

美国NHTSA也确定了另外的5个等级[7]。随后，SAE International（原为汽车工程师协会）进一步发展为6个分级，如在它的J 3016报告中有描述。如今，它们被用于研究项目中的机会越来越多。这些分级恰好与2012年以前发布的BASt分级相对应，它们具有两个关键差异。第一，它们的名字不一样。第二，SAE增加了等级5（全自动化），此时自动驾驶系统可以在所有条件下执行人类驾驶员能够完成的全部动态驾驶任务[8]（见图17.1）。

第 17 章 自动驾驶车辆的安全效益：开发、验证和测试事故研究中的拓展发现

图 17.1　BASt、NHTSA 和 SAE 的自动化水平　图片版权：作者版权

17.2　事故数据收集体现潜在的安全效益

根据事故统计，以下是一起致命的道路交通事故发生的平均间隔：
—在德国每 2.7h。
—在美国每 25min（大约 34000 起/年）。
—全世界每 26s（至少 1240000 起/年）[4,9,10]。

自 20 世纪 70 年代初以来，西方国家在道路建设、立法、救援、紧急医疗以及被动和主动车辆安全方面采取的措施大大降低了道路交通事故的伤亡人数。这一发现是基于大规模的全球范围内具有不同方向、数据量和不同深度的道路交通事故的调查和分析。下面选择部分收集的事故数据，举例说明了自动驾驶车辆的潜在安全效益，以及它们各自的利弊。

17.2.1　德国联邦道路交通事故统计

根据 1990 年 StVUnfStatG 第 1 节（德国道路交通事故统计法，§1），在威斯巴登的德国联邦统计局每月公布关于死亡、受伤和财产损失的联邦统计数据。所有警所都有义务按规定提交被报道的事故记录，将交通事故报告信息传递给国家统计局[4]。

全国的统计数据会定期地在互联网上发布。由警方调查来确定事故原因，其本质上是在评估驾驶员的驾驶错误，这也显示了自动驾驶的潜力（见 17.4.1.1 节和 17.4.3.2 节）。所有记录的信息被细分为明确的类别，例如道路类型、所有各方的年龄、包括造成事故的人员，以及运输方式等。没有关于事故重建、受伤人员或车辆细节的具体文件。

17.2.2　德国深入交通事故研究（GIDAS）

对道路事故情景的详细和统计学的可靠分析需要广泛的数据。在德国，GIDAS（德国深入交通事故研究）的数据库可以满足许多这样的要求。它得到国内外的认可，被认为是世界上最全面和最重要的事故数据库之一[5,11]。在德国，联邦公路研究所（BASt）自 1973 年以来和汽车技术研究协会（FAT）自 1999 年以来一直提供支持对事故地点进行深入分析，包括任何类型的车辆以及人员伤害的影响关系。如今，GIDAS 项目在汉诺威（自 1973 年以来）和德累斯顿（自 1999 年以来）的

调查区域将每年约2000次事故,具有多达3000个编码参数的匿名化数据存入分隔的数据库中。每个记录的事故包括环境信息(例如天气、道路类型、道路状况、环境)、场景信息(如交通情况、冲突情况、事故类型和方式)、车辆信息(类型、安全设备)、行人和伤害数据包括事故草图重建和图像数据[5,11,12]。

GIDAS数据的优点是它是基于对几种类型车辆造成的人身伤害、相关事故现场和医学领域的深入分析。为了得到更进一步的分析结果,使用来自奥地利公司DSD – Datentechnik www.dsd.at[13]的PC – Crash仿真软件,对许多案例都以电子的方式进行了高度的细节重建和仿真。而缺点在于数据访问仅限于参与项目的汽车制造商和零部件供应商。调查标准只包括造成人身伤害的事故。虽然调查仅针对汉诺威和德累斯顿地区,结果可以通过外推法转换应用到整个德国(技术术语:官方事故统计的权重与比较,见17.2.1节)。

17.2.3 美国的道路交通事故统计

在美国,国家高速公路交通安全管理局(NHTSA)自1975年以来一直在使用死亡率分析报告系统(FARS)[9]持续记录每一次造成人员死亡的道路交通事故。此外,自1979年以来,美国已经建立了国家汽车样本系统——防碰撞数据系统(Nass – CDS)[14]。该方案与德国GIDAS项目类似,利用跨学科团队分析涉及人员伤害或严重财产损失的道路交通事故。

在美国,用于扩展事故分析的深度数据收集也在进行,尽管与GIDAS不同,它们不提供可靠的事故场景重建。举个例子,评估紧急制动功能就是无法实现的[11]。美国的事故风险也不相同,例如,由于长距离驾驶引发的事故。自1970年以来,美国交通事故死亡人数下降了约16%,这比德国下降得要少,德国下降了60%左右[4,9]。

17.2.4 道路事故数据,以中国和印度为例

亚洲的交通事故数据收集工作仍处于起步阶段,分析停留在相对表层阶段,不能实现可靠的重建。不过在中国已经完成了收集可靠数据的初步工作,但在印度,交通事故的死亡人数甚至都没有得到记录[11]。

17.2.5 国际交通事故数据收集

国际道路交通和事故数据库(IRTAD)包括了各种国家官方事故的统计数据。它包括涉及人身伤害和死亡的道路交通事故,按年龄、地点和使用道路的类型予以区分,由经济合作与发展组织(OECD)在巴黎进行。除了与德国接壤的国家,它还包括来自澳大利亚、加拿大、芬兰、希腊、匈牙利、冰岛、爱尔兰、以色列、意大利、日本、卢森堡、新西兰、挪威、葡萄牙、斯洛文尼亚、韩国、西班牙、瑞典、英国和美国[10]的数据。

数据可以在互联网上公开获取,这特别适用于比较不同国家之间的数据。研究各种不同法规和集体驾驶行为的影响(例如北部与南部的对比)也是可行的。然而,关于事故如何发生的细节的深度信息仍然缺乏。此外,不同国家的调查方法和数据量也各不相同。

为协调全球深度交通事故数据采集而出现的另一个行动是"事故数据全球协调倡议"(IGLAD)。IGLAD 于 2010 年由欧洲汽车制造商启动,以提高道路和车辆安全。数据库包含了按照标准化数据方案收集的事故数据。这应该使得对不同国家数据集的比较成为可能。该项目的第一阶段由欧洲汽车制造商协会(ACEA)资助。2014 年开始的第二阶段中,不断增长的数据集包含了有关事故、道路、参与者、乘客和安全系统的 93 个变量。有来自 11 个国家(澳大利亚、奥地利、中国、捷克共和国、法国、德国、印度、意大利、西班牙、瑞典和美国)的有限数据(50~200 例,数据来自 2007—2012 年)可供研究。

17.2.6 汽车制造商的事故数据收集

为了收集关于当前车辆的事故调查结果,履行产品监督义务,汽车制造商和零部件供应商的跨学科专家团队如今与医院、警方一起进行现场事故分析。结果主要用于不断改进目前使用的车辆安全系统的性能。

此外,制造商对事故的分析符合强制性的维护义务,并观察产品在使用过程中可能出现的潜在危险。根据德国民法典(BGB)第 823 条,汽车制造商对由于驾驶员或其他人的意图使用或可预见的使用而引起产品间接损坏的错误负责。因此,汽车制造商必须收集和分析关于车辆使用和新系统的信息。产品越重要,在开发过程中及开发之后保护和监控产品安全的义务也就越大[15](见第 21、23 和 28 页)。

汽车制造商梅赛德斯·奔驰(现为戴姆勒股份公司)早在 20 世纪 60 年代末就开始与伯布林根县的警方一起调查涉及梅赛德斯车辆的道路交通事故。两年后,梅赛德斯的事故研究部门通过行政批准,获得了查阅常规的电话信息和巴登-符腾堡州警察事故档案的许可。至少从 20 世纪 70 年代以来,宝马等其他制造商一直在对涉及各自车辆的碰撞事件进行更大规模的研究和记录。大众汽车公司自 20 世纪 60 年代末开始与保险公司(HUK-Verband)合作,1985 年起与汉诺威医学院 MHH(GIDAS 的前身)合作。大众汽车公司自 1995 年[11]开始自己的数据记录。

汽车制造商,特别是功能开发人员对涉及具有先进安全技术的新型车辆的事故进行深入的跨学科分析,可以清楚地了解驾驶辅助系统的潜在优势。然而,每年大约有几百个案例涉及一个品牌的汽车,在统计学有效性上是不能与 GIDAS 数据相比的。

17.2.7 德国保险协会的事故数据

德国保险协会(Gesamtverband der Deutschen Versicherungswirtschaft,GDV)是

HUK – Verband 的后继组织,提供了有关德国保险公司根据合同已经完成损失索赔请求支付的车辆事故损坏情况的文件信息。这些数据有利于 GDV,例如界定保险合同分级或确定驾驶员辅助系统的潜在安全效益[16]。

保险公司的事故研究可以获得 GDV 报告的所有车辆损失责任的案例。不幸的是,这些数据并不向公众开放。事故分析不在现场进行,事故记录标准也不全面。此外,保险公司对案件的特殊性的兴趣,一旦有赔付的责任,就会结束。因此,这意味着关于无可争议的案件的原因只有很少的详细资料。在只有一方涉及的单车事故,就是所谓的驾驶事故中,当驾驶员失去车辆控制权时,大多数情况下没有可用的数据[11]。

17.2.8 消费者协会事故数据的收集(ADAC)

ADAC(德国汽车俱乐部)自 2005 年以来一直在进行事故的调查研究,这是 ADAC 空中救援与 ADAC 技术中心的合作项目。每年的救援飞行中会向 ADAC 数据库增加有关德国约 2500 起严重事故的信息。事故数据来自警察、医生、消防员和汽车评估员[17]。

ADAC 事故数据包含出现重伤人员的交通事故信息。它们包括显示车辆最终位置的空中图片和详细的医学诊断。尽管数据不可公开访问,但可以使用文件进行个人评估补充。此外并没有参与调查事故的有关人员做跨学科的结论反馈。

17.3 事故数据分析的基本原理

17.3.1 数据收集的水平与案件的数量

被认为具有潜在安全效益的事故数据的有效性会因为收集方法的不同而产生很大差异。深入调查大多数是与有资格的跨学科团队合作进行的。当功能开发人员、事故分析专家、医生和交通心理学家共同分析个别案例时,可以得到非常有根据的结果。但是,这种等级的数据收集通常只限于少数情况,会妨碍统计真实性。

事故数据库的评估表明需要采取哪些措施来增加交通安全。一份详细的事故分析包括事故的重建并包含对事故痕迹倒推计算的速度信息、对事故起因的调查、对事故欺诈的检查,考虑事故的可避免性,以及生物力学。对未来系统的潜在效益的评估需要对已有条件和框架的广泛了解。

到目前为止,提高车辆安全性的前瞻性思想主要来自于事故分析,现有经验和广泛研究工作的结合。事故研究是确定现有自动化车辆功能效率和新安全增强功能需求的一种方式。接下来,我们将对事故数据评估的基本术语进行解释。

17.3.2 与效率领域相比行动领域的有效性

在比较各种事故数据分析时,必须区分收集数据的方式和处理的方式。在理想条件下采取的行动领域经常与在实际情况下的效率领域相混淆。

行动领域涵盖了系统可以影响的事故。行动领域可以根据系统规范设定的精确程度而有所不同。因此，它是对所考虑的自动化水平的最大可实现潜力的初步估计。另一方面，通常，一个功能的实际效率相对来说非常低。这里的效率表示的是指定系统实际上具有的效果。效率在发生事故（后验）或通过模拟仿真（先验）预测的情况下被验证。

因此要确定效率领域需要对两个因素的准确了解：
- 系统规格及其相应的功能限制
- 驾驶员的行为

效率度将功能的相对效率以百分比的形式描述，并且始终取决于行动领域未指定的术语[18]：

$$效率度 = 效率领域/行动领域 = x(\%) \quad (17.1)$$

17.3.3 潜在安全效益取决于自动化等级和效率度

一些使用事故数据库的对潜在安全影响进行的分析检验了上述行动领域的最大值。相比之下，通过评估效率领域的实际效益，分析效率度会更接近现实[18]。尽管从而产生的自动驾驶车辆的安全效益只有在考虑到所有风险之后才会出现。安全效益是与事故频率和严重程度的降低相对应的。在自动化程度日益提高的情况下，会产生至今为止没有发生过的事故的新风险。

发明问题解决理论（TRIZ）通过理想的最终结果公式定义了理想机器的要求，具有无限的利益而没有任何成本和损害[19]：

$$理想的最终结果 = (\Sigma 利益)/(\Sigma 成本 + \Sigma 损害) = \infty/(0+0) = \infty \quad (17.2)$$

一方面，在考虑到实际的整体消费者相关潜力时也关乎自动驾驶车辆的安全效益，这就会随着效率的提高达到最大效率范围（用事故数据分析和对功能的了解证明）。另一方面，风险可能会随着自动化水平（"驾驶员"对"机器人"）的增长而直线上升。这反过来又降低了实际的安全效益（见图17.2）。为了尽量减少潜在风险，制造商进行考虑到事故数据的风险管理（见第28章）。

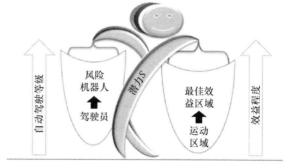

图17.2 消费者通过在相关背景下对所感知风险和收益的加权分析来主观评估潜在的安全效益。风险取决于自动化水平，效益取决于效率度。事故数据分析和风险管理（见第28章）可以客观化（见第30章）和优化　图片版权：作者版权

17.4 基于事故数据预测的意义

根据示例，下面综合分析展示了根据各种事故数据，哪些有关效益是可能得出的，哪些是不可能得出的。由于目前还没有分析高度自动化车辆的经验，不带有自动化的系统（"仅驾驶员"/"无自动化"）或者具备专门驾驶任务（"辅助"/"部分自动化"）的低自动化水平系统被优先考虑，并被分为先验和先验分析。

17.4.1节描述了迄今为止收集的一些事故数据后验分析的例子。在这里使用的定义中，从经验中获得的数据[20]可以直接用于阐释。相比之下，17.4.2节定义的先验预测是基于事故数据收集，以评估未来自动化水平的潜在收益，仅使用"通过逻辑推理获得的"假设[20]。

17.4.1 "仅驾驶员"/"无自动化"事故数据的后验分析

对传统的（人类驾驶的）车辆的事故数据收集进行过去和现在的后验分析，是直接了解事故黑点和现实交通事故变化的基础。在这个"仅驾驶员"/"无自动化"类别中，在环境感知传感器的基础上的纵向和横向指导既没有警告也没有干预。

事故死亡人数的变化是说明这一点的一个例子（见17.4.1.1节），电子稳定性控制系统或ESC的影响是另一个例子（见17.4.1.2节）。

17.4.1.1 交通统计：事故死亡与注册机动车

目前一个可以用的事故数据显示的例子是发生的交通事故死亡人数与注册车辆数的关系，数据来源于德意志联邦统计局。数据表明，自从1970年的交通事故死亡人数达到惊人的21332人以来[4]，这个数字一直在下降。

简而言之，事故数据显示，交通死亡人数已经从1970年的21000人下降至每年近3000人，同时登记车辆的数量在增加。这其中多方面的原因包含了立法、技术、医疗和基础设施等领域的各种措施（见图17.3）。所有安全措施的交叠使得证明任何单一一种潜在安全效益的有效性变得困难。

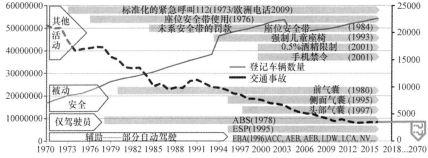

图17.3 尽管德国的注册汽车有所增加，但由于安全性的增强，交通事故死亡人数下降 图片版权：作者版权

17.4.1.2 "仅驾驶员"/"无自动化"系统影响的研究

电子稳定性控制或 ESC 于 1995 年推出，技术上是在 1978 年推出的防抱死制动系统或 ABS 基础上开发。它使用该系统的车轮速度传感器和额外的传感器进行偏航率、转向盘转角和侧向加速度的计算。利用这些传感器的信息，ESC 通过独立制动各个车轮来尝试稳定车辆，以防止预知的滑行。通过这种制动干预，ESC 可以将侧向碰撞转变为更不易受伤的正面碰撞。2001 年，戴姆勒事故研究认为，21%的打滑事故造成人员受伤，43%的打滑事故造成死亡[21]。事故研究专家代表汽车制造商对个别案件的调查结果在当时有很大的分歧。基于更大数据量的对潜在收益的后期预测也不相同。例如，2000 年在行动领域的结果显示打滑对重大事故有高达 67%的影响[22]。其他研究发现，在引入安全带作为被动安全系统后，ESC 在"仅驾驶员"类别中提供了第二高的安全性能[2]。例如，在所有梅赛德斯·奔驰汽车把引入 ESC 作为标准后，由于驾驶员失误和打滑引起事故的比例从 1998 年至 1999 年的约有 2.8 辆汽车（每千台德国注册车辆）下降至 2000 年至 2001 年的 2.21 辆。在其他汽车品牌，ESC 的高效性也得到了验证，如大众汽车，其事故统计显示事故发生频率下降，特别是预防了较严重的事故类型[22]。

总而言之，"仅驾驶员"安全增强功能的安全效益目前已经可以被证明，并且依靠各种数据源和假设具有快速的市场渗透性。特别是对于 ESC 来说，其安全性的影响可以很好地被科学验证。

17.4.2 辅助和部分自动驾驶的先验预测

先验预测与假设和推论有关。例如，辅助和部分自动化的驾驶功能可以通过光学、声学或触觉警告或具有警告意义的短暂制动或转向干预来保护驾驶员免于即将发生的危险。然而，成功避免危险的前提是驾驶员能够及时对交通状况做出适当的反应。

从技术角度来看，这些先进的自动化水平——通过扩展的计算机和传感器技术实现环境感知——使越来越有效的辅助系统能够实现。今天市场上的一些安全驾驶辅助系统在纵向、横向交通中出现被识别的危险时会发出警告。这些包括碰撞预警系统比如 EBA（电子制动辅助系统）、带 FCWS 的 ACC（具有前向碰撞警告系统的自适应巡航控制）、LKA（车道保持辅助）、LDW（车道偏离预警）、NV（夜视或交叉路口辅助）。其他介入到纵向和横向车辆动力学中的系统，如电子制动辅助（EBA）或自动应急制动（AEB）（见图 17.3）。

17.4.2.1 对车道偏离预警系统潜力的研究

在 2006 年引入了一种与医生、心理学家和开发工程师一起分析道路交通事故的方法，使用车道偏离预警（LDW）系统作为案例[24]。在本章作者、一名心理学家和一名功能开发者的参与下，以汽车制造商、大学医院和警方组成的跨学科研究团队为基础，在巴伐利亚内务、建筑和运输部（BStMI）的支持下得出了结果。

这样的对事故原因和结果的跨学科分析包括各领域的专家对技术、医疗和心理细节的审查，然后将所有结果综合整理。例如，今天，更多和驾驶相关的心理数据被收集以便分析道路交通事故。使用标准化的访谈，可以从驾驶员的角度来记录和评估碰撞的经历。事故的技术重建用与交通相关的心理视角辅助、补充。

在专业团队之间的协调中，以车道偏离预警为例，会对系统设计需要满足的特征进行解释说明。出自技术发展的焦点问题允许被选择的事故做进一步筛选。这样可以深入了解正在开发的系统的避免事故的潜力。为此，了解系统的具体技术限制至关重要。对于进一步的系统功能增强的启发也是可以得到的[24]。

总之，这些详细的事故分析显示了事故数据综合收集的优点。在这项研究中，技术、医学和心理学专业的知识紧密相关。跨学科方法在车辆细节、事故现场、涉及事故的各方、受伤方式和证人陈述等各方面提供了大量补充的参考。这些附加的信息提供了主动转向校正、对制动系统的干预、紧急碰撞前的反应的解决视角，因为疲劳、疏忽或分心的人为失误是车道偏离的主要原因。跨学科团队分析事故的各个角度使得计算机辅助对事故的重建和模拟变得非常真实。然而，为了确定其中有代表性的结果，有必要用更大量的事故数据收集来验证。

17.4.2.2 基于现有驾驶辅助系统的跨学科效率度分析

在车道偏离预警有效性跨学科分析的优势基础上，四年后进行了更进一步的跨学科效率度分析，目的是比较市场上可获得的提高安全的驾驶辅助系统。本研究与各功能开发者密切协商，采用一组事故重建的样本（$n=100$）。因此，作者与心理学家一起进行了跨学科的事故数据评估。关于事故原因，对驾驶员辅助系统根据情况避免事故的有效性进行了分析[25]。2010年初可以研究的系统范围包括夜视、车道偏离预警、变道辅助和自适应巡航控制。为了计算效率度，根据巴伐利亚事故统计数据对事故研究数据进行加权分析。在此过程中，将现实中的事故与重建的事故现场进行了比较，并在人机交互方面对事故原因进行了评估。这是为了开发具有纵向和横向主动引导的高级驾驶员辅助系统（ADAS），根据ADAS实施规程中描述的人机交互[26]完成的。经过多年的准备[27,28]，由欧洲汽车制造商协会（Association des Constructeurs Européens d'Automobiles，ACEA）于2009年发布[29]。如果相关系统的每个开发专家都认可，防止事故的潜力才被认为是积极的。结果表明，所检查的系统可显著降低事故的严重程度。

总体而言，研究预测，被调查的驾驶员辅助系统将对事故预防产生积极影响，受伤人员总数下降27%。因此，受伤人数将由126名驾驶员及49名乘客分别减少至94人及33人。应该注意的是这个结果初步显示在人机交互方面有理想的反应。在得出最终结论之前，需要通过与测试人员的共同研究来验证。此外，必须确保100%的系统分配及在系统限制内无差错操作。

所采用的受伤状况分级基于简略的伤害量表（Abbreviated Injury Scale，AIS）[30]，其在ISO 26262标准的功能安全性内容中也有应用[31]。AIS对人体受到的每一次伤害都用1（轻伤）和6（非常严重或致命的伤害）之间的数值来描述。因此将一人所受伤害中最严重的定义为MAIS（AIS最大值），未受伤人员被分类为MAIS 0。

对事故原因的分析进一步显示，它们中60%以上涉及所谓的信息错误——信息访问和信息接收的故障。这就解释了相应的警示辅助系统具有高效率的原因[25]。

总之，在跨学科研究中对目前可用的驾驶员辅助系统进行了比较，各系统相应的开发人员也参与了分析。每个开发人员都知道他的系统的具体相关功能参数，从而可以更准确地评估潜在的优点。必须注意的是，在行动领域研究的100个样本与来自巴伐利亚的代表性事故数据相比太小，无法根据获得的结果提供统计学上可靠的描述。然而，仍然可以看出这样的趋势，这些驾驶员辅助系统将有助于显著提高道路安全。

应该注意的事实是，存在更多的选择可以获得统计证据来预测制动辅助和自动紧急制动功能的安全性增益。此外，还有基于使用软件进行事故重建的仿真预测安全效益的评估方法[32]。

17.4.2.3　GIDAS数据库分析互联车辆的潜在安全优势

基于更大的数据量，德国深度事故研究（GIDAS）数据库的以下分析显示了几个假设的复杂性和多样性。作为德国安全和智能移动—测试领域（Sichere Intelligente Mobilität：Testfeld Deutschland – simTD）研究项目的一部分，作者与专家小组一起，在2009年用一个更为重要的样本进行了本次分析。分析的目的是评估未来与安全相关的车辆通信系统的潜在效益。这次分析对互联系统对道路交通造成直接安全影响的功能也予以了考虑。基础数据包括了2001年至2008年在德累斯顿、汉诺威及其周围地区由GIDAS记录的涉及人身伤害的13 821起事故[12]。为了在德国全境对结论进行推广，运用统计抽样方案所需的数据是经过德国联邦统计局的事故统计结果加权后的数据。这些官方统计结果包括在德国有历史记录以来登记的所有涉及人身伤害的事故。例如2007年，涉及人身伤害的道路交通事故有335 845起[4]。

与simTD功能开发人员和来自奥迪、宝马、博世、戴姆勒和大众的事故专家进行了多次协商后，对分析所需的变量进行了准确定义。所有项目参与者同意以对13项与安全有关的预警功能的分析为起始。在几个研讨会的过程中与会者共同决定，研究相关车型如乘用车、货车、公共汽车、农用拖拉机、轨道车辆（包括有轨电车和城市铁路，但没有德国铁路列车）和摩托车（两轮机动车，三轮机动车，125mL的四轮摩托车）。之后是使用广泛的GIDAS数据确定行动领域中非常紧凑的工作。这个选择最初是通过从所有事故中与完整事故发生相关的每个系统得到的变量。它显示每个单独测试功能的行动领域在0.2%~24.9%之间的范围内变化。因此，使用行动领域只能估出效率的最大值。还应该注意的是，由于功能之间的重叠，不能将各个行动领域进行累加。

在随后的效率度分析中，选择了 GIDAS 对上述动作领域分析的三种假设功能类型（电子制动灯、交叉路口辅助、停车的交通信号协助）。通过减少驾驶模拟器调查的样本，获得了相应的效率。

有交叉路口辅助系统的驾驶员避免的交通事故的数量范围非常不稳定，具体来说，为 9.9%～73.3%。这是由于警告引起的驾驶员反应时间和制动强度的不同造成的。因此，确定了三种反应时间（0.54s、0.72s 和 1.06s）及其发生的相应概率。此外，在没有有效反应的情况下，假设使用 50% 最大制动压力的弱制动，成功的反应时为 100%[12]。

总之，这种分析效率程度的复杂方法旨在统计性地确定和评估未来的、互联的、安全性提高的驾驶员辅助功能的潜力。然而，在 10%～70% 之间范围的有效性降低，因而只能进行事故避免的倾向和展望。广泛的分散区间源于上述参数的灵敏性和所讨论的警告算法，因为驱动器的反应时间和制动强度在实践中有很大差别。

17.4.3 发展高度全面自动驾驶的潜在安全效益和评价场景

17.4.3.1 GIDAS 数据库专家直到 2070 年的预测

从技术的角度来看，今天的自动化车辆已经可以在有利条件下的移动交通中接管许多驾驶任务。虽然驾驶员辅助系统会对驾驶员提供支持，但高级系统如高度和全自动驾驶可以暂时或永久地接管驾驶任务。

其中高度自动驾驶，特别是全自动驾驶旨在接近"零死亡愿景"。其目的是尽可能无事故、高效率地行驶。道路和交通工具应该被这样设计：不会造成任何人死亡或严重受伤。无事故的愿景起源于职业安全，并首次于 20 世纪 90 年代在瑞典应用于道路交通。欧盟支持自动化车辆的项目，例如由欧盟赞助 1700 万欧元用于"智能交通的高度自动化交通工具"（HAVEIT）研究项目。宝马、戴姆勒、大众/奥迪等汽车制造商也致力于无事故驾驶的愿景。戴姆勒研究与开发部门管理委员会成员 Thomas Weber 教授在接受采访时解释道：

Unser Weg zum unfallfreien Fahren treibt uns an, die Mobilität auch in Zukunft für alleVerkehrsteilnehmer so sicher wie möglich zu gestalten.[21]

（我们的"无事故驾驶之路"也促使我们将来为所有道路使用者尽可能安全地设计机动车。）

在德国，由车辆导致且涉及人身伤害的事故在 21 世纪头十年数量有所下降，从 2001 年的 266885 起下降到 2010 年的 198175 起。根据联邦统计局的统计数据（2010），车辆是道路交通事故的主要原因高达 68.7%。事故类型主要分为以下几类：转弯处/十字路口（58725），并行行驶（44812），转向（33649）和动态事故（30737）[4]（见图 17.4）。

第17章 自动驾驶车辆的安全效益：开发、验证和测试事故研究中的拓展发现

到目前为止，还没有经验证明全面自动驾驶功能的整体安全性。戴姆勒发布的车辆安全和事故研究是最早的综合预测模型之一。它通过假设部署和市场化的情景调查了自动化车辆事故预防的潜力。这些结果是基于专家估计、第三方预测和GIDAS数据。能够提供初步粗略估计数据的预测是基于2010年汽车引起的总共198175次可预防的碰撞（见图17.4，见彩插）。这些假设涉及每个事故类型的变化（并行交通，静止交通，行人，转弯处/十字路口，转向，动态事故）。可以看出，举个例子，到2060年，由于自动化程度的增加，涉及汽车失控或在并行交通中的事故将下降约15%，而相应的在转弯处或十字路口的事故将增加10%左右[34]。

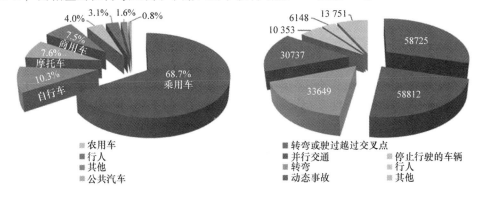

图17.4 乘用车是道路交通事故的主要原因以及事故类型的分布
来源：联邦统计局—DESTATIS、GIDAS 图片版权：作者版权

根据对这些自动化增长的估计，到2020年将可以实现事故总数下降10%左右。在此后的几年内，到2030年将减少19%，到2040年减少23%，到2050年减少50%，到2060年减少71%，到2070年几乎可以完全预防事故的发生[34]。这样的预测表明，2070年的汽车几乎不会发生事故，但仍然能够承受严重的碰撞。当然可以假定自动驾驶车辆将能够避免第三方造成的一些碰撞。不过要注意的是，这项研究没有考虑到其他道路使用者造成的事故。潜在的技术故障（见图17.6）也不包括在内。此外，德国联邦统计局使用的数据，尤其是GIDAS的有效性，主要围绕碰撞和碰撞后受伤人员的报告（见文献［35］）。

17.4.3.2 相关交通测试场景的全球事故数据评估

为了对高度和全自动驾驶车辆的主动安全性能进行全面的整体评估，作者还建议将全球事故数据收集相关的结果以及对无人员伤害场景、近乎碰撞、交通模拟和天气数据的分析进行整合。因此，基于所有警方的报告进行了第一次全面的大范围研究（见图17.7）。研究结果可以通过医院、保险公司和人类行为模型的信息完成。了解所有可能导致碰撞的相关因素，这些都可以基于详细和定量的模型进行虚拟仿真。系统可能的反应可以分为真阳性（或相反）和假阳性（或相反）。自动安全功能的评估必须考虑所有可能的系统响应[36]。

目标是使用已经定位的道路事故数据和相应的高精度数字地图数据（例如Google Maps，Nokia HERE，TomTom，Open‐StreetMap）将所有全球公开的事故与来自不同来源的交通数据（例如，汽车、手机、道路交通设备）相连接、对应。美国各州的本地化事故数据，举例来说，可以通过 www.saferoadmaps.org 访问。同样，英国政府也在 www.data.gov.uk 上公布事故细节。这些反过来又可以在英国道路事故地图上定位。德国的区域事故数据（每月更新）可在警方软件支持的 IT 应用程序中收集——在一些联邦州的地理定位、分析、代表和信息系统（Geografisches Lage‐，Analyse‐，Darstellungs und Informationsystem，GLADIS），道路事故位置图和分析网络（Verkehrs‐Unfall‐Lage‐Karten und Analyze‐Netzwerk，VULKAN），勃兰登堡专家系统对事故多发路段的分析和记录（Brandenburgisches Expertensystem für die Analyze und Dokumentation von unfall‐auffälligen Streckenabschnitten，BASTa），道路交通事故地理警察信息系统（Geografisches Polizeiliches Informationssystem für Verkehrsunfälle，GEOPOLIS V）或广泛分布的地形电子事故类型地图（Elektronische Unfalltypensteckkarte，EUSka）[37]。

总而言之，无论 OEM（原始设备制造商）为市场准备的具有可靠规格的批量生产解决方案还是高度和全自动驾驶功能局限性的具体信息目前都尚不全面。因此，到目前为止，在预测潜在的安全效益方面必须做出许多假设。市场发布和推广上也缺乏可靠的数据。所以，目前根据事故数据预测潜在的安全效益的有效性都是有限的。因此，建议将深入的事故数据收集（例如 GIDAS）与全球可用的事故数据收集和分析、交通仿真、相关天气信息和车辆操作数据相结合（见图 17.5）。

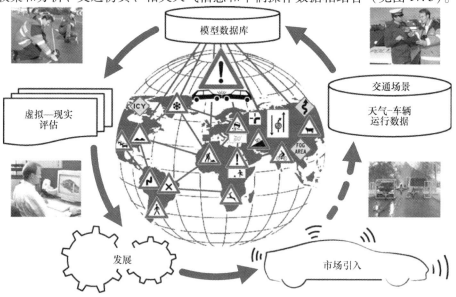

图 17.5　基于与人和机器感知有关的全球互联定位的事故、交通、气象和车辆操作数据收集的测试场景的推荐程序（见图 17.8）　图片版权：作者版权

图 17.6 中的学习曲线显示了自动车辆功能在市场推出前后可获得的现实数据的增长。为了确定相应的关键情况，作者建议定期监测和分析所有可用的自动功能数据。这些提供了未来自动化车辆的传感器仿真、分类和决策策略的知识。

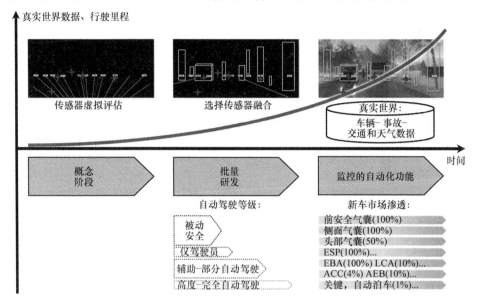

图 17.6 在市场推出自动化车辆功能前后可获得的现实数据的增长，以确定传感器仿真、分类和决策策略的相关关键场景（见图 17.8） 图片版权：作者版权

17.5 潜在的安全效益/风险和对测试的影响

17.5.1 人为错误和全自动驾驶中的技术错误

假设大多数事故是由人为错误引起的（见 17.5.2.2 节），那么无错误的全自动驾驶车辆就几乎可以实现"零死亡愿景"。然而，技术故障和技术限制仍然是可预见的——特别是在全自动自主驾驶车中。

图 17.7 的左侧显示了基于 GIDAS 事故数据库的事故原因分布统计。这份事故数据显示，"人为错误"是造成道路交通事故的主要风险，占了 93.5%。统计数据显示，驾驶条件或环境——举例来说，路面质量或天气——等因素的影响相对较低，为 4.6%，技术错误为 0.7%[38]。

在全自动驾驶中，驾驶员错误引起的事故的数量被完全去除。"技术错误"类别可能会相应地变得更大，同时伴有全面自动驾驶的新技术风险。这将导致公众对此更多的关注（见图 17.7）。

进一步评估和解决实际交通情况下的人为错误过程——除了基于总体互联定位

的事故、交通、天气和车辆操作数据收集的全球相关测试场景之外（见17.4.3节，图17.5和图17.6）——将支持模拟交通仿真，以便将来对自动化车辆的安全开发、测试和验证[39]。

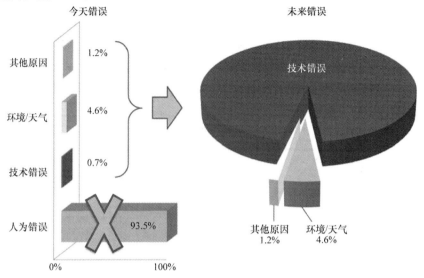

图17.7　如今93.5%的事故是由人为错误引起的，完全自动化就不会有更多的人为错误。然而，未来技术错误的比例可能会大大增加　来源：GIDAS　图片版权：作者版权

17.5.2　潜在的安全效益——人与机器的表现

如今车辆道路安全基本上取决于安全系统辅助的人类表现。全自动驾驶车辆只能依靠机器的能力。按照于自动化等级，技术系统将取代人类的观点、经验、判断力和反应能力。人类和机器的各种优点和缺点会同时带来越来越自动化车辆驾驶的潜在安全效益和风险。

举例来说，机器不能对未知情况做出反应或者理解儿童的动作（见第20章）。相比之下，人类可能注意力不集中，判断距离和速度不佳，眼睛只能看到有限的视野[29]。

17.5.2.1　机器与人感知的局限和测试的结果

为了说明与人类相比机器感知的性能局限，下面描述了对目前使用的传感器技术大量简化后的模型。车辆需要传感器才能收集有关环境的信息，并可根据其物理测量原理进行分类。汽车主要采用微波雷达、激光雷达、近红外、远红外、超声波传感器和摄像头。图17.8（见彩插）的上部和中部图像显示了经过简化和颜色编码的各种测量原理的局部机器感知。与此相比，下部的图像将所有这些上述的测量方式与人类在光照和天气条件恶劣时所感知的内容相结合（太阳、背光、湿路面、喷射/溅的水珠、风窗玻璃/传感器的结冰/污物、仅部分可见的道路标记）。进一

第 17 章 自动驾驶车辆的安全效益：开发、验证和测试事故研究中的拓展发现

步调查发现，左侧雷达反射点（蓝色）是由对面车道反射引起的错误检测（参见文献 [40，41]）。

图 17.8 说明了机器对复杂交通状况的感知和理解的结果使开发工程师不断地面临相当大的技术挑战。这些包括静态和动态对象的检测，尽可能准确地对其进行物理测量，并为被检测到的对象分配正确的语义（见第 20 章）。

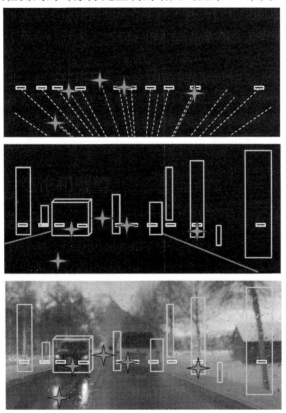

图 17.8 机器与人的感知（上部的图像蓝色为雷达，黄色为激光雷达。中间图像附加了用绿色和红色处理的相机图像，下部的图像在人类的感知上附加了机器的感知）　图片版权：作者版权

恶劣的光照和天气条件在真实交通场景中对人和机器的感知提出挑战。为此，全区域事故数据分析（见 17.4.3.2 节）能够在时间和地点上指出相关事故黑点。为了分析由于雾、雨、雪、黑暗和太阳或前照灯的眩光而导致的可见度降低的情况，作者与位于德累斯顿的弗劳恩霍夫交通运输基础设施系统研究所（IVI）的 Christian Erbsmehl 合作，进行了一个全新的区域范围的事故研究。经过逐案分析其中的一个发现是，在 95% 的案例中，记录中没有避免事故的回避动作。只有 1% 的驾驶员能够通过回避动作来减轻碰撞的后果，其余的回避动作没有成功（4%）。图 17.9 显示了本研究的结果以及 2006—2014 年间萨克森州所有警方报告的自动驾驶车辆相关事故场景的仿真和实地测试位置。

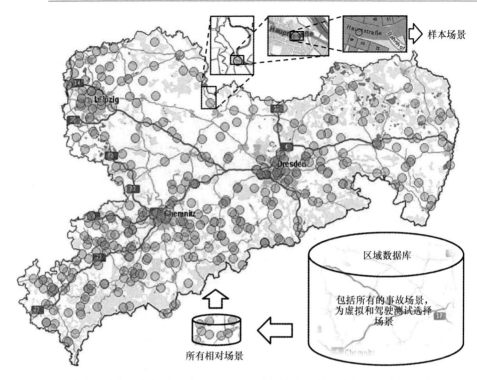

图17.9 区域范围内与天气条件恶劣、人和机器感知能力降低相关的交通事故场景的地理分布（地理数据©国有企业萨克森地理基础信息和测量2015） 图片版权：作者版权

17.5.2.2 人为失误与机器的不确定性

推进主要驾驶任务的车辆自动化带来了新的研究问题。注意力集中的、警惕的驾驶员具有很好的技能，能够缓解危险的交通情况。人的能力为当今的交通安全提供了重要的输入。差异化的潜在效益的评估需要对人和机器的表现进行对比。特别是驾驶员和机器之间交接场景涉及了人机交互设计和验证的新挑战。以慕尼黑工业大学（TUM）人体工程学教授克劳斯·班格勒（Klaus Bengler）为主持专家的初步测试展示了相关的人机工程学设计要求，这些工作将继续进行[42]。

许多方法都可以评估自动化与人之间的基本关系。可以通过使用故障树来识别道路交通事故的概率。概率中包括了人为失误、操作不当和存在冲突对象[43]。如果潜在的道路交通事故不那么紧急，避免碰撞行动的选择概率就会更大。

对驾驶员行为的评估需要更长时间的观察。对感知过程的分析提供了关于人为错误的深入知识。这些分析利用了道路交通事故心理数据的评估[44]。在跨学科事故分析方面，已经通过事故研究实践经验，确定了五类错误分类。这五步法是ACASS（7步骤的事故原因分析）的进一步发展。它是与GIDAS共同开发的，与Jens Rasmussen教授的7步原则相类似，Jens Rasmussen是丹麦的前系统安全和人因教授，是安全科学、人为错误、风险管理和事故研究领域的一个非常有影响力的专家[45]。使用五步法可以识别人为错误，确定感知过程中从信息访问到操作的时间，并评估特定类型的错误（见图 17.10）。相关的问题包括：信息访问（驾驶员可以客观地访问交通状况的相关信息吗？视野清晰吗？），信息接收（驾驶员是否正确观察交通状况？是否主观地感知或检测相关？），数据处理（驾驶员是否根据可得的信息正确理解了交通情况？），客观目标（驾驶员是否做出适合交通情况的决定？）和操作（驾驶员是否做出了合适的决定？）。

如果使用这种分类，事故分析表明，人为错误的主要来源是信息访问和接收（见图 17.10[25,46]）。

信息融合、分类、多目标跟踪、信号处理和识别专家（见第 20 章），乌尔姆测量、控制与微技术研究所的教授克劳斯·迪斯迈尔（Klaus Dietmayer）对于机器感知指出了与人类信息访问以及数据处理有关的三个基本的不确定性领域。分别为：第一是国家不确定性，第二是存在不确定性，第三是类不确定性。所有这三个都对机器性能有直接的影响。如果这些领域的不确定性增加，超过尚待定义的"可容许极限"，则可以预见自动车辆引导中的错误。在进行预测方面，目前只能进行表面趋势预测。

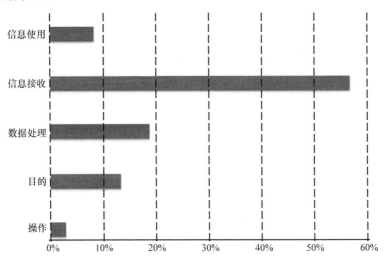

图 17.10　道路交通中人为错误的分布（参见文献 [25, 46]）　　图片版权：作者版权

因为现今已知的用于估计状态和存在不确定性的方法不能充分估计目前机器的感知能力，理论上预测各个传感器能力的衰退甚至组件的故障是不可能的（见第 20 章）。

17.5.3　全自动车辆在不可避免的事故中的潜在安全优势

在分析全自动车辆的潜在安全优势时，考虑复杂交通状况区域的持续的风险和目前已知的不可避免的事故也很重要。这些事故包括恶劣的可见度、不清晰的路口和视觉障碍物遮挡处。在雷根斯堡大学博士论文研究一部分的个案中，视力障碍是19%案件的推动因素[44]，包括树木、灌木丛、树篱和高草。障碍物也可能是事故的原因，举例来说，像是孩子在停放的车辆间或院子入口处突然意外地跑出来到汽车前。

这尤其包括感知过程序列、信息访问和接收中的错误。

由于大量不可预测的潜在事件，特别是其他道路使用者的反应，在大约2~3s之后，不确定性就大大增加，因此在此基础上不再可能实现可靠的轨迹规划（见第20章）。

因此，建议使用基于经验的国际通用的指南，其中包括用于自动化车辆测试和验证的虚拟仿真方法以及在真实环境中对整个系统限制进行最终测试。这包括与实际交通场景下实物传感器的控制算法和性能验证的交互测试，特别是在碰撞之前的一段时间[47,48]。

17.6 结论和展望

道路事故研究的结果证实：人为错误是道路交通事故的主要原因。特别是其中感知过程序列、信息访问和接收中的错误。

为了从事故数据中估计高度全自动车辆的潜在安全优势，需要对人和机器的整体性能进行复杂的比较。然而，只有在具有关于批量生产发展规划的功能特征和技术限制的精确知识的情况下，这才有可能实现。

经过统计验证的专家评估已经证明了未来提升安全性的车辆和驾驶员辅助系统的潜在效益。即使在发展开始之前，例如潜在的效益也可以被评估，而由于对道路交通事故的分析和评估，汽车制造商也可以履行其产品监督义务。

总体而言，道路事故分析的结果目前可以肯定地表明，驾驶任务的自动化从"仅驾驶员""辅助"上升到"部分自动化"的驾驶类别，是有助于最小化人为错误后果的关键技术。

使用交通事故数据得出的对高度和全自动化车辆的预测只能基于多种假设得出结果。有一个对全自动车辆潜在安全效益的预测来自于戴姆勒第一次事故研究评估，而该评估是基于若干专家假设的。根据戴姆勒的估计，假设有成功的市场推广，到2070年可以实际上彻底地消除事故。但是，人们只看到汽车引起的事故，没有考虑到物理限制和潜在的技术缺陷。因此，这种评估是基于一些假设，将来有待进一步的细化和验证。

最重要的是，目前技术上的挑战使预测仍然困难重重。特别是感知和理解复杂交通情况给开发工程师提出了相当大的技术挑战。此外，人的能力经常被低估。根据道路事故分析的结果，辅助和部分自动化系统基本上能够补偿人类能力的弱点。它们可以通过监督、警告和横向或纵向支持来提升常规的人类驾驶状况的安全性。

为了进一步减少道路交通事故的数量，无人驾驶车辆，另一方面考虑到系列开发，至少必须首先要配合一个被辅助和部分自动化系统支持的注意力集中的驾驶员的驾驶技术。只有克服了这些技术障碍，大规模推出可市场化的全自动化车辆才有可能。

总而言之，以下问题限制了对从"只有驾驶员"到全自动车辆的潜在安全效益的预测的有效性，并将对测试产生影响：

- 应根据所使用的数据谨慎判断和使用由自动化水平表明的潜在安全利益（从仅有驾驶员到先进功能）。数据资料的有效性和预测可靠性都取决于可用参数的选择和评估。

- 在专家考虑下，会将各种评估潜在效益的方法进行相互之间的比较。行动领域显示了可能的可预防交通事故的理想最大值。与此相比，实际的可识别效率却要低很多。

- 评估方法的有效性可能有很大的差异：是否有有经验的事故重建者或分析师，参与现有系统的所有开发过程的专家——与医师和心理学家协商——这些条件有着显著的差异。比起没有这些详细知识的同事，这种多层次的背景信息可以使他或她得到对一个复杂事故的完整概述，并更加精确地重建或分析它。

- 在分析潜在效益时，经常存在许多重叠的行动领域，从而减少了整体的行动领域。

- 为了获得有关开发和设计安全自动化车辆的进一步结果（见第28章），对涉及人身伤害的现有重大道路交通事故的深入调查（如GIDAS）应与现有的全区域碰撞事故数据、数字地图、天气数据和虚拟交通仿真（见第15章和16章）相结合。

- 从高等级自动驾驶开始，涉及事故的人员——至少暂时——对车辆的可控性不再承担责任。因此，降低风险和保证电气和/或电子系统功能安全的措施是至关重要的。

- 目前无法精确地量化全自动化车辆的效率度，因为许多技术和市场特定因素尚未得到详细的了解。对自动化安全功能的评估必须考虑到所有可能的系统响应：真阳性（或相反）和假阳性（或相反）。

- 随着自动化程度的提高，可以推测个别的事故情况仍然可能会出现，一直到全自动化的实现，尽管遵循的驾驶方式始终一致。具体来说，这适用于驾驶物理极限或时间紧迫的情况，例如在车辆前方突然跑出的小孩。

- 区域内事故分析为自动化车辆的测试和验证提供了相关的场景，包括虚拟仿真方法，但实际环境中对整个系统局限的最终测试将不会被完全消除。

完全自动化车辆的潜在安全优势最终也是基于以下假设：今天，超过90%的道路交通事故可以归因于人为失误。即使无人驾驶汽车的技术从未达到100%的完美，并且出现了一些尚未知的事故情况，结论是区域内无人驾驶车辆在道路交通中使用的愿景似乎可以获得社会所需利益。因此，从事车辆自动化工作的跨学科专家的研究活动应该得到促进和加强。建议将深度事故数据与所有全球地理定位的事故数据收集、相关天气、交通和车辆操作数据信息结合在一起，并同时考虑数据保护措施。确定实际的安全性效益和统计学相关的发展方案，包括有关机器与人类感知对比的自动驾驶验证或测试。

应用许可

本章根据知识共享署名 4.0 国际许可（http：//creativecommons.org/licenses/by/4.0/）的条款进行分发，允许通过任何媒介或格式使用、复制、改编、分发和再创作，只要您对原始作者和来源给予适当的说明，提供知识共享许可链接，并指出所做的任何更改。

本章中的图片或其他第三方材料均包含在作品的创作共享许可中，除非在来源中另有说明；如果这些材料不包括在作品的知识共享许可中，并且法律规定不允许相应的操作，那么用户需要获得许可证持有者的许可才可以复制、改编或再创作材料。

参 考 文 献

1. Bengler K, Flemisch F (2011) Von H-Mode zur kooperativen Fahrzeugführung – Grundlegende Ergonomische Fragestellungen, 5. Darmstädter Kolloquium: kooperativ oder autonom? Darmstadt
2. Bengler K, Dietmayer K, Färber B, Maurer M, Stiller C, Winner H (2014) Three Decades of Driver Assistance Systems: Review and Future Perspectives, IEEE Intelligent Transportation System Magazine, ISSN 1939-1390, Volume 6, Issue 4, pp. 6-22, New York, NY
3. Katzourakis D, Olsson C, Lazic N, Lidberg M (2013) Driver Steering Override Strategies for Steering based Active Safety Systems, In: FAST-zero 2013 – Second International Symposium on Future Active Safety Technology toward zero-traffic-accident, Nagoya
4. Statistisches Bundesamt (2014) Destatis, Zahlen und Fakten, Wiesbaden
5. Kramer F (2013) Integrale Sicherheit von Kraftfahrzeugen: Biomechanik - Simulation - Sicherheit im Entwicklungsprozess, Vieweg Teubner, Wiesbaden
6. Gasser T, Arzt C, Ayoubi M, Bartels A, Bürkle L, Eier J, Flemisch F, Häcker D, Hesse T, Huber W, Lotz C, Maurer M, Ruth-Schumacher S, Schwarz J, Vogt W (2012) Rechtsfolgen zunehmender Fahrzeugautomatisierung, Wirtschaftsverlag NW, Berichte der Bundesanstalt für Straßenwesen F83, Bergisch Gladbach
7. National Highway Traffic Safety Administration – NHTSA (2013) Preliminary statement of policy concerning automated vehicles, Washington, DC
8. Society of Automotive Engineers - SAE international (2014) Levels of driving automation for on road vehicles, Warrendale, PA
9. National Highway Traffic Safety Administration NHTSA (2014) Fatality Analysis Reporting System (FARS), Washington, DC
10. Amoros E, Brosnan M, Wegman F, Bos N, Perez C, Segui M, Heredero R, Noble B, Kilbey P, Feypell V, Cryer C (2009) Reporting on Serious Road Traffic Casualties, International Traffic Safety Data and Analysis Group – IRTAD, Organisation for Economic Co-operation and Development (OECD), International Transport Forum, Paris

第17章 自动驾驶车辆的安全效益：开发、验证和测试事故研究中的拓展发现

11. Zobel R, Winkle T (2014) Personal communication, Wolfsburg u. Braunschweig
12. Schubert A, Erbsmehl C (2013) Simulation realer Verkehrsunfälle zur Bestimmung des Nutzens für ausgewählte simTD-Anwendungsfälle auf Basis der GIDAS-Wirkfeldanalyse – zur Darstellung eines maximal anzunehmenden Wirkfeldes – von Winkle T, Mönnich J, Bakker J, Kohsiek A (2009), Forschungsbericht simTD, gefördert von den Ministerien BMWI, BMBF, BMVBS, Berlin
13. Burg H, Moser A (2009) Handbuch Verkehrsunfallrekonstruktion, 2. Auflage, Vieweg Teubner, Wiesbaden, PC-Crash 11.0 Technical Handbook, http://www.pc-crash.com, http://www.dsd.at
14. O´day J (1986) Remarks about U. S. Accident Investigation Programs FARS und NASS. In: Bierau D, O´day J, Grush E, Erfassung und Auswertung von Straßenverkehrsunfalldaten, Forschungsvereinigung Automobiltechnik, Schriftenreihe 54, pp. 29-31, Frankfurt (Main)
15. Matthaei R, Reschka A, Rieken J, Dierkes F, Ulbrich S, Winkle T, Maurer M (2015) Autonomous Driving, In: Winner H, Hakuli S, Lotz F, Singer C (Eds.) Handbook of Driver Assistance Systems, pp. 1519–1556, Springer International Publishing, Switzerland
16. Hummel T, Kühn M, Bende J, Lang A (2011) Fahrerassistenzsysteme – Ermittlung des Sicherheitspotenzials auf Basis des Schadengeschehens der Deutschen Versicherer, Gesamtverband der Deutschen Versicherungswirtschaft e. V. Forschungsbericht FS 03, Berlin
17. Unger T (2013) ADAC Unfallforschung – Fallverteilung, Datenerhebung, Auswertungen, Landsberg (Lech)
18. Schittenhelm H, Bakker J, Bürkle H, Frank P, Scheerer J (2008) Methods for analyzing the efficiency of primary safety measures based on real life accident data, ESAR 2008, Hannover
19. Koltze K, Souchkov V (2011) Systematische Innovation: TRIZ-Anwendung in der Produkt- und Prozessentwicklung, Hanser, Munich, Vienna
20. Duden (2014) Die deutsche Rechtschreibung, Bibliographisches Institut, 23. Auflage, Mannheim
21. Daimler AG Communications (2011) Der Weg zum unfallfreien Fahren, COM/M 5836/1635/00/0511, Stuttgart
22. Langwieder K, Gwehenberger J, Hummel T (2003) Benefit Potential of ESP in Real Accident Situations involving Cars and Trucks, 18. International ESV-Conference, Nagoya
23. Zobel R, Friedrich H, Becker H (2000) Accident Research with Regard to Crash Avoidance, Transactions/Vehicle Safety 2000 Conference, London
24. Hörauf U, Buschardt B, Donner E, Graab B, Winkle T (2006) Analyse von Verkehrsunfällen mit FAS Potenzialeinschätzung am Beispiel des FAS Lane Departure Warning. In Tagung Aktive Sicherheit 2006, Technische Universität München, Lehrstuhl für Fahrzeugtechnik, Munich
25. Chiellino U, Winkle, T, Graab B, Ernstberger A, Donner E, Nerlich M (2010) Was können Fahrerassistenzsysteme im Unfallgeschehen leisten? In: Zeitschrift für Verkehrssicherheit 3/2010, TÜV Media GmbH, pp. 131-137, Cologne
26. Donner E, Winkle T, Walz R, Schwarz J (2007) RESPONSE 3 - Code of Practice für die Entwicklung, Validierung und Markteinführung von Fahrerassistenzsystemen (ADAS). In Technischer Kongress 2007, Verband der Automobilindustrie (VDA), pp. 231-241, Sindelfingen
27. Becker S, Schollinski H-L, Schwarz J, Winkle T (2003) Introduction of RESPONSE 2, EU Projekt. In: Maurer M, Stiller C, Herausgeber, 2. Workshop Fahrerassistenzsysteme - FAS, Leinsweiler
28. Becker S, Mihm J, Brockmann M, Donner E, Schollinski H-L, Winkle T, Jung C, Dilger E, Kanz C, Schwarz J, Bastiansen E, Andreone L, Bianco E, Frost F, Risch A, Eegher van G, Servel A, Jarri P, Janssen W (2004) Steps towards a Code of Practice for the Development and Evaluation of ADAS, RESPONSE 2, European Commission Public Report, Project Deliverable D3, Brussels
29. Knapp A, Neumann M, Brockmann M, Walz R, Winkle T (2009) Code of Practice for the

Design and Evaluation of ADAS, Preventive and Active Safety Applications, eSafety for road and air transport, European Commission Project, Brussels
30. Association for the Advancement of Automotive Medicine (2005) The Abbreviated Injury Scale (AIS) Update 2008, Barrington, IL
31. International Organization for Standardization (ISO), ISO 26262-3 (2011): Road Vehicles – Functional safety
32. Busch S (2005) Entwicklung einer Bewertungsmethodik zur Prognose des Sicherheitsgewinns ausgewählter Fahrerassistenzsysteme, Fortschritt-Berichte VDI, Reihe 12, Nr. 588, VDI Verlag GmbH, Düsseldorf
33. Klanner F (2008) Entwicklung eines kommunikationsbasierten Querverkehrsassistenten im Fahrzeug, Dissertation, Darmstadt
34. Unselt T, Schöneburg R, Bakker J (2013) Insassen und Partnerschutz unter den Rahmenbedingungen der Einführung autonomer Fahrzeugsysteme, In: 29. VDI/VW-Gemeinschaftstagung "Automotive Security", Wolfsburg
35. Schubert A, Erbsmehl C, Hannawald L (2012) Standardised Pre-Crash-Szenarios in digital format on the basis of the VUFO Simulation, Dresden
36. Helmer T (2015) Development of a Methodology for the Evaluation of Active Safety using the Example of Preventive Pedestrian Protection, Springer Theses, Springer International Publishing Switzerland
37. Dick R (2011) Die Polizeilichen- Online- Informationssysteme in der Bundesrepublik Deutschland, Books on Demand GmbH, Norderstedt
38. GIDAS – German In-Depth Accident Study – Unfalldatenbank, Dresden, Hannover
39. Kompass K, Helmer T, Wang L, Kates R (2015) Gesamthafte Bewertung der Sicherheitsveränderung durch FAS/HAF im Verkehrssystem: Der Beitrag von Simulation. In: Klaffke W (Eds.) Kompass K, Fahrerassistenz und Aktive Sicherheit: Wirksamkeit – Beherrschbarkeit – Absicherung, Haus der Technik Fachbuch Band 137, Expert Verlag, Renningen
40. Becker S, Brockmann M, Jung C, Mihm J, Schollinski H-L, Schwarz J, Winkle T (2004) ADAS - from Market Introduction Scenarios towards a Code of Practice for Development and Evaluation, Final Report, RESPONSE 2 - European Commission, Public Report, Brussels
41. Donner E, Schollinski H-L, Winkle T, Jung C, Dilger E, Kanz C, Schwarz J, Bastiansen E, Andreone L, Becker S, Mihm J, Jarri P, Frost F, Janssen W, Baum H, Schulz W, Geissler T, Brockmann M (2004) Methods for Risk-Benefit-Analysis of ADAS: Micro Perspective and macroscopic socioeconomic evaluation, RESPONSE 2, European Commission Public Report, Project Deliverable D2, Brussels
42. Bengler K (2015) Grundlegende Zusammenhänge von Automatisierung und Fahrerleistung. In: Klaffke W (Eds.) Kompass K, et.al. Fahrerassistenz und Aktive Sicherheit: Wirksamkeit – Beherrschbarkeit – Absicherung, Haus der Technik Fachbuch Band 137, Expert Verlag, Renningen
43. Reichart G (2000) Menschliche Zuverlässigkeit beim Führen von Kraftfahrzeugen, TU München, Maschinenwesen, Lehrstuhl für Ergonomie, Dissertation, Munich
44. Gründl M (2006) Fehler und Fehlverhalten als Ursache von Verkehrsunfällen und Konsequenzen für das Unfallvermeidungspotenzial und die Gestaltung von Fahrerassistenzsystemen, Dissertation, Regensburg
45. Rasmussen J (1982) Human errors: a taxonomie for describing human malfunction in industrial installations. Journal of Occupational Accidents 4, pp. 311-333, Elsevier Scientific Publishing Company, Philadelphia, PA
46. Weber S, Ernstberger A, Donner E, Kiss M (2014) Interdisziplinäre Unfallforschung – ein Zusammenschluss von Technik, Medizin und Psychologie zur Steigerung der Verkehrssicherheit. In: Verkehrsunfall und Fahrzeugtechnik (VKU), Springer Automotive Media, 2/2014, pp. 61-65, Wiesbaden

47. Schöner H-P, Hurich W, Luther J, Herrtwich R G (2011) Coordinated Automated Driving for the Testing of Assistance Systems, ATZ - Automobiltechnische Zeitschrift, Springer Automotive Media, Volume 113, Issue 1, pp. 26-31, Wiesbaden
48. Schöner H-P (2015) Fahrsimulatorgestützte Wirksamkeitsbewertung der Fahrerassistenz-Systeme. In: Klaffke W (Eds.) Kompass K, Fahrerassistenz und Aktive Sicherheit: Wirksamkeit – Beherrschbarkeit – Absicherung, Haus der Technik Fachbuch Band 137, Expert Verlag, Renningen

第 18 章　在货物运输中的自动驾驶车辆以及自动驾驶

Heike Flämig

18.1　引言

  为了提高交通运输的效率、可靠性以及灵活性，不论是公共交通还是公司内部运输中，车辆的自动化程度都越来越高。由于日益增长的信息密度和劳动力地域分离的复杂性，自动驾驶的去中心化变得越来越有意义。然而，直到现在，公众和科学界的讨论都只关注于私人乘用车领域，而忽视了占公共道路交通约三分之一的另一领域，即商业交通。其中，大约三分之一是货物运输，因为原材料或最终产品的生产地通常跟有货物需求的所在地不一致。运输本身不会增加产品的价值。为此，早在 20 世纪 50 年代，就开发了用于内部物流运输的无人驾驶应用程序，设计开发所谓的驾驶机器人主要是为了在危险或实际无法进入的情况下接管驾驶任务。因此在生产和物流系统中，使用自动化、无人驾驶和部分自动驾驶车辆运输货物的历史非常悠久。

  从本质上可以思考以下问题，全自动驾驶车辆依靠现有的公共交通设施，可以实现何种程度上的货物运输。这又引出了一些更深层次的问题，例如引入这些技术的意义有多大；需要的技术、组织和法律条件是什么；以及物流、供应链和货运会因此发生怎样的改变。

  本章首先从企业内部的物流运输历史的角度研究这些问题，这有助于理解企业开发无人驾驶运输系统的动机和公司决策者们的不同经历。根据物流和货运领域的案例研究，本章将研究当前的应用领域和任何可能拓展的应用领域以及自主驾驶控制所需的导航和安全概念。此外，本章也将基于第 2 章中综述给出用于货物运输的具体案例。与自动驾驶汽车并行开发的其他自动系统，例如无人机等，展现出正在物流领域发展的一种全新的商业模式。我们采用通用的供应链理论来讨论自动驾驶对整个系统中的物流过程和人力劳动的改变。本章最后将对今后的研究提出意见和建议。

18.2 无人及自动运输系统的发展历史

20 世纪 50 年代早期，美国首先将自动导向运输（AGT）系统和自动导向车辆（AGV）用于商业目的，大约 10 年后德国也开始使用[1]。主要的动机是优化物流过程和减少工作人员数目。这一动机来源于 19 世纪初提出的，通过改进工作过程而提高生产效率的思想（Frederick W. Taylor），实现该思想的例子包括生产工艺的时序图（尤其是 Gilbreth 提出的"预定时间系统"）和流水线生产工艺（Henry Ford）。这种由机械化所驱动的发展是基于管理层对技术的日益重视和对完全自动化的憧憬（参见文献 [1] 历史发展）。第一个 AGT 系统应用于生产过程中物料在生产工序间的自动转移。与自动输送系统相比（如传送带）这种系统投资一般较低，而且在物流方面的灵活性也大大提高[2]。虽然运输被视为一种非生产性活动，但在生产和仓储系统中也必须表现出高可靠性。

18.2.1 无人驾驶室内运输系统

室内 AGT 系统主要应用在连接生产和装配过程，进货区与出货区、拣货区和仓库。AGT 系统和工作机器人，例如那些用于拣货、码垛等的机器人，经常结合在一个单一的设备上。因此在内部物流中，人们一直设想是否能实现人类和 AGT/AGV 系统间的互动，因为 AGT/AGV 系统也能执行例如辅助筛选过程等其他功能。今天，激光扫描仪越来越广泛地被使用，这种激光扫描仪在特定驱动速度下可以覆盖 7m 的范围[2]，且可以与其他传感器技术相结合。由于公司本身就将地面保持在可驱动状态，所以稳定性水平对内部运输的影响相对较小。

在早期 AGT 系统中，通常是用嵌入地板的电导体来实现内部运输。而在今天，主要有以下不同类型的位置识别和定位技术[3]：第一类，是物理引导技术，通过布置引导路径实现导航，包括有源感应引导路径、磁引导路径或光学引导路径。另一类是利用地标（金属、磁铁、转发器）实现自由导航的引导技术，或者类似于在海上运输（交叉定位）时用于定位的激光技术也都可以在早期 AGT 系统里找到。较先进的技术把激光扫描仪和带有数字环境地图的相机系统结合起来，同时根据环境特点进行导航。

在之前，一个 AGT 系统内的固定设备和移动设备之间通常使用电感或红外线来进行数据传输。今天，窄带和越来越多的宽带传输（WLAN）占据着主导地位。无线电测向可以通过精度高达 0.5m 的室内 GPS（全球定位系统），精度 10m 以内的室外 GPS，精度达 1m 的 dGPS（Differential GPS）以及相位评价精确到 0.1m 以内的 dGPS，来实现定位功能。

车辆被分配驾驶任务，并且相互协调[2]。控制策略由一个控制单元实现，运输命令的执行、运输命令的处理、车辆分配以及运输执行由该控制单元集中进行管理。整个交通控制系统是车辆执行任务的一部分。路线会被清理出各个区域，就类似于铁路交通系统中的区域分割，每一个区域能被一辆车占用。

在 2011 年[3]的某个物流服务供应商的配送中心实现了这样一个系统。在拣货过程中，AGT 系统被使用，其中拣货者也是被车辆所携带的。拣货者的安全通过多种措施保证，就像铁路运输的安全规则中要求乘客的手和脚必须放在特定的位置一样。因此，在车辆行驶时，它不可能进行其他活动。操作人员的安全依赖于激光扫描仪。导航依赖于一个磁性点序列引导系统，控制系统依赖于无线技术进行数据传输。

在新系统中，AGT/AGV 控制系统是集中处理的。因此，扩展该系统通常花费巨大。所以，寻找自主性、分散控制的解决方案的研究也正在进行。

当前的一个例子是这一自动（AGT/AGV）系统应用于"marion（可移动，有自主性，协同性的机器人）"项目开发的叉车上，而这一项目又是"autonomik"（适用于中小企业的、自动的、基于仿真的系统）技术方案开发的一部分。车辆的任务都是由上级系统分配。叉车自动执行任务，并且独立计算和确定最优路径。它配备了三维激光雷达、激光扫描仪和用于三维环境检测的摄像机。通过传感器，叉车可以准确地评估环境、物体尺寸及其空间位置。

一个分散控制系统的案例已经在"分散化的，基于代理的自动导引运输系统"这一项目中完成了开发[4]。在该系统中，为每个车辆建立了代理模型。路径规划和任务分配是协同进行的。仿真结果显示，所有 AGV 的总体路线距离有所减少，空行程下降 8%，订货至交货的时间减少 22%，AGV 的利用率小幅增加[5]。弗劳恩霍夫物流研究所（IML）在"用于物流的群体智能"项目中开发了一种基于群体智能的细胞化运输系统。在该系统中，整个群体（运输工具）接受运输任务，最近的车辆接受作业并动态确定最短路径。

18.2.2 私人财产户外自动导引车辆

自动驾驶车辆的户外私人场所应用案例通常是用于重型运输的 AGT 系统或者在工厂内的往返运输，在下面给出了实际例子。

在集装箱码头，自动引导车辆在集装箱起重机和堆垛区之间移动集装箱[6]。这样做的目的是缩短路线，减少空行程，实现资源的最优化利用。地面安装的转发器用于定位。路径规划以及更换电池都是独立完成的。通过无线电数据传输来进行协调控制。

在德国，最大的从事无人驾驶货车领域的企业是一家起初活跃在无线电技术领域的公司。2012 年，该公司的无人驾驶货车在一家乳品公司工厂内的生产和物流建筑之间运行[7]。装载和卸下装满新鲜产品的托盘以及包装材料全部都是自动完成的。车道引导系统利用了通道上的转发器。在牵引车的下方装有一个传感器，牵引车利用地板上的标记来确定方向和决策路线。在转向后桥的辅助下，车辆可以移动小箱子,并能达到 2cm 以内的定位精度。激光扫描仪可以时刻观察周围环境,并配有接触开关和紧急停止按钮,以确保人身、货物和车辆本身的安全。

"安全的自动物流与运输车辆"(SaLsA)这一项目的发展使得 AGT 系统、货车和人之间在室外环境下的相遇变得更安全[8]。在室外环境中,由于不允许使用激光扫描仪,所以通常使用雷达传感器来保证安全。通过移动式和固定式传感器对环境的合作扫描,使得即使在较高的速度下车辆也能安全地行驶。

18.2.3 用于工厂外部货物运输的自动驾驶车辆

用于工厂外部的货物运输和物流的自动驾驶车辆主要是以问题导向为基础来进行开发的。所谓的驾驶机器人,是开发用于在危险的场景下使用的车辆,危险场景包括解除武器,或者是那些人类难以进入的区域,例如深海、山区、雨林以及偏远地区(例如矿区)等。

自 20 世纪 90 年代以来,在澳大利亚的一座世界上最大的铁矿区之一的矿山上,一直在使用拥有最大容量可达 290t 的大型自动货车[9]。发展这种自动货车的主要原因是在矿区的人员配备问题上存在巨大困难,在该矿区的轮班工作不仅危险并且还要给工作和轮班的人员配备相应的物流系统。

自动货车通过雷达、激光雷达以及使用定位的路标来实现导航。操作中心通过无线信号传输,可以进行监视和干预货车的选择。控制通过 GPS 和航位推算来实现,例如在船舶或飞机中,通过测量航向、速度和时间来确定航行的连续位置,从而实现控制。

18.2.4 其他交通方式中的自动驾驶及自动驾驶车辆的发展

其他的交通方式上,尤其是有使用稳定性、导航(如数字地图)和环境识别的技术的系统,也使其自动化的程度也越来越高。

自 20 世纪初以来,飞机就已配备了稳定系统,并且实现了自动驾驶功能,德国的第一架无人驾驶飞机已经应用于军事、警卫和消防领域。无人驾驶航空系统或无人机(UAV)也已经在其他国家的民用应用中使用,例如替代偏远地区的农场主和视察员。无人机担任监控、播种以及害虫防治的工作。德国也在使用小型无人机完成一些任务,例如用于视察风暴或火灾造成的损害,制作电影和工业安全检查等。德国铁路公司(目前德国最大的铁路公司)目前正在尝试使用无人机监控列车和铁路基础设施。在运输商业货物方面,特别是包裹,很多试点研究也正在进行。目前,无人机的运载能力可达 2.5kg,续航里程约 15km,可以用来运送食物或药物。可以运送除颤器的无人机也已经进行了测试。许多德国联邦州,通常都允许使用无人机运输超过 5kg 的商业货物,尽管在管制空域内不允许使用[10]。

关于海上无人驾驶运输的初始研究目前正在进行(例如欧洲研究项目 MUN-IN)。无人潜艇已经使用了一段时间。很多行动者提出了无人驾驶船只的想法。这是一个类似于道路交通中队列行驶（见 18.3.4）的概念[11]。与空中交通相反，无人驾驶船可以允许船员在例如像港口这类的交通繁忙地区选择任意时刻登船。作为既定规则，这些系统在现在以及将来，都不会完全自动化。虽然无人驾驶船可以独立地进行规避操作，但是仍然可以认为对其集中监控和远程控制是更规范的做法，尽管这两种操作并不一定一样。

无人驾驶铁路系统的远程控制已经实施多年。自动驾驶通常包括自由导航，这只适用于很小的运输单元。到目前为止，试图在铁路运输上引入较小的货运单元如 CargoSprinter 并没有取得成功。在某种程度上，这是因为缺少快速列车编组技术，因此每个车厢都需要单独的电力传输。RailCab 概念解决了这种不足[12]。在这里，自动的、直线性电驱动的车辆使用了轮胎与轨道的系统。火车编组是通过一个电子铰接进行的。这种做法非常昂贵，并且货车无法执行运输，因此应用场景较少。在主要的运输路线上，可以通过减少非预定的路线和编队结构的变化实现经济效率的提升。但是可能在非电气化的线路上实现经济可行的应用。然而，迄今为止，还没有相关的研究在市场条件下比较经济与环境的影响。

18.2.5 暂时的结论

AGT 系统由引导控制系统（特别用于订单分配和路径规划）、通信系统和车辆组成[4]。用于室内运输且自动化水平低的自动导引运输系统和车辆（AGT/AGV）已经存在了很长一段时间。尽管与公路交通运输不同，但是 AGT 系统的自动化程度也随着技术的进步而得到提高。例如，适用于这种系统设计的机械指令清楚地定义了安全的概念。在过去，它足以让室内物流的 AGT/AGV 朝前方向移动，这也是人们对于自动驾驶汽车最初的要求。在某些情况下，人和车在物理上是分开的。总之，当 AGT/AGV 系统在已知的、明确的环境下运行，并且速度较低时，对安全的限制程度就达到最低。

技术的进步的重点在于正确地执行运输任务和其他相关的任务，例如装卸货物。然而，我们可以认为，由于生产脱离了流水装配线，以及生产和拣选系统本身变得更加灵活，因此对 AGT/AGV 系统的灵活性的要求也将会提高。目前，由于数据提供和决策过程的分散性，因此基于代理技术的自主系统似乎最适合处理越来越多的数据量和日益复杂的问题。

货物运输的室外解决方案是以传统的道路行驶车辆为基础的，到目前为止，也只在私营公司使用。目前也只有少数的实际使用案例。但对于室内运输而言，类似的发展也是可以预计的。

然后，与 AGT/AGV 系统相关的问题是运输单元的自主性在未来将会如何发展。自动控制和自动移动一直是 AGT/AGV 系统内的重要元素。自治程度定义为自由度的数目。这取决于，例如，可以自由选择路线和速度，即使在环境不断变化的情况下，也能独立地移动到目的地。

移动机器代表工作机器人和车辆之间的连接点。就像内部运输系统一样，运输任务经常与其他生产性任务相结合。这些大多都是远程操作系统。因此，在确定路线方面的自主决策通常是不需要的。在大多数应用中似乎也不太可能产生附加值。

在早期阶段，对自动化解决方案的概念性的阐述非常强烈地依赖于使用背景。通常在新的概念方法中也能找到这些以往的系统元素，尤其是车辆和操作人员的安全概念。只有当使用新信息和通信技术的分散化概念出现的时候，这些不同的系统解决方案才能汇集在一起。特别是对那些要求高灵活性和高速度的解决方案而言，技术上的解决方案正变得越来越相似。虽然他们在自治程度方面却会有所不同。

18.3 自主货运领域的应用案例

下面本节将使用第2章描述的通用用例来简述在货运领域自主车辆的潜在应用。重点是在公路货运条件下对某种特定货物的运输。在商业运输领域中更进一步细分的潜在应用，如在生产环境下（如自驱动工作机器）的客运和货运，在此将不做讨论。

我们基于对各个用例的概念性描述和具体特性，对引入这种技术的好处、机会和风险进行初步估计。并且，也会考虑评价货运驾驶的自动化程度，以便更好地区分各种使用案例的影响。

18.3.1 附记：自主货物运输的自动化程度

为了评估货物运输具有一定程度自动化的必要性和优点，首先我们要回到文献[13]中关于驾驶任务的定义，表示如下：为了安全地执行驾驶任务，在指引层面上需要提供与交通路况有关的信息，在稳定性层面需要提供与行驶道路表层有关的信息，以及在导航层面上需要提供地图相关的信息。车辆的安全行驶需要具备转向、加速和制动的能力，并且能够自主确定车辆纵向和横向所需的速度和航向角。这种决策是基于周围环境情况的信息和相关的驾驶驱动知识。

德国联邦高速公路研究所把自动驾驶分为四个发展层级[14]：辅助驾驶（1），部分自动驾驶（2）、高度自动驾驶（3）和完全自动驾驶（4）。对前三级而言，在特定时间或者特定情况下，系统可以实现部分驾驶任务。但是驾驶员还是需要监控驾驶系统的运行。对于最后一级完全自动驾驶（4）而言，文献[14]可以假定车辆可以自行驾驶并且不需要驾驶员作为后备。

在货物运输领域，部分自动驾驶层级中还存在自动导引运输系统。在实际运输中可以观察到一种处于（3）级和（4）级之间的中间层面的自动驾驶系统：车辆高度自动化并且无人驾驶，但不能自由行驶。在大多数情况下，这些车辆被操作员通过一个控制中心进行远程控制。

18.3.2　自主货物运输的使用案例

在量产车中，辅助和部分自动化系统已经很常见。在特定的时间和/或在特定的情况下，它们接管车辆的纵向和/或横向控制。在辅助系统中，驾驶员只是被警告；在部分自动化系统中，该系统可以代替驾驶员进行控制。动力学控制，例如制动，还是必须由驾驶员进行掌控。最著名的驾驶员辅助系统（DAS）就是防抱死制动系统（ABS）和车身电子稳定性系统（ESP）。由于曾经发生过严重的道路交通事故，在 2013 之前，变道辅助、车道偏离预警系统和自适应巡航控制功能已成为新车的强制性标准。其他系统处于开发阶段或者已经开发完成，准备生产，例如防侧翻系统、转弯系统或停车系统。它们主要在于在引导和稳定层面上辅助驾驶员。

高度和完全自动化的车辆可以自由行驶，他们的行驶不受场景和基础设施的限制。完全自动驾驶系统不需要驾驶员就能完成所需的功能。全自动驾驶系统不但可以实现车辆的自由行驶，而且还能在部分系统失灵时将系统还原到一个最小风险的状态。

从货运和物流的角度来看，稳定性和引导层面的技术解决方案并不是最主要的关注点。更感兴趣的应用案例在于是否配备驾驶员以及是否可以自由行驶。需要特别注意以下应用案例中的区别：

1. 州际驾驶——配备驾驶员且能够自由行驶的高度自动化公路驾驶。
2. 按需车辆——没有配备驾驶员且能够自由行驶的高度自动化公路驾驶。
3. 驾驶员可从事其他事项的全自动驾驶车辆——Follow - Me 车辆，没有配备驾驶员且不能够自由行驶的高度自动化公路驾驶（缺少用例 3/4）。
4. 代客泊车——没有配备驾驶员且不能够自由行驶的高度自动化公路驾驶（缺少用例 3/4）。

下面将介绍使用案例，并给出支持和反对各个案例应用在物流和货运方面的论点。对每种案例，也将评估这些货运交通系统中的使用案例与"自动驾驶使用案例"中私人运输案例的重合度有多高（见第 2 章），它们之间存在何种差异以及这种差异对于实现的影响。

18.3.3　州际驾驶——需要驾驶员且能够自由行驶

"州际驾驶"描述了一种使用自动驾驶仪功能，但驾驶员在任何时候都需要随时准备接管车辆的案例。理想情况下，驾驶员在为车辆指定目的地地址之后，便将稳定性和指引层面（也算是导航层面）的任务移交给自动驾驶仪。"州际驾驶"主要在驶入和驶出州际公路之间的路段工作。当遇到不清楚的驾驶情况（如施工区），驾驶员便会接管车辆的控制。

"州际驾驶"可以减少交通事故和提高交通流量。尤其在交通堵塞或者走走停停的交通状况下，由于旅程漫长且单调，以及现代生活时间压力的不断增加，驾驶

第18章　在货物运输中的自动驾驶车辆以及自动驾驶

员们常常接近他们的工作极限。除了让驾驶员能够在充满压力的驾驶环境中卸下负担，"州际驾驶"也为驾驶员创造了自由的时间用于其他活动。同时，路线规划和车队管理这类行为是否可能下放还有待进一步商榷。

早在1987年，就报道了"州际驾驶"第一个应用案例。当时，德国慕尼黑的国防大学正在试验一辆行驶在高速公路上的货车[15]。在2013年的时候，汽车制造商Scania（斯堪尼亚，瑞典商用车制造商）展示了一辆"能够独立地加速，制动和转向"，时速可达50km/h的货车[16]。2014年，一辆戴姆勒货车在一段封闭的州际公路上并存在有其他车辆的环境下，其行驶时速达到了85km/h[17]。

这种"州际驾驶"的构想本质上能够实现完全自动驾驶。但是出于对安全方面的考虑，这个概念仍然需要一名后备驾驶员以备不时之需，这使得"州际驾驶"实际上只能算是高度自动化系统。有效的最高速度和最大允许载重相较于私人交通都会有所不同。

驾驶员的职业描述在今后有望改变。到目前为止，驾驶员需要了解很多车辆技术和安全负载相关的知识。今后驾驶员会继续执行车辆的技术检查吗？与"州际驾驶"概念相关的经济和环境效益又将会是什么？

18.3.4　按需车辆——不需要驾驶员且能够自由行驶

与"按需车辆"最接近的使用案例是在货物运输领域大家所熟知的一个自主的、分散管理的AGT/AGV系统。该系统不需要驾驶员。然而，在第2章所概述的案例中，车辆的时速甚至可以达到120km/h，并且在未知的环境下也能行驶。

人们有理由相信，"按需车辆"使用案例非常接近行业内公司所要求的货运自主车辆的概念。会说当地方言，愿意从事冗长的州际旅程驾驶工作，可以忍受不规则的工作时间和较低的薪水，这样的驾驶员实在太难找了。有很多严重的交通事故都是因为货车驾驶员过度疲劳驾驶所引起的。送货时间紧张情况下的对接和操纵对于驾驶员来说也是一项棘手的任务。

因此，自动驾驶技术的引入可以说是非常有益的。但是，批准所有的这些方案应用于重型货车上还需要一段时间，特别是出于安全方面的考虑以及对供应链造成的影响（见18.4）。

把不需要驾驶员且能够自由行驶的"州际驾驶"应用于相互距离适中的汇集点，例如在公路休息区之间或者高度互联的商业区之间，这一构想似乎很可能实现。通过以下的增强措施，这种案例实现的可能性会提高：

在高速公路上划分提供给自动驾驶车辆的专属入口和专属出口有助于尽可能减少其与其他类型车辆相遇的概率，因此这种做法可以缓解由于缺少驾驶员作为后备导致的安全方面上的担忧。而建立自动驾驶汽车的专用车道则可以完全避免这些担忧。同时，这种专用车道也可以作为一些其他拓展的概念，例如非传统驱动技术的试点，例如，在车道上空安装接触电缆用于供电。

车辆组合连接（队列）的实现需要将初始概念和扩展概念结合起来，并利用两个概念的优势。其中，初始概念指的是头车需要有一名驾驶员作为备用；扩展概念指的是车辆可以自动驾驶且不需要驾驶员。车辆队列通过一个软件系统相互连接。在高速下实现所谓的电子牵引不但能够提高道路基础设施的利用率，最重要的是，由于减小了风阻，燃料消耗和排放也会降低。

从20世纪90年代中期以来，就已经进行了许多关于电子牵引的试验［例如欧洲项目"CHAUFFEUR I and II""Safe Road Trains for the Environment（SARTRE）""Cooperative mobility solution for supervised platooning（COMPANION）"，加利福尼亚州的"PATH Program"、德国的"KONVOI – Projekt：Entwicklung und Untersuchung des Einsatzes von elektrischgekoppelten Lkw – Konvois auf Autobahnen"，以及日本的新能源和工业技术发展组织（NEDO）推行的"ITS Project"］。在这些项目中，多个货车或者车队中的引导货车和跟随小汽车都安全行驶到了90km/h，且车与车之间的行车间距最小只有4m。系统依靠雷达传感器、立体摄像机、三维地图以及与其他车辆的数据交互来对自车进行监控。在之前的研究中，引导车中一直都有驾驶员，跟随车有或没有驾驶员。而无人驾驶引导车的想法一直都存在。

一般来说，这些项目都是以目前已实现的技术为基础：已经在量产车中使用的自适应巡航控制系统有助于保持车辆之间的行车距离。引导车与跟随车之间频繁的数据传输通过无线传输或红外线技术实现。

测得的数据显示燃料节省和CO_2减排潜力取决于选择的车车（V2V）通信（在"去中心"模式）技术、引导车和跟随车的类型和结构、行车间距、速度以及道路和环境状况（温度、路面、坡度、海拔）。对引导车而言，这些因素导致的燃料节省和减排潜力的差异大约5%以内，而对跟随的乘用车而言，差异达10%~15%[18]。

18.3.5 驾驶员可从事其他事项的全自动驾驶车辆——Follow – Me 车辆

在第2章提出的使用案例中，当满足实施自动驾驶的条件时，车辆就会进行完全自动化控制。驾驶员需要随时待命，并在需要的时候恢复对车辆的控制。实际上，就允许使用的场景和允许的速度而言，这是"州际驾驶"的延伸，且与自主驾驶非常类似。

如果随行的驾驶员在驾驶的过程中可以进行一些创造价值的活动，这个使用案例就具有经济学上的意义。车辆自主驾驶期间，可以准备或处理工作。这种车辆概念也被设想用于商业客运，例如老年护理、保险业等涉及文件的工作以及行政业务。

2011年关于部分自动化运输车辆的"EmiL"概念可以看作是实现全面自动化之前的一个发展初步阶段[19]。在这个概念中，送货人不必连续进出车内，他可以通过手机命令车辆以步行速度行驶到他旁边（Follow-Me 功能）。对于所有未知的情况（如并道情况，交叉口），车辆具有一个额外的 DriveStick 模式，其行驶速度可达到 6km/h。采用本地无线连接以防止信号中断，这种信号中断在 GPS 连接中有可能会出现。

该研究项目的结果表明，在为期一天的交货期内节省了约 40min 的时间，并且也降低了工作人员上下车时扭伤脚踝的风险。

18.3.6 代客泊车——代客送货

代客泊车是指自动驾驶仪独立地将车辆引导进入事先指定的停车点。在第 2 章提出的构想中，代客泊车可以在公共交通领域达到 30km/h 的速度。一个例子就是可以从住宅到定义的停车位之间实现自动驾驶。然而，在货运方面，这种情况是难以想象的，因为几乎没有通过二级公路网连接的货车停放地点。

以下场景更可能被实现：在那些不适用于大型货车行驶或停车的区域，例如紧凑的市中心区域、工业和零售配送区等，自动驾驶仪来接管控制车辆的操作。这可以防止代价高昂的汽车损害的发生。驾驶员就可以从紧张的驾驶任务解放出来，这特别有利于驾驶员保持对冗长的、令人筋疲力尽的公路驾驶的注意力。如果"最后一公里"的配送可以不需要驾驶员们的协助，那么代客送货也可以帮助驾驶员享受更多的休息时间。

另一个潜在的应用区域是建筑工地。在多数建筑工作中，货车越来越多地在建筑工地附近的一个等待区停留。如果驾驶员能在大规模的混凝土浇筑过程中集中注意力地进行操作，并且消除掉等待时间，那么整个过程也就能达到最优。在等候区和施工现场之间的路段，自动驾驶仪将接管驾驶操作。

从法律的角度来看，这种方案的实现效果将严重依赖于等候点和施工区之间的距离以及具体场景。否则这种方案的执行似乎会面临更多的是心理上而不是技术上的挑战。特别是从驾驶员的角度来看，他们可能会面临这样的情景：他或她会被声称没有按照要求来操作他们的工作工具。

18.4 在货运领域更高的自动化程度所引起的供应链的改变

在图 18.1 所示的通用供应链中可以看到，由于货运自动化程度提高导致的供应链系统性的变化。每条供应链由一连串的"原料提取""加工/生产""贸易"以及中间的物流过程"发货（处理）""运输"和"货物接收（处理）"组成。此外，在当前的生产和零售物流情况下，因为许多增值服务都是由物流供应商提供的，所以需要考虑驾驶员数量的缺乏。

除了驾驶本身之外，"运输"也需要检查车辆、路线规划、文件管理以及其他由驾驶员负责的行政任务（运输单据）。在跨境运输时（海关），这些事务就更加复杂。高度自动驾驶、无人驾驶或全自动驾驶将使得驾驶和休息的时长违反规定这类常见的问题作古,并且可以规划不同的路线。如果以高度自动化的方式进行运输,那么在运输过程中,驾驶员将能够执行其他任务,例如路线规划、车队管理或是休息[21]。

换句话说,它可能会导致功能的分散化和并行化。在运输时间内去执行其他任务并不是一件新鲜事了。以及,邮政运输以前是通过火车(邮政列车)来进行的,今天的移动仓库(如使用双层巴士,"浮动仓库系统")中也可以完成这一任务。

驾驶员必须时刻监督驾驶过程,有时也需要自己接管部分驾驶任务。在发货点,他或她应负责检查货运票据和确认负载处于规定范围。在收货点,他或她应负责索要收货票据。

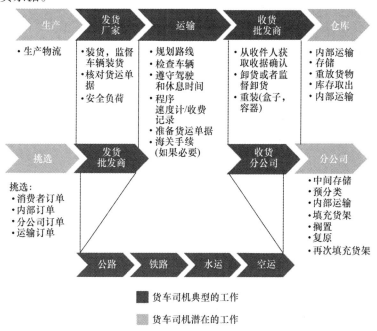

图 18.1 通用供应链中与驾驶员相关的行为的例子

目前,在发货和收货时,在供应链中许多驾驶员负责装卸货物。驾驶员的责任通常在装载货物之后结束,但在某些情况下,只有货物在接收设施安置好之后,甚至在进行预分拣、内部运输和材料搁置(有时在临时存放地点)之后,驾驶员的责任才会结束。在更早的时候,对于一些包裹和信件投递业务,驾驶员亲自挑选订单也很常见。

在生产领域,可能的应用包括自营运输,这类似于室内运输环节,在这种运输模式下,运输任务会进行"招标",自动货车基于预先定义的准则可以"竞标"并"赢得"运输任务。在这种情况下,既不需要中心控制功能,也不需要路径决策。有些门具备了货运锁,这也就不再需要人力以转移风险。

如果驾驶员不再"陪伴"车辆了,那么他或她的工作必须由其他人执行。公司随后会再次雇佣新员工或培训老员工如何执行这些工作。物流公司也可能选择不同的商业模式来应对这些变化。这可能会引起对这些工作的综合重新评估并且创造本地就业机会,特别是在城市地区。在其他案例中,可以预见到在货物接收和签发部分的自动化程度将进一步提高。

运输系统本身的变化主要发生在无人驾驶和人为驾驶的接触点以及驾驶员的任务剖面。铁路和海上运输流程以及人们工作范围的变化似乎并不明显。驾驶员在整个流程中被移除并被自动驾驶仪所取代。迄今为止,火车和轮船中其余的技术应该不会再有改变。同时,可能会出现新的工作,例如海上运输中预防海盗的安全方面的工作较于航行方面的工作会更加重要。

18.5 对货物运输链中的自动系统的初步的微观经济方面的评价

从微观经济的角度来看,没有驾驶人员,节能的驾驶方式、高可靠性以及避免交通事故是在货运链中采用自动系统的重要原因。在某些行业中,从货物接收到生产线再到最终货物发送这整个物流过程已经实现了高度自动化且无人驾驶,从而消除了生产的中断以及空闲时间。在某些领域,货物从仓库加载到卸载的过程也是高度自动化和无人操作的。在某些情况下,通过协调自动收货和自动发货的过程来控制仓储和生产。

无线射频识别(RFID)技术的发展和对达·芬奇的仿生思想的重新认识启发了关于独立控制的讨论,也引起了关于技术系统的分散化和决策自主权的激烈辩论。基于高性价比传感器的技术发展和互联网辅助软件系统的协助,自动化程度已经在持续提升。最新的生产和存储系统已经开始依赖于车辆和运输系统的独立控制("物联网"),这种系统可以自动地适应不断变化的需求、状态和环境。

基于部分行业中内部 AGT/AGV 系统非常先进的自动化程度,可以预想到人类所扮演的角色将进一步向概念和监管方向进行转变。整个物流系统对无人驾驶汽车的使用将导致许多供应链的过程重组(见 18.4 节)。然而,自动化程度却只会在特定行业继续增长,因为成本和收益之间的关系并非对所有领域都具有相同的吸引力。

在公共的交通系统中,缺少驾驶员或者驾驶员角色的改变将导致需要根据特定要求设计额外的人机界面。驾驶员进出车辆需要额外的操作步骤。在室内运输领域,已经有大量的经验可以借鉴,例如,关于选择的经验。在室外交通系统中,这样的经验是有限的。例如,在海上运输中,当船只进入港口区域时,船长主动接管船舶的控制是相当普遍的现象。在道路货运交通系统中,处于主导地位的转运系统通常都会改变拖车而不是驾驶员。这些系统有很多优势,例如材料和货物可以快速转移以及增加生产时间。他们还改善了驾驶员的工作条件,让他们每天都可以返回到他们当地的子公司。然而在实践中，这只在大型网络或者与一个可靠的合作伙伴保持稳定的合作关系下才能实现。这不仅可以保证准时，还可以保障负载安全。截至目前，这些系统通常都与大型经销商以及专门从事标准化包装运输的快递服务提供商结合在一起使用。

对于公路货运无人驾驶运输链的实际实施，交通法规中的成本和追责问题还需要明确的说明，这比自动驾驶车辆与基础设施以及其他车辆或队列货车之间的技术兼容性问题更加重要。

如果系统故障造成货物或车辆损坏，那么产品赔偿责任问题就出现了（详情见第25章）。因此，由硬件（传感器、处理器和执行器）和软件部分组成的自动驾驶系统，必须以合适的方式进行构建：以便在发生损坏时可以追溯到系统中的单个部件，进而找到损坏部件的制造商。

18.6 对货物运输链中的自动系统的初步的宏观经济方面的评价

从宏观经济的角度来看，自动化系统可以提供一种方法来解决目前运输系统中的结构性缺陷问题。在公共预算紧张的时代，在未来的一段时间内就不太可能再出现以前那种交通基础设施大规模扩张的现象了，尤其是对于铁路和内陆水运航道。

自动驾驶以最小化的空间要求和与人类驾驶相当的速度水平，可以使现有道路基础设施的交通容量至少扩充一倍。此外，由于自动驾驶可以减少燃料消耗，因此它也有助于实现环境政策制定的目标。目前为止，驾驶辅助系统对减少交通事故已经做出了重大贡献。这些交通事故也可以通过使用高程度和完全自动驾驶车辆加以避免，因为自动驾驶车辆可以知道哪些地方发生了交通堵塞，从而避免冒险超车以及完全消除错误的驾驶行为。然而，交通事故的法律责任归属问题还没有完全被解决。

在编队行驶的情况下，大多数研究项目都设想，引导车辆可以使用一名专业的驾驶员驾驶。这种方法的优势就是使即使不熟练长途驾驶的驾驶员（初学者、老年人）也能加入这种车队。这也要求货车和客车必须能够与队列中的其他车辆相互通信。

然而，不仅仅是技术决定论为反对自动公路车辆提供了有力的论据：道路交通效率的提高也引起了它与大量运输系统之间的冲突。就像之前的大货车那样，自动队列行驶运输也直接与铁路运输产生竞争。虽然目前在德国专业的货车驾驶员数量已经不多，但其总人数预计还将继续减少，在那些高失业率国家，这种急需的工作也在丢失。

此外，公众对完全自动化系统的接受程度是有限的，特别是因为经常出现关于自动驾驶车辆中机械或电子组件故障的报告，以及公众对数据交互不稳定而产生的恐惧。因此，自主车辆也必须配备可靠的软件系统（人工智能），以应对所有可能发生的情况,特别是人类和动物同时出现在道路上的情况。

同时从法律的角度看,工厂外的自动驾驶仪是一种新颖的东西。之前的AGT/AGV系统根据机械指令进行任务处理,并有着严格的车辆及操作人员的安全概念。工作范围(从私人的到公共的)的扩展及系统的运行速度(步行速度到高速公路速度)的提升迫使政府建立新的法律或者对现有的法律框架进行调整。

道路交通中使用自动驾驶车辆需要废除《维也纳道路交通公约》中的法律限制。《维也纳道路交通公约》规定驾驶员必须时刻保持对车辆控制。美国在这方面已取得了突破性的进展,美国已对该法进行了调整,允许对控制法规做出一定的改变,即系统的操作"能被驾驶员的操作所覆盖或关闭"。如果这一法律立场在欧洲也被接受,那就意味着有一个高级命令,可以在任何情况下介入控制车辆。在铁路、海上和空中交通领域,系统已经以这种方式设计,并且铁路和航空交通领域已有公认的高级指令。对于公路货运交通,也必须创造一个这样的高级指令。公众对此的接受程序目前还没有保证。

18.7 总结与展望

自20世纪60年代以来,德国就已经将(无人驾驶)自动导引运输(AGT)系统用于室内物流。然而,这些系统在媒体或者交通研究者那里都没有引起足够的关注。在室内物流中,转发器是一个可以存储信息的路标。如果公共空间中的车辆总是要识别环境中的所有特征以及每条路线的特殊性质,那么就需要适当的高成本的硬件和软件系统。如果路标能提供一些可以被暂时读取的信息,那么这种情况就可以被避免。把这种情况外推到交通运输系统的话,就需要考虑如何改造现有的道路基础设施了。

全自动驾驶提供了在出发点和目的地之间无须人工操纵车辆的可能。自动驾驶仪不仅执行稳定和引导任务,也执行导航任务,因此也负责确保在驾驶过程中不发生事故。

从自主道路交通系统发展现状的评估中可以清楚地得到:乘客运输和货物运输必须以一个更加统一的观念来看待。研究其他交通工具中自主系统的发展也非常有趣。自动驾驶仪早已成为飞行器的标配。早在20世纪初,稳定性系统就被用于航空领域。无人机也出现了许多年。欧洲目前正在对海上无人驾驶运输系统进行研究。对火车的远程控制也已经实现多年。随着周围环境以及驾驶和运输命令的不断变化,系统的自主决策水平也不断更新。随着应用领域的不断扩大,例如航空领域的无人机,引发了我们将运输任务分配给多种不同的交通方式的全面反思。在这部分还需要更多的研究。

如果更深入细致地研究商业客运的广阔领域,可以预见许多令人兴奋的现象和新的发展。与货物运输非常相似,它更关注的是流动性。从一个地方移动到另一个地方只是一种最终实现目的的手段，在大多数情况下，流动性本身相比个人移动更加具有实际意义。

将个人的、自主的物流过程的某些部分组合起来形成一个综合的自动化供应链，包括原材料的自动提取、生产和物流的整个阶段，最后到产品交付给终端客户，需要一个综合的解决方案。最近几年已经在技术层面上实现了巨大的进步。因此，未来的研究应主要集中在提高个人物流过程的自动化程度上，以及明确这些发展所带来的微观和宏观经济效益和成本。

对于自主系统在道路货物运输中（以及在其他运输系统中部分程度）的使用，由于目前存在一些公开的法律问题，并且民众对此缺乏认可，而且企业决策者也在一定程度上也对此抱有疑虑，因此逐渐地一步一步引入自主驾驶系统似乎是目前唯一可行的方法。这种引入的成功与否将取决于能否找到合适的级联方法及实施策略。然而迄今为止，还没有明确的关于本章所概述的各个使用案例在实施层面的研究。

乍一看，把目前讨论的一些关于增加基础设施运输能力，节约利用资源以及保护环境的解决办法相互结合起来似乎非常合理。首先在封闭式运输系统（如协同系统的运输）和可管理场景（如州际公路、机场、港口）中引入自动驾驶将有助于克服关于技术和缺乏标准化的阻力。以人工控制引导和跟随车辆的方式作为起点来一步一步实现自动驾驶编队，可以使公众更加容易接受自动驾驶运输。从交通容量和安全要求方面考虑，同时引进高架电动货车以及为此建立自动货车专用车道是否明智还必须加以审议。

然而，队列行驶的方式也引起了一些后续问题，特别是关于决策和利益分配的问题：如果节省的燃料量取决于车辆在车队中的位置，那么谁来决定每辆车应该在队列中处于哪个位置？如果跟随车辆中没有驾驶员，那么谁来为引导车辆中的驾驶员买单？引导车驾驶员相较于其他跟随车的驾驶员需要更多或更特殊的训练吗？在引进队列自主行驶之前，明确如何识别其他队列车辆是非常有必要的。与此同时，我们也必须建立一个共同的标准以确保其他车辆也是值得信赖的。需要进行进一步的研究以提供采取何种措施的建议。

供应链和货运过程中的改变显示出高度矛盾的局面，必须更详细地加以研究。对于相关的理解、评估和分类，必须明确对于驾驶任务本身而言会出现哪些技术上的变化和挑战。需要更详细地确定与传统车辆相比，使用自动化车辆的优点和缺点，以及通过分析在商业环境下不同的工作情况，确定在现有工作环境中它们的集成性如何。到目前为止，什么东西可以进行自动运输以及从必要性、成本和灵活性的角度考虑，工业界会接受多高程度的自动驾驶，这些问题仍未得到答复。

与此同时，对于创新的商业模式而言也存在更多的机会，然而，到目前为止这些模式尚未得到开发和评估。一些以前认为几乎不可能实现的应用也将变得有一定可能。其中一个例子就是向市中心地区提供"物资供应和废品处置"服务（"城市

第18章　在货物运输中的自动驾驶车辆以及自动驾驶

物流"），其特点是易冲突和高成本。自动道路运输车辆和其他技术（例如货物锁系统）的结合使用可以解决货运和客运之间的时间冲突。

同时，需要从宏观经济和跨国的角度，来更仔细地分析不断增加的运输自动化程度所带来的机会和风险。这不仅包括法律事务和对标准化的需求，也包括潜在的低级工作的损失。替代劳动力市场情况也必须加以分析。此外，到目前为止，自主道路货物运输（车队中）与公共交通工具之间可能出现的潜在冲突还没有得到足够的重视。最后，必须扩大讨论的范围，以实现将环境和资源考虑进去后最综合的评价。

应用许可

本章根据知识共享署名4.0国际许可（http：//creativecommons.org/licenses/by/4.0/）的条款进行分发，允许通过任何媒介或格式使用、复制、改编，分发和再创作，只要您对原始作者和来源给予适当的说明，提供知识共享许可链接，并指出所做的任何更改。

本章中的图片或其他第三方材料均包含在作品的创作共享许可中，除非在来源中另有说明；如果这些材料不包括在作品的知识共享许可中，并且法律规定不允许相应的操作，那么用户需要获得许可证持有者的许可才可以复制、改编或再创作材料。

参 考 文 献

1. Vahrenkamp, R.: Von Taylor zu Toyota: Rationalisierungsdebatten im 20. Jahrhundert. 2. korrigierte und erw. Auflage. Josef Eul Verlag: Lohmar-Köln (2013)
2. Ullrich, G.: Fahrerlose Transportsysteme. 2. Auflage, Springer Fachmedien, Wiesbaden (2014)
3. Ullrich, G.: Effizientes Fulfillment mit Fahrerlosen Transportfahrzeugen. DS Automotion. http://www.ds-automotion.com/uploads/tx_sbdownloader/hermes.pdf (2012). Accessed July 4, 2014
4. Schwarz, C., Schachmanow, J., Sauer, J., Overmeyer, L., Ullmann G.: Selbstgesteuerte Fahrerlose Transportsysteme - Self Guided Vehicle Systems. Logistics Journal (2013). doi: 10.2195/lj_NotRev_schwarz_de_201312_01
5. Sauer, J., Ullmann, G.: Schlussbericht zu dem geförderten Vorhaben 17237 N. Dezentrale, agentenbasierte Selbststeuerung von Fahrerlosen Transportsystemen (FTS). Bundesvereinigung Logistik e.V.. http://www.bvl.de/files/441/481/17237_Schlussbericht_FTS-Selbststeuerung_20131002.pdf (2013). Accessed: July 27, 2014
6. Hamburger Hafen und Logistik AG: Wer hat's erfunden? Hamburger Hafen und Logistik AG. http://hhla.de/de/container/altenwerder-cta/das-projekt-agv.html (2014). Accessed: July 2, 2014
7. Dermuth, R.: Fahrerloser LKW in einer Molkerei. GÖTTING. http://www.goetting.de/news/2012/molkerei (2013). Accessed: July 2, 2014
8. Kerner, S.: SaLsA - Sichere autonome Logistik- und Transportfahrzeuge. Fraunhofer IML. http://www.iml.fraunhofer.de/de/themengebiete/automation_eingebettete_systeme/Forschung/salsa.html (2014). Accessed: June 27, 2014
9. Komatsu Ltd.: Autonomous Haul System (AHS). Komatsu Ltd. http://www.komatsu.com.au/AboutKomatsu/Technology/Pages/AHS.aspx(2005). Accessed: July 2, 2014

10. Wirth, N.: Zivile Drohnen heben ab – auch an der Börse? Trendlink.com. http://www.trendlink.com/aktienanalysen/aktien/zivile_Drohnen/78-Zivile_Drohnen_heben_ab_-_auch_an_der_Boerse (2014). Accessed: July 22, 2014
11. Hegmann, G.: Rolls Royce glaubt fest an Drohnenschiffe. Welt.de. http://www.welt.de/wirtschaft/article123352845/Rolls-Royce-glaubt-fest-an-Drohnenschiffe.html (2013). Accessed: July 30, 2014
12. Böcker, J., Henke, C., Rustemeier, C., Schneider, T., Trächtler A.: Rail Cab – Ein Schienenverkehrssystem mit autonomen, Linearmotor getriebenen Einzelfahrzeugen. Universität Paderborn. http://wwwlea.uni-paderborn.de/fileadmin/Elektrotechnik/AG-LEA/forschung/veroeffentlichungen/2007/07ETG_Henke_Rustemeier_Schneider_Boecker_Traechtler.pdf (2007). Accessed: July 30, 2014
13. Donges, E. 1982. Aspekte der Aktiven Sicherheit bei der Führung von Personenkraftwagen. Automobil-Industrie, 2, pp. 183–190
14. Gasser, T.M.: Rechtsfolgen zunehmender Fahrzeugautomatisierung. Berichte der Bundesanstalt für Straßenwesen 83. (2012)
15. Please see the related video available under http://dyna-vision.de/ to be found in section hardware used 2.3 Van VAMoRs of the directory.
16. Brünglinghaus, C.: Scania erforscht das automatisierte Lkw-Kolonnenfahren. Springer für Professionals. http://www.springerprofessional.de/scania-erforscht-das-automatisierte-lkw-kolonnenfahren/4909638.html (2014). Zugegri. Accessed: July 4, 2014
17. Grünweg, T.: Autonom fahrender Lkw: Laster ohne Lenker. Spiegel Online. http://www.spiegel.de/auto/aktuell/autonome-lkw-neue-technik-soll-fernfahrer-entlasten-und-sprit-sparen-a-978960.html (2014). Accessed: July 4, 2014
18. Tsugawa, S.: Energy ITS: What We Learned and What We should Learn. Onlinepubs.trb.org. http://onlinepubs.trb.org/onlinepubs/conferences/2012/Automation/presentations/Tsugawa.pdf (2012). Accessed: July 30, 2014
19. Bundesministerium für Umwelt, Naturschutz und Reaktorsicherheit (Hrsg.): Abschlussbericht zum Verbundvorhaben Erprobung nutzfahrzeugspezifischer E-Mobilität – EmiL. erneuerbar-mobil.de. http://www.erneuerbar-mobil.de/de/projekte/foerderprojekte-aus-dem-konjunkturpaket-ii-2009-2011/wirtschaftsverkehr-feldversuche/abschlusberichte-wirtschaftsverkehr/abschlussbericht-emil.pdf (2011). Accessed: July 2, 2014
20. Bieber/Deiß 2000 Bieber, D.: Schnittstellenoptimierung in der Distributionslogistik: innovative Dienstleistungen in der Wertschöpfungskette. SSOAR. http://www.ssoar.info/ssoar/bitstream/handle/document/9993/ssoar-2000-bieber_et_al-schnittstellenoptimierung_in_der_distributionslogistik.pdf (2000) Accessed: July 17, 2014
21. Daimler AG: Weltpremiere: Daimler Trucks präsentiert mit autonom fahrenden „Mercedes-Benz Future Truck 2025" den Lkw der Zukunft. daimler.com. http://www.daimler.com/Projects/c2c/channel/documents/2495102_Daimler_IRRelease_03072014_de.pdf (2014). Accessed: July 4, 2014

第19章 用于未来都市交通的自动按需出行系统

Marco Pavone

摘要

这一章在运作和经济方面讨论了自动按需出行（AMoD）系统，这是一种革命性的、快速发展的交通方式，机器人、自动驾驶车辆在给定的环境中运送客户。具体来说，本章将环绕 AMoD 系统的以下三个方面：①建模，即能抓住客户显著或随机需求的分析模型；②控制，即实现车辆吞吐量最大化的车辆协调算法；③经济，即针对纽约和新加坡的案例研究的车队规模和财务分析。在这一章中所介绍的模型和方法对 AMoD 系统的价值进行了严谨的评估。特别是，纽约市的案例研究表明，当前在曼哈顿的出租车需求量要用约 8000 台机器人车辆（约占目前出租车量的 70%）才能够满足，而新加坡的案例研究表明，使用相当于目前乘用车数量的 1/3 的机器人车辆时，AMoD 系统可以满足新加坡全部人口的个人出行需求。这一章还介绍和讨论了未来 AMoD 系统研究的方向。

19.1 引言

19.1.1 21 世纪的个人城市交通

在过去的一个世纪里，私人汽车通过实现城市内的快速的及时点到点旅行，极大地改变了个人城市出行的模式。然而，这种模式目前受到很多因素的挑战，诸如对石油的依赖、排气管产生的温室气体、车辆过剩造成的吞吐量下降以及日益增长的城市停车用地需求等[1]。在美国，城市车辆消耗的石油占所有行业消耗量的一半以上[2]，并产生了占总排放量 20% 的二氧化碳[3,4]。近期交通拥堵显著地增加，因为新公路的建设没有跟上日益增长的交通需求[5]。2011 年，大都市地区的拥堵使美国城市居民的出行时间增加了 55 亿 h（造成美国 GDP1%[6] 的损失），这一数字预计在 2020 年前将增加 50%[6]。停车通过造成额外的拥堵以及同其他用途争夺城市用地产生了拥堵问题。由于全球的城市人口（在 2030 年前达到 50 亿，超过世界人口的 60%[7]）、城市人口密度及发展中国家的汽车拥有率同时快速增长，这个问题在全球范围内变得更加严重[1]。因此，私人汽车被广泛认为是未来个人城市出行的非可持续的解决方案[1]。

19.1.2 按需出行方案（MoD）的兴起

面临的挑战是确保私有汽车享有不变的利益的同时，消除对不可再生资源的依赖，尽量减少污染，避免对额外的道路和停车位的需求。一个解决问题的方法是，认识到城市环境中使用的大部分车辆都是过度制造和未充分利用的。例如，典型的汽车可以达到100mile/h以上的速度，而城市的驾驶速度通常很慢（15～25mile/h[5,8]）。此外，私家车停放的时间超过了90%[5]。在这种背景下，未来个人城市交通的最有前途的战略之一是使用小型电动汽车（称为MoD）进行单向车辆共享的概念，它提供了在城市以密集空间化间距行驶的轻量化电动汽车的行程和站点[1]：当一个人想要去某个地方，她/他只需走到最近的站点，刷卡去上车，开向距离选定的目的地最近的一个行程，然后下车。

使用电动汽车的MoD系统直接针对石油依赖（假设电力的产生是清洁的）、污染，以及更高的车辆使用率带来的停车位问题。此外，与传统的出租车系统或可选的单程共乘概念（如拼车、中小巴士共乘和公共汽车）相比，MoD系统确保了与双向租赁系统相关的更高的灵活性，并提供了个人的、随时的出行。因此，在21世纪，MoD系统被提倡作为实现可持续个人城市交通的关键步骤[1]，而最近的成功案例Car2Go（一个在全球26个城市运营的超过10000辆两座车的单程租赁公司[9]），似乎证实了这种说法（见图19.1左图）。

图19.1 左图在一个传统的（即非机器人的）MoD系统中使用的Car2Go车辆。右图Google将在未来两年内在100辆车AMoD试点项目中使用自动驾驶汽车

图片来源：Car2Go和Google

然而，MoD系统存在一些局限性。例如，由于城市出行的时间-空间限制，旅行起点和目的地分布不均匀，因此，MoD系统不可避免地失衡：车辆将在城市的某些地方堆积，在其他地方被耗尽。此外，MoD系统并没有直接带来拥堵的减少，因为同样的起点和目的地分布需要车辆行驶里程是不变的（实际上更多的是考虑到重新平衡车辆）。

19.1.3　超越 MoD：自动按需移动出行（AMoD）

过去十年自主驾驶领域取得的进展可能会解决这些问题。自动驾驶对 MoD 系统地改善有巨大的潜力，因为机器人车辆可以自主地重新平衡（消除核心的再平衡问题），在需要时自动到达充电站，实现针对吞吐量优化的全系统协调。此外，它们还可以将乘客从驾驶的任务中解放出来，为那些不能或不愿意开车的人提供个人出行选择，并可能增加安全性。这些优点促使一些公司和传统汽车制造商最近积极地追求"AMoD 技术"，其中包括专门针对自动按需出行（AMoD）运营的车辆设计[10,11]，预计在未来两年内，Google 将会推出一项 100 辆车的 AMoD 试验项目[12]（见图 19.1 右图）。

车辆自动化技术的快速发展加上日益增加的 MoD 系统经济和社会利益，激起了有关 AMoD 系统潜力及其经济和社会价值的激烈讨论。需要多少台机器人车辆才能达到一定的服务质量？它们的运营成本是多少？AMoD 系统会减少拥堵吗？一般来说，AMoD 系统是否代表了未来个人城市出行的经济可行的、可持续的和被社会接受的解决方案？

19.1.4　本章贡献

为了回答上述问题，需要首先了解如何控制 AMoD 系统，这意味着要实时优化可能数百数千台的机器人车辆的路线。这种路线制定过程必须要考虑出行需求的时空变化，以及诸如拥堵和电池充电等约束条件。这代表一个存在不确定信息的网络化的、异构的随机决策问题，因此复杂性是其核心。在这方面，本章的贡献有三个方面：

1）我们为 AMoD 系统提出了空间排队理论模型，其捕捉客户需求的显著动态特征和随机特征。空间排队模型需要一个外部动态过程，在空间本地化队列中生成"交通请求"。

2）我们对 AMoD 系统的分析和控制提出了两种最新的、同时也很有前景的方法，它利用了前面提到的空间队列理论模型。第一种方法，称为"集中"方法，利用了 Jackson 网络的理论，并能够计算关键性能指标和实现全系统协调算法的设计。第二种方法，称为"分布式"方法，将控制一组空间本地化队列的问题转变为控制单个"空间平均"队列的问题，并允许制定可用于选择系统参数的解析伸缩规则（例如，车队规模）。

3）我们讨论了在纽约市和新加坡部署 AMoD 系统的两个案例研究。这些案例研究表明，与基于私人车辆所有权的传统出行系统相比，在 AMoD 系统中实现出行更加便宜（和方便）。

本章最后讨论了未来的研究方向，并初步讨论了 AMoD 系统减少拥堵的潜力。本章提出的结果建立在作者及其合作者之前的一些工作之上，即文献［13］是集中方法，文献 [14-17] 是空间排队理论框架和分布式方法，文献 [13] 和 [18] 是案例研究。

本章的其余部分结构如下。19.2 节介绍了 AMoD 系统的空间排队模型，并概述了控制 AMoD 系统的两种补充方法，即集中方法和分布式方法。19.3 节利用分析和在 19.2 节提出的综合控制工具提供对纽约市和新加坡两个案例研究中 AMoD 系统的初步评估。19.4 节概述了未来研究的方向，特别强调拥塞效应（以及一些初步的结果）。最后，19.5 总结本章。

19.2 建模和控制 AMoD 系统

19.2.1 AMoD 系统空间排队模型

在高层次上，AMoD 系统可以进行如下的数学建模。假设给定一个由一组自动驾驶车辆来满足运输要求的环境：运输请求会根据环境中有相关的起点和目的地被发出，运输请求到达过程和起始-目的地对的空间分布被建模为随机过程，进行概率分析。运输请求在环境中排队，从而产生由自动驾驶车辆动态服务的空间本地化队列的网络。这种网络被称为"空间排队系统"。性能标准包括在请求到达时车辆的可用性（即至少一辆车可用于提供即时服务的概率）或用于接收服务的平均等待时间。模型如图 19.2 所示。

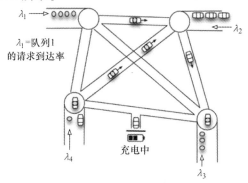

图 19.2 AMoD 系统的空间排队模型需要在空间本地化队列上产生"运输请求"的外生动态过程。自动驾驶车（以小型汽车图标表示）根据给定的网络拓扑来运送客户

控制空间排队系统涉及联合任务分配和调度问题，因此应该动态地设计车辆路线，来将车辆分配到运输请求中，以使得例如等待时间最小化。在这种动态和随机的设置中，需要设计一个闭环控制策略，而不是开环预先规划的路线。该问题结合了网络控制、排队理论、组合优化和几何概率（即在几何条件下的概率分析）。这排除了由于空间分量而增加复杂性的"传统"排队理论的直接应用（这些复杂性包括例如网络边缘的拥堵效应、能量约束以及车辆运动引起的统计耦

合[17,19,20]）。它也排除了组合静态优化的直接应用，因为问题的动态层面表面问题实例随着时间的推移逐步显现，静态方法无法再应用。因此，研究人员设计了一些替代方法，详见下一节。

19.2.2 控制 AMoD 系统的方法

本节介绍了两种最新但有前途的控制 AMoD 系统模型的空间排队系统的方法，即集中方法和分布式方法。这两种方法都采用了一些松弛和估计，以克服直接将排队（网络）理论的结果应用于空间排队模型的困难。这些方法的一个显著特点是它们为控制策略（即次最优性的因素）产生正式的性能限制，并根据模型数据对服务质量进行规模化，这可以为选择系统参数提供有用的指导（例如车辆数量）。这些方法起源于空间队列的超立方体模型[19]、动态旅行商问题[20-23]以及动态交通分配问题[24,25]等开创性工作。

另外一种方法是通过利用最不利原则（而不是随机的）动态车辆路径技术进行开发的，例如竞争（在线）分析[26-28]。这是未来研究的一个有趣的方向。

19.2.2.1 集中方法

在集中方法[13]中，假定客户到达位于给定环境中的一组站点⊖，与超立方体模型[19]相似。每个车站的到达过程是泊松率为 λ_i 的泊松过程，$i \in \{1, \cdots, N\}$，N 代表站台数量（从假设泊松分布的到达过程中可以得出合理的偏差，并没有明显改变这些模型[19]的预测精度）。到达时，车站 i 内的一位顾客根据概率质量函数 $\{P_{ij}\}$（图 19.3，左图）选择目的地 j。如果车辆停在车站 i，客户搭上一台车辆，并被载到预定目的地，将旅行时间建模为随机变量 T_{ij}。然而，如果车站没有车，顾客马上就离开系统。在泊松分布的到达过程和指数分布的旅行时间的假设下，AMoD 系统通过抽象过程[13,29]被转化成杰克逊网络模型，其中使用单服务队列来描述站点，用无限服务队列来描述道路（杰克逊网络是一类排队网络，在这种网络中，平衡分布是特别简单的计算，因为网络有一个产品形式的解决方案[30,31]）。通过这个说明，将 AMoD 系统就变为一个封闭的杰克逊网络，这对车辆来说更适合分析和处理[13]（图 19.3，左图）。

为了控制网络，例如为了（自动地）重新平衡车辆，以确保车辆的可用性，采用添加虚拟客户流的策略[13]。具体来说，假设每个车站都根据泊松率 ψ_i 的泊松过程生成"虚拟客户"，按照路线将这些虚拟客户按分布概率 α_{ij} 送到站台 j。控制一个 AMoD 系统的问题变成了对速率 $\{\psi_i\}$ 和概率 $\{\alpha_{ij}\}$ 的优化问题，利用杰克逊网络理论，可以计算为一个线性规划（因此，这种方法可以很好地扩展到大交

⊖ 或者，为了对车辆直接接送客户的 AMoD 系统进行建模，将城市分解为 N 个不相交的区域 Q_1，Q_2，⋯，Q_N。这些地区将取代车站的概念。当客户到达 Q_i 地区时，并决定去 Q_j，在 Q_i 的一个空车辆被派送到接送客户，直到停在 Q_j 地区的中央。然后两个模型相同，并遵循相同的数学处理。

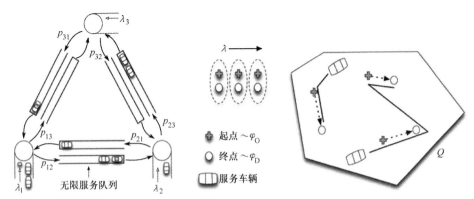

图 19.3　在集中模型中，AMoD 系统被建模为杰克逊网络，在这里，通过单服务队列和道路识别的站点被识别为无限服务器队列（顾客用圆点表示，服务车辆用小图标表示）。有些车辆在没有乘客的情况下行驶，以重新平衡车群。右图 AMoD 系统的分布式模型，具有速率 λ 的随机过程生成起点目的地配对，分布在连续域 Q

通网络）。这种方法鼓励协调，但不强制执行，这是保持模型[13]易处理性的关键。然后使用速率 $\{\psi_i\}$ 和概率 $\{\alpha_{ij}\}$ 当作前馈参考信号的滚动时域控制方案来实时控制整个 AMoD 系统[13]，19.3 节对纽约和新加坡进行了案例研究。

19.2.2.2　分布式方法

分布式方法背后的关键思想[14-17]是将站台数量描绘为一个连续体（即：$N\to\infty$），类似于动态旅行商问题[20-23]。换句话说，在给定的有界环境中[15,16]，客户在某个地点或在道路地图的某个路段上[15]。在最简单的场景中，一个动态的过程在一个地理区域 $Q \in \mathbb{R}^2$ 生成起点目的地请求。生成起点目的地的请求过程被建模为一个时空的泊松过程，也就是说，①在连续几次生成的瞬间之间的时间有一个密度 λ 指数分布；②起点和目的地是随机变量的概率密度函数，分别用 φ_O 和 φ_D 来表示，分布函数和 Q 有关，见图 19.3 右图。我们的目标是设计一个路线策略，将起点目的地配对生成时间和完成行程的时间之间的平均稳态延迟时间最小化。通过消除客户的起点目的地请求被固定在环境中有限的点集上的约束，我们将控制 N 个不同队列的问题转换成一个控制单个"空间平均"队列的问题。这大大简化了分析和控制，并允许人们为重要的设计参数派生解析表达式。例如，一个可以证明稳定的必要条件和充分条件是

$$\rho := \lambda \left[\mathbb{E}_{\varphi_O \varphi_D}[Y-X] + EMD(\varphi_O \varphi_D) \right](vm) \tag{19.1}$$

负荷系数严格小于它。

式中，m 为服务车辆的数量；v 是车辆的平均速度；$\mathbb{E}_{\varphi_O \varphi_D}[Y-X]$ 是预期的起点和目的地位置之间的距离；$EMD(\varphi_O \varphi_D)$ 是在密度 φ_O 和 φ_D[32]之间的移动者的距离，表示最小距离，一般来说，车辆由于出行需求的不均衡而必须去自我调整[16]。直观地说，如果分布 φ_O 和 φ_D 是想象成描述两个堆，每堆包含一单位的泥土，然后 $\mathbb{E}_{\varphi_O \varphi_D}[Y-X]$ 可以被认为是需要重塑 φ_O 和 φ_D（正式定义见文献[32]）

的最小的工作量（堆×距离）。可以使用上面的公式来估计所需的车群大小，以确保稳定。19.3 节在新加坡的案例研究中给出了一个实例。通过这种方法，也可以获得很好的性能界限（即次优性的因素），用于滚动时域控制政策，在渐进的体制 $\rho \to 1^-$（重荷载，满载系统）和 $\rho \to 1^+$（轻荷载，系统没有乘客）中[17,33]。

19.2.3 对比

集中的方法和分布式方法在许多方面是互补的。两种模型均为稳定性和性能提供了很好的保证。前者更易实现（道路拓扑可以很容易地映射到这个模型中），并且提供一个自然的途径来合成控制策略。后者提供了重要的数学简化（只需要研究一个空间平均队列），并可以制定可用于选择系统参数（例如，队列大小）的解析伸缩规则。在下一节中，我们利用这两种方法之间的相互作用来描述纽约市和新加坡的案例研究中的 AMoD 系统。

这两种方法似乎都是很有前途的工具，可以系统地解决区域范围内的 AMoD 系统控制问题。然而，为了实现这一目标仍然需要解决若干研究问题，特别是在拥堵效应中（第 19.2.2.1 节中，道路被建模为无限服务队列，因此每个车辆的行驶时间独立于其他所有车辆），预测准确性和复杂场景的控制综合等方面，详见 19.4 节。

19.3 评估 AMoD 系统

利用 19.2 节的模型和方法，这一节研究了两个主要城市，即纽约市和新加坡的 AMoD 系统的假定部署。总而言之，本节提供的结果对基于真实数据的 AMoD 系统的优点进行了初步的、严格的评估。我们提到这两个案例研究都不考虑拥堵效应——这些影响的初步讨论见 19.4 节。

19.3.1 案例研究 I：AMoD 在纽约

本案例研究采用集中的方法来表征在 AMoD 系统中需要多少辆自动驾驶车才能取代目前曼哈顿的出租车队伍，同时在当前客户需求水平上提供优质服务[13]。2012 年，纽约市的 13300 多辆出租车每月进行了超过 1500 万次的出行，每天的出行次数达到 50 万次，曼哈顿的出行次数约为 85%。该研究使用 2012 年 3 月 1 日收集的出租车出行数据（数据由纽约市出租车和豪华轿车委员会提供），包括在曼哈顿内的 439950 次出行。首先，旅行起点目的地聚集在 $N=100$ 个车站，所以平均每个服务请求与最近车站的距离小于 300m，或者约 3min 的步行距离。使用每对站之间的出行数据，估算一天中每个小时的系统参数，例如到达率 $\{\lambda_i\}$、目的地偏好 $\{p_{ij}\}$ 和出行时间 $\{T_{ij}\}$。

车辆可用性（即走到车站的时候，找到一辆车的概率）是根据 3 个需求计算的：高峰需求（29485 个需求/h，下午 7-8 点）、低需求（1982 个需求/h，上午

4-5点),以及平均需求(16930个需求/h,下午4-5点)计算的。对于每一种情况,通过求解19.2.2.1节的线性规划来计算车辆的可用性,然后应用平均值分析[29]技术来还原车辆的可用性(有兴趣的读者参考文献 [13] 获得更多细节)。结果总结在图19.4中。

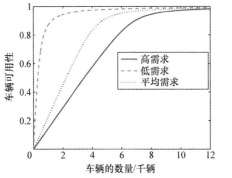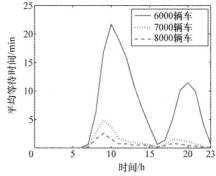

图19.4 纽约市案例研究。左图车辆的可用性是一个由曼哈顿100个车站组成的系统的函数。可用性是根据峰值需求(下午7-8点)、低需求(上午4-5点)和平均需求(下午4-5点)计算的。右图一天中平均客户等待时间,适用于不同规模的系统

对于车辆的高可用率(例如95%),在高峰需求需要约8000辆车(目前在曼哈顿运营的车队规模的70%,根据出租车旅行数据,我们估计占了出租车车队总数的85%),而在平均需求时则是6000辆。这表明,拥有8000辆车的AMoD系统将能够满足曼哈顿95%的出租车需求,同时假设5%的乘客失去耐心,并且在车辆不能立即可用时离开。然而,在实际系统中,乘客将等待下一辆车而不是离开系统,因此重要的是确定车辆可用性与客户等待时间的关系。客户等待时间通过仿真进行描述,使用19.2.2.1节的后退水平控制方案。时变系统参数 λ_i、p_{ij} 和平均速度是分段常数,并且根据基于出租车数据估计的值每小时改变。旅行时间 T_{ij} 基于平均速度和曼哈顿站台 i 和 j 之间的距离,自动驾驶汽车每15min进行重新平衡。对6000、7000和8000辆车进行三组模拟,平均等待时间如图19.4右图所示。具体来说,图19.4右图显示,对于7000辆车,峰值平均等待时间小于5min(上午9-10点),对于8000辆车,平均等待时间仅为2.5min。模拟结果表明,高可用率(90%~95%)确实对应更低的客户等待时间,而具有7000~8000辆车(目前的大约70%的出租车车队)的AMoD系统可以提供等同现有曼哈顿出租车需求水平的服务。

19.3.2 案例研究 II:AMoD 在新加坡

本案例研究讨论了为了满足新加坡全体人口的个人出行需求的AMoD系统的假设部署[18]。该研究应被解释为一个思考实验,以调查AMoD解决方案的潜在优势,涵盖三个主要方面:①确保系统稳定性(即客户数量的均匀有界性)的最小队伍规模;②在当前客户需求水平下提供可接受的服务质量的队伍规模;③评估经济可行性的财务估算。为了支持分析,使用三个补充数据来源,即2008年家庭访

问出行调查 HITS（由陆路交通管理局在 2008 年进行的关于交通模式的综合调查[34]），新加坡出租车数据 STD 数据库（2012 年新加坡一周内收集的出租车记录数据库）和新加坡道路网络 SRD（一个图形表示的新加坡公路网）。

19.3.2.1 最小车队规模

通过在分布式方法中得出的公式（19.1）来计算确保稳定性所需的最小车队规模大小。第一步是处理 HITS、STD 和 SRD 数据源来估计到达率 λ，平均起点 - 目的地距离 $\mathbb{E}_{\varphi_O,\varphi_D}[Y-X]$，需求分布 φ_O 和 φ_D，以及平均速度 v。给定这样的数据，由公式（19.1）得出需要至少 92693 辆自驾车，以确保运输需求保持均匀的临界值。为了评定 AMoD 系统的车辆分配水平，考虑到新加坡的 1144.4 万户家庭，每大约 12.3 个家庭将有一辆共享汽车。但是请注意，这只能被视为车队规模的下限，因为客户的等待时间将会高得令人无法接受。

19.3.2.2 可接受服务质量的车队规模

为了确保可接受的服务质量，需要增加车队规模。为了表征这种增加，我们使用与 19.3.1 节相同的依靠于集中方法的技术。车辆可用性在两个典型案例下进行分析。第一个选择为下午 2-3 点，因为它是最接近"平均"交通状况的。第二种情况是考虑到上午 7-8 点的高峰时段。结果总结在图 19.5 左图中。约有 20 万辆车的平均时段可用率约为 90%，但在高峰时段下降到约 50%。车队拥有 30 万辆车时，平均时段可用率约 95%，高峰时段约可达 72%。在 19.3.1 节中，通过模拟计算得到等待时间。对于 25 万辆车，高峰时段的最长等待时间约为 30min，与高峰时段的典型拥堵时间相当。有 30 万辆车，峰值等待时间减少到不到 15min，见图 19.5 右图。考虑到这些数字，而 2011 年新加坡有 779890 辆客运车辆[35]。因此，这个案例研究表明，AMoD 系统可以满足新加坡全体人口的个人流动性需求，所需机器人车辆数量大约等于目前乘用车数量的 1/3。

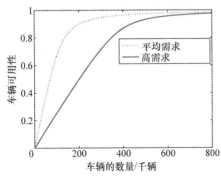
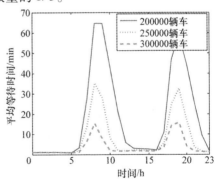

图 19.5 新加坡案例研究。左图统计 100 个地区的特性曲线，显示车辆的可用性与系统的平均需求（下午 2-3 点）和高峰需求（上午 7-8 点）的大小有关。右图每天不同车队规模的系统的平均等待时间

19.3.2.3 AMoD 系统的财务分析

本节对 AMoD 系统进行了初步但严格的经济评估。具体来说，本节将描述两个

竞争出行模型中用户的总移动成本（TMC）。在系统1（简称传统系统）中，用户可以通过购买（或租赁）人为驾驶的私人车辆来实现个人出行。相反，在系统2（AMoD 系统）中，用户通过预订共享的 AMoD 车队来实现个人出行。分析这两个系统时，不仅需要考虑实现出行（称为服务成本——COS）的显性成本，还需要考虑分配到各种与出行相关的活动中所投入的时间隐性成本（简称时间成本——COT）。下标 $i=\{1,2\}$ 将表示所考虑的系统（例如，COS_1 表示系统1的COS）。

服务成本：服务成本被定义为与实现出行相关的所有显性成本的总和。例如，在系统1中，COS_1 反映了个人用于私人拥有人为驾驶车辆购买、保养、停放、保险和燃料的成本，对于新加坡，中型车的成本估计为18162美元/年。对于系统2，需要对改造生产车辆的传感器、执行器和自动驾驶所需的运算能力的费用进行有根据的推测。根据作者及其合作者对自动驾驶车辆的经验，这种成本（假设一些大型车队的规模经济）估计为一次性费用15000美元。在19.3.2.2节车队规模大小论证中，系统2中的一辆共享自动驾驶车辆可以有效地实现系统1中约4辆私人拥有人为驾驶的车辆可以提供的服务，这里假定自动驾驶车辆的平均寿命估计为2.5年。在全国范围内，将上述成本计算在内，并将其均匀分布在整个新加坡人口中，COS_2 为每年12563美元（参见文献［18］关于成本明细的进一步细节）。根据COS值，系统2中的访问移动性比系统1更便宜。

时间成本：为了将投入到出行相关活动的时间所产生的隐性成本量化，分析利用运输部制定的旅行时间节省价值（VTTS）数据，对美国的交通场景进行成本效益分析。根据实际驾驶模式应用适当的VTTS值，$COT_1 = 14460$ 美元/年（考虑到新加坡车主在出行相关活动中花费的约747h/年，见文献［18］）。为了计算 COT_2，该分析价格假设舒适地坐在共享自动驾驶车中，同时能够以20%的中位数的工资（而不是在自由流动的交通中开车的时间相对应的工资中位数的50%）工作、阅读，或简单地放松。将这个数字与用户不用花费时间停车，有限的时间步行往返于车辆以及大约5min的车辆请求的假设（见第19.3.2.2节）相结合，最终结果是 COT_2 等于4959美元/年。

总出行成本：传统和AMoD系统的COS、COT和TMC总结见表19.1（注意，新加坡平均每年行驶18997km[18]）。值得注意的是，结合COS和COT数据，AMoD系统的TMC大约是传统系统的一半。从这个角度看，这些节省的占人均GDP的三分之一左右。因此，这种分析表明，与基于私人车辆所有权的传统移动系统相比，在AMoD系统中使用移动系统更实惠。

表19.1　对新加坡案例研究中传统和AMoD系统出行相关成本的财务分析总结

	成本/(美元/km)			每年成本/(美元/年)		
	COS	COT	TMC	COS	COT	TMC
传统	0.96	0.76	1.72	18162	14460	32622
AMoD	0.66	0.26	0.92	12563	4959	17522

19.4 未来研究方向

本章概述了 AMoD 系统的建模和控制技术，并对其经济效益进行了初步评估。关于这个主题的未来研究应该沿着两个主要方向进行：能够对越来越现实的模型进行有效控制的算法，最终实现真实世界的测试平台，以及对更多的部署选项进行考虑到正面的外部性（例如增加的安全性）的财务分析。下面将详细讨论这些研究方向，特别强调包含拥堵效应和一些相关的初步结果。

19.4.1 未来的建模与控制研究

未来研究的关键方向是拥堵效应。在 AMoD 系统中，拥堵表现为道路容量带来的限制，从而影响整个系统的行驶时间。为了解决拥堵效应，一个有前景的策略是研究一个改进的集中模型，由此将无限的道路服务队列改为具有有限数量的服务队列，其中每条路上的服务数量表示该路的容量。这种方法在图 19.6 中用于一个简单的 9 站路网，其目的是说明自动再平衡车辆对拥堵的影响。具体来说，车站放置在方格上，并通过双程路段连接，长度为 0.5km。每条道路由一条单车道组成，临界密度为 80 辆/km。每辆车以 30km/h 的速度自由流动，这意味着每个路段自由流通的行驶时间为 1min。图 19.6（见彩插）绘制了 500 个随机生成的系统（其中随机产生到达率和路线分布）重新平衡导致的车辆和道路利用率的增加。重新平衡车辆的路线算法是基于 19.2.2.1 节中讨论的线性规划的简单开环策略。x 轴显示了道路上重新平衡车辆与乘用车的比例，这代表了系统内部的不平衡。红色数据点表示由于重新平衡导致平均道路利用率的增加，蓝色数据点表示由于重新平衡而在最拥挤的路段中的利用率增加。平均道路利用率是重新平衡车辆数量的线性函数并不奇怪。然而，明显地，最大拥堵增加远低于平均水平，而且在大多数情况下为零。这意味着尽管在重新平衡时通常会增加道路上的车辆数量，但重新平衡车辆大部分沿着较不拥挤的道路行驶，很少会增加系统的最大拥堵。在图 19.6 左下角可以看到这一点，其中重新平衡明显地增加了许多道路上的车辆数量，但不是在最拥挤的道路段（从站台 6 到站台 5）。

图 19.6 中的简单设置表明，AMoD 系统通常不会导致拥堵增加。另一方面，一个特别有趣的研究方向是为 AMoD 系统设计路线算法，使得当前需求水平（甚至更高）的拥堵下降。一个有前景的策略是基于这样一种想法，即如果实施 AMoD 系统，使乘客可以得到精确的接送时间，并且出行也会错开，同时避免同一时间太大的出行量，就会减少交通拥堵。乘客们可能仍然会在预约车辆和到达目的地中花费同样的时间，但等待车辆的时间可以用于生产工作，而不是堵车。具体来说，对于高度拥堵的系统，可以错开车辆班次以避免过度拥挤，而路线问题类似于同时出发和决定路线的问题[36]。

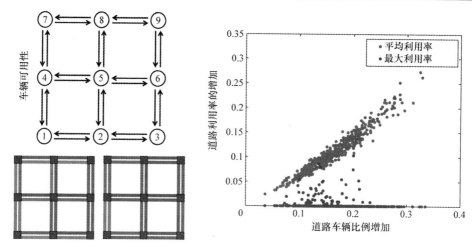

图 19.6 9 站路网左上方布局图。每个路段每个方向的容量为 40 辆。左下图第一幅图显示了 9 站路网，无须重新平衡。每个路段上的颜色表示拥挤水平，绿色无拥堵，红色严重拥挤。第二张图是与重新平衡车辆相同的道路网络。右图重新平衡对拥堵的影响。x 轴是道路上重新平衡车辆与乘用车的比例。y 轴是由于重新平衡导致道路利用率的增加

除了拥堵之外，还有其他几个方向可供将来研究。就建模而言，这些包括：①在时变设置中的分析（例如，周期性地随时间变化的到达率）；②将细观和微观效应包括在模型中（例如，由于车辆成队或自动十字路口增加了车辆通过量）；③更复杂的运输需求模型（例如时间窗口或优先级）。在控制方面，这些包括：①在运输过程中包含充电约束；②控制 AMoD 系统作为多模式运输网络的一部分，其应该解决 AMoD 与替代运输模式之间的协同作用以及与人为驾驶车辆的交互作用；③在现实世界的测试平台上部署控制算法。

19.4.2 AMoD 评估的未来研究

AMoD 评估在 19.3 节已经表明，AMoD 系统可能具有巨大的经济效益。值得注意的是，如果还考虑到 AMoD 系统的正面外部性，例如改善安全性、释放城市土地以用于其他用途，甚至创建基于自动驾驶信息娱乐系统的新经济，这种经济利益可能会大于汽车。然而，这些额外的效益尚未得到充分的描述，需要进一步的分析。另一个研究方向涉及对更复杂的部署选择的 AMoD 系统的评估，例如作为多模态传输系统中的最后一英里解决方案，或者具有更复杂的服务结构，例如多个优先级类。

19.5 总结

本章对 AMoD 系统的建模、控制和评价的近期结果进行了概述。纽约和新加坡的案例研究表明，与基于私人车辆所有权的传统出行系统相比，在 AMoD 系统中实

现出行更加实惠（也更方便）。然而，作为多模态交通网络的一部分，需要更多的研究来为复杂的 AMoD 系统设计高效的全系统协调算法，并充分评估相关的经济效益。

致谢　作者答谢与 Emilio Frazzoli（麻省理工学院），Rick Zhang（斯坦福大学），Kyle Treleaven（麻省理工学院），Kevin Spieser（麻省理工学院）和 Daniel Morton（智能中心）就本章提供的结果进行的合作。

应用许可

本章根据知识共享署名 4.0 国际许可（http：//creativecommons.org/licenses/by/4.0/）的条款进行分发，允许通过任何媒介或格式使用、复制、改编，分发和再创作，只要您对原始作者和来源给予适当的说明，提供知识共享许可链接，并指出所做的任何更改。

本章中的图片或其他第三方材料均包含在作品的创作共享许可中，除非在来源中另有说明；如果这些材料不包括在作品的知识共享许可中，并且法律规定不允许相应的操作，那么用户需要获得许可证持有者的许可才可以复制、改编或再创作材料。

参 考 文 献

1. W. J. Mitchell, C. E. Borroni-Bird, and L. D. Burns. Reinventing the Automobile: Personal Urban Mobility for the 21st Century. The MIT Press, Cambridge, MA, 2010.
2. U.S. Energy Information Administration. International Energy Outlook 2013. Technical report, 2013.
3. United Nations Environment Programme. The Emissions Gap Report 2013 - UNEP. Technical report, 2013.
4. U.S. Environmental Protection Agency. Greenhouse Gas Equivalencies Calculator, online: http://www.epa.gov/cleanenergy/energy-resources/refs.html. Technical report, 2014.
5. Federal Highway Administration. Our Nation's Highways: 2011. Technical report, 2011.
6. D. Schrank, B. Eisele, and T. Lomax. TTI's 2012 urban mobility report. 2012. Texas A&M Transportation Institute, Texas, USA.
7. UN. World urbanization prospects: The 2011 revision population database. Technical report, United Nations, 2011.
8. A. Santos, N. McGuckin, H. Y. Nakamoto, D. Gray, and S. Liss. Summary of travel trends: 2009 national household travel survey. Technical report, 2011.
9. CAR2GO. CAR2GO Austin. Car Sharing 2.0: Great Idea for a Great City. Technical report, 2011.
10. J. Motavalli. G.M. EN-V: Sharpening the focus of future urban mobility. The New York Times, Online: http://wheels.blogs.nytimes.com/2010/03/24/g-m-en-v-sharpening-the-focus-of-future-urban-mobility/, 24 March 2010.
11. Induct. Navia - the 100% electric automated transport. Online: http://navya-technology.com/, 2013.
12. Google. Just press go: designing a self-driving vehicle. Online: http://googleblog.blogspot.com/2014/05/just-press-go-designing-self-driving.html. Technical report, 2014.

13. R. Zhang and M. Pavone. Control of robotic mobility-on-demand systems: a queueing-theoretical perspective. In Robotics: Science and Systems Conference, 2014.
14. M. Pavone. Dynamic vehicle routing for robotic networks. PhD thesis, Massachusetts Institute of Technology, 2010.
15. K. Treleaven, M. Pavone, and E. Frazzoli. Models and asymptotically optimal algorithms for pickup and delivery problems on roadmaps. In Proc. IEEE Conf. on Decision and Control, pages 5691–5698, 2012.
16. K. Treleaven, M. Pavone, and E. Frazzoli. Asymptotically optimal algorithms for one-to-one pickup and delivery problems with applications to transportation systems. IEEE Trans. on Automatic Control, 58(9):2261–2276, 2013.
17. E. Frazzoli and M. Pavone. Multi-vehicle routing. In Springer Encyclopedia of Systems and Control. Springer, 2014.
18. K. Spieser, K. Treleaven, R. Zhang, E. Frazzoli, D. Morton, and M. Pavone. Toward a systematic approach to the design and evaluation of automated mobility-on-demand systems: A case study in Singapore. In Road Vehicle Automation. Springer, 2014.
19. R. C. Larson and A. R. Odoni. Urban operations research. Prentice-Hall, 1981.
20. D. J. Bertsimas and G. J. van Ryzin. A stochastic and dynamic vehicle routing problem in the Euclidean plane. 39:601–615, 1991.
21. D. J. Bertsimas and D. Simchi-Levi. The new generation of vehicle routing research. 44: 286–304, 1996.
22. D. J. Bertsimas and G. J. van Ryzin. Stochastic and dynamic vehicle routing in the Euclidean plane with multiple capacitated vehicles. 41(1):60–76, 1993.
23. D. J. Bertsimas and G. J. van Ryzin. Stochastic and dynamic vehicle routing with general interarrival and service time distributions. 25:947–978, 1993.
24. T. L. Friesz, J. Luque, R. L. Tobin, and B. W. Wie. Dynamic network traffic assignment considered as a continuous time optimal control problem. Operations Research, 37(6):893–901, 1989.
25. S. Peeta and A. Ziliaskopoulos. Foundations of dynamic traffic assignment: The past, the present and the future. Networks and Spatial Economics, 1:233–265, 2001.
26. E. Feuerstein and L. Stougie. On-line single-server dial-a-ride problems. Theoretical Computer Science, 268(1):91–105, 2001.
27. P. Jaillet and M. R. Wagner. Online routing problems: Value of advanced information and improved competitive ratios. Transportation Science, 40(2):200–210, 2006.
28. G. Berbeglia, J. F. Cordeau, and G. Laporte. Dynamic pickup and delivery problems. 202(1): 8–15, 2010.
29. D. K. George and C. H. Xia. Fleet-sizing and service availability for a vehicle rental system via closed queueing networks. 211(1):198–207, 2011.
30. J. R. Jackson. Networks of waiting lines. 5(4):518–521, 1957.
31. J. R. Jackson. Jobshop-like queueing systems. Management science, 10(1):131–142, 1963.
32. L. Ruschendorf. The Wasserstein distance and approximation theorems. Probability Theory and Related Fields, 70:117–129, 1985.
33. M. Pavone, K. Treleaven, and E. Frazzoli. Fundamental performance limits and efficient policies for transportation-on-demand systems. In Proc. IEEE Conf. on Decision and Control, pages 5622–5629, 2010.
34. Singapore Land Transport Authority. 2008 household interview travel survey background information. 2008.
35. Land Transport Authority. Singapore land transit statistics in brief. 2012.
36. H. Huang and W. H. K. Lam. Modeling and solving the dynamic user equilibrium route and departure time choice problem in network with queues. 36(3):253–273, 2002.

第4部分 安全和保障

Hermann Winner 和 Markus Maurer

自动驾驶必须是安全的,这种需求的合法性是无可争议的。但是,要实现这个期望的状态,需要考虑什么呢?解决这个问题需要从机器感知方面入手,最终回归到自动驾驶技术。当然,只有那些被肯定的方案才可以用于安全驾驶。能否确保机器的感知展示出安全所需的质量,如果是,如何确保?对感知性能进行分类的方法有哪些,不能超过哪些限制,以及如何评估自主驾驶的发展?这些都是自动驾驶机器感知的可能性预测章节的核心问题。

如果自动驾驶车辆的需求被成功地定义和实施,验证当前运行中是否真正满足了这些需求仍然是一个挑战。专家们一致认为,目前的检测和验证方法无法保证产品的发布安全。在他们的章节中,(自动驾驶汽车的发布),Walther Wachenfeld 和 Hermann Winner 表示这些验证方法可能构成验证安全性的新工具链的一部分组件。

在他们的驾驶生涯开始的时候,即使是人类的驾驶技术也远未达到他们的安全目标。年轻(男性)驾驶员的事故频率尤其证明了这一点。随着经验的增长,驾驶员的安全得到了极大的改善,人们学会了安全驾驶。在自主驾驶车辆会学习吗?第 21 章和基于对文献的大量阅读,Walther Wachenfeld 和 Hermann Winner 讨论机器学习在多大程度上能满足自动驾驶的安全要求。

将关键的 ISO 26262 标准作为他的出发点,Andreas Reschka 在第 23 章"自动驾驶车辆中的安全方案"研究了自动车辆在一般情况下,特别是在使用中处于安全状态;如何设计可以更加安全;而自动驾驶汽车的安全概念需要什么呢。

在第 24 章中 Kai Rannenberg 解释说,尽管开放的接口和与外部参与者的通信从验证安全性和功能的角度来说可能是有益的,但在数据保护和数据完整性方面,它们可能非常有待商榷。他认为,机器自主性甚至可能与隐私的损失有关,尽管这可能并非如此。

第20章　自动驾驶机器感知的预测

Klaus Dietmayer

20.1　引言

在高度自动化和全自动驾驶的情况下，车辆本身必须认识到其机器感知的局限性，以及基于这种感知的处理模块的功能局限性。虽然对高度自动化驾驶的模拟器研究已经表明，在驾驶员能够可靠地接管驾驶任务之前，可以假设在5~10s之间的实际传输时间，而完全自动驾驶的人不会提供任何备份[1,2]。在功能限制的情况下，车辆必须能够自行达到一个本质上安全的状态。然而，如果在有限的时间内，5s以上的潜在转移时间要求车辆具有更大范围的自主权，以便在任何情况下都能可靠地桥接此时间段。

要达到这种程度的自主性，车辆必须感知周围的环境，适当地解析它们，并能够不断地推导和执行可靠的动作。从技术上讲，这个任务是由相互构建的各个处理模块执行的。关系的简化表示如图20.1所示。

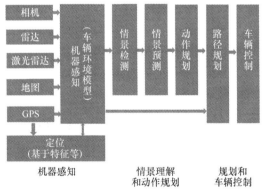

图20.1　汽车自动驾驶信息处理的总体结构　图片版权：作者版权

车辆环境的机器感知是由各种传感器（如相机或雷达传感器）并入车辆中实现的。有关静态驾驶环境的更多信息通常是从非常精确的数字地图中添加的。然而，只有当车辆知道自己确切位置时才能使用它。因此，车辆还需要一个与地图匹配的自定位功能模块。机器感知的结果是一个动态的车辆环境模型，其中车辆本身和所有其他道路使用者都是由单个动态运动模型来表示的。这也应该包含所有相关的基础设施元素如交通标志、交通灯，以及结构元素，如交通岛和路缘石，划分车道标线、封闭区域或行人过路处。

基于这种车辆环境模型，在场景识别过程中，所有独立的组件都相互关联，以便从各个元素的依赖关系生成对场景的机器解释。在基于此的情况预测模块中，随着时间的推移，提前计算场景的各种可能的发展并预先评估它们发生的概率。因此，在本章中一个情节指的是随着时间的推移一个被检测到的交通场景可能发生的特定发展，持续时间大约在几秒钟的范围内。在此情景信息的基础上，基于此的模块决定了更高层次的行动计划。例如，它可以规定车辆绕过障碍物或超车。对于计划的执行，车辆的可能轨迹计算的标准的时间跨度为 3~5s，并在安全性和舒适性方面进行评估。基于规定准则的最优路径是由车辆控制来执行的。描述的处理过程不断重复，通常与传感器的数据采集相一致，这样车辆就能对其他道路使用者的行为和反应做出反应。这一技术过程的描述清楚地表明，机器感知的失败将立即导致情况评估的不确定性，即可靠安全的行动计划和执行将不再可能。对场景的机器解读的退化以及基于此的行动计划和行动的执行取决于具体情况；然而，可靠的预测通常不能超过 2~3s。因此，很明显的是即使高度自动化的驾驶也需要一个最低的感知能力，这是由于传输到驾驶员的时间大大增加。在任何情况下，都必须避免机器感知的完全失效，当然，这也适用于基于它的模块和它的传感器和执行器的车辆控制，但这些并不是本章的重点。

因此，现在的问题是机器感知操作的局限性是否可以被检测到甚至被预测到，如果可以，是什么时间内。在本章中，以下部分将讨论已知系统方法的技术状态，并在此基础上提出可能的研究问题。

20.2 机器感知

20.2.1 范围和特点

如前一节所述，机器感知的任务是可靠地检测与自动驾驶操作相关的所有其他道路使用者，并将它们正确地分配给交通基础设施。这是特别必要的，因为比如，在路边的行人呈现出不同的潜在风险，而不是一个人使用一个平行于道路的人行道。

对基于相机、雷达和/或激光雷达技术的机器感知传感器进行了研究。例如，在文献 [3] 中可以找到关于这些传感器的操作和设计的更详细的信息。摄像机以高分辨率灰度或彩色图像的形式提供一个 3D 场景的 2D 显示，在图像有足够的对比度或纹理的情况下，图像处理方法可以用来提取单个物体。然而，物体的距离仅仅通过单摄像机来确定时，这些假设往往会导致误差，例如平面。虽然立体摄像机也可以通过视差图像来确定物体的距离，但随着距离的增加，其精度也会随着时间的增加而减少。基于目前普遍的立体排布测距和相机的分辨率，测量范围最高可达约50m。

另一方面，雷达和激光雷达传感器提供了相对非常精确的距离测量数据，而且在测量误差范围方面也几乎是独立的。然而，由于它们的角度分辨率较低，它们在获取物体轮廓的时候就不那么准确了，即物体的外部尺寸。这尤其适用于雷达传感器。此外，雷达和激光雷达传感器不提供任何纹理信息。由于这些不同的测量特性，通常使用不同的传感器类型来创建机器感知。这被称为传感器数据融合。

这些融合的传感器数据可以是移动和静态物体，也可以是道路表面的标记，例如，被明确检测和物理测量的标记。能够测量的尺寸取决于特定的传感器设置。可以测量的典型物理测量数据包括一个物体的尺寸，它的长度、宽度和高度，以及它在世界坐标绝对位置或者相对车辆的位置。在移动对象的情况下，对象的速度和对象的加速度被添加到这个数据中。更难以确定，而且通常非常不可靠的，是从外部传感器测量其他道路使用者的偏航率或偏航角。若没有车辆到车辆的通信，这些变量只能依靠自己的车辆确定。

然而，对于后续的态势评估和态势预测，不仅需要对目标进行物理测量，还需要对象类别的信息。例如，一个行人和一个骑摩托车的人在他们可能的运动自由度和他们可能的运动动力方面不同。而且，根据场景情况，路面标记可能有不同的含义。因此，还需要确定从传感器数据中检测到的对象的语义含义，或者从其他信息源（如数字地图）中检测出这些对象的语义含义。在机器感知的上下文中，这个操作被称为分类步骤，但它是机器感知的一个组成部分。

虽然人类能够很快地为视觉感知赋予语义意义，而且几乎没有错误，但对于当前技术状态的机器感知来说，这仍然是一个相对困难的任务。已知的分类算法总是基于预期对象类的或多或少的复杂模型，这些模型要么是从示例中自动学习，要么是手动指定的。然后，这些模型将尽可能地显示出可用传感器捕获的特征，这样就可以在发生的对象类之间进行区分。然而，它也清楚地表明，没有预先训练的对象类不能用当前已知的方法进行语义识别。由于其强大的功能，学习分类算法已被广泛接受。

一种具有语义信息的机器感知只有在驾驶员辅助系统和自动驾驶的背景下是技术可行的，因为行驶区域结构完好并且局限于少数对象。此外，情景识别和情景预测只有一些粗略的分类相关的。以目前的技术状况，就足以区分行人、自行车、乘用车和货车或公共汽车类的运动物体。此外，还有一些固定的障碍，但这些通常被分配给剩余类或者不可分类的对象。

为了正确地将分类对象分配给交通基础设施，还必须能够可靠地确定正确的语义含义、路面标记、闭塞区域、停车线、交通灯系统和交通标志。由于这种复杂的分类任务还不可能达到所要求的可靠性程度，基于现有的技术状态，使用高度准确和全面属性的数字地图作为支持。自动车辆知道自己的位置后,就可以使用这些地图来识别传感器的视野中所期望的静止物体和标记,以及它们的语义含义。传感器便只需验证对象是否存在。

这种方法的一个缺点是需要对车辆进行高度精确的定位,其中现有的标准 GPS 定位是不够的,而且地图必须始终是最新的。因此,我们的目标是在未来开发技术解决方案中,不再需要高度精确的最新地图。

20.2.2 环境模型的特征

机器感知被用来创建一个动态的环境模型,有两种主要的表示形式:基于对象和基于网格的形式。两种表现形式也可以结合在一起。

基于对象的车辆环境模型是一种动态的数据结构,在这种数据结构中车辆附近的所有相关对象和基础设施元素都得到了正确的表示。如上所示,随着时间的推移,目标和基础设施元素的捕获和追踪是由合适的、通常是混合车载传感器(如相机、雷达、激光雷达)和额外的高精度数字地图进行的。图 20.2 显示了一个包含环境表示的组件示例。

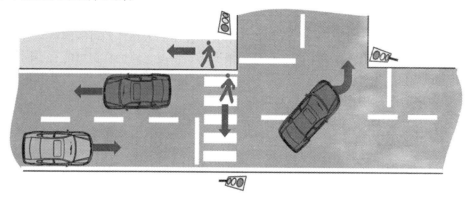

图 20.2　基于对象的车辆环境表示示意图。所有相关的对象都被检测、分类并正确地分配给基础设施　图片版权:作者版权

这些与自动驾驶有关的对象和结构元素主要取决于要执行的驾驶任务,从简单的高速公路场景经过乡村公路再到市内交通,其复杂程度明显增加。在基于对象的环境模型中,所有与表示相关的其他道路使用者、相关的基础设施元素和自己的车辆本身都被描述为一个独立的动态对象模型,通常是一个时间离散状态空间模型。该模型的状态,如位置、速度或二维/三维物体尺寸,是根据传感器测量不断更新的。此外,还有道路表面标记和交通标志,以及交通灯系统的状态的连续捕捉。

基于栅格的表示可以利用栅格地图将局部静止的环境划分为大小相等的单元。车辆穿过这个局部的 2D 或 3D 网格,然后车载传感器仅仅只提供该特定的网格是否自由的信息进而可以自由行驶，或者是在各自的网格中是否存在障碍物。此外，还可以对没有信息的单元格情况进行建模。这种环境模拟主要适用于静态场景和静态障碍的模拟。它不需要任何关于对象类的模型假设，因此可以对模型错误进行分类。图 20.3 显示了基本过程。关于基于网格的表示的进一步信息可以在文献 [4-8] 中找到。

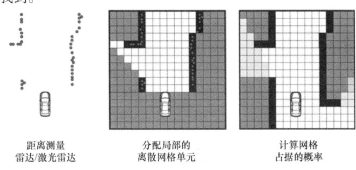

图 20.3 基于网格的车辆环境表示结构示意图。在最简单的情况下，这只包含静态障碍 图片版权：作者版权

20.3 处理不确定的机器感知的方法

20.3.1 不确定的领域

如 20.2 节所述，机器感知是由不同的任务范围组成的。一方面，它们检测静态和动态对象，并尽可能精确地进行物理测量，另一方面，将正确的语义赋予所检测的对象。在这些任务的情景中，存在以下三个不确定性域的机器感知：

1. 状态不确定性

状态不确定性描述了物理测量变量的不确定性，如大小、位置和速度，是测量传感器和传感器信号处理误差的直接结果，而这些信号处理是无法避免的。

2. 存在不确定性

存在不确定性描述了传感器检测到的物体是否存在于周围环境的不确定性。由于信号处理算法的缺陷或传感器本身的不正确的测量，这种错误会发生。

3. 分类不确定性

这指的是对正确的语义赋值的不确定性，这可能是由于分类过程的缺陷或不够精确的测量数据造成的。

为了便于自动驾驶，有必要可靠地检测各种领域中的不确定性或错误，如果可能的话，甚至能够预测它们。在目前的技术状态下，不确定性几乎无一例外地使用基于贝叶斯定理[9-11]的方法或关于相关定理的推广的 Dempster-Shafer 理论[12]。这些方法的优点是，它们允许使用完全的概率性和大概的启发式自由的方法处理不确定性区域。

狭义上，上述不确定性区域仅适用于车载传感器。然而，从数字地图或通过 Car2x 通信获得的数据中的错误也可以被分类。由于数据传输中可能出现的可变延迟时间，以及发送源不准确的不确定性评估的可能性，因此，Car2x 的通信会产生额外的错误来源。然而，这些影响仍然可以被分配到三个不确定性区域，但是我们不在这里详细讲了。

20.3.2 状态的不确定性

根据贝叶斯定理，对一个被检测对象的状态不确定性进行描述，该概率密度函数可以用来确定最可能的总体和个体的状态在一定的概率下可能的变化。在多维正态分布的概率密度函数中，状态不确定性完全用协方差矩阵表示。

在估计静态变量时，例如车辆尺寸，可以通过重复测量来逐步减少其状态不确定性。只要没有系统的传感器误差，例如偏移量，基于可用度量的估计值会收敛于真实值。对于动态的、时变的状态例如物体位置或物体速度的估计，由于物体在测量时间之间的运动，所以它们的真实值都不会收敛。因此，在对状态估计质量的评价中，规定了平均误差为零，不确定性越低越好。

处理状态不确定性的基本过程是一般贝叶斯滤波器[9]。由此，一个对象的估计状态和相关的不确定性用多维概率密度函数 p（PDF）表示。

$$p_{k+1}(x_{k+1}|Z_{1:k+1})$$

通常，这取决于所有的测量值 $Z_{1:k+1} = \{z_1,\cdots,z_{k+1}\}$ 在 $k+1$ 的时间内可用。这是用条件概率的选择符号表示的，也就是说，系统的状态概率 x 是以测量 Z 为条件的。

由传感器捕获的物体的运动模型连续测量用运动方程描述

$$x_{k+1|k} = f(x_k) + v_k$$

式中，v_k 表示一个加法扰动变量来代表可能的模型误差。运动方程表示物体可能会在下一个时间节点找到自己状态，如位置、速度和运动方向。另外，这个运动方程也可以用马尔可夫转移概率密度表示：

$$f_{k+1|k}(x_{k+1}|x_k)$$

马尔可夫转移概率密度（Markov transition probability）最终只是另一个相同模型假设的数学表示法。为了保证方程可以进行实际计算，通常假设一个一阶的马尔可夫性质。这个性质简单地表示，系统的未来状态只依赖于最后一个已知状态和目前的测量，而不是整个测量和历史的状态。因此一阶的马尔可夫性质是一个预设的系统属性。在我们的具体情况，预测状态对象 x_{k+1} 在新的测量只能取决于最后确定的状态 x_k，这隐含地包含在整个历史测量 $Z_{1:k} = \{z_1,\cdots,z_k\}$ 中。

由当前目标状态 x_k 到下一个测量时间 $k+1$ 的预测基本上是基于 Chapman – Kolmogorov 方程：

$$p_{k+1|k}(x_{k+1} \mid x_k) = \int f_{k+1|k}(x_{k+1} \mid x_k) p_k(x_k) \mathrm{d}x_k$$

这表示贝叶斯滤波器的预测步骤。

传感器的测量过程一般可以用形式上的测量方程来描述。

$$z_{k+1|k} = h_{k+1}(x_{k+1}) + w_{k+1}$$

式中，测量函数 h（·）描述测量和状态变量的相关性。例如，如果状态变量可以被直接测量，那么 h（·）是 1:1 的映射。这里，随机扰动变量 w_{k+1} 表示一个可能的测量误差。测量方程的另一种数学表示形式是似然函数

$$g(z_{k+1} \mid x_{k+1})$$

如果当前的测量值 z_{k+1} 是可用的，那么目标状态的概率密度函数就会更新。当前的状态估计值用贝叶斯公式计算：

$$p_{k+1}(x_{k+1} \mid z_{k+1}) = \frac{g(z_{k+1} \mid x_{k+1}) p_{k+1|k}(x_{k+1} \mid x_k)}{\int g(z_{k+1} \mid x_{k+1}) p_{k+1|k}(x_{k+1} \mid x_k) \mathrm{d}x}$$

这里的第二步包含了当前的测量值，被称为更新步骤。

由预测步骤和更新步骤简要描述的递归估计过程被称为一般贝叶斯滤波器，而目前常用的随机状态估计的所有方法和实现都基于此。伴随着过程和测量方程，这个过程仅仅需要一个目标状态 p_0（x_0）在 $k=0$ 时的先验概率密度函数。但是，以这种通用形式实现滤波器的功能是不够的。

在假设正态分布的测量信号和线性模型的基础上，卡尔曼滤波器[13]能够实现对一般贝叶斯滤波器进行简单的解析。当一个高斯分布的前两个统计矩阵被完全描述，即均值和协方差矩阵，这两个时刻的时间滤波代表了一个精确数学解。通过使用扩展卡尔曼滤波（EKF）[11]或无迹卡尔曼滤波（UKF）[14]，卡尔曼滤波器可以应用于非线性过程或测量方程组。通过使用所谓的 sigma 点，无迹卡尔曼滤波（UKF）可以实现随机逼近，同时通过使用泰勒级数近似，扩展卡尔曼滤波（EKF）可以使得系统方程线性化。

独立于具体的实施，所有基于一般贝叶斯滤波器的程序都有一个共同之处，即它们不断地为从传感器数据确定的物理变量的不确定性提供一个概率性度量。这能够对传感器故障进行可靠的检测，同时也可以保证对单个传感器性能退化的检测。例如，如果测量的单个传感器的数据明显偏差，即在统计上期望的变化范围之外，那么传感器的能力相应地降低了。

然而，必须要知道的是传感器的能力在发生后才会被检测到。除了对性能缓慢退化趋势做出的预测外，对未来的感知能力做出任何与状态不确定性有关的预测是不太可能的。

20.3.3 存在不确定度

在自动驾驶性能方面，存在不确定性至少与状态不确定性有关。它表示车辆环

境中的物体实际上对应于真实物体的概率。自动车辆的紧急制动只能在检测到障碍物的存在概率很高的情况下触发。

虽然利用贝叶斯估计方法对状态不确定性的估计是建立在理论基础上的,但当今系统的存在概率仍然主要是基于探索式的质量度量。如果质量度量超过传感器和应用程序相关的阈值,则该物体被确认为目标对象。例如,质量度量是基于已经确认对象的度量的数量,或者仅仅是对象初始化和当前时间点之间的间隔。通常用对象的状态不确定性(20.3.2 节)来进行验证。

更好的理论基础的方法是基于存在概率的概率估计。这首先需要对具体对象的存在进行定义。在某些应用程序中,所有真实的对象都被认为是存在的,对象的存在也只能局限于当前应用程序中相关的对象。此外,对可用当前传感器配置检测到的对象的限制也是可能的。与阈值过程相反,这种存在概率的确定使基于概率的解释选择成为可能。例如,存在概率为 90% 意味着物体的历史测量和运动模式是由真实对象产生的概率为 90%。因此,自动驾驶车辆的行动计划可以在评估备选行动时使用这些概率。

一种已知的计算存在概率的一体化联合概率数据关联(JIPDA)程序算法,也是基于贝叶斯滤波,由 Musicki 和 Evans2004 第一次提出[15]。此过程还使用传感器的检测和虚警概率,并设为已知。

在预测步骤和更新步骤中,对当前对象存在概率的计算类似于卡尔曼滤波器中的状态估计。

利用一阶的马尔科夫模型对存在预测进行了预测。预测一个物体的存在是由马尔可夫链给出的

$$p_{k+1|k}(\exists x) = p_s p_k(\exists x) + p_B p_k(\exists x)$$

式中,p_s 表示对象的持续概率;p_B 表示在传感器捕获区域中存在物体的概率。因此,对象消失的概率可以由 $1 - p_s$ 得到。在更新步骤中,后验存在概率 $p_{k+1|k}(\exists x)$ 是经过计算得到的。它本质上取决于当前测量的对象确定存在的数量。

由于对象的持久性概率取决于当前对象状态,而后验的存在概率取决于数据关联。JIPDA 滤波器可以被理解为两个马尔可夫链的耦合,如图 20.4 所示。上面的马尔可夫链代表了卡尔曼滤波器的状态预测和更新,而下面的马尔可夫链代表了存在性概率的预测和更新。对 JIPDA 的程序细节和其在汽车应用中的应用的具体制定,示例见文献[16]。当前的多目标跟踪程序仅在过去几年才开发出来,也使得完整的特定对象存在的估计得以实现。对于这方面的进一步资料见文献[9,17 - 21]。

关于存在估计的功能行为,与状态估计一样适用同样的限制。这里提供了一个关于物体具体存在的概率的测量方法。因此,传感器在运行过程中的故障也可以在这个不确定的区域中可靠地检测出来。然而,在这里对未来性能的预测是不可能的实现。

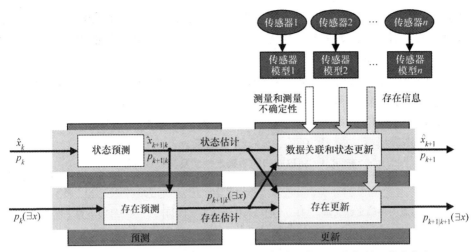

图 20.4 一个 JIPDA 滤波器的两马尔可夫链耦合结构　图片版权：作者版权

20.3.4 分类不确定

确定对象类的分类过程，即语义信息的确定，是传感器专用的结构。由于信息内容的显著提高，基于图像的程序在分类领域更为常见。使用正样本和负样本进行离线训练的学习过程进行分类，然后在在线的操作中对训练对象类进行或多或少的识别。在训练中使用的特征要么是指定的，要么是在学习过程中隐式生成的。有条不紊地，在学习过程中确立了两种基本方法。一种方法是 Viola 和 Jones[22] 的级联过程方法，另一种是基于不同神经网络[23,24]的方法。

一个更经典但也很常见的方法是从传感器数据中指定尽可能多的确定性特征，例如长度、宽度或速度等不同的类，并确定这些类特定的统计变化区域。例如，一个正态分布的平均值，包括变化范围的个体特征的平均值。在此基础上，根据现有的测量值和已知的特征分布，从贝叶斯角度确定最可能的类别。如果组合使用不同的传感器，每个传感器只能捕获集合的个体特征，则 Dempster – Shafer 理论可以用于类别的确定，因为它也允许考虑"非知识"。然而，这些程序通常不如学习程序的功能强大，因此可能会继续降低它的重要性。

所有分类程序的一个缺点是，没有在理论上证实的概率可以确定当前分类的特性。目前还没有全面的理论依据。分类器的输出目前只是一个可以标准化到 0~1 的值范围的单个可靠性度量。它不代表狭义上的概率，因此不同的算法在这方面是不可对比的。基于图像的训练分类器与基于特征的过程（包括激光雷达和雷达传感器）之间存在很大的差异，因此对它们进行标准化处理并不容易。

20.3.5 总结

前面几节的解释清楚地表明机器感知是由三个基本的不确定性组成的，即状态不确定性、存在不确定性和类的不确定性。所有不确定性都对机器感知能力有直接的影响。如果不确定性太大就不能可靠地驾驶自动驾驶车辆，就必须定义哪些不确定性对特定的功能是可容忍的。

存在的问题是未来的不确定性更高，因此更大的错误概率无法被及时预测。虽然目前已知的估计状态和存在不确定性的方法确实能够对机器感知能力进行当前估计，但原则上不可能预测单个传感器的能力退化，甚至无法预测元件的故障。只有一些可能的趋势指标。表20.1再一次总结了结果。

表20.1 机器感知的不确定性域及其处理方法

	状态不确定	存在不确定	分类不确定
特征	状态的不确定性变量，如目标位置与速度等	不确定被传感器捕获的物体是否真正存在	分类归属的不确定性（如乘用车和货车）
原因	传感器技术造成的随机测量误差	单个传感器的检测不确定性（如相机、激光雷达或雷达）	分类不确定性算法/单个传感器的限制
模型	概率；期望值的方差和协方差	借助于检测概率的概率	没有固定的算法；目前主要是启发式
方法	封闭理论通过一般的贝叶斯滤波器（如卡尔曼滤波器的变体）	封闭理论耦合状态不确定性的估计	基于特征的方法：贝叶斯方法；基于学习的Dempster-Shafer；神经网络；级联过程（Viola Jone等）
未来预测	通常没有；有限的概率使用趋势显示	一般没有	一般没有

20.4 对机器感知能力影响的预测

如前几节所解释和证实的那样，自动驾驶车辆的机器感知能力的未来发展没有足够的信心进行预测。在任何情况下，5~10s的周期内将驾驶责任移交给人的感知能力不能被可靠地预测，而这在高度自动化驾驶中被规定为备用选项。此外，完全自动驾驶的车辆必须能够自主地实现一种本质上安全的状态，在某些情况下，甚至比驾驶员接管更长的一段时间。尽管有很多方法可以基于外部条件来预测未来感知能力，但由于一些情况具有局限性，例如由于太阳位置低造成的相机眩光和由于雨雪或者大雾天气而引起的传感器局限性，这些特殊场景还需要非常可靠的环境信息。因此，原则上，感知能力的预测不是确保自动驾驶所必需的可靠性的一般选择。

然而，如上所述，在理论上已经存在持续监测当前机器感知能力的方法和程序，并能够快速、可靠地检测系统故障和单个组件的退化。机器感知系统必须以一种传感器冗余的方式设计来确保足够的感知能力直到转移到驱动程序为止，或者在完全自动驾驶车辆的情况下，即使单个部件损坏也保证在本质上处于安全状态。

像这样的冗余基本上是由多传感器系统提供的，它们结合来自各种传感器和传感器原理的信息并行使用。例如，如果雷达和激光雷达传感器被组合使用，它们都提供距离测量数据，但是可以在不同的传感器感应环境下提供不同的传感质量。传感器环境依赖性从原理上有所不同。然而，由于测量数据的相似性，如果一个组件发生故障，它们可以相互支持或相互补偿，对整个系统的测量质量只有轻微的损失。此外，只有通过这种独立传感器原理的使用，才能达到与 ASILD 相一致的最高安全水平，这是在自动驾驶中操作安全所必需的。

摄像头的冗余系统也很容易实现，如果一个相机在立体摄像系统中出现故障，那么立体系统的第二架相机仍然可以用于分类任务和道路标记的检测。只有一个距离估计不再能用于立体数据需要，比如激光雷达或雷达传感器的补偿。当然，这种冗余的先决条件是，处理硬件和单个摄像机的底层软件必须独立地设置，即冗余。或者，可以加入一个额外的单摄像机，包括它自己的处理硬件和软件。因此，诸如此类的冗余概念可以使自动驾驶车辆保持最低的感知能力，即使个别组件崩溃。

自动驾驶车辆的控制是基于当前机器的感知和对当前交通状况的预测。随着技术的发展，后者本质上是通过对物体当前运动行为的简单预测来实现的。由于大量的不确定和不可预测的事件，特别是对其他道路使用者的反应行为，大约 2~3s 后的不确定性增加得如此之快，以至于在此基础上可靠的轨迹规划不再可能。因此，在高度自动化的驾驶中，如果机器感知不再持续更新车辆环境模型，情况预测不能有将车辆控制权可靠地转移到驾驶员的时间，或者在自动化驾驶中实现一个本质上安全的状态。

然而，基于他/她的驾驶经验，一个人也只能在一定程度上预测未来 2~3s 的总体情况。但是，由于人类感知和解释他/她的环境是准连续的，这一短暂的预测视界完全足以在几乎所有的情况下充分反应，并避免发生事故。这也应该成为自动驾驶车辆的可能，在这里当然还需要考虑额外的延迟和不确定性。如上所述，安全的前提是保证机器感知的最低能力。

然而，对于整个操作来说，重要的一点是自动驾驶车辆在一开始就不会把自己置于技术上无法解决的情况下。情况允许的临界条件必须始终与当前的机器感知能力相对应。这里需要考虑的是突然发生的故障以及由此产生的机器感知能力的自发降低。在相对可靠的 2~3s 的预测周期内，自动驾驶车辆必须能够调整其驱动行为以适应改变的机器感知能力。一个简单的例子就是汽车在自己的车道上行驶。如果传感器的感知范围因技术故障或天气因素而减少，那么车辆必须能够在预测的有效性范围内调整其速度以适应当前的情况，这是一个确切地要解决的技术问题。

虽然这种简单的情况很容易描述和分析，但目前人们通常不知道危急情况是如何产生的，以及如何就自动驾驶车辆的能力区分这些情况。在任何情况下，在建立自动驾驶车辆的可靠性时，驾驶预先定义的里程数并不能确保所得到的数据集包含所有可能的紧急情况（事件）。因此，不可能以这样的方式确保运行可靠性，而忽视了里程数需要从统计上证明非常低的错误率,这在实际和经济上都不可行。

因此,未来一项可能的研究任务是找到一个合适的随机事件的数学表示,然后提供所有可能发生的事件的范围。基于这样的描述,被称为蒙特卡洛的仿真,例如,为了得出一个关于需要特定的测试结论,可以将整个事件的范围设置成关键和非关键的子区域。一种可能的方法是拒绝抽样,即每个样本都代表一个完整的事件。从基本的事件开始,例如,如何通过不同的道路类型(1、2、3 车道的每个方向迎面而来的车辆)或者根据附近车辆的数量区分基本的路段,通过事件参数的统计变化模拟类似的情景。当有足够数量的样本时,可以预料的事件范围已被完全覆盖。在这个过程中,被采用的每个事件都被测试了它的物理可行性,而不相关的片段被丢弃。接下来的事件将被测试物体之间是否有比如关键的时间间隔或空间。还必须定义适当的标准。通过在事件范围内的后续聚类,对关键场景进行识别和排序。

这样一个过程的目标是使用这种分层方法来尽可能地确定潜在的关键事件的数量,并便于管理。然后,利用模拟数据对高度自动化系统在不同水平的机器感知能力上的可控性进行分析。例如,在车辆传感器设置中模拟出每个传感器的检测范围、检测角度和检出率来系统地分析危险事件的车辆行为的后果。这种分析最初可以在一个功能完备的系统中进行,然后在假设单个组件失效的情况下进行。另一个公开的研究问题是,是否有可能通过道路使用者行为情景环境和假设来进行更可靠的情况预测,从而使预测期更长。这样一个程序在我们整个交通系统建立在道路使用者的合作的基础上是合理的。当然,出现不合作的行为,或者仅仅是其他道路使用者的错误,在自动驾驶车辆的行动计划中是不可预料的。在这方面,这些方法并不能有效地延长可靠预测的时间周期,但它们仍然可以支持规划算法。此外,应该注意的是,在许多情况下,当其他驾驶员没有表现出正确行为或出现无法预见的驾驶错误时,手动驾驶的驾驶员没有机会做出适当的反应。因此,在这方面不应对自动驾驶车辆提出过高的要求。当然,这也是社会对新技术所允许的潜在风险达成共识的问题。

20.5 总结

现有的状态和存在估计方法是建立在封闭、完善的理论基础上,对当前机器感知性能进行在线、可靠的评价。这使得检测单个传感器的完全失效以及传感器技术和/或感知的逐渐退化成为可能。

然而,这些程序并不具备预测未来的感知能力,只能对探测到的趋势做线性外推。机器感知能力评估的可靠性和质量取决于可用的传感器模型,特别是传感器和制造商特有的误差模型。感知系统本身没有足够并可靠地覆盖 5~10s 之间的时间范围预测能力,就像目前设想是将高度自动化的系统返回给驱动程序一样。然而,对于自动驾驶车辆的可靠行为来说，这可能是不是必需的。为自动驾驶车辆提供足够数量的物理上可实现和可靠的轨迹在自动驾驶过程中对情况的可控性起决定性作用。这些是从本质被限制的物体到车辆的空间距离和可以利用的自由驾驶空间上所定义的。因此，空间距离必须被纳入关键数字来评估临界性，同时也要考虑到感知的不确定性和物理上可能的可靠轨迹的数量。还必须考虑目前可用的机器感知的能力。这种充分协调和理论依据充分的临界措施目前并不存在。

情景预测在未来 2 到 3 年时间内不会在纯粹的基于模型和概率推断中提供一个结论性的结果，因为在此后期间的每个发展都成为可能。一种可能的方法，以及未来的研究问题，将是基于相关的上下文、基于假设的时间、基于已知和评估存储在知识库中的情况的推断。有了现有的知识库，就可以在假定的结果的基础上持续评估当前的情况。目前还没有可靠的方法来解决这个问题，在某些情况下甚至不知道如何实施。然而，这似乎是一条可以走的路。

情景预测的进展是很难预见的。然而，可以推测出更显著有效的方法还需要 10 年或更久的时间。

应用许可

本章根据知识共享署名 4.0 国际许可（http：//creativecommons.org/licenses/by/4.0/）的条款进行分发，允许通过任何媒介或格式使用、复制、改编，分发和再创作，只要您对原始作者和来源给予适当的说明，提供知识共享许可链接，并指出所做的任何更改。

本章中的图片或其他第三方材料均包含在作品的创作共享许可中，除非在来源中另有说明；如果这些材料不包括在作品的知识共享许可中，并且法律规定不允许相应的操作，那么用户需要获得许可证持有者的许可才可以复制、改编或再创作材料。

参考文献

1. Damböck, D.; Bengler, K.; Farid, M.; Tönert, L.: Übernahmezeiten beim hochautomatisierten Fahren. Tagungsband der VDI-Tagung Fahrerassistenz in München, Jahrgang 15, pp. 16ff, 2012.
2. Gold, C.; Damböck, D.; Lorenz, L.; Bengler, K.: "Take over!" How long does it take to get the driver back into the loop? In Proceedings of the Human Factors and Ergonomics Society Annual Meeting, Vol. 57, No. 1, pp. 1938-1942, 2013.
3. Winner, H.; Hakuli, S.; Wolf, G. (Eds.): Handbuch Fahrerassistenzsysteme: Grundlagen, Komponenten und Systeme für aktive Sicherheit und Komfort, 2. Auflage (2012), Teubner Verlag.
4. Nuss, D.; Reuter, S.; Konrad, M.; Munz, M.; Dietmayer, K.: Using grid maps to reduce the number of false positive measurements in advanced driver assistance systems. IEEE Conference on Intelligent Transportation Systems (ITSC), 2012, pp.1509-1514.

5. Bouzouraa, M.; Hofmann, U.: Fusion of occupancy grid mapping and model based object tracking for driver assistance systems using laser and radar sensors. IEEE Intelligent Vehicles Symposium (IV), 2010, pp. 294-300.
6. Coué, C.; Pradalier, C.; Laugier, C.; Fraichard, T.; Bessiere, P.: Bayesian Occupancy Filtering for Multitarget Tracking: an Automotive Application. International Journal of Robotics Research, 2006, Vol. 25.1, pp.19-30.
7. Konrad, M.; Szczot, M.; Schüle, F.; Dietmayer, K.: Generic grid mapping for road course estimation. IEEE Intelligent Vehicles Symposium (IV), 2011, pp. 851-856.
8. Schmid, M.R.; Mählisch, M.; Dickmann, J.; Wünsche, H.-J.: Dynamic level of detail 3d occupancy grids for automotive use. IEEE Intelligent Vehicles Symposium (IV), 2010, pp. 269-274.
9. Mahler, R.: Statistical Multisource-Multitarget Information Fusion. Artech House, Boston, 2007.
10. Bar-Shalom, Y.; Tse, E.: Tracking in a cluttered environment with probabilistic data association. Automatica, 1975, Vol. 11, pp. 451-460.
11. Bar-Shalom, Y.; Fortmann, T.: Tracking and Data Association. Academic Press, Boston, 1988.
12. Shafer, G.: A Mathematical Theory of Evidence. Princeton University Press, 1976.
13. Kalman, R.: A new approach to linear filtering and prediction problems. Transactions of the ASME – Journal of Basic Engineering, 1960, Vol. 82, pp. 35-45.
14. Julier, S.; Uhlmann, J.; Durrant-Whyte, H.: A new method for the nonlinear transformation of means and covariances in filters and estimators. IEEE Transactions on Automatic Control, 2000, Vol. 45.3, pp. 477-482.
15. Musicki, D.; Evans, R.: Joint Integrated Probabilistic Data Association: JIPDA, IEEE Transactions on Aerospace and Electronic Systems. 2004, Vol. 40.3, pp. 1093-1099.
16. Munz, M.: Generisches Sensorfusionsframework zur gleichzeitigen Zustands- und Existenzschätzung für die Fahrzeugumfelderfassung. PhD Thesis, Ulm University, 2011.
17. Mahler, R.: Multitarget Bayes filtering via first-order multitarget moments. IEEE Transactions on Aerospace and Electronic Systems, 2003, Vol. 39.4, pp. 1152-1178.
18. Nuss, D.; Stuebler, M.; Dietmayer, K.: Consistent Environmental Modeling by Use of Occupancy Grid Maps, Digital Road Maps, and Multi-Object Tracking. IEEE Intelligent Vehicles Symposium (IV), 2014.
19. Reuter, S.; Wilking, B.; Wiest, J.; Munz, M.; Dietmayer, K.: Real-time multi-object tracking using random finite sets. IEEE Transactions on Aerospace and Electronic Systems, 2013, Vol. 49.4, pp. 2666-2678.
20. Vo, B.-T.; Vo, B.-N.: Labeled Random Finite Sets and Multi-Object Conjugate Priors. IEEE Transactions on Signal Processing, 2013, Vol. 61, 3460-3475.
21. Reuter, S.; Vo, B. T.; Vo, B. N.; Dietmayer, K.: The labeled multi-Bernoulli filter. Signal Processing, IEEE Transactions on, 62(12), pp. 3246-3260, 2014.
22. Viola, P.; Jones, M.: Rapid object detection using a boosted cascade of simple features. In Computer Vision and Pattern Recognition, 2001. CVPR 2001. Proceedings of the 2001 IEEE Computer Society Conference on (Vol. 1, pp. I-511). IEEE.
23. Egmont-Petersen, M.; de Ridder, D.; Handels, H.:. Image processing with neural networks—a review. Pattern recognition, 35(10), pp. 2279-2301.
24. Zhang, G. P. : Neural networks for classification: a survey. Systems, Man, and Cybernetics, Part C: Applications and Reviews, IEEE Transactions on, 30(4), pp. 451-462.
25. Godthelp, H.; Milgram, P.; Blaauw, G. J.: The development of a time-related measure to describe driving strategy. Human Factors: The Journal of the Human Factors and Ergonomics Society, 26(3), 1984, pp.257-268.

第 21 章　自动驾驶汽车的发布

Walther Wachenfeld 和 Hermann Winner

21.1　简介

在未来，自主驾驶功能将从根本上改变道路交通工具，而要做到这一点，就必须进行大规模批量生产。一般来说，像机动车这样的技术系统需要发布才能从开发阶段过渡到批量生产阶段。根据项目管理原则，只有当该技术系统满足之前规定的要求时才能进行生产发布。这些要求来自于不同的方面，如客户要求、产品标准或者是法律规定。这些要求涉及许多层面：包括对车型批准技术系统和产品责任的安全要求。

保障人们在公共交通方面的安全是车辆自动化的动机之一。因为如今绝大多数的事故都是由人为因素造成的。基于这一动机，取代人类的要求并不会降低公路的安全性。这应该适用于所有的乘客以及具有自主驾驶车辆的整个交通系统。这一要求意味着什么，以及它是否会在自主驾驶汽车的引入过程中实现，是接下来讨论的重点。

最初的想法是由 Gasser 等人提出的，关于引进自动化车辆后交通事故数量发展的德国联邦公路研究所的报告。蓝色和绿色区域表示常规驾驶事故总数（见图 21.1，见彩插），绿色区域表示假定通过车辆自动化避免的事故数，而黄色区域表示一些新型事故，可能是由自动化驾驶的风险所带来的。

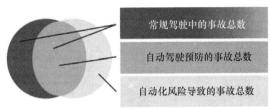

图 21.1　自主驾驶车辆避免事故的理论潜力　图片版权：Gasser

这种表现在事故严重程度方面没有区别，但是在考虑对安全性的影响时，事故的严重程度也是相关的。安全性一般被描述为不存在不合理的风险。这种风险被定义为事故概率和事故严重程度的乘积。

图 21.2（见彩插）以定性方式说明了该理论的风险规避潜力取决于事故严重程度。图 21.2 符合海因里希和海恩的发现，严重程度较低的事故数目却较大。事

故严重程度等级是有顺序的，意味着在不同程度的严重度之间有明确的顺序：例如，死亡被认为比普通的严重伤害更严重。学者们根据这些严重程度的不同对相对权重进行划分。但是在成本方面比较严重程度是具有争议的，因此在本章中将不再进一步讨论。

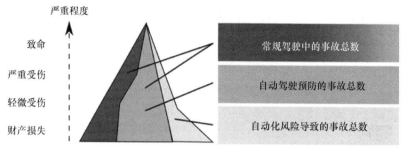

图 21.2　考虑事故严重性时自主车辆避免事故的理论潜力　图片版权：作者版权

考虑到事故的严重程度和事故次数，尽管有风险被消除（图 21.2 绿色区域），但车辆自动化尚有未解决的风险保留了下来（图 21.2 蓝色区域）。另外，人类的替代和驾驶的自动执行产生了新的风险。在失败或有缺陷的情况下，人类不再能够充当备份角色。图 21.2 中的黄色区域说明了这种额外的风险。目前尚不清楚，风险的消除和额外风险的产生是否在严重程度上是一致的。严重事故可能大幅度减少，但是严重程度小的事故发生率会不断增加。图 21.2 通过假设三角形的变形来阐述这个观点。

这意味着为了批准全自动驾驶，不仅需要证明其能使事故的数量减少，而且还要保证一个可接受的比率 V_{acc} 值，其中 $V_{acc} = \dfrac{R_{add}}{R_{avo}}$。

与许多断言相反，没有证据表示该比率小于 1 是批准自动驾驶所必要的条件。事实上车辆自动化是否会改善公共交通安全？如果比率大于 1，系统将降低交通安全性。如今有很多这样的例子发生：相对应的附加收益能够提高额外风险的接受程度。例如，对于许多摩托车手来说，自由、驾驶乐趣等方面的体验能够平衡与其他交通工具相比所具有的额外风险。此外，收益和风险的分配也促进了车手对摩托车的接受。附加的收益和额外的风险主要影响摩托车上的人。对于其他道路使用者来说，摩托车所带来的风险介于自行车和汽车中间，因此即使对于其他道路使用者没有额外的收益摩托车仍然是可以被接受的。

在本章中，没有确定自动驾驶可接受比率的具体值，因为这个值是受到自主驾驶影响的人之间复杂讨论的结果。这个值取决于各种因素，如社会、政治和经济差异。一个生动的例子就是在过去几年里，德国、美国或日本对使用核能的接受：一方面，国家之间接受的比例差异很大；另一方面，随着时间的推移，这个比率也不断变化，所以在 2012 年德国决定，核能被逐步淘汰。

本章的核心内容是对自主驾驶的评估，即研究自主车辆安全性的评估方法。尽管大量的论文在理论上描述了自主驾驶的潜力，但是并没有发现这些作者进行过自主驾驶评估的任何论文。为了说明为什么会这样，我们将首先描述汽车行业当前发布的概念，然后展示测试这些概念的要求。在第三部分中，我们将描述与现有系统相关的自主驾驶的特点。在此基础上，第四部分主要关注发布自动化汽车所面对的特殊挑战，讨论解决这一挑战的方法，然后在最后一节中提出关于生产发布自动车辆的结论。

21.2 汽车行业现行测试理念

目前在汽车行业中使用的安全验证概念是为了获得四个不同自动化水平的批准。为了说明这些系统测试与自主驾驶相比的差异，接下来将简要解释这四个系统。

在这一系列中第一级系统是只有驾驶员而没有自动驾驶任务的车辆。对于这类系统，可以看出，一方面，所使用的部件不超过最大故障率；另一方面，驾驶员能够可靠地操纵车辆。在这一级系统中驾驶员的能力是值得信赖的，在随后的使用范围内，试车驾驶员进行的测试结果将转移给未来的用户。在过去的几十年中，这个结果在提供安全保障方面是成功的。尽管道路交通车辆行驶的里程数不断增加，但事故数量仍然保持不变，死亡人数甚至有所下降。

本系列中第二级自动化系统是辅助系统：对于诸如自适应巡航控制（ACC）或车道保持辅助（LKA）等系统，除了现有的测试范围之外，其功能还必须被自主驾驶测试所涵盖。系统中必须提供驾驶员接管的选项和可控性来辅助驾驶任务，增加舒适性，减轻驾驶员的负担。行业法规认为在这种高级驾驶辅助系统（ADAS）中，车辆行为仍然应当由人类驾驶员负责任。对于这些系统，它同样适用于那些驾驶能力值得信赖的驾驶员，以便将试车驾驶员进行的测试结果转移到随后使用的未来用户。

第一部分自动化系统也被批准用于系列汽车：根据速度，ACC与LKA组合可以接管驾驶员的侧向和纵向控制。根据定义，在第三级系统中，驾驶员也对车辆行为负责。因此，这个测试还关注于驾驶员接管和控制车辆的可能性上，所以同样的原则也适用于有辅助驾驶系统时，辅助系统依赖于车辆驾驶员纠正不期望的自动化行为的能力。这种自动化水平为安全验证带来了特殊的挑战，这种挑战来源于缓解驾驶员疲劳和驾驶员必要情况下需要对横向和纵向保持操纵的意识之间的矛盾。然而这里驾驶员仍然是最终责任者。

测试特别令人感兴趣的是紧急干预系统，其自动干预车辆控制，从而对车辆的动力性进行控制。第四级系统的目标是应对驾驶员对某些情况的失控。例如，电子稳定控制（ESC）和紧急制动辅助（EBA）是机电一体式制动系统的组件，可以在驾驶员没有任何动作的情况下施加或减小制动力，从而积极地干预车辆的动力性。这是在当车辆与驾驶员一起处于较高的风险级别且驾驶员失去控制的期间所执行的。ESC 的设计方式是在驾驶员在当前情况下（例如在极度过度或不足转弯的情况下）明显不能控制车辆时进行干预。相比之下，当后方碰撞时的反应时间和制动距离不足以防止发生事故时，EBA 才会起作用。验证系统对于安全要求的目的是表明，当失控变得明显并且风险大幅增加时，应急干预系统才能变得真正活跃。为此，必须表明误检率变得尽可能小，和/或效果可以由驾驶员控制。EBA 的误检率和漏检率主要取决于对象检测。图 21.3 显示了接收机工作特性曲线（ROC 曲线），描述了该对象检测的关系。

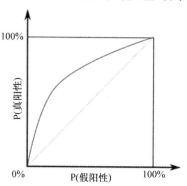

图 21.3 基于 Spanfelner 等人的接收机工作特性曲线原理表示 图片版权：作者版权

由于这些紧急干预系统是不能保证运行的系统，所以安全性的增加可以通过减少使用以及更小的误检率来实现。此外，这些系统可以被覆盖。ESC 和 EBA 主要采用对车轮的选择性制动来介入制动系统，可以通过转向和/或加速来采用各种策略来覆盖它们。四个不同层次系统的开发主要集中在驾驶员的可控性上。目标是为驾驶员提供可控性或为他/她恢复（设计可控性）。因此，作为备份的驾驶员是验证当前车辆的安全性以及产品生产的基础。

对于驾驶员来说可控性的开发和验证通常是根据图 21.4 中的过程模型进行的。这种基于 V 模型的过程将左侧向下的分支——开发和设计，以及右侧向上的分支——验证和确认——作为质量保证的手段。测试的概念是紧跟在质量保证之后的。

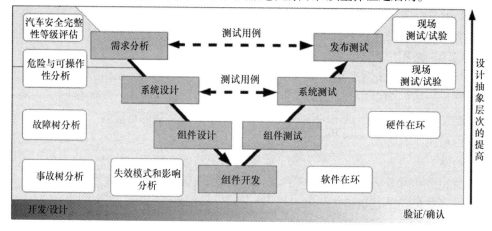

图 21.4 开发过程中的安全评估方法 图片版权：Alexander Weitzel 等人

如 Schuldt 等人在图 21.5 中所示，测试概念包括测试对象（被测对象）的分析、测试用例生成、测试执行和测试评估。

测试对象和测试用例生成的分析应在开发/设计阶段进行，因此要确定被执行的测试用例已经检验和确认过（见图 21.4 过程模型）。根据 Horstmann 和 Weitzel 的说法，目前对三种确定测试用例的方法进行了区分：

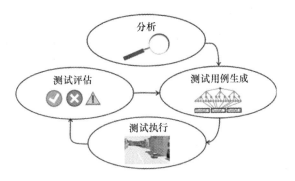

图 21.5　测试概念的过程
图片版权：Schuldt Braunschweig

第一种方法是基于规范表的测试规范，其中测试用例是基于在规格表中系统规范定义的。第二种方法是基于风险的测试规范，其中使用风险考虑来确定测试用例。第三种方法是基于界面的测试规范，从而选择测试用例来覆盖接口的数值范围。对于所有这些方法，驾驶员-车辆系统是使测试用例确定的基础。

为了尽早进行质量保证，在第一个测试车辆准备好测试之前，测试已经在虚拟测试环境中进行过。测试基于车辆、人和环境模型，通过执行模型循环和软件循环进行工作。此处使用的是之前识别的测试用例。随着开发过程的深入，可用于测试的实际组件的数量会越来越多。在这些测试中使用了测试台、驾驶模拟器或测试场。测试使用的是硬件在环、驾驶员在环和车辆在环，提供了被测试的组件质量和功能的信息。为了检查驾驶员-车辆-环境系统的动作和反应（关闭循环），在执行这些测试时也需要使用仿真模型。因此，为了测试整个车辆，测试的执行将会不断地使用仿真模型。仿真模型软件具有对现实进行映射、简化的现实世界的属性。

正是因为这个事实，在还未用真正的测试车辆进行测试的量产车中，至今还没有出现与安全相关的功能。因此，为了测试当前的系统，自动汽车产业总是需要依靠真实的车辆、真实的人类和真实的环境。

必须使用真正车辆测试的结果就是，例如，在奔驰 E 级生产发布之前，完成了总共 3600 万 km 的测试。根据 Fach 等人的看法，目前单独驾驶员辅助系统的安全验证需要多达 200 万 km 的测试。在 EBA 第一级的两次干预措施之间，在这些驾驶测试当中覆盖了 5 万~10 万 km，这样大的测试里程数就变得可以理解了。这些甚至没有考虑在这些测试期间 EBA 没有触发的更为关键的第二级别（图 21.3 中的比较断言）。由于车辆原型、测试驾驶员、测试执行和其评估，如此多的测试里程数也伴随着相当大的成本。虽然可以通过使用多个车辆的并行测试来减少时间要求，但车辆原型将产生额外的成本。

这个例子表明，即使对于当前的驾驶员辅助系统来说，基于实际的道路交通驾驶的安全验证是 OEM（原始设备制造商）所面临的经济方面的挑战。随着车辆功能、每种车型的变型和版本的范围的扩大,这一挑战将进一步扩大。例如,Burgdorf 为 BMW 318i(E90)推出了多达 160×2^{70} 款变体,包括车身、发动机、变速器、驱动器、颜色、空调、信息娱乐等组件。

因此,已经有人尝试使用其他的测试执行工具来与实际驾驶一起进行最终安全验证。作者所知道的唯一例子就是 ESC 系统的审批。根据 ECE 欧盟法规 13H,在模拟中可以选择执行这些测试:

当车辆按照第 4 节进行物理测试时,可以通过符合第 4 节测试条件和第 5.9 节测试程序的计算机模拟来证明其相同车型的其他版本或变型的合规性。

注意这仅适用于 ESC 系统。举个例子,Baake 等人描述了与博世和 IPG CarMaker 合作的梅赛德斯-奔驰的厢式车的 ESC 系统的识别:使用所谓的主汽车,在 CarMaker 中创建了一个车辆模型,这些主车被用来收集参考数据,在此基础上验证了模拟模型。这使得基于仿真模型的建议能够用于对不同设置的其他车型的批准。Baake 等人还报告了将该程序转移到侧风协助(CWA)的功能,尽管尚未完成。

21.3 测试概念要求

为了在下一节讨论为什么全自动化对安全验证构成了一个特别的挑战,我们将首先描述测试概念对安全性的要求。这些要求分为有效性和效率标准。

21.3.1 有效性标准

(1)代表——有效

代表性的要求有两个方面:一方面,测试用例生成必须确保实现测试范围覆盖。例如,车辆不应仅在 20°C 和阳光下进行测试,因为在实际情况下它会被暴露在雪、雨和低于 0°C 的环境。此外,在测试用例生成中应考虑车辆极限样本(生产期间的公差)。另一方面,测试执行必须包含所要求的最小现实度。这意味着真实再现中的简化不能影响其外行为,也不能影响相对于真实行为环境的性质。

(2)变量

测试的执行必须提供一个选项来实现被测试用例生成所定义的所有测试用例。

(3)可观察性

对于特殊的测试评估,有必要观察测试执行时的参数。只有当情况还能够描述时才可以使用语句"通过"或"不通过"。

21.3.2 效率标准

(1)经济性

经济测试概念要求有两个部分:一方面,应尽快准备和执行测试,以便能够立即向参与开发的人员提供测试对象的反馈。另一方面，必须确保以最低的成本准备和执行测试。

(2) 可重复性

可重复性大大降低了回归测试所需的工作量。例如，如果检测到错误并且相应地修改了测试对象，则目标是在与之前相同的情况下进行的测试。

(3) 提前性

在开发过程中，产品信息测试得越早，在出现错误的情况下所需要重复的开发步骤越少。

(4) 安全性

测试执行不应超过所有参与者可接受的风险。道路使用者要在不知情的情况下参与测试，尤其在实际驾驶过程中这是必须要考虑的。

所描述的要求充分满足当前的测试概念，因此所提出的四个不同的自动化水平被批准。然而，涉及数百万车辆的 OEM 的召回表明，这些测试概念肯定不能解决所有问题。这些概念是否也适用于验证新系统的安全性，例如公共道路交通的自主驾驶？

对所提出的需求没有任何变化。但是，正如在下一节中所描述的那样，被测试目标发生了很大的变化。

21.4 自主驾驶的特色

在接下来的部分中，完全自动化机动车和现如今奔驰在道路上的机动车的区别将会被解析。而后还会对比航空交通系统、铁道交通系统和道路交通系统，以便有效地转移不同领域中的部分发现。

21.4.1 道路车辆的自动化与全自动化对比

对于先前描述的四个级别的自动化系统的安全验证，重点是车辆，特别是驾驶员对其系统的可控性。在基于 Rasmussen 的人类目标导向行为的三级模型和基于图 21.6（见彩插）中 Donges 的驾驶任务的三级层次的组合表示中，该验证对应于图中具有绿色背景的元素。测试的是车辆纵向和横向的行为。在此过程中，并未对驾驶员的行为或能力进行测试，只能通过转向和加速控制来测试试车驾驶员控制车辆的可能性。因此，绿色框只与驾驶员的区域有稍微重叠。

为了实现完全自动化，驾驶员的能力被忽略，也不再作为备份功能。驾驶任务，即导航、引导和稳定/控制，由驾驶机器人接管。这意味着对于自主驾驶来说，没有对可控性的测试，只是对技术系统运行的测试。一方面，这使得测试更加容易，因为测试不再需要考虑人类及其个体差异的不确定性。另一方面，不再可以使用测试用例和测试试车驾驶员来得出关于其他用例的结论。人类一般基于技巧、规

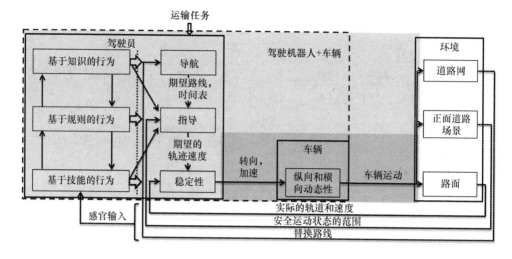

图 21.6　基于 Rasmussen 的人类目标导向行为的三级模型和基于 Donges 的驾驶任务三级层次

则和知识行为采取行动，而他们将不参与整个过程。

对于当前系统的安全验证，必须证明驾驶驱动和车辆相结合的安全性。然而，对于自动化车辆的批量生产，目前的重点仅在于车辆。另外假定还有驾驶驱动的可靠性，但并未测试。在安全方面评估自主驾驶系统时，驾驶机器人和车辆的技术系统安全性（图 21.6 的黄色区域）必须得到保证。

图 21.6 显示了其中一方面必须增加的测试任务数量：驱动机器人需要用于各种应用领域（使用案例参见第 2 章），如导航、指导、稳定/控制。在没有访问限制的情况下，公共空间的任务数量增加是个相当大的挑战。另一方面，技术体系的任务质量发生变化。目前的系统只负责执行，或由人类持续监控，而对于自主系统来说，执行任务必须满足本章开始所述安全性的要求。

21.4.2　航空、铁路和道路交通规定对比

除了道路交通，还有其他的交通系统已经建立起了自动化。接下来的部分将讨论这些领域的挑战和解决方案在多大程度上可以转移到汽车自动化上。

民用航空交通的自动化目前还没有完全自动化的例子。即使飞行员实际很少执行任务，他们仍然在起到监督和操作的作用。表 21.1 提供了从 Weitzel 等人处获取的交通系统差异的概述。为了进行安全验证，这里特别关心交通流的安全概念，因为这显示了航空交通和道路交通之间的差异：航空交通是在一个合法的、独立的交通空间运转的，碰撞预警系统是强制性的，并且外部操作监控由空中交通管制所提供。

表21.1 基于Ständer比较了Weitzel等人获取的交通系统条件

	航空交通	道路交通	铁路交通
运动选项	3维（空间）	2维（平面）	1维（线）
操作者			
责任驾驶员	通常多余	不多余	不多余
驾驶员的专业性	几乎全职	全职比例很小	几乎全职
训练			
理论	>750h	>21h	~800h
实际	>1500h	>9h	~400h
驾驶类型的培训	是	否	是
进一步培训	需要	不需要	需要
交通流的安全概念			
交通空间独立	合法独立	特殊情况	合法独立
人工驾驶	否，仅在特殊情况	是	否，仅在特殊情况
技术设备（示例）	强制性碰撞预警系统	道路标记，交通信号灯，交通标志	自动警戒装置，间歇列车控制，自动驾驶制动控制
外部监测	是，空中交通管制	否	是，集中交通管制，操控中心
技术框架			
行驶/操作记录	是	否	运行性能监测，自动行车记录仪
维修	只通过认证过的公司	车间，DIY	通过认证公司，同样有小车间
事故分析	每次事故/严重故障，由独立国有企业	个别情况，由认证评估员	每次事故/严重故障，由独立国有企业
交通工具数量（欧洲）	10^3（减少中）	10^6（增加中）	10^3（减少中，每个牵引单元的性能增加）
模型变化	大约20年	大约5~7年	对于牵引部分大约20年

铁路交通系统提供了全自动化的实例。例如纽伦堡的自动化地铁的运行。然而，根据表21.1，即使在这一交通系统中，铁路交通流的安全概念与道路交通的尤其不同。铁路交通也有合法独立的交通空间，另外还使用逻辑系统和外部监控来避免两部列车的相撞。

道路交通作为一种混合运行的交通不能满足独立的交通空间和外部监控的条件。这些差异就表明为什么其他交通开放运行的解决方案不能直接转移到自主驾驶上来。

这种比较不应排除下面这种情况的可能性，即所有航空和铁路交通对道路交通没有作用的解决方案。当然也存在类似的问题，比如安全相关组件的可靠性。

21.5 开放全自动车辆生产的挑战（"批准陷阱"）

正如上文所表明的那样，自主驾驶作为外部的功能与当前的道路车辆有着根本的差异，而且与航空和铁路交通从交通设施上有所不同。因此，现在我们想确定当转移到自主驾驶上现有的测试概念将有多大的意义。我们还将讨论继续使用当前测试概念所带来的影响。

21.5.1 现行自主驾驶测试概念的有效性

之前已经解释过了测试的概念包括测试用例生成和测试执行。现在我们想讨论的是如何以及是否能够将其转移到自主驾驶上。

（1）测试用例生成

测试用例生成的三个过程已经在 21.2 节进行了解释，这些过程是基于驾驶员驾驶能力进行的假设。一个随机驾驶员是否能够控制测试目标的问题是与驾驶员依法规定的驾驶执照紧密相关的。根据道路交通法，只有在以下情况下才会发出此驾驶执照：

- 申请人已达到最低所需年龄。
- 他/她适合驾驶汽车。
- 他/她接受过相关培训。
- 并且已经通过理论和实践的考察。

根据道路交通法，合适的理解是：

一个人如果符合必要的身体和精神要求，并且没有实质上或反复违反交通法规或刑法，则适合驾驶汽车。

在驾驶员具有所要求的驾驶能力的基础上，测试用例生成仅限于下列的情况：假设被测试的驾驶员掌握了这些示例情况，他/她以及其他所有拥有驾驶执照的驾驶员也能够掌握其他相关的未经测试过的情形。这些包括驾驶员正在积极驾驶的情况，还包括驾驶员监督系统的情况，如有必要可以接管控制。因此，结合驾驶执照测试考虑，这些测试用例提供了一个衡量标准，可以得出关于驾驶员车辆系统的安全性的结论。Bahr 讨论了作为评估驾驶能力的评估基础的方法，以优化实际驾驶执照考试的方式。

在没有驾驶员的情况下，目前接受的指标不再适用，因此减少测试用例不再可以接受。用于自主驾驶的测试用例生成必须涵盖以往的人-车系统的驾驶能力。在这里驾驶执照的理论和实践的测试并不困难。然而，以下的段落——§10. 最低年龄，§11.适用性和§12.驾驶执照规定的视觉能力——提出了挑战。因此，这些段落隐含地表示了对执行驾驶任务的驾驶员能力上的要求。满足这些要求是：
- 驾驶路程超过数十万公里的驾驶员。
- 有经验的社会行为人。
- 具有学习认知能力。
- 训练有素。

目前作者还不清楚有任何对技术系统的这些功能进行有效测试的方法。因此，如果将人类从执行驾驶任务的责任中移除，则接受的指标和测试用例的减少将不再适用。目前的测试案例对于开放自动化车辆生产是无意义的，因此测试用例生成必须适应新系统。

（2）测试执行

正如之前所说的，从 HiL 到 SiL 到实际驾驶的不同方法用于执行测试。目前，实际驾驶是已批准的最重要的方法。尤其是其验证方面合理的经济开销。然而，除去经济开销的因素，对于已知的方式自主驾驶仍然存在系统性的挑战。目前，真正在公共道路交通中是由试车驾驶员驾驶的。试车驾驶员的任务是根据车辆使用者的任务在各种情况下驾驶或监督车辆。转移到自主驾驶中，在驾驶员座位上使用测试驱动程序将是用户的非实际行为，因为用户不必再监督车辆和环境进行干预。此外，没有乘客的车辆也能够参与道路交通（根据用例），因此测试驱动程序将代表车辆中的非实际部件。所以使用测试驱动程序可能会影响其他道路使用者并改变其行为。关于这一话题的进一步反思可以在第 7 章找到。

因此随着测试用例生成，当前的测试执行不能直接转移到自主驾驶上。

21.5.2 数百万公里的测试直到开放全自动车辆的生产

下面的理论思考将说明保留当前测试概念的意义，尽管存在差异。让我们假设减少测试用例对于自动驾驶来说是不可能的，正如驾驶执照之于人类一样。目标仍然是通过使用自主车辆来获得关于风险是否增加的结论：

$$V_{\text{acc}} = \frac{R_{\text{add}}}{R_{\text{avo}}} < 1$$

在这里我们应该再次指出，这个条件绝非必需的。然而出于理论考虑，假定小于 1 的条件是最坏的情况。

作者意识到的唯一可以用来确定这种关系的指标是对交通事故进行评估的结果。对于德国来说，这些是联邦统计局的数据。例如在 2012 年，联邦统计局列举了德国警方记录的 3375 条致命事故。使用死亡人数是因为这是所需验证的要求的最坏情况。在德国共有 7090 亿 km 行驶中平均每 2.1 亿 km 会发生一起致命事故。由于这些数据仅代表平均值，两次事故之间也存在较短或较长距离。为了代表事故事件的这种分布，我们使用泊松分布：

$$P_\lambda(k) = \frac{\lambda^k}{k!}e^{-\lambda}$$

这里假设事故的发生是独立且非穷尽的随机过程 $P_\lambda(k)$,在等式中,k 对应于事故的数量,λ 对应于该事件发生的期望值,而期望值由下式定义:

$$\lambda = \frac{s_{\text{test}}}{s_{\text{perf}}}$$

式中,s_{test} 代表测试的公里数;s_{perf} 表示的是系统的性能,代表的是事故之间预计的公里数。概率分布 $k=[1\ 2\ 3\ 4\ 5]$,$\lambda=[1\ 2]$,示例在图 21.7 中显示。

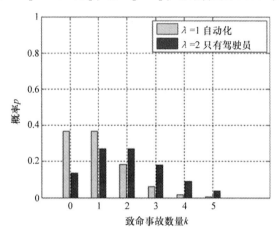

图 21.7 具有不同预期值的事故数的泊松概率分布　图片版权:作者版权

该图清楚地说明了提供一定级别的风险所显示出来的问题:让我们假设浅色区域代表的是自动驾驶汽车,深色区域代表的是只有驾驶员的车辆。两辆车的测试公里数相同 $s_{\text{test}} = a_s \cdot \bar{s}$,其中距离因子 $a_s = 2$,平均值 $\bar{s}$ 为两次致命事故之间的平均公里数。

自动驾驶汽车的性能 $s_{\text{perf}} = a_{\text{perf}} \cdot \bar{s}$ 在性能因子 $a_{\text{perf}} = 2$ 时要优于只有驾驶员操作的车辆。因此,对于自动驾驶车辆 $\lambda = 1$,而对于非自动驾驶车辆 $\lambda = 2$。

尽管自动驾驶汽车的特征是根据先前的假设,驾驶车辆的性能是双倍的,但在测试过程中,自动驾驶汽车卷入了一场致命的事故的概率 $P_1(1) = 1 \times e^{-1} \approx 0.37$,而非自动驾驶车辆的概率为 $P_2(0) = 1 \times e^{-2} \approx 0.14$。因此自动驾驶车辆没有非自动驾驶车辆安全的结论必须要被质疑。无论如何这个例子表明,为了能够得出自主驾驶性能足够高的结论,距离因子大于 2 是很有必要的。

例如从科学的角度出发,必须假定误差概率为 5% 且同样显著性水平 $e = 5\%$,选择相应较大的距离系数,这取决于事故的数量,为了使更低性能的车辆能有低于 5% 的误差率从而实现更低数量的事故,图 21.8 显示了这个考虑的结果和值的数值计算。

零个致命事故的数据点意味着在距离因子约等于 3 的情况下其误差率小于 5%，相对于对照组性能较差的车没有发生致命事故。

不幸的是，这次测试的成功率也是同样的小。因为如果测试车辆性能和对照组一样好，即应用性能因子 $a_{\text{perf}}=1$，得出的结论是测试成功率也只有 5%。为了使测试成功，必须要有更高的成功率。比如说要求 50% 的成功率来显示测试车辆不比对照组的差。为此测试车辆必须表现得要比对照组的好。图 21.9 显示了这个思考的结果。

第一点表示如下：如果测试车辆大约比对照组好 4.3 倍则测试成功且测试车辆成功率为 50% 误差率小于 5%，都要优于对照组。

这个结果意味着对于自动驾驶车辆来说两次致命事故之间的距离达到 2.1 亿 km。图 21.9 中最后一点表示：如果自动驾驶车辆性能大约是对照系统（当前的车辆）的两倍（$a_{\text{perf}} \approx 2$），则至少需要 21 亿 km（$s_{\text{test}} = a_s \cdot 2.1 \times 10^8 \text{km}$）的测试距离。在这种情况下，验证成功率达到了 50%，但是同样有 5 个事故会以相同的概率发生。

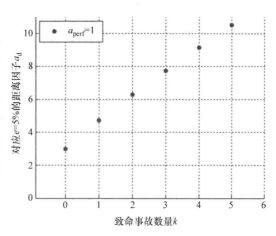

图 21.8　距离因子为 5% 的情况
图片版权：作者版权

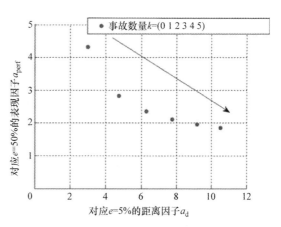

图 21.9　距离因子为 5% 且成功率为 50% 的情况　图片版权：作者版权

颇具讽刺意味的是，驾驶汽车越简单，所需的测试公里数越多，同时对比值相应地增高。对于州际驾驶员，目前的联邦统计局的数据显示两起致命事故之间的比较值为 6.62 亿 km。因此为了符合所提出的条件，必须在州际测试 66.2 亿 km 的距离。

这一理论上的统计数据表明，对于自动驾驶来说，生产发布可能会成为一个挑战，即使这不是真正的陷阱。据此确定测试公里数的若干因素尚未得到解决。例如系统的变化意味着将不得不再次进行测试，或者测试有/无乘客可以使用两个因子之一进行计算。Winner 详细介绍了此处未考虑的不同参数对确定测试公里数的影响,如区域面积、事故严重程度、事故起因和对照车辆。

这些考虑是自由假设下的理论观察。然而,这种方法仍然适用于说明问题和挑战,并且用来激发接下来的其他方法。

21.6 可能解决测试挑战的方法

正如显示的那样,自主驾驶代表了一个新的外部特征,由于其特性,它将对经典的测试概念提出质疑。我们需要采取新的方法来克服所描述的测试挑战:因此下一部分将讨论从安全验证的角度来看为什么重新使用批准的功能和进步的方法是很有必要的。在这之后我们将讨论可以加速测试的方法。

21.6.1 重新使用已批准的功能

第一个也是最简单的获得新系统的开放生产的可能性就是重新使用已经获得批准的功能。如果一个系统它的使用方式和之前的一样,那么已经发布的版本就可以直接取代它。但是如果功能范围扩大了就必须重新处理,新的区域越小所需的工作量也越小。

基于这一论点,在所有维度上的演变可能为测试上的挑战提供一种有效的方法。这里的维度指的是速度、使用面积和自动化程度。在选择演化步骤时,可以从两个角度进行区分:从功能开发人员的角度来看,由于速度的降低和对场景的访问限制,在交通堵塞期间州际公路是一个合适的启动方案。从之前提出的统计学考虑的角度来看,一个有意义的启动方案是,作为比较组的人将尽可能地表现得很糟糕,尽量多犯错误。尽多的错误就意味着短距离的测试,使得性能的验证更为容易。

革命性的一步——没有进化中间步骤的自动驾驶车辆——与这种方法相矛盾,似乎不太可能。

21.6.2 加快测试

尽管有这些进步性的方法,但是新功能的安全性仍然需要验证。为了加快验证的速度,从基本上可以做出两个调整:首先是可以改变什么,其次是如何改变。需要检查哪些测试用例,以及如何执行这些测试?Schuldt 等人称之为案例生成和测试执行。

21.6.2.1 测试用例生成

测试用例生成定义了要执行的测试。根据 Schuldt 等人所说,适用领域的大量影响因子和它们的范围值产生了显著数量的测试用例。正如所描述的那样,目前使用的系统是基于人的能力和他们对车辆控制的选择。这就导致了理论上所需要的测试用例明显减少。因此,有一个度量标准,可以在不测试所有情景的情况下对安全性进行总结。这种情形不适用于自主驾驶车辆,因此必须找到减少自主车辆的测试用例的新途径。在测试用例生成的过程中,对 21.3 节详细说明的测试概念的需求。特别是当省略测试用例时,抽样进行代表是有风险的。

这里 Glauner 和 Eckstein 的方法描述了公共道路交通中相关或关键情况的确定。基于之前定义的事件类型,在驾驶测试或大规模现场研究期间可以识别潜在的危险情况。这些危险情况被并入到测试用例生成中,因此可以省略不太危险的情况。这种减少是基于这样的假设,以及危险情况覆盖了不太危险的情况。目前尚未解决的任务是寻找有效的风险度量,以便在第一步中进行评估并在第二步中选择危险情况。

Schuldt 等人提供了另一个减少测试用例的程序:提出了一个通用的测试用例代码来尽可能充分地涵盖影响安全性确认的因素。这时应使用黑匣子测试程序和组合,这应该也是低冗余和有效的。这种方法是基于没有测试对象的先验知识的统计考虑,但它仍然有可能减少测试用例。

Tatar 和 Mauss 所描述的方法也适用于黑匣子测试:用于生成测试用例的优化。在这里,XiL 模拟的输入变量是多种多样的,这样就可以为测试定义的评估函数进行优化。尽管有效的 XiL 仿真和所需要的评估功能面临挑战,但这种方法提供了将测试用例集中在已评估部分的选择权。

第四种理论方法是使用和测试一个使用公式化方法的安全概念。与被认定为监控者的人类相似,也是当前车辆安全概念的一部分,一个被验证过的可靠安全概念可以测试车辆的总体功能。这是可以减少测试用例的可能性。

21.6.2.2　测试执行/测试工具

除了有在测试用例生成期间减少测试用例的可能性之外,测试的执行也有加速的潜力。但是,如果我们偏离实际驾驶并选择另一个用于测试执行的测试工具,那么总是有一个随之而来的简化。这将通过图 21.10 更详细地描述。

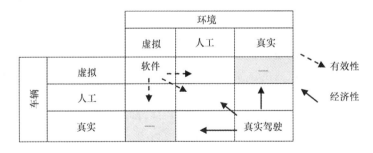

图 21.10　用于测试自主车辆的测试工具分类　图像版权:作者

图 21.10 将测试工具分为 9 个类别,这些类别根据车辆和环境的表现进行区分。乘客在描述中被分配给车辆,因为他/她位于车辆中并且不积极介入自主驾驶。实际驾驶代表现实中的环境和车辆。因此在这些测试中存在实际事故发生的风

险。环境不受控制，这导致了基于随机现实的测试情况；因此与其他道路使用者的复杂情况的再现性不是给定的。这个测试工具最早可以使用第一个道路原型，因此出现在开发过程的最后阶段。

一种替代方法是在人造环境中测试真实的车辆：这对应于在试验场上行驶，一方面这些情形能够人工创造得出来，另一方面"道路使用者"能够意识到是参与测试。简化的事实有益于安全性、可变性、可观察性和可重复性。从经济的角度来看，虽然测试用例是专门测试的，并且不需要像在实际驾驶中那样随机体验，但是设置测试字段需要额外的时间和财务资源。

另外，人工车可以在真实环境中行驶。在这种情况下，人工指的是为自主驾驶车辆配备一个监督人，例如，可以选择干预驾驶任务。这可能是控制转向盘和踏板的测试驾驶员，或者是因为强大（附加）传感器而性能优于其他系统的技术系统。如果组件被人为地表现出来，与现实的接近程度就会受到影响，但是在安全性、重复性和可观察性方面取得了进步。

除了可以轻松创建环境和车辆之外，还有一些工具使用计算机模拟的形式来进行虚拟表示。这里将现实场景和虚拟场景结合起来的两个字段用灰色背景表示，因为传感器和执行器的任务是在虚拟和实际信号之间切换，所以严格来说这些情况并不存在。真正的雷达传感器无法感知虚拟环境，虚拟转换器无法产生实际电压。

然而，人造虚拟环境和车辆的结合是可能的。其中的例子由车载在线的不同概念提供。为了关闭由环境和车辆的动作和反应组成的循环，实际部件以模型的形式映射在模拟中。这里提到的传感器或执行器是激活的，即被人为地激活（是模拟的视频对相机系统的激活和测功机对执行器的激活）或者测试工具直接模拟诸如电磁波的功率信号，并且借助模型尝试在仿真中表示传感器和执行器的实际效果。有关更多的信息请参阅 Bock 或 Hendricks。使用所描述的模型会对这些测试工具的意义提出质疑。要想有效使用这些模型，就必须证明这些模型不包含任何不被允许的简化；这里的"不被允许"指在功能上不被允许，也就是说，与现实的偏离只允许在功能误差允许范围内。然而，如果这个有效性已得到验证，测试工具可以在测试执行期间实现更高的安全性，因为环境和车辆的部分只能在虚拟世界交互。由于虚拟组件，这些测试工具的区别在于更大的可变性、可观察性和可重复性。从经济的角度来看，这个测试工具可以很容易地改变虚拟环境，也可以在各种各样的变体中代表车辆。经济上的劣势可能是模型的验证（见下文）。该测试工具的一个优点是可以基于模拟的工具，在开发的早期进行测试。

最后一个抽象层次代表了虚拟车辆与虚拟环境的结合：软件在环测试工具通过对模拟中的相关组件进行建模来表示封闭的控制回路。与之前的测试工具不同，整个测试世界都是虚拟的。测试是安全、可变、可观察和可重现的；在开发过程中也可以提前使用这个工具。经济上的优势是由硬件独立性提供，因为没有任何实时连接。测试的执行仅受计算机电源的限制；模拟可以夜以继日地运行，也可以大规模平行运行。另一方面，虚拟测试世界和每一个模型都是必须接近现实的：只有当所使用的模型的有效性得到验证时，虚拟测试对于开放生产才有足够的决定性。因此，出于对基于模拟程序的经济考虑，必须首先考虑模型的有效性。

使用公式化方法也存在同样的挑战。三菱在这种情况下写道："我们确实证明了碰撞永远不会发生（只要机器系统符合模型）。"这意味着即使对于公式化的方法，使用的模型接近现实的程度决定实验结果。例如，将传感器的不确定性或其他道路使用者的特性公式化是一个研究重点，同时也是一个特别的挑战。

与测试工具有关的讨论显示了可以加快测试的潜力。借助于人工创造的环境和车辆，可以设置和执行测试用例。此外，虚拟方法使测试能够加速并行运行，但这取决于所使用的计算机电源。

然而，讨论还表明，当引入人造和虚拟组件时，测试的有效性及其结论是一个挑战。

21.7　结论

自主驾驶可区分为：无须人类监督员辅助、部分自动化系统和由监督员来纠正的系统。由实际驾驶和驾驶执照测试组成的衡量标准，可以得出，对自主驾驶而言，目前生产中出现的自动化水平的安全性结论已不再适用。测试案例的减少导致的损失意味着目前的测试概念不适用于经济性地评估诸如自主驾驶的新系统安全性。遵守当前的测试概念将涉及经济上不合理的开销，并将陷入自主驾驶的"批准陷阱"。但是，作者提出了三种避免这种"批准陷阱"的方法。

首先，进化方法或转型（参见第10章）似乎是很有必要的，因为只有沿着速度、场景和自动化程度的不同方面才能使现有组件得到接管并且减少要开放的版本的任务范围。其次，必须根据现场经验和统计程序来减少必要的测试用例。这里的挑战是允许根据完成的测试用例得出关于系统安全性度量的结论。第三，替代测试工具必须与实际驾驶一起使用。这里没有真实的驾驶是完全不可能做到的，因为需要验证有效性，以便将测试用例转移到 ViL、SiL 和正式验证安全的程序中。

最后，必须指出的是，所面临的挑战不仅仅要在汽车行业的内部解决。即使测试概念针对自动驾驶进行了优化，也不会有 100% 的安全。零死亡仍然只是一个愿景，特别是与其他道路使用者进行的混合操作时。伴随着自主车辆引起的第一起事故，先前发布的安全评估方法将受到考验。因此，开放生产的基础应由有关各方公开讨论并且透明化设计。

应用许可

本章根据知识共享署名4.0国际许可（http://creativecommons.org/licenses/by/4.0/）的条款进行分发，允许通过任何媒介或格式使用、复制、改编、分发和再创作，只要您对原始作者和来源给予适当的说明，提供知识共享许可链接，并指出所做的任何更改。

本章中的图片或其他第三方材料均包含在作品的创作共享许可中，除非在来源中另有说明；如果这些材料不包括在作品的知识共享许可中，并且法律规定不允许相应的操作，那么用户需要获得许可证持有者的许可才可以复制、改编或再创作材料。

参考文献

1. Felkai, R., Beiderwieden, A.: Schaffen allgemeiner Voraussetzungen der Projektabwicklung. In: Projektmanagement für technische Projekte, pp. 7-49. Springer Fachmedien Wiesbaden (2013)
2. DAS EUROPÄISCHE PARLAMENT UND DER RAT DER EUROPÄISCHEN UNION: RICHTLINIE 2007/46/EG (2007)
3. Reuter, A.: Produkthaftung Produkthaftung in Deutschland. In: Werdich, M. (ed.) FMEA - Einführung und Moderation, pp. 121-137. Vieweg + Teubner Verlag (2012)
4. Gasser, T.M., Arzt, C., Ayoubi, M., Bartels, A., Bürkle, L., Eier, J., Flemisch, F., Häcker, D., Hesse, T., Huber, W., Lotz, C., Maurer, M., Ruth-Schumacher, S., Schwarz, J., Vogt, W.: Rechtsfolgen zunehmender Fahrzeugautomatisierung. Gemeinsamer Schlussbericht der Projektgruppe. Berichte der Bundesanstalt für Strassenwesen - Fahrzeugtechnik (F), vol. 83. Wirtschaftsverl. NW Verl. für neue Wissenschaft, Bremerhaven (2012)
5. Ward, R.B.: Revisiting Heinrich's law. In: Chemeca. Quality of life through chemical engineering (2012)
6. Hydén, C.: The development of a method for traffic safety evaluation: The Swedish traffic conflicts technique, Lund Institute of Technology. Department of Traffic Planning and Engineering (1987)
7. Donner, E., Winkle, T., Walz, R., Schwarz, J.: RESPONSE 3 - Code of Practice für die Entwicklung, Validierung und Markteinführung von Fahrerassistenzsystemen. In: VDA Technischer Kongress 2007, pp. 231–241, Sindelfingen (2007)
8. Spanfelner, B., Richter, D., Ebel, S., Wilhelm, U., Branz, W., Patz, C.: Herausforderungen in der Anwendung der ISO26262 für Fahrerassistenzsysteme. Challenges in applying the ISO 26262 for driver assistance systems. In: Lehrstuhl für Fahrzeugtechnik, TU München (ed.) 5. Tagung Fahrerassistenz, München (2012)
9. Weitzel, A., Winner, H., Peng, C., Geyer, S., Lotz, F., Sefati, M.: Absicherungsstrategien für Fahrerassistenzsysteme mit Umfeldwahrnehmung, Forschungsbericht FE-Nr. 82.0546/2012 (zum Zeitpunkt der Manuskripterstellung nicht veröffentlicht)
10. Schuldt, F., Saust, F., Lichte, B., Maurer, M., Scholz, S.: Effiziente systematische Testgenerierung für Fahrerassistenzsysteme in virtuellen Umgebungen. In: AAET 2013
11. Horstmann, M.: Verflechtung von Test und Entwurf für eine verlässliche Entwicklung eingebetteter Systeme im Automobilbereich, TU Braunschweig (2005)
12. Daimler AG: Mercedes-Benz präsentiert in Genf Limousine und Coupé der neuen E-Klasse (2009)
13. Fach, M., Baumann, F., Breuer, J., May, A.: Bewertung der Beherrschbarkeit von Aktiven Sicherheits - und Fahrerassistenzsystemen an den Funktionsgrenzen. In: 26. VDI/VW - Gemeinschaftstagung Fahrerassistenz und Integrierte Sicherheit, 6./7. Oktober 2010 in Wolfsburg (2010)

14. Burgdorf, F.: Eine kunden- und lebenszyklusorientierte Produktfamilienabsicherung für die Automobilindustrie, KIT Scientific Publishing; Karlsruher Institut für Technologie (2010)
15. Wirtschaftskommission der Vereinten Nationen für Europa (UN/ECE): Regelung Nr. 13-H — Einheitliche Bedingungen für die Genehmigung von Personenkraftwagen hinsichtlich der Bremsen (2010)
16. Baake, U., Wüst, K., Maurer, M., Lutz, A.: Testing and simulation-based validation of ESP systems for vans. ATZ Worldw **116**(2), 30-35 (2014). doi: 10.1007/s38311-014-0021-6
17. Rasmussen, J.: Skills, Rules, and Knowledge; Signals, Signs, and Symbols, and Other Distinctions in Human Performance Models. IEEE Transactions On Systems, Man, and Cybernetics **SMC-13**(3), 257–266 (1983)
18. Donges, E.: Fahrerverhaltensmodelle. In: Winner, Hakuli, Wolf (eds.) Handbuch Fahrerassistenzsysteme, pp. 15–23 (2011)
19. Ständer, T.: Eine modellbasierte Methode zur Objektivierung der Risikoanalyse nach ISO 26262, TU Braunschweig (2011)
20. Bahr, M., Sturzbecher, D.: Bewertungsgrundlagen zur Beurteilung der Fahrbefähigung bei der praktischen Fahrerlaubnisprüfung. In: Winner, H., Bruder, R. (eds.) 6. Darmstädter Kolloquium Mensch + Fahrzeug: Maßstäbe des sicheren Fahrens. Ergonomia (2013)
21. Statistisches Bundesamt (Destatis): Verkehrsunfälle - Fachserie 8 Reihe 7 (2012)
22. Winner, H.: Quo vadis, FAS? In: Winner, H., Hakuli, S., Lotz, F., Singer, C. (eds.) Handbuch Fahrerassistenzsysteme, 3rd edn. Vieweg-Teubner-Verlag (2015)
23. Glauner, P., Blumenstock, A., Haueis, M.: Effiziente Felderprobung von Fahrerassistenzsystemen. In: UNI DAS e.V (ed.) 8. Workshop Fahrerassistenzsysteme, pp. 5–14, Walting (2012)
24. Eckstein, L., Zlocki, A.: Safety Potential of ADAS – Combined Methods for an Effective Evaluation. ESV (2013)
25. Tatar, M., Mauss, J.: Systematic Test and Validation of Complex Embedded Systems. ERTS-2014, Toulouse, 5–7 (2014)
26. Mitsch, S., Ghorbal, K., Platzer, A.: On Provably Safe Obstacle Avoidance for Autonomous Robotic Ground Vehicles. Robotics Science and Systems (RSS), 2013. Accessed 27 June 2014
27. Bock, T.: Bewertung von Fahrerassistenzsystemen mittels der Vehicle in the Loop-Simulation. In: Winner, H., Hakuli, S., Wolf, G. (eds.) Handbuch Fahrerassistenzsysteme, pp. 76-83. Vieweg + Teubner Verlag (2012)
28. Hendriks, F., Tideman, M., Pelders, R., Bours, R., Liu, X. (eds.): Development tools for active safety systems: Prescan and VeHIL. Vehicular Electronics and Safety (ICVES), 2010 IEEE International Conference on (2010)

第 22 章 自主车辆会学习吗？

Walther Wachenfeld 和 Hermann Winner

22.1 简介

伴随着自主驾驶，一种技术体系将取代人类驾驶汽车。汽车工业界、大学和大型 IT 公司正在努力开发能够进行车辆操作的技术系统。他们的关注点是人类所完成的任务：感知、认知、决定（规划）如何行动和执行这种行为。此外，人类还拥有与驾驶一辆车没有直接联系的能力。例如，学习行为能够直接改变人们处理任务的能力。在驾驶员 - 车辆 - 环境系统中，这种人类的能力引出了一个问题：替代人类的技术体系是否也具有学习能力？在最多元化的领域，主要是 IT 驱动的领域，有各种各样的学习和学习系统，它们在性能上与传统的分析系统相竞争。不过，汽车自动化的标志首先是其安全性；其次，汽车作为一种产品，怎样与其他 IT 行业的产品区别化其系统的生命周期。这两种特质都所面临的挑战，已有的尝试，以及解决方案都是这一章的主题。在自动驾驶的背景下，人们也将注意力放在集体学习上，因为在学习过程中直接交换和复制已有知识是机器学习比人类版本更具有优势的地方之一。

在机器学习中复制人类的学习能力占据了整个研究领域。人们期望通过对人类学习过程的研究，既能加深对这一过程的理解，又能提高应用于机器学习的方法。根据目前有理解的两种学习形式的差异，机器学习在本章中被理解为人类生成的算法。软件的运行遵循这些算法，就像所有其他软件一样。我们的目标不是将拥有学习能力的人与拥有学习能力的机器人进行比较。相反，我们要讨论的是，在当前自动驾驶的形势下，机器学习的挑战和方法是否可行。本章基于机器学习领域的相关文献经验，介绍了车辆技术在这个问题上的观点。

22.2 车辆、环境和驾驶员（行为）学习

当驾驶员在任何环境中驾驶车辆时，都构成面向目标的行为。据 Rasmussen[1,2] 表述，人类在这里显示的行为可从三个方面分类。他们的行为是建立在他

们的技能、规则和知识（见21章的图21.6）上的，据Rasmussen[1]描述，人们在日常情况下能够克服基于技能的行为，且不会对认知能力产生急切需求的刺激–反应自动性。

基于规则的行为被证明具有更高的认知要求。除了感知和运动行为之外，还需要关联分类。在这种情况下，人类将公认的情况与已知的规则相匹配，并从一套行为规则中进行选择。人类在过去的情况和行为中有意识地学习或者注意到（"保存"）这些规则。这使人类能够识别相似的情况并将所学的规则传递给他们。

当人类面对新情况，并且如果他们没有接受过任何培训行为，他们的反应将是基于知识的。人类会根据他们训练有素的知识，尝试生成和评估他们可以采取的替代方案。最终，主观上最佳替代方案会被选择且实施。

关于面向目标的行为，Rasmussen[1]的理解清楚地说明了驾驶员学习行为的意义。在他们的"职业生涯"开始时，驾驶员通过驾驶学校的理论课程建立了道路交通的基础知识，然后对此进行测试。在测试过程中，知识建立在已学的社会生活知识上。此外，基于规则的行为是通过理论和实践经验训练得到的。获得驾驶执照后，人们可以在公路上行驶，不用进一步监督（例外：在德国17岁时可以获得驾照并驾驶汽车）。然而，在这一阶段的驾驶员既没有学到所有的规则，也没有学到所有处理在未来道路上所需的知识。随着他们获得的每一个新的经验，他们的行为从基于知识转向到基于规则，从基于规则转向基于技术。因此训练可以提高人类行为的效率。

如果我们查询每百万公里事故中涉及汽车驾驶员的数据，根据Oswald和Williams的说法[3,4]，这一风险随着人类年龄的增长而下降，直到它从40岁到50岁再次开始上升。根据Burgard的说法[5]，因为年龄的增长，驾驶员的经验、性格（个性）以及精神和身体而发生的先决条件的变化是这一现象产生的原因。如果我们把经验同化看作一个学习的过程，那么，学习能力有助于提高驾驶技能[6]。

如果道路交通遵循明确的规定，人们不需要按上述方式行事。然而，道路交通是一个由静态和动态物体组成的开放系统，涉及许多环境因素，如光线和雨水。即使与新手驾驶员相比，在有限的范围内，有经验的道路使用者也会继续遇到需要处理的未知情况。这是因为人们仅仅展示了这些基于知识、规则和技能的行为，在如今的道路上这些行为的效率、准确性和安全性都是不确定的。

此外，这种行为会导致驾驶行为的不统一。在相同的情况下，驾驶员会有不同的行为，在距离、速度和加速度方面也会有不同的选择。

这些基于技能、规则和知识的能力将会在驾驶自动化中被移除，并被驾驶机器人的相应功能所取代。

22.3 学习技术系统

机器学习一词代表的研究领域涉及算法设计的方式。这些算法的一个特点是根据经验自动改进技术系统。自动改进遵循先前由人类开发人员定义的规则和措施。至于那些关于有完全自由和创造力的机器的激烈争论，以及它们是否存在等，并不是我们的关注点。在使用机器学习时，需要一个明确定义的任务，并附带评估指标和（训练）数据。

以下是一个常用的对于机器学习的定义，来自 Mitchell[7]：

据说，一个计算机程序从经验 E 中学习一些任务 T 和性能度量 P，如果它在任务 T 中，用 P 来衡量性能的话，性能会随着经验 E 的提高而提高。

根据 Mitchell[7]，机器学习已经证明了自己的服务，尤其是在以下情况下：

a）数据库中有大量的数据，代表着其中可能包含能够自动提取的、有价值的信息。

b）人们对某一领域的理解有限，因此缺乏有效的算法知识。

c）在要求对条件变化进行动态调整的任务中。

这些定义及其使用范围如何适应自主驾驶将在 22.4 节讨论。首先，我们来看一下机器学习的过程。在各个领域的实例的帮助下，我们将在研究自主驾驶任务之前，探讨各种使用可能性。

22.3.1 各种机器学习过程的概述

Breiman[8] 在 2001 年表述以下内容：

在过去十五年中，算法建模的应用和方法论的发展一直很快。它主要发生在一个新领域的外部统计数据——通常被称为机器学习。

在文献 [9] 中，第一个机器学习操作追溯到 1948 年 McCulloch 和 Pitts 等。学习过程的多样性使得详细描述它们的所有细节变得不可能。因此，下面的内容将描述学习问题的类别，我们至少可以将这些问题分组[10-12]。

（1）监督学习

监督学习或"与老师学习"，其特点是预先评估训练数据（标签数据）。这种训练数据——构成机器学习基础的经验——包含学习问题的输入和输出参数。例如，在判断安全气囊是否在事故中被有效利用时，训练数据将包括加速度值和相应的评估（是否有效利用）。这些评估必须由专家/老师做出，或随着时间的推移进行观察。然后，学习过程使用这些经验值来确定新观察到的输入值的输出结果。在将经验值转移到新输入值的过程中，我们可以区分[10]懒惰型（基于记忆的）学习和渴望型（基于模型）学习。

在懒惰型学习中，训练数据在学习期间被保存，并且定义了衡量相似度的标准。这种相似度可以在其复杂性方面变化，从简单的欧氏距离变化到基于案例推理的复杂距离的变化。当为新的输入值寻求输出值时，确定与新情况最相似的训练数据，并从中导出输出值。该过程对应于转导推理[13]。相比之下，渴望型学习，在训练阶段（归纳）建立了基于训练数据的全局模型。新案例的输出值是通过模型的推导得到的。

（2）无监督学习

对于无监督的学习或没有老师的学习，训练数据也成为关键，尽管在这种情况下没有评估或输出值（无标签的数据）。在这个学习过程中，目标是在数据中找到一个结构，并根据结构对数据进行分类。这里的训练数据用于揭示这些结构，并且基于此，对新观察的输入值进行分类。

（3）加强学习

加强学习与之前的两个过程不同，在开始的时候很少或没有训练数据可用。为了改进而进行的训练数据是代理自己收集的，根据一个固定的方案进行优化。对任务执行的评估反馈到学习过程中，形成一个用于进一步优化的包含输入值和输出值的训练数据集。强化学习的方法暴露在所谓的"创新困境"中，因为"探索"和"开发"相互矛盾。March[15]这样描述道：

探索包括诸如搜索、变异、冒险、实验、游戏、灵活性、发现、创新等术语。开发包括细化、选择、生产、效率、挑选、实现、执行等。

对于学习过程中发生的问题，必须找到两者的平衡，一方面，在未知的探索区域中寻求最佳方案，另一方面，这种探索受到外部条件的限制，比如成本、安全和时间。

除了训练数据是否可以获得以及以什么形式能够获得的问题外，还可以通过训练数据的使用来区分学习问题。

（4）批量学习

在批量或离线学习中，在一个时间点应用一组训练数据来获得模型的学习方法。例如，如果学习方法产生了一个模型，那么这个模型就不会因为所获得的进一步经验而更新。

（5）在线学习

在线学习的特点是一个迭代过程，在这个过程中，新的经验被融入学习过程中。其目标是不断优化任务的处理方式，在过程中结合操作的经验。这就导致了系统行为随着经验的增加和时间的推移而改变。

这些不同类型的学习问题需要运用不同的机器学习方法[12]，这些方法包括决策树、人工神经网络和遗传算法，以支持向量方法、基于实例的学习、隐藏的Markov模型、价值迭代和Q学习等。这些方法的共同之处在于它们处理学习问题取决于三个基本属性。首先，只有在学习过程中使用了足够多的操作有关的代表性数据（经验），这些方法才能最佳地解决学习问题。其次，训练数据的质量非常重要，因此，对于实际测量的变量而言，噪声、不准确或部分数据的处理是非常必要的。除了测试数据之外，性能评估（P）也是一个挑战。只有评估对整个操作范围的实际数据有效，这些方法才能够正确地处理学习问题。

22.3.2 示例

以下示例可以作为用机器学习过程来解决问题一个小的例子。

（1）气囊部署[16,17]

学习的问题包括对传感器检测值进行分类，并以此来决定车辆安全气囊的部署。为此，我们训练了一个分类器，它将事故分为"部署"或"不部署"。在此示例中，一个事故的数据集有 30 个维度，包括加速度、压力和车辆的各个位置的碰撞声传感器检测值。对于 40 个训练数据集，其中传感器检测值被记录为代表性事故，它被注释（标记）为是否需要部署安全气囊。

（2）基于人工神经网络车辆路径控制系统[18]

ALVINN（神经网络中的自主陆地车辆）项目的目标是将车辆定位在其车道内的最佳路径上。训练数据包括相机图像的各个像素的输入参数和转向角的关联输出参数。这些都是在人类驾驶过程中记录下来的。一个人工神经网络，它的 960 个输入节点接收到相机图像的 30 个 32 像素的单个值。这些输入节点通过 4 个隐藏节点与 30 个输出节点连接，每个节点代表不同的曲率。

22.4 替代驾驶员（行为）学习的自动化

对于汽车行业而言，机器学习和人工智能不仅对驾驶的自动化感兴趣，而且对设计、生产和售后管理等其他领域也很有兴趣[19]。然而，这些领域和它们的信息娱乐不是我们所关心的。我们关注的重点是车辆自动化，正如目前所知，在公共道路上移动车辆的车辆自动化由以下部分组成：

1）环境及车辆状态变量的感知。

2）对这些状态变量的认知达到能够在全世界通用的水平。

3）基于此的行为规划。

4）执行所选行为。

根据 Mitchell 的说法（见 22.3 节），这些组件提供的属性已经使得机器学习的运用得到成功。对于环境及车辆状态变量更好的感知提供了大量的机器可读信息。首先，由于传感器性能和信号处理能力的持续提高，使得机器处理能够运用环境的详细图景。其次，随着我们接近完全自动化，传感器和车辆（装备传感器）的数量也在不断增加。在此基础上，机器学习训练数据的质量和数量也在不断增加。第二个特性尤其适用于认知和行为决策的某些领域，因为在这个阶段，替换人类活动的工作在很大程度上是理论性的（见 22.2 节）。根据欧盟资助的人脑项目和相关研究，显然现阶段仍有许多问题有待解决，而且缺乏有效算法所需的知识。第三个属性是由道路交通产生的。如在 22.2 节所描述的那样，车辆移动需要根据不断变化的环境条件进行调整。这就是为什么自动化机器学习以这样一种方式出现，因为它能够适应这些变化。

然而，除了这三种机器学习的动机之外，还有一些别的挑战。与其他机器学习应用相反，自主驾驶所需的四个要素（感知、认知、行为规划、行为执行）的特别共同点是它们会对车辆的实际行为进行干预。这意味着，在这个链条中出现任何不期望的行为，都可能会发展成故障或事故。为了讨论车辆自动化中机器学习过程的部署，我们将对安全相关系统进行分类，并将车辆自动化分配到这些类别之一。

22.4.1 安全系统

根据ISO26262，安全是"没有不合理的风险"。汽车系统（或通常）对这种安全性的影响程度可以通过以下方式来确定（文献[16]扩展）：

（1）无关安全性

这些系统的错误不会对人员或环境造成任何危险。例如，信息娱乐中使用的基于机器学习[20]的语音识别是与安全无关的。因此，这种系统已被运用；尽管错误在某种程度上出现，但并不会对安全产生负面影响。

（2）有关安全性

如果系统的错误可能导致对人员或环境的危险，则系统被认为与安全有关。

a）决策支持系统

在这里，决策者可以选择是否对系统的建议采取行动。例如，麻醉师根据患者信息、手术情况和以往经验，接受有关剂量的建议。系统错误会危及病人的安全，虽然前提是麻醉师遵循系统建议[21]。

b）监测和诊断系统

系统错误导致警告无法显示，如果错误没有被发现，就会对人员和环境造成危险。如果工业机械的诊断系统出现故障，那么这种诊断的缺失是十分危险的[22]。

（3）有关关键安全性

错误直接导致人员或环境受到威胁的系统。

a）监督/可校正的自动化

如果自动执行动作而没有额外的构造，那么自动系统的故障会直接对人或环境造成危害。如果系统由人进行监督，并且提供了校正的可能性，则可以避免这种危害。人的监督会使系统重新回到控制之下，这样人为参与就产生了容错率。需要记住的是，随着过程的自动化和人工任务的进一步减少，人们监督自动化过程的能力将会下降[23]。所谓的拥堵辅助系统，即部分自动控制系统，代表着这样一个关键安全性的系统，因为错误的系统行为会造成直接的危险。然而，这种危险可以通过驾驶员的监督来解决，拥堵辅助的发展方式是人类通过干预来纠正错误的系统行为。所以这种系统是为了可控性而设计的。

b）无监督/不可校正的自动化

在安全方面最重要的自动化形式是没有人为纠正的可能性。没有监督，系统的故障就会导致危险，根据实际情况，对人员或环境造成损害。根据定义，全自动驾驶属于这一类,车上的乘客不再起监督作用。不期望的行为,或系统未解决的故障,直接导致人与环境处于危险之中,并可能受到伤害。

这种自动驾驶的分类和自动驾驶在无人监督的自动化类别中的分类表明,为什么目前机器学习过程不能简单地从对安全至关重要的两个层面(非关键和相关)进行转移。研究报告中说明的来自 22.3.2 节中的安全关键的例子没有参照非监督程序,这不是没有理由的。

机器学习过程在无监督或不可校正的自动化中的应用需要进一步的区分,因为根据车辆系统生命周期中不同出现不同的挑战。

22.4.2 系统生命周期各个阶段的挑战和解决方案

在这个部分中,车辆生命周期分为 5 个阶段:研究、开发、运行、服务和用户变更/车辆报废,在各阶段都有不同的挑战等待着机器学习。

22.4.2.1 研究

当机器学习在研究阶段时,目标主要是确定在其过程中可以做什么。示例范围从在线、离线、监督、无监督,到强化学习。示例性训练数据集作为数据库被绘制出来,评估过程性能和鲁棒性。这是在受控和/或监督条件下进行的,并且基于示例性测试数据或测试运行。特别是在 22.4.1 节,类别(3)a 中,受控条件和/或部署训练有素的测试驾驶员可以容忍错误,存在大量的现有的例子。所以,证明其安全性不属于使用机器学习的挑战。这里面临的挑战在于访问应用程序的后续领域的代表性数据。由此产生的问题是研究结果是否可以转移到系统生命周期的开发和运行阶段。

22.4.2.2 开发

在开发阶段学习可以与离线学习进行比较。选择性地收集尽可能多的与应用相关的训练数据,例如在开发期间学习模型。

因此满足安全要求,就像其他所有安全相关的车辆部件一样,需要经过验证和确认,使车辆能够被生产出来并运行。既没有学习的模型也没有进一步的分类。学习过程不能在线运作,也不能自动适应,因此不会使用更多的数据用作训练数据来更新模型或分类。在使用过程中它构成了时间不变的系统,在这个系统中,已知的验证和验证方法会持续有效。但是我们应该记住,各种机器学习过程的结果可能会因其可解释性而有所不同。例如,有限范围的学习决策树,或者是一组可管理的规则集,这些都比较容易解释[24],因此代表白盒测试程序[25]。另一方面,其他方法,如随机森林或次符号神经网络,对于测试人员来说很难解释,因此代表了一个黑盒。

与分析模型相比,对于这样复杂的组件去证明其安全性,是一个巨大的挑战。因为对大多数分析模型来说,暴力测试不适合高输入维度的系统[26],因此以下四个来自奥特的对策[24]通常被用作结果:

a）将许多维度的问题分解成较少维度的子模型，以便由专家解释和验证子模型。

b）使用参考解决方案，允许对学习组件的安全性进行分析。

c）将输入、输出和状态变量限制在指定的值范围内，例如训练数据。这些限制可能是静态的，但也依赖于其他变量。

d）将输入、输出和状态变量的动态限制到每个单位时间的最小、最大、正或负变化。

这些措施都限制了机器学习的潜力，从而允许对学习模型进行测试。

22.4.2.3 运行

当完全开发和制造的车辆投入运行时，数据就会在实际使用区域、静态环境、其他用户及其行为以及车辆用户和使用者等方面积累起来。此外，车辆随时间的推移也有其机器行为的数据。这种直接可用的新信息，以前是无法访问的，它鼓励使用在线学习过程，也鼓励使用自适应系统。因此，车辆就变成了一个时间或经验的变体系统。在一个不断变化的系统中，没有额外的监督，这进一步的自由度会导致测试和安全验证面临的一个特别的挑战，这个问题还没有得到时间不变的自治系统的解决，参见第 21 章。基本上，有两种方法可以保证在操作过程中更改的系统是安全的。一种选择是把它的适应能力限制在一个明确定义的包络区域，比如自适应传输控制策略[27]。在这里，输入、输出和状态空间被限制为几个参数[28]，这样，从我们的立场来看，开发阶段的确认和验证似乎是可能的。如果这种限制违背操作过程中机器学习的目的，那么对多变的，包括时变和复杂系统的在线检查就变成了必要的[29]。下面的两种方法可以在这里应用到[29]。

（1）运行时的验证和确认

与常规验证和确认过程相比，运行时验证和确认是在开发者开发的过程中，在系统操作期间施加的验证和确认的方法[26,29,30]。原则上，适应过程被视为反馈回路。图 22.1 显示了观察、分析、计划和执行的四个阶段，根据 Tamura 等人[30]的说法，这是对适应过程进行结构性检查的必要过程。这张图片可以直接转移到在线学习过程中。如果在此过程中检测到系统调整，则在应用于软件运行之前，需要使用运行时验证和确认过程进行检查。这些检查包括，由于对系统的应用更改，它是否保持在生存区域内。对于自主驾驶，这意味着在实施之前检查驾驶机器人的任何变化是否符合安全规定。

如 21 章所述，此处应用的方法，如模型检查或定理证明，在此时达到了极限。

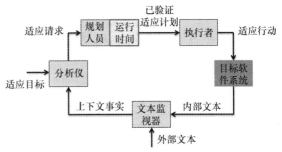

图 22.1 适应过程作为运行时验证和确认的反馈回路，见文献 [30]

使用一个软件循环过程也是可能的,但是在车辆生产中是否具有足够的能力处理这样的过程是不确定的。

(2)通过监控和容错验证和确认

如果在更新软件之前进行系统安全检查是不可能的,则可能会出现故障,从而导致危险。为了避免这种情况,系统通常被设计得具有容错性。这种容错系统从根本上需要两个组件[31]。首先,对系统状态和行为进行监控,根据分析,判断是否存在错误。其次,冗余是必要的,可以在错误的情况下进行转移。图22.2显示了这种设置模式,这个原则相当于在故障发生时接管车辆控制系统的人类主管。

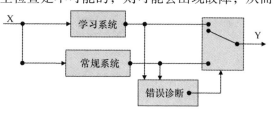

图22.2　根据文献[31]的动态冗余

这表明在运行机器学习的过程中面临挑战,特别是在验证安全行为方面。两个方法——运行时验证和确认以及通过监控进行验证和确认——都需要一种测量安全驾驶的方法。22.4.3节概述了此类测量的方法。

在这里提供另一种方法,是通过与人类学习进行比较得出的。道路使用者认为,没有进一步的筛选,人类就会根据他们在开车时所采取的措施来学习,并相应地调整他们的行为。至于调整后的行为是否符合交通状况并不会直接呈现出来,而是偶尔通过警察对超速及交通检查来检查。此外,其他道路使用者也会报告诸如事故等不稳定的行为,以便人类的驾驶员在学习过程中收到反馈意见。转移到技术系统中,这意味着机器学习直接导致行为的调整。对这种调整是否合法的测试或检查,将追溯到其他道路使用者、警察或特别监督机关。这种方法减少了对在线验证和确认的要求,因为其他道路使用者的技能被纳入其中了。如果这个测试在功能被修改之后才进行,并且如果还没有其他可能的干预(在控制系统中),操作更新但未经测试的功能将带来更高的风险。

22.4.2.4　服务

除了开发和运行过程中可以进行机器学习,系统生命周期中还有一个阶段也可以进行机器学习。作为服务的一部分,可以下载车辆收集的训练数据,并更新车辆功能。这不一定需要车辆本身在场[32]。这个过程打开了图22.1中的反馈回路,与进一步的开发阶段相对应的是,训练数据和计划的适应性可以被测试,这样软件系统就可以在得到安全保证之后更新。由于这些机器学习方法可能涉及车辆的个人数据,因此需要考虑保密性和安全性。关于这个问题,请参阅第24章。

22.4.2.5　用户变更/车辆报废

正如我们所希望的那样,如果车辆能够为用户提供个性化的驾驶体验,或者在某一操作区域进行优化,那么随着用户的改变或者车辆寿命结束,这些学习的能力和知识应该与用户保持在一起而不是车辆本身。这种能力会变得特别有趣，例如，当用户不购买汽车，而只购买其移动服务时，所有权模式会随着需求的变化而变化（见第2章）。从原则上讲，技术系统转移知识并不困难，它们可以在没有冗长的学习过程的情况下传递这些信息。这将是在22.5节中进行更深入的研究。

22.4.3 安全驾驶措施

如前几章所述，对机器学习过程的总体评价和操作过程中的验证和确认都需要对车辆的安全性进行评估。在第一种情况下，如果事故已经发生，它当然可以回顾观察，是什么影响了速度和能量，以及事故是如何产生的。但是这个测量有一个缺点，即事故首先就不应该发生。由此可见，对于一个安全的系统来说，事故将是极为罕见的事件，因此几乎不适合从中学习。

我们需要的是一种评估标准，在它超越物理驾驶限制之前，将其划分为不安全的。为此，我们将在风险评估中区分出确定性和随机性方法，正如文献［33，34］所发现的一样。

22.4.3.1 风险评估中确定性方法

按照文献［35］，我们还将区分驱动动力标识符和距离标识符。虽然这是有限的信息，但可以确定的最简单值，是横向和纵向加速度和偏驶率的限制值。在100辆汽车的研究[33]中，大于$0.7g$的纵向加速度在检测中被当作不安全情况的触发器。仅用自车的变量来区分出是否为紧急情况是不适当的，因为其他道路使用者会带来很大影响，他们甚至可以将静止的车辆带入危险的境地。很容易看出，车辆的安全也受到其周围环境及其他交通的影响。

如果在开始时，首先减少环境中到每个方向上通道的并行通信量，那么时间冲突（TTC）或它的倒数值就表明了该情况的安全性。例如，在ISO 22839（前方车辆碰撞减轻系统），

$$\text{TTC} = \frac{x_c}{v_r}$$

定义了时间间隔是自车在距离障碍物x_c时与障碍物发生碰撞的时间，假定相对速度$v_r = (v_{ego} - v_{obj})$保持恒定。此测量方法可适用于前车及后车。由TTC，Chan[34]定义了一个临界度指数，它认为事故的严重性与速度的平方成比例：

$$\text{Criticality Index} = \frac{v^2}{\text{TTC}}$$

如果车辆之间的速度不保持恒定，则提高TTC。在ISO 22839中，这是衍生的公式：

$$\text{ETTC} = \frac{v_r - \sqrt{v_r^2 - 2a_r x_c}}{a_r}$$

这个公式只适用于相对加速度$a_r = (a_{obj} - a_{ego})$保持不变时。如果车辆停下来

时,这个方程需要调整,参见 Winner[35] 关于此的说明。这些值给出一个状态的评估,相当于状态分析。为了能对所有情况下的驾驶安全进行评估,建议使用下列概念[36]:

- 冲突数(NOC)
- 暴露时间 TTC(TET)
- 集成时间 TTC(TIT)

这些概念的名称本身就说明了问题,因此我们不会在这里讨论它们,但是读者可以参考文献 [36,37] 进行深入了解。更简单的测量包括车间时距和必要的延迟 a_{req} 以避免后端碰撞。基于前述,可以根据文献 [37-39] 进一步了解。

$$t_h = \frac{x_c}{v_{ego}}$$

当车辆、物体和加速度在横向方向上移动时都包括在内,例如,当研究路口的情况时,必须扩大安全评估的指标。最简单的方法是后侵占时间(PET),这个时间变量被文献 [40] 定义为"第一个道路用户离开第二个道路的时刻和第二个道路用户到达第一个道路的时刻之间的时间。"

当观察自车周围,与自车相关的不仅仅是两个目标车辆,还有更多的物体。它们可以静态地影响安全评估,但原则上也可以从任何方向动态地影响安全评估。例如,Tamke[41] 的方法是,使用欧几里得规范来确定自车周围所有目标的距离,以及距离的时间导数。该 TTC 是在基于这些变量基础上,使用行为预测确定与车体接触的时间。这种方法目前仍然被列为确定性的过程,为自车的行为和动态对象遵循"恒定转向和恒定加速度方法"。然而该方法本身也使得预测具有不确定性。

确定性方法适合于对已实施操作或情况的事后安全评估。如果对已发生的情况进行在线评估,并且预测时间范围超过 1s 是十分理想的。但是,只要情况包含不确定性,那么它的应用程序本身就有缺陷。这里的不确定性意味着,随着时间的推移,情况的发展不仅有一个潜在的确定性过程,就像在"恒定转向和恒定加速度方法"模型中所假定的那样,而且可能会发生许多不同的情况。例如,在计算 TTC 时,前面的车会加速,而不是减速,以缓解危局。为了将这些不确定性纳入到风险评估中,我们将简要地看一下随机过程。

22.4.3.2 风险评估中的随机性方法

如图 22.3 所示,两辆车之间的风险评估很明显需要随机过程的使用。假定行为和速度是确定性的,像图 22.3 上图,车辆这样路过不会造成危险,因为车辆所占据的轨迹和区域不会交叉。考虑到不确定性时,情况就不同了。如果一个人驾驶的车辆(图 22.3 下图深色)不停留在它的车道上,这对自动驾驶车辆(图 22.3 下图,浅色)和周围的环境可能是危险的。

事故发生的可能性及其潜在的严重性将是相关的风险。这两个值都涉及了需要尽可能准确地估计的一些未知量。

确定概率的主要方法[42]是根据测量的状态变量来预测其附近的自车和物体的轨迹。由于人类驾驶员因素、传感器和制动器的不确定性，以及物体间的相互作用，轨迹不但不止一个，而且所有物体状态还会随着时间推移呈概率分布。如果物体所占据的潜在区域重叠，则可能发生事故。物体可能的状态受使用的动态模型和动态变量的定义限制。在文献［43］中的车辆的单轨模型是一个在增加预测精度和减少计算时间

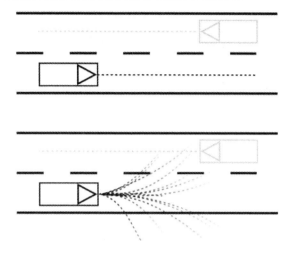

图 22.3 在相向行驶情况下对预测的比较：确定性（上）和随机性（下）

之间找到的折中方案。此外，根据作者的分析[43]，动态变量，如加速度和转向速率仅限在非临界典型值。在文献［43，44］中可以找到替代方案的概述。所有方案的共同点在于，车辆的动态仿真不能同时进行解析[41]，因此，伴随离散化和简化的数值方法将被使用。

在文献［45］中，相对评估基于每一次事故中的非弹性碰撞，因而可以得到包括严重性的风险评估。这与基于潜在碰撞能量（PCE）的方法相对应[36]。然而，还是没有找到一种可以同时确定事故严重性和可能性的方法。原因归于不精确的算法[46]，其中一个是回归分析法，另一个是目前已在其他领域应用于确定事故严重性的计算密集型有限元方法（FEM）[47]。Meier 等人[46]提供了一种基于符号回归的新算法，这种回归函数使用紧急情况的数据库（由有限元计算生成），可以预测在特定事故的严重性，精确到几毫秒。它使用了碰撞前的信息，如车辆质量、速度、碰撞点和碰撞角度。这种方法的缺点是其有限的可解释性，因为回归模型不包含任何物理变量。如果这种方法预测的严重性被证实有效，就有可能将风险评估扩展到严重性的判断。

上述的程序还不足以评估自适应性自动驾驶的安全性，原因如下。首先，所有的方法都基于一系列的简化，如排除天气条件，简化驱动动力，或不包括传感器的不确定性。其次，他们所提出的方法并没有对事故发生的可能性和严重性做出任何综合验证。因此目前还不存在对车辆驾驶安全的一般定义和评估。

然而，汽车自动化的持续进展确实提供了一些有利因素。首先，消除（自车）驾驶员的不确定性。尽管人类的行为仍以其他道路使用者的形式存在，但本车的轨迹在其控制性能中是已知的。此外，车辆传感器性能正在不断上升，减少了物体状

态的不确定性。最后，通过 V2X 通信，对周围环境的额外信息进行了交互，从而提高了风险评估的参考点的质量和数量。

22.5 自动化作为集体学习的一部分

在这一章中，我们到目前为止对车辆学习行为进行的分析只局限于某一特定车辆的系统生命周期。然而，汽车自动化间接导致的是，在大规模生产过程中对一组汽车的硬件和软件进行的复制行为。同样地，在道路交通中运行的车辆将具有同样的功能。一方面，这样做有一个缺点，那就是驾驶错误、故障和事故类型不仅会影响到一辆车，还会影响整个团队。另一方面是，它给自适应系统带来了更大的自由度。交换数据可以使操作过程中的集体学习成为可能。原则上可以区分这两种方法[48]：以代理者为基础的机器学习和具有代理机器学习。前者（也常被称为基于代理的群体智能）中，集体学习系统是由许多具有有限认知能力的网络代理组成的，就像蚂蚁或蜜蜂这类动物的行为[49]。与此相比，具有代理的机器学习也由几个代理组成，它们采用了第 22.3 节中描述的过程。这两种方法在机器学习的基本阶段是不同的：

- 集体经验继承。
- 集体绩效评估。
- 学习模型和知识的推导。

本质上只要收集了真实情况的数据，就可以应用这些方法。这就导向了一个问题：一个团队的哪个部分应该负责从数据中收集相关信息，并根据学习问题和性能度量进行评估？学习方法可以基于此吗？由于数据传输带宽有限，需要传输预处理后的数据，甚至学习模型和知识；而不是原始的传感器数据。只要参与的代理/车辆属于一个系列和软件版本，就会有对传输信息的完整性的挑战，尽管问题不在代理之间的兼容性和可信赖性上。所谓的同类团队就是在团队中知道如何学习和学习什么。然而，如果目标只是扩展学习方法应用到的数据库，那么具有不同软件甚至不同制造商的车辆也可以相互联网进行集体学习。这相当于一组异构车辆，其中可能有不同的机器学习过程，而知识的表示方法同样也是异构的。参考文献［50］给出了其他方面的例子，说明这些集体原则如何处理。从本质上讲，除了车载机器人，还有其他的智能体，比如智能手机或未来的服务机器人，它们同样会收集数据，并覆盖区域，但这些区域不同于驾驶机器人所能访问的区域。目前可想象的最高连接级别，并且在一定程度上是最大的数据库是互联网。作为一种支持网络的设备，自动驾驶汽车允许大量的应用程序和功能存在，无论是好是坏。不仅如此，IBM 的沃森项目表明，在互联网上归档的部分知识也可以被机器理解。因此，任何权威都可以在互联网上获取信息，都不需要通过经验来学习，从而影响自动驾驶汽车的行为。另一方面，访问任何（未授权的或匿名的）源可能会造成道路交通安全和数据安全方面的问题（参见第 24 章）。

22.6 结论

  机器学习是当前研究的一大热点，因为现有数据的质量和数量不断增加。此外，汽车自动化也提出了一些问题，这些问题只能用传统分析方法解决。在将研究结果推广到无人驾驶汽车的自动驾驶功能的开发过程中，最大的挑战是被证实它们在安全关键系统中如果无人监督就无法被安全地使用。因此，根据作者的知识，在目前的量产车中已经发现了经过试验和批准后不会改变的学习模型。自适应传输控制系统不是我们研究的对象，因为它们在清晰定义的有限值范围内可以忽略自适应参数。然而，在运行时学习和适应给自动化带来了额外的自由度。

  利用这个自由度是出于优化自主旅行的可能性，可以弥补人类的调整能力和学习的损失，并且定制个性化汽车驾驶。本章强调了在车辆运行过程中应用机器学习需要在道路安全和数据安全方面给予更多的关注。目前没有有效的措施来评估交通安全方面的风险。因此，很显然，在操作过程中使用自适应机器学习过程首先需要有冗余的常规系统的容错设置，而后者是用于评估道路安全。因此，在运行时（自适应系统）的机器学习最初只会在常规系统的框架内优化车辆自动化。对上述应用的非自适应系统及其安全性的论证同样适用。尽管有大量的文献已经成功地介绍了这些例子，但它们大多来自于其他领域，这些领域没有对产品提出过类似的要求。

  在本章中，我们研究的数据安全只是在外围进行了探讨，如果想要较为深入地研究这个问题，见 24 章。学习方法需要数据，因此需要有关使用者、车辆和环境的信息。因此，数据保护与道路安全具有同样的重要性。值得关注的是，环境中也包含了人类，这意味着保护他们的数据。车辆自动化所需的传感器的质量和数量，一方面是对机器学习的促进，另一方面，从数据保护的角度来看，它们也受到了怀疑。此外，车辆传感器的一个特殊特性是，当车辆或其功能没有被使用时，它们在很大程度上没有被物理覆盖。随着机器学习的应用，数据安全也应该得到相应解决。

  然而，网络代理和学习系统的应用有其优点，其效果是不容低估的。集体学习者不需要慢慢地获得可用的知识。相反，这些信息可以被复制粘贴到下一个车辆或软件生成中。这与大量的电子记录信息相结合，有可能改变车辆行驶、道路交通以及人们的总体（流动性）行为。这使得研究医学机器人和人类接触的家用机器人同样有趣。由于相似的条件，逆向工程也适用于汽车技术和机器人技术的密切合作。

应用许可

本章根据知识共享署名 4.0 国际许可（http：//creativecommons. org/licenses/by/4.0/）的条款进行分发，允许通过任何媒介或格式使用、复制、改编，分发和再创作，只要您对原始作者和来源给予适当的说明，提供知识共享许可链接，并指出所做的任何更改。

本章中的图片或其他第三方材料均包含在作品的创作共享许可中，除非在来源中另有说明；如果这些材料不包括在作品的知识共享许可中，并且法律规定不允许相应的操作，那么用户需要获得许可证持有者的许可才可以复制、改编或再创作材料。

参 考 文 献

1. Rasmussen, J.: Skills, Rules, and Knowledge; Signals, Signs, and Symbols, and Other Distinctions in Human Performance Models. IEEE Transactions On Systems, Man, and Cybernetics **SMC-13**(3), 257–266 (1983)
2. Donges, E.: Fahrerverhaltensmodelle. In: Winner, Hakuli, Wolf (Hrsg.) Handbuch Fahrerassistenzsysteme, pp. 15–23 (2011)
3. Oswald, W.D.: Automobilismus und die "gefährlichen Alten". In: G. Schmidt (Hrsg.) Technik und Gesellschaft. Automobil und Automobilismus, vol. 10, pp. 183–195 (1999)
4. Williams, A.F.: Teenage drivers: patterns of risk. Journal of safety research **34**(1), 5–15 (2003)
5. Burgard, E.: Fahrkompetenz im Alter: Die Aussagekraft diagnostischer Instrumente bei Senioren und neurologischen Patienten. Dissertation, LMU (2005)
6. Funk, W., Grüninger, M., Dittrich, L., Goßler, J., Hornung, C., Kreßner, I., Libal, I., Limberger, S., Riedel, C., Schaller, S.: Begleitetes Fahren ab 17-Prozessevaluation des bundesweiten Modellversuchs. Berichte der Bundesanstalt für Straßenwesen. Unterreihe Mensch und Sicherheit.(213) (2010)
7. Mitchell, T.M.: Machine Learning. McGraw-Hill series in computer science. McGraw-Hill, New York (1997)
8. Breiman, L.: Statistical Modeling: The Two Cultures (with comments and a rejoinder by the author). Statist. Sci., 199–231 (2001)
9. Carbonell, J., Michalski, R., Mitchell, T.: An Overview of Machine Learning. In: Michalski, R., Carbonell, J., Mitchell, T. (Hrsg.) Machine Learning. Symbolic Computation, pp. 3-23. Springer Berlin Heidelberg (1983)
10. Ertel, W.: Grundkurs Künstliche Intelligenz. Eine praxisorientierte Einführung, 3rd edn. Lehrbuch. Springer Fachmedien, Wiesbaden (2013)
11. Sewell, M.: Machine Learning. http://machine-learning.martinsewell.com/ (zuletzt geprüft 15.07.2014) (2009)
12. Sammut, C. (ed.): Encyclopedia of machine learning. 78 tables. springer reference. Springer, New York (2011)
13. Shaoning Pang, Nikola Kasabov: Inductive vs transductive inference, global vs local models: SVM, TSVM, and SVMT for gene expression classification problems - Neural Networks. Proceedings. 2004 IEEE International Joint Conference on (2004)
14. Russell, S., Norvig, P., Intelligence, A.: A modern approach. Artificial Intelligence. Prentice-Hall, Egnlewood Cliffs **25** (1995)

15. March, J.G.: Exploration and exploitation in organizational learning. Organization science **2**(1), 71–87 (1991)
16. Nusser, S.: Robust Learning in Safety-Related Domains. Machine Learning Methods for Solving Safety-Related Application Problems, Otto-von-Guericke-Universität Magdeburg (2009)
17. Nusser, S., Otte, C., Hauptmann, W., Leirich, O., Krätschmer, M., Kruse, R.: Maschinelles Lernen von validierbaren Klassifikatoren zur autonomen Steuerung sicherheitsrelevanter Systeme. at-Automatisierungstechnik Methoden und Anwendungen der Steuerungs-, Regelungs- und Informationstechnik **57**(3), 138–145 (2009)
18. Pomerleau, D.: Neural Network Vision for Robot Driving. In: Hebert, M., Thorpe, C., Stentz, A. (Hrsg.) Intelligent Unmanned Ground Vehicles, vol. 388. The Springer International Series in Engineering and Computer Science, pp. 53-72. Springer US (1997)
19. Gusikhin, O., Rychtyckyj, N., Filev, D.: Intelligent systems in the automotive industry: applications and trends. Knowl Inf Syst **12**(2), 147–168 (2007). doi: 10.1007/s10115-006-0063-1
20. Deng, L., Li, X.: Machine Learning Paradigms for Speech Recognition: An Overview. IEEE Trans. Audio Speech Lang. Process. **21**(5), 1060–1089 (2013). doi: 10.1109/TASL.2013.2244083
21. Olivier Caelen, Gianluca Bontempi, and Luc Barvais: LNAI 4594 - Machine Learning Techniques for Decision Support in Anesthesia
22. Widodo, A., Yang, B.-S.: Support vector machine in machine condition monitoring and fault diagnosis. Mechanical Systems and Signal Processing **21**(6), 2560–2574 (2007). doi: 10.1016/j.ymssp.2006.12.007
23. Bainbridge, L.: Ironies of automation. Automatica **19**(6), 775–779 (1983). doi: 10.1016/0005-1098(83)90046-8
24. Otte, C.: SCI 445 - Safe and Interpretable Machine Learning: A Methodological Review. In: Moewes, C., Nürnberger, A. (Hrsg.) Computational intelligence in intelligent data analysis. Studies in computational intelligence, vol. 445. Springer, Berlin, New York (2013)
25. Burgdorf, F.: Eine kunden- und lebenszyklusorientierte Produktfamilienabsicherung für die Automobilindustrie, KIT Scientific Publishing; Karlsruher Institut für Technologie (2010)
26. Taylor, B.J.: Methods and procedures for the verification and validation of artificial neural networks. Springer (2006)
27. Nelles, O.: Lernfähige Fuzzy-basierte Fahrstrategie für automatische Getriebe. In: Isermann, R. (Hrsg.) Modellgestützte Steuerung, Regelung und Diagnose von Verbrennungsmotoren, pp. 233-250. Springer Berlin Heidelberg (2003)
28. Cao, C.T., Kronenberg, K., Poljansek, M.: Adaptive transmission control. Google Patents. http://www.google.com/patents/US5954777 (1999)
29. Dahm, W.: Perspectives on Verification and Validation in Complex Adaptive Systems, Notre Dame University. Workshop on Verification and Validation in Computational Science (2011). Accessed 22 July 2014
30. Tamura, G., Villegas, N., Müller, H., Sousa, J., Becker, B., Karsai, G., Mankovskii, S., Pezzè, M., Schäfer, W., Tahvildari, L., Wong, K.: Towards Practical Runtime Verification and Validation of Self-Adaptive Software Systems. In: Lemos, R. de, Giese, H., Müller, H., Shaw, M. (Hrsg.) Software Engineering for Self-Adaptive Systems II, vol. 7475. Lecture Notes in Computer Science, pp. 108-132. Springer Berlin Heidelberg (2013)
31. Isermann, R.: Fault-diagnosis systems. An introduction from fault detection to fault tolerance. Springer, Berlin, New York (2006)
32. Stokar, R. von: Software-Updates Effiziente Nutzung von Connected Cars. ATZ Elektron **9**(1), 46-51 (2014). doi: 10.1365/s35658-014-0387-7

33. Guo, F., Klauer, S., Hankey, J., Dingus, T.: Near Crashes as Crash Surrogate for Naturalistic Driving Studies. Transportation Research Record: Journal of the Transportation Research Board **2147**(-1), 66–74 (2010). doi: 10.3141/2147-09
34. Ching-Yao Chan (ed.): Defining Safety Performance Measures of Driver-Assistance Systems for Intersection Left-Turn Conflicts. Intelligent Vehicles Symposium, 2006 IEEE. Intelligent Vehicles Symposium, 2006 IEEE (2006)
35. Winner, H., Geyer, S., Sefati, M.: Maße für den Sicherheitsgewinn von Fahrerassistenzsystemen. In: Winner, H., Bruder, R. (Hrsg.) Maßstäbe des sicheren Fahrens. 6. Darmstädter Kolloquium Mensch + Fahrzeug. Ergonomia Verlag, Stuttgart (2013)
36. Dijkstra, A., Drolenga, H.: Safety effects of route choice in a road network. Simulation of changing route choice. SWOV Institute for Road Safety Research, Leidschendam, Netherlands (2008)
37. Yang, H.: Simulation-based evaluation of traffic safety performance using surrogate safety measures (2012)
38. Zhang, Y., Antonsson, E.K., Grote, K.: A new threat assessment measure for collision avoidance systems. Intelligent Transportation Systems Conference, 2006. ITSC'06. IEEE
39. Jansson, J.: Collision avoidance theory with application to automotive collision mitigation. Linköping studies in science and technology. Dissertations, vol. 950. Dept. of Electrical Engineering, Univ., Linköping (2005)
40. Horst, A. R. A. van der: A time-based analysis of road user behaviour in normal and critical encounters. Institute for Perception TNO, Soesterberg, Netherlands (1990)
41. Tamke, A., Dang, T., Breuel, G.: A flexible method for criticality assessment in driver assistance systems. Intelligent Vehicles Symposium (IV), 2011 IEEE
42. Althoff, M., Stursberg, O., Buss, M.: Model-Based Probabilistic Collision Detection in Autonomous Driving. Intelligent Transportation Systems, IEEE Transactions on **10**(2), 299–310 (2009). doi: 10.1109/TITS.2009.2018966
43. Eugen Käfer: Situationsklassifikation und Bewegungsprognose in Verkehrssituationen mit mehreren Fahrzeugen, Universität Bielefeld (2013). Accessed 7 July 2014
44. Althoff, D., Wollherr, D., Buss, M.: Safety assessment of trajectories for navigation in uncertain and dynamic environments. Robotics and Automation (ICRA), 2011 IEEE International Conference on
45. Althoff, D., Kuffner, J., Wollherr, D., Buss, M.: Safety assessment of robot trajectories for navigation in uncertain and dynamic environments. Auton Robot **32**(3), 285-302 (2012). doi: 10.1007/s10514-011-9257-9
46. Meier, A., Gonter, M., Kruse, R.: Symbolic Regression for Precrash Accident Severity Prediction. In: Polycarpou, M., Carvalho, A. de, Pan, J.-S., Woźniak, M., Quintian, H., Corchado, E. (Hrsg.) Hybrid Artificial Intelligence Systems, vol. 8480. Lecture Notes in Computer Science, pp. 133-144. Springer International Publishing (2014)
47. Mukherjee, S., Chawla, A., Mohan, D., Singh, M., Dey, R.: Effect of vehicle design on head injury severity and throw distance variations in bicycle crashes. Proceedings From 20th International Technical Conference on the Enhanced Safety of Vehicles. Lyon (2007)
48. Czarnowski, I., Jędrzejowicz, P.: Machine Learning and Multiagent Systems as Interrelated Technologies. In: Czarnowski, I., Jędrzejowicz, P., Kacprzyk, J. (Hrsg.) Agent-Based Optimization, vol. 456. Studies in computational intelligence, pp. 1-28. Springer Berlin Heidelberg (2013)
49. Miller, P.: Die Intelligenz des Schwarms. Was wir von Tieren für unser Leben in einer komplexen Welt lernen können. Campus-Verl., Frankfurt am Main [u.a.] (2010)
50. Gifford, C.M.: Collective Machine Learning: Team Learning and Classification in Multi-agent Systems. Dissertation, University of Kansas (2009)

第 23 章 自动驾驶车辆中的安全方案

Andreas Reschka

摘要

　　自动驾驶车辆的发展目前着重于车辆引导系统的功能[⊖]。大量实验车辆的演示展现出了令人印象深刻的功能——这里首先列出最近的成果。例如,由卡尔斯鲁厄理工学院和戴姆勒公司承担的在 Bertha – Benz 路线的驾驶演示[69],布伦瑞克工业大学的 Stadtpilot 项目[41,60],谷歌公司的相关活动[13,59], BRAiVE 研究所和帕尔马大学 VisLab 研究所的 VIAC 项目[4,8],德国研究基金会(DFG)28 号合作研究中心的研究活动[31,55,57]和 DARPA 城市挑战的结果[51-53]。如果实验车辆在公路上行驶,一名安全驾驶员[⊖]必须始终在车内监控技术系统。车内人员必须在技术显现出缺陷时进行干预,这意味着当前的场景超出了车辆的能力,或者有另一个事件需要人工操作。根据文献[20],这样一种对技术系统进行监控的必要性意味着,该公共道路上的测试车辆将被分类为半自动化。然而,具有较高自动化水平的未来车辆引导系统的目标是在所有情况下独立运行系统,无须人工监控。

　　因此,在车辆引导系统的过程中,需要一个涵盖各个步骤(如规范化、设计、开发和功能测试)的安全方案。此外,系统中还需要可以达到或尝试维持所谓安全状态的安全功能。

23.1 安全状态

　　术语安全状态的使用通常是模糊的。安全是一个相对的概念,并且取决于观察者的主观认知。根据 ISO 26262 标准,当没有不合理风险时,系统的操作模式或布

⊖ 车辆引导系统是一种无须人为干预即可操控车辆的技术系统。与驾驶员辅助系统不同,这一系统不需要人为监视。该系统由车辆和车辆引导系统组成,形成"自主车辆"。术语"驾驶机器人"的含义与车辆引导系统非常相似。然而,它经常被理解为像人类一样操纵车辆的机电系统(参见 http://www.uni-ulm.de/in/mrm/forschung/mechatronik/kognitiver-fahrroboter.html)。为了避免这两者的混淆,本文不会使用术语"驾驶机器人"。

⊖ 本文将使用术语"驾驶员"和"安全驾驶员"来区分是否使用安全驾驶。

置可以被认为是安全的（参见"安全状态"，ISO 26262-1，1.102[30]）。这意味着在当前和未来的风险低于一个被广泛接受的阈值时，才会出现安全状态（参见"不合理风险"，ISO 26262-1，1.136[30]）。这一阈值根据社会、道德或伦理上的考虑，被认为是特定情境下不能接受的极限值（见 ISO 26262-1，1.136[30]）。风险应结合事故发生概率与人身伤害严重程度综合理解（参见"风险"和"危害"，ISO 26262-1，1.99 和 1.56）。

这一定义使我们能够理解在安全状态中系统产生风险是合理的。一个经常使用的术语——风险最小化条件（例如文献 [20]）可能会被误解，因为它没有将"风险"一词与一个人们可接受的风险相关联，同时也没有澄清以最小风险运行的系统是否是安全的。

当安全状态这个术语指乘客和其他道路使用者处于可接受风险等级时，主要的挑战就是确定该可接受风险等级的阈值。在使用自动驾驶车辆时，可接受风险等级取决于车辆的当前状态。根据文献 [21] 和 [43]，车辆的状态信息如下：

- 与驾驶决策相关的所有静止和运动对象。
- 包括自动驾驶车辆在内的运动对象的运动趋势。
- 相关法律法规。
- 自动驾驶车辆的目的地。
- 自动驾驶车辆当前的动力性能。

因此对于自动驾驶车辆，当前的风险必须不断根据车辆的实时情况以及与阈值的比较来确定。在 ISO 26262 标准中，这意味着必须能够在所有可能场景中的可能发展趋势下都确定人身伤害的概率和伤害的严重程度，并且能够清晰地指认出可接受风险等级下的表现。作者目前尚不清楚这个问题的技术解决方案。

23.1.1 在系列量产车中使用的驾驶辅助系统的安全状态

在有驾驶员辅助系统的情况下，驾驶员需要监控技术系统，也必须密切关注交通情况。驾驶员在驾驶过程中得到系统的支持。目前的梅赛德斯-奔驰 p 级车型有一个名为"DISTRONIC PLUS with Steering Assistant Stop&Go Pilot"的系统。该系统在以往的 DISTRONIC PLUS 基础上增加了带起停功能的转向辅助系统，从横向和纵向辅助驾驶员驾驶车辆[49]。驾驶员仍然需要关注道路上的事件，如果驾驶员将手从转向盘上移开，转向辅助系统将在指定时间后关闭：

如果带起停功能的转向辅助系统检测到驾驶员在行驶过程中将手从转向盘上取下，根据行驶情况、转向盘惯性传感器、感知到的环境和当前的速度，仪表板上会对驾驶员发出警告。如果驾驶员没有响应，则发出警告音并关闭转向辅助系统（译自文献 [49]）。

因此，这一系统根据文献 [20] 中制定的标准被分类为半自动化，或根据文献 [48] 被认为是部分自动化。一旦技术发生故障，例如车辆的部分参数（最小速度等）不再满足特定的阈值，或者取决于系统设置的方式，纵向导引还可以被关闭，将控制权交还驾驶员并发出相应的信号。

Hörwick 和 Siedersberger[25]提出了半自动化和高度自动化的驾驶辅助系统的安全概念。然而，这里使用的术语又一次不一致。在文献［25］中，完全自动化的 DAS（FA – DAS）系统实际上对应着文献［20］中的半自动化系统，因为驾驶员必须对横向和纵向运动进行监控。文献［25］中的自主 DAS（A – DAS）系统具有与文献［20］中完全自动化相同的含义，因为驾驶员不需要不断监控系统，而系统可以靠自身保持安全状态。根据文献［24］，安全状态通过停靠在非危险的区域实现。由于关注对象是在高达 60km/h（约 37mile/h）的高速公路上进行自动驾驶的系统，停留在一条车道上直到人类接管为止也被视为处于安全状态。由于交通堵塞，相对速度假定较低[24,25]。

关于高速公路自动驾驶前景的研究得出了同样的结论[45]。这被应用为一个事故辅助系统开发的一部分，该系统可以在驾驶员失去意识或者由于其他原因无法引导车辆时停止车辆（安全状态）[32,45]。文献［37］也提出了这种系统。这里的安全需求高于交通堵塞辅助系统的安全需求，因为车辆不应该简单地选择停止，而是离开交通车流并在路肩处停下来。此外，该系统为了正常的高速公路交通而被设计，而非交通堵塞状态，意味着可以在相当高的相对速度下发挥作用。这意味着在可靠性和环境/状况识别方面，对系统的要求非常高，因为在变道至路肩时必须观察其他驾驶员与车辆[45]。假如是在靠右车道行驶的国家，这里需要覆盖至少前方、后方以及右侧的大量传感器。即使系统由于技术缺陷而并非完全可用，这种紧急辅助系统仍然存在价值。在高速公路上失控的车辆比缓慢移动或以适当的方式停止的车辆更危险——即使变道进入路肩是不可能的[32,37]。

综上所述，可以说如果驾驶员在车辆中，驾驶辅助系统可以通过将控制权交给驾驶员或通过制动停车而达到安全状态。这里提到的紧急辅助系统可以尝试到达路肩，然而对此的要求相对较高。即使是较高自动化水平的系统，将控制权移交给可能在车辆中的驾驶员并且制动停车依然是一种实现安全状态的可行方式。

23.1.2　自动驾驶实验车辆的安全状态

以下项目着重于在所有类型道路上和所有环境中的自动驾驶车辆。已开发系统应能够完整地完成驾驶任务，并不再需要人员进行监控。只有很少一部分人员对不同项目的安全功能和安全方案有关的研究结果进行了发布。这可能是因为部署人员监控车辆相对简单，而使用综合全面的安全系统较困难，或是由于自主系统的功能安全性尚未得到该领域应有的重视。涉及的项目按时间顺序与根据文献［20］确定的自动化水平列出，并对使用到的安全机制进行了突出显示。

20 世纪 50 年代到 90 年代的项目仅仅着重于自动车辆导引的功能方面，例如通用汽车研究实验室将基础设施和车辆相连接的首次尝试。该项目涉及车辆检测在路面上植入的磁铁。驾驶员也被要求对道路交通和系统保持警惕[17]。在20世纪70年代和80年代，日本通过摄像机识别车道线对车辆自动化领域进行了研究。该系统同样需要驾驶员不断监控[58]。这一情形同样适用于20世纪90年代进行的研究，例如1995卡内基梅隆大学进行的No hands across America实验。在这种情况下，只有车辆的横向导引是自动化的。在欧洲的研究方面，不得不提到联邦国防军大学用VaMoRs-P实验车辆从慕尼黑到奥登塞（同样在1995年）进行的试验。在此行程中，横向和纵向的导引是由车辆在驾驶员的监督下自动完成的[36]。此外，自动车道变换由驾驶员启动。在1998年帕尔马大学VisLab研究所的ARGO实验车获得了一项长距离的记录。这一车型的自动化水平不仅涵盖了横向和纵向导引，而且还包括了由监视驾驶员启动的自动变道[7]。根据文献[20]，以上提到的所有项目都将被分类为半自动化。车辆通过将控制权交给监视驾驶员或由监视驾驶员进行修正性干预来恢复安全状态。通过狄克曼（Dickmanns）的著作[14]可以全面地了解20世纪90年代的发展情况。这里的关注点是基于相机的图像处理。

1998年德国下萨克森州的自动驾驶项目同样调查了自动驾驶车辆的发展情况。Binfet-Kull等人[6]描述了一个安全方案，涉及当今系统中的多种可执行逻辑方法。表23.1列出了错误代码的含义和车辆为了达到安全状态可以执行的后续操作。就文献[20]的定义而言，所选择分类也是可能的。第2章对相关安全状态下对这些行动进行了详细的讨论和举例。

表23.1 错误代码[6]

错误代码	含义	后续动作
F0	"好"	无动作
F1	"需要维护"	进行必要的维护
F2	"返回"	以低速返回维修站
F3	"安全停车"	停在下一个可用的停车位
F4	"立即停止"	在不会危及其他道路使用者的前提下立即停在路边
F5	"紧急停止"	如果可能立即控制制动到具有转向功能的静止状态
F6	"紧急制动"	通过激活制动器立即停止车辆

在DARPA城市挑战赛中，所有参与的自动驾驶车辆均不包含驾驶员，比赛在一个封闭的军事基地中进行。安全方案由DARPA规定，包括通过遥控装置和车辆外部的紧急开关立即停车的赛项[2]。布伦瑞克工业大学的CarOLO团队的安全方案是在紧急停止之后的时间中进行自我纠正[19,22,44]。这允许自动驾驶车辆重新启动车辆引导系统中的故障组件[2]。其他队伍也在城市挑战赛决赛中采取了类似的做法[51-53]。

通过遥控装置紧急停车是为了达到安全状态才采取的最终手段，因为车辆在安全区域中行驶，其后跟随着观察车辆。其他的道路使用者是由专业驾驶员驾驶的车辆或是其他的自动驾驶车辆。在公共道路上进行对实验车辆能力的测试过于危险。

布伦瑞克工业大学的 Stadtpilot 项目自 2010 年以来已经在公共道路上展示了半自动化车辆[41,60]。该项目的研究重点是实验车辆 Leonie 的全自动化运行。然而在公路上行驶时，安全驾驶员必须监视交通情况，并在危险的情况出现之前进行干预。

如果车辆引导系统到达能力的极限或发生系统故障，系统则将车辆的控制权转移给安全驾驶员。由于在公路上无法进行其他的安全行动，安全状态就是将控制权转移给驾驶员。由于系统能够确定自身的部分性能，例如定位的精度，一些其他的行为也是可能完成的。例如，在道路一侧，甚至是在当前的行车道上停止，或者继续行驶并进行减速以扩大与前方车辆的距离都是可行的，但是这些仅仅处在测试道路上进行了实验的阶段[46,47]。

在 2010 年斯坦福大学和大众电子研究实验室展示了使用 Junior3 实验车辆的自动驾驶[35,54]。实验车辆的设计与 Stadtpilot 项目的 Leonie 类似。自动驾驶功能由"银色开关"控制。这些功能促进了车辆引导系统和车辆执行器之间的连接。在"自动防故障"状态下，这些开关是断开的，车辆引导系统和车辆之间并无连接。这意味着车辆的控制必须由安全驾驶员负责。一个特殊功能是自动代客泊车，它可以在封闭区域中在没有安全驾驶员的情况下使用。为了安全起见，车辆具有所谓的电子停止功能，其使用方式与 DARPA 城市挑战赛类似。车辆引导系统由"健康监视器"监控，可以检测软件模块的故障并触发自我修正功能。此外，车辆能够独立地操作制动器并停下。车辆因此通过电子停止功能和安全系统达到安全状态。

2012 年，帕尔马大学 VisLab 研究所使用 BRAiVE 实验车辆在部分封闭的公共道路上展示了半自动驾驶。在路程的一部分中并没有驾驶员，只有前排乘客可以使用紧急停止按钮进行干预。电子停止功能也被整合在其中[8,23]。

在 DARPA 城市挑战赛之后，卡内基梅隆大学继续在 BOSS 实验车上进行工作，并研制发布了实时监控和重新配置的方法[33]。这种称为 SAFER 的方法使用了在通常操作下被切换到待机状态的冗余的软件组件，并且可以根据需要激活它们。这使得车辆可以在很短的时间内将有缺陷的组件切换为冗余组件。由于没有采用硬件监控，因此传感器和执行器都没有被监控，这意味着该方法可用于补充硬件冗余方法。

关于目前自动驾驶车辆开发项目的最后一个例子是谷歌公司的自动驾驶项目。作为这个项目的第一步，他们向接近批量生产阶段的车辆配备了传感器，并在内华达州到加利福尼亚州的公共道路上行驶[13,59]。即使对其车辆使用的技术只有少量的信息，但是目前离开安全驾驶员的使用仍然不太可能。如文献 [13] 所述，许多场景对系统的性能提出了过高的要求。这些车辆的安全状态仍然意味着驾驶员的控制。在 2014 年，一种不需要驾驶员操作的原型被展示；由于不存在转移控制权的可能性，根据文献 [20] 可以将它归类为完全自动化。但是这种车型到目前为止还没有在公共道路上被使用过。

23.1.3 总结

正如上述项目所示，目前还没有综合性的安全方案能够满足在公共道路上没有安全驾驶员的所有要求。然而，其中一些项目已经展示了强大的安全功能，涵盖了街道上的不同情场景和事件。如果有人假定今后的安全状态是要达到内华达州"机动车通过法规"第16.2（d）节的规定，自动驾驶车辆必须在任何时间都能够离开交通流并停在路边或路肩[39]。这将需要变道功能，而变道功能依赖于可靠的环境感知、决策制定及操作执行的过程。像一些项目所表现的，简单地停下并将车辆的控制权交给安全驾驶员是不够的。因此组合性地使用车辆预设的安全功能方法似乎是必要的，可能还需要采取其他安全措施以获得更高的可靠性[39]。

23.2 其他领域批量生产中使用的安全方案

除自动驾驶车辆和驾驶辅助系统外，功能安全在其他技术领域也起着重要的作用。以下部分详细介绍了其他几种领域采取的安全方案，并研究了它们在自动驾驶车辆领域中的适用性。

23.2.1 轨道车辆

轨道车辆已经自动运行了若干年。在公共交通车辆上，大多数情况下都会有一名列车驾驶员监视系统的功能[66]。与这里考虑的自动驾驶车辆不同，轨道车辆的安全功能经常集成在基础设施中，例如轨道的使用在中央控制中心进行协调，而监控组件集成在轨道中。控制系统的任务是避免碰撞，确保轨道段只由一列火车占用。这是由传感器和系统（位于路边）实现的，例如轨道入口和出口处的轴计数器[42]。如果一个路段被占用，系统则相应地切换信号以防止另一列火车进入。因此，避免碰撞更多的是交通运营技术中特有的一个运筹问题。铁路车辆在横向导引的零自由度降低了场景的复杂性和行动选项的数量。简单来说，这一切都可以总结为使火车以适当的速度沿着自由轨道行驶并避免出轨。由于较长的制动距离，环绕的传感器无法监视火车前方的轨道。然而，列车和拖厢均具有紧急停止功能，可以由乘客和列车驾驶员触发，甚至可以在无人驾驶的火车上由外部触发。

在无人驾驶的火车上，行驶的速度会定时地自动调节，而除了由基础设施进行的轨道占用监控外，火车还具有车载系统（以列车为中心）。控制中心和车辆之间的通信是通过无线技术进行的，这和站台与无人驾驶地铁之间的通信是完全相同的。在这里，在站台和地铁上的大量门监控系统可用于防止门关闭所引发的危险。基于通信的火车控制（CBTC）已成为许多世界各地的铁路系统中使用的标准[42]。

纽伦堡的RUBIN地铁系统使用了这种自动驾驶列车系统。轨道上的交通是无人驾驶列车和由驾驶员控制的列车组合的混合编制⊖。安全方案的一个重要组成部分是对门的监控[38]。列车使用了自动列车保护系统（ATP）和自动列车运行（ATO）系统组件，并且分为站台上的和车载的两种。在使用 ATP 时，速度保持在现有限制之下，并能够触发安全停止与紧急停止。因此该系统必须完全符合欧洲标准 IEC50128：2011[29]对安全性等级 4（最高安全级别）的要求。与道路车辆相比，这些必要的硬件和软件相对于轨道车辆较高的成本来说是廉价的。

23.2.2　执行器的纯电气控制（X – by – Wire）

在自动驾驶车辆上，执行器通过电信号被触发和控制。进排气、制动、转向和一些特殊功能由控制器控制。X – by – Wire 技术尚未完全用于量产车辆。电子加速踏板、机械电子转向和电动液压制动系统已经应用了一些年了。然而，转向和制动器仍然主要采用常见机械/液压联动装置，并且在电力系统故障的情况下仅作为保险的控制方式⊖。因此驾驶员即使不依靠电子系统也可以控制车辆。

因此对于自动驾驶车辆，执行器必须具有多个冗余的控制回路，就像在飞机上使用的情形。两个操作组件、控制装置和执行器（包括能量供应）之间的通信系统都需要被安装多次，以便在发生故障的情况下可以使用冗余系统[3]。文献［67］展示了波音 777 客机的三组冗余控制系统。飞机控制系统的每个与安全相关的部件以三种不同的方式实现，以确保飞行员或自动驾驶仪对飞机高度的控制有效。由于运输安全的重要性，在客机中除了自动驾驶仪外，还必须有两名人类飞行员[15]。

在飞机上使用的架构以及用于实现这些功能的硬件和软件似乎也同样适用于车辆。考虑其较高的整体成本，飞机上这种冗余系统的昂贵成本看起来并不是严重的问题。但对于道路车辆而言，使用类似的三组冗余系统将需要三倍的开发投资和三倍的硬件数量。在车辆中是否真正需要应用冗余系统还有待观察。

在空中交通中，飞行路线由一个中央空中交通管制中心分配，自动驾驶仪可以遵循这些预先规定路线。因此飞机上的自动驾驶仪与半自动驾驶辅助系统相似，因为飞行员也有监控系统的责任。在无人飞机上，飞行员的监督作用被略去，而对飞机引导系统的要求更高。很多风险是通过仅使用人烟稀少地区的飞行路线来实现的。由于是无人飞机，坠毁到空地也不可能造成人员的伤亡[34]。

23.2.3　机器人

移动机器人由于与物体、人员和其他生物的碰撞以及看错边界、沟、台阶等可能会对自身及周围环境构成危险[1,10,18]。在固定或移动平台上使用的自动化机械

⊖ 西门子公司关于 RUBIN 工程的信息：http：//www.siemens.com/innovation/en/publikationen/publications_pof/pof_spring_2008/tailored_solutions/fahrerlose_ubahn.htm。

⊖ 2012 年，汽车制造商日产提出了一种转向系统，在发生故障时可以通过联轴器创建机械连接：http：//www.newsroom.nissan – europe.com/de/de – de/Media/Media.aspx？mediaid = 97910。

手可能会在移动关节时与人类碰撞或由使用的工具对人类造成伤害。因此，对于移动机器人和机械手，安全状态是所有运动体停在当前位置或保持不动[5]。在大多数情况下，达到安全状态的响应时间越短，机器人及其环境发生的危险就越小。例外情况是可以施加压力的工具和操纵器，例如机械手和抓取器。执行器的停止可能会产生压力，导致人身伤害和机械损坏。如果是用于复杂活动的机器人，这种伤害和损坏可能并不直接由机器人的动作导致，也有可能是由其行动产生的后果导致的。例如，如果熨烫机器人突然停止移动或者有被危险物品被机器人运送，可能会导致火灾的发生[64]。

文献［64，65］提出了一种包含安全层的面向安全的机器人控制系统架构。其意图在于始终将机器人转向安全状态。安全状态取决于机器人要实现的功能，而这可能会有很大差异，因此在文献［64，65］中建议使用能够保证机器人安全运行的包含分层规则结构的安全策略。可以想象，机器人可能根据其自主程度及其固有的能力找到一些出乎意料的解决方案，而这可能会导致危险的情况。如文献［9］所述，这种情形可能发生在常用的包含安全层的架构中。对于自动驾驶车辆，这意味着驾驶决策可以根据如交通法规、驾驶效率和舒适度等不同标准完成，不过需要防碰撞系统一直保持活动，因为更高级的权限必须时刻处于激活状态。

23.2.4 发电站技术

核电站在很大程度上被看作是一种特殊的风险，因为一旦发生故障可能会引发严重的环境破坏。因此，在这里使用的控制和调节系统必须达到最高的安全要求，使其在自然灾害、恐怖袭击或内部技术故障之后依然能够运转。由于原子能发电站不可能立即关闭，燃料部分会保持活动状态，而且即使已经被处置，在反应堆中也仍然需要冷却，因此发电站需要大量冗余系统，特别是用于冷却的系统。

核电站的安全在很大程度上取决于完整和无故障的规范以及控制和监测系统的开发。整合全部可能的情景和事故起着重要的作用，特别是连锁反应和多个故障，这些可能会导致严重危害。例如，日本福岛第一核电站在地震后处于自动防故障状态，所有安全系统都被正确地自动启动。但是，海啸袭击之后，部分冗余安全系统遭到破坏，特别是应急动力装置。事后看来，我们可以说这个错误并非安全功能的失效，而是因为未采取正确的规范[63]。

因此，对于自动驾驶车辆，在制定技术规范阶段必须考虑到大量的事件、事件组合和错误来源。与核电站的要求类似，这可能需要对安全需求进行标准化。安全性在设计阶段起着至关重要的指导作用，是开发过程的重点（设计安全[26]）。

23.3 使用案例中的安全状态

自动驾驶车辆运行中的一个重要操作标准是车上是否有乘客。例如，当选择停车位时，不需要考虑已经离开自车的乘客是否能够安全地下车，但是不能忽略其他道路使用者的安全。此外，由于此时舒适性不起作用，意味着可以采用忽略相关舒适性的不同驾驶风格。然而如果乘客在车上，车辆引导系统必须承担人类驾驶员的驾驶任务。这也包括监测乘客的状态，例如他们是否系上安全带，是否坐在乘客的座位上，或者是否以危险的方式行动。由于与其他道路使用者的碰撞随时可能发生，所以在自动驾驶车辆中也需要安全带和安全气囊等被动安全装置。这也同样适用于载货场景，特别是危险品的运输。

以下部分将分别研究为项目设置的四个使用案例，并考察安全状态的相应属性。

23.3.1 使用案例1：驾驶员作为备用扩展选项的州际自动驾驶

通过将使用场所限制为高速公路，可能的场景数量相对城市交通而言比较少。安全驾驶员基本上是作为一个后备选项使用，可以在当他认为有必要的任何时间控制车辆。在以下情况下，车辆处于安全状态：

1）车辆静止不动。静止的车辆不会产生主动或直接的危险（参见文献［6，27］）。但是，乘客和其他道路使用者的安全取决于静止车辆的位置：

—高速公路车道：由于安全驾驶员在场，通过手动控制来继续行程是非常有可能的。如果使行程继续的手动控制无法实现，在高速公路车道上的静止车辆可能会构成文献［6］中错误代码 F5 和 F6 定义的危险场景（见表23.1）。一方面，车辆可能被忽视或被发现得太迟，另一方面是因为乘客可能不得不离开车辆。如果自动驾驶车辆在交通拥堵中堵塞了应急车辆的车道，则可能会出现另一种危险。如果不能进行手动控制驾驶，则安全驾驶员有义务根据相关法律要求确保车辆安全，例如§15 StVO（德国公路代码）[11]。

—高速公路的路肩或路边没有停车点、应急停车区或其他类似的区域：如果自动驾驶车辆滞留在高速公路的路肩、路边或其他类似的区域，有可能安全驾驶员可以手动控制车辆继续驾驶，或者需要安全驾驶员根据相关法律要求确保车辆安全（参见文献［6］中的错误代码 F2、F3 和 F4）。

2）车辆正在车道上行驶，与其他道路使用者的距离为预定值或大于根据自车性能规定的距离，车辆至少分别以最低规定速度、最高允许速度或受性能限制的最高速度行驶。车辆知道自己的性能，因此可以单独检测系统的极限。

3）车辆引导系统对事件（见第23.4节）做出反应（见第23.5节），以减少当前的风险。车辆以这种方式达到或维持安全状态，例如通过将车辆控制权移交给安全驾驶员。

23.3.2 使用案例2：自动代客泊车

在这种使用案例中，车辆的最高速度很低［30km/h（约合 19mile/h）］。这意味着在发生紧急情况时制动所需的能量明显低于在德国城区允许的50km/h（约合31mile/h）。在这种用例下无法将控制权转移到安全驾驶员，因为车辆可能在没有驾驶员的情况下运行。乘客的安全性不作考虑，因为在车辆驾驶过程中车上没有乘客。系统必须规划预定的路线，以保证车辆不会在没有相应控制指令的道路上行驶，例如具有平交路口的街道。

在以下情况下，车辆处于安全运行状态：

1）车辆处于静止状态：和车辆停止的位置是相关的，因为车辆可能成为其他车辆的危险障碍物，并且有可能堵塞应急车辆和紧急逃生路径。确保静止车辆的安全更困难，因为没有人在车上来进行这项任务。似乎只有车辆上的照明装置可以用来确保安全性。许多国家拥有关于确保抛锚车辆安全的特殊规定，例如必须在车辆后方若干米放置三角形的警示牌。很难想象这可以由自动驾驶车辆独自执行。所以，必须有一个或多个人对此负责。车辆必须被持续地监控，或者能够在被迫停车的情况下独立请求帮助。

2）车辆正在道路的车道上行驶，如使用案例1所述。然而由于车上没有人员，不可能将控制权转移到安全驾驶员。有一种可能的方法是停止车辆并由此达到安全状态。还可以想到的方法是在发生故障时，车辆的控制权被转移到远程操作者，然后通过远程控制将车辆驾驶到安全的位置。

3）车辆通过十字路口、环岛或弯道。如果车辆有这种场景的控制指令和适用于这种场景的交通优先权规则，那么这些过程是安全的。如果车辆达到了系统的极限，它可以降低速度继续行驶，同时向其他道路使用者发出信号。

4）车辆在停车场。相对较低的速度和低等级的交通意味着这里的要求较低，操作风险也较低。

这一使用案例的最大挑战是缺少安全驾驶员。在风险上升的事件中，不可能将控制权转移到安全驾驶员，并且在许多情形下静止状态可能会产生隐患，因为车辆在手动控制下不能立刻移动，一个解决方案是远程控制。这就需要一个与车辆的通信通道，用于报告错误并进行对车辆的遥控。如果需要停车，则必须相应地向其他道路使用者发出信号。在这种案例下，安全驾驶员不能保护车辆。

特殊情况包括车辆停靠在单车道道路或建筑前的应急车辆入口处，堵塞应急车辆通道和应急逃生路径。堵塞这些道路可能意味着紧急救援行动被推迟或复杂化。一方面这是非法的，另一方面这也是一个基本的道德规范。作者不知道有哪些调查显示了这种情况发生的频率，因此不能说明这种情况是否需要明确考虑。非自动驾驶车辆也可能发生故障，然而车辆的驾驶员能够以快速且简单的方式将车辆驱动或推走。

23.3.3 使用案例3：驾驶员作为备用扩展选项的全自动驾驶

这种使用案例的安全性和风险与使用案例1和2的组合非常相似。安全驾驶员的存在意味着可以接管对车辆的控制。如果车辆发生故障，驾驶员也可以确保车辆的安全。

必要的驾驶操作和场景也与使用案例 1 和 2 中的相同。此外，车辆也可以用于州际道路上的出行。该使用案例的最高速度限制为 240km/h（约 149mile/h）。这意味着实际上所有的速度都是可行的，但选定的最高速度必须使其始终处于车辆引导系统的性能范围之内，这样风险也会相应地降低。

在安全状态方面，与使用案例 1 和 2 具有相同的条件。

23.3.4 使用案例 4：专车服务

在（安全）技术方面，这个使用案例是最具挑战性的。车辆必须能够处理人类可能需要处理的每一种情况。风险必须低于对乘客和其他道路使用者来说合理的风险阈值。考虑到没有安全驾驶员，可以从使用案例 1、2 和 3 中获取驾驶操作和安全状态条件。

在以下情况下，车辆处于安全状态：

1) 与前三种使用案例类似，车辆静止。在每种情况下，车辆都需要外部的帮助。除了可能存在的乘客，其他相关人员也会被告知车辆的状态并要求对车辆的问题回应。

2) 与前三种使用案例类似，车辆正在车道上行驶。在行驶过程中，车辆必须能够独立地保持或达到安全状态。

由于要满足客户要求并实现普遍的通用性，专车服务必须能够处理所有交通状况。在下一节中将更详细地对需要车辆做出响应的安全性相关事件进行调查。

23.3.5 总结

对四个使用案例的调查表明，安全状态面临的最大挑战是高相对速度、缺少安全驾驶员和对应急车辆通道或紧急逃生路径造成堵塞。调查这些方面可以总结出车辆的安全要求：

- 自动驾驶车辆必须了解其自身当前的性能。
- 自动驾驶车辆必须了解其与当前情景相关的功能极限。
- 自动驾驶车辆必须始终在保持乘客和其他道路使用者合理风险等级的条件下运行。
- 车辆停靠在路肩或路边，并且没有阻塞交通时处于安全状态。
- 如果满足以下所有条件，则在车道上静止的车辆处于安全状态：
- 与其他道路使用者的相对速度低于尚待定义的最大值。
- 静止车辆不堵塞应急车辆通道或紧急逃生路径。
- 安全驾驶员或远程操作员可以在短时间内将车辆从该地点移开。
- 安全驾驶员可以保证车辆的安全。
- 具有高风险等级的运动车辆或不得不在危险地点停车的车辆必须能够发送

紧急信号以寻求帮助。

23.4 安全性相关事件

道路交通中可能会发生各种事件，这些事件会对当前场景和未来场景中的风险产生影响。一方面车辆引导系统的技术缺陷和故障降低了其性能，另一方面环境条件的改变，给系统带来过度负担的场景，其他道路使用者的错误行为和一些不可抗力的因素都增加了对车辆引导系统的要求。特别是性能下降和需求提升的组合出现可能导致更高水平的风险。

车辆和车辆引导系统的缺陷及技术故障都可能会突然发生，所以很难预知。除了车辆自身的机械缺陷之外，车辆引导系统中的故障和开发缺陷也可能导致性能的下降（参见文献［16］）。不利的光线和天气条件增加了对用于检测周围环境的传感器的耐用性的要求。此外，不利的天气条件会导致路况的恶化。这些会直接影响驱动动力。由于道路交通的复杂性和无穷尽的可能场景，在开发车辆引导系统时，有可能并不是所有情况都会被考虑在内。如果车辆遇到无法用现有软件解决的场景，也对风险等级有直接影响。

在这种情况下，认识到车辆的能力和系统的极限是一个很大的挑战。其他道路使用者的行为并不总是符合规则，也可能会做出危险的行为。在某些场景下，由于其他道路使用者的危险行动，自动驾驶车辆的操作不可能是安全的。可以预见到如果自动驾驶车辆被认出，这样的情形甚至可能是有意为之。不可抗力因素也可能产生较高的操作风险，例如由于地震、闪电或太阳爆发对所用系统，如全球卫星导航系统或车对车通信系统所产生的干扰[12]。根据 ISO 26262[30]，上述事件在驾驶辅助系统开发时并未予以考虑。如何在自动驾驶车辆上处理这些问题仍然是有待解决的[61]。

23.5 降低风险等级的措施

假设自动驾驶车辆总是以可接受的风险等级运行，同时也应该具有尽可能广泛的功能范围，它会采取行动来降低或保持风险等级，作为对安全性相关事件的反应，并同时实现更高的功能性。可能的措施包括降低驾驶速度，增大与附近车辆的距离，进行安全优化的驾驶操作，禁止某些驾驶操作以及执行安全操作。平稳退化的基本原理来自生物学领域，在文献［40］中被提出。在文献［68］中介绍了在航空航天技术、发电技术等研究领域平稳退化的应用。如果在单一系统发生错误或者在资源有限的情况下，可以维持重要进程，同时紧缩或结束其他不太重要的流程。例如，如果视野受到限制，则可以减小车辆的行驶速度。然而在某些情况下，即使执行这些行动也不能将风险降低到可接受的水平，这意味着需要停止车辆[25,46]，或者如果停车过于危险，则需要离开交通流。

通过平稳退化，不仅能够获得或保持安全状态，还可以使用自我修复和重新配置的机制来提高性能。在技术系统中，重新启动组件是被广泛使用的性能恢复措施[22,44]。重新启动需要时间，并且根据系统结构，重新启动一个组件也可能意味着需要重新启动或至少初始化其他组件。因此，安全关键组件通常具有（多个）冗余设计（参见文献［3，28］）。

除了冗余系统之外，也有恢复单个组件功能的可能性。传感器和执行器可以重新校准，以提高其测量效果或根据当前情况采用设定值。重构机制可用于整个系统，即使在出现风险增加之后也能实现安全运行[33]。

认识到危险的场景是一个挑战。这需要对外部事件进行检测，并由环境感知系统做出正确理解。同时还必须检测车辆和车辆引导系统中的技术故障。驾驶员使用自身感官来观察车辆发出的警告或监视灯与通知的变化，例如由于技术缺陷产生的警告。因此，自动驾驶车辆必须集成检测故障和错误的传感器和相应功能，并根据这些故障和错误的严重性决定未来的性能水平和可能的功能范围。具有引导系统的车辆可预见的复杂性将产生大量的测量值。因此，将创建车辆的自我表达，并用其对当前风险进行评估，而该风险取决于所在场景和车辆的性能。所谓的安全措施是在这个评估的基础上进行的[46]。

23.6 恶化场景的预期

由于道路交通的高度动态性以及电子电气系统的性质，安全性相关事件可能会在几分之一秒内发生，因此需要系统的快速响应。然而，如果在驾驶行为决策中预见或者至少考虑到存在高风险的场景，这个情况就会好很多。由于可以直接从车辆中获取大量观测和使用到的数据，在车辆引导系统中能够以更广泛的方式实现人类的预期驾驶。

所有收集到的测量数据都必须进行监控和存储，来预测情况会如何发展。对广范围的数据进行分析使初期错误的检测也变得可能。甚至在事件发生之前零点几秒的障碍检测也会形成更安全的响应。提前0.3s检测到并触发的必要制动操作可以在50km/h（约31mile/h）的速度下将制动距离缩短4.2m。

综上所述，与基础设施和其他车辆的通信有着更进一步增加安全性的潜力。如果可以更早地获取和风险有关的信息，例如路面损坏、污垢和冰、交通堵塞或道路前方车辆的紧急制动操作，那么对其响应时间将会进一步缩短。

23.7 困境

在某些情况下，一连串的事件可能会导致问题无法在不造成人身伤害的前提下被解决。当遇到这种困境时，自动驾驶车辆必须选择一种可能的行动方式，即使造成人身伤害也要使其尽可能达到最小。财产损失和违反道路交通法规的行为也是可以采取的,但这些行为的优先级较低。在评估事件的不确定性时,必须考虑乘客人数、其他道路使用者的类型和动态。在这个问题上,与其他道路使用者的沟通尤其重要,这能够帮助制成导致最小人身伤害的解决方案。⊖关于困境详细的伦理讨论可参见本书第 4 章。因此,以下部分将仅仅关注困境的技术方面。

图 23.1(见彩插)展示了两种情况。第一种可以在不造成碰撞的情况下解决问题。第二个可能会陷入困境。在第一种情景开始时,车辆在车道上行驶,其他车辆停在路边。出乎意料的是,一个几乎无法识别的人在停放的汽车之间进入道路。车辆能够以几种不同的方式做出反应,以避免与行人发生碰撞。选项 1:车辆可以在撞击行人前制动并停车。选项 2:车辆可以切换到相邻的道路,从而避免碰撞。然而这需要跨越车道之间的实线,并会违反道路交通法规。

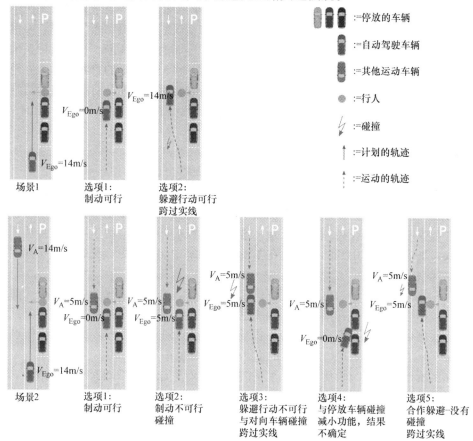

图 23.1 两种可能导致困境的案例 图片版权:作者版权

⊖ DFG 优先方案"合作互动车辆"将在未来几年研究这一领域:http://www.dfg.de/foerderung/info_wissenschaft/info_wissenschaft_14_34。

在第二种情况下，车辆正在第二条车道上向前行驶。假设制动行为不再能避免车辆与行人的碰撞，那么自动驾驶车辆正面临一个困境：

与行人碰撞可能会对行人造成严重伤害（选项2）。切换到相邻车道将导致与迎面而来的车辆发生碰撞，并可能造成行人受伤（选项3）。与停放的车辆碰撞以降低车辆本身的速度也是可行的（选项4），然而并不确定行人是否会在这种情况受伤。在这种情况下，车辆引导系统内的决策软件必须遵循道德原则进行编写。

自动驾驶车辆与前方来车的车对车通信可以解决这个问题。两辆车可以通过合作找到解决方案。前方来车可以切换到车道的边缘，使得自动驾驶车辆可以在来车和行人之间通过而不发生碰撞（选项5）。在这种情况下，两辆车都会违反道路交通法规，因为两者都必须跨越一条实线。

然而，与其他道路使用者和基础设施无法进行通信时的情况也必然是有可能发生的，因为这些通信选项不可能在所有地方且对所有的道路使用者都可用。

因此车载传感器必须能够完成车辆的导引。这种车载自主运行（参见文献[36]）一方面提出了对车辆引导系统的最高要求，另一方面也是在当前道路交通中唯一可行的选项。这限制了行驶的选项，特别是在包含危险和困境的场景中，并增加了场景感知的不确定性。对其他道路使用者的信号只能以光学和声学的方式发送。

23.8 总结

在目前驾驶辅助系统及相关研发领域的发展状况下，在自动驾驶车辆的开发中有大量可以采用和可能必须采用的方法。广泛的技术意味着这些系统会影响开发过程和即将开发的系统的不同领域，也能够对自动驾驶车辆的安全性做出贡献。

首先需要找出可以评估自动驾驶车辆运行风险的标准，然后必须确定一个普遍能接受的风险阈值。在发电站开发过程中用于确定安全需求和总体系统功能安全性的程序在这方面有借鉴意义。

在执行器的功能安全性方面，航空航天和部分铁路交通的实例可用于目前车辆技术的研究与开发。其中开发多个、多种的冗余系统是最有前景的手段之一。这同样适用于场景分析、决策制定和运动规划的软件架构。到目前为止，只有机器人领域面临着同样复杂的局面，然而其风险水平通常较低。

安全性最大的挑战之一是环境感知系统的可靠性，其中也包括自我感知和情境感知。由于可能的场景是无穷无尽的，就笔者所知，目前尚未有能在复杂的场景中（如使用案例所述）以安全的方式完成驾驶的应用。这也同样需要硬件、软件和功能的冗余，例如用于直接感知环境的传感器组成的冗余。

在自动驾驶车辆的研究项目中仍然需要安全驾驶员。安全驾驶员对系统进行监控，或者也可以使用远程紧急停止功能或紧急停止开关。目前调查过的研究项目主要聚焦在使用功能上，关注功能安全性的较少。

自动驾驶车辆的安全性是未来研究的基本挑战之一。技术的发展不仅需要解决技术问题，还需要解决法律和社会问题。其中大部分内容将在本书后面的章节中进行讨论和考察。

应用许可

本章根据知识共享署名 4.0 国际许可（http：//creativecommons.org/licenses/by/4.0/）的条款进行分发，允许通过任何媒介或格式使用、复制、改编，分发和再创作，只要您对原始作者和来源给予适当的说明，提供知识共享许可链接，并指出所做的任何更改。

本章中的图片或其他第三方材料均包含在作品的创作共享许可中，除非在来源中另有说明；如果这些材料不包括在作品的知识共享许可中，并且法律规定不允许相应的操作，那么用户需要获得许可证持有者的许可才可以复制、改编或再创作材料。

参 考 文 献

1. Albers, A., Brudniok, S., Ottnad, J., Sauter, C., Sedchaicharn, K. (2006). Upper Body of a new Humanoid Robot - the Design of ARMAR III. 6th IEEE-RAS International Conference on Humanoid Robots, pp. 308-313. Genoa, Italy.
2. Basarke, C., Berger, C., Rumpe, B. (2007). Software & Systems Engineering Process and Tools for the Development of Autonomous Driving Intelligence. Journal of Aerospace Computing, Information, and Communication (JACIC), 4(12), pp. 1158-1174.
3. Bergmiller, P., Maurer, M., Lichte, B. (2011). Probabilistic fault detection and handling algorithm for testing stability control systems with a drive-by-wire vehicle. 2011 IEEE International Symposium on Intelligent Control (ISIC), pp. 601-606. Denver, CO, USA.
4. Bertozzi, M., Broggi, A., Coati, A., Fedriga, R. I. (2013). A 13,000 km Intercontinental Trip with Driverless Vehicles: The VIAC Experiment. Intelligent Transportation Systems Magazine, 5(1), pp. 28-41.
5. Bicchi, A., Peshkin, M. A., Colgate, J. E. (2008). Safety for Physical Human-Robot Interaction. In B. Siciliano, O. Khatib (Hrsg), Springer Handbook of Robotics, pp. 1335-1346. Springer-Verlag Berlin Heidelberg.
6. Binfet-Kull, M., Heitmann, P., Ameling, C. (1998). System safety for an autonomous vehicle. 1998 IEEE Intelligent Vehicles Symposium (IV), Stuttgart, Germany.
7. Broggi, A., Bertozzi, M., Fascioli, A. (1999). ARGO and the MilleMiglia in Automatico Tour. Intelligent Systems and their Applications, 14(1), pp. 55-64.
8. Broggi, A., Buzzoni, M., Debattisti, S., Grisleri, P., Laghi, M. C., Medici, P., Versari, P. (2013). Extensive Tests of Autonomous Driving Technologies. IEEE Transactions on Intelligent Transportation Systems, 14(3), pp. 1403-1415.
9. Brooks, R. A. (1986). A robust layered control system for a mobile robot. IEEE Journal of Robotics and Automation, 2(1), pp. 14-23.
10. Bubeck, A., Weisshardt, F., Sing, T., Reiser, U., Hägele, M., Verl, A. (2012). Implementing best practices for systems integration and distributed software development in service robotics - the Care-O-bot® robot family. IEEE/SICE International Symposium on System Integration (SII), pp. 609-614. Fukuoka, Japan.

11. Bundesministerium der Justiz, für Verbraucherschutz. (2013). Straßenverkehrs-Ordnung. Bonn, Germany.
12. Carrano, C. S., Bridgwood, C. T., Groves, K. M. (2009). Impacts of the December 2006 solar radio bursts on the performance of GPS. Radio Science, 44 (RS0A25).
13. Chatham, A. (2013). Google's Self Driving Cars: The Technology, Capabilities, Challenges. Embedded Linux Conference. San Francisco, CA, USA.
14. Dickmanns, E. D. (2002). The development of machine vision for road vehicles in the last decade. 2002 IEEE Intelligent Vehicles Symposium (IV). Dearborn, MI, USA.
15. EASA. (2013). EASA LIST OF CLASS OR TYPE RATINGS AEROPLANES. EASA LIST OF CLASS OR TYPE RATINGS AEROPLANES. Cologne, Germany.
16. Echtle, K. (1990). Fehlertoleranzverfahren. Springer-Verlag Berlin Heidelberg.
17. Fenton, R. (1970). Automatic vehicle guidance and control - A state of the art survey. Transactions on Vehicular Technology, 19(1), pp. 153-161.
18. Fischer, H., Voges, U. (2011). Medizinische Robotersysteme. In R. Kramme (Hrsg), Medizintechnik, pp. 915-926. Springer-Verlag Berlin Heidelberg.
19. Ganek, A., Corbi, T. (2003). The Dawning of the Autonomic Computing Era. IBM Syst. J., 42 (1), pp. 5-18.
20. Gasser, T. M., Arzt, C., Ayoubi, M., Bartels, A., Bürkle, L., Eier, J., Flemisch, F., Häcker, D., Hesse, T., Huber, W., Lotz, C., Maurer, M., Ruth-Schumacher, S., Schwarz, J., Vogt, W. (2012). Rechtsfolgen zunehmender Fahrzeugautomatisierung : gemeinsamer Schlussbericht der Projektgruppe. Wirtschaftsverlag NW, Verlag für neue Wissenschaft.
21. Geyer, S. (2013). Entwicklung, Evaluierung eines kooperativen Interaktionskonzepts an Entscheidungspunkten für die teilautomatisierte, manöverbasierte Fahrzeugführung. Phd thesis, Technische Universität Darmstadt, VDI Reihe 12 Band 770
22. Ghosh, D., Sharman, R., Raghav Rao, H., Upadhyaya, S. (2007). Self-healing systems - survey and synthesis. Decision Support Systems in Emerging Economies, 42(4), pp. 2164-2185.
23. Grisleri, P., Fedriga, I. (2010). The Braive Autonomous Ground Vehicle Platform. IFAC Symposium on intelligent autonomous vehicles, 7. Lecce, Italy.
24. Hörwick, M. (2011). Sicherheitskonzept für hochautomatisierte Fahrerassistenzsysteme. Phd thesis, Technische Universität München.
25. Hörwick, M., Siedersberger, K.-H. (2010). Strategy and architecture of a safety concept for fully automatic and autonomous driving assistance systems. 2010 IEEE Intelligent Vehicles Symposium (IV), pp. 955-960. San Diego, CA, USA.
26. IAEA. (2012). Safety of Nuclear Power Plants: Design - Specific Safety Requirements No. SSR-2/1. Safety of Nuclear Power Plants: Design - Specific Safety Requirements No. SSR-2/1. Wien, Austria.
27. Isermann, R. (2006). Fault-Diagnosis Systems: An Introduction from Fault Detection to Fault Tolerance. Springer-Verlag Berlin Heidelberg.
28. Isermann, R., Schwarz, R., Stölzl, S. (2002). Fault-tolerant drive-by-wire systems. IEEE Control Systems, 22(5), pp. 64-81.
29. ISO. (2011). EN 50128:2011 Railway applications - Communication, signalling and processing systems - Software for railway control and protection systems. EN 50128:2011 Railway applications - Communication, signalling and processing systems - Software for railway control and protection systems (EN 50128). Geneve, Switzerland.
30. ISO. (2011). ISO 26262:2011 Road vehicles – Functional safety. ISO 26262:2011 Road vehicles – Functional safety (ISO 26262). Geneve, Switzerland.
31. Kammel, S., Ziegler, J., Pitzer, B., Werling, M., Gindele, T., Jagzent, D., Schröder, J., Thuy, M., Goebl, M., von Hundelshausen, F., Pink, O., Frese, C., Stiller, C. (2008). Team AnnieWAY's autonomous system for the 2007 DARPA Urban Challenge. Journal of Field Robotics, 25(9), pp. 615-639.
32. Kämpchen, N., Waldmann, P., Homm, F., Ardelt, M. (2010). Umfelderfassung für den

Nothalteassistenten – ein System zum automatischen Anhalten bei plötzlich reduzierter Fahrfähigkeit des Fahrers. AAET 2010, Braunschweig, Germany.
33. Kim, J., Rajkumar, R., Jochim, M. (2013). Towards Dependable Autonomous Driving Vehicles: A System-level Approach. SIGBED, 10(1), pp. 29-32.
34. Korn, B., Tittel, S., Edinger, C. (2012). Stepwise integration of UAS in non-segregated airspace-The potential of tailored uas atm procedures. Integrated Communications, Navigation and Surveillance Conference (ICNS), p 1-8. Herndon, VA, USA.
35. Levinson, J., Askeland, J., Becker, J., Dolson, J., Held, D., Kammel, Kolter, J. Z., Langer, D., Pink, O., Pratt, V., Sokolsky, M., Stanek, G., Stavens, D., Teichman, A., Werling, M., Thrun, S. (2011). Towards fully autonomous driving: Systems and algorithms. 2011 IEEE Intelligent Vehicles Symposium (IV), pp. 163-168. Baden-Baden, Germany.
36. Maurer, M. (2000). Flexible Automatisierung von Straßenfahrzeugen mit Rechnersehen. VDI-Verlag.
37. Mirwaldt, P., Bartels, A., Lemmer, K. (2012). Gestaltung eines Notfallassistenzsystems bei medizinisch bedingter Fahrunfähigkeit. 5. Tagung Fahrerassistenz. Munich, Germany.
38. Müller, R. (2003). Das Projekt RUBIN - Automatische U-Bahnen ab 2006 in Nürnberg: Mehr Service, niedrigere Kosten im Nahverkehr. 19th Dresden Conference on Traffic and Transportation Science. Dresden, Germany.
39. NDMV. (2012). Adopted Regulation of the Department of Motor Vehicles LCB File No. R084-11. Carson City, NV, USA.
40. Norman, D. A., Bobrow, D. G. (1975). On data-limited and resource-limited processes. Cognitive Psychology, 7(1), pp. 44-64.
41. Nothdurft, T., Hecker, P., Ohl, S., Saust, F., Maurer, M., Reschka, A., Böhmer, J. R. (2011). Stadtpilot: First fully autonomous test drives in urban traffic. 2011 IEEE International Annual Conference on Intelligent Transportation Systems (ITSC), pp. 919-924. Washington DC, USA.
42. Pascoe, R. D., Eichorn, T. N. (2009). What is communication-based train control? IEEE Vehicular Technology Magazine, 4(4), pp. 16-21.
43. Pellkofer, M. (2003). Verhaltensentscheidung für autonome Fahrzeuge mit Blickrichtungssteuerung. Phd thesis, Universität der Bundeswehr München.
44. Psaier, H., Sustdar, S. (2011). A survey on self-healing systems: approaches and systems. Computing, 91(1), pp. 43-73.
45. Rauch, S., Aeberhard, M., Ardelt, M., Kämpchen, N. (2012). Autonomes Fahren auf der Autobahn – eine Potentialstudie für zukünftige Fahrerassistenzsyteme. 5. Tagung Fahrerassistenz. Munich, Germany.
46. Reschka, A., Böhmer, J. R., Nothdurft, T., Hecker, P., Lichte, B., Maurer, M. (2012). A Surveillance and Safety System based on Performance Criteria and Functional Degradation for an Autonomous Vehicle. 2012 IEEE International Conference on Intelligent Transportation Systems (ITSC), pp. 237-242. Anchorage, AK, USA.
47. Reschka, A., Böhmer, J. R., Saust, F., Lichte, B., Maurer, M. (2012). Safe, Dynamic and Comfortable Longitudinal Control for an Autonomous Vehicle. 2012 IEEE Intelligent Vehicles Symposium (IV), pp. 346-351. Alcalá des Henares, Spain.
48. SAE International. (2014). Taxonomy and Definitions for Terms Related to On-Road Motor Vehicle Automated Driving Systems (J3016). SAE International.
49. Schopper, M., Henle, L., Wohland, T. (2013). Intelligent Drive - Vernetzte Intelligenz für mehr Sicherheit. ATZextra, 18(5), pp. 106-114.
50. Shladover, S. (2007). PATH at 20 - History and Major Milestones. Transactions on Intelligent Transportation Systems, 8(4), pp. 584-592.
51. Singh, S. (2008). Special Issue on the 2007 DARPA Urban Challenge Part I (Vol. 25). Wiley Subscription Services, Inc.

52. Singh, S. (2008). Special Issue on the 2007 DARPA Urban Challenge Part II (Bd. 25). Wiley Subscription Services, Inc.
53. Singh, S. (2008). Special Issue on the 2007 DARPA Urban Challenge Part III (Bd. 25). Wiley Subscription Services, Inc.
54. Stanek, G., Langer, D., Müller-Bessler, B., Huhnke, B. (2010). Junior 3: A test platform for Advanced Driver Assistance Systems. 2010 IEEE Intelligent Vehicles Symposium (IV), pp. 143-149. San Diego, CA, USA.
55. Stiller, C., Färber, G., Kammel, S. (2007). Cooperative Cognitive Automobiles. 2007 IEEE Intelligent Vehicles Symposium (IV). Istanbul, Turkey.
56. Thorpe, C., Jochem, T., Pomerleau, D. (1997). The 1997 automated highway free agent demonstration. 1997 IEEE Conference on Intelligent Transportation Systems (ITSC). Boston, MA, USA.
57. Thuy, M., Goebl, M., Rattei, F., Althoff, M., Obermeier, F., Hawe, S., Nagel, R., Kraus, S., Wang, C., Hecker, F., Russ, M., Schweitzer, M., Leon, F.P., Färber, G., Buss, M., Diepold, K., Eberspächer, J., Heißing, B., Wünsche, H.-J. (2008). Kognitive Automobile - Neue Konzepte und Ideen des Sonderforschungsbereichs/TR28. 3. Tagung Aktive Sicherheit durch Fahrerassistenz. Garching b. München, Germany.
58. Tsugawa, S. (1994). Vision-based vehicles in Japan: machine vision systems and driving control systems. Transactions on Industrial Electronics, 41(32), pp. 398-405.
59. Urmson, C. (2012). Realizing Self-Driving Vehicles. 2012 IEEE Intelligent Vehicles Symposium (IV). Alcalá des Henares, Spanien.
60. Wille, J. M., Saust, F., Maurer, M. (2010). Stadtpilot: Driving autonomously on Braunschweig's inner ring road. 2010 IEEE Intelligent Vehicles Symposium (IV), pp. 506-511. San Diego, CA, USA.
61. Winkle, T., Gasser, T. M. (2014). E-Mail Communication.
62. Winner, H., Danner, B., Steinle, J. (2009). Adaptive Cruise Control. In Handbuch Fahrerassistenzsysteme, p 478-521. Wiesbaden: Vieweg&Teubner | GWV Fachverlage GmbH.
63. WNA. (2014). Fukushima Accident. Tech. rep., World Nuclear Association.
64. Woodman, R., Winfield, A. F., Harper, C., Fraser, M. (2010). Safety control architecture for personal robots: Behavioural suppression with deliberative control. The Seventh IARP Workshop on Technical Challenges for Dependable Robots in Human Environments. Toulouse, France.
65. Woodman, R., Winfield, A. F., Harper, C., Fraser, M. (2012). Building safer robots: Safety driven control. The International Journal of Robotics Research, 31(13), pp. 1603-1626.
66. Yasunobu, S., Miyamoto, S. (1985). Automatic Train Operation System by Predictive Fuzzy Control. In M. Sugeno (Hrsg), Industrial Applications of Fuzzy Control, pp. 12-29. Elsevier Science Publishers B.V. (North-Holland).
67. Yeh, Y. (1996). Triple-triple redundant 777 primary flight computer. 1996 IEEE Aerospace Applications Conference, pp. 293-307. Aspen, CO, USA.
68. Zhang, Y., Jiang, J. (2008). Bibliographical review on reconfigurable fault-tolerant control systems. Annual Reviews in Control, 32(2), pp. 229-252.
69. Ziegler, J., Bender, P., Lategahn, H., Schreiber, M., Strauß, T., Stiller, C. (2014). Kartengestütztes automatisiertes Fahren auf der Bertha-Benz-Route von Mannheim nach Pforzheim. Workshop Fahrerassistenzsysteme. Walting, Germany.

第 24 章　与收集和制作可用的附加数据相关的机会和风险

Kai Rannenberg

摘要

汽车长期以来都是用户自由和自治的象征。现在由自主驾驶引出了一个问题：有关于自主驾驶的数据流是如何影响车辆用户的隐私的。因此本章讨论了 5 个关于自主驾驶、数据流、车辆和其他实体相互作用的隐私方面的影响的指导问题：①因为自主驾驶，哪些新的或附加的数据正在被收集和处理，并且从这些数据中获得什么样的结果；②某些特定类型的数据是否有特殊性，这些数据是否造成了特殊的障碍？③从隐私的角度来看，需求是什么（见 24.4 节）？④建造架构时，需要牢记什么以避免造成困难的或者无法解决的隐私问题（见 24.5 节）？⑤长期来讲需要考虑些什么（见 24.6 节）？这些问题将尽可能多地联系到本书开头介绍的个案研究并展开讨论。24.7 节包括了一个关于自主驾驶汽车是否会带来更多隐私问题的分析以及对本章进行了总结。

24.1　介绍：车辆、自由和隐私

无论对于驾驶员还是乘客，车辆长期以来都是自由和自治的象征：汽车驾驶员可以自己决定驾驶到何方，选择哪条路线，甚至驾驶的速度（或者至少是什么时候休息），并且他们不需要向任何人报备。很多艺术作品都反映了汽车给用户带来获得自由并摆脱控制的机会（通常是不适当的）。一些最令人印象深刻的例子可能是 1947 年的电影《那些年》里的 3、4、6、7 集，描述了几个在 1933—1945 年间被纳粹政权压迫的人或多或少成功的汽车旅程。一些其他的例子也被提及（第 3 章）。同时，汽车给它的驾驶员和乘客提供了一个保护隐私的空间：在车外的人通常听不到车内人的交谈，也不能轻易坐下参与到车内人的谈话中。"我的车是我的城堡"并不像"我的房子是我的城堡"那样普及，但是很多人仍然把车看作自家的延伸；相应的，很多家用的东西，家里进行的活动都可以在车里看到（文献 [2]，第 2 段）。

如果从这个角度上看，自主驾驶汽车也可以是驾驶员和使用者的自由、自治、隐私这些传统概念的延伸。然而，"自主驾驶"最初只是让驾驶体验对于驾驶员而言更加自主。同时，它比人类驾驶的汽车更依赖于与外界的交流，例如，附近的汽车。除了与附近实体的交流，还可以通过控制与同步汽车和交通中心的交互来最大程度上优化它们的行为，例如，路线的选择。和其他集中收集数据的实体一样，这引出了对于隐私问题的顾虑，并激发了对数据流和相应的隐私问题带来的影响的分析。如果人们认为汽车不仅可以收集很多使用者和环境的数据，还会长时间储存数据并且和其他实体进行数据交换，那么情况就变得十分危险。

因此本章根据自主驾驶、数据流、车辆与其他实体相互交流的隐私影响的5个问题展开讨论：①因为自主驾驶，哪些新的或附加的数据正在被收集和处理，并且从这些数据中可以获得什么样的结果？②某些特定类型的数据是否有特殊性，这些数据是否造成了特殊的障碍？③从隐私的角度来看，有什么需求（24.4节）？④建造架构时，需要牢记什么以避免造成难以或无法解决的隐私问题（24.5节）？⑤长期来讲需要考虑些什么（24.6节）？这些问题将尽可能地联系到本书开头介绍的个案研究并展开讨论。24.7节包括了一个关于自主驾驶汽车是否会带来更多隐私问题的分析并对本文进行了总结。

24.2 自主驾驶的附加数据的收集和处理

为了评估收集附加数据时的机会和风险，首先尝试识别这些数据是有助的。这些将在第2章中用四个案例来解释说明。但是首先，我们将简短地概述非自主驾驶车正在收集或者可能已经收集的数据。

24.2.1 当今网联汽车的个人数据和潜在的传输

尽管本章的分析重点在"新的"和附加的信息上，在这里同样需要提到，在当今的汽车时代里，很多敏感的个人信息已经被收集甚至被传播，例如：

所有类型的位置信息和导航数据：典型的数据是目的地、驾驶时间、驾驶习惯（"每周末到斯图加特"）和路径偏好（追求风景还是速度还是环保还是在法律的边缘试探）。尤其是当车辆被调度系统、防盗控制系统、汽车保险系统，或道路定价系统追踪时，关于车辆去向的大量数据会被收集甚至被传输给周边的相关实体。有一些系统会对敏感信息进行分散式储存，但其余的不会。最近有一个十分出名的例子就是新欧洲eCall系统[3-5]：当车载传感器检测到严重车祸时eCall会自动启动。一旦启动，系统就会拨打欧洲求救电话112，与紧急救助中心取得电话联系，并将事故信息传给救助中心，包括事故时间、车祸车辆的精确位置，以及驾驶方向（在高速公路上和隧道中尤其有用）。eCall也可以通过车内的按钮被人工启动，例如被严重车祸的目击者就可以。

动态驾驶数据：这种类型的数据，例如加速度，给出了车辆和驾驶员的行为信息，例如驾驶风格（冷静还是带有攻击性还是追求速度还是在法律的边缘试探）

驾驶行为信息：这些数据可以从一段时间的位置信息推断出来。例如，比较高速公路上车辆此刻和15min前的位置信息，可以得出车辆的平均速度，并判断车速是否超速或即将超速。

环境信息：车辆可以从环境中收集驾驶信息或者特殊的交通情况，因为这些信息以后也许会有用。比如仪表板摄像机可以储存或者也许可以传输车辆前方发生的状况。环境数据可能是人们的个人信息，如车牌号或人脸。

这些粗略的概述也引出了一个问题：什么样的数据是个人数据？上述的一些数据可能看起来并不是"个人数据"，但是多年致力于隐私保护的举措说明我们并不能保证数据不会与他人相关或者被人滥用。这告诉我们，"个人可识别信息（PII）"不仅是可以直接识别一个人的信息，而是任何可以用来识别 PII 的相关信息，可能直接或间接与 PII 人群有关（文献［8］，参见2.9节）⊖的信息。PII 人群（文献［8］，参考2.11节）是指被获得信息的个体。在我们的案例中，PII 人群包括了驾驶员、乘客或者车主，甚至可以以某种方式被感知或识别的路人。

然而，在特定时间点上，实际数据的实时敏感度在很大程度上还依赖于周围环境，例如，如果一辆车停在了靠近红灯的区域，那么它的位置信息会更加敏感。在讨论自主驾驶的用例和涉及的有关集团利益时我们将看到更多的例子。此外，分析案例有助于解析新出现的情况和相关问题。

24.2.2　自主驾驶车辆上的个人信息的收集

这个部分讨论了在本书开头（第2章）所提的四个用例中的自主驾驶车辆的数据收集。

24.2.2.1　用例1：驾驶员用于拓展用途的州际驾驶

驾驶机器人只有在州际公路或者类似的快速公路上才有可能接管驾驶任务。在自主驾驶旅程中，驾驶员可以手离转向盘、脚离脚踏板以便做其他事。驾驶机器人可以安全执行驾驶员移交给它的驾驶任务，如果需要的话甚至可以在安全区域停车。在本用例中汽车可以收集到且学习到的新型附加的数据如下：

- 驾驶能力，例如，驾驶员是否可以向驾驶机器人收回控制权，收回操作花费的时间是多少，不管是在快速反应的数据更新方面，还是作为纵向评估的基础方面，这两种数据都令人感兴趣。
- 驾驶行为：以已经可以获取的有关驾驶行为的数据为基础，如今可以收集更多附加数据。而在这种情况下，驾驶员可以控制和/或要求召回附加数据。
- 环境：收集从环境中获得的附加数据可以完善自主驾驶。并且，记录驾驶情况或者特定的交通情况对于处理潜在冲突是有用的。如24.2.1节所说，环境中

⊖ 数据和信息之间的关系太微妙，太复杂，不能够在本章的范围内充分解释。就本章的目的而言，粗略地考虑数据和信息对等就足够了。只使用一个术语会让本章与一些参考文献不符。

获取的数据可能是其他人的个人数据,例如,车牌号或者人脸。因此环境数据包含了很多人个人数据的集合,这使得对它的使用非常敏感。

依据自主驾驶的法律和责任的影响方面的讨论(参见本书法律责任部分(第五部分)),收集关于调研潜在事故和车辆、机器人和其他导致事故的因素的数据有一定的意义。这也将满足其他一些执法机构对于数据的大"胃口",因为这些数据在数据化现象之后会很容易获取,而这是因为数据化现象很容易登录数据化日志。

24.2.2.2 用例2:自主代客泊车

驾驶机器人会在乘客下车或卸货完毕后将车辆停在附近或较远的位置。驾驶机器人会从停车地点驾驶到理想目的地,并且重新停靠车辆。这样,乘客就能节省寻找停车位或步行到远处停车点的时间,还能够在空间和时间上更轻松地接触和使用车辆。空闲停车位能够被更加有效利用,对于停车位的搜寻也会更加高效。在本用例中汽车可以收集到的新型附加信息与下列因素有关:

- 停留时间:用户在目的地停留多久?
- 兴趣地点:用户在哪里花费更多或更少的时间?
- 驾驶时间和行程之间的时间段:用户接触车辆的时间会在什么时候增加或减少(例如,每周六晚上都会驾驶车辆去某地,然后休息超过8h)?
- 在什么情况下不开车?
- 拜访习惯:用户拜访某地的频率为多少?例如,"每周末去某个超市、酒吧或者舞厅"。
- 环境:这些数据在原则上可能与用例一一样,但是由于环境的不同,也会得到不同的数据。开车驶过停车场,在车里可以"捕捉"到比公路更多的车牌号码,但是"捕捉"到的人(和人脸)会更少。反之,在去停车场的路上,例如,穿越马路时将会遇到更多的行人,所以可以识别到更多人脸。

因为车辆和驾驶员之间没有直接的交互,因此驾驶行为信息不会被收集。

24.2.2.3 用例3:扩展可用性的全自动驾驶程序

用例3与用例1很相似,在这两个用例中都是驾驶机器人执行及驾驶任务,驾驶员成了可以手离转向盘、脚离脚踏板从而处理其他事物的乘客。然而,在用例3中,驾驶员可以在很多区域内执行驾驶任务,而不只是在快速路上。因此车辆学习和收集的新型附加信息与用例1基本一致,只不过对于驾驶员而言有更多代表和收回控制权的选择。这意味着能够获得更多与驾驶行为有关的数据,尤其是在驾驶员可以控制车辆或收回驾驶任务的时候。与用例2相似,环境方面的数据可能会比在用例1中公路上收集到的数据更加丰富,更加易受影响。

24.2.2.4 用例4:按需车辆

无论车辆载有乘客和货物或者没有任何载荷,驾驶机器人可以在任何情况下都可以自主行驶。驾驶机器人使车辆在任何场地都可以使用;乘客可以完全独立地支配移动时间而不是操纵转向盘;客舱的设计是完全自由的,可以满足任何驾驶员对任何工作空间的要求，但是会有一个指向乘客空间的摄像头。虽然从自主驾驶的角度来看，这些要求是最苛刻的，但是收集的额外数据可能比用例 3 要少。特别是，没有额外的驾驶行为数据的收集，因为根本没有驾驶员。所收集到的额外数据有：
- 旅途行为（例如，乘客什么时候休息？）。
- 车内所有乘客的一般行为（或不端行为）。
- 从环境收集到的数据，例如，收集事故和导致事故可能的原因（如果乘客数据对事故收集有用的话）。

24.2.3　数据控制和滥用储存的数据的后果

原则上，任何类型的数据存储都有可能对任何过程开放，这些过程都不能没有那个储存。虽然这似乎是一个理论命题，但是数据储存的实际结果就是它们可能会在一个使用者最初并没有意识到的情况下，被使用或者滥用。这意味着对这些数据要有一个更长期的责任。这种责任必须由可以控制数据并掌握数据使用决定权的主体承担。

如果我们假设存储在车上的数据在汽车拥有者或者驾驶员的独立控制下，那么判定这些数据的责任归属可能相应容易些。否则，数据的存储和任何形式的滥用的责任都可能扩大到控制或/和传输这些数据的实体。然而这只适用于仅存储于车辆上，受车主的控制。至少有两个迹象可以表明，强大的实体会要求储存在车上的数据被传输到车外。

1）执法机构往往规定，以任何技术或商业目的存储的数据，都能通过法律途径来获取。立法者通常遵循这样的立场。最接近车辆和地点数据的例子就是移动通信。在 20 世纪 90 年代开始，蜂窝移动通信 GSM 标准已经被建立，并且用户的地理信息也在网络上进行处理。执法机构很快就树立了能够获得 GSM 网络中的各种数据的规则，包括地理数据：德国早在 1995 年就建立的 Fernmeldeüberwachungsverordnung[6]就是其中一个例子。

2）互联网企业，例如谷歌就是受数据连接和传输的启发和驱使。谷歌创意总监 Jared Cohen 和谷歌执行总监 Eric Schmidt 在他们合写的书《新数字时代》[7]254 页中写道："试图控制连通性的传播或限制人们的访问，总是会在足够长的时间内失败。信息如水，人们总会找到出路。"

不是这些大的集团所提醒的所有事情都会发生，但是这些例子给了我们一个关于数据存储伴随而来的挑战的印象，这在信息极为封闭的情况下也是一样的。

24.2.4　数据传输到第三方的结果

被传输给除车主和驾驶员之外的实体（第三方）的数据可以让这些实体来追寻他们的利益。这些利益可能符合也可能不符合由数据识别的当事人（也称为数据主体）的利益，通常为驾驶员或者车主。本节将介绍以下第三方的例子：车辆制造商，保险服务商，车队运营者，政府授权的缔约方，对等 Ad－Hoc 网络，例如其他交通实体或者其他自动驾驶车辆，交通中心。这部分的顺序按照第三方实体设置的复杂度升序排列。

24.2.4.1 车辆制造商

车辆制造商可能对记录车辆的行为感兴趣，例如了解在极端情况下车辆的行为，（通常非常复杂的）软件质量，如何改善系统等。这些数据类似于一种生产者和远程通信系统收集质量保证和目的维护的数据。同时，这些数据也提供了驾驶员的敏感信息，例如典型驾驶速度和紧急制动次数或者在用例 1 和 3 中谈到的，错过驾驶机器人的驾驶任务移交的情况。

24.2.4.2 保险服务商

保险服务商通常更感兴趣的是可用以评估与他们的客户相关的风险水平的信息，或其他能够加深对客户理解的信息。根据保险类型不同，感兴趣的信息类型也会不同，例如事故保险风险可以从驾驶行为中（规避风险和不规避风险的驾驶行为）获得，盗窃保险可以从地理信息中获得（某一地区对特定车辆的盗窃率高或低）。这里所有用例都提供了丰富的数据，用例 1 和 3 更多的是有关于驾驶行为，所有的用例都提供了地址信息，用例 4 还提供了成员行为和紧急呼叫的信息。这些评估也许对保险用户是公平的，因为这些信息判定了降低成本的行为，但是他们对用户进行了更多监视，并且没有清晰地给出相关的风险和可能性。通常保险服务在打分系统或未知客户细节的条件下进行决策，因为这些细节被认为是保险公司希望保密以便在竞争激烈的市场中保护自己的"交易秘密"。客户可能会对相关的决策表示惊讶，例如否定一个好的合同或者提高费用。

24.2.4.3 车队运营者

车队运营者例如汽车租赁公司处于一个和保险公司类似的情况。为了提高他们商业上的成功度，他们试图评估向某个客户派发车辆的风险，并考虑他们对价格评估的后果。因此，对用户的影响也与保险公司的情况相似，例如合同（不）延期或费用的提升。同样对于这种情况，所有的用例都提供数据。这种情况与保险公司的主要区别在于车队运营者通常拥有自己的车辆，因此相较保险公司和被保车辆的关系而言，他们对车辆有更多的控制权。这种区别对于存储租赁客户或驾驶员（见 24.5 节）的敏感数据的"私人数据库"概念至关重要。在车队运营者这一情况中，这样的"私人数据库"或者需要专门安装在车上来保护它不被车队运营者获得数据，抑或是需要租赁客户或驾驶员自己管理。

24.2.4.4 基于位置的商业服务

广告商感兴趣的是将正确的信息传递给他们各自的目标群体。这可能包括在正确的位置上放置广告，例如，在靠近下一个出口的商店有特别优惠，鼓励消费者在交通堵塞时离开公路去购物。同时，对在去主要机场的路上遇到交通堵塞的旅客有可能被提供去更小区域的机场的服务（例如在去洛杉矶的北面公路上，San Jose 的航班就一直被打广告）。广告商因此对车流（和堵塞）很感兴趣。此外，他们想知道关于他们的目标群体的更多细节，所以任何可以得出结论的行为，例如旅客类型（商务、通勤、休闲），这些都会受到广告商的欢迎。

24.2.4.5　政府授权的缔约方

政府授权的缔约方，例如警察部队或者情报机构可以利用数据进行监视，用以侦查他们想要制裁或者防止的行为。对于交通警察，这可以是任何被认为是不安全或者违反交通规则的行为，例如与驾驶机器人交涉时遇到的任何困难或奇怪的行为。调查犯罪或防止犯罪的警力以及情报机构也对分析导航和移动数据感兴趣，这可以用来研究旅客的社交网络，例如谁能在哪里遇见谁。除了隐私法律和隐私保护的保证之外，感兴趣的政府和情报机构还有自己的解释权限。车辆所收集的环境数据尤其是这样；从一些或者所有车辆上获得的环境数据可能被认为是获取群众资源的特殊形式。一些城市正在考虑利用群众资源收集污染数据。这样从环境中收集到的个人数据很少或根本没有，但是从概念上讲，车辆能够侦察它周围的环境可能会在不远的未来中实现。

24.2.4.6　对等 Ad – Hoc 网络

对等 Ad – Hoc 网络（例如其他交通实体或其他自动驾驶车辆）可能对任何被特定车辆使用或分析来优化路径并稳定优化过程的数据感兴趣。这些数据可能帮助对等 Ad – Hoc 网络获得其他车辆正在通过的路况信息，尤其是与自己的路线交叉的路况。如果数据是匿名的并且和相关的其他数据配对在一起，其后果不如本章讨论的其他实体那样汇总数据的（中央）实体的数据传输严重。

24.2.4.7　交通控制中心

交通控制中心的利益很大程度上取决于运营商和拥有者的利益。控制中心以提高交通流通率、减轻事故对交通的影响为目标，对任何可以帮助他们评估当前和未来交通情况的数据感兴趣：驾驶条件可以从环境信息或者在所有用例中都有的驾驶行为的评估中获得；潜在拥堵情况可以从旅行计划和导航数据中获得。这些中心的其他目标可能包括与其他实体进行合作以重新筹措成本，甚至为其所有者或经营者带来利润。本节前面讨论的其他实体可以利用交通中心收集的数据有助于解释这一事实。交通中心和其他对他们的数据感兴趣的实体合作甚至提供一些薪酬，这取决于他们感兴趣的程度——很可能取决于这些实体的地位和财务状况。私人营利性控制中心需要寻找基金；而公共的交通中心承担的压力会小一些。然而，近期对公共基础设施的主要投资，只在建立公 – 私伙伴关系上，以减轻公共投资资金的缺乏。这对收取通行费和伽利略卫星网络计划（虽然不成功）也是如此。并且，公共广播公司越来越依靠私人合作资金，例如从广告中获得的资金。

24.3　某些特殊的数据是否会造成特定的障碍

预测数据的潜在合法或不合法用途是十分困难的，并且事实证明保证没有数据滥用是不可能的，即使用长久的眼光来看也是如此。其中一个原因就是，以今天的连接性，合并数据是容易的。从驾驶机器人中取回控制权可能看起来对敏捷型数据并无害处，但是如果与十年前相同的数据相比，可能会造成驾驶能力上升或下降趋势的印象。这可能使驾驶员处于不公平的劣势，例如，当计算保险费时。类似的，信用评级机构对个体的打分行为往往是不准确的，即使他们可能有一个统计值。因此，确认某种数据是否特别或者对他们的使用有特殊的障碍并没有明确的原则。人们可能会觉得可以得出关于人们的健康或政治观点的结论的数据是特别敏感的，但是没有明确的迹象表明，这些比他们的经济状况数据更敏感，例如，这一困难的法律后果是要求对每一份资料进行处理，而不是给予一般的许可（参见24.4.1节"目的合法性和规范"和"收集限制"的说明）。因此，所有的数据都需要检查：他们是否有必要提供需要用到他们所收集的数据的服务？这种处理方式合适吗？

24.4 隐私角度的要求

本节从隐私的角度讨论了需求，首先介绍了国际公认的原则及其与用例的关系（24.4.1节）。然后在24.4.2节讨论了额外数据的"数据保护"用法的其他监视措施。24.4.3节着重于限制访问权限和加密。

24.4.1 原则

对于收集和传输个人资料，除数据主体以外，我们必须要对隐私原则和相关要求有一个明确的理由。隐私原则和要求取决于各自的国家、地区，有时还取决于特定行业的立法，因此不可能进行全面的分析。幸运的是，现在已经有了2011版的国际标准 ISO/IEC 29100 隐私框架，并列出了十一项隐私原则[8]。这些隐私原则源于国家、国际组织（例如经合组织和欧盟）制定的现有原则。来自德国和美国的编者以及许多国家的专家参与了这项工作的深入发展。ISO/IEC 29100 隐私框架的一个重点是在 ICT（信息和通信技术）系统中实施隐私原则；另一个是在组织的 ICT 系统内开发隐私管理系统。隐私原则旨在指导隐私政策和隐私控制的设计、开发和实施。我们可以在最近一项关于交通管制的法律专家年度会议的建议中找到相关要求。这11个原则是：

1) 同意和选择。
2) 目的合法性和规范。
3) 收集限制。
4) 数据最小化。
5) 使用、保留和公开限制。
6) 精度和质量。
7) 开放、透明和通知。

8）个人参与和访问。

9）问责制。

10）信息安全。

11）隐私合规。

本节将重点介绍最重要的原则，并从一些使用案例举例说明：

- 同意和选择：随着时间的推移，同意原则被引入，以确保 PII（个人可识别的信息）主体可以控制他们的 PII 是否正在被处理，除非适用的法律同意在未经允许的情况下对 PII 进行处理。很明显，这需要知情同意，所以 PII 负责人应该被告知他们需要同意的条款后选择同意。事实证明，为了避免用户提供事实上的同意，要求适当的选择变得非常重要，因为他们别无选择，只能得到相应的服务。在用例 1、2 和 3 中，需要车主、驾驶员和所有乘客的同意。在用例 4 中，乘客（如果适用的话）和驾驶员的同意都是必需的。然而，最关键的问题是围绕扫描环境数据的同意而产生的。例如，私人监控摄像机在公共区域工作并收集人们的数据通常是不允许的。

- 目的合法性和规范：坚持这一原则意味着：要确保所有目的都符合适用法律，并且建立在法律允许的基础上；在收集或使用资料以作新用途之前，将目的传达给 PII 负责人；使用明确并适应环境的规范语言；并且，如果适用的话，为需要处理的敏感 PII 提供足够的解释。对于目的可以要求数据保护机构或政府机构的法律依据或具体授权。如果处理 PII 的目的不符合适用法律，则不予处理。对于所有用例来说，都意味着需要特别明确地指定目的。而这将是对环境数据扫描的一个特殊挑战。

- 收集限制：PII 的收集仅限于适用法律范围之内且为特定目的严格需要的数据。在我们的使用案例中，这尤其适用于驾驶员和识别乘客行为的数据。如果目的是自主驾驶，那么就自动驾驶而言，任何数据收集都需要证明是合理的（而不是用于任何其他用途，即使在商业上有吸引力）。

- 数据最小化：数据最小化与收集限制密切相关，但指的是严格最小化 PII 的处理数据。数据处理程序和信息和通信技术系统将最小化处理和访问的 PII。在可能的且在不涉及识别 PII 主体的情况下，要降低其行为的可观察性，并限制 PII 的可链接性（从而也限制 PII 主体的可追溯性）。此外，当 PII 处理的目的已经过期时，应该删除和处理 PII。法律并未要求保留 PII，无论何时这都是可行的。对于这四个用例，此原则限制将任何数据转移到任何中心实体，例如交通控制中心：只需要管理车辆周围情况的 PII，在没有 PII 负责人许可的情况下，不得离开车辆。数据的最小化也要求数据的存储空间是有限的，特别是在需要数据的时候可以很容易地集聚起来。最后且重要的是，限制所收集的个人身份信息的可链接性要求匿名化和汇总所有数据。

- 信息安全：信息安全是指在业务、功能和战略层面采取适当的控制措施来保护个人身份信息，以确保个人识别信息的完整性、保密性和可用性，并在车辆的整个生命周期中防止未经授权情况下被访问、销毁、使用、修改、公开或丢失。信息安全涵盖范围广泛，从选择合适的 PII 处理器，到限制对个人信息处理系统的访问，以及那些需要这种访问的个人履行其职责。24.4.2 节和 24.4.3 节描述了相关措施。

除了绝对需要的数据使用之外，我们还需要明确的同意提供收集数据的服务。因此，对于收集并转让给 PII 主体领域之外的任何个人身份信息，在相关隐私原则方面必须有明确而有说服力的理由。根据所获得的内容和放弃的内容，理由必须是令人信服的 PII。基本原理也必须令监管者信服，监管者将通过陈述数据处理，数据最小化原则的必要性，替代方法或技术等检查 PII 原则是否被误导。监管机构也会检查，处理这些数据是否会危及基本权利；基本权利不能简单地由用户通过同意而放弃，因为他们可能不理解后果。一个相关的例子就是要求用户存储和处理他们的投票行为。

任何可能使用户因其信仰、想法或行为而受到歧视的 PII（例如，感兴趣的主题和相关的地点和目的地，也涉及其他人的地点和目的国），在许多实际情况下尤其重要。

24.4.2 额外数据的"数据保护"使用额外监控措施

额外数据的"数据保护"使用额外的监控措施是意料之中的。例如，它们受到了 ISO/IEC 29100 问责原则的激励[8]。

问责原则是指处理个人身份信息需要注意的义务，并采取具体切实的措施予以保护。这将适用于处理 PII 的任何一方。这些措施不仅可以确保得到适当的处理，还可以使管理当局（例如数据保护专员）的监督得到缓解。

信息安全原则（也参见第 24.4.1 节）例如要求在操作、功能和战略层面进行控制，以确保 PII 的完整性、机密性和可用性，并保护其在整个生命周期内免受未授权访问、销毁、使用、修改、披露或丢失的损失。

一个典型的重要问题是，审计谁拥有或有权访问 PII，以及以哪种方式使用 PII。因此，额外的监督措施将适用于任何可能有权访问 PII 的其他实体。审计经验表明，它可能导致更多的隐私问题，因为处理审计记录可能比数据本身更具歧视性。例如交通管理中心的审计日志中记录了某个驾驶员与驾驶机器人交互的反应时间的 PII，由工作小组检查以分析驾驶行为。

此外，额外的监测措施不应导致对该系统工作人员的过度监视，至少在工作场所的隐私是被保护的。因此，必须根据客户保护和员工保护之间的关系来找到一个良好的平衡。

24.4.3 限制访问权限和加密

限制访问权限和加密是信息安全的典型手段。在 ISO/IEC 29100 的"信息安全"原则中也提到了限制访问权。它遵循"需要知道"的概念，将对 PII 的访问限制在需要这种访问的个人履行其职责，这些人只能访问他们履行职责所需的 PII。

访问权限可以定义哪个实体可以访问哪个 PII。这要求系统拥有精细的规范,并且如果在设计阶段已经考虑了隐私,则可以最好地实现,例如设计哪些数据是由车辆收集的,以及哪些应用程序是需要的。

限制访问权限的另一种方法是定义只有实体组可以联合访问某些数据,例如某种类型的审计记录。这种四眼原理(或 n 眼原理)有助于防止未经授权使用数据,特别适用于涉及 PII 的系统行为的审计记录。例如,可以指定,这些类型的数据只能用于处理定义的系统故障,PII 负责人和感兴趣的一方(例如授权的修理店)都需要在访问上达成一致。如果部分密钥分布在各利益相关者之间,也可以通过加密来实现 n 眼原理。

在 ISO/IEC 29100 中没有直接提到加密,因为在某些 ISO/IEC 成员国中,加密有时被认为是有争议的。然而,加密作为在公共网络上传输医疗 PII 的要求的例子被提及(文献[8],第 4.4.7 条)。隐私权委员会也越来越多地要求保密委员会了解其优势,尤其是在没有存储或运输 PII 的实体的合作下,创建虚拟保管库或隧道来保护个人身份信息。如果使用加密,明确定义允许谁来保存各个加密和解密的密钥是很重要的。PII 为个人的行为和能力提供线索,它需要通过非对称加密系统来保护,然后用个人的公钥对 PII 进行加密。这将确保 PII 只能用相应的个人密钥解密。

24.5 架构考虑

任何架构考虑都需要考虑系统利益相关者的利益。到目前为止,本章提到的 PII 利益相关者包括驾驶员、乘客和汽车所有者。其他利益相关方可能是需要与 PII 合作的个人,也可能是街道旁边的旁观者或者其他交通参与者(如果系统可以识别的话)。事实证明,考虑系统的非专业用户是有用的,因为他们通常没有机会保护自己[12]。他们通常也是那些隐私专员要照顾的人。

一般来说,体系架构可以从 24.4.1 节中讨论的原则派生出来。收集限制、数据最小化和信息安全的原则对于体系架构考虑尤为重要。任何允许提供服务的架构,收集、使用和传播较少的 PII 不仅降低了任何滥用数据的后果,也让信息安全。

三个架构特点和元素是特别值得推荐的:

1)分散法:如果 PII 没有转移到交通中心等中央实体,那么误用风险就会降低。例子包括:

- 在任何情况下,如果问题是能在两车之间解决的情况,这比涉及交通控制中心或其他外部实体更好。有时也会出现其他车辆提供信息的可信度问题。一个快速的解决方案似乎是单独识别其他车辆,并在中央登记数据库中进行检查,类似于检查汽车登记牌的警车。这对于销售服务来说可能是一个不错的销售场景,但将其视为隐私或安全性的收益是短浅的。它将把特殊的警察活动转变为每个车辆可能进行的定期活动,从而建立一个大规模的监视基础设施。而且,能够精确识别车辆并不能保证该车辆提供的信息。即使由始发信息的车辆发送有效的标识符,该信息仍

第24章 与收集和制作可用的附加数据相关的机会和风险

然可能被操纵和误导。

— 用户所拥有的用于存储 PII 的"私人数据保险库"(PDV)的概念应该进一步详细探讨,以便在用户的控制下存储敏感数据。这个 PDV 可以存储各个人的 PII,并保护它免受不必要的访问,所以如果没有这些人的同意,访问是不可能的。特别是对于使用多名驾驶员使用过的汽车的驾驶员,以及租赁汽车的顾客或驾驶员,这将是有用的。可以在车辆内安装 PDV(在主要由单人使用的车辆的特殊情况下),或者在理想情况下,使用车辆时由驾驶员携带 PDV。PDV 应该使用适当的硬件保护来存储数据,并且可以是可信数据存储的初始化。将来可能会与其他个人设备(如移动电话)结合使用,但首先这些设备需要变得更加安全,并且能够更好地保护自己,特别是在由外部读取数据的方式下。有关公路收费的相关概念,参看文献 [13],即付即用驾驶保险请参阅文献 [14]。

— 如果需要存储的数据不仅是汽车用户的个人数据,还有其他各方的个人数据,如环境数据(可以识别其他人,也可以是用户使用的路线),四眼或 n 眼原则应适用于访问控制。

— 在用例 2 中,交通控制中心或其他参与停车位选择的实体不应要求驾驶员或乘客优先考虑停车位或路线的各种优先事项,而是提供一些选项,以便用户或本地系统帮助用户选择。这就降低了用户对价格和区位偏好的集中处理的风险。

2)匿名化:为了正当目的需要收集的信息不一定需要以识别相应个体的方式收集。即使是以识别个体的方式收集的信息也可能不需要以这种方式进一步处理。这特别适用于任何仅以汇总形式所需要的信息:

— 交通和拥挤分析不需要识别个人汽车甚至是驾驶员。

— 与同行的交互,例如与其他车辆交换交通安全数据,这些不需要标识(参见"分散方法"下的讨论)。

— 甚至连汽车的门禁(例如决定停车位)都需要单独识别汽车。部分身份的概念(ISO/IEC 24760-1,[15])和隐私友好的基于属性证书[16]允许在这种情况下,提出了什么是真正需要获得信息的限制。例如,使用案例 2 的认证信息,即停车位被预订用于车辆的自主代客泊车,不需要识别朝向停车位的访问控制系统的单个车辆。传输一个只有在使用两次(并且因此误用)的情况下才识别车辆的表示令牌应该就足够了。

3)系统性删除 PII:在 ICT 系统的概念和生命周期模型中,数据删除往往被忽略。特别是在 PII 的情况下,这可能导致危险的滥用和间接责任。因此,任何案例中的草案架构都应该包括系统数据删除的概念;这需要仔细考虑特定目的的数据需要被保存的时间是多少。在德国标准化组织 DIN 以及 ISO/IEC 中,已经开始了数据删除的标准化动议[17]。这些举措在德国收费公路货车收费计划的数据删除概念上建立了一个重要的里程碑。

24.6 长期的考虑

任何用于自主驾驶的基础设施看起来都可能很大，因此任何对其引入、使用和维护的规划都需要是长期的。那么任何关于长期经验的一些评论应该是有用的：

1）应用程序蠕变：一旦为某些应用程序建立了技术基础架构，在相同的技术和基础架构上"搭载"新的附加应用程序，更高的隐私风险会很容易实现。例如，GSM 移动通信网络具有很多强大的功能，或者很本土化，在一些国家的事实介绍和开发上是一个灰色地带。道路收费系统及其为货车或其他商用车辆设立的监控基础设施存在一些担忧。把这个延展到私家车身上可能很容易。

2）从测试系统到实际系统的蠕变：互联网软件开发的经验表明，从测试系统甚至是降低安全性或保护隐私的实验性原型到真正的生产系统的步骤可能就像改变网络链接一样简单。这样的变化可能会导致测试系统被冲入真正的生产，而这些系统可能不像真正的系统那样受到保护。特别是缺乏资源和需要快速成功的项目可能会受到这一战略的诱惑。

3）强制的伪唯一标识：越来越多的计算机设备存储和发布标识符，这些标识符或多或少地成为这些设备唯一可靠的标识。GSM 国际移动台设备标识（IMEI）就是一个例子。理论上，IMEI 是每个 GSM 移动通信设备的唯一标识符；在实践中，它可以被操纵。媒体访问控制地址（MAC 地址）在网络中也存在类似的情况，理论上这是一个分配给网络接口的唯一标识符。这两个标识符都和配备有各自通信技术的汽车相关。虽然这些系统的安全性很低，但它们使（非正式的）数据收集变得非常容易，从而造成重大的隐私问题。此外，他们培养感兴趣方的循环的"食欲"，以更多地识别通信网络或互联网服务中的用户。这种趋势需要被认识、考虑和克服[18]。

24.7 结论

有人可能会认为驾驶的高度自主性会导致更多的数据处理，导致自主驾驶受到更多的监视。事实上，情况并非如此。导致自主驾驶收集和传播附加数据的两个主要因素是：

1）车辆与驾驶员、乘客和可能的车主之间的相互作用变得更频繁，导致存储和处理额外的数据。

2）车辆与其他实体，尤其是某种交通控制中心之间的交互变得更频繁，从而导致将潜在的额外数据传送到车辆之外的实体。

完全自主驾驶的车辆不需要与驾驶员进行交互，而不需要从驾驶员那里收集比"传统"车辆更多的数据。而且，如果车辆能够自主地通过自身功能导航并到达其目的地，则与传统的使用中央导航系统（不断收集汽车的地理坐标的系统）的车辆相比，它将不会传送比任何其他车辆更多的数据，它所传的数据甚至更少。

当然，一些场景例如车辆在危急情况下交付给驾驶员（例如参见用例 1）与危急情况下需要结合集中监视，这可能产生更多的监视需求，从而导致更多的隐私问题。因此，理论上，自主驾驶的车辆并不一定会比传统车辆导致更多的隐私问题，但实际上，如果设计和架构不能小心避免隐私问题，就会出现实际的威胁。

因此，需要一种针对自主驾驶场景的隐私设计方法。至少对于以下问题，需要进行彻底的检查：

- 真正需要收集、处理或传输数据才能改进驾驶状况吗？
- 这个优势是否值得额外的隐私风险？
- 一方面是更多功能性和更好的安全性，另一方面是更少隐私方面的潜在困境，PII 利益相关方（通常是驾驶员、乘客、所有者）是否能够自行决定并且是以知情的方式？
- 数据是否在 PII 利益相关者的控制之下，还是离开了他们的控制范围？

保护长久以来与个人汽车相关的自由显然是一个挑战，而空间自由也是汽车成功的原因之一。对于现有的汽车行业，特别是高端制造商和品牌来说，一个独特的卖点也许不是简单地遵循互联网业务的流行趋势，而是为客户提供适当的保护。汽车工业在其他方面表现出来，其不需要接受原始的解决方案，比如在减少能源消耗方面，但是可以通过精心的计划和工程来克服不利的影响，以节约资源。无论如何，这种方法的触发迟早会到来。

应用许可

本章根据知识共享署名 4.0 国际许可（http：//creativecommons.org/licenses/by/4.0/）的条款进行分发，允许通过任何媒介或格式使用、复制、改编，分发和再创作，只要您对原始作者和来源给予适当的说明，提供知识共享许可链接，并指出所做的任何更改。

本章中的图片或其他第三方材料均包含在作品的创作共享许可中，除非在来源中另有说明；如果这些材料不包括在作品的知识共享许可中，并且法律规定不允许相应的操作，那么用户需要获得许可证持有者的许可才可以复制、改编或再创作材料。

参 考 文 献

1. Helmut Käutner, Ernst Schnabel: In Those Days (German: In jenen Tagen); Camera-Filmproduktion 1947; more information on http://en.wikipedia.org/wiki/In_Those_Days; http://de.wikipedia.org/wiki/In_jenen_Tagen_%281947%29; last visited 2014-08-15
2. Angelina Göb: "Nimm Zwei – Carpool Lanes"; 2013-08-06; www.urbanfreak.de/carpool-lanes/, last visited 2014-08-15

3. Telematics News: eCall in German privacy debate; published: 01 February 2012; http://telematicsnews.info/2012/02/01/ecall-in-german-privacy-debate_f3011/; last visited 2014-08-15
4. Jan Philipp Albrecht: eCall - Überwachung aller Autofahrten muss gestoppt werden; www.greens-efa.eu/ecall-11553.html; last visited 2014-08-15
5. European Parliament: Decision of the European Parliament and of the Council on the deployment of the interoperable EU wide eCall service; P7_TA-PROV(2014)0359; http://www.europarl.europa.eu/RegistreWeb
6. German Federal Government: Verordnung über die technische Umsetzung von Überwachungsmaßnahmen des Fernmeldeverkehrs in Fernmeldeanlagen, die für den öffentlichen Verkehr bestimmt sind (18. Mai 1995, BGBl. I S. 722)
7. Eric Schmidt, Jared Cohen: The New Digital Age: Reshaping the Future of People, Nations and Business; Alfred A. Knopf 2013, ISBN-10: 0307957136
8. ISO/IEC 29100:2011 Information technology — Security techniques — Privacy framework, First edition, 2011-12-15, freely available via http://standards.iso.org/ittf/PubliclyAvailableStandards/index.html
9. Deutscher Verkehrsgerichtstag 2014, 29. bis 31. Januar 2014 in Goslar, Arbeitskreis VII: Wem gehören die Fahrzeugdaten? www.deutscher-verkehrsgerichtstag.de/images/pdf/empfehlungen_52_vgt.pdf; last visited 2014-08-29
10. German Constitutional Court: Volkszählungsurteil: Urteil v. 15. Dezember 1983, Az. 1 BvR 209, 269, 362, 420, 440, 484/83; www.servat.unibe.ch/dfr/bv065001.html and Mitglieder des Bundesverfassungsgerichts (Hrsg.): Entscheidungen des Bundesverfassungsgerichts. 65, Mohr, Tübingen, S. 1–71, ISSN 0433-7646; unofficial English translation on https://freiheitsfoo.de/census-act/
11. Wikipedia: Global surveillance disclosures (2013–present); http://en.wikipedia.org/wiki/Global_surveillance_disclosure; last visited 2014-08-14
12. Kai Rannenberg: Multilateral Security – A concept and examples for balanced security; Pp. 151-162 in: Proceedings of the 9th ACM New Security Paradigms Workshop 2000, September 19-21, 2000 Cork, Ireland; ACM Press; ISBN 1-58113-260-3
13. Josep Balasch, Alfredo Rial, Carmela Troncoso, Christophe Geuens, Bart Preneel, and Ingrid Verbauwhede: PrETP: Privacy-Preserving Electronic Toll Pricing. Pp. 63-78 in Proceedings of the 19th USENIX Security Symposium, USENIX, 2010
14. Carmela Troncoso, George Danezis, Eleni Kosta, Josep Balasch, and Bart Preneel: PriPAYD: Privacy Friendly Pay-As-You-Drive Insurance. Pages 742-755 in IEEE Transactions on Dependable and Secure Computing - IEEE TDSC 8(5), IEEE, 2011
15. ISO/IEC 24760-1:2011 Information technology – Security techniques – A framework for identity management – Part 1: Terminology and concepts, First edition, 2011-12-15, freely available via http://standards.iso.org/ittf/PubliclyAvailableStandards/index.html
16. Ahmad Sabouri, Ioannis Krontiris, Kai Rannenberg: Attribute-based credentials for Trust (ABC4Trust)"; Pp. 218-219 in Simone Fischer-Hübner, Sokratis K. Katsikas, Gerald Quirchmayr (Eds.): Trust, Privacy and Security in Digital Business - 9th International Conference, TrustBus 2012, Vienna, Austria, September 3-7, 2012; Springer Lecture Notes in Computer Science ISBN 978-3-642-32286-0; see also www.abc4trust.eu
17. Volker Hammer, Karin Schuler: "Leitlinie zur Entwicklung eines Löschkonzepts mit Ableitung von Löschfristen für personenbezogene Daten", Version 1.0.2, Stand 25. Oktober 2013; www.bfdi.bund.de/SharedDocs/Publikationen/Arbeitshilfen/DINLoeschkonzeptLeitlinie.pdf
18. Kai Rannenberg: Where Security Research Should Go in the Next Decade. Pp. 28-32 in Willem Jonker, Milan Petkovic (Eds.): Secure Data Management - 10th VLDB Workshop, SDM 2013, Trento, Italy, August 30, 2013, Post-Proceedings; 2014; Springer Lecture Notes in Computer Science 8425, ISBN 978-3-319-06810-7

第 5 部分 法律与责任

Tom Michael Gasser

在"法律与责任"部分中，我们从宏观角度考察各式社会架构中允许自动驾驶的法律系统。在这里我们的观点主要来源于也受限于作者对美国和德国的法律系统以及汽车行业操作的了解。然而在大多数情况下焦点会在于法律系统中的重要事项、社会秩序中的价值观，以及在长远未来的法律机构与关注点当中发生的变化。这意味着我们描绘的结论将会基于有远见的话题。由于上述方式纯属理论，在此章节中作者对于这些未来的事项给出的法律观点不得用于代替对个别情况的法律建议。

在了解为实现自动驾驶长期目标的挑战时，我们需要注意的是现阶段在公路上的一切"机械的自动化行为"是明确符合仅有法律系统的日常实际情况。上述情况同样适用于在美国独自立法的各州。当今社会中，常见的拥有高度自动化的系统始终假设人类驾驶员的存在，充当技术上的监督者角色。从法律角度来看，最大的挑战在于如何去配合对于控制车辆已被认可且广泛接受的驾驶行为。在此部分当中会详细列举这种变化对法律上带来不确定性的原因。我们成功地确定了未来的研究题材，或许从而可以更好地理解一些潜在的变数。同时我们成功地衍生出考虑到了这些变数的策略以及建议，从而可在适应时更顺利。

在第 25 章中，Tom Gasser 对于当今的路面交通及其对人权与人身安全权的危害性展开了深入的考察。在上述基础上，Tom Gasser 表示了自动驾驶对于道路造成的基本改变源于在公共空间中，我们无法在从驾驶员控制车辆转变到自动化机械活动的过程中完全排除危险。作者认为这种改变会对法律带来重大的影响。这种对于自动驾驶在法律上带来的影响的考察再后来延伸到对于自动化带来的风险和"困境状况"假设的详细调查。自主控制功能对于保护路人与骑自行车者的基础设计的要求将来源于上述考察，以及能够确定在当今交通系统的路面事故原因的进一步研究。在作者的观点中，深入了解上述因果关系可以对于安全的自动驾驶设计给出进一步的启发。除了一些更加具体的议题之外，文中还讲述了路面使用者之间的交流上的细节。这里对于自动驾驶车辆的长期目标存在着从根本上全新概念的需求。

关于美国的产品责任，是 Stephen Wu 的第 26 章的侧重点。产品责任的风险管理对任何一家以在美国销售自主车辆为目标的人和机动车行业和其他传统行业都是极其重要的挑战。自动驾驶车辆的制造商可能会遇到一些很有可能的，甚至是已经存在的一些风险。本章使用近几十年来机动车行业大量的产品责任相关案例描述了一些看似抽象的风险和触发它们的条件，这使得风险更加有形，清晰。以这些经验为背景，本章还给出了在产品开发和安全检测阶段的产品责任风险管理相关建议。生产商可以通过精心的准备来在可能发生的产品责任相关案例中尽可能地减少风险。

Bryant Walker Smith 则以一个抽象的普通机动车与自主车辆的风险和误差分析为引子，列举了一些在实践过程中极有可能出现的挑战和限制。在他的第 27 章中，总结出了关于引导性策略的总共 8 条建议；主要考虑的对象是群众，还有一些会被自主驾驶所影响到的利益相关者。这些策略要么针对了风险本身，要么针对自主驾驶所带来的负面结果与影响。这种具有创造性的论点是一种对由车辆自动化产生的机会的处理态度。关于限制方面，Bryant Walker Smith 得到的基本观察结果之一是其必要性。如果在某一个行业中具有引导性的决定不是被那些本应该负责进行抽象决定的人做出的，那么他们在物质性风险方面只会更上一层楼。这样导致的结果之一就是法庭被迫反复面对同一种问题。

Thomas Winkle 在第 28 章中，根据多年来的专业经验，他描绘出了近几十年来在车辆安全方面出现的一些改善。随着客户期待的增长，制造商需要面对的车辆安全与责任也越来越大。根据联邦法庭对产品责任的管理，作者还举例描绘了对于自主车辆制造商的期望和要求。不过，对于产品事故对车辆制造商造成的间接性经济影响，作者给出了额外的注意；失去客户的信赖可能会造成严重的后果。文中显示了制造商在实际开发和认可过程中对车辆安全造成直接影响的一些可能性。其中既包含了对于新型的安全测试概念的发展，还有对国际上受认可的行为规范的推崇；这种规范是建立在安全设计和对于驾驶辅助系统的评估标准的统一之上的。同样的规范应该适用于自主驾驶车辆。回顾历史，追求产品的完美性，早在机动车研发的最初阶段就被总结为是有可能阻碍技术突破的行为。所以，作者建议细心且有心地应用所有可利用的专业知识是一种能够容纳创新性的自主车辆开发方式。

第 25 章 自动驾驶基本的和特殊的法律问题

Tom Michael Gasser

25.1 介绍

戴姆勒与奔驰基金会的"未来道路上的自动驾驶：拉丹堡别墅计划"将对未来可行的自动化程度进行探讨。因此，本章中对法律问题的处理在很大程度上取决于用例的描述（见第 2 章），它们为评估个别问题提供了具体的依据。预测未来技术发展的不确定性可以预期，并将对本章的假设和结论产生对应的影响。如果想要推动重要的相互关联的问题，所造成的不确定性是不可避免的。因此，本章旨在从法律角度对自动驾驶在社会方面产生的影响做出说明，而不是作为该主题的法律评估。这个考虑将主要集中在德国现行法律的范围内。所提出的法律观点是作者的观点，并以驾驶辅助系统研究九年的经验为基础。

在这里提出的基本概念，本项目所涉及的自动驾驶车辆的社会层面远远超出了德国目前所要求的法律框架。以下将在自动驾驶车辆提出的法律问题的范围内研究"社会接受"问题。这一调查方式并不明显，仅涵盖了该项目讨论的部分内容，更为全面的内容见第 29 章。

自动驾驶车辆在整体社会效益超过他们相关的损害时，会获得广泛的成功[1]。关于驾驶辅助系统的这个早期假说，必须被视为交通安全至关重要的事项。如果通过车辆技术的进步改善整体交通安全，那么这一要求将得到实现（但是，这不一定会使社会接受自动驾驶（见第 29 章））。

即使在今天，也可以推测，以环境自动感知为基础进行控制的自动驾驶车辆不能完全无瑕疵地操作。因此，可以得出结论，即使使用自动驾驶车辆，仍然会发生个别严重的损坏事件，在极端情况下将包括乘客死亡。因此，自动驾驶车辆的社会接受度必然取决于社会接受这些发展的后果。从法律的角度来看，手头的根本问题就是理解并接受自动驾驶车辆在公共空间所产生的"效应"是机器做出的独立的"动作"。这种交通情况确实是全新的（其他形式的运输，如自动化，无人驾驶的火车通常通过严格执行自动化控制和公共空间之间的分离概念；但是很显然，在极少数的情况下，会通过全面考虑所有安全性概念，试图排除任何形成的危险，见文献［2］）。

自动驾驶车辆作为道路交通公共空间的有效参与者，从法律角度出发是新颖的，正如后面将要尝试的那样，在对相关规定的调整产生影响前，社会需要接受这样一个实质性变化（见第30章）。

25.2 以前的工作和初步注意事项

据作者的了解，Homann[1]在2002年10月的工作会议上首次提出了机器感知的驾驶辅助系统的社会接受问题。该文件的内容可以应用于考察当前的自动驾驶车辆。在这方面，只能得出结论，当时讨论的关于"新一代驾驶辅助制度"的社会接受问题尚未被作为一个"问题"纳入公众意识当中，尽管所涉及的系统在公开市场上可用，并且足够广泛地被使用，足以揭示任何实际存在的问题。这可能是因为，迄今为止，这种系统产生的巨大负面影响（例如在紧急制动辅助的情况）尚未记录下来。这样做的一个原因可能是系统的功能确实（几乎）完美无缺。然而，更为有意思的解释方法是，任何这样控制车辆的干预措施只会在几乎已经是交通事故的情况下极其短暂地发生。这表明仅在环境识别系统的评估决定了确实需要进行干预的可能性非常高时，技术变体才会进行干预，从而将负面影响降至最低。还必须考虑到驾驶员仍然有责任执行所有必要的控制功能。因此，在所有非激活情况下，驾驶员始终处于后备级别。这些考虑的结果是，这些功能的意义是次要的，考虑到他们在车辆整体控制中的有效时间的份额，和人们对于该功能预期的可靠性方面。因此，这样的功能只能以非常有限的能力独立或在自动驾驶车辆的控制系统中使用：功能的从属重要性和紧密限定的"行动领域"导致驾驶员角色被加强。这可能是迄今尚未进行关于社会接受与否的讨论的重要原因。

然而，没有理由相信，在自动驾驶的环境下，社会接受问题将发挥同样微小的作用：如果以代表性用例作为当前项目的基础作为基准（见第2章），很明显，它们表现出非常高的自动化程度。这些用例作为参考值的"自动驾驶能力"在"感知、认知、行为决策和行为执行的能力"（见第2章的基础定义）方面进行了更为详细的定义。出现了基于机器的"自主性"的车辆，这有可能将"驾驶机器人"称为主题，"类似于驾驶员在今天车辆中的作用"（见第2章）。在这一点上，很明显，我们正在谈论一个非常根本的转变，伴随着在公共空间引入这种自动化决策。

从法律的角度看，社会接受自动驾驶能力的问题并不多。然而，法律规定在很大程度上可能被认为是符合社会层面的共识——这个假设可以被认为是正当的，至少在单个条例没有被一大群公众广泛讨论和审查。自动驾驶车辆与现行法律的比较表明，现行法规的内容确实不能覆盖公共空间中机器的独立"性能"（被理解为行为决定和行为执行，作为一种全新的自动化行动意识；见上文）。

法律应该抽象地/普遍适用于所有的生活情况。这个规定也从根本上适用于交通法规定。但是，当对生活方式出现改变时，会导致以前的基本前提失去其有效性，如在公共空间出现有决策能力的自动驾驶车辆的情况下，只能通过法律的应用来解释。我们可以精确地描述出现的变化，把我们社会的基本价值观（如基本权利）带入到论证中，这可以提供一个框架，这个框架可能会超出变化，为发展设定参数。

25.3 以当前交通状况为起点

道路交通事故的基本法律可追溯到宪法。鉴于与道路交通危险相关，与生命和人身完整有关的基本权利（受"德国基本法（GG）第 2 条第 2 款第 1 条保护"）至关重要。基本生命权所提供的保护范围是保护所有人（普遍基本权利），不仅包括针对性的杀人行为，而且还可能针对可能无意的行为（非意外的干预措施，例如事故的影响）导致死亡。国家提供保护的义务是全面的，也可以防止第三方的非法干预。这最终导致干预措施无法证明，国家有义务禁止这种干预措施，例如建立法治[3]。

在这里，社会生活的现实与宪法上权利之间的差异就成了焦点。特别值得注意的是，"交通安全（几乎没有讨论），尽管交通事故死亡人数和永久性严重受伤的事故受害者提供了充分的理由"[3]。事实上，在媒体上，重大交通事故经常被视为只是区域利益中相对微不足道的事情。基于这种观点出现的现象，即与当前交通状况相关的危险，激发的极小的兴趣，并在社会政治讨论中扮演如此小的角色[4]，至少可以被看作是社会广泛接受的事态。

同时，在道路交通方面，保护"技术风险"是至关重要的。根据"道路交通事故统计法"（StVUnfStatG）第 5 条第 3 款，联邦公路研究所进行的研究，记录了（严重）道路交通事故的统计数据，可以精确监测交通安全趋势和事故原因（同时考虑到道路交通死亡人数多年来总体下降）。然而交通安全的意义远远超出了这一点，作为整体交通政策的关键因素，包括（但不限于）交通相关（驾驶执照、车辆技术、行为和其他许多）法律法规的建立和调整，而且包括道路设计、道路维修、道路设备等方面。尽管做出了各种努力和持续改进，但 3339 人死亡和 374142 人受伤（德国 2013 年）仍然是现实，没有人对这个结果满意。

最后，从法律角度来看，这个问题就是这些干预措施在基本生活权和人身完整权方面的基本原理。可以根据与机动车辆交通相关的其他基本权利持有人的流动性要求，以及与此利益相关而使自己受到此类交通危害的现象来辩论。但即使这并不是普遍有效的，特别是如果考虑到与非机动车辆交通参与者相比，机动车交通参与者相比存在相当大的操作危险的情况，汽车流动的危险并没有任何完全明确的论证：交通参与者可以认为，他们准备接受他们自己创造的与汽车相关的更大的危险，这不能扩展到行人或骑自行车者[3]。也就是说，对于行人和骑自行车的人，分别有 557 人和 354 人死亡，有 30897 人和 71066 人受伤（2013 年）[5]，这在德国所有的道路交通事故中占很大比例。

不过，在大多数市民看来，很可能会有很大的共识，因为社会流动的需要，道路交通的后果是可以接受的。如果要冒险做一个思考实验，设想通过汽车交通量的重大限制以改善交通安全，那么同时也意味着没有考虑到其他一些重要的社会需求：个人（机动）流动性的大量限制，以及"基本法"第 2 部分第 1 段 GG 所保护的行动自由。因为这种做法是极端的，因此受到了审查：找出适合公路驾驶总共达到 7240 亿 km（2013 年德国）[5]的措施，却不对国家的经济发展，人民的工作能力，提供公共服务等造成严重后果的结论，是不现实的。在这种背景下，赞成机动车交通限制的可能性很低。从宪法角度出发，就交通安全问题进行更为激烈的辩论，上述呼吁本身并不能令现行的道路交通法律形式受到质疑，而是在现阶段强调交通安全工作在这方面的重要性。

但是，与其他形式的运输相比，如果追根道路交通比较差的原因，需要考虑道路交通根本独特的因素。道路的法定定义为"公共使用的公共物品"，未经特别许可即可立即向公众提供已定用途，包括公认道路为"多用途机构"[6]，正确地认识了我们今天所知道的道路交通（包括相关事故）的根本特征。作为公共用品的公共物品，道路不仅存在于不同地点之间的连接（狭义上的交通），而且还有助于实现商业和交通（更广泛的交通）[7]。最终，"道路"目的的定义导致了交通参与者的多样性，交通情景、突发事件、意外事件以及交通参与者在道路上的发展情况等多种交通情况。几乎所有人以某种形式或另一种形式参与可能相互影响，并且与相似的伤害风险相关联，在任何其他的生活领域都是不可见的。因此，道路具有多种功能，通常不是其他形式运输所占用的空间。这种功能的多样性对车辆控制背景下必须考虑的情况有重大影响：驾驶活动安全行为的要求性质复杂多样。要求汽车驾驶员对交通情况进行全面了解，特别是在危害识别方面，需要做出决定并在此基础上采取适当行动。在法律框架方面，目前这项任务主要通过管理行为和驾驶执照要求的法律进行管理。在自动驾驶车辆控制装置执行的任务的多样性和复杂性方面，在法律类别方面将承担什么意义，将在以下部分中进行研究。

25.4 评估自动驾驶

在这样的背景下，"自动驾驶"这个项目提出了一个根本和深远的法律问题，即如何将自动驾驶的车辆整合到法律上。如上所述，回答这个问题的起点是重新审视和描述这样的车辆特征，并称之为"驾驶机器人"或"对象"以代替驾驶员，并列出相关的后果，这是现实生活中的一种方法。

25.4.1 市场上现有的驾驶员辅助系统现状

迄今为止，行动和决策仅存在于驾驶员行为的情况下（驾驶员自己的看法和决定至少存在，或至少在这方面持续承担义务）。事实上，这是驾驶员参与控制车辆方面的最低要求：目前驾驶辅助系统在更广泛的意义上只能帮助驾驶员控制车辆，而不是替代驾驶员。目前（2014年8月），驾驶员和驾驶员辅助系统之间的分工是有可能的，辅助系统可以主动控制车辆的纵向和横向转向（基于独立的环境感知）。但是这个控制系统目前没有独立的决策，例如由于系统对环境的不良认识，它始终都是随着驾驶员立即干预和恢复车辆控制而得出的。因此，驾驶员保持上层的作用和责任，使得系统的车辆控制为衍生和从属。从这种分工的技术角度来看，目前这是绝对必要的，因为目前市场上可用的驾驶员辅助系统不能独立地认识到所有的系统限制。"DISTRONIC PLUS"系统（自适应巡航控制，戴姆勒公司的纵向控制系统）的说明中的一个特征警告（几个）如下（截至2014年8月）：

警告

DISTRONIC PLUS 和主动盲点监测仅用于在驾驶时协助您的辅助设备。

它们不能代替您的注意。调节与其他车辆的距离、驾驶速度和及时制动等的责任是您。始终注意交通状况和环境，否则您可能认识到危险太晚，造成意外，伤害自己和他人[8]。

这种警告——在其他当前可用的驾驶员辅助系统以类似的形式出现——非常清楚地说明，只有在驾驶员不间断地关注他/她自己对交通状况的感知的情况下，系统才能协助驾驶员。由系统自动执行的所有控制过程必须由驾驶员进行检查，并根据需要通过驾驶员的适当控制措施进行覆盖。

因此，驾驶员辅助系统从控制工程的角度被描述为一种"冗余并行"形式的分工[9]。在分工方面的描述从法律的角度来看确实是适当的，但是没有涉及在任务的相互矛盾的情况下，决策权力是什么的问题。使用现有的驾驶员辅助系统，随时覆盖驾驶员辅助系统的权力始终由驾驶员负责。系统的正确使用方式存在于操作指令的基础上不断观察和确保系统的正常性能，并在系统不能正常工作时进行适当的更改。

如果车辆的纵向和横向控制——即车辆驾驶的控制方面中两个最基本概念都同时自动化，这种分工被描述为部分自动化[10]。然而，这并不改变这样一个事实，即这样的系统不能够自己识别系统极限，因此必然与人类驾驶员的决策和行动有冗余并行的部分（在这里驾驶员被理解为最高意义上的决策者）。因此，在受驾驶员监控的自动化方面，"权威"方面具有法律上的决定性意义。

到目前为止，市场上的驾驶员辅助系统，在车辆控制系统中不是一个独立的系统，只是一个衍生动作和决策的系统，在整个驾驶过程中，驾驶员的地位是权威的并且根据规定不断对驾驶过程进行监控。

25.4.2 自动驾驶

在自动驾驶的情况下，事情根本不同，在这里通过四个代表性用例（见第2章）来进行分析。四种使用案例都假设用驾驶机器人控制车辆功能。即使是"州际行驶"用例，回顾当前的驾驶员辅助系统，实际上并不要求"驾驶员"在自动驾驶期间执行符合我们当前对"驾驶员"定义的功能。在明确的表述中是，驾驶员"在自动驾驶中是简单的乘客"。

因此，自动驾驶基本上设想了驾驶员和系统的冗余并行执行任务的方式消失——可能是暂时性并在空间上，取而代之的是自动驾驶独立控制车辆。现在恰恰被称为"车辆用户"的人在上述"州际行驶"用例中仍然保留了"主导"的干预能力，与在描述的驾驶员辅助系统的情况下的"权威"根本不同，在25.4.1节中有描述。然而，性能的基础可能是缺乏的：一旦驾驶员的作用变化如此之大，不仅执行任务，还要观察交通情况，并对自动化控制决策进行评估，这些决策基于这种"霸权"或"权威"的意义不可避免地受到限制。因此即使车辆用户在注意情况下，实际上却并没有这个"优势"或"权威"表现的基础。在两个用途区分的情况下，车辆用户的空间不足（参见第2章中的"自动泊车"和"按需车辆"代表性用例），实际发挥"优势"或"权威"的基础更加受限制。

以缺乏及时观察交通状况的基础作为车辆控制的起点，只能被解释为自动控制系统的独立性或"自主性"。自动驾驶车辆控制系统在当前情况下的自主权具有如此重要的意义，自然就成了基础项目的名称。

25.5　自动驾驶基本的法律问题

就像在第25.2节提起的，与自动驾驶有关的法律问题，用当前的法律框架不能详尽地分析。这么说的原因是，在创造和持续发展的过程中，道路交通法的法律依据只能在某一时刻考虑到需要监管的因素。在公共道路交通领域，自动驾驶车辆的问题迄今尚未出现，包括目前市场上可用的驾驶员辅助系统（见第25.4.1节）：迄今为止，总是假设驾驶员至少在冗余并行的意义上执行车辆控制。相比之下，如果看自动驾驶，对独立的自动车辆控制的基本意义就会发生转变。

25.5.1 自动驾驶风险

对于自动驾驶车辆，假设"自动驾驶车辆"也可能出现"硬件故障和软件故障……"，虽然开发了"采用最先进的技术"的车辆被归类为"至少是和传统车辆一样可靠和安全的"，但是，以下考虑也表明，在这方面存在着很大的不确定性，因为车辆控制方面的"成功率"被认为是"与人类驾驶员驾驶技能成功相似的比率"，但目前这只是保守的专家意见，只能作为本项目讨论的依据（见第2章）。因此，无法明确评估自动驾驶车辆控制系统的性能；然而，可以假设自动化的风险依然存在，但同时又不会高于人车控制的风险。

25.5.1.1　相对于基本权利的自动驾驶风险

如果我们现在根据当今道路交通的情况来检查上述自动驾驶潜在的风险，因为它涉及生命完整的基本权利（见第25.3节），很明显，从人力控制向自动化车辆控制的转变可能被认为是"至关重要的基本权利"[11]。由于对生命完整性的基本权利制造风险和重大干预，我们必须认为有关的自动化车辆的收益以及对道路交通系统带来的风险将属于立法机关的职权范围。立法机关将承担起从民主原则和法治出发做出重大决策的义务。因此，保护基本权利的关键条款不应该留在行政机关或决策权力领域[12]。这种论证将重点放在了这种自动化风险的新颖性上，因为它将彻底改变车辆控制的概念。同时，必须认识到，引进自动驾驶车辆控制的最现实的情况是逐步的，通过持续改进今天可用的驾驶员辅助系统（见第2章），循序渐进地实施。但在实际做出决定时，过渡到自动驾驶车辆控制是否仍将被视为"关键"会是一个问题。传统上，联邦宪法法院对于有关生命和人身完整基本权利的议会特权来说是相当有限的，并且一直都是满足于让生活中可疑的类型的风险由原子能法案覆盖（Atomgesetz）[3,13]（此处更具体地说是"育种技术"）。同时也没有必要明确地指出影响生命和身体完整基本权利的道路交通的风险和后果（所以在目前的实践中，道路交通行为（StVG）根本就不存在违反宪法的原则）[13]。因此，问题在于道路交通以现在的形式是否可以涵盖自动驾驶新的性质。撰写本章时（2014年8月），自动决策的可靠性在其新颖性和独立性方面引起了相当大的疑虑。

如果以上基础假设和关系证明是正确的，则公共道路交通中实现自动控制风险的问题必须由正式法律（所谓的正式法律条例）进行管理。立法者可以允许风险保持在"低于危险门槛"，因此也可以根据造成风险的人的自由来证明是合理的。然而，立法者并不局限于这一点，也可以低于危险门槛，作为尽可能减少风险的手段，因为根据宪法仍然认为这是相符的[3]。就潜在的自动化风险的大小而言，特别是鉴于当前道路交通情况的影响——可以假定对于立法者，安全水平和监管权力仍然在"至少与当前车辆一样可靠和安全"的范围内（见第2章）。

25.5.1.2　产品制造商对自动驾驶车辆的责任

具有全自动化系统的制造商的产品责任（参见第2章将本用例分类为"全自动"）可以在很大程度上通过制造商定义的产品的预期用途来确定。在系统功能（如全自动化的情况下）不再考虑驾驶员在车辆控制方面的必要作用，因此可以得出结论，在发生事故的情况下接受初步的表面证据是合适的：如果在自动驾驶过程中发生（意外）损坏，则会出现这样的问题，是否可以归因于潜在的产品缺陷（由于相关原因不是由驾驶员的动作进行干预造成，仅仅是另一个交通参与者不当行为的结果，所有这些情况都是在适用的民事诉讼负担/负担证明的范围内）[10]。最终的结果是，决定性的问题是，一个不正确的自动控制策略是否可能最终被归类为产品缺陷，因此在几乎所有控制策略不正确的情况下，可以假设制造商的民事责任。

在这种情况下，不仅是车主（另见文献［10］），还有制造商（几乎）对相关的自动化风险总是承担民法的责任。鉴于自动驾驶车辆控制干预的范围有可能扩大（更多相关信息，请参见第25.5.2节），控制相关错误的适用范围实际上甚至会扩大驾驶员范围。

然而，这个结论是否合适是另一个问题：在很大程度上，论证遵循的假设是当今发生的事故是由于驾驶员不正确的控制。然而，（在将来潜在的自动化）车辆控制可能仅代表多种事故的原因之一。

目前的道路交通法似乎也受到不同的基本理解的影响。例如在道路交通行为的现行版本中变得很明显，假定存在"不可避免的事件"（在道路交通行为（StVG）第17节第3段中的车辆定损）。然而，必须强调的是，从纯科学的角度来看，目前包含的这些案件，考虑到技术能力的现状，可以认为，今后只有其中的一些事件被认为是"不可避免的"。即使如此，到目前为止，对这一法律术语的理解仅限于在"最大可能的注意"和"理想驾驶员的行为"平均期望方面（相对于推定的"超级驾驶员"而言，）已经足够[14]（这里有一个不同的基本思想：这是事故责任所在的问题，而不是科学的因果关系）。

如果一致使用科学因果关系问题来理解可能意味着在自动驾驶车辆控制过程发生的伤害中，事实上只有某一部分可追溯到有缺陷的控制系统（或其他某些产品缺陷）。这将从根本上引起疑问，质疑是否是因为在自动控制期间存在的产品缺陷导致损坏。因此，在这方面的悬而未决的问题是，目前的"道路交通系统"在多大程度上代表事故损害的独立相关因素（相对于可自动化的控制策略）。

25.5.2　困境状况

在法律背景下，暗示的"两难处境"一词涵盖两个相互关联的方面，这些方面可以明确地描述自动化行为的特征属性，并说明这种变革的最坏情况的后果：首先，在时间紧迫的情况下扩大对车辆控制的干预范围；二是在基本权利范围内执行自动化控制策略的问题。

首先，我们必须从根本上质疑道路交通中是否存在"困境"。我们还不能完全确定背后的思考模式是否具有说服力。在道路交通中，个别情况提供了多种，持续并强烈取决于环境因素的机会来干预车辆控制。因此，为了提供道路交通的替代控制决策，潜在地需要更详细地研究采取行动的可能性，以防止发生不可避免的损害。这样看来，通过预期的车辆控制行为来防止不可避免的情况的可能性是不能排除的。另一方面，可以证明，道路交通中的某些危险源自其本质，确实是不可避免的（例如由于交通参与者受到不同程度保护的相互影响）。在特殊情况下，需要将两种可能的损害赔偿的潜在巧合假定为现实的，需要考虑"困境"。在法律类别中，提出了有关事故的原因，这在内部（车辆控制依赖）和外部（交通系统依赖）因素方面都有科学证明。

除去道路交通车辆控制理论研究的结果之外，值得关注的方面是：使用"困境情境"可以在自动控制决策的基本权利方面勾勒出一个框架。如果假定存在"困境"，同时也意味着制造商的责任也有极限，因为由于控制措施造成的损害将与"道路交通系统"存在的情况一样，有着本身存在的独立风险（见第25.5.1节）。

最后，应该指出的是，在讨论伦理方面时，也会以各种形式处理"困境"，同时也将它们作为阐明和审查总体伦理的手段（见第4章）。

25.5.2.1 影响范围的扩大

自动驾驶车辆"困境情境"的概念模型是基于工作假设，即使用自动驾驶车辆控制，某些急性事故最近的情况仍然可能受到影响：在许多情况下，在最后一秒可能会"挽救"某种生物。随着目前的技术状态（和专门的车辆控制），这些情况总是需要考虑驾驶员的反应时间[14]。这样延迟的控制动作会影响事故的发生或其后果。事实上，这种在自动化控制决策过渡的背景下采取的工作假设绝非牵强。此外，还可以假设实现另一个好处，即自动化控制系统可以考虑其他的控制选项，例如避免而不是紧急制动以应对有危险的行人，普通驾驶员很少能做到[15]。因此，"困境情境"一个突出的工作假设是，自动驾驶车辆控制可能可以控制以前不受控制或仅在延迟之后控制的交通状况。

25.5.2.2 自动驾驶控制策略

在"困境状况"概念模型上建立的进一步假设考虑了自动驾驶车辆控制系统的新型自动化"决策质量"。这一假设在"驾驶机器人"的设计中被尤其明确地表述为在当前项目的基本定义中所揭示的"主体"（见第2章）。为了突出这一效果，并考虑自动化控制决策的伦理层面，潜在的困境问题得到了升级。这不是一个完全不切实际的情况，并且关于它的讨论不应当被忽略，因为它涉及社会对广泛的决策质量的接受度，需要被重点关注。这种自动化决策质量可以在个别情况下——在"困境状况"中构建——对（严重濒危）个人的生命和身体完整性的权利做出规定，因此与此危害在对今天存在的道路交通的基本权利的影响情况基本不同（另见第25.3节）。主要的区别只在于底层的自动化控制。

25.5.2.3 "困境状况"的批判性分析

在对自动化控制决策的可能后果的所有理论分析中，只有当明确指出"决策困境"形式的"两难境地"，才能够对事情做出公正评价，而这也是一个绝对理想的情况。因此，为了进行合适的评估，必须首先说明这只能是一个非常罕见的例外。

基于这个困境的假设是，在具体的个体案例中，没有别的方法来破坏两个本质上相同的法律保护对象，尽管自动化车辆控制系统已经考虑了所有其他可能的控制决策。但是即使在具体案例下（考虑到危害变得严重之前的控制行为），不能够损害其他物品以减少损失，可以考虑先前因果链中控制行为的相关替代方案。这样一来，假设危险可能不仅仅在车辆控制中而在于道路交通本身是看似合理的，可以从第 25.3 节所述的"道路交通系统"的可能情况的复杂性和多样性出发。这种假设的应用范围很广，比如在考虑驾驶速度的影响时尤其值得注意，因为在大多数情况下驾驶速度是交通事故发生的必要因素（在科学上）。但是，"正常"的驾驶速度也同时成为目前对"道路交通系统"的理解的一个组成部分，实际上在很大程度上定义了这一点。今天道路的形象在个别情况下显得有危险：因此，在个别情景下（例如开车超越过行人）存在风险[16]，这可以被称为现有道路的交通事故风险。

25.5.2.4 基本权利下的"困境状况"

对"困境状况"的法律评估，应从总体的法律框架和基本权利出发。因为在基本生命权和人身完整权方面，从人类控制车辆到自动化代理的过渡并没有产生根本意义上的改变。特别需要注意的是，它不会在生命或人身完整方面产生"针对性的"干预，而根据法律保护的重要性这些是最高的价值，其根本意义将无法将所有的实际目的合理化[3]。虽然每个控制决定都是在特定的外部条件下通过各自系统的编程预先确定的，因此不是随机的，因为在产品责任的背景下也需要讨论这一点，但实际上并不代表特定行动过程的规范。相反，自动驾驶功能的编程（仅仅）指定应该考虑哪些因素，从而在多个替代方案中，（如果可能的话）可以选择完全避免伤害或是造成最小伤害的那些。特别是这种依赖于替代行动方案的考虑，代表了自动化车辆控制的决定性附加价值，在第 25.5.2.1 节中将其描述为通过自动化控制"扩大影响范围"。因此，在编程方面自动驾驶机器人不会做出实际的控制决策，而是（仅仅）在指定的个体案例中的控制决策的主要标准。这表明根本上道路交通中仍然存在自动化控制带来的风险。在基本权利方面，自动化的控制行为与人类驾车的控制行为不同，这也构成了第 25.3 节中提出的风险。因此相关的无意损坏的保护对象（见文献［3］），同样在假定的自动化风险的道路交通中由自动控制事故引起（见第 25.5.1 节），不应从基本生命权和人身完整性的角度对道路交通中目前的风险进行评估。

然而，从基本权利的角度来看，应该特别注意一个方面：如果出现自动环境感知足以识别的非机动交通参与者（行人和骑自行车的人）的话，则必须为了保护他们，给出一个特别为处理这种情况而建立的行动变量的权重（见第 25.3 节中的论证）。

在两个等同的法律保护对象之间由"困境状况"概念描述的决断困境是无法解决的，但是，相对于基础生命和人身完整权利的背景：有关两个等价量之间，或是关乎生命，由宪法保护的其他基本权利下的"绝对"的基本权利[3]的任何交易是不被允许的。如果假设这种"两难情境"在现实中实际存在，那么至少从当前基本权利教条的决策流程来看，法律在结局问题上是没有任何贡献力的；相反会产生新的待答疑问。因此，眼下比较首要的问题是这种"两难情境"是否真的会以这样的方式存在，尤其是使它发生的可能相关原因是否可以追溯到自动化控制决策，而不是"道路交通系统"某些内在的固有风险，例如由于某些情况下的行驶速度（参见第25.5.2.3节）。如果出现"两难情境"存在且原因在于相关的自动化控制的场景，那么将有必要使这一问题公开（假定社会接受自动化的风险），并且关于它进行争辩。大概也有必要为这些场景建立一个公认的决策标准记录。

在所有这一切中，必须牢记，这个问题首先通过扩大干预范围才能出现（见第25.5.2.1节），在大多数情况下，没有"困境"将导致现在情况有所改善。把自动化决策困境与今天的驾驶员进行科学的比较，会表明在其他都相同的情况下，驾驶员不会认为是有罪的，特别是考虑到那个时刻带给驾驶员的感情波动（见文献[14]）。因此，能够解决问题的理由是由于令人鼓舞的技术进步发展使得影响这个场景成为可能，从而挽救危险中的法律保护对象。这个争论的分量可能会持续到最后一天。

25.5.3 覆盖乘客的可能性

车辆的覆盖可能性问题是由过去关于驾驶员辅助系统讨论产生的，这在很大程度上取决于1968年"维也纳道路交通公约"[17]的具体表述，该公约在本章中仍然有效（2014年8月）。尽管这里没有具体提到，但是基本思想仍然是与驾驶员在全自动化车辆控制情况下的职责问题有关，这在德国现存法律上已经被描述成矛盾[10]。这里会使用"支配"或"当权"的概念来描述，并被视为在当前项目中讨论的"所用案例"的基础（见第2章）。所有的四个有代表性的用例都说明了驾驶员或乘客在车辆控制中的作用，会随着自主权范围的增加而减少，因为在功能实施的背景下必须优先考虑其他因素。即使这里审查过的一个有代表性的关于最低程度的自主权的用例，即"州际试验关于扩展效益使用的驾驶员"表示，让驾驶员"在自动驾驶期间成为一名乘客"，使得他/她"可以进行其他活动"。因此，即使在这里，还完全缺乏在任何时候都能够取代人类驾驶员的完全覆盖性技术基础，但从一开始这种场景就被外围当作是事实（而不仅仅是技术上的）。驾驶员的实际超越可能性在驾驶员辅助系统中被重新制定为最初无争议的"驾驶员最终决策权限"。这代表了驾驶员辅助系统相对于驾驶员控制车辆只起到从属作用，该系统被认为只有衍生权力时才能采取行动并做出决定（见第25.4.1节）。自主车辆也让整个情况产生问题，对此假设人类驾驶员参与车辆控制的规定，似乎不太适合为未来的应用推出解释。第25.4.2节已经描述了这种独立自动化行动的根本转变。

然而，在基本权利方面，有一个层面简要提及：德国基本法的第2篇为自主车辆的乘客自由提供了一个整体框架（在这个案例相关的范围内），而这特别适用于个人流动和个人自由的权利（见文献[3]）。只要乘客总是可以将车辆停在最近的安全和适当的位置，自主车辆造成的自由的限制在本质上似乎并没有什么问题。

25.5.4 自动驾驶误差校准能力

本项目的一个"基本假定"是在不同程度的自动化交通系统的混合运行中，以考虑时间的部署用例，范围从"仅驾驶员"到"辅助"到"全自动化""（见第2章）。这会导致自主车辆融入现有交通系统的需求。

在常规车辆控制的情况下，如目前可用的驾驶辅助系统（在最广泛的意义上），从未享有过实际的自主权（见第25.4.1节），德国道路交通法规（StVO）没有例外地适用。因此，驾驶员面临着"信任原则"和"驾驶防范"之间优先级的冲突。"信任原则"是指在正常情况下正确行为的交通参与者不需要为其他人的所有可能（罕见的）交通违规事项考虑预防措施。"信任原则"是维护交通流量所必需的。同时，驾驶员被要求遵守"驾驶防范"（为促进交通安全），从而妥善处理超出预想的情况（这实际上意味着部分削弱了对其他驾驶员的适当交通行为的信任），但这个并没有"从根本上"破坏合理期望的原则[14]。在个体情况下，如何理解这些要求，可以从德国的法院判决中推断出来。然而，欧洲大陆系统化的规范法规可以在这方面提供一定程度的定位，但对于个别案件来说没有先例，也最终意味着任何这样的裁决集合的价值是有限的。

因此，最终必须要求"混合操作"的车辆满足至少与驾驶员所要求的相同的标准，以确保它们不会引起任何新的危险。在对误差校正能力的要求的精确描述中，必须指出仍然存在显著程度的不精确性。如果将目前的道路交通法律的要求转化为自主控制功能所需能力的定义，则能够以足够的确定性来断言自主车辆必须具有绝对的误差校正能力。自主车辆必须能够明确识别其他交通参与者的不当行为，并相应地调整其自动化的控制。根据现行法律，如何实现这一点还要依靠驾驶员在具体情况下做出判断。单从技术的角度单独实施这一要求就需要非常复杂的环境识别能力和极其复杂的决策过程；但这些是没有具体定义的（包括在驾驶员的情况下），而是在实现驾驶所必要的适用性及许可的背景下给出[18]。因此对于自动化控制系统的形式，缺乏要求的专业知识可能难以实现。

鉴于"保守性驾驶"对抗性需求所引起的不确定性，此时唯一剩下的选择就是潜在的交通流量损失将过度的错误校正能力利用到排除全部风险的程度。然而，这仍然有一个问题，即是否真的可以预见到一个交通流量的重要限制：由于上述自动化控制干预的扩展范围（见第25.5.2节），实际上可以证明自动车辆控制比人类的驾驶员更有能力。这个目前还难以预估的优点，可以补偿交通流量方面的缺陷（尽管作用范围同样未知）。

在自动化的自动控制系统的误差校正能力问题上，可以证明有助于由于法律的确定性制定针对具体的限定和协调科学技术状况的目标（例如与车辆的制动效能标准相当）的统一要求。这样的要求列表可能在自主控制系统的现实能力要求的法律定义中取得成果。

25.5.5 道路交通通信

考虑到通信，对于道路交通可以假定目前存在的选择。使用某些基于车载的灯光和听觉信号（如前照灯、转向信号灯和危险警示灯），是由德国道路交通法规明确规定的。例如，警告信号（使用危险警示灯）被规定在校车遇到危险的情况时，乘客进出时，或作为警告在接近堵车时，停放汽车和汽车被牵引时［参见道路交通条例（StVO）第 15，151，16 条］。道路交通规则（StVO）第 5 节第 4a 和 5 段规定并允许在超车操作的情况下使用转向信号灯和前照灯。如果在转弯［道路交通条例（StVO）第 9 条第 1 款］或起动［道路交通条例（StVO）第 10 条］时，在车辆上可以使用转弯信号灯。通过这种标准化的正式通信，道路交通规则实现了其他交通参与者的简化期望[19]。

除此之外，一个非正式的（或不是法律保障的）轻信号交互方式也已经建立起来，然而，这不是道路交通规则所设想的（例如，在德国，闪烁远光灯也可以代表让开路的右侧给另一名驾驶员）。但应该指出的是，这种信号的使用不再符合道路交通合理预期的原则，因为它不能被视为"合适的交通行为"（而且这有风险导致误解）。

由于驾驶员与直接环境物理上的分离以及周围环境的噪声水平，道路交通中封闭式车辆内的即时语言沟通变得十分困难甚至不可行。由于如今通常有色和盲区角度的车窗的反射作用，即使通过简单的手势进行的非正式通信也受了很大的影响。不过道路交通条例在"特殊交通场景"的情况下也提出了这样一种应用，即设想未经指定的非正式通信［作为道路交通条例（StVO）第 1 条第 1 款所关心和考虑的特殊法律变体］。例如，如果有必要让开路的右侧，这就需要与驾驶员沟通，按照道路交通条例（StVO）第 11 条第 3 款的规定，只要这种沟通是以明确的方式进行的即可，在特殊情况下，甚至闪烁的远光灯也可以用来进一步表明意图[14]。

鉴于现有的沟通挑战（见第 7 章），预备行动，特别是动态表达，也可以代表预期目标行动的迹象[19]，使得从外部察觉道路交通行为更加容易，例如停止、制动和起动在非正式沟通的背景下也具有重大意义。道路交通条例（StVO）第 8 条第 2 款也明确考虑了这种行为，规定在正常情况下，要求等待的一方应"通过驾驶行为表明他/她将等待"。

除了非语言性质和匿名性之外，情况的复杂性也被列为道路交通通信的特殊边界条件。这种复杂性尤其取决于道路交通通信的速度和短暂缓冲时间的性质[20]。

这使我们能够确定自主驾驶的一些初步重要结论：当标准化的正式沟通可能只是机器感知和解释的挑战，而且在另一方面可能可以做到自动编程，在其他驾驶员能够识别多少程度的自动化控制和这个结果应该被如何解释这一点上已经出现了问题。因此，在与机器的"混合"沟通关系中，进一步的问题是其他驾驶员是否会信任正式沟通的内容。这将至少说明自主车辆对各自能力的了解，以便允许沟通交流起作用。其他交通参与者甚至有可能会觉得需要重现自动通信的内容（例如在事故发生后），才能发展对机器生成的通信内容的信任。

虽然正式沟通中面临的挑战似乎能够被解决，但混合操作中的非正式沟通的特点是更大的挑战［混合操作是本次考察的基础（见第 2 章）］。在这方面，需要找到一种方法，在机器控制的车辆和其他交通参与者之间建立起桥梁。最终这种冲突的原因在第 25.5 节已经描述，即对道路交通和人类驾驶员之间的沟通进行详细具体情况的监管并不是绝对必要的，并且可以根据情况向交通参与者实施。交通参与者之间的这种非正式沟通可能会产生冲突并且需要改进[20]，但仍然可以推测，驾驶员通常能够在所有情况下解决这一挑战，特别当为了保证道路交通所需要的情景对应调整是有必要的。随着自动车辆控制的引入，这些机器将缺乏这种人类特有的完整理解的能力，尽管这方式还不明确；实际上，机器甚至可能缺乏识别这种通信的能力。人们沟通的先决条件是建立对沟通伙伴的反射性注意和相互的感知[19]。这清楚地表明，混合通信仍然需要基本的方法来填补与机器的沟通缺口。这必须成为一个基本先决条件，以便包括人类驾驶员和机器控制的车辆的混合道路交通场景运作。

同时，通信对实施自主驾驶的重要性可以根据在特定情况下的非正式通信的重要程度来评估，从技术角度来看这显然是非常具有挑战性的任务。上述交通道路交流的快速性和短暂性特征可能会根据环境条件和驾驶速度而有显著差异。在结构简单并且极其短暂的环境条件下——例如高速公路——它的驾驶速度通常需要依靠正式通信来维持。这样的例子可以大大简化自主驾驶在这方面的实施，并最大限度地减少自主车辆适应非正式通信要求的必要性（相比较于城市交通环境所需的通信）。

我们也可以假定通信所带来的挑战只会发生在混合交通中，因为特别是在自主机器之间，这个问题从技术角度（通过协作系统）来看似乎是非常易于管理的。此外，对于混合交通，还必须检查在运动状态下进行预判的意义，以及如何将其用于未来道路交通的交流。特别需要关注的是哪些情况有明确的解决。同时这也有风险，如果自动驾驶系统（在设计上用于充分考虑其他交通参与者的误差补偿能力（见第 25.5.4 节））的配置被其他交通参与者利用，则会间接地损害交通流量。

最后，关于道路交通通信可以得出结论，在技术可行性可预见的情况下，也可以建议以需求列表的形式建立自主车辆技术上可行的交通策略列表。自动车辆在通信方面所需的技术特征的概括将是有必要长期进行的，特别是在混合交通中，并且可以大大推进关于可能的通信概念的讨论。

25.5.6 违规

通过道路交通法第 24 条，与道路交通条例（StVO，第 49 条）、车辆登记条例（FZV，第 48 节）、道路交通许可条例（StVZO，第 69a 条）和驾驶执照规定

（FeV，第75条）提出的监管规定相结合的总体规定，违反禁令、职责和要求的行为通常会对交通参与者和车主进行起诉[14]。有罪行为也包括违反刑事诉讼法第28条（StGB）的道路交通违规危害公共安全的行为（值得注意的是在本章中指StGB第315b节的道路交通的外部干预措施和StGB第315c条的道路交通的危害）。显然，自动车辆的机器控制行为将消除这些规定的应用：监管犯罪和刑事规定总是与自主意识下有缺陷的人的行为有关。

现行的刑法惩罚犯罪监管制度对不仅会影响公共秩序，而且我们这里特别关注的危及公共安全的道路交通行为也有指示性的作用。交通条例是"以弹性（交通适当的）方式进行处理和解释，而不是轻率的；"在特殊规定的情况下，这同样适用于可能有阻碍性或有危险性的行为[14]。此外，在德国，有关犯罪监管的一条法律为合理的紧急情况提供了一个标准，在法律保护的情况下，在会对生命、肢体、财产或其他物品造成严重危害的情况下，允许违反法律（包括交通规则）的行为，以防止迫在眉睫的伤害。然而，危险必须是严重的，防御性的行动与危害相对应。虽然各个案件必须采取有限制的方式处理，但最重要的是防止似是而非的言论，这最终是一种规范性工具，它能够以一致的和依赖法律的方式在个别案件中适当考虑不同法律保护对象的利益。违规本身也符合相同的标准，因此其最大限度的道路交通最终由其他交通参与者的"危险门槛"定义（参见文献［21］关于在必要防卫的情况下考虑交通安全的问题，作为监管犯罪法律第16条的理由）。

如果在这种情况下考虑引入自主驾驶，可以假设好处将保持不变，至少对于本研究所依据的自主驾驶和人类驾驶车辆的混合交通情景（见第2章）来说是这样的。如果由于与违规相关的自动化控制风险的高度自动化系统控制，所描述的考虑因素发现违规不会导致风险增加，则可能发生变化。这当然会引起关于规则本身疑问：规则的"违反"并不会在混合交通的背景下产生任何劣势。

然而，也可以想到，自主驾驶将需要更加详细的交通规则，这些交通规则的灵活性明显较差（反过来又会引起社会接受的问题）。一旦对自动车辆的技术控制能力在技术上成为可实现的，现有的这种限制还会加倍要求更详细的需求列表。这有可能将使确认各方面的结果——包括在违反要求的情况下——成为可能，且细节比目前远远详细。

25.6 与自主驾驶相关的特殊法律问题

关于法律规定和产品以及道路交通责任方面的全自动、无人驾驶的评估，可以参考这些问题的介绍性段落（参见第25.4.2节以及第25.5节的介绍）。总之，我们在这方面可以得出的主要结论是，在建立法律规定和交通法规定［特别是道路交通行为（StVG）、道路交通条例（StVO）、道路交通许可证规定（FeV）和道路交通使用车辆的授权规定（StVZO）］时只能考虑在道路交通技术状况方面所知的监管对象。在公共道路交通的各个方面，有一个根本的假设，即驾驶员将亲自执行车辆控制。所有现有系统都是不具备独立决策能力的（参见第25.4.1节），实际上要求驾驶员始终至少是"主动监视者"。

25.6.1 无人驾驶车辆的法律评估

因此，如果将全自动驾驶的法律评估[10]进一步扩展到完全无人驾驶的车辆和无法自行控制车辆的乘客，那么很显然目前现行的监管法律是不恰当的，因为没有考虑到这个技术发展。同时，必须注意的是，无人驾驶和完全自主车辆（参见第2章中的代表性用例"自动代客泊车"和"按需车辆"）对于法律框架在要求方面与所谓的"可用驾驶员"差别很大。由于驾驶员不断对行程的确切部分进行车辆控制，或是由于驾驶员强烈的控制意愿，自主车辆必须满足目前人类驾驶员被要求的同样基本要求（合适性和驾驶能力；另见文献［18］）；以上是在"使用驱动器进行全自动化可扩展可用性"的情况下，或至少在驾驶员想要利用控制车辆的可能性（即执行独立驾驶行为）的情况下。因此，不需要一个根本不同的法律框架，而是仅仅需要一个管理自主车辆的必要条例，以及一个独立的基于机器的决策能力。对于这种独立的以机器为基础的决策能力，从所有用例的法律角度来看，都是相同的结果。这种改变主要在于实现独立的自动化机构以及如何形成。从法律角度来看，自动车辆控制的框架目前是不受管制的，尽管监管似乎被要求（至少在道路交通规则的精神上看来是技术上有效的规定）。

在这个范围下对自主车辆进行管制的需要不会很自然地出现在新型机器自动化风险中（见第25.5.1节），它似乎至少在混合交通中自动车辆的误差补偿（见第25.5.4节）和通信能力（见第25.5.5节）的适当功能使用方面，似乎明显地需要法律规定。在这种有互动行为的法律规定中，必须准确检查驾驶员的角色在个别情况下扩展的程度。如果考虑到在给定案例中（如"用于扩展可用性的全自动化使用驱动"和"按需车辆"用例中所述），仅仅基于机器的移动性而产生的技术能力，驾驶员的驾驶适用性的基本要求和驾驶能力已经显得十分流畅。因此，多方面的可能性可能会引起前所未有的对道路交通中（自动）车辆参与的各种监管职责，这主要可以通过自动控制能力的范围以及在何种程度上被使用来区分。

25.6.2 根据道路交通责任法对自主驾驶的评价

关于面向自主驾驶相关的自动化机构的转变，作为现行法规的道路交通责任法没有考虑到这一变化的情况。

25.6.2.1 拥有者责任

然而，在这方面，德国有一项基本的德国汽车责任法规（道路交通行为（StVG）第7条），根据该法规，车辆的拥有者不论车辆的运行过程出现什么问题，均有责任赔偿所有不是资产损害有关的有原因的损失［仅当剩余的排除责任的理由是不可抗的，道路交通行为（StVG）第7条第2款］。因此即使在今天，对作为触犯法律有责任的车辆的这种限制也不会因为是驾驶员的行为造成损害或是由于技术故障而产生区别。由于自动化控制决定造成的损害被无争议地归类为技术故障，在这方面是没有根本不一致的。

车主是出于自己的目的使用车辆的人，特别是获得利益并支付费用的人群，因此也有权决定把它的使用看作是潜在的危险源[14]。如果假设无人驾驶车辆也可以像普通车辆一样被分配给拥有者，根据现行法律可能没有不一致的情况，在这种情况下也不会出现与现行法律不相容的情况。自主驾驶仍然会改变拥有者的责任问题，但是，今天适用法规的内容已经覆盖了自主驾驶汽车拥有者的责任：先前由驾驶员进行的车辆控制由自动车辆控制系统（相应的自主控制到达的范围）来代替。因此，关于拥有者的责任，不会有新的责任，而是一个完全不同的触发民事责任控制能力。

25.6.2.2　驾驶员责任和事故记录

但是，与民事责任相关的道路交通行为的其他规定，明确地认为由驾驶员进行控制，例如道路交通行为（StVG）的第18条第1款，根据该规定，同样推定拥有者承担驾驶员的一部分责任（见第2节）。因此，我们看到，德国道路交通行为（StVG）的第18条也仅仅认为以前总是正确地认定驾驶员总是对车辆的控制行为负责。从责任法的角度来看，最终对无人驾驶车辆的评估与全自动[10]车辆没有显著差异。情况类似于德国"民法典"（BGB）适用的规定，涉及驾驶员的非法行为（例如BGB第823条第1款或BGB第823条第2款以及道路交通违反条例的规定）：这些规定无法包含自动化机械的情况，因为它们与不适用于与自主车辆有关的人类行为。

作为本次研究主题的自主车辆，在某些情况下甚至不需要驾驶员的存在或只需要偶尔地进行控制，该问题必须在可以假定的程度下解决车辆乘客将能够描述事故过程的典型情况。这说明在两辆以上自主车辆之间发生的意外伤害时的赔偿问题方面，损害赔偿分配根据适用法律，即道路交通行为（StVG）第17条的规定不再有主要适用的"事故原因关联程度"[14]的问题（像现在的情况一样），至少可以通过听到驾驶员（通常也是民事案件的当事方，视情况而定）的声音来获得支持。这主要是由于驾驶员到"纯粹的乘客"的角色转变（见第2章），因此只能在特殊情况下和只能根据机会观察时就事故过程做出陈述。所以，即使是在道路交通责任法中出现一些似乎需要采取技术上的措施（例如自动车辆控制期间的碰撞数据记录），由此来分配损害的变化，因为进行这种分配的原因原则上是根据自主驾驶的事故原因分析（确实似乎有可能）。

25.6.3　关于产品责任法方面的评估

第25.5.1节已经讨论了自动化车辆自动化控制的产品责任领域，这里的突出问题就是在科学因果关系的意义上确定个别情况下事故损害的相关原因。

25.6.3.1 依据产品责任法事故数据记录在自动驾驶中的意义

进一步,对于需要"扩展可用性驱动程序"的自主驾驶案例(请参见第2章的"州际驾驶员扩展可用性使用驱动程序"和"全面自动化扩展可用性使用驱动程序")还有另一个方面,与崩溃数据记录器的问题相关。在产品责任法以及违反监管法律规定的罚款方面,似乎有理由认为,一名积极的驾驶员可以辩称他/她没有控制车辆而是借助于自主控制系统,进行免责辩护。如果希望排除这样的说法,就很难避免去考虑车辆控制数据的记录,至少在自主控制下,目的是保护制造商在产品责任法方面的利益,并且保存有关的违规证据。这一选择似乎并不与先前数据保护的观点冲突,因为数据保存在车辆中,数据处理仅在必要的范围内进行,并且数据的公开需要授予权限,或者也可以将该数据仅被永久地保留在损坏事故档案中。此外,必须考虑将数据记录限制到车辆自动化控制期间,这样能够符合数据最小化原则("德国数据保护法案(BDSG)"第3条),也同样符合从数据处理的相称性原则。这也将极大地避免了记录驾驶员对车辆控制行为的相关数据。还必须特别注意驾驶员和自动控制系统驾驶之间的各个时期中的转变。数据记录在这个过渡期可能是特别重要的,尽管它同时会处理与驾驶员相关的数据。因此,有必要在初始步骤中让驾驶员控制驾驶所需的记录程度清晰,以防止往后的免责辩护。

25.6.3.2 自动驾驶科学技术状况

从产品责任法的角度来看,在最新科学技术在引进时(开发风险)无法识别的自动化车辆控制的背景下,外行人员重要的一个方面的问题似乎是排除错误责任。在产品责任法的这个背景下,我们必须回到第25.5.1节提出的问题,其中在道路交通的情况下,有可能在事故中发生的风险也可以追溯到目前的交通系统作为一个相关原因(并且不是在任何情况下的控制行为,无论是来自驾驶员还是自动控制系统)。这个问题是至关重要的,需要优先来回答,以避免错误地推断(指称)产品缺陷是相关的原因。

但是一旦责任免除的理由鉴于科技状况受到影响,就必须考虑到这种责任免除在实践中只有非常小的意义。根据科技现状辨别是否有危害可以分两个步骤进行测试:首先,必须确定世界上任何科学家或工程师的错误是否可以识别。如果是这样的话,免除的要求仍然没有被排除在外,因为制造商对这些知识的客观可及性才是决定性因素。如果这些意见满足科学工作的最低要求,也有必要考虑个别科学家的不同意见[22]。

因此,同样重要的是确定自主车辆是否可以在引进时排除错误的识别(根据适用的民事诉讼应用标准,追溯到事故的发生,这一点也必须被证明)。只有在这种很少见的情况下,制造商才能通过使用这些发展风险免除的理由来获得法律确定性〔如果没有错的话,是根据德国民法典(BGB)第823条第1款的规定〕。在实际中,这种情况是不怎么重要的。事实上即使根据最新的科学技术和遵守所有的要求,也不能完全排除产品的缺陷,即存在着"剩余容错",如 ISO 26262 标准所述的,这必须被视为作为产品责任法中没有相关性的开发过程的技术描述。

25.6.4 国际背景下法律评估的可能差异

首先必须指出的是,本章从一开始就只是从德国法律的角度来考察这个情况,并在现行的德国法律的基础上得出结论。但对其他国家的适用性必须被认为是有限的,除了巧合场合外。在借助国际协议(在国际法范围内)或通过在欧盟法律中发布的条例和指令的协调法律的情况下,这些结论的可转移性很有可能实现。

因此,有必要补充说,关于这里描述的基本权利情景,存在一个基本权利的主要一致标准,在德国基本生命权利和人身完整权利的背景下为了我们当前的目的,例如通过欧盟的基本权利宪章被公认。它提到的欧洲人权公约以及欧盟基本权利宪章通过里斯本条约的规定,被宣布对除了英国和波兰之外的欧盟国家具有约束力。生命权和人身完整权在此明确承认,特别是通过"欧洲联盟基本权利宪章"第 2 条第 1 款和第 3 条第 1 款(另见文献 [23])。这种解释可以随意地延伸到其他国家的宪法;但主要结论是,基本权利框架在许多个别领域都有显著差异。因此,这样的检查是相关法律背景下专家的领域。

这同样适用于道路交通管理法,也适用于与自主驾驶有关的责任法。但是正如我们在第 25.6.1 和 25.6.2 节中所看到的,根据德国法律的法律情况在很大程度上只能以很有限的程度转移到自主驾驶上。似乎很可能在其他法律制度中也存在类似的情况。这一假设也得到了以下事实的支持:国际道路交通协定如 1968 年"维也纳道路交通公约"和 1949 年"日内瓦道路交通公约"是根据驾驶员和持续车辆管制定义的,这与德国道路交通规则高度相似。

为了有更大的可比性,通过 1985 年 7 月 25 日的指令委员会 85/374 / EEC 在欧盟内协调的产品责任法值得提及。再次地,除了法律原则方面的限制之外,由于该指令的实施只对目标有约束力,所以出现了不确定性(这一原则甚至在如今情况之前存在,并且如今在"欧洲联盟运作条约"第二百八十八条中得到表达)。然而,存在与国际法适用相当的法律基础,这与法律责任(所谓的严格责任)无关。

总而言之,可以得出结论,在这些领域,仍然存在重大差异,可能影响自主驾驶的发展。然而,由于在此法律范围内的国家差异,无法对这一影响进行详细的预测,而且还有待今后进一步审查。

25.6.5 特殊提问:对自主车辆乘客的管理责任

自动驾驶的好处之一在于人们不需要把注意力放在驾驶任务上。这可能会引起关于"驾驶员"或者实际上有监督责任的人的存在必要性的质疑。因此,自动驾驶的重大好处可能在于可以实现儿童的行动欲望,因为不需要驾驶员。因此,如果驾驶员(通常是这种情况)不再是车内的有监督职责的人员,则绝不会因此而引起危险。

不过，在这里审议的代表性用例中，似乎只有"按需车辆"案例符合于进行这样的运输活动，在没有监督人员陪同的情况下。即使代表性用例"进行扩展可用性的全自动化使用驱动程序"也要求驾驶员在道路的部分区域驾驶而没有批准自主驾驶（见第2章）。由于"按需车辆"的代表用例甚至没有驾驶员座位（而只是一个完全可以自由使用的内部空间），因此来自使用监管人员的危险和影响似乎局限于车内而与道路交通无关。因此，缺少有监管责任的人这一问题与道路交通无关。然而，这种确实具有驱动控制完全自主的车辆似乎是合理的。在这种情况下，通过控制元件覆盖自主驾驶功能，可能会对车辆控制产生显著的负面影响。

然而，很明显，监管责任的法律问题不依赖于自动驾驶的引入。事实上，即使今天的独立赔偿义务也可能由违反监督义务而引起［见德国民法典（BGB）第832条］。法律规定了在父母照顾方面父母监护儿童的责任，遵照BGB的第1626条。因此，根据儿童的年龄、成熟度、性格、知识和能力，个人情况下的伤害行为的可预测性，有必要确定所需的监管程度[24]。如果由此产生的责任被违反并造成了损害，就可以对儿童的父母进行独立的赔偿要求（除了向儿童提出的任何索赔之外）。

因此，自主车辆出现的可能在这种情况下会导致正确监督职责履行，从而获得一种新颖的、迄今为止完全未知的含义。然而，改变法律依据的这一需求还是不可预见的。

25.7　结论

本章从法律角度考察自主驾驶的情况，除了在各个小节中提出的问题外，特别是在从人类向自动化车辆控制过渡的情况下可能会比以前更重要的一个基本层面。即使我们今天假设每次涉及机动车辆的事故是由于车辆的控制故障，必须科学考察当前交通系统在多大程度上，鉴于其运作的条件，今天发生的一些事故不是本身的原因。这个问题的答案本身不能被视为最终目的，而是作为了解车辆控制情景中哪些变化在某些情况下是否是适合防止事故的手段。从制造商的角度来看，在开发适当的基于自动机器的控制功能方面，这个问题对于安全产品的设计也是有决定性意义的。

这也会看到，在需求定义的意义上看，对自动化控制质量的描述对于车辆驾驶员及其制造商而言，在法律方面的确定性是持续推进自动驾驶开发的一个重要里程碑。这可以作为评估的一个基础，确定哪些领域需要进一步发展，如自主车辆的通信或误差补偿能力。另一方面，它将实现评估如何设计相应的法律框架，以便使涉及自主车辆的"道路交通系统"成为现实。

应用许可

本章根据知识共享署名4.0国际许可（http://creativecommons.org/licenses/by/4.0/）的条款进行分发，允许通过任何媒介或格式使用、复制、改编、分发和再创作，只要您对原始作者和来源给予适当的说明，提供知识共享许可链接，并指出所做的任何更改。

本章中的图片或其他第三方材料均包含在作品的创作共享许可中，除非在来源中另有说明；如果这些材料不包括在作品的知识共享许可中，并且法律规定不允许相应的操作，那么用户需要获得许可证持有者的许可才可以复制、改编或再创作材料。

参 考 文 献

1. Homann, K.: Wirtschaft und gesellschaftliche Akzeptanz: Fahrerassistenzsysteme auf dem Prüfstand. In Markus Maurer und Christoph Stiller (Hrsg.), Fahrerassistenzsysteme mit maschineller Wahrnehmung. Berlin (2005)
2. Projekt: Realisierung einer automatisierten U-Bahn in Nürnberg (RUBIN) - Automatisierung der U-Bahn-Linien U2 und U3 in Nürnberg, ausgeführt durch die Siemens Mobility (ehemals: Siemens TS). Konzeptionelle Darstellung inzwischen nur noch unter: https://de.wikipedia.org/wiki/RUBIN sowie Hinweis auf das Pilotprojekt der Siemens Mobility unter: http://www.siemens.de/staedte/referenzprojekte/seiten/rubin_nuernberg.aspx
3. Murswiek, Dietrich: Grundgesetz Kommentar (zu Art. 2 GG). In Sachs, Michael (Hrsg.), 6. Auflage, München (2011)
4. Heldmann, Horst: 15 Jahre Strafbewehrung der Gurtanlegepflicht in Zeitschrift für Verkehrssicherheit (ZVS) 45 (1999), S. 146 – 159
5. Statistisches Bundesamt, Verkehrsunfälle 2013 - Fachserie 8, Reihe 7. Wiesbaden (2014)
6. Herber, Franz-Rudolf: Die öffentliche Straße als öffentliche Sache – öffentliche Sachherrschaft und private Sachherrschaft. In Kodal, Kurt (Hrsg.): Straßenverkehrsrecht. 7. Auflage, München (2010)
7. Stahlhut, Ulrich: Der schlichte Gemeingebrauch. In Kodal, Kurt (Hrsg.): Straßenverkehrsrecht. 7. Auflage, München (2010)
8. Daimler AG: Mercedes Benz, Betriebsanleitung Interaktiv S-Klasse. Menüpunkte: „Vertiefen"/ „Fahrsysteme"/ „DISTRONIC PLUS". Online abgerufen: http://www4.mercedes-benz.com/manual-cars/ba/cars/221/de/manual_base.shtml (am 04.08.2014)
9. Maurer, Markus: Entwurf und Test von Fahrerassistenzsystemen. In Winner, Hermann; Hakuli, Stephan und Wolf, Gabriele (Hrsg.), Handbuch Fahrerassistenzsysteme. 2. Auflage, Wiesbaden (2012)
10. Gasser, Tom M.; Arzt, Clemens; Ayoubi, Mihiar; Bartels, Arne; Bürkle, Lutz; Eier, Jana; Flemisch, Frank; Häcker, Dirk; Hesse, Tobias; Huber, Werner; Lotz, Christine; Maurer, Markus; Ruth-Schumacher, Simone; Schwarz, Jürgen; Vogt, Wolfgang: Rechtsfolgen zunehmender Fahrzeugautomatisierung. Gemeinsamer Schlussbericht der BASt-Projektgruppe „Rechtsfolgen zunehmender Fahrzeugautomatisierung" Dokumentteil 1. Wirtschaftsverlag NW, Bergisch Gladbach, 2012 (Heft F 83)
11. Bundesverfassungsgerichtsentscheidung Band 47, Seiten 46 – 85 (Sexualkundeunterricht), Ausführungen zum sogenannten „Wesentlichkeitsgrundsatz": Seite 79. Beschluss des 1. Senates v. 21. Dez. 1977

12. Bundesverfassungsgerichtsentscheidung Band 83, Seiten 130 – 155 (Josefine Mutzenbacher), Ausführungen zum sogenannten „Wesentlichkeitsgrundsatz": Seite 142. Beschluss des 1. Senates v. 27. Nov. 1990
13. Bundesverfassungsgerichtsentscheidung Band 49, Seiten 89 – 147 (Kalkar I), Ausführungen zum „Parlamentsvorbehalt": Seiten 124ff. Beschluss des 2. Senates v. 08. August 1978
14. König, Peter: Kommentierung zur Straßenverkehrsordnung und Straßenverkehrsgesetz. In Hentschel, Peter; König, Peter; Dauer, Peter: Straßenverkehrsrecht (Kommentar). 42. Auflage, München (2013)
15. Spiegel, Richard: Die neuen Erkenntnisse über die Reaktionszeit des Kraftfahrers und die Rechtsprechung. Veröffentlichung der auf dem 20. Verkehrsgerichtstag am 28. und 29. Januar 1982 gehaltenen Referate, Arbeitskreis I. Hamburg (1982)
16. Seiniger, Patrick; Bartels Oliver; Pastor, Claus; Wisch, Marcus: An Open Simulation Approach to Identify Chances and Limitations for Vulnerable Road User (VRU) Active Safety. Traffic Injury and Prevention, Heft 14, S. 2 – 12 (2013)
17. Albrecht, Frank: Fahrerassistenzsysteme zur Geschwindigkeitsbeeinflussung. Deutsches Autorecht (DAR), Heft 4, S. 186 – 198 (2005)
18. Bahr, Michael; Sturzbecher, Dietmar: Bewertungsgrundlagen zur Beurteilung der Fahrbefähigung bei der praktischen Fahrerlaubnisprüfung. Beitrag im Rahmen des 6. Darmstädter Kolloquiums: Maßstäbe des sicheren Fahrens (2013)
19. Merten, Klaus: Informelle Zeichengebung im Straßenverkehr. Bericht der Bundesanstalt für Straßenwesen Nr. 53. Köln (1981)
20. Merten, Klaus: Kommunikationsprozesse im Straßenverkehr. Unfall- und Sicherheitsforschung im Straßenverkehr, Heft 14, S. 115 – 126. Bonn (1977)
21. Beschluss des Oberlandesgerichtes Hamm v. 30.10.1995 (Aktenzeichen: 2 Ss OWi 1097/95) in Verkehrsrechtssammlung Band 91, Nr. 50, Seite 125 ff. (1996)
22. Wagner, Gerhard: Bearbeiter der Kommentierung des Produkthaftungsgesetzes und § 823 Abs. 1 BGB in Münchener Kommentar zum BGB, Band 5, Schuldrecht Besonderer Teil III, §§ 705 – 853 BGB, Partnerschaftsgesellschaftsgesetz, Produkthaftungsgesetz. 5. Auflage, München (2009)
23. Charta der Grundrechte der Europäischen Union. Amtsblatt der Europäischen Union C 83/ 389 vom 30.03.2010 (2010/C 83/02) (2010).Im Internet verfügbar unter: http://eur-lex.europa.eu/LexUriServ/LexUriServ.do?uri=OJ:C:2010:083:0389:0403:DE:PDF (Abruf am 22.08.2014)
24. Sprau, Hartwig: Kommentierung zu §§ 631-853 des Bürgerlichen Gesetzbuches. In Palandt, Bürgerliches Gesetzbuch, Kommentar, 73. Auflage, München (2014)

第 26 章 美国的产品责任问题及相关风险

Stephen S. Wu

26.1 介绍

自动驾驶车辆（Autonomous vehicles）每年在美国和全球范围内挽救数以万计的生命，减少交通量，节约能源，以及为不能驾驶传统汽车的人提供移动性。然而，自动驾驶车辆将不可避免地会有一些事故。总的来说，自动驾驶车辆可能会阻止比传统车辆事故更多的事故，但至少有一些涉及自动驾驶车辆的事故，传统车辆不会发生。

由于涉及自动驾驶车辆的事故，其中一些可能是灾难性的，产品责任诉讼是不可避免的，特别是在传统车辆不会撞坏的情况下。如果不是第一大威胁，涉及自动驾驶车辆的大规模产品责任诉讼的威胁被广泛认为是自动驾驶车辆开发和销售的主要障碍之一[3]⊖；有人认为产品责任诉讼⊖是自主驾驶的存在威胁[33]⊖；严重的诉讼可能会迫使制造商退出市场，并可能阻止一些制造商进入市场，因为他们认为销售不值得冒这个风险。如果这些可怕的预言成真的话，美国和世界其他地区的诉讼可能会失去使用一项能挽救更多生命的技术，而不是危及生命。然而，如果行业找到有效的方法来管理产品责任风险，那么它可以在维护实践的同时，将事故和责任最小化，为自动驾驶车辆提供盈利的能力，推向市场。

本章的目的是确定美国对自动驾驶车辆的制造商的产品责任风险，这些风险的来源以及制造商如何管理这些风险。考虑到美国市场的规模和美国是一个好诉讼的国家，从全球制造商的角度来看，关注美国产品责任是很重要的。产品责任在美国

⊖ 客用自主汽车所面临的最大难题之一就是它的合法性[2]。来自伦敦 Lloyd's 公司和德州大学的报告将自主汽车的合法性放在了其他所有挑战之上[21,30]。

⊜ 本章主要将焦点放在产品责任诉讼上，尽管汽车制造商也需要召回并修理有问题的产品。责任管理和产品召回风险是重合的，并且两者皆可应用本章讨论的风险管理法。

⊜ 在最糟糕的情况下，我们会因为无法达到合法性而永远无法做到自动驾驶车辆的量产。

被认为是比世界任何其他国家更大的威胁。26.2 节讨论了引起美国产品责任诉讼的情况，以及美国一些案件导致原告寻求巨额赔偿的现象。它解释了为什么这些巨大的赔偿发生。26.3 节分析了近期高调的产品责任案件的人力和财务影响。26.4 节讨论了美国产品责任法，重点是产品责任案件中提出的索赔和抗辩类型。26.5 节涵盖了制造商可以用来降低产品责任风险的设计实践和程序。26.6 节将保险视为转移和管理产品责任风险的手段。最后，26.7 节解释了其他风险管理技术。

26.2　为什么出现产品责任诉讼

　　首先，制造商面临产品责任诉讼，是因为他们的产品涉及事故。从英美侵权法（tort law）㊀的发展初期，道路事故发挥了突出的作用。美国侵权法的一项重要的英国案例 *Winterbottom v. Wright*㊁，涉及一名邮递司机，他从他的马车上被摔下来，据称是由于被告承包商未能在一个安全的条件下保持运输[32]㊂。

　　从 20 世纪开始，车祸造成美国产品责任法的重大变化。"产品责任，如美国那样，是伴随着汽车长大的。在汽车进入国家高速公路之前，'没有大量与产品有关的诉讼'，一旦美国接受了汽车，就不可避免地接受了其他自动化产品"[13]。美国历史上最重要的产品责任案件中有两个来自汽车事故。在麦弗逊诉别克汽车公司（*MacPherson v. Buick Motor Co.*）中，著名的美国法学家本杰明·卡多佐（Benjamin Cardozo）在纽约上诉法院的一篇文章中支持了一项判决，即一名车主在汽车上的一个有缺陷的木制轮胎发生故障后被弹出别克轿车[22]㊃。在 *Henningsen v. Bloomfield Motors, Inc.*[17]㊄，新泽西州最高法院在购买者的妻子发生意外后，确认了对克莱斯勒和经销商的陪审团裁决。她作证说，她感觉到汽车里有裂缝，转向盘急剧转动，汽车偏离了道路，汽车撞上了公路标志和砖墙。

　　然而，在这些上诉法庭的判决中，对汽车事故的描述并不真实，因为受害原告的律师将以不加修饰和有时可怕的方式描述可能是灾难性的车祸。考虑一下在"Mother Jones"杂志上写的著名的福特平托事故的描述。虽然下面的描述来自一位作家㊅，但它的语气和影响与原告律师在开幕词中对他或她的当事人的描述相似。下面是作者对事故的描述：

㊀ "tort"意为"错误"，"tort law"是向民事诉讼中的原告提供证明清白的一套原理。

㊁ 在 19 世纪的美国，引用近代英国的诉讼事件作为前提是非常常见的情况。

㊂ 在 *Winterbottom* 的案例当中，法庭否决了对受伤的马车司机的赔偿，因为马车司机和被告之间缺乏直接的合同关系。马车司机不在被告方保证维持服务的范围之内。

㊃ 原告从零售商手中购买了车辆，虽然他和汽车制造商之间缺乏直接的合同关系，但仍然可以诉讼制造商。事故发生时车辆时速很明显在 12km/h 之上。

㊄ 法庭驳回了隐私权和保修免责声明；还有因驾驶员和车主不同（车主是丈夫，而驾驶员是妻子）导致的责任减弱。

㊅ 作者为事故的受害者使用了假名，很明显这是在受害者的姓名被公开之前。

一个女人，由于法律原因，我们称之为 Sandra Gillespie，她开着新的福特平托车驶往明尼阿波利斯高速公路。和她一起乘坐的是一个年轻的男孩，我们称之为 Robbie Carlton。Sandra Gillespie 的车在进入合并车道时熄火了。另一辆车以 28mile/h 的速度追尾。平托的油管破裂了。蒸气与乘客车厢内的空气迅速混合。火花点燃了混合物，汽车在火球中爆炸。Sandra 在一家紧急医院里痛苦地死去。她的乘客，13 岁的 Robbie Carlton 还活着；他刚结束了另一个徒劳的手术回家，目的是移植一个新的耳朵和鼻子，从他烧伤严重的身体的少数未受伤的部分移植到皮肤上[11]。

在法庭上，这起事故严重毁容的小男孩在整个审讯期间可能会坐在他的律师旁边。陪审团将坐在他面前，看着他。对他的灾难性伤害的无言的证词可能至少会对观察他的陪审员产生无意识的影响。尽管法官指示不允许同情、固定观念或偏见影响他们的判决，但为此案辩护的汽车制造商将面临艰难的审判。在福特平托案中，这名 13 岁的男孩，他的真名是理查德·格里姆肖（Richard Grimshaw），获得了陪审团裁决的赔偿金超过 250 万美元，并获得了惩罚性赔偿，罚款福特 1.25 亿美元[15]。对这一重大判决的部分动机是，福特汽车明显冷酷的决定在汽车中不使用一种相当便宜的部件，以防止事故的发生。虽然惩罚性赔偿金在这种情况下后来被减少到 350 万美元[15]，但是福特平托案则显示了发生灾难性事故后汽车产品责任案可能的赔偿。

在未来一个自动驾驶车辆制造商面临产品责任审判的时候，我们可以预见事故受害者坐在法庭上，带着类似的可怕的毁容和失控汽车引起的悲惨又可怕的故事。被告制造商的工程和商业惯例将受到审查。陪审团可能会决定制造商是否应对事故负责。在自动驾驶车辆设计阶段，制造商的设计团队将有机会就其自动驾驶车辆设计进行讨论和制定工程和业务决策。团队成员将讨论制造商愿意承担的安全工作。在这些讨论中，团队成员可以更加清晰地思考，并通过在法庭上设想自己的方式来更有效地评估风险，捍卫他们在灾难性事故引起的诉讼中的做法。

为什么陪审员愿意对制造商提出这些大的判决？简短的回答就是陪审员愤怒。"愤怒的陪审员意味着高损害赔偿"[24]。更具体地说，陪审团在对被告的行为生气时，做出重大的判决。当陪审团变得愤怒时，他们认为他们能够纠正被告错误的唯一方式就是对他们做出非常严重的判决，以传达他们的行为是不可接受的。

在福特平托案中，陪审团听取了福特公司了解燃油系统问题的证据。福特发现后端崩溃的问题分裂了平托的气罐。此外，福特知道一个成本为 11 美元的部件可以防止事故发生。尽管如此，福特做出了成本/效益分析，比较了将安全部分添加到车辆的总体成本与涉及该漏洞的事故损失的价值。福特为每个人类生命分配了一个价值。而福特决定，该部件的整体成本超过了人类生命的整体价值，因此不应该将其部分添加到平托的设计中。

福特的成本/收益计算似乎对陪审团是可怕的，因为它将一个额外部件的价值放在了一条人命之上。此外，陪审团知道额外的部分只需要 11 美元。通过不把零件添加到平托的设计中,陪审团显然得出结论,福特将其利润置于人的生命之前。福特的冷酷无情导致陪审团愤怒[15]。

在另一个著名的产品责任案例中,一位德克萨斯州的律师为罗伯特·恩斯特的遗孀卡罗·恩斯特获得了对默克制药公司的 2.535 亿美元的判决。恩斯特在服用默克的止痛药 Vioxx 8 个月后死亡[5]。陪审团看到默克的内部文件显示,该公司在开始营销药物之前已经意识到使用者的心脏病发作风险。这些文件给陪审团带来的印象是,公司关心利润超过公共安全。因此,陪审团通过这个巨额的裁决,试图传达一个信息,即隐瞒有关药物危险的信息是错误的[14]。虽然上诉法院后来推翻了陪审团的裁决,但再次强调了产品责任判决的巨大风险[23]。

26.3 更多近期高调的产品责任诉讼

如前一节所述,上诉法院对福特提供了一些救济,并推翻了 Vioxx 案中的判决。尽管如此,制造商应该考虑两套最新的案例,以分析产品责任问题的潜在的人力和财务影响。26.3.1 节涉及丰田汽车的所谓"突然加速"现象。26.3.2 节介绍了通用汽车点火开关缺陷的故障。这两个案例显示制造商如何支付巨额资金来解决产品责任法律诉讼,这是造成人身伤亡的另外一个原因。

26.3.1 "突然加速"诉讼

在几年前出现的新案例中,一位当事人的丰田驾驶员报告说,他们的汽车毫无预兆突然加速,难以停止,从而造成事故。一个典型的新闻报道指出,"南希·伯恩斯坦感到幸运地活着,不管她多么用力踩制动踏板,丰田普锐斯继续加速。'这辆车每小时跑 70 英里,我开始害怕,因为它不会放慢速度,'伯恩斯坦这样描述"[26]。这些事故发生后,联邦案件被转移到美国加州中央地区法院进行协调或合并的审前诉讼[27]。

有报道称,有 89 人可能因涉及丰田车辆突然加速的事故而死亡[10]。然而,政府调查显示,没有证据表明丰田的设计或实施缺陷导致意外加速[25]。因此,有关丰田或驾驶员在这些意外中是否有过错仍有一些争议。

不过,后来的诉讼,专业证人迈克尔·巴尔经过进一步调查的报告认为,其中一辆汽车发生软件故障,故障导致意外加速[4]。巴尔发现了许多与该软件有关的问题,据巴尔说,丰田自己的工程师在设计这款软件时就遇到了问题,因为它"像意大利面一样"[4]。巴尔在俄克拉荷马州的法庭中证实了他的调查结果,并在一定程度上基于这些调查结果,陪审团在案件中给予驾驶员 150 万美元的赔偿金和 150 万美元给车祸中丧生的乘客家属[35]。案件中的一方,本案诉丰田汽车公司[7]在第二阶段审理前就对案件进行了解决,以考虑对丰田造成的惩罚性损害赔偿[18]。

尽管事实真的导致了这些事故的不确定性，丰田也开始对公司采取各种法律行动。俄克拉荷马州的情况可能是一个激励因素[28]⊖。到目前为止，丰田的结算付款包括：

- 16 亿美元用于解决多部门诉讼中的经济损失索赔[28]。
- 12 亿美元用于解决对丰田的潜在刑事指控[29]。
- 2550 万美元用于解决由于未能报告安全问题而引起的股东索赔[29]。
- 违反联邦汽车安全法律的罚款为 6500 万美元[29]。

这些结算支付是除了许多仍在等待的产品责任诉讼之外，其结算大概会花费巨额的资金。如果产品责任结算金额超过 10 亿美元，那么总结算可能超过 40 亿美元。与调查和补救措施相关的法律费用和其他内部费用的成本将增加到丰田的最终成本。

26.3.2　通用汽车点火开关问题和召回

另一个引起高度关注的产品责任问题是某些通用汽车的点火开关最近出现的毛病。在 20 世纪 90 年代后期，通用汽车开始使用小型车的新开关，使他们的工作更加顺利。"但事实证明，诸如雪佛兰 Cobalt 和土星 ion 等型号的新开关会意外地从"运行"滑落到"附件"，导致发动机停转。这将关闭动力转向，使汽车更难控制和在发生碰撞时使用气囊[20]。这个问题据说造成了超过 50 次事故。"通用汽车说，这个问题至少造成 13 人死亡，但有些国会议员认为死亡人数接近 100"[20]。

显然，通用工程师在事故发生前就意识到这个问题，但决定不更换开关。在国会听证会上发现的一封内部电子邮件讨论了这样一个事实，即一个更加稳健的设计将会给交换机的价格增加 90 美分，而且只会节省 10~15 美分的保固索赔[16]。"零件成本批发价低于 10 美元。进行该修复需要不到一个小时。机械师拆下几个螺钉和连接器，拆掉塑料罩，弹开新开关，客户就可以回到路上[12]。""对于很多熟悉汽车制造商的人来说，"通用汽车没有召回产品的原因是"不愿意传递坏消息的企业文化。当通用汽车正在努力削减成本并提升其形象时，召回其受欢迎的小型汽车将是一个可怕的退步"[12]。密歇根大学教授、通用汽车公司前经济学家玛丽娜·惠特曼（Marina Whitman）表示："很明显，某个地方的某个人是小事精明而大事糊涂的"[12]。

通用汽车决定不召回汽车被证明付出了昂贵的代价。国会、安全监管机构、美国纽约市律师、证交会、加拿大运输公司和 45 名州检察长正在对通用汽车进行调查。通用汽车正在对汽车进行昂贵的召回。此外，通用汽车为事故受害者家属创造了一笔赔偿基金，预计公司将花费 4 亿~6 亿美元[19]。

在通用汽车公司补偿基金的基础上，除了在今年前三个月的维修费 13 亿美元

⊖ 法律分析人员称，这个判决很可能让丰田在接下来的许多诉讼中花费更多。

外，公司宣称还将斥资12亿美元来修理在第二季度被召回的汽车和货车。此外，该公司还为未来的召回拨出了8.74亿美元[19]。

通用汽车的总费用将是巨大的："总而言之，通用汽车的召回使汽车制造商今年花费了近40亿美元"[19]。大概来说，通用汽车在未来几年也会继续付出更多的代价。此外，通用汽车必须支付更多的法律费用和其他与调查和补救措施相关的内部费用。

26.4　产品责任案件的索赔和防范

介绍了产品责任诉讼现象、人身伤亡事故现象以及涉及的巨大财务风险后，本节将介绍在有缺陷产品的诉讼中原告必须证实的依据，以及被告必须提供的诉讼以确定某些防御。对于因事故造成的人身伤害或财产损失索赔的原告人的典型索赔是"严格的产品责任""疏忽"和"违反保证"⊖。在美国，有关产品责任的法律大多是州法，而不是联邦法律，法律在各个州也不同。

26.4.1　严格的产品责任索赔

原告要求证明的最简单的索赔类型是所谓的"严格的产品责任"索赔。原告可以将几乎从原材料或零部件制造商到成品，分销商和零售商、制造商的分销链中的每一个业务都包括在内。严格责任是指制造商无缺陷产品的责任，无论原告人与被告人是否存在合同关系。法律因州而异，有些州甚至不承认严格责任是可行的要求。尽管如此，大多数州的法定和普通法的严格责任法都是根据"第二次侵权行为重组"[2]第402A条规定的严格责任⊖。如重述所述，为了赢得严格的责任赔偿，原告必须在审判时证明：

- 被告出售有关产品。
- 被告正在销售这种产品。
- 产品在离开被告人的手时有缺陷和无理由的危险。
- 该产品预计可以接触用户或消费者，而不会在销售条件方面发生实质性变化。
- 缺陷是原告受伤的原因[2]。

自动驾驶车辆严格责任设计缺陷索赔的关键问题是车辆是否"有缺陷"。原告人可以断言产品设计有缺陷，产品在制造过程中有缺陷，和/或被告未能向产品用户提供足

⊖ 另外一个原告常用的手法实际上是一个骗局，可以说是"欺诈"或者"误传"，建立在对产品的错误描述的基础之上。误传可能是有意而为的，也有可能是因为疏忽或者完全清白的无意的。然而，这种手法在产品责任诉讼案例当中是很少见的[13]。

⊖ 为了表现责任的严格性，超过三分之一的美国司法权威全部或部分包括了这个条例[13]。这条法律的重述很好地概括了在美国的使用范围，但是不具有法律执行力。

够的警告或指示。自动驾驶车辆诉讼最令人担忧的是设计缺陷和警告声明的不足。

认定设计缺陷的原告将表明存在适用的州法律测试中的"缺陷"。美国的法院应用以下测试之一：

- 根据普通消费者对产品期望的测试，通常用于消费者根据产品性质明确的潜在危害。
- 风险-效用平衡测试，原告认为设计风险超过设计对消费者或公众的利益。
- 产品制造商测试，询问一个相当谨慎的制造商或卖方是否知道产品的危险情况，如果知道产品的情况，就不会将产品投放市场。
- 组合测试，可能会将举证责任转移给制造商以显示在某些情况下没有缺陷。
- 最终问题的方法，陪审团有权决定设计是否有缺陷[31]。

通常，声称设计缺陷的原告人将使用专家证词来解释为什么被告的设计有缺陷，并试图证明替代设计可以防止事故发生。

除了依靠设计缺陷外，原告还可以根据"不警告"理论提出严格的责任要求。根据这个理论，原告可以辩称，因为被告没有提供足够的警告或关于车辆的指示，自动驾驶车辆是有缺陷的。原告需要证明警告没有充分降低与产品相关的风险，或者说明书不足以告诉用户如何使用该产品。

26.4.2 疏忽索赔

作为另一种说法，产品责任原告经常在投诉中包括疏忽索赔。"疏忽"这个概念是指低于一个假定的"合理的人"遵守的行为标准的粗心大意的行为。与严格责任一致，原告人可以根据产品设计、产品制造方式或未能提供充分的警告或指示，提出疏忽主张。因为原告人在被告人方面显示某种程度的过错，疏忽是对原告人的严重责任要求更严格的一项。

为了以疏忽为由胜诉，原告必须证明：

- 被告有义务在设计方面提供合理安全的产品，或警告危险缺陷-符合行为标准以保护他人免受不合理风险。
- 被告违反了遵守所要求行为标准的责任。
- 被告人的行为近似地造成原告受伤[31]。

26.4.3 违反保固索赔

在美国的大多数州，原告也可能在产品责任投诉中包括违反保固索赔。保固是关于产品或其性能、特征或特性的肯定或承诺，例如关于产品安全性的那些。违反保固索赔的依据是卖方的产品不履行承诺，或没有承诺的特征。设计缺陷、制造缺陷或警告故障均可为保固索赔提供依据。与严格的责任一样，问题是产品是否遵守承诺，无论卖方是否因违约而失败。尽管如此，保固索赔受到不同程度的防范，包括"私人"（原告人与被告人缺乏合同关系）的历史辩护，原告人向卖方提供违约通知的要求，以及卖方不承担保证[31]。在大多数美国司法管辖区、产品的购买者或其家庭成员可以在保证理论的基础上对公司进行起诉，尽管缺乏隐私[31]。

为了声明违反保固索赔，原告必须通常证明：
- 被告人做出保证。
- 该产品在销售时不符合保固条款。
- 原告的伤害是由产品的缺陷性质引起的。
- 因此，原告遭受损失[31]。

保固索赔通常会指出三种担保之一。"明示保证"是卖方实际声明的，如销售合同、保固计划文件、广告或销售抵押品。他们可能是书面或口头的。除了明示保证之外，法律有时还会承认两种"默示保证"，即通过法律行动而产生的消费者产品的销售，而不是卖方实际所说的任何东西。

一种默示保证是"适销性的默示保证"。这种默示保证要求卖方确保产品适合这种产品的普通目的。例如，消费者预期锤子的头部在购买后第一次使用时不会飞离。在未来的情况下，这种隐含的保固是对自动驾驶车辆的卖家最有可能的保证。第二个典型的隐含保证是"适用于特定目的的保证"。如果卖方知道消费者将使用该产品的特定用途，而买方则依靠卖方选择和提供的技巧和判断合适的产品，法律将承认产品将适合此目的的默示保证。例如，如果货车买家告诉经销商的销售代表买方寻求能够通过山区越野地形牵引拖车的货车，则经销商被视为已经保证销售代表推荐的货车可以实现，但事实上，牵引拖车不能在山上越野。

26.4.4 "消费者权益保护法"规定

原告有时会根据各种消费者保护法律来声明产品责任索赔。各州的法律不尽相同，有些州不允许将这些法律用于人身伤害[1]。当原告寻求所谓经济或财务损失的赔偿时，通常使用它们，例如他们的产品因缺陷而导致的价值降低。例如加利福尼亚州的不正当竞争法（UCL）[8]、虚假广告法（FAL）[8]和消费者法律救济法（CLRA）[9]以及其他州同等的法律。根据这些法规提出的索赔通常要求原告证明：

- 违反了法规。
- 从而导致对消费者的伤害。

例如，UCL禁止非法、不公平或欺诈的商业行为或做法。FAL禁止不真实或误导性的广告做法。CLRA禁止一系列的不公平的商业行为，例如错误陈述产品的特征和品质。

26.4.5 自动驾驶车辆诉讼中出现的缺陷类型

我们还没有关于自动驾驶车辆制造商的案件的例子来说明哪些所谓的缺陷可能导致诉讼。尽管如此，汽车诉讼的历史、业内人士的讨论以及对可能出现的可能性的判断表明，可能会引起产品责任诉讼的许多潜在缺陷的来源。自动驾驶车辆将与传统车辆共享这些缺陷的一部分,但其中一些将是自动驾驶车辆独有的。本节中潜在缺陷的列表并不意味着是排他性的,并且在常规和自主车辆中存在许多可能的缺陷来源。

自动驾驶车辆将与常规车辆共同的一些可能的设计缺陷㊀包括:

- 车辆或其安全设备的各种系统中机械或物理缺陷,例如使用强度不足或不够厚的材料㊁或过高的重心使车辆翻倒。
- 用于自动驾驶的传感器或控制系统以外的电气部件或系统中的缺陷,例如使用错误的部件、部件性能上的问题或组件的耐久性不足。
- 与自动驾驶传感器或控制系统以外的系统相关的软件㊂缺陷,包括信息安全漏洞。

这些缺陷将发生在常规和自主车辆中,因此确定制造商的责任时现有的法律和诉讼方法将适用。尽管如此,自动驾驶车辆可能会遇到传统车辆没有的缺陷。再者,它们可能是机械、电子或软件。

- 用于自主模式或自主系统使用的传感器的控制系统中的机械或物理缺陷。一个简单的例子是 LIDAR 传感器的弱安装,如果它们失效,可能导致自动驾驶车辆突然丢失其传感器数据并崩溃。
- 用于自动驾驶的传感器或控制系统的电气部件缺陷。
- 用于自主模式的传感器或控制系统中的软件缺陷。

最有趣或最潜在的缺陷是用于自主驾驶的软件。一些例子包括:

- 依赖的传感器数据不足的设计,包括数据量不足、精度不足、数据输入速度不足等。
- 不正确的模式识别,例如自动驾驶车辆无法识别道路上的行人或其他即将到来的障碍物或危险。
- 设计不能执行安全的普通操作,如转弯、车道保持、距离保持和合并。
- 自主行为的其他问题,如速度或方向的不可预测的变化。
- 缺少碰撞避免算法。
- 信息安全漏洞。
- 人机协调不足造成的缺陷。例如,如果自动驾驶车辆在自主和手动模式之间切换,自动驾驶车辆必须在切换到手动模式之前警告驾驶员,并安全地转换到人为的控制。

另外,第 4 章讨论程序设计师在创建自动驾驶车辆的逻辑时必须做出的设计决

㊀ 汽车制造商面临的另外一个问题是他们的供应链。有瑕疵的零部件可能会让制造商给予自主驾驶车辆不完整性。

㊁ 例如,笔者曾经介入过的一件案例中,原告试图指控车辆杠杆中的金属强度不足,正常驾驶过程中金属氧化导致杠杆弱化,而最终导致在事故中杠杆的损坏。

㊂ "软件"可能会以嵌入在硬件上或者固件上的代码的形式出现。

策，以处理碰撞即将来临且不可避免的情况，并且可以选择撞击和伤害不同的人员。例如，自动驾驶车辆可能面临着戴头盔的摩托车骑手和没有头盔的两难选择，程序员可能认为如果碰撞是不可避免的，则可能会碰到一个或另一个。如果程序员做出这样的决定并设计软件来实施该决定，那么这种设计决策可能是由软件操作人员引起的产品责任诉讼的主题。

26.4.6 产品责任案件防范

被告可以就产品责任案件提出若干抗辩。最常见的防御类型与原告人的行为有关。在某些情况下，被告辩称原告的疏忽行为导致或造成事故。基于原告自身疏忽的辩护的可行性取决于国家法律和索赔类型，但被告也可以将其作为事故原因的证据。此外，由于原告滥用或修改产品，发生意外事故。在某些情况下，原告人被认为有"承担风险"的公开明显的危险。最后，原告如果以某种方式失败，可能无法追回所有损害赔偿。

这些防御中的许多可能对于以自主模式驾驶自动驾驶车辆的人的应用有限。如果原告在事故发生时不能控制车辆，原告不能不小心驾驶。一旦自动驾驶车辆进入大众市场，卖方就不能实际地认为原告人承担使用新的和未经测试的技术来驾驶车辆的风险。尽管如此，有些人可能会修改自己的自动驾驶车辆或尝试滥用传感器或控制系统来玩乐。在这种情况下，如发生事故，被告可以指出这一行为进行辩护。此外，基于原告行为的辩护可能减少或禁止原告人恢复原状，当原告人不是自动驾驶车辆的驾驶员，例如行人不小心（或有意地）在自动驾驶车辆前方飞奔，任何人或机器都不能做出及时的反应时。

自动驾驶车辆诉讼中的另一个关键防御措施可能是设计缺陷声明的"最先进的"防御。这种防御的基础是制造商在出售时不能制造更安全的设计，因为更安全的设计在技术上不可行。这样的辩护在某些国家是有效的，而在其他国家则是无效的[13]⊖。

26.5 自动驾驶车辆产品责任风险管理

讨论了产品责任的性质，潜在巨大的损失风险，陪审员愤怒导致重大的判决以及产品责任的性质，现在转而讨论制造商如何管理产品责任诉讼的风险⊖。首先，管理这些风险需要采取积极的态度。通过今天的规划，制造商可以随时准备不可避

⊖ 另外一种常用的针对产品诉讼责任的辩护是经济损失信条。这种手法将产品的侵权责任限制在财产方面的损失之内，而不是身体上的损害或者对除了产品本身以外的物体损害。不仅如此，联邦法有时会覆盖州内法律，因为美国联邦法律会覆盖和它相矛盾的周内法律。再者，如果一个产品是为一群"熟练的用户"设计的，或者是由"熟练的中介"提供的，那么销售方在某一些情况下具有一些辩护根据，尽管这无法应用在自主驾驶车辆上。最后，如果一个制造商制造了一款符合政府规定的产品，它可能还会具有"政府合同者辩护"。

⊖ 在这里指的是产品责任诉讼过程，尽管风险管理技术在这里也可以被应用来阻止开销巨大的产品召回。

免的套装。

首先，规划可以使他们能够制造更安全的产品，而不太可能引起诉讼触发事故。通过规划，制造商可以减少事故引发事件的机会。其次，通过全面的风险管理计划采取主动的安全性设计方法，可以建立一个制造商对安全的承诺。当不可避免的诉讼发生以后，制造商的律师有一个故事告诉陪审团为什么它的产品是安全的，以及制造商如何关心安全。

第二，制造商应该采取积极的态度来考虑对产品安全的承诺。一位评论员说："对于一个公司被告来说，最有效的方法就是让他/她的客户减少愤怒，这是为了证明客户的行为超出了法律或行业惯例所要求的范围"[24]。由于陪审员对于制定或受行业影响的标准严格性的怀疑，达到最低标准是不够的，因为陪审员期望企业客户更多地了解产品安全性，而不是"合理的人"——根据法律判断被告人的行为标准[24]。"一个成功的辩护也可以由陪审员陪同人员进行相关制造或决策过程，显示所有包含的测试、检查和后续行动。不熟悉复杂业务流程的陪审员往往对所有考虑的过程和所有采取的预防措施留下深刻印象。"即使事故确实发生，而在任何一次试验中确实发生了事故或问题，被告积极主动的做法将向陪审团展示制造商正在努力做正确的事情[24]。因此，超越最低标准的努力将扩散陪审员的愤怒和减轻制造商的风险。

第三，制造商应该认识到，风险管理是一个过程，从仔细的风险分析开始，考虑问题在自动驾驶车辆设计中的类型、可能性和影响。一旦风险评估完成，他们可以审查结果，并分析设计和工程实践中的变化，以解决这些问题，优先考虑风险和风险缓解措施，并实施这些措施[34]。关于风险管理流程，制造商可以从风险管理和安全性方面获得指导：

- ISO 31000"风险管理–原则和准则"（关于风险管理流程）。
- 汽车工业软件可靠性协会的软件开发指南。
- IEC 61508 电气/电子/可编程电子安全相关系统的功能安全（电子系统和软件的安全标准）。
- ISO 26262"功能安全"标准系列，实施 IEC 61508 用于电子系统和汽车软件的功能安全。

虽然遵守国际标准的原则并不能保证自动驾驶车辆制造商避免责任，但遵守标准可以增强制造商的风险管理程序的可信度。此外，这些标准提供了制造商可以为其风险管理流程构建一套控制的框架。因此，建立在国际标准上的自动驾驶车辆安全计划为被指控制造不安全的自动驾驶车辆的制造商奠定了基础。

第四，自动驾驶车辆制造商应投保产品责任险。强大的保险计划将允许制造商把产品责任风险转移给保险公司，保险公司将根据发布的政策，为制造商提供结算和赔偿以解决第三方索赔而进行的辩护和赔偿。目前，保险业刚刚开始掌握自动驾驶车辆的保险意义[21]。我们可以期待看到保险行业为制造商提供第三方的意外事故，也可能是隐私和信息安全风险方面的服务。虽然该行业没有关于承保自动驾驶车辆风险的精算方法的历史数据，但业界可能会通过类似于传统车辆和移动设备的亏损体验[6]。自动驾驶车辆制造商可以找到愿意为其需求定制策略的运营商。最终其他运营商将进入市场并提供更加标准化的政策，从而从长远来看降低制造商的成本。

第五，制造商可以一起合作开展行业风险管理举措，如：
- 参与标准工作，以促进行业和部件制造商之间的安全和保障。
- 与贸易集团的其他制造商合作，建立（受反垄断关注）采购联盟；由于制造商的购买力比较大，行业可能会与组件制造商有更大的杠杆作用，以促进安全的设计和制造过程。
- 参与可协同开发最佳实践以提高产品安全性的信息共享组。

第六，制造商可以通过某些诉讼前的策略来管理陪审团巨额判决的风险。例如，他们可能希望聘请陪审员顾问协助产品责任案件的辩护，以确定制造商的风险因素和触发陪审员愤怒的行为类型。此外，制造商可能想要确认和培养一组辩护专家，他们可以教导陪审员关于各种工程、信息技术和安全方面的考虑。此外，制造商的法律顾问可能会为了共享信息、简报和其他工作产品而加入为辩护律师提供的专业律师界。

最后，制造商可以通过专注于有效的记录和信息管理（RIM）来最大限度地在未来的产品责任审核中取得成功。有效的 RIM 可能赢得案例，而差的 RIM 可能会在诉讼中失败。与安全计划管理同时生成的文件和记录可以证实证人的证词，提供记录制造商安全工作的历史记录，并发送制造商所关心的安全信息。

26.6 结论

自动驾驶汽车制造商面临的挑战之一，如果做得不是顶级的话，就是由于事故造成死亡和灾难性伤害的产品责任诉讼和召回的风险。制造商似乎冷酷无情，利润超过安全的诉讼，面临巨大责任的风险。最近关于丰田汽车"突然加速"的报道以及通用汽车点火开关的问题表明，这些公司正在支付数十亿美元来解决合法的索赔。制造商也可能有辩护，原告有一系列要求可以对抗自动驾驶车辆制造商。尽管软件、逻辑、自治行为和程序员对有故障的自动驾驶车辆行为的决策问题是重要的问题，但是各种各样的缺陷可能会出现在自动驾驶车辆上。尽管如此，制造商可以通过仔细的规划、对安全的坚定承诺、有效的风险管理流程、从彻底的风险分析、遵守国际标准、获得强大的保险、与其他制造商的合作、诉讼前法律战略，来管理产品责任风险，以及进行有效的记录和信息管理实践。总而言之，美国产品责任诉讼的严重威胁对自主车辆的制造商构成了深切的担忧，但为安全风险管理和法律战略开展了积极的工程设计策略，以期预见今后的诉讼现在可以使制造商处于最佳位置，最大限度地提高产品安全性并尽可能减少产品的责任。

应用许可

本章根据知识共享署名4.0国际许可（http：//creativecommons.org/licenses/by/4.0/）的条款进行分发，允许通过任何媒介或格式使用、复制、改编、分发和再创作，只要您对原始作者和来源给予适当的说明，提供知识共享许可链接，并指出所做的任何更改。

本章中的图片或其他第三方材料均包含在作品的创作共享许可中，除非在来源中另有说明；如果这些材料不包括在作品的知识共享许可中，并且法律规定不允许相应的操作，那么用户需要获得许可证持有者的许可才可以复制、改编或再创作材料。

参 考 文 献

1. ALEE, JOHN, et al., PRODUCT LIABILITY § 18.02 (2014).
2. American Law Institute, Restatement (Second) of Torts § 402A(1) (1965).
3. Autonomous Solutions Inc., 5 Key Takeaways from AUVSI's Driverless Car Summit 2012 (Jul. 12, 2012).
4. Barr, Michael, Rule 26(a)(2)(B) Report of Michael Barr April 12, 2013 in Estate of Ida St. John v. Toyota Motor Corporation, et al., 39, 54, 65 (Apr. 12, 2013).
5. Berenson, Alex *Vioxx Verdict Raises Profile of Texas Lawyer*, N.Y. TIMES, Aug. 22, 2005, *available at* http://www.nytimes.com/2005/08/22/business/22lawyer.html?pagewanted=all.
6. Beyer, David et al., *Risk Product Liability Trends, Triggers, and Insurance in Commercial Aerial Robots* 20 (Apr. 5, 2014) (describing nascent insurance coverage for drones), *available at* http://robots.law.miami.edu/2014/wp-content/uploads/2013/06/Beyer-Dulo-Townsley-and-Wu_Unmanned-Systems-Liability-and-Insurance-Trends_WE-ROBOT-2014-Conference.pdf.
7. *Bookout v. Toyota Motor Corp.*, No. CJ-2008-7969 (Okl. Dist. Ct. Okl. Cty. dismissed Nov. 20, 2013).
8. Cal. Bus. & Prof. Code §§ 17200 et seq., 17500 et seq.
9. Cal. Civ. Code § 1750 et seq.
10. CBS News and Associated Press, Toyota "Unintended Acceleration" Has Killed 89, CBS NEWS (May 25, 2010), http://www.cbsnews.com/news/toyota-unintended-acceleration-has-killed-89/.
11. Dowle, Mark, *Pinto Madness*, MOTHER JONES, Sept. 1977, *available at* http://www.motherjones.com/print/15406.
12. Fletcher, Michael & Mufson, Steven, *Why did GM take so long to respond to deadly defect? Corporate culture may hold answer*, WASHINGTON POST, Mar. 30, 2014, *available at* http://www.washingtonpost.com/business/economy/why-did-gm-take-...swer/2014/03/30/5c366f6c-b691-11e3-b84e-897d3d12b816_story.html.
13. FRUMER, LOUIS R., ET AL, PRODUCTS LIABILITY §§ 1.02, 2.04, 2.05[1], 5.01, 8.04 (2014).
14. Girion, Lisa and Calvo, Dana, *Merck Loses Vioxx Case*, L.A. TIMES, Aug. 20, 2005, *available at* http://articles.latimes.com/2005/aug/20/business/fi-vioxx20.
15. *Grimshaw v. Ford Motor Co.*, 119 Cal. App. 3d 757, 771-72, 813, 823-24 (1981).
16. Hendler, John, email to Lori Queen et al. (Sept. 28, 2005, 4:07 pm), http://docs.house.gov/meetings/IF/IF02/20140618/102345/HHRG-113-IF02-20140618-SD036.pdf.
17. *Henningsen v. Bloomfield Motors, Inc.*, 32 N.J. 358, 161 A.2d 69 (1960).
18. Hirsch, Jerry, *After losing verdict, Toyota settles in sudden acceleration case*, L.A. TIMES, Oct. 25, 2013, *available at* http://articles.latimes.com/2013/oct/25/autos/la-fi-hy-toyota-settles-sudden-acceleration-20131025.

19. Isidore, Chris, *GM to pay victims at least $400 million*, CNN Money, Jul. 24, 2014, *available at* http://money.cnn.com/2014/07/24/news/companies/gm-earnings-recall/.
20. Krisher, Tom, *GM's ignition switch: what went wrong*, Columbus Dispatch, Jul. 8, 2014, *available at* http://www.dispatch.com/content/stories/business/2014/07/08/gms-ignition-switch-what-went-wrong.html.
21. Lloyd's, Autonomous Vehicles Handing Over Control: Opportunities and Risks for Insurance 8 (2014).
22. *MacPherson v. Buick Motor Co.*, 217 N.Y.382, 111 N.E. 1050 (1916).
23. *Merck & Co., Inc. v. Ernst*, 296 S.W.3d 81 (Tex. Ct. App. 2009), *cert. denied*, 132 S. Ct. 1980 (2012).
24. Minick, Robert D. & Kagehiro, Dorothy K., *Understanding Juror Emotions: Anger Management in the Courtroom*, For the Defense, July 2004, at 2, 3 (emphasis added), *available at* http://www.krollontrack.com/publications/tg_forthedefense_robertminick-dorothyhagehiro070104.pdf.
25. National Highway Traffic Safety Administration, Technical Assessment of Toyota Electronic Throttle Control (ETC) Systems 57-60, 62-64 (Feb. 2011); *see* NASA Engineering and Safety Center, Technical Support to the National Highway Traffic Safety Administration (NHTSA) on the Reported Toyota Motor Corporation (TMC) Unintended Acceleration Investigation 170-172 (Jan. 18, 2011).
26. Romero, Ric, Sudden Acceleration Issue Spans Beyond Toyota, 6abc.com (Jan. 4, 2010), http://6abc.com/archive/7200572/.
27. *Toyota Motor Corp. Unintended Acceleration Marketing, Sales Practices, and Products Liability Litigation*, No. 8:10-ML-2151 JVS (FMO) (C.D. Cal. filed Apr. 12, 2010) (cases consolidated by the Judicial Panel on Multidistrict Litigation in the U.S. District Court for the Central District of California).
28. Trop, Jaclyn, *Toyota Seeks a Settlement for Sudden Acceleration Cases*, N.Y. Times, Dec. 13, 2013, *available at* http://www.nytimes.com/2013/12/14/business/toyota-seeks-settlement-for-lawsuits.html?_r=0.
29. Undercoffler, David, *Toyota and Justice Department said to reach $1.2 billion settlement in criminal case*, L.A. Times, Mar. 18, 2014, *available at* http://www.latimes.com/business/autos/la-fi-hy-autos-toyota-justice-department-settlement-20140318-story.html.
30. University of Texas, Autonomous Vehicles in Texas 5 (2014).
31. Vargo, John, Products Liability Practice Guide §§ 6.02[1], 6.02[4], 6.03[1], 6.04 (2014).
32. *Winterbottom v. Wright*, 152 Eng. Rep. 402 (1842).
33. Worstall, Tim, *When Should Your Driverless Car From Google Be Allowed To Kill You?*, Forbes, *available at* http://www.forbes.com/sites/timworstall/2014/06/18/when-should-your-driverless-car-from-google-be-allowed-to-kill-you (Jun. 18, 2014).
34. Wu, Stephen, *Risk Management in Commercializing Robots* 6-8 (Apr. 3, 2013), *available at* http://conferences.law.stanford.edu/werobot/wp-content/uploads/sites/29/2013/04/Risk-Management-in-Commercializing-Robotics.pdf.
35. Yoshida, Junko, *Toyota Case: Single Bit Flip That Killed*, EE Times, Oct. 25, 2013.

第27章 法规和不作为导致的风险

Bryant Walker Smith

摘要

本章从两个基本问题开始：面对重大不确定性时，风险该如何分配以及应该由谁来决定其分配？立法机关、行政机关和法院在通过立法、调查、裁决或其他形式的公共监管来回答这些问题方面将发挥重要作用。本章讨论的8项战略将有效调节这些法规。他们设法确保那些受伤的人可以得到补偿（通过扩大公共保险和促进私人保险），任何前瞻性规则都将与其适用的技术（通过特权和授权安全案件）相结合，合理的设计得到充分的法律支持（通过限制风险的持续时间和排除极限），而传统驾驶受到自动驾驶（通过拒绝现状和承担企业责任）的审查。

27.1 引言

27.1.1 背景

两个相互矛盾的目标形成了人类活动的利他主义规则：最大限度地提高社会净值，减轻附带的个人损失。土地征用就是一个表面上十分简单的例子：建设一条有利于上万人的道路，政府对10个其房屋位于所要修建道路上的居民进行拆迁补偿。但是在许多情况下，个人的损失并不能被完全赔偿，最显著的是当这种损失涉及死亡时：无论实际损害如何，一个死亡的人都不能"整体化赔偿"。事实上，美国每年有三万多人因道路交通事故而失去生命，而超过3亿人获得机动交通的直接或间接补偿。

车辆自动化对高速公路安全的保证提出了关于监管的社会和个人目标的难题。分析任何一个目标都需要对一个可管理系统进行专门和临时定义，在这个系统中成本和收益可以被识别、评估和比较。关于社会净福利，人类生活的统计价值是什么？器官捐赠减少是实现高速公路更安全的"成本"吗？对特定技术的大举部署会引发强烈反对，最终会破坏安全吗？同样，关于个人损失、伤害或死亡应如何评估？责任是否应该影响补偿？谁有权利？这些问题的具体答案可能取决于与它们相关的领域——法律、经济学、伦理学、社会科学。

车辆自动化暴露了社会和个人目标之间的紧张关系。对偶然伤害的补偿可能就是一种这样的成本，社会上期望的创新如自动化可能会通过屏蔽它们来获得补贴。校准社会净福利和个人损失也可能造成道德风险：安全可能会被大打折扣，通过某些创新者和深信受伤会得到赔偿的消费者，这些创新者可以合法或有效地免于规则以及免除诉讼。

这种紧张存在于两个相关的背景条件。第一个是倾向于行政法、侵权法和国际上在预防原则中体现的趋势。许多车辆死亡事故只出现在当地讣告中，但是一辆自动驾驶汽车死亡事故将会在全国的头版上出现。

第二个是人类准确感知风险的失败。那些在盲角超速行驶，却害怕在桥上行驶的驾驶员们，往往会低估一些风险，并高估了其他的风险。这种复杂的监管环境导致两个基本问题：在面临重大不确定性的情况下，风险如何分配？以及谁来决定分配？决策者的范围包括国家和地方的立法机构、行政机构、司法机构，公司，标准化组织，消费者和广大公众。法规可以是具有前瞻性或追溯性的，但不能不存在：拒绝为自动驾驶车辆建立安全要求的行政机构只是在事故发生后将事故处理工作交给法官和陪审团。

作为或不作为的后果明显不确定。监管作为或不作为可能会拖延或提高自动化技术的价格，从而在短期内造成生命损失[1]。但是，从长远来看，通过保护广泛的创新避免早期的悲剧或争议造成的潜在的声誉损失，他们也能拯救生命。从车辆自动化中提取抽象的社会收益和具体的人类损失，需要了解监管带来的风险以及它所涉及的风险。

本章首先考虑了风险的性质、监管的性质，以及监管自动化程度日益提高的机动车辆的挑战。然后介绍了四对潜在的策略来应对这一挑战，如表27.1所总结的。这些策略没有详细介绍，也没有必要。并且它们可能并不充分，有些是显而易见的，有些是非常规的，有些可能是兼顾两者。它们的目的是促进讨论公共部门——立法机构、行政机构和法院在处理自动化所带来的挑战和机遇中应该扮演的角色。

表27.1 潜在的监管策略

确保对受伤人员给予足够的赔偿	
扩大公共保险	促进私人保险
强制私营部门进行信息共享，以加强监管	
优先凝聚	授权安全案例
协调简化技术和监管方面的挑战	
限制风险的持续时间	排除极端
为传统的参与者和自动化系统提高竞争环境	
拒绝现状	接受企业责任

27.1.2 风险是什么

风险从广义上说，"特殊危害的风险是损害的可能性和危害的严重性的产物；

作为或不作为的风险是特定相关危害的风险总和"[2]。然而，这种实际风险只是理论上的：没有一个行为者可以全面地清点所有相关的危害或准确地确定其概率和幅度。

事实上，实际风险被简化为评估和感知风险。评估风险反映了有条理地尝试客观描述所定义系统内所有重大的危害；该系统可能会考虑到广泛的危害，如环境影响报告，或者更狭窄的范围，如针对人身体伤害的功能安全标准的情况[2]。相反，感知风险反映了个人对特定危险的主观判断，它可能与评估的风险有很大不同。

内部风险是由创造它的行为者承担的风险，无论该行为者是否正确评估或感知风险。内部化是侵权法监管作用的核心：通过强制行为者承担更多的不合理危险行为的代价，侵权法旨在阻止这种行为。

然而，这些行为者所面临的金融风险与这些行为者强加给他人的物理风险截然不同。在责令这些行为者对他们造成损害的人进行赔偿的同时，侵权法也起了补偿的作用。尽管如此，即使受伤的人成功地获得了赔偿，他们仍然已经受伤了[2]。

因此，区分减少身体风险（监管功能）和转移金融风险（补偿功能）是很重要的。下面介绍的一些监管策略可能会以牺牲其中一个目标的方式来实现另一个目标。

27.1.3 法规是什么

法规检查和改变行为。在最狭义的意义上，该术语仅指行政机关制定的规则。然而，一个更有用的概念包括更广泛的内容，包括图 27.1[3]所示。

法规可以具有前瞻性（向前看）或回溯性（向后看）。在左侧显示的前瞻性行为，没有体现出普遍的风险，就像联邦性能要求对车辆设计管理的情况一样。相反，右侧所示的行动对于风险的实现做出回应，就像在车祸中受伤的人提出的侵权索赔一样。法规的可能性，特别是如果可以预见的话，即使风险从未实现，也会影响行为。

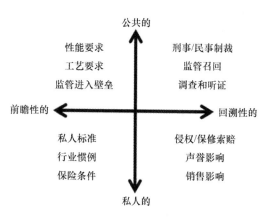

图 27.1　法规象限

法规也可以由公共行为者或私人行为者追究。顶部显示的公共行为包括国家的典型功能：设定要求和进行调查。相反，底部的私人行为通常涉及私人群体之间的关系：市场参与者之间的一致意见，保险人与被保险人之间的合同，或制造商对其产品的侵权责任。

虽然本章重点介绍公共行为者，但这些私人关系仍然是公共政策的重要工具。例如，一项法令要求，即驾驶员获得足够的保险，将一些监管权力委托给私营保险公司，私营保险公司然后再根据额外的公共监管规定，决定收取特定驾驶员多少费用。

27.1.4 监管挑战

对于公共监管机构来说，功利主义的挑战是以间接的方式最大限度地提高社会净福利，同时间接减少偶然的个人损失。关于车辆自动化，这意味着定义一个适当的系统，在这个系统中可以分析社会成本和收益[2]，检查自动化系统的开发人员的激励和抑制与该系统是否一致，协调这些激励和抑制措施与其他行为者，并确保那些受到伤害的人有适当的机会获得一些补偿。

本章概述了四对潜在的可以促进这些目标实现的监管策略。其重点是公共行为者的风险管理是对私人行为者早期的风险管理建议的补充[4]。这些策略包括：通过扩大公共保险和促进私人保险来确保赔偿，通过特权具体和委托安全案件强制信息共享，通过限制风险持续时间和排除极限来简化问题，并通过拒绝现状和接受企业责任来提高竞争。

27.2 确保赔偿

27.2.1 扩大公共保险

保险可以帮助减轻受伤个人面临的经济负担，也可以帮助减轻侵权法的补偿压力。确保那些被自动驾驶车辆伤害的人能够在受伤后康复，至少从公共政策的角度来看，这一保障使得这些伤害的发生更为合理。然而，如果受伤康复的唯一途径是诉讼，产品责任法可能会被迫扭曲其监管职能。

作为独立的举措，虽然扩大保险是有价值的，但它必须是通过限制侵权救济补贴车辆自动化的任何合理建议的条件。减少被告的责任意味着减少受伤个人获得赔偿的权利。这也意味着剥夺个人应有的追索手段：无论制造商如何效率低下，还是比破坏该公司的产品或采取其他私人报复手段更好。

27.2.2 促进私人保险

私人保险公司也可以提供赔偿，其作为监管机构的潜在角色特别有前途。运作良好的保险市场可以产生有用的数据和理想的激励。它可以减少那些可能是原告的人以及那些经常被起诉的人的不确定性。举两个明显的例子：车辆保险和产品责任保险。

在美国，大多数驾驶员和车主都必须对他们车辆带来的伤害进行保险。每个州规定的保险赔偿范围不尽相同，但通常都远远低于严重伤害或死亡所需的赔偿，以加利福尼亚州为例，对一名人员的伤害或死亡补偿只要求 15000 美元，而对一人以上的伤害或死亡补偿则只有 30000 美元[5]。提供这种保险的公司往往受制于复杂的监管制度，而这些制度也因州而异；加利福尼亚州甚至规定了用于定价这种保险的主要因素[6]。

一个替代方案可以更灵活地对车辆自动化做出反应。增加和强制保险的要求有助于使更多的事故成本内部化，更充分地补偿伤害，将制造商的一些康复赔偿转移到疏忽的驾驶员，并通过代位来合并一些产品责任索赔。减少对保险公司面对消费者的限制，可以使这些公司更好地定制其产品，以反映特定驾驶员在特定条件下驾驶特定车辆构成的实际风险，有利于那些实际上代表安全改进的自动驾驶车辆。

与驾驶员相反，法律一般不要求公司维护产品责任保险。事实上，公司的目的之一是保护股东不用承担责任。然而，要求这样的保险赔偿范围可以通过让第三方保险公司参与监管来提供安全检查：为了获得可承受的保险赔偿范围——或者赔偿所有，制造商需要说服保险公司产品不会构成保险公司不合理的风险。这将是另一种"授权安全案例"的方法。

内华达州和加利福尼亚州制定的监管自动驾驶车辆的制度已经要求那些寻求在公共道路上测试自动驾驶系统的公司，证明其具有超出联邦州保险要求的资金能力。例如，加利福尼亚州要求提供 500 万美元的保险证明书，如一份自我保险证书或担保债券[7]。虽然这种方法是很有前途的，但这些提高的保险要求应适用于所有车辆，而不仅仅正在进行路试的自动驾驶车辆。正如下文讨论的那样，这种法规应该为传统和自动驾驶车辆"提高竞争环境"。

27.3 强制信息共享

27.3.1 特权具体

产品开发需要公众的理解，在必要的时候也需要塑造外部力量，如法律。如果特定的法律义务、限制条件或责任会阻碍自动驾驶技术的发展，那么这些技术的开发人员将会挑战这些限制。简而言之，他们应该明确他们或他们的产品所要求的具体的法律改变，并通过具体数据和详细分析来支持他们的论点。如果他们没有这样做，政策制定者就会问他们为什么要更改法律。

尽管近几十年来，车辆自动化程度的提高引起的产品责任问题已经受到越来越多的关注[8]，但汽车制造商仍然倾向于广泛地提及这一潜在的挑战，正如他们宣布计划部署日益先进的自动化功能。这种明显的脱节意味着技术本身不像人们普遍认为的那样迫在眉睫，或者那些追求技术的公司不像人们通常认为的那样对一般的产品责任感到担忧。

相比之下，汽车制造商已经采取行动来解决与安装或优化自动化系统相关的更为狭隘的责任问题。现在有几个州的立法机构已经澄清说，以密歇根州法律为例[10]，整车制造商和零部件生产商"不承担任何责任撤销因其所造成的损害的赔偿""除非造成损害的缺陷是存在的"，如在制造的时候，第三方安装或转换存在缺陷。这项规定在很大程度上是普通法的重述[9]，像普通法一样，并没有明确地考虑到每一个潜在的修改要求⊖。

尽管存在这种不确定性，这种经验表明，汽车制造商能够认识到潜在的法律问题，提出具体的立法补救措施并实施[11]。在某种程度上，自动驾驶车辆依赖于车辆代码[12]、保险要求或责任规则的变化，监管机构应该期望有较高知名度的开发人员非常合理获得广泛支持的论据。

然而，完全依靠公司推进特定的法律变更，往往会维持现状。与传统汽车不同，低速穿梭车和送货机器人一般既没有市场也没有公司来支持它们这些自动化应用，在最近的立法和监管举措中在很大程度上被忽视了[9]。因此，各国政府还应考虑是否应该用无能而不是不愿参与监管进程来解释具体提案或具体数据的缺乏。

从某种意义上说，在公共支持基础设施和科学研究的基础上，各国政府应该以同样的理念制定政策启动私营部门不能或不愿做的事情。广泛的授权或基本条件可能有助于驾驶或监管创新，但试图将规则与尚未存在的产品紧密地联系在一起的做法，可能会导致过早和不公正的法律。

27.3.2　授权安全案例

车辆自动化正在使各州的监管机构陷入困境。以内华达州和加利福尼亚州为例，这两个州的机动车部门被迫快速制定管理自动驾驶车辆和自动驾驶的法规。这些法规既要为自动驾驶系统的开发者提供更大的法律确定性[13-15]，也要限制不合理的危险产品和实践[16]⊖。

然而，许多州已经授权监管机构在安全限制道路车辆的注册、改装或操作[12]。例如，纽约州一份法规允许机动车辆专员"当他确定某种车辆或某类别的车辆的特性会使得这种车辆或这类车辆对公路运行不安全时，他就可以拒绝这种车辆或这类车辆在公共高速公路上行驶的注册"[17]。

试点项目和后市场改装这两种部署自动化系统的方案可能比传统的推出更快地影响到这一权威[9]。早在美国国家公路交通安全管理局（NHTSA）颁布有关自动驾驶车辆的法规前⊖，甚至对涉及的事故进行调查的时候，州监管机构可能会面临——

⊖ 考虑两个例子。首先，制造商未能警示其车辆的可预见的修改，可能没有提出警告是"造成损害的缺陷"？零部件生产者设计出一种极易受黑客攻击的传感器，这种安全漏洞是否构成"造成损害的缺陷"？

⊖ 其他州已经颁布了自动驾驶法规，没有明确规定这一法规的制定。

⊖ NHTSA 历史上仅颁布了针对安全技术的性能标准，现已经被广泛部署，尽管对车车（V2V）通信系统的最终法规很可能是例外。

或者至少是主动地忽略了一个问题是否要撤销一辆重新安装了新型自动化系统的车辆的登记。

回答这个问题将不可避免地使这些监管机构受挫[15]。对于自动驾驶车辆或其所属的人机系统而言,在如何界定或者如何展示适当的安全级别方面尚未达成共识[18]。此外,适用于汽车制造商的法规类型可能与适用于小型创业公司的法规有很大不同[9]。

虽然各州车辆代理机构通常缺乏 NHTSA 的技术资源,但它们可以具有更多的监管灵活性。联邦机动车辆安全标准(FMVSS)仅限于客观测量,并在"精确复制测试条件时能够产生相同的结果"[19],引用自文献 [20]。

相比之下,州代理机构可能受到更少行政程序的约束,这可能使他们有足够的自由裁量权逐步制定一致的做法。这种灵活性可以使监管机构能够解决具体技术,而不会制定可能会变得不合时宜并与他人不可调和的规则。

为此,"授权安全案例"将意味着要求车辆自动化系统的开发者公开制定和维护其系统应该执行以及系统实际执行情况的参数。简而言之:

1)制造商记录其实际和计划的产品设计、测试和监控。
2)制造商以安全案例的形式公开展示本文档。
3)监管机构和有关方面对这一安全案例发表评论。
4)制造商公开处理这些评论。
5)代理机构确定制造商提出了合理的安全案例。
6)制造商证明其产品符合其安全案例。
7)制造商出售该产品。

这个过程利用了几个现有的模式,包括欧盟典型的类型批准和美国法律规定的自我认证。它可以适应 ISO 26262 中使用的那种处理标准,环境影响报表特征的备选方案讨论,以及通知和评论规则制定的基础的公开对话。

通过鼓励公司公开其安全案例所需的信息,这种方法可以帮助监管机构和广大公众了解这些新兴技术的能力和局限性。尽管信息披露可能会让一些开发人员感到担忧,但这一过程不需要所有信息,只需要展示安全案件所必需的信息。合理的信息可能会进一步发展,这种方法可以使公司有更大的灵活性,以支持其系统安全性;也同样使监管机构具有更多的灵活性,以适应不断变化的能力。

因为灵活性也可能意味着不确定性,监管机构和开发人员之间的早期协作可能是必要的,以避免产品开发结束时的全有或全无的批准决定。无论如何,不确定性并不是一个新问题:不论当前联邦政府通过对特定标准进行自我认证提供的清晰度如何,都会被召回和诉讼所削弱,这些召回和诉讼可能会在汽车销售多年甚至几十年后出现。

事实上，与目前的联邦机动车辆安全标准不同，安全案例可以考虑整个产品生命周期。开发人员不仅要描述在销售时为确保合理的安全性而采取的步骤，而且还要描述当了解了更多关于该领域的性能时将继续采取的步骤。

27.4 简化问题

27.4.1 限制风险持续时间

美国汽车的"平均"寿命已超过 11 年[21]——任何汽车的潜在寿命可能给它的制造商造成不确定性[4]，也会给公众带来安全担忧[14]。在 2013 年，克莱斯勒（Chrysler）不情愿地召回了一些 20 年车龄吉普车[22,23]。更普遍的情况是，新车辆往往比旧车更安全；"2000 年后的车型改进阻止了 70 万辆车的撞车事故；预防或减轻 100 万人的伤害；并在 2008 年的一年里拯救了 2000 条生命"[24]。

在自动驾驶车辆中，这种不确定性可能特别大[4]。即使进行了大范围的测试，也不能捕捉这些车辆可能面临的全部场景[1]。制造商可能难以预测"法官、陪审团、监管机构、消费者和广大公众对于不可避免的事故的最终反应"[1]。监管机构可能会担心，"首先，涉及这些产品的事件将会产生无助和恐慌的感觉，这阻碍了它们被广泛采用；第二，这些早期产品仍将在几年后出现，那时它们远比任何事情都安全得多，成为最先进的技术"[14]。

对这些挑战有希望的回应是车辆设计时采用生命周期方法，旨在限制风险的持续时间。对于私营部门来说，这可能需要无线更新，最终用户许可协议，租赁安排以及各种其他技术和法律工具，使制造商能够更新甚至强制退出不再具有信心的系统[4]。对于公共部门来说，这可能意味着要求企业制定战略和监测其系统长期安全的能力。这些文件可能是上述安全案例的关键部分。

27.4.2 排除极限

"完美是'好'的敌人"这句格言[25]对于车辆自动化是有启发性的。苛刻的完美可能会阻碍系统的开发或部署，与传统的车辆相比仍然是一个显著的进步。例如，过多的设计要求可能会排除一辆避免许多人类驾驶员的常见错误无法避免的灾难性多车高速公路连环相撞。换句话说，为了促进更大的成功，接受一些失败可能是明智的。

此外，试图设计一种自动驾驶车辆来处理每一个可想到的驾驶场景，可能会引起难以理解、难以管理并且最终不利于安全的复杂性。设计一种自动驾驶车辆加速通过连环撞击区域可能会导致程序设计的疏忽，而这可能导致相同的车辆在进入封闭的施工区域之后错误地加速。因此，为了防止更多的灾难性故障，接受一些失败或许更加明智。

由于这两个原因,早期的自动驾驶车辆可能有必要限制它们试图解决的技术挑战。这些车辆可能以较低的速度部署到简化的环境中[9]。或者它们可能继续部分依赖于人类的驾驶员[26],特别是如果这些人类驾驶员是专业人员,它们经过专业的训练,受到严密的监控,并有足够的动力。

可靠的工程可能需要额外的限制。例如,可以谨慎地编程自动驾驶车辆,让它不能加速,或在检测到故障时,始终要慢慢停车,或者始终允许人员在几秒内接管自动驾驶。这些程式化的例子可能意味着,在偶然情况下,自动驾驶车辆会由于加速失败或者其驾驶员在恐慌中做出不好的决定而发生碰撞。

虽然这些主要是技术,但法律也许发挥支撑作用。例如,在某些司法管辖区,产品责任案中的原告人必须证明其他产品设计是可用的,并且优于被指控对其造成伤害的产品设计。在这种情况下,对这种设计中固有的复杂性、不确定性和延迟的反驳更为重要。

但是,有两个重要的注意事项。首先,对于那些确实发生的伤害,这种策略只是将更多的风险转移给那些受伤的人。这一结果突出表明,无论是通过公共保险、私人保险还是其他手段,都需要建立一个足够的社会安全网。其次,编纂所需性能的上限可能意味着,要为可能迅速具备更多功能的技术计算合理的设计水平。

27.5 提高竞争环境

27.5.1 拒绝现状

事实是人类驾驶员经常违反道路规则,这促使人们猜测,设计自动驾驶车辆来遵守这些规则会降低其吸引力。解决这种明显的不利条件的建议包括明确允许自动驾驶车辆以等于或高于常规的交通速度行驶,并将关于速度或攻击性的决定委托给这些车辆的人类用户。

然而,驾驶员目前的行为方式既不合法也不合理[2]。他们驾驶太快,他们跟车太紧密,他们没有给行人让路。他们没有正确保养车辆的轮胎、制动系统和灯光系统。这些非常不合法的行为偶尔会导致车辆碰撞,而这些事故偶尔又会造成严重伤害。这个可悲的现状表明,当前的交通执法方式应该改革而不是被转移到自动驾驶车辆上。

在自动化的早期阶段,交通运输部门要更好地优化,并且执行所有机动车的道路行车规则。通过打击人类驾驶员超速、发短信、醉酒驾驶和其他危险行为来增加对人类驾驶员的驾驶要求,这可以增加自动驾驶车辆对人们的吸引力,至少允许这些自动驾驶车辆行驶。

自动执行可能是提高合规性的一个重要工具。这种强制执行目前既依赖于道路设备(包括测速设备和红灯摄像头),也依赖于车载设备(包括酒精锁、速度调节

第27章 法规和不作为导致的风险

器和专有的数据记录器)。私人机构,例如车队经理和保险公司已经通过私人激励间接地提供了一些此类措施。在车辆和无人机上的外向摄像头的潜在扩散可能也会促进公共和私人对道路规则的执行。

加强执法一方面解决了自由裁量执法的公平问题,并在另一方面,提出了隐私和自由的问题。尽管这些问题都很重要,然而现状是甚至执法人员都公然无视法律,这是一个急需改革的问题。

事实上,更加一致和全面地执法可能给现行法律的仔细评估造成压力。对驾驶环境(包括道路几何、路面、交通和天气)的特定位置信息进行更好的访问和分析,可以精确地校准动态速度限制。然后这些动态限制可能通过变量消息信号和未来的车辆-基础设施通信的方式传达给驾驶员。

因为合理的速度也取决于驾驶员和其驾驶的车辆,所以发布的限制可能只会有有限的效用。根据基本的速度法规[2],人类驾驶员应该隐式地解释这些变量,并相应地调整速度。然而,自动驾驶车辆可以更加明确合理地解释这些变量。

例如,考虑一种共同的要求,即"车辆驾驶员应当向在有标记的人行横道或者在交叉路口没有标记的人行横道上的行人让行,除非另有规定"[27]。虽然行人可能不会因"突然"离开路边而造成"直接危害"[27],但法定义务却表明可能会对车速产生约束。

想象一下,驾驶员沿着典型的有停车线的邻里街道行驶,车和路边相距3m,如图27.2所示。假设她看行人的视野没有被遮挡,如果行人以1.4m/s的速度从人行道上横穿街道,那么使车辆能够在到达行人前停下来的最大速度是多少?

虽然停车视距取决于车辆、环境和驾驶员这些因素[28],但是

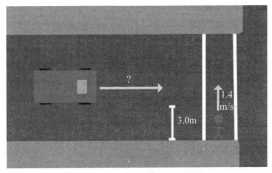

图27.2 车辆停止的说明

这个插图简化了这些因素,只考虑驾驶员的反应时间和轮胎与路面之间的摩擦。在平坦干燥的街道上,一般驾驶员驾驶一个具有良好轮胎的车辆可以达到1s的反应时间和5m/s² 的减速度,这意味着他的最大安全速度为20km/h(13mile/h)⊖。相比之下,假设自动驾驶车辆反应速度快两倍,以7m/s² 的减速度制动,则可达到的最大安全速度约40km/h(25mile/h)⊜,这个速度是目前典型的住宅限速。换句话

⊖ 初速度=减速度×(行人速度/从路边到汽车的正交距离-反应时间)= 0.5 × 9.8m/s² × [(1.4m/s)/3m - 1s] = 6m/s ≈ 20km/h ≈ 13mile/h。

⊜ 初速度=减速度×(行人速度/从路边到汽车的正交距离-反应时间)= 0.7 × 9.8m/s² × [(1.4m/s)/3m - 0.5s] = 11m/s ≈ 41km/h ≈ 25mile/h。

说，如果自动驾驶车辆在道路上需要缓慢行驶，那么传统汽车则更加需要缓慢行驶。

合理的速度也是对自动驾驶背景下普遍提出的道德困境中的一些问题（尽管并非全部）的解答。[29,30]。举例来说，在杀死一群行人和另一群行人之间做出选择，没有考虑到仅仅通过放慢驾驶速度来消除这一困境的可能性。较慢的速度可以提高可控性，并降低危害的程度。

速度并不是与驾驶员操作相关的唯一因素。例如，轮胎状态也是停车距离的重要影响因素，至少在名义上是受监管的[31]，然而在当前的车队中不同车辆的轮胎状态也不尽相同。如果期望定期检查自动驾驶车辆上的硬件，那么传统车辆上的硬件也应如此。此外，驾驶带来的环境成本并没有被车主和经营者所接受[32]。如果证明自动驾驶比人类驾驶更省油，那么更高的燃油税也将推动车辆自动化进程。

简而言之，改革应寻求更紧密地协调合法与合理的行为，并且更紧密地将实际驾驶行为与两者结合起来[2]。自动驾驶车辆和人类驾驶员应该合理地运行，这个期望本身是合理的，并且最终有利于自动驾驶。

27.5.2 接受企业责任

虽然车辆自动化将改变一些案件诉讼和解决的方式，但制造商可能会继续成功地管理其产品责任[1]。责任的不确定性可能更多是产品部署的障碍，而不是实际承担责任的障碍——而且有一些策略可以让公司管理这种不确定性[4]。

然而，这种信心并不普遍[33]。一种更加让人怀疑的观点甚至已有先例：1986年《国家儿童疫苗损伤法》通过，用于回应类似的担忧，即传统的产品责任已经对一些疫苗的潜在生产者产生了不经济的影响。该法案"将传统侵权救济的程序和实质性限制与其他可行的补偿方案结合起来，为注射疫苗的受害者提供赔偿"。[4]

如果产品责任曝光确实阻碍了自动驾驶车辆的部署，类似的制度可能是一种有效的回应。然而，这绝不是唯一可以想到的替代方案。

法院或立法机构不应该限制自动驾驶系统制造商的责任，而应该扩大其他所有人的责任。尽管如此，考虑引入企业责任制度的后果，在这个制度中制造商对与其产品相关的一切伤害负责。换句话说，如果汽车制造商由于每次涉及其产品的碰撞都被成功起诉，而不是仅仅由于车辆某个小部分缺陷造成伤害而被起诉，这两者将会有什么不同？

有些影响是不可取的。汽车制造商可能会完全拒绝在任何具有企业责任的司法管辖区出售其车辆。另一些人则要求更高的价格，以弥补他们成本的增加。这反过来又意味着消费者，特别是那些资源有限的消费者的机会更少。

然而，其他影响可能更值得期待。经销商不再只是把车钥匙交给新买家。相反，制造商可能要求这些买家完成针对特定车辆定制的更彻底的驾驶员培训。像酒精感应点火锁和速度调节器这样的技术可能会成为标准。随着更安全的系统的引入，老旧车辆可能会迅速地从道路上消失。一个显著的结果是道路变得更安全。

另一个结果可能是更大程度的自动化：考虑到是选择为自己的技术错误买单，还是为不同客户的错误买单，许多公司可能会选择他们自己的技术。自动化将成为一种解决方案，而不仅仅是诉讼的来源。

即使纯粹的企业责任仍然是一个思想实验，它的原则在其他与自动化相关的领域也很明显。车队运营商是自动驾驶车辆有吸引力的市场，部分原因是他们已经对由他们驾驶员的疏忽造成的伤害承担责任。自动化也可能为保险公司提供短期的财务或市场优势，它同样为保险人造成的伤害支付费用。

更广泛地说，当制造商对他们通过技术和合同出售的产品获得并主张有更多的控制权时，他们也可能在侵权行为中承担更多的法律责任[4]。这些义务可能就已接近企业责任，但也不全是，对设计决策也会产生类似的影响。最后，销售缺乏安全攸关的自动化特征的车辆可能本身就不合理。

27.6 结论

本章从两个基本问题开始：面对重大的不确定性，风险应如何分配，以及谁来决定这种分配？其重点是公共行为体，反映了立法机关、行政机关和法院在通过立法，调查，裁决或其他形式的公共监管来回答这些问题方面将发挥的重要作用。

上述八项战略将有效对法规进行调节。它们设法确保那些受伤的人可以得到补偿，任何预期规则都将与其适用的技术相结合，合理的设计得到充分的法律支持，传统驾驶受到与自动化驾驶一样严格的审查。表27.2 总结了潜在的监管策略。

这种对公共行为者的关注并没有削弱私人参与者在创新和监管方面所扮演的重

表 27.2　潜在的监管策略

确保对受伤人员给予足够的赔偿	
扩大公共保险	促进私人保险
强制私营部门进行信息共享，以加强监管	
优先凝聚	授权安全案例
协调简化技术和监管方面的挑战	
限制风险的持续时间	排除极端
为传统的参与者和自动化系统提高竞争环境	
拒绝现状	接受企业责任

要角色。事实上,上面讨论的几个策略明确涵盖了这些角色。本着这种精神,对自动驾驶系统开发者的挑战将会促进更广泛地讨论这些策略的意图。

应用许可

本章根据知识共享署名 4.0 国际许可(http://creativecommons.org/licenses/by/4.0/)的条款进行分发,允许通过任何媒介或格式使用、复制、改编、分发和再创作,只要您对原始作者和来源给予适当的说明,提供知识共享许可链接,并指出所做的任何更改。

本章中的图片或其他第三方材料均包含在作品的创作共享许可中,除非在来源中另有说明;如果这些材料不包括在作品的知识共享许可中,并且法律规定不允许相应的操作,那么用户需要获得许可证持有者的许可才可以复制、改编或再创作材料。

参 考 文 献

1. Smith, B.W.: Uncertain liability. http://cyberlaw.stanford.edu/blog/2013/05/uncertain-liability (2013)
2. Smith, B.W.: Lawyers and engineers should speak the same robotic language, forthcoming in Robot Law. http://newlypossible.org (2014)
3. Smith, B.W.: Taxonomy of Regulation (TRB) (2013). Reprinted in Handbuch Fahrassistenzsysteme (2014)
4. Smith, B.W.: Proximity-driven liability. Georgetown Law J. **102**:1777. http://newlypossible.org (2014)
5. California Insurance Code § 11580.1b
6. California Proposition 103 (1988)
7. California DMV Regulations, Title 13, § 227
8. Roberts, S.N., Hightower, A.S., Thornton, M.G., Cunningham, L.N., Terry, R.G.: Advanced vehicle control systems: potential tort liability for developers. FHWA Contract DTFH61-93-C-00087 (1993)
9. Smith, B.W.: A legal perspective on three misconceptions in vehicle automation. In Beiker, S., Meyer, G. (eds.) Vehicle Automation. Springer Lecture Notes in Mobility. http://newlypossible.org (2014)
10. Michigan Compiled Laws Sec. 22949b
11. Weiner, G., Smith, B.W.: Automated driving: legislative and regulatory action. http://cyberlaw.stanford.edu/wiki/index.php/Automated_Driving:_Legislative_and_Regulatory_Action (2015)
12. Smith, B.W.: Automated vehicles are probably legal in the United States. Tex. A&M Law Rev **1**:411. http://newlypossible.org (2014)
13. Pritchard, J.: How Google got States to legalize driverless cars. http://bigstory.ap.org/article/how-google-got-states-legalize-driverless-cars (2014)
14. Smith, B.W.: Automated vehicles are probably legal in the United States. http://cyberlaw.stanford.edu/blog/2013/04/automated-vehicles-are-probably-legal-united-states (2013)

15. Smith, B.W.: How an (autonomous driving) bill becomes law. http://cyberlaw.stanford.edu/events/how-autonomous-driving-bill-becomes-law (2012)
16. Smith, B.W.: Something interest in California's new automated vehicle testing rule. http://cyberlaw.stanford.edu/blog/2014/05/something-interesting-californiasnew-automated-vehicle-testing-rule (2014)
17. N.Y. VEH. & TRAF. LAW § 400 (McKinney 2013)
18. Smith, B.W.: The reasonable self-driving car. http://www.volokh.com/2013/10/03/reasonable-self-driving-car (2013)
19. Chrysler Corp. v. Dept. of Transp., 472 F2.d 659, 676 (6th Cir. 1972)
20. Wood, S.P., Chang, J., Healy, T., Wood, J.: The potential regulatory challenges of increasingly autonomous motor vehicles. Santa Clara Law Rev. **52**:1423 (2012)
21. Press release, Polk, Polk finds average age of light vehicle continues to rise. https://www.polk.com/company/news/polk_finds_average_age_of_light_vehicles_continues_to_rise (2013). Accessed 6 Aug 2013
22. Keane, A.G.: Chrysler refusal on jeeps sets challenge to recall power. http://www.bloomberg.com/news/2013-06-07/chrysler-refusal-on-jeeps-sets-challenge-torecall-power.html (2013). Accessed 7 June 2013
23. NHTSA Letter from Jennifer Timian, NHTSA, to Matthew Liddane, Chrysler Group LLC. http://www-odi.nhtsa.dot.gov/acms/cs/jaxrs/download/doc/UCM440558/RCAK-13V252-1688.PDF (2013). Accessed 21 June 2013
24. Glassbrenner, D.: An analysis of recent improvements to vehicle safety. http://www-nrd.nhtsa.dot.gov/Pubs/811572.pdf (2012)
25. Voltaire, La Bégueule
26. Smith, B.W.: SAE's levels of driving automation. http://cyberlaw.stanford.edu/loda (2013)
27. California Vehicle Code § 21950
28. AASHTO: A Policy on Geometric Design of Highways and Streets, 6th edn. Green Book (2011)
29. Lin, P.: Why ethics matters for autonomous cars. In Autonomous Driving (2015)
30. Smith, B.W.: Driving at perfection. http://cyberlaw.stanford.edu/blog/2012/03/driving-perfection (2012)
31. Blythe, W., Seguin, D.E.: Commentary: legal minimum tread depth for passenger car tires in the U.S.A. Surv. Traffic Inj. Prev. **7**(2) (2006)
32. Small, K.A., and Kazimi, C.: On the costs of air pollution from motor vehicles. J. Transp. Econ. Policy (1995)
33. Marchant, G.E., Lindor, R.A.: The coming collision between autonomous vehicles and the liability system. Santa Clara Law Rev. (2012)
34. Smith, B.W.: Planning for the obsolescence of technologies not yet invented. http://cyberlaw.stanford.edu/blog/2013/10/planning-obsolescence-technologies-not-yet-invented (2013)
35. Smith, B.W.: Autolaw 3.0, TRB workshop on road vehicle automation (2012)

第28章 自动驾驶车辆的开发与批准：技术、法律和经济风险的考虑

Thomas Winkle

28.1 引言

传感器技术和数据处理在性能上的不断提高既可以推动驾驶辅助系统的进一步发展，也可以提高驾驶任务的自动化程度，使之成为自动驾驶车辆[1]。

在接下来的章节中，作者从消费者不断增长的期望的角度追溯了近几十年汽车安全性的技术改进；从联邦法院关于产品责任和经济风险的裁决方面描述了汽车制造商必须满足的要求；建议从跨学科、协调安全性和程序测试来满足一个设想的出现到落实；主张进一步发展当前通用的国际标准，包括工具、方法说明、模拟和指导原则以及检查表。这些代表和记录了实践中的科学技术状态，必须以技术上可行和经济上合理的方式实施。

28.1.1 动机

在技术发展过程中，未来特别是电子/电气系统和软件变得越来越复杂。因此，安全将成为未来汽车发展的关键问题之一，这将导致汽车制造商及其开发商面临一些重大的新挑战。特别是，将车辆从完全由人为驱动力转变为高度或全面的自动化，引发了关于责任的基本问题。这就要求新的方法——首先是新的安全测试概念[2]。从法律的角度来看，自动化车辆在开发过程中需要采取保护安全措施[3]。剩余风险必须被用户接受。根据德国联邦法院（Bundesgerichtshof，BGH）的判决，这些车辆必须能够在在技术上可行和经济上合理的范围内制造——根据目前最先进的技术科学，并且必须以适当的形式进入市场，以防止危害[4]。

28.1.2 提高自动化产品安全性的问题

关于汽车制造商、供应商和IT公司的研究自动驾驶车辆的媒体报道已经预测

了多年来开发自动驾驶车辆系列产品的准备工作。然而，在这些车辆可以在市场上推出之前，还有几件事情需要做。越来越自动化的车辆需要尖端的、高度复杂的技术。特别是使用电子/电气硬件和软件时，不可预见的反应必须被预测，在最坏的情况下甚至可能会对生命和人身造成危害。由于复杂性日益增加，无人驾驶车辆将完全自动化所有的驾驶任务（见文献［3］），没有人类驾驶员作为后援，目前涉及的风险难以评估，此外，还有新的责任问题和对技术故障的有限度的容忍。尽管在德国，超过 3000 人的道路交通死亡似乎是可以接受的，但对于任何涉及技术故障导致的致命事故，可能是零容忍的。虽然驾驶自动化潜在安全性问题非常大，但无人驾驶车辆的综合商业化只能在技术系统造成的损害的负责问题得到澄清的情况下进行。社会上的接受只有在除了上述情况下，个人认为的利益明显超过风险才会发生。

根据多年的研究和产品责任经验，对自动驾驶车辆风险的深入分析，为未来的系列开发和商业化准备提供基础，由此可以完成安全评估建议。到目前为止，还有一些问题尚未解决：

- 怎样的安全是足够的安全？
- 开发过程中如何保证责任？
- 开发和营销安全的自动化车辆时需要考虑哪些要求？
- 在什么条件下自动驾驶车辆被认为有缺陷？

28.1.3 辅助系统的技术持续发展——新机会和风险

从技术的角度来看，自动驾驶车辆目前已经能够自主地接管所有驾驶任务。当下成批生产的车辆具有的优化的传感器、计算机和底盘技术提高了辅助系统的性能。市场上的一些驾驶辅助系统在识别平行或交叉交通的危险时发出警告（车道偏离警告、碰撞、车道变化、夜视和会车辅助）。另一些则介入纵向和横向动力学［例如防抱死制动系统（ABS），电子稳定控制系统（ESC），自适应巡航系统（ACC）］。主动停车/转向辅助系统通过在低速时制动和转向的干预提供了更多便利。这些有临时的纵向和横向辅助的部分自动驾驶车辆系统，目前为量产车辆提供，但这些都建立在一个细心的驾驶员能够控制车辆的基础上。人类驾驶员的监督是必需的，如果这些高级驾驶辅助系统（或 ADAS）出现限制或故障，可以通过驾驶员接管控制权来挽救出现的错误（见文献［5，6］）。

另一方面，对于全自动驾驶，驾驶员不再作为技术限制和故障的后援。编程机器取代了人类，代行了人类自己的义务，同时伴随着技术风险和法律风险的产生以及产品安全的挑战。然而，对于无人驾驶车辆的未来展望——即使在情形发生根本性变化的情况下——也只能参照以前的经验。因此，基于过去和现在对车辆安全的期望的类比将在下一节中进行研究。

28.2 关于复杂车辆技术安全的预期

28.2.1 消费者对汽车安全的期望上升

一定要根据当今全球高水平的消费者对车辆故障的认识来衡量完全自动驾驶车辆,自 1965 年以来,人们对汽车行业的批判意识越来越多,这一意识是被《任何速度都不安全——美国汽车的设计危险》[7,8]加强的。在这本出版物中,作者拉尔夫·纳德(Ralph Nader)指责汽车制造商为了节省成本,并且以安全的构造和生产为代价。通过对通用汽车和其他制造商的安全和施工缺陷的介绍,这本书的内容吓坏了公众。纳德接着找到了响应法律研究中心,针对北美,大众汽车等汽车公司的"三大"汽车制造商开展了运动。技术概念随后进行了重新设计和优化。纳德批评的中心是雪佛兰,除此之外,纳德还批评了后置发动机和摆动轴在车辆动力学方面的不安全性。在压缩或拉伸下,它改变了车轮外倾度(垂直轴的倾角)。通过对弹性扭动梁或多链后悬架的设计修改,倾斜度保持大体上不变,这可以产生更稳定的驾驶性能和操纵性。后来,由于类似的对侧风的敏感性的原因,大众甲壳虫也受到批评。它还设计有后置发动机和摆动轴。作为技术改进,大众因此以高尔夫替代甲壳虫,它带有前置发动机、前轮驱动和更稳定的操纵(1974 年市场介绍)。

除了开发设计更好驾驶、更加安全的新型车辆,这些批评的另一个后果是成立了运输部管辖的美国国家公路交通安全管理局(NHTSA)。1970 年《公路安全法》改善了道路交通安全,它的任务是保护人的生命,防止伤害,减少事故。此外,它还为消费者提供了以前无法获得的车辆安全信息。此外,国家公路交通安全管理局(NHTSA)也对汽车安全系统进行了大量调查。在其他方面,它积极促进了电子稳定控制系统(ESC)的强制引进。与 NHTSA 活动并行,德国联邦汽车运输管理局(Kraftfahrt-Bundesamt,KBA)的统计数据也显示出在处理安全相关缺陷的越来越敏感的方式——通过支持和执行产品召回[9]。此外,现在对车辆安全性的期望值非常高。这也可以在现在全球范围内几乎所有系列生产的汽车广泛的安全设备中看到。它包括防抱死制动系统(ABS)、安全气囊和电子稳定控制系统(ESC)。尽管乘用车的总体可靠性和功能安全在同一时间显著上升,但是产品召回的频率增加了。汽车与运动等行业杂志的耐力测试表明,除去在汽车修理厂预定的时间或有缺陷的部件,汽车可以更频繁地达到 100000km 的距离,并且没有任何故障或任何缺陷。

28.2.2 自动驾驶车辆的风险和效益

自动驾驶车辆可能只有在感受的利益(取决于效率的程度:"驾驶员"与"机器人")相比超过预期的风险(取决于自动化程度:"行动区域"与"有效区

第 28 章 自动驾驶车辆的开发与批准：技术、法律和经济风险的考虑

域"），在社会上才会得到认可。为了降低风险，制造商进行事故数据分析和相应的风险管理（图 28.1）。

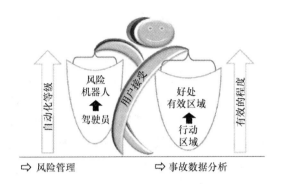

图 28.1　社会和个人用户根据相关情况接受，而消费者在相关背景下权衡意识到的有益选择和对风险的恐惧（参见第 29、30 章）。风险取决于自动化程度，效率的程度。风险管理和事故数据分析（见第 17 章）允许客观性（见第 30 章）和优化　图片版权：作者版权

对于汽车制造商及其供应商来说，自动化车辆是一项有趣的产品创新，具有新的市场潜力。然而，投资决策和市场发布都涉及难以评估的风险：

- 当自动驾驶车辆不符合安全产品的要求时，产品责任索赔有哪些风险？
- 哪些失败可能导致产品召回？
- 如果自动驾驶车辆不符合消费者的期望，品牌形象是否会持续受损？

28.3　法律要求和影响

社会和个人对车辆技术趋于完美的期望正在上升。车辆质量和功能的要求越来越高，这些标准也被放在新推出的自动汽车上。例如，尽管越来越多的车辆可靠性技术或其他补充条件上升了，但召回活动在增加。适用的全面安全活动，如机动车辆安全缺陷和召回或公共部门文件的新义务也表明需求日益增加。后者的一个例子是美国的交通召回增强、问责制和文件（TREAD）法案[10]，该法案为国家公路交通安全管理局（NHTSA）提供了一系列新的和广泛的义务和报告保管。与此同时，道路交通的人为错误也受到单独的处罚，没有将整个公路运输系统带入本问题。

高度复杂的技术和不同的定义减慢了自动驾驶车辆的推出。此外，跨学科背景还包含各种技术指导方针。开发人员曾经能够通过标准或指南来获得他们的规格，如"普遍接受良好工程的实践""普遍认可和具有法律约束力的实践规范""行业标准"或"最先进的技术"。随着 06/16/2009 号决议的通过，德国联邦最高法院

（BGH）希望能够提高汽车行业的标准，并惊人地形容为"最新的艺术和科学"。这给开发者带来了额外的挑战。在科学研究中目前在实验室条件下可行的功能远远不能满足批量生产车辆的要求，例如，保护功能不受冷、热、振动、水或污垢的影响。

从开发者的角度来看，设立新的复杂系统的标准只能在验证测试后才能实现。这些应该是与国际上的同一标准一致。德国 BGH 2009 年的基于现有案例从专业观点解释了标准的趋势是基于"最先进的科技"的"所有可能的安全设计预防措施"[4]。举个例子，这种观点要求超声波传感器作为备用系统来识别关键物体以触发安全气囊，即为"将超声波传感器连接在车辆上，感测到与物体的接触，并在安全气囊展开前由现有的传感器进行验证"[4]。

从工程学的角度来看，这种观念是值得怀疑的，因为目前的批量生产的传感器只能检测几米的范围。根据现有技术的现状，超声波传感器系统的应用仅限于在停车辅助中缓慢地检测范围内的静态环境。传感器的高频声波可能受到其他高频声源（如手提钻或货车和公共汽车的气动制动器）的干扰，这可能导致错误的检测。反射不良的物体表面也不会引起声波的反射导致无法识别该对象[11]，最后根据无法识别该对象的现象得出了超声波识别无障碍物的结论。

此外，之前 BGH 的基本判决要求在市场发布前进行风险评估：

安全措施要求厂商在将产品投放市场时，根据现有技术和科学对产品进行设计，并以适当和充分的形式来防止产品损坏。如果根据现有技术和科学，无法避免该产品的某些风险，那么必须验证——通过衡量风险、发生的概率以及相关的产品性能——这样的危险产品是否可以进入市场[4]。

28.3.1　普遍接受的技术规则

一项关于"普遍接受的技术规则"（allgemein anerkannte Regeln der Technik，aaRdT）这一术语的解释是在 1910 年德国帝国法院（Reichsgericht）的一项判决的基础上做出的，该判决基于 1891 年关于德国刑法第 330 条（§ 330 StGB）的刑事诉讼中做出的决定：

普遍接受的技术规则是由技术领域的所有经验总结而得出的，这些经验已在使用中被证明，而且被该领域的专家确信。

在各个法律领域，它们具有不同的含义。在产品责任方面，普遍接受的技术规则为最低要求，不符合技术规则表明尚未达到所需的安全性。它们在 DIN – VDE 规定、DIN 标准、事故预防规定和 VDI 指南等中有描述[12]。

28.3.2　产品安全法（ProdSG）

《德国产品安全法》（Produktsicherheitsgesetz，ProdSG）在其 2011 年 8 月 11 日

的修订版中制定了有关安全要求和消费品的规定,其前身是 2004 年 5 月 1 日的《设备和产品安全法》(Geräte‑und Produktsicherheitsgesetz, GPSG),后者又取代了 1997 年 4 月 22 日的《产品安全法》和 1968 年 6 月 24 日的《设备安全法规》(Gerätesicherheitsgesetz, GSG)。GSG 第 3 节描述了市场上提供产品的一般要求:

产品只有在预期或可预见的用途中不会危及人身健康和安全的情况下才能投放市场[13]。

28.3.3 产品责任法(ProdHaftG)

独立于其索赔的法律依据,"产品责任"一词通常指制造商对有缺陷产品造成的损害的法律责任。制造商是生产了最终产品、组件产品、原材料或者将其名称或品牌名称附加到产品上的人。对于德国的产品责任,索赔有两条相互独立的依据。第一条依据是基于错误的责任,见德国民法典(BGB)第 823 条[13]。第二条是严格的赔偿责任,无论是否有产品责任法中包含的侵权行为的疏忽或过失。1989 年 12 月 15 日的产品责任法(ProdHaftG,有缺陷产品的责任法律)第一节描述了故障的后果:

如果一个人因为产品缺陷遇害或其身体或健康受到伤害,或财产损失,该产品制造商有义务赔偿受害方的任何损失[14]。

为了区分产品缺陷是故意造成还是由于疏忽造成的,ProdHaftG 第 3 部分的缺陷定义如下:

产品在缺乏安全性的情况下是不完美的,而一般公众有权在考虑到产品的外观、合理范围内预测产品的用途和产品投入流通的时间的情况下对该产品进行安全性预期[14]。

因产品缺陷引起的损害,产品责任法规规定了制造商的责任。首先,涉及财产损失、人身伤害或疼痛补偿等的民事责任的潜在索赔的责任主要在于制造商。在合理的情况下,包括但不限于供应商、进口商,分销商和销售商也可能会承担责任。此外,如果有法律规定的刑事责任的情况下,如果证明风险没有被最小化到可接受的水平,也可能对高层管理人员或个体雇员产生特别的影响(见图 28.3)。情节严重的,或者视情节轻重作为过失,可能出现针对开发商的刑事诉讼。

除了潜在的法律后果外,制造商还会产生相当大的负面经济影响。媒体的负面头条可能会导致利润或收入大幅度损失、形象损失、信任损失以及市场份额的损失。因此,在开发新系统时,必须考虑潜在的法律和经济风险的后果。图 28.2 给出了自动化车辆故障潜在影响的概述。

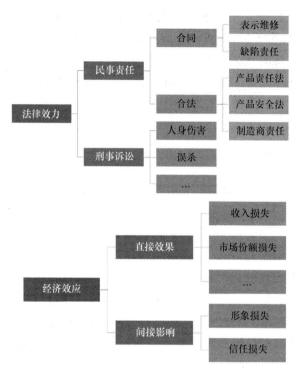

图 28.2　自动驾驶车辆故障的潜在影响　图片版权：作者版权

28.4　基于责任和保修索赔的专家知识来提高自动化车辆的产品安全性

28.4.1　产品危机的经验

未来，安全的自动驾驶车辆将进一步依赖于综合质量管理系统[15,16]和安全交互[17]。过去，先进成功的车辆经常受到产品危机的影响。

28.4.1.1　供应商零件和系统不良

以下示例说明供应商零件和系统如何引发广泛的产品危机。

福特探险家是全球畅销的运动型多功能车。在 2000 年 5 月的美国，美国国家公路交通安全管理局（NHTSA）与福特（Ford）和费尔斯通（Firestone）两家公司联系，原因是在高速行驶中的轮胎与地面分离造成的轮胎高破损率。福特探险家、水星登山者和马自达纳瓦霍斯都受到影响。所有的工厂都配有费尔斯通轮胎。在高速度下，轮胎故障会导致车辆失控和翻车事故等致命的后果。福特探险家的费尔斯通轮胎与美国超过 200 人死亡事件有关，委内瑞拉有超过 60 人。福特和费尔斯通在法庭上支付了 785 万美元，总体赔偿总额达 3.69 亿美元。除了大量回收数百万个轮胎外，危机期间还发生沟通错误：负责的经理们公开指责对方。这破坏了100多年来两家公司之间的友好商业关系。哈维·费尔斯通早在1895年就给亨利·福特出售了轮胎，用于生产他的第一辆汽车。随着危机的爆发，公司的形象受到严重破坏，双方的销售额都在崩溃[18]。

通用汽车公司（GM）在2014年2月宣布了另一个缺陷供应商的例子。由于金融危机，汽车公司在2009年已经处于破产的边缘。在政府救助之后，该公司首次恢复盈利，并获得了新车型的奖励。但是，自2001年以来，某些型号的点火开关似乎太弱，这意味着点火钥匙有时会在驾驶时跳回到"关"状态。当发生这种情况时，不仅发动机关闭，而且制动助力器、动力转向和安全气囊也被停用。通用汽车的工程师十多年来一直被指控忽视了安全缺陷。因此，该公司已被罚款3500万美元，因其推迟召回，而在大规模产品召回后，事故受害者和车主索赔金额高达数十亿美元[19]。

另外一个由NHTSA发起的巨大的安全气囊召回行动涉及11家不同的汽车制造商，仅在美国就有3000多万辆汽车。高田公司提供的气囊充气器通过爆发力点燃。在一些情况下，持续高湿度和高温条件下的充气器外壳可能会破裂，在客舱内喷洒金属碎片，造成车内人员受伤或死亡。几起死亡事故和100多起受伤事件与这起案件有关，该案件的民事罚款金额达2亿美元。从2002年到2015年，这些安全气囊都安装在世界各地的汽车上。尽管有这些风险，运输部估计在1987年到2012年之间，正面的安全气囊挽救了37000人的生命[20]。

28.4.1.2 涉嫌意外加速或减速车辆

自动干预纵向和横向引导的车辆具有相当大的风险，并为那些断言车辆以意外、不期望或失控的方式转向、加速和减速的人提供了一个目标。在媒体交叉报道中，已经发现一些汽车制造商由于所谓的技术缺陷而导致意外加速的指控。主要在美国，自动档车辆以非预期的方式加速，造成致命的事故。受影响的驾驶员已经开始持续数十年的诉讼浪潮。

其中的一个例子就是对丰田的指控，丰田是一家以质量著称的全球知名企业。在2002年、2004年和2005年，在美国市场研究公司J. D. Power的客户满意度研究中丰田表现出色。然而，2009年，由于非预期加速的车辆，它面临一些指控。这些最初是由滑动地板垫的个例引起的，这可能是由于加速踏板被卡住造成的。于是就有人认为，由于机械卡住加速踏板，车辆在驾驶时会无意中加速。由于丰田在NHTSA的眼中没有足够快地回应这些指控，该公司被指控掩盖与50多人死亡相关的安全问题。除了支付补偿金外，丰田还必须支付6615万美元的罚款。随之而来的是大量产品召回、索赔要求和创纪录的12亿美元的刑事处罚[21]。

在2014年6月的NHTSA召回行动中，被证明是技术缺陷的另一个例子，导致了不必要的加速。一些克莱斯勒运动型多用途车（SUV）发生软件问题。当可选的自适应巡航控制被激活时，驾驶员临时踩下加速踏板，车辆速度超过巡航控制系统本身，在加速踏板再次释放后，车辆可以继续加速。根据技术要求在这种情况下车辆必须减速到要求的设定速度。此次技术缺陷没有造成伤亡，临时召回仅限于6042辆汽车[22]。

其他巨大的挑战已经发生了，因为在某些情况下，自动制动系统减速导致车辆有追尾碰撞的危险。然而，自动制动和碰撞预警系统在减少交通事故和挽救生命方面具有巨大的潜力，在识别到相关的碰撞物体后，它们可以自动地比人类更快地制动，减慢车辆的速度以减少伤亡和损失。因此，这些系统被推荐在所有新车和商用货车上作为标配设备。自2013年11月以来，欧盟立法对自主紧急制动系统（AEBS）在不同阶段对特定类别的机动车辆的型式认证要求进行了规定，以覆盖未来几乎所有的新车[23]。

根据NHTSA的数据，日本汽车制造商本田汽车公司不得不召回2014年至2015年的带有紧急制动系统的讴歌车型。原因在于，防撞制动系统（CMBS）可能会将某些道路基础设施（如铁栅栏或金属护栏）不合理地判断为障碍并进行制动[24]。此外，NHTSA调查了在吉普大切诺基汽车上的自动制动系统发生意外制动事故的投诉，当时道路上没有可见的障碍物[25]。

从2015年7月24日起，根据NHTSA的第一次调查，对克莱斯勒汽车的另一次召回是由软件黑客造成的。美国研究人员带来了一辆由他们控制的克莱斯勒吉普车，这迫使该公司召回并确保其机载软件的网络安全。受影响的车辆装备了来自哈曼国际工业的Uconnect无线电娱乐系统，软件漏洞可以允许第三方通过互联网访问联网的车辆控制系统，对软件漏洞的利用可能导致未经授权的操作和对某些车辆安全功能的远程控制，如发动机、变速器、制动和转向，从而导致事故发生[26]。

除了召回行动的增加，罚款的费用也明显上升。仅2014年，NHTSA就开出了超过1.26亿美元的民事处罚罚单，超过了该机构43年以来的总和。

未来在开发和测试过程中可能出现许多无法预见的自动化功能新技术的风险。这些问题出现在现实交通情况中，开发人员必须对技术进行必要的改进以确保现实世界交通安全（见28.4.7节）。

28.4.2 以前的产品责任案件的基本问题

作者自身的产品责任案例经验表明，跨学科结构的发展是最低要求，特别是对于安全的自动化车辆（见28.4.6节）。如果发生损害，以下问题是避免民事及刑事诉讼的关键：

－在开发新产品之前，是否已经对潜在的问题点进行了检查——考虑到风险、发生可能性以及获益情况下——车辆是否符合技术规格并在道路交通使用中得到许可？

基本上，除了一般型式认证要求外，目前还没有全球共识和统一的完全自动驾驶车辆标准。这些来自于使用国际法律约束的带有细则的发展指南——类似于响应3——高级驾驶员辅助系统("带有主动横向和/或纵向控制支持的 ADAS")设计和评估的 ADAS 实践准则[5]出自 ISO 26262[27](第3节,概念阶段,第24页,可控性):

−除了纯粹的法律框架外,还可以采取了哪些措施以减少风险、损害和危害?

未来的指导方针要么是面向今天的需求,要么是大范围地应用它们,在开发过程中评估风险的方法(见第 28.4.4 章),确保在使用车辆时,不存在不可接受的个人危险。因此,在发展过程中,一般法律上有效的要求、准则、标准和程序必须至少考虑到最低要求:

−是否满足行规、标准和技术规范?

只满足最低要求通常是不够的。此外,它提出了以下问题:

−有必要关注系统开发、生产和销售吗?

−是否可以通过不同的设计来减少可能发生的危害?

−竞争对手的车辆性能如何?

−安全警示是否可以减少损害?

−用户手册中的安全警告是否全面或是否需要额外的措施?

自动化车辆是否达到要求的安全等级可以在开发过程结束时看到:

−在市场上投入先进的技术和科学时,是否有采取适当和充分的措施来达到合理的安全水平?

即使在成功的市场介绍之后,对操作的监控也是绝对必要的。当正在开发的自动化车辆功能的潜在故障和安全使用的所有的法律要求、指导方针和质量过程得到了遵守,情况仍然如此。监督的责任是在德国民法典(BGB)[13]第 823 条第一款中规定的安全法律义务的结果,在该条款中,违反义务会引起任何本应被承认的缺陷的责任。这就引出了产品责任案例的结论问题:

−在客户使用过程中是否正在监控自动化车辆?

28.4.3 开发阶段的潜在危险情况

现代社会的日常经验表明:风险是生活中不可避免的一部分,不确定性和不可估量性不再被视为可接受的事件,而是经过计算的更多或更少的不确定性[28],其结果是对新技术生产者的风险管理提出了更高的要求。

对所有可能情况考虑的危险的结构化分析可以帮助我们初步了解潜在危险。因此,在早期的开发阶段,提供自动化车辆的完整规范是非常重要的,以确保风险分析和随后的风险分类(见 28.4.4 节)。

在此基础上,跨学科专家小组(见图 28.6)可以在项目开始时列出一份公认的潜在危险情况的清单,出于实际的考虑,专家评估和测试的场景应该稍后被限制在最有关的情况下(例如,基于地理上定义的事故,交通流量和天气数据收集的全球范围的相关测试场景,见第 17 章)。

根据系统定义,建议收集最初在列表或表中的情况。这应考虑以下因素:

- 自动化何时能可靠地保证正常功能？
- 在哪些情况下，自动化会被用于不正当用途（错误解释和潜在的误用）？
- 什么时候达到最大性能限制？
- 危险状况是由于自动化故障（失败、崩溃）导致的吗？

将大量有风险的场景进行系统测试来排查较大的潜在危险，总结危害的出现与影响，并开发新的解决方案将这些影响降到最低。

28.4.4 开发过程中评估风险的方法

在讨论逐步淘汰核能的问题上，德国联邦政府的一份出版物称，德国社会是一个"命运共同体"，也是"全球风险共同体"的一部分——希望取得进步和繁荣，但只伴随着可控风险[29]。这种风险控制方法可以适用于道路交通中，在道路交通中，与核能相比，自动驾驶车辆的风险是有限的。但是，用于分析和评估风险的方法的具体要求是相似的。下面概述了五种常用方法。

28.4.4.1 危害分析和风险评估（H&R）

在ISO26262第3部分中，对复杂的车辆电子/电气系统的功能安全性以及有关的主动纵向和横向功能的ADAS规范进行了描述和标注（引用ISO 26262-3，概念阶段）[5,6]。在接下来的章节（HAZOP，FMEA，FTA，HIL）中给出的一些方法也指向H&R。H&R的目标是识别被考虑的单元的潜在危险，对它们进行分类，并设定目标。这可以避免危险，从而达到普遍可接受的风险水平。此外，一个"项目"根据其对安全的影响进行判断，并将其分类为汽车安全完整性等级（ASIL）。一个"项目"在ISO 26262中定义为一个复杂的电子/电气系统或一个可能包含各种技术的机械部件的功能。通过对可能的危险情况和操作条件的系统进行分析，确定了ASIL。它还包括用发生伤害的概率以及伤害等级分类（AIS）[30]来评估事故的严重程度。对于一个社会和个人可接受的风险（见图28.3），通过外部措施[27]可以将其降低到假定的硬件平均安全故障率，例如ASIL D：$<10^{-8}\ h^{-1}$。

基本上，风险R可以用函数表示，它与发生危险事件的频率f以及由此造成损害的潜在的严重程度S有关：

$$R = F(f, S) \tag{28.1}$$

发生危险事件的频率f又受到各种参数的影响。需要考虑的一个重要因素是，一个人在一种可能发生危险的情况下的频率或时间长度（E = 暴露）。另一个对危险事件是否发生的影响是，如果个人和道路使用者参与事故，可以及时做出反应，防止潜在的破坏性影响（C = 可控性）。但是，无人驾驶和全自动车辆参与事故的情况下，不能通过驾驶员进行控制。乘积$E \times C$是对某一情况下的缺陷对所描述的损害产生相应影响的可能性的量度。

另一个因素（λ = 故障率）是系统组件未检测的随机硬件故障和系统中残留的存在危险的系统误差造成的。它给出了自动化车辆自身可以触发危险事件的发生频

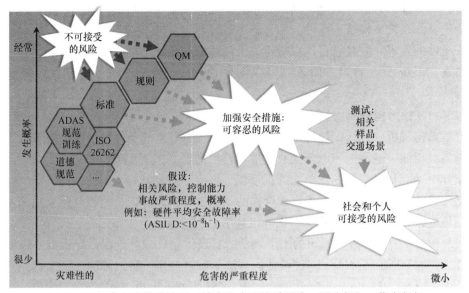

图 28.3　提高安全的措施用于社会和个人接受风险　图片版权：作者版权

率 E。因此，乘积 f 描述了在 E 期间预期的事件的数量，例如，驾驶的里程或车辆起动的次数：

$$f = E \times \lambda \tag{28.2}$$

此外，ISO 26262 规定技术和电子部件的时间故障（FIT）也必须考虑。单元 FIT 给出了在 10^9 h 内失效的组件数量。

$$1\ \text{FIT} = \frac{(1\ 失效)}{(10^9\ 设备运行小时数)} \tag{28.3}$$

发生的概率 f 和可能的可控制性 C 给出汽车安全完整性要求：要么 ASIL 评级为 B，C（建议的发生概率低于 10^{-7}h^{-1}，对应于 100FIT 的比例）或 D（发生小于 $10^{-8}\ \text{h}^{-1}$ 的概率，对应于 10FIT 的比例）。因此，ASIL D 的要求最高。除了正常的车辆运行外，ISO 26262 也考虑到服务要求，直到车辆报废。在这方面，开发人员在选择组件时应该考虑到组件老化的后果。控制单元或传感器必须通过稳健性设计得到足够的保护，以防它们安装了寿命敏感的用于能量储备的电解电容器。即使一个故障出现了，也不能暂停任何重要的功能[27]。

28.4.4.2　危害和可操作性研究（HAZOP）

危险和可操作性研究（HAZOP）是工业开发早期的风险评估。HAZOP 寻找在正常的操作过程中每一个可想到的偏差，然后分析可能的原因和后果。通常，HAZOP 搜索由涉及开发单元的专家小组系统地进行。这是为了减少忽略重要因素的可能性[5]。

28.4.4.3　失效模式及影响分析（FMEA）

故障模式、影响分析（FMEA）和综合故障模式，影响和临界分析（FMECA）

是分析可靠性的方法,它能识别出对系统性能产生重大影响的故障。FMEA 是基于一个定义的系统、模块或组件,作为基本故障标准(主要故障模式)。它是一种验证安全性的技术,并且它可以在指定的设计评审阶段评估可能的失效状态。它可以从自动化系统设计的第一阶段到完成车辆使用。FMEA 可用于所有系统级别的设计[31,32]。

28.4.4.4 故障树分析(FTA)

故障树分析(FTA)包括识别和分析导致故障发生的条件和因素,从而显著地影响系统性能、经济效率、安全或其他属性。故障树尤其适用于分析复杂的系统,包括几个功能相互依赖的或独立的子系统,这些子系统具有不同的性能目标。这特别适用于几个专业技术设计组之间合作的系统设计。故障树分析被广泛应用的系统包括核电站、飞机、通信系统、化学和其他工业过程。

故障树本身是一种有组织的图形表示,它表示条件或其他因素导致的不需要的事件,也称为顶层事件[5]。一种可能的方法是通过使用一种故障树来证明道路交通事故的可能性,这一方法假定了两种情况:不适当的行为和存在冲突的对象[33]。

图 28.4 显示了故障树分析的示例。单次故障不一定会产生危险的影响。该故障

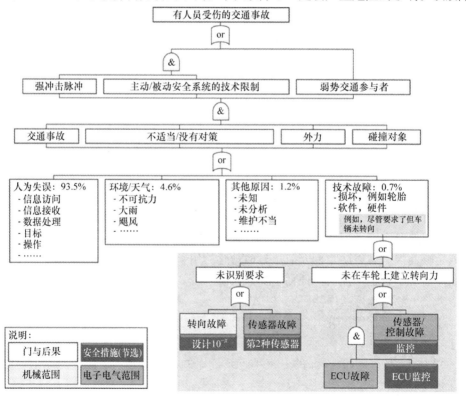

图 28.4 故障树分析(FTA):功能安全测量防止了由于技术上的主动转向故障造成的有人员受伤可能的交通事故 图片版权:作者版权

树分析表明，交通事故是由多个原因的巧合造成的。一系列不幸的情况和交通参与者的不当行为会使风险状况恶化到难以控制。人类交通参与者是防止车祸的关键环节（见第 17 章）。特别是自动化车辆将需要适当的安全措施。图 28.4 展示了在自动化车辆中使用的安全主动转向装置安全措施的摘录。

28.4.4.5 硬件在环测试（HIL）

增加车辆互联点对验证整个电控单元（ECU）网络的安全性有特殊的要求，例如车载电路系统安全、总线通信、车辆状态管理、诊断和闪光灯应用程序的行为等。系统的整个硬件原型或者部分硬件原型完成开发之后，便可进行硬件在环（HIL）测试，例如汽车电子控制装置可进行 HIL 测试。

被测设备（DUT）也就是硬件原型放置在一个"环"上，这是一个软件模拟的虚拟环境，这是为了尽可能接近真实环境。DUT 在实时条件下进行操作[34]。

28.4.4.6 软件在环测试（SIL）

与 HIL 相比，软件在环方法（SIL）不使用专门的硬件。计算机所创建的软件模型转换为目标硬件可理解的代码。在开发计算机上使用模拟模型来执行此代码，而不是在硬件在环回路中来运行该代码。SIL 测试必须在 HIL 测试之前进行。

28.4.4.7 虚拟评估

虚拟评估验证潜在的、定量的交通安全利益和风险（见 28.1.2 节）。这些安全利益和风险可以用基于虚拟仿真的实验技术进行量化。为此，交通场景的建模应该考虑主要的安全相关的过程和使用大量具有代表性的虚拟样本进行随机仿真。交通场景的虚拟表示是基于驾驶员、车辆、交通流和道路环境以及它们之间相互作用的详细随机的模型。该模型中的信息来自于全球事故数据（见 17 章），现场操作测试（FOT），自然驱动研究（NDS）、实验室测试、驾驶模拟器测试及其他。大量广泛的仿真有助于识别和评估与自动驾驶车辆安全相关的情景。

28.4.4.8 驾驶模拟器测试

驾驶模拟器测试使用车辆动力学模型和虚拟驾驶场景。它们允许人工驾驶和不同主题的重复测试。潜在的危险交通场景也可以测试，不同于真实驾驶场景，虚拟场景测试不会造成任何伤害。不同类型的模拟器，如实物模型、固定基地模拟器或移动基地模拟器，可以用主观和客观的方法来衡量车辆性能。根据潜在危险类型，可以通过一些方法来检验可控性。驾驶模拟器试验的典型场景是高风险的场景，在驾驶员接管、自动驾驶系统环境监测和手动驾驶员模式之间相互切换。

28.4.4.9 驾驶测试和汽车诊所

不同驾驶员的驾驶测试提供了基于经验数据的有效反馈。汽车诊所记录驾驶员在现实环境模拟场景中驾驶自动车辆的行为和表现。第一步是确定相关的场景和环境（见第 17 章），这使得在指定环境下实施驾驶测试成为可能，然后在试验场进行驾驶测试，最后，在签字确认和开始实验（SOP）之前，需要确认场景和环境无误。

28.4.5 专业知识确定审批标准

在审批过程中,必须提供测试章程。建议将"通过"和"未通过"的审批标准用于自动驾驶车辆的最终安全核查。不管选择哪种方法进行最终的签字确认,专家们都应该一致同意,哪种测试标准足以满足车辆成功应对系统故障时的特定情况。一般将公认值应用于此类标准。可以通过使用已建立的方法进行评估。

以潜在危险情况的清单为基础(见 28.4.3 节),由内部和外部专家制定安全车辆行为的测试标准,如果可能,还包括全球相关的测试场景。系统工程师团队和事故研究人员团队特别重要。前者提供了精确的系统功能、时间因素和潜在故障的经验这些方面的知识,后者事故研究人员也给系统工程师们提供了高风险交通场景的实践知识(见第 17 章)。每一个检测到的车辆可能遇到的危险情况都必须加以考虑。为了进行风险识别,开发人员至少应该指定一项关于安全要求的纠正措施。当自动驾驶车辆按预期要求做出反应或者以令人满意的方式处理在某一场景中遇到的情况,那么这一测试场景就"通过"了。

28.4.6 在一般开发过程中增加自动驾驶车辆产品安全性的步骤

为了保证自动驾驶车辆产品的安全,需要一个全面详尽的开发概念,这一概念至少应符合艺术和科学的发展趋势。为此,下文提出了一个一般的开发过程,这一开发过程主要用于汽车制造商开发量产车,部分进行了小调整。对于高度自动驾驶车辆而言,开发涉及安全过程、确保可控性和适当的人机交互(参见图 28.5)。

全自动驾驶车辆的开发过程中更加侧重于跨学科的专业知识交叉和安全过程。这一开发过程可以生动形象地表示为 V 开发模型(见图 28.6)。除了高自动化开发阶段,它还描述了产品开发阶段和选定里程碑的逻辑顺序,但不一定描述每一阶段持续多长时间或阶段之间的时间[5,35]。

这一开发过程可以用一个 V 模型简化表示。这一过程允许在涉及所有方的单个开发阶段中进行迭代循环。在这种 V 模型开发过程结构(见图 28.6)中,安全过程的要素被考虑在内。此外,建议跨学科专家团队尽早且全程参与开发过程。从概念到实现阶段,从签字确认及开始生产的整个过程,来自研究、前期开发、功能安全、产品分析、法律服务、交通安全、技术伦理、人机工程学、生产和销售等领域的跨学科专家都应参与开发过程。

在先进自动驾驶车辆的产品安全开发步骤中,功能安全是一个关键要求。它涉及车辆与其环境之间的相互影响情况。安全的驾驶交互程序和自动驾驶接管程序应该成为必要的功能端口[1,36]。关于产品安全,全自动驾驶车辆基本上包括以下五种使用情况:最重要的是全自动驾驶车辆在其性能极限范围内和超过性能极限时的功能安全。此外,应在系统故障期间和之后检查功能安全性。对无人驾驶车辆的安全性方面的谨慎开发,来确保它们能够认识到形势的严重性以便能够采取适当措施

第 28 章　自动驾驶车辆的开发与批准：技术、法律和经济风险的考虑

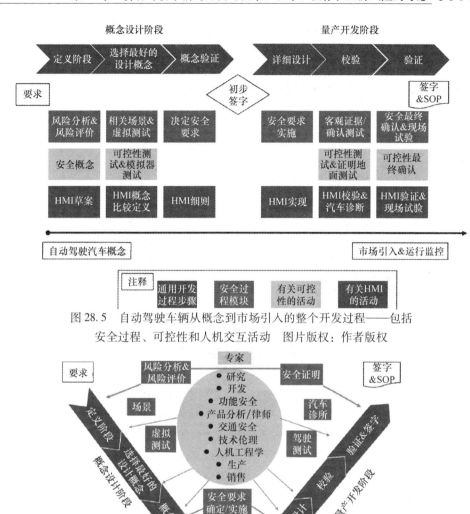

图 28.5　自动驾驶车辆从概念到市场引入的整个开发过程——包括安全过程、可控性和人机交互活动　图片版权：作者版权

图 28.6　高度自动化车辆从概念到市场引入的 V 模型开发过程——包括推荐的跨学科网络专家和功能安全要素　图片版权：作者版权

避免危险（例如退化、驾驶操作），使其回到安全状态，然后实施这些措施。

图 28.7 概述了一个从最后签字直至车辆报废的可能的工作流程。在开发自动驾驶车辆的最后阶段，开发团队决定是否进行最终的验证安全测试。这有助于确认生产是否达到了足够的安全水平。为此，开发团队验证车辆是否像先前预测的那样做出反应，或以其他合适方式灵活变化。这里使用的数据可能来自在开发过程中使

用的风险评估方法，如风险分析。认证车辆有三个有效途径。直接签署将通过开发团队基于经验的建议进行。此外，内外跨学科专家进行讨论或由客观现象再次确认之后，最终的安全验证便可通过。功能安全验证可以在有关交通场景中再确认，这些交通场景基于事故、交通人流量、天气和运行车辆数据（见第17章），或其他可验证样本（参见图28.7）。

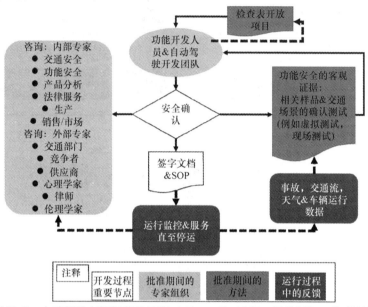

图28.7 自动驾驶车辆推荐的签字（sign-off）过程　图片版权：作者版权

开发团队为每个场景选择一个合适的方案或多个方法的混合方案。当安全团队最终确认系统设计功能的安全性时，可以给出最终的签名通过（参见文献［5］）。

28.4.7　上市后的产品监控

在谨慎开发完成之后，制造商有义务在自动驾驶车辆投放市场后继续监控它们，以便识别未知的危险并采取额外的必要安全措施。如果有必要，汽车制造商也应分析潜在的危险（可能在意外使用或误用时出现），并采取适当的措施，如产品召回、重新设计等（参见图28.7）。

产品安全专家经常引用德国联邦法院的一个判决（BGH）案例来证明第三方配件有产品监测的责任。在1977年6月一个测试机构的专家们首次通过了摩托车专用车把包覆层，这款摩托车专用车把包覆层导致了三个惨重的事故，其中包括一个死亡事故。在致命事故发生前一天，这个摩托车制造商写了一封私人信件警告所有的乘客注意其记录在案的受影响车型。然而，受害者未收到这封信。虽然摩托车制造商明确警告车把包覆层的问题，但是该公司仍被责令赔偿损失。德国联邦法院对这件事故的判决建立了一个具有开创性的原则：

今后，公司不仅要在实践中监控产品的可靠性，而且，更重要的是，要让客户了解日常操作中的任何危险——包括应用或安装其他制造商配件所引起的危害[37]。

28.4.8 国际公认的最佳做法的步骤

由于自动化车辆的知识网络交叉性和复杂性,很难对自动化车辆系列化运行的所有风险有一个清晰的整体概述。因此,我们的目标是在立法、责任、标准、风险评估、伦理和测试方面建立全球公认的最佳实践标准。

作为"Response 3"项目的成果,ADAS 业务守则是朝着欧洲同意的、具有法律约束力的高级驱动程序指南迈出的重要一步。ADAS 具有以下特性:

它们在主要驾驶任务中辅助驾驶员,有预警或无预警地进行横向和/或纵向控制,检测和评估车辆环境,使用复杂的信号处理,并在驾驶员和系统之间直接交互[5]。ADAS 主要的操作规则基于机动水平(大约 1~10s 之间),而且在技术部分基于稳定水平(时间间隔小于 1s)。高度自动化车辆将会以知识、技能和规则为基础在所有驾驶水平上进行超过1s的干预(见图 28.8,见彩插)。

图 28.8 全球公认的关于高度/全自动驾驶车辆的立法、责任、标准、道德和测试。这些高度/全自动驾驶车辆集成了基于知识的导航、技能为基础的稳定性和基于规则的机动水平(球体=外圆)。"Response 3 ADAS Code of Practice"对于自动驾驶车辆主动地纵向和横向辅助控制或在危险的情况下干预的进一步研究(ADAS=蓝圈) 图片版权:作者版权

一般来说,全球产品召回显著增长,可以看出人们对产品缺陷越来越敏感。如果车辆投产后出现了未知故障,则必须根据风险评估采取必要的措施。

基于产品召回的必要性和紧迫性,欧盟和德国联邦汽车运输管理局使用快速预警系统(RAPEX,快速信息交换系统)中的表格来分析和评估上市后产品缺陷造成的风险问题[38]。对风险进行分类,首先应评估事故严重程度(例如,根据 AIS 的伤害度)和受伤概率——从 ALARP 原则(尽可能低)[39]、ISO 26262 标准[27]和

ADAS 业务守则中判断风险程度。根据受伤严重的人（受年龄、健康状况影响等）和心理健康成年人的危险对需要采取措施的紧迫性进行最后评估，并在适当的警告下使用保护措施（见图 28.9）。

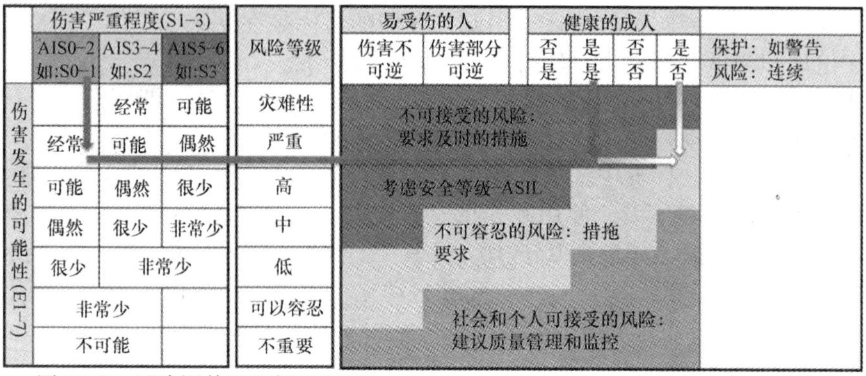

伤害严重程度(S1-3)			风险等级	易受伤的人		健康的成人				保护：如警告
AIS0-2 如：S0-1	AIS3-4 如：S2	AIS5-6 如：S3		伤害不可逆	伤害部分可逆	否	是	否	是	
						是	是	否	否	风险：连续
经常	经常	可能	灾难性	不可接受的风险：要求及时的措施						
经常	可能	偶然	严重							
可能	偶然	很少	高	考虑安全等级-ASIL						
偶然	很少	非常少	中	不可容忍的风险：措拖要求						
很少	非常少		低							
非常少			可以容忍	社会和个人可接受的风险：建议质量管理和监控						
不可能			不重要							

（伤害发生的可能性(E1-7)）

图 28.9　风险评估及根据 RAPEX，ALARP 和 ISO 26262 衍生的基本必要措施。
来源 RAPEX，ADAS 业务守则，ISO 26262，ALARP　　图片版权：作者版权

28.5　总结与展望

　　从一方面来说，人们对新技术要求最高、最先进的安全级别的社会期望是可以理解的。另一方面，人们对技术不切实际的完美要求和追求 100% 无故障操作这些行为可能会阻碍自动驾驶车辆投放市场，从而丧失潜在的革命性收益。

　　在新技术引入时如果这种谨慎和保守的态度占据上风，那么很多突破性的技术将不会成为现实。德国工程师和汽车先驱卡尔·本茨就是一个大胆创新的例子。早在 1885，他用他的功能正常的奔驰原型车 Patent - Motorwagen 完成了第一次驾驶测试，在他的书《发明家的旅途》中，他回忆了他的第一次旅途：

　　在那之前，它已经表现得非常好，足以满足我的驾驶测试，我们远离了城市，去到工厂或那老旧而孤独的城墙（环城路）之外。当时，我们还周游了曼海姆，我几乎没有步行。1886 春天以后，我便不再回避人们的批评[40]。

　　然而，当汽车发生故障停下来时，奔驰受到了人们的怜悯、轻蔑和嘲笑：

　　一个人怎么能坐在这样一种不可靠的、肮脏的、震耳欲聋的机械箱子里。如果我有这么臭的箱子，我肯定会选择待在家里[40]。

　　尽管受到了无数否认和拒绝，他还是没日没夜地为自己的使命而不断工作。在他妻子的支持下，他仍对 Patent - Wagen 的未来充满信心。因此，他成了一个现代出行最重要的创新者之一。

　　在奔驰的模具里，制造具有高级自动化程度的车辆同样需要一个确定的方法。高度或全自动驾驶汽车进入市场也障碍重重。市场上的第一批自动驾驶汽车供应商就像开拓者一样在一开始就承担了更多的风险。因此，只有跨学科的技术交互能实现新技术对社会的潜在效益。Homann 的"囚徒困境"的概念体现了自动驾驶汽车在进入市场期间的决策的矛盾冲突。为了克服这种困境，制造商必须通过新的制度

来评估制造这种新型的高度自动化车辆的风险。无条件的透明的政策鼓励并加速了所有学科的公共话语。

量产车辆的驾照要求驾驶员需要一直把他们的手放在转向盘上并永远保持对车辆的控制权。在不远的未来，汽车制造商、IT 公司以及零部件供应商的自动驾驶汽车在复杂的交通状况下也将要求有一个人类驾驶员作为备用。

另一方面，无人驾驶汽车预示着一个全新维度的开始，新的方法和活动是必不可少的[42]。我们需要将自己定位成自动驾驶未来潜力的开发者，在技术和经济上合理的范围内学习以前的经验并将旧的模式转变为有效的最先进的科技[43]。

除了明确事故和产品的风险责任方外，根据自动化程度和开发水平的不同，新的配套措施（见图 28.6）也将有助于市场的成功启动和安全运行。这包括确定相关的场景、环境、系统配置和驱动程序特征。必须对驾驶机器人的相关操作进行定义和评估，例如使用事故数据（参见第 17 章）和虚拟方法。建议进一步调查实际驾驶情况，并与系统规格和试验场的额外测试、汽车诊所、实地测试、人体驾驶员培训或特殊车辆研究作比较，用于交换信息、储存车辆数据等。事件数据记录器和可能的刑事攻击保护技术措施是必要的（见第 25、30 章）。除了部分具有挑战性的理论和公认的数据保护准则[44]，技术伦理方面的专家还将确保自动驾驶技术符合伦理价值观（见图 28.3，图 28.6，图 28.7）。在这种情况下，要求必须回答"多大程度的安全才是足够安全的？"专家的经验也可以在提高安全性和满足客户对可接受风险的预期方面做出决定性的贡献。鉴于消费者需求的增加，这种经验在产品开发和审批阶段为提高产品安全性做出了有价值的贡献。

在高度复杂的自动驾驶汽车技术进行大规模的商业化之前，需要进行跨学科的协同开发和签字过程。这种自动驾驶汽车技术也将应用于一个多层次的整体系统。可持续解决方案的可靠评估需要新的统一方法来进行安全验证。通过模拟相关情景[45,46]，包括规划来自世界各地的现场测试[47]以及事故、交通流量、天气和车辆运行数据（见 17 章）。这也适用于履行法律和法规，确定风险分配的新选项（见文献［42］），并制定新的补偿方案。为了核实现有质量管理系统中的义务，建议进一步开发基于经验的、具有国际效力的指导方针并基于 ADAS 业务守则[5,48]建立检查清单。这些标准是在技术适宜性和经济可行性的范围内对当前技术水平的体现。之前的 ADAS 业务守则在 2009 年由欧洲汽车制造商协会（ACEA）发布，它评定的系统是通过主动辅助［横向和纵向控制，包括自动紧急制动干预（AEB）］来提供安全的高级驾驶员辅助系统。它符合 ISO 26262 对电气、电子和软件组件的要求。作为一个开发指南，它包含了对在正常使用过程中及系统故障发生时出现的 ADAS 人机交互的分析和评估的建议[5,6]。随着自动化程度的提高，功能安全、可控性（ISO 26262，ADAS）的升级和其他功能例如虚拟仿真[45,46]的标准化将是必要的。目前，这些标准不包括功能障碍，例如对目标、交通状况的误判由此产生的错误的系统干预。建议采用一种完整的、基于场景的技术因为自动驾驶系统和场景息息相关。如果发生严重故障，造成严重损害，参与开发的专家应参与故障起因研究，并且听取各方专家们的意见。至于未来的法院判决，没有直接参与产品开发的汽车专家应该为对新技术的专家评估做好准备。

在自动驾驶技术的发展中，涵盖所有学科的网络化思维需要一个灵活的、有组织的行动区域。到目前为止，自动驾驶技术的发展已经打开了一个未知的世界，其中的许多不确定因素可能导致阻力。对自动驾驶过去和现在状态的领悟是成功推出已经准备生产的自动驾驶汽车的必要的先决条件。尽管存在技术、法律和经济风险，但准备投入生产的自动驾驶汽车将会造福于社会。

应用许可

本章根据知识共享署名4.0国际许可（http：//creativecommons.org/licenses/by/4.0/）的条款进行分发，允许通过任何媒介或格式使用、复制、改编、分发和再创作，只要您对原始作者和来源给予适当的说明，提供知识共享许可链接，并指出所做的任何更改。

本章中的图片或其他第三方材料均包含在作品的创作共享许可中，除非在来源中另有说明；如果这些材料不包括在作品的知识共享许可中，并且法律规定不允许相应的操作，那么用户需要获得许可证持有者的许可才可以复制、改编或再创作材料。

参 考 文 献

1. Bengler K, Flemisch F (2011) Von H-Mode zur kooperativen Fahrzeugführung – Grundlegende Ergonomische Fragestellungen, 5. Darmstädter Kolloquium: kooperativ oder autonom? Darmstadt
2. Bengler K, Dietmayer K, Färber B, Maurer M, Stiller C, Winner H (2014) Three Decades of Driver Assistance Systems: Review and Future Perspectives, IEEE Intelligent Transportation System Magazine, ISSN 1939-1390, Volume 6, Issue 4, pp. 6-22
3. Gasser T, Arzt C, Ayoubi M, Bartels A, Bürkle L, Eier J, Flemisch F, Häcker D, Hesse T, Huber W, Lotz C, Maurer M, Ruth-Schumacher S, Schwarz J, Vogt W (2012) Rechtsfolgen zunehmender Fahrzeugautomatisierung, Wirtschaftsverlag NW (Berichte der Bundesanstalt für Straßenwesen F83) Bergisch Gladbach
4. Bundesgerichtshof (2009) Zur Haftung eines Fahrzeugherstellers, BGH Urteil vom 16.06.2009 - VI ZR 107/08, Karlsruhe
5. Knapp A, Neumann M, Brockmann M, Walz R, Winkle T (2009) Code of Practice for the Design and Evaluation of ADAS, Preventive and Active Safety Applications, eSafety for road and air transport, European Commission Integrated Project, Response 3, European Automobile Manufacturers Association---ACEA, www.acea.be, Brussels
6. Donner E, Winkle T, Walz R und Schwarz J (2007) RESPONSE 3---Code of Practice für die Entwicklung, Validierung und Markteinführung von Fahrerassistenzsystemen (ADAS). In Technischer Kongress 2007, Verband der Automobilindustrie (VDA), Sindelfingen, pp. 231-241
7. Nader R (1965) Unsafe at any speed---the designed-in dangers of the american automobile, Grossman Publishers, Inc., New York
8. Nader R (1972) Unsafe at any speed – the designed-in dangers of the american automobile, Expanded edition, Grossman Publishers, Inc., New York
9. Kraftfahrtbundesamt Jahresberichte (2014) http://www.kba.de, Flensburg
10. United States of America (2000) Transportation Recall Enhancement, Accountability, and Documentation TREAD Act---H.R. 5164, and Public Law No. 106-414
11. Noll M, Rapps P (2012) Ultraschallsensorik. In: Handbuch Fahrerassistenzsysteme, 2. Auflage, pp. 110-122, Vieweg+Teubner, Wiesbaden
12. Krey V, Kapoor A (2012) Praxisleitfaden Produktsicherheitsrecht, Hanser, 2. Auflage, Munich
13. Köhler H (2012) BGB Bürgerliches Gesetzbuch, Deutscher Taschenbuch Verlag, 69. Auflage, Munich

14. European Commission (1985) Council Directive 85/374/EEC of 25 July 1985 on the approximation of the laws, regulations and administrative provisions of the Member States concerning liability for defective products, Brussels
15. International Organization for Standardization (ISO), ISO 9001 (2015) Quality management systems - Requirements, Geneva
16. International Organization for Standardization (ISO), ISO/TS 16949 (2009) Particular requirements for the application of ISO 9001 for automotive production and relevant service part organizations—Functional safety, Geneva
17. Akamatsu M, Green P, Bengler K (2013) Automotive Technology and Human Factors Research: Past, Present and Future, In: International Journal of Vehicular Technology, Hindawi Publishing Corporation, Cairo, New York
18. Hartley R F (2011) Management Mistakes and Successes, 25th Anniversary Edition, 1. Auflage, USA 2011, pp. 342
19. National Highway Traffic Safety Administration (2014) Recall: Electrical System: Ignition Switch, NHTSA Campaign Number: 14V-047, Report Receipt Date: February 7, 2014, http://www.nhtsa.gov
20. National Highway Traffic Safety Administration (2014, 2015) Recall: Defective Front / Side Passenger Air Bag Inflators, Component Manufacturer: Takata Corporation, NHTSA Recall Numbers: 15V-285, 15V-286, 15V-312, 15V-313, 15V-318, 15V-319, 15V-320, 15V-321, 15V-322, 15V-323, 15V-324, 15V-345, 15V-346, 15V-354, 15V-361, 15V-370, 15V-444, 15V-382, http://www.nhtsa.gov
21. National Highway Traffic Safety Administration (2014) Additional Information on Toyota Recalls and Investigations, http://www.nhtsa.gov
22. National Highway Traffic Safety Administration (2014) Recall: Forward Collision Avoidance, Adaptive Cruise Control, Vehicle Speed Control, Accelerator Pedal, Manufacturer: Fiat Chrysler Limited Liability Company LLC, NHTSA Campaign Number: 14V293000, Report Receipt Date: June 4, 2014, http://www.nhtsa.gov
23. Juncker J-C (2015) Commission Regulation (EU) 2015/562 of 8 April 2015 amending Regulation (EU) No 347/2012 implementing Regulation (EC) No 661/2009 of the European Parliament and of the Council with respect to type-approval requirements for certain categories of motor vehicles with regard to advanced emergency braking systems, Official Journal of the European Union, Brussels
24. National Highway Traffic Safety Administration (2015) Recall: Forward Collision Avoidance, Activation of Collision Mitigation Braking System, Manufacturer: Honda Motor Company, NHTSA Campaign Number: 15V301000, Report Receipt Date: May 20, 2015, http://www.nhtsa.gov
25. National Highway Traffic Safety Administration (2015) Date Investigation: Forward Collision Avoidance, Activation of Collision Mitigation Braking System, Manufacturer: Fiat Chrysler Limited Liability Company LLC, NHTSA Action Number: PE15021, Date: June 01, 2015, http://www.nhtsa.gov
26. National Highway Traffic Safety Administration (2015) Recall: Radio Software Security Vulnerabilities, Third Party Access to Vehicle Control Systems, Manufacturer: Fiat Chrysler Limited Liability Company LLC, NHTSA Campaign Number: 15V461000, Date: July 23, 2015, http://www.nhtsa.gov
27. International Organization for Standardization (ISO), ISO 26262 (2011) Road Vehicles—Functional safety, Geneva
28. Grunwald A (2013) Handbuch Technikethik, J.B. Metzler, Stuttgart
29. Merkel A, Töpfer K, Kleiner M, Beck U, Dohnany K, Fischer U, Glück A, Hacker J, Hambrecht J, Hauff V, Hirche W, Hüttl R, Lübbe W, Marx R, Reisch L, Renn O, Schreurs M, Vasssilidis M, Bachmann G, Sauer I, Teuwsen R, Thiel G (2011) Ethik-Kommission Sichere Energieversorgung Deutschlands, Energiewende—Ein Gemeinschaftswerk für die Zukunft, Presse- und Informationsamt der Bundesregierung, pp. 24 ff, Berlin

30. Association for the Advancement of Automotive Medicine (2005) The Abbreviated Injury Scale (AIS) Update 2008, Barrington IL
31. Werdich M (2012) FMEA—Einführung und Moderation—durch systematische Entwicklung zur übersichtlichen Risikominimierung, 2. Auflage, Springer Vieweg, Wiesbaden
32. Verband Deutscher Automobilhersteller (2006) VDA-Band 4, Qualitätsmanagement in der Automobilindustrie, Sicherung der Qualität vor Serieneinsatz—Produkt- und Prozess-FMEA, 2. Auflage, Frankfurt/Main
33. Reichart G (2000) Menschliche Zuverlässigkeit beim Führen von Kraftfahrzeugen, TU München, Maschinenwesen, Lehrstuhl für Ergonomie, Dissertation, Munich
34. Heising B, Ersoy M, Gies S (2013) Hardware-in-the-loop Simulation, In Fahrwerkhandbuch: Grundlagen, Fahrdynamik, Komponenten, Systeme, Mechatronik, Perspektiven, 4. Auflage, pp. 574-575, Springer Vieweg, Wiesbaden
35. Maurer M (2012) Entwurf und Test von Fahrerassistenzsystemen, In: Handbuch Fahrerassistenzsysteme, 2. Auflage, pp. 43-53, Vieweg Teubner, Wiesbaden
36. Bengler K, Zimmermann M, Bortot D, Kienle M, Damböck D (2012) Interaction Principles for Cooperative Human-Machine Systems In: Information Technology, Wissenschaftsverlag Oldenburg
37. Bundesgerichtshof (1987) BGH-Urteil 9.12.1986 = BGHZ 99, 167; BGH NJW 1987, Karlsruhe
38. Europäische Union (2010) Amtsblatt L 22—Entscheidung der Kommission zur Festlegung von Leitlinien für die Verwendung des gemeinschaftlichen Systems zum raschen Informationsaustausch RAPEX gemäß Artikel 12 und des Meldeverfahrens gemäß Artikel 11 der Richtlinie 2001/95/EG über die allgemeine Produktsicherheit, Luxemburg
39. Becker S, Brockmann M, Jung C, Mihm J, Schollinski H-L, Schwarz J, Winkle T (2004) ADAS—from Market Introduction Scenarios towards a Code of Practice for the Development and Evaluation, RESPONSE 2, European Commission, Final Public Report, Brussels
40. Benz C (1925) Lebensfahrt eines deutschen Erfinders, Die Erfindung des Automobils, Erinnerungen eines Achtzigjährigen, Neuausgabe zur 50jährigen Erinnerung, Koehler & Amelang, März 1936, Leipzig
41. Homann K (2005) Wirtschaft und gesellschaftliche Akzeptanz: Fahrerassistenzsysteme auf dem Prüfstand. In Maurer M, Stiller C (eds) Fahrerassistenzsysteme mit maschineller Wahrnehmung, pp. 239-244, Springer, Berlin Heidelberg
42. Matthaei R, Reschka A, Rieken J, Dierkes F, Ulbrich S, Winkle T, Maurer M (2015) Autonomous Driving, In: Winner H, Hakuli S, Lotz F, Singer C (eds) Handbook of Driver Assistance Systems, pp. 1519–1556, Springer International Publishing, Switzerland
43. Scharmer O, Kaufer K (2013) Leading from the emerging future—from Ego-System to Eco-System economies—applying theory U to transforming business, society and self, Berrett-Koehler Publishers, San Francisco CA
44. Hilgendorf E (2015) Teilautonome Fahrzeuge: Verfassungsrechtliche Vorgaben und rechtspolitische Herausforderungen, In Hilgendorf E, Hötitzsch S, Lutz L, Rechtliche Aspekte automatisierter Fahrzeuge, Nomos, Baden-Baden
45. Kompass K, Helmer T, Wang L, Kates R (2015) Gesamthafte Bewertung der Sicherheitsveränderung durch FAS/HAF im Verkehrssystem: Der Beitrag von Simulation In: Klaffke W (eds) Kompass K, et.al. Fahrerassistenz und Aktive Sicherheit: Wirksamkeit—Beherrschbarkeit—Absicherung, Haus der Technik Fachbuch Band 137, Expert Verlag, Renningen
46. Helmer T (2015) Development of a Methodology for the Evaluation of Active Safety using the Example of Preventive Pedestrian Protection, Springer Theses, Springer International Publishing Switzerland
47. Wisselmann D (2015) Technische Fahrzeugentwicklung—Hochautomatisiertes Fahren ab 2020?, In Hilgendorf E, Hötitzsch S, Lutz L, Rechtliche Aspekte automatisierter Fahrzeuge, Nomos, Baden-Baden
48. Becker S, Schollinski H-L, Schwarz J, Winkle T (2003) Introduction of RESPONSE 2, EU Projekt. In: M. Maurer, C. Stiller, Herausgeber, Workshop Fahrerassistenzsysteme—FAS, Leinsweiler

第6部分 接受度

Barbara Lenz 和 Eva Fraedrich

前言

自主驾驶不仅对技术的进一步发展提出了挑战,而且也对如何获得新的技术可能性提出了挑战。尽管最近媒体关于自动驾驶的报道显著增加,但公众对其预期和恐惧的讨论仍处于初级阶段。本章探讨了与自动驾驶有关的问题和议题,以及以前引入新技术的经验,在引入自动驾驶时必须牢记这些经验教训。这本书以这些问题结尾,并不是偶然的。技术总是嵌在一个框架中,它决定人们如何使用它们,他们赋予它们的意义,以及它们所实现的社会功能。这也是这本书以人类和机器的主题开始,并以接受度结束的根本动机。

"社会和个人对自主驾驶的认可度"是 Eva Fraedrich 和 Barbara Lenz 文章的主题。作者概述并讨论了接受问题多方面的本质,并试图为这种频繁的通货膨胀并且有时候不精确地使用术语提供更好的理解。当人们"接受"一项新技术时到底意味着什么?基于对德国和美国媒体读者评论的分析,他们展示了目前正在讨论的话题。这使他们得到了一些惊人的发现。

引入自主驾驶技术与引入任何其他的主要技术能够相提并论吗?那么我们该如何应对源于此的这些风险呢?在第 30 章中,Armin Grunwald 研究了哪些风险会结合在自主驾驶中,以及在开发和使用自主驾驶技术时,可以从以往对技术进步的风险讨论中吸取哪些经验。Grunwald 开发了一系列与自主驾驶的实现有关的建议,同时强调了与新技术的潜在用户和道路用户进行公开透明的交流的必要性。

自动驾驶不应被视为一种突然出现的全新技术。相反,它总是建立在已经存在的东西上,例如目前使用(个人)车辆的日常实践。基于这一点,Eva Fraedrich 和 Barbara Lenz 基于对汽车用户需求、感知和体验的实证检验,他们勾勒出了汽车用户对自动驾驶的态度的复杂性。特别地,他们在环境中放置了自主驾驶的保留区。他们还演示了目前评估自主驾驶所依赖的两件事:第一,社会团体解决;第二,问题中的具体使用案例或场景。

自主驾驶的接受或不接受将迟早会在(私人或商业)购买或不购买自主驾驶汽车的过程中体现出来。这对汽车品牌的重要性有何影响,鉴于"新"汽车必须能做的不仅仅是开车?在第 32 章中,通过对用例和品牌策略的检查,David Woisetschläger 从目前的汽车用户的视角研究了在未来汽车用户对自动驾驶技术的接受标准是什么:汽车制造商或软件制造商的经验。他表示,目前仍不太愿意购买自动驾驶汽车,而这在很大程度上与汽车研发的领域无关——更重要的是,汽车品牌是一个高度被信任的。在他关于个人消费者对自动驾驶汽车接受度的文章中,Woisetschläger 总结了这本书的最后一部分,它涵盖了从公众到个人对自动驾驶汽车的接受的所有方面的内容。

第 29 章　社会和个人对自主驾驶的认可度

Eva Fraedrich 和 Barbara Lenz

29.1　介绍

　　（潜在的）未来用户和广大公众对未来自主驾驶新技术抱着什么样的态度和期望？同科技和法律邻域的研究一样，这个问题正在变得越来越重要。新兴的讨论认为传统车辆到自主驾驶车辆的转变可能会为所有道路使用者带来明显的变化。从个体用户和社会群体的角度，认可程度的问题出现了。在多大程度上，个体用户准备好使用全自动车辆，以及在多大程度上，整个社会准备好接受道路上全自动车辆的运输系统？

　　公众对于自主驾驶的兴趣有着明显的增长，在调查中多数人表示现在已经"听说过"自主驾驶（见文献 [2]）。在大众媒体新闻报道中，驾驶的自动化通常被视为解决许多与汽车有关的运输问题的方案。进一步预计，这会带来一场有关汽车使用和拥有权的革命。然而，"自主驾驶"一词在公共话语中的定义尚未明确：谈论到"自主驾驶"时，有时是自动化的驾驶和自主驾驶或无人驾驶，有时是部分或全自动驾驶。通常，尚不清楚正在被讨论的是哪些潜在的运输方式，具体的选择、潜力和风险是什么，在自主驾驶的道路上还有什么挑战仍需克服。

　　道路使用者和潜在未来用户的观点在这方面几乎没有受到重视，尽管人们不断强调以用户和用户角度出发的观点可以对产品的社会认可度做出重要贡献，从而也为自主车辆的成功铺路（参见文献 [3，4]）。认可度必须在早期有关自主驾驶的讨论中就被考虑到，即使目前根本无法实现具有全自主车辆的道路交通。引进自驾驶技术将潜在地在整个移动领域带来变化，影响到许多社会层面。同时，它可能会触发人们合作方式上的根本改变。为了及时了解基本问题，必要时控制转型，重要的是确定重大影响因素，了解其动态。其中一个因素就是技术的认可程度。

　　本章首先确定了（技术）需要理解的认可度有关的内容，然后讨论哪些主要研究领域是与自主驾驶相关的。实证部分从目前对自主驾驶认可程度的研究结果开始。然后介绍我们自己对如今道路使用者的意见的调研成果。这为未来利用自主驾驶认可程度的实用导向的实证分析提供了研究结果。

29.2 认可度

在提起"认可度"一词时，一般来说意味着"同意，接受，批准，承认；同意某人或某事"（文献［5］：136）。这种表达方式包含了对某一种事物的意愿，赋予了认可的积极成分。这区别于简单的默认、不关心或者容忍。认可是在社会发展和技术建设过程的背景下进行的，也就是说，它取决于人们，他们的态度、期望、行为、环境、价值观和规范框架等，也会随着时间发生改变（见文献［6］）。接受程度的过程化特点和多变化特点使其总体上是一个"不稳定的结构"（文献［7］：25），它取决于各种特定性、类型、主题、对象和背景。此外，它可以随时间的推移产生很大差异[8]。

认可自主驾驶这样的具体技术需要从个人和社会两种不同层面切入，各种使用时的选择，对风险的恐惧与技术选择会被编织在一起。这样一来，一项技术的"原始目的"可能随着时间的推移改变才能最终稳定，甚至是制度化。交通运输领域特别成熟，从原来专门用于货物运输的铁路，到使用缆车作为人口密集的城市公共交通工具。从技术的诞生到其采用过程中取得的进步对认可度的研究提出了很大的挑战。在技术开发、实施和采纳的各个阶段，不同的利益相关者和利益相关群体与认可度有很大的相关性。在这样的社会技术转型过程中（见文献［9］），这些阶段必须被区分开来，因为它们与认可度的相关性总是有差异的。

（技术）认可度：概念、研究和特征技术

技术认可度研究是一个非常不均匀的领域；各种科学学科（例如心理学、社会学、经济学等）与之相关联并相互联系。总的来说，认可度研究还是比较年轻的领域。由于公众对核能的广泛反对态度，这个话题在 20 世纪 70 年代首先突显出来。事实证明，以此做前提推断德国人普遍敌视技术是相当不公正的（更多关于这一点见第 30 章）（文献［10, 11］：45）。

认可度研究的目的首先是更好地理解特定的认可现象（社会科学/实证分析）。其次，这是为了使特定的认可对象，例如一种特定的技术被开发和设计，使其被认可（规范伦理方法）。在德国的研究和政策层面，几个机构在发展（新）技术的同时也被相关的讨论围绕。它们也需要并行多种研究方法来满足这些要求（文献［11］：47 页）。所有机构都有共同的基本假设，即在考虑技术时社会、经济和与使用有关的环境都不能被隔离开来，因为技术本身就嵌入其中。简而言之，技术本身与其社会技术系统的嵌入关系也必须考虑（见文献［11, 12］）。

29.2.1.1 认可的主体，对象和环境

认可总是发生在主体、对象和环境的相互作用之间（见文献［13］：88）："要

说明的不仅是被认可（或拒绝）的事物本身，而是什么东西，在什么样社会背景中，在什么情况下，什么时候，因为什么原因被认可"（文献［13］：90）。图29.1显示了认可主体、对象和环境之间的关系。

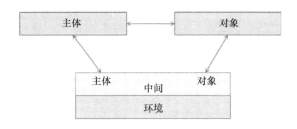

图 29.1　认可在主体、对象和环境之间的关系

认可主体

认可主体对认可对象具有一个态度或会在过程中形成一个态度，并在适当的情况下将其与相应的动作联系起来（参见文献［12，13］）。"主体"一词在这里不仅指个人，还指团体、机构或整个社会。

自主驾驶的认可主体目前可以被近似估计，例如，未来那些积极或消极看待自主驾驶的运输系统用户。这涵盖了所有使用当前道路系统的人，无论是汽车驾驶员，骑自行车的人还是行人。进一步的相关认可主题包括开发商和工程师、政治家和商人，甚至公共研究机构。

接受对象

接受对象并不一定意味着物理物体，可以指采用"提供，可用或建议"的东西（文献［13］：89）。这可能是工程或技术，也可能是人物、态度、意见、论据、行动，甚至这些事物背后的价值观和规范。这样，一个事物的价值要看个人或社会归于它所具有的意义，所以问题不是自主驾驶本身，而是自主驾驶能够实现什么具体功能，以及个人和社会将这项技术置于什么地位。其背后的假设是工程技术本身没有意义；相反，其意义只能通过履行社会功能、人的行为和嵌入社会结构来实现（见文献［9］）。

认可环境

接受环境是指认可主体与认可对象相关的环境。例如，自主驾驶的背景是由当前个体和社会意义赋予的汽车使用意义决定的：为什么人们使用汽车？什么态度、价值观、期望会影响实施？自主驾驶是否能无缝融入或改变（自动）交通及其规范体系的意义？

在关于认可度研究的丰富文献中，认可度被可视化了，最重要的是被认定了各种维度和级别。在下文中，我们将对态度和价值观的维度做进一步的了解。

29.2.1.2 认可维度

态度的维度

关于认可度的态度包括思维方式、价值观和主观意见，这可以在个人和社会层面进行调查和解释。态度对于认可度研究是重要的，因为它可以被视为具体行动的意愿（文献［13］：82页）。然而，在特定环境中关于技术起源问题、具体使用情况、相关的挑战和架构是不能够用这种衡量态度来掌握（文献［11］：46）。

认可度的态度维度的一种典型衡量工具是意见调查。虽然这种调查很快导致了"对感知到的技术特征形成简化意见的过程"（文献［14］：35）这样的成果。这是意味着技术发出的信号会引发群众或个人的反应。近年来，对态度的一维调查已经被替代，但是对技术认可度有了更深入的了解，尤其是扩展到包含态度背景的分析时。以这种方式，认可度研究的重点从"描述性态度和行为的清单"（文献［14］：36）转移到更具分析性的视角。这更多地考虑个人的看法和评估的复杂性、专家的主观性和语境的重要性[14]。

行为维度

认可度的行为维度描述了可观察的行为，尽管在这个意义上的表现可能就是做某事或者避免它。行为可以以许多方式表现出来，例如在购买、使用和传播（或相反，例如抵抗、抗拒）或支持其他（决策和规划）活动中。

就像 Lucke 发现的那样，行为维度通常等于认可维度（见文献［13］：82）。另一方面，其他作者则不认为采取行动或具体的行为意图是认可的必要条件（文献［15］：19；文献［16］：11）。Schweizer - Ries 等人（文献［16］：11）在二维模型中描绘了行为和态度的维度之间的这种相互关联（图29.2）。

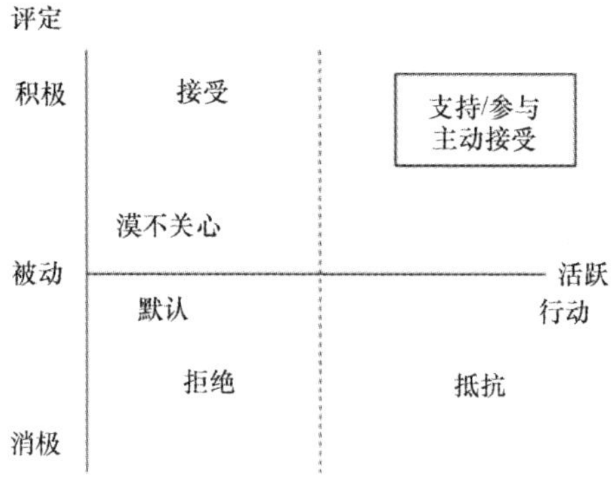

图29.2 认可的两个维度

价值维度

在许多方法中，价值维度不被认为是衡量认可的一个独立系数，而是与态度维度结合起来使用的。根据这一观点，价值观和规范也是接受态度的基础，因此很难分离开来。价值的维度是自己的，但是，当接受度在操作级别上可见时，例如在使用特定产品时，这些行为可能会轻微或根本不符合主观的个人价值观——一个人只能在有强烈的生态意识时才能够拥有或使用车辆。这可能在其他领域更加明显，例如主要或仅在有机杂货店购物。在自主驾驶的背景下，道德标准和社会标准（必须）决定车辆技术会被如何看待，而这些标准是特别具有挑战性的。一般来说，接受对象也总是关于现有的规范和价值体系进行评估（见文献 [14]）。

29.2.1.3 认可度研究

认可不仅在上述各个层次上进行，而且也是一个复杂的个人和集体评估和谈判的结果，甚至是相对不明确的"敏感性"的结果（文献 [8]：55）。这提出了新的一个问题：如何让这个过程变得具有可测量性和证实性？对于自主驾驶这类相对较新的技术，这意味着研究个人利益相关者（例如用户）、社团、组织、机构以何种方式迎接科技进步带来的挑战，同时"确定设计的潜力来应对社会挑战并以其解决问题能力为标准来测试多种技术性选项"（文献 [12]：C）。

总之，我们可以说，对于认可度研究，认可度"是复杂的，由不可直接测量的多层结构组成的，并且没有'标准'测量方法的"（文献 [12]：21）。它取决于问题中的认可对象和相关维度，只有考虑每种情况下的具体指标才可能进行操作和衡量，这反过来也排除了其他用途。这也应该反映在研究过程中。

29.3 接受自主驾驶：研究的当前状态和重点

自主驾驶可以与日常技术的产品放在一起。与核能或卫星技术等所谓的"外部技术"相比，日常技术主要涉及个人消费产品，受市场控制。尽管如此，它们可以对第三方产生影响（文献 [14]：31）。汽车的使用和所有权是这方面的典型例子。这种情况下对技术的认可主要是指购买，但通常也包括使用过程。特别是在自主驾驶开始的前期，可能不仅是私人或个人消费水平发挥作用，对各种社会领域的影响也会被公开讨论和权衡。这可能包括我们是否允许运输系统中的车辆可能像传统车辆一样涉及事故的问题——不过机器或驾驶机器人导致的事故可能会不同，不仅危及自己的乘客，还会危及道路用户。最近这也成为普通商品的问题（更多关于这一点，参见第 4 章和第 30 章）。

自主驾驶可能带来其他社会或经济风险和后果，成为公众讨论的主题。因此，从实践角度来看，重要的是需要尽可能地明确界定个人认可和社会认可这两个领域之间的边界，并确定"内部或外部控制下的技术归因"（文献 [14]：32）。一般来说，在德国，在个人使用领域对技术的敌意并不明显，甚至欢迎技术。在很大程度上，许多德国家庭日常使用技术产品（见文献 [10, 17]）。

综上所述，自主驾驶往往在这样的条件下才被认可：车辆自主驾驶比人驾驶得"更好"，或驾驶员能够凌驾于自主驾驶程序之上做最后的控制（见文献 [4]：2）。然而，Grunwald 在本卷另外的报告中声称，风险感知比我们相信的这种陈述复杂许多倍（见第 30 章）。

类似于这些领域的其他技术，认可往往很难做到。虽然我们今天已经有很多自动化运输系统的例子（例如飞机、船舶、（地铁）列车和军车），但它们仍然拥有监督或控制它们的人。我们还没有哪种车辆或行动系统脱离人的权力（文献[4]：6）。因此，自主驾驶可以说对认可度提出了独特的要求。

哪些因素、特征、要求、期望、价值体系等因素会与自主驾驶的认可相关这个问题，尚未有充分的实证记录。一些关于市场和意见的研究发现，人们对自主驾驶的态度变得越来越开放（见文献[2，18，19]）。但是，不清楚的是这些受访者理解的"自主驾驶"是什么，他们在这种情境下的看法和评估，又有什么样的挑战和障碍以及利益也可能与之相关。

在用户方面，直接测试对自主驾驶判断的调查目前也存在着这样的问题：到目前为止，既不具备广泛的知识性，也没有具体的体验。因此，所记录的态度和评估可能正确性有限，因为调查对象尚未明确界定，人们几乎没有体验过此技术。

Peters和Dütschke在接受度和电动化出行方面的研究中提出了以下观点："对于潜在用户的调查存在这样的问题：对于新的，鲜有人了解的电动系统，在何种情况下用户购买电动车是很难抉择的。通常情况下，它们依赖于与传统车辆出行方式的比较"（文献[20]：6，作者的翻译）。类似的评估可以类比到自主驾驶上来。

少数研究已经考虑到自主驾驶认可方面的是一幅相当不均衡的图景。Frost和Sullivan在主动和被动安全系统的研究中表明，大多数汽车用户至今抵制将车辆控制交给机器或机器人[21]。另一方面，其他调查显示，19~31岁的年轻驾驶员尤其会认为驾驶是一项繁重的任务，因为驾驶可能影响他们做其他更重要的、有意义的或有趣的活动："法规不断试图说明在人们进行驾驶时，发短信会令人分心，但对于消费者来说，实际上是驾驶影响了发短信"（文献[22]：2）。一项有关欧洲人对未来汽车的需求调查显示，三分之二的受访者对自主驾驶持开放态度[18]。虽然德国、中国、美国和日本的汽车驾驶员国际调查原则上都是公开的，但也显示，目前所有国家中仍有大量的汽车驾驶员质疑、怀疑技术的安全性[19]或甚至对其有恐惧心理[2]。

29.4　道路使用者观点

尽管上述实证方法仍然朦胧，但在看待自主驾驶认可时的主要问题可以肯定是：实际上认可对象如何感知？在个人或社会层面上，什么样的与认可度相关的问题是和技术有关的？目标必须是获得有关认可态度和价值观的初步推断，并确定与技术的开发、使用和设计相关的具体期望、希望、需求甚至恐惧（见文献[12]）。在"拉登堡"项目中，对个人和社会认可度的首要工作是探索性地广泛研究当今的道路使用者，即未来自主驾驶的潜在用户的观点。在此过程中，从主观角度考虑了使用感知的重要问题。该调查还解决了不同社会文化环境中的明显差异，例如德国和美国。在这些领先的汽车国家，自主驾驶的广泛辩论已经开始，媒体报道的话题在过去两年有明显的增长。这表明自主驾驶正在逐渐引起公众的关注。

29.4.1 方法

本研究分析了自主驾驶评论意见。从方法学的角度采用了分析广泛分发的印刷媒体中的在线文章是如何被用户接收的这样的形式。这种接收可以在用户的在线评论中跟踪。尤其值得注意的是，这种方法假设媒体话语对个人和社会意见形成具有重要影响（见文献 [23]）。选择文章的一个标准是，他们发表的在线新闻门户应该在美国和德国具有广泛代表性。这也假设了这些文章会同时做出反应并促成公众对与自主驾驶的讨论。对德国来说，分析的评论来自 Bild[24]、Die Welt[25]、Frankfurter Allgemeine Zeitung[26]、Heise online[27]、Spiegel Online[28-30]、Süddeutsche.de[31]和 Zeit online[32]；对美国来说则是洛杉矶时报[33]、纽约每日新闻[34]、纽约时报[35]、旧金山纪事报[36]、华尔街日报[37]和华盛顿邮报[38]。总共 16 篇文章发表了 827 条评论。为了确保尽可能的可对比性，大多数文章涉及了加利福尼亚州在 2012 年 9 月底的决定，即允许谷歌的无人驾驶汽车上路。在"概念代表性"方面，进行了理论抽样（文献 [39]：154），即在分析过程中，阶段性地分析了评论，最终形成了三个比较组：①德国大众媒体门户网站的评论；②美国大众传媒门户网站的评论；③以技术为中心的德国门户网站（Heise Online）的评论。评估使用 Mayring [40] 的方法进行定性内容分析，其目的是识别文本的含义，特别是那些不会马上突出的含义。这是通过系统和主体间可验证的分析来完成的，符合语言材料的解释要求和丰富的意义。（总结）内容分析的结果是一个感应开发的类别系统（文献 [40]：67）。这反映了从在线评论者的角度看来自主驾驶相关的主题引起了什么样的讨论或者谈判；感受到了哪些问题和特征；以及如何评估这些问题。为此，所有评论都被编码，评论中最小的编码单位是一个词。共进行了 1122 个编码，并成功地在精简和抽象的阶段被简化到分类系统。

29.4.2 结果

由近 60 个类别和子类别组成的分类系统被分为两个层次。一个是对象相关的层次，也是两个层次中更客观的一个。这包括包含（积极和消极的）技术感知特征的声明，以及关于其普遍和具体的发展潜力，法律框架相关讨论和责任问题等方面的声明。这些声明首先是围绕认可的对象，同时与认可情境紧密相连。另一方面，在感性层面上，主要问题是认可对象，主要是直接涉及评论者本身，包含有关自主驾驶的态度、判断和主观动机。这些也与认可的背景密切相关，例如汽车使用和所有权的背景。约 15% 的声明不适用于研究对象，因此被视为无关。图 29.3 显示了类别系统和简略图形概况，表 29.1 显示了两个层次的陈述数量百分比以及调查的总体数据。

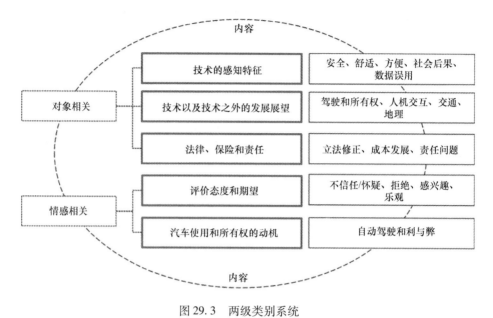

图 29.3 两级类别系统

表 29.1 数据分布

等级	德国	美国	Heise 在线	等级	德国	美国	Heise 在线
	提及（%）				提及（%）		
客观/对象相关	43	47	48	情感/主观	43	32	33

	德国	美国	Heise 在线
政治意识形态	0%	8%	0%
无关的声明	14%	13%	19%
总的注释	314	322	191
总的案例	214	221	82
总的代码	536	527	358

29.4.2.1 对象相关级别

自主驾驶的特征感知和后果

在三个比较组中（德国和美国的大众媒体传媒，主打技术的 Heise 在线），其中 43%～47% 的声明归结于对象有关的级别。表 29.2 挑选了各种类别及其百分比分布。这些评论对于自主驾驶的特点，以及对运输和社会制度以及法律上的潜在变化和后果给出了具体期望。至少有三分之二的预期特征和后果具有明显的积极含义，德国媒体评论中多达 70%。这些可能是指自主驾驶的预期安全效益，预计将来会大大降低道路交通事故的发生，即使不能完全防止这种情况。一个用户说："一辆汽车在路上实际上应该比驾驶员安全得多，因为它有更多的传感器来观察，可以同时观察各个方向，并且反应时间接近零。"

表 29.2 目标/对象相关级别的 $N=647$ 的语句分布

类别	美国	德国	Heise 在线	类别	美国	德国	Heise 在线
	提及（%）				提及（%）		
特征，自动驾驶的后果	60	66	27	不确定性	10	10	7
积极	71	60	70	责任，保险，法律	21	16	19
安全，可靠	39	39	37	责任问题	75	34	51
灵活，舒适	28	18	30	立法修正	19	8	28
有助于优化交通	11	11	9	花费发展	6	24	18
综合交通运用	8	10	0	民法问题	0	34	3
进步	5	17	6	发展观念	19	18	54
可持续性	5	3	9	社会 & 民众	11	11	9
节省花费	4	2	0	技术 & 车辆设计	23	29	35
消极	29	39	30	人机交互	2	7	25
社会后果	47	63	22	交通 & 地	25	11	7
数据错误使用	18	11	14	驾驶所有权	39	29	24
技术设施的不同	15	11	0	问题	0	13	0
花费增加	10	5	57				

消极的一面则表现为，造成的社会后果引起恐慌，例如失业："他们正在努力取消德国汽车行业。没有人去买一台保时捷或漂亮的奔驰，只能被从一个地方带往另一个地方。失去德国汽车工业意味着失去了25%的高质量工作。"在这些陈述中和自主驾驶相关的另外一些观点包括，积极的方面，比如灵活性和舒适性，运输优化和效率，综合运输用途，技术的进步，成本的节约。消极方面除了担心社会后果之外还提到了一系列的问题，如：数据滥用，技术基础设施不足，增加成本，以及围绕这些车辆运作方式的一些相对不具体的不确定性。因此，几个积极的感知特征在这里找到了他们的负面对应：安全性与缺陷，成本节约与成本增加，技术进步与社会后果。

可靠性，保险和法律

根据我们的评估，在德国，责任、保险和法律是尤其受关注的话题，预期对法律框架的修改也将伴随保险设置的变化。这表明德国大众媒体门户网站关于这个话题几乎一半的声明是不确定的。一个用户以这种方式描绘它："智能车不是一个技术问题，而是一个法律问题。如果车子出了事故算谁的错？驾驶员的还是谷歌的？"一个特有的问题也体现在美国的意见中，尽管通常是讽刺性的——对诉讼和打官司上瘾的汽车保险和以责任为中心的法律专业可能会阻碍自主车辆的成功推出："把那些都交给陪审团，让他们搞砸派对！"关于这一主题的进一步讨论围绕着必要的未来法律变革和成本的发展。

自主驾驶的发展观点

特别是在 Heise 网站上，许多评论者在自主驾驶的背景下提出的发展前景远远超出了仅与技术相关的功能（54% 对象相关的评论）。这样的陈述可能关于相当普遍的社会发展，也可能是汽车使用和所有权，设计和车辆设备的未来发展，人与机器之间的相互作用以及未来运输和城市空间形式的考虑。例如，一个用户提到一个法律框架变革的后果："问题不再是'谁对事故负责？'而是'谁仍然被允许手动驾驶？'"

29.4.2.2 主题相关级别

评估态度和期望

作为规则，在线论坛中的评论由几个可分为多个级别或（子）类别的陈述组成，关于更多"客观"级别的陈述通常与更主观/感性的联系起来。例如，联系到自主驾驶的负面特征时，评论者同样倾向于对使用新技术采取不屑一顾的态度，反之亦然："我不想车辆脱离我的手的控制！当然不想让车辆变成一个可以被操纵和被黑客攻击的计算机，就像我的个人电脑和手机！"这个论述中含有着安全恐惧（自主车辆类似于计算机，不可能完全安全，数据可能被盗用）与主观拒绝。另一方面，自主车辆预期会特别舒适和灵活，这可能伴随着对该技术的个人评价："全自动驾驶，没有烦人的乘客，没有取消和延误，真的很棒"。然而论述也不总是在不同的层面上链接。没有任何正当理由也可以做出判断，例如美国在线门户网站的这种说法："是的。最简单的问题被问了一整天"或"杰瑞，我支持你，但不是这样"（"杰瑞"在这里指的是加利福尼亚州长杰瑞·布朗，杰瑞·布朗2012年在谷歌总部给予无人驾驶车上街行驶的合法地位）。

一般来说，虽然这项技术明显地受到了积极的认识（参见"感知特征和后果"），但是对于负面信息的评估是比较少的（超过三分之二的这个类别的观点没有积极的含义，见表29.3）。这种不信任和怀疑与技术发展、整体理论有关，还与技术到底能不能被引入也有关。矛盾观点的类别主要与评估自主驾驶之前被认为至关重要的先决条件和后果有关（技术、社会或基础设施方面）。

使用和所有权

自主驾驶的观念与个人汽车使用的主观意识和个人动机密切相关。我们的分析能够在自主驾驶评估中找出两个相反的极端。一方面，有些观点强调舒适性和灵活性，以及它们的"普遍"优势。这些声明通常还包含对自主驾驶相当积极的评估："汽车确实有几乎无所不在的这个特点，因为它实用性太强。如果我可以在网上订购这样的汽车到我的门前，让我把它放在任何一个目的地，我不用困扰停车，我会觉得更实用。如果这在未来能够实现，那么完全可以和保时捷说再见！"另一方面，还有一些突出自由、控制和驾驶乐趣问题的陈述；其中大多数都怀疑这种新技术："车不自己开，那驾驶的乐趣在哪里？无论技术能达到什么程度，我想自己指挥我的车，而不是让电脑来。"此外，一些用户非常笼统地讨论了汽车使用的动机和态度，或提出了为什么每个人会（或不会）实际中购买自主汽车。

表 29.3　情感主观水平 $N=516$ 的语句分布

代码/等级	德国	美国	Heise 在线	代码/等级	德国	美国	Heise 在线
	提及（%）				提及（%）		
判断，态度，期望	86	84	78	基本兴趣	10	10	15
消极	48	53	37	汽车使用和所有权的动机	14	16	22
不信任，怀疑	76	67	91	一般	34	27	20
拒绝	24	33	9	自动驾驶相关	66	63	80
积极	35	35	30	- 赞成自动驾驶	48	21	25
乐观，信任	55	43	44	- 反对自动驾驶	43	79	25
想象，渴望	35	47	41	- 所有权，汽车共享	9	0	50

29.4.2.3　比较组：德国、美国和 Heise 在线

所有这三组中都有类似的观念、评估、观点和价值体系。然而，在某些领域有一些明显的差异，这些领域或者是针对国家或知识水平的一些领域（对于 Heise 网络评论，可以在 Heise 平台上安全地认知了解高层次的自主驾驶的知识水平以及技术和工程）。除了上述发展、责任、保险和法律这些专题小组以外，我们还看到美国评论者比德国同行更多地从社会政治角度来看待自主驾驶（见表 29.1）。此外，评估汽车使用和所有权的主题表明，驾驶、个人自由和控制车辆的乐趣是美国评论中汽车使用的主要动机。这主要伴随着对自主驾驶的拒绝态度（在美国为 79%，而德国大众媒体评论为 43%，技术性评论中只占 25%）。

在 Heise 网站上，责任问题是总体而言最具争议性的讨论，而关于这个主题的美国网站的少数几个声明认为责任将在于制造商。相比之下，大多数（58%）Spiegel（即德国大众媒体）上的评论认为未来车主也将承担责任。

德国评论的口气总体上更为积极。在 Heise 网站和德国大众媒体网站上，相比美国人，自主驾驶的积极特征更多地被讨论（70% 和 71%，美国 61%），同时较少的否定判断（37% 和 48%，美国 53%）。

29.4.2.4　总结

在美国和德国读者对大众传媒门户的评论中，评论依然主要是目前关注的自主驾驶的预期特征。也就是说，认可对象实际上是物理对象——车本身，及其个人的使用。Heise 在线上的讨论采取了不同的形式，讨论已经远远超出熟悉的纯粹"技

术"问题。相反，他们讨论具体的用户场景，并更重要的在整体社会技术系统背景下看待自主驾驶。大多数在 Heise 门户网站上发布评论的评论者显然比"普通"的媒体消费者拥有更多的技术知识。自主驾驶的公开辩论在最近的两三年才刚刚开始起步。因此，我们可以假设，随着技术的发展，不仅技术，而且在系统中是如何嵌入的将变得更为重要。

总的来说，我们的研究超越了目前自主驾驶的"认可范围"。这个范围是由目前通过媒体确定的公众议题；这些话题也与具体的判断有关。在考虑话题范围时，显而易见的是，一些负面特征伴随着自主车辆的积极因素。此外，已经被抛出的一些问题，仍然需要从评论者的角度来澄清。他们如何回答反过来又会对认可产生影响。当客观/对象相关的陈述被情感/主观的语言补充时，矛盾就会体现出来。虽然自主车辆主要被认定是积极的，但对于自主驾驶和运输系统中自主车辆推出的反应，从不信任、明确怀疑到彻底的拒绝都存在着。这种态度常常与对对社会中负面后果的恐惧和对自由的损失有关。

然而，对于自主驾驶来说，这种矛盾的立场是对技术态度的典型例子，并且反映在其他技术认可研究的结果中（德国）[14]。一方面，许多好处与自主驾驶有关，可能使生活更加舒适，开辟新的可能性。另一方面，预期的变化伴随着对社会后果的负面担忧。这些表现在"失去自己喜欢的环境和自己对车的控制"（文献［14］：33）。在这个矛盾的深处反映的，就是希望"把自己的个人环境和技术融合在一起，为后代保护社会、经济和自然环境"（文献［14］：33）。正如我们的分析显示，自主驾驶的辩论不仅围绕着使个人出行更安全、更舒适、更灵活、更有效率等，而且还突显并反映了它将带来的社会和经济影响。

29.5 展望

认可研究中我们认为，必须超越单纯的研究意见和态度。它应该研究的是预期的社会市场（参见文献［12］：3）、需求、想法、欲望、希望、恐惧和焦虑，并在社会技术系统的背景下对这些进行分类。这样可以使潜在的背景符合具体的选择（参见文献［41］）。自主驾驶的话题涉及我们社会的各个方面，这就是为什么跨学科合作（例如戴姆勒与奔驰基金会的"Villa Ladenburg"项目）是不可或缺的，它启动并汇集了目前庞大数目的文章。

对认可自主驾驶的未来研究应更加注重文化、类型和环境方面的认可差异以及不同方面主题的相互依赖性。在线评论在这里提供了重要的初步见解，并展示了未来调查的方式。必须更多地考虑矛盾结果中包含的汽车使用动机。这将有可能对汽车使用和拥有方式进行个人和社会意义上的分类；自主车辆有着象征性、主观性和工具性特征；预计汽车使用和所有权模式对自主车辆的认可度有影响。第 31 章关注这些问题。

至少在公开话语中，目前尚不清楚自主驾驶在讨论中的实际意义，尽管媒体确实在呈现技术。指的是自主（私人）车辆驾驶员现在随时采取控制吗？还是无人驾驶的出租车"按照指示"随时随地运送人和货物？根据我们的分析，现在可以判定，许多问题伴随着潜在的未来运输系统中的自主车辆的推出，仍然需要回答。然而，这反过来又意味着在个人和社会层面上对自主驾驶的使用问题没有明确的答案。目前，只能想象哪些属性将在自主驾驶中扮演最重要的角色。然而，我们至少能够洞察与技术有关的相关主题：安全性、舒适性、成本节约、环境影响、时间节省等。

此外，上述接受和自主驾驶的背景对未来的研究至关重要。这一结论也可以从美国评论等结果中得出，其中包含了明显的社会政治意图。这些表明，对于评论者来说，自主驾驶看起来可能与现行的汽车使用规范和价值体系相冲突。因此，未来的研究应该调查，今天车辆是如何被使用的，然后详细探究如何将其嵌入到日常实践及文化和环境特定框架的背景下（另见第31章）。这将有助于确定哪些具体问题预期对自主驾驶的认可过程会有影响。

在更准确地定义使用和分配价值的方面，未来还有一个问题是有关应该如何让潜在用户和其他受影响人员体验技术。这样能够给他们一个对技术的预期，也让他们明白自动驾驶做不到什么。为此，政策和公共机构尤其可以帮助促进认可或至少感知自主驾驶的渠道（文献 [4]：3），更积极地营造公众讨论或启动具体的自主驾驶测试和试点项目：目前在政策方面的努力见第8章。在项目的其他方面，已经清楚的是如第2章中提出的具体的使用场合，它们各自带来具体的判断、期望和评估（参见关于自主驾驶背景下汽车使用和所有权的第31章，第6章，第12章和第32章）。

应用许可

本章根据知识共享署名4.0国际许可（http://creativecommons.org/licenses/by/4.0/）的条款进行分发，允许通过任何媒介或格式使用、复制、改编，分发和再创作，只要您对原始作者和来源给予适当的说明，提供知识共享许可链接，并指出所做的任何更改。

本章中的图片或其他第三方材料均包含在作品的创作共享许可中，除非在来源中另有说明；如果这些材料不包括在作品的知识共享许可中，并且法律规定不允许相应的操作，那么用户需要获得许可证持有者的许可才可以复制、改编或再创作材料。

参 考 文 献

1. Hey, A.J.G., Walters, P.: The New Quantum Universe. University Press, Cambridge (2003)
2. Continental: Continental Mobilitätsstudie. Continental AG. http://www.continental-corporation.com/www/download/pressportal_com_en/ (general/ov_automated_driving_en/ov_mobility_study_en/download_channel/pres_mobility_study_en.pdf. (2013). Last accessed on 30 September 2014
3. Khan, A. M., Bacchus, A., Erwin, S.: Policy challenges of increasing automation in driving. IATSS Research. **35**, 79-89 (2011)
4. Rupp, J. D., King, A. G.: Autonomous Driving – A Practical Roadmap. SAE International. http://www.fujitsu.com/downloads/MICRO/fma/marcom/convergence/data/papers/2010-01-2335.pdf (2010). Last accessed on 30 September 2014
5. Drosdrowski, G.: Duden. Das große Wörterbuch der deutschen Sprache. Bd. 1., A-Bim. Dudenverlag, Mannheim (1993)
6. Hasse, M.: Know-how ohne Know why: Das Internet als virtuelles Akzeptanzobjekt. In: Lucke, D., Hasse, M. (eds.) Annahme verweigert: Beiträge zur soziologischen Akzeptanzforschung, 187-213. Springer Fachmedien, Wiesbaden (1998)
7. Schäfer, M., Keppler, D.: Modelle der technikorientierten Akzeptanzforschung. Überblick und
6. Hasse, M.: Know-how ohne Know why: Das Internet als virtuelles Akzeptanzobjekt. In: Lucke, D., Hasse, M. (eds.) Annahme verweigert: Beiträge zur soziologischen Akzeptanzforschung, 187-213. Springer Fachmedien, Wiesbaden (1998)
7. Schäfer, M., Keppler, D.: Modelle der technikorientierten Akzeptanzforschung. Überblick und Reflexion am Beispiel eines Forschungsprojekts zur Implementierung innovativer technischer Energieeffizienz-Maßnahmen. Discussion Paper. Zentrum Technik und Gesellschaft, Berlin http://www.tu-berlin.de/fileadmin/f27/PDFs/Discussion_Papers/Akzeptanzpaper__end.pdf (2013). Last accessed on 30 September 2014
8. Grunwald, A.: Zur Rolle von Akzeptanz und Akzeptabilität von Technik bei der Bewältigung von Technikkonflikten. Technikfolgenabschätzung – Theorie und Praxis. **14** (3), 54–60 (2005)
9. Geels, F.: Technological transitions and system innovations, A Co-Evolutionary and Socio-Technical Analysis. Cheltenham: Edward Elgar, Cheltenham (2005)
10. Acatech: Akzeptanz von Technik und Infrastrukturen: Anmerkungen zu einem aktuellen gesellschaftlichen Problem (acatech bezieht Position). Springer (2011)
11. Petermann, T., Scherz, C.: TA und (Technik-)Akzeptanz(-forschung). Technikfolgenabschätzung – Theorie und Praxis. **14**, 45-53 (2005)
12. Hüsing, B., Bierhals, R., Bührlen, B., Friedewald, M., Kimpeler, S., Menrad, K., Zoche, P.: Technikakzeptanz und Nachfragemuster als Standortvorteil. Fraunhofer ISI, Karlsruhe (2002)
13. Lucke, D.: Akzeptanz: Legitimität in der "Abstimmungsgesellschaft". Leske + Budrich, Opladen (1995)
14. Renn, O.: Technikakzeptanz: Lehren und Rückschlüsse der Akzeptanzforschung für die Bewältigung des technischen Wandels. Technikfolgenabschätzung – Theorie und Praxis. **14**, 29-38 (2005)
15. Dethloff, C.: Akzeptanz und Nicht-Akzeptanz von technischen Produktinnovationen. Dissertation, Universität zu Köln (2004)
16. Schweizer-Ries, P., Rau, I., Zoellner, J., Nolting, K., Rupp, J., Keppler, D.: Aktivität und Teilhabe – Akzeptanz Erneuerbarer Energien durch Beteiligung steigern. Projektabschlussbericht, Magdeburg & Berlin (2010)

17. Hampel, J.; Renn, O.: Technikakzeptanz und Kontroversen über Technik. Bericht für das Büro für Technikfolgen-Abschätzung beim Deutschen Bundestag (TAB). Stuttgart: Akademie für Technikfolgenabschätzung in Baden-Württemberg (2002)
18. AutoScout24 GmbH: Unser Auto von morgen 2013/14 http://ww2.autoscout24.de/special/unserauto-von-morgen–2013-14/was-wuenschen-sichdie-europaeer-vom-auto-von-morgen/4319/392974/ (2013). Last accessed on 30 September 2014
19. AutoScout24 GmbH: Unser Auto von morgen. Studie zu den Wünschen der Europäer an das Auto von morgen about.autoscout24.com/de-de/au-press/2012_as24_studie_auto_v_morgen_en.pdf. (2012). Last accessed on 30 September 2014
20. Peters, A., Dütschke, E.: Zur Nutzerakzeptanz von Elektromobilität – Analyse aus Expertensicht. Fraunhofer ISI, Karlsruhe (2010)
21. Frost & Sullivan: Customer Desirability and Willingness to Pay Active and Passive Safety Systems in Canada. Frost & Sullivan, Canada (2006)
22. Deloitte: Third Annual Deloitte Automotive Generation Y Survey "Gaining speed: Gen Y in the Driver's Seat". Deloitte Development LLC http://www.deloitte.com/assets/Dcom-UnitedStates/Local%20Assets/Documents/us_automotive_2011%20Deloitte%20Automotive%20Gen%20Y%20Survey%20FACT%20SHEET_012011.pdf (2011). Last accessed on 30 September 2014
23. Dreesen, P., Kumięga, Ł., Spieß, C. (Hrsg.): Mediendiskursanalyse. Diskurse – Dispositive – Medien – Macht. VS Verlag für Sozialwissenschaften, Wiesbaden (2012)
24. Anonymous.: Freie Fahrt für Googles Roboter-Autos. BILD.de www.bild.de/digital/multimedia/google/google-auto-darf-fahren-26404736.bild.html (2012). Last accessed on 30 September 2014
25. Doll, N.: Selbstlenkendes Auto kommt schneller als man denkt. Die Welt. www.welt.de/wirtschaft/article109473825/Selbstlenkendes-Auto-kommt-schneller-als-man-denkt.html#disqus_thread. (2012). Last accessed on 30 September 2014
26. Anonymous.: Kalifornien lässt fahrerlose Autos im Straßenverkehr zu. Frankfurter Allgemeine Zeitung. www.faz.net/aktuell/technik-motor/google-auto-kalifornien-laesst-fahrerlose-autos-im-strassenverkehr-zu-11904259.html. (2012). Last accessed on 30 September 2014
27. Wilkens, A.: Bosch: Selbstfahrende Autos brauchen noch mindestens zehn Jahre. Heise online. http://www.heise.de/newsticker/meldung/Bosch-Selbstfahrende-Autos-brauchen-noch-mindestens-zehn-Jahre-1778920.html (2013). Last accessed on 30 September 2014
28. Hengstenberg, M.: Automatisiertes Fahren: Kein Mensch am Steuer? Ungeheuer!. Spiegel Online. www.spiegel.de/auto/aktuell/automatisiertes-fahren-2025-fahren-autos-selbststaendig-a-873582.html (2012). Last accessed on 30 September 2014
29. Büttner, R.: Neues Gesetz in den USA: Kalifornien lässt autonome Pkw auf die Straßen. Spiegel Online. www.spiegel.de/auto/aktuell/neues-gesetz-in-kalifornien-duerfen-autonome-auto-auf-die-strassen-a-857988.html (2012). Last accessed on 30 September 2014
30. Kröger, M.: Autonomes Fahren: Google-Auto erhält Straßenzulassung. Spiegel Online. www.spiegel.de/auto/aktuell/google-strassenzulassung-fuer-autonomes-auto-a-831920.html (2012). Last accessed on 30 September 2014
31. Crocoll, S.: Hilf mir, Kumpel. Süddeutsche.de. www.sueddeutsche.de/auto/autos-die-sich-selbst-steuern-hilf-mir-kumpel-1.1479826 (2012). Last accessed on 30 September 2014
32. Biermann, K:. Google: Kalifornien lässt autonome Autos auf die Straße. Zeit Online. www.zeit.de/digital/mobil/2012-09/google-autonome-autos (2012). Last accessed on 30 September 2014
33. Schaefer, S.: Talk Back: Should California allow self-driving cars? Los Angeles Times. latimesblogs.latimes.com/lanow/2012/09/talk-back-california-self-driving-cars.html (2012). Last accessed on 30 September 2014

34. Anonymous.: Google's self-driving cars get license for test drive in Nevada. New York Daily News. www.nydailynews.com/news/national/google-self-driving-cars-license-test-drive-nevada-article-1.1073991 (2012). Last accessed on 30 September 2014
35. Cain Miller, C.: With a Push From Google, California Legalizes Driverless Cars. New York Times. bits.blogs.nytimes.com/2012/09/25/with-a-push-from-google-california-legalizes-driverless-cars/ (2012). Last accessed on 30 September 2014
36. Temple, J.: Calif. gives driverless cars go-ahead. San Francisco Chronicle. www.sfgate.com/technology/dotcommentary/article/Calif-gives-driverless-cars-go-ahead-3894339.php#page-1 (2012). Last accessed on 30 September 2014
37. Neil, D.: Who's Behind the Wheel? Nobody. The Wall Street Journal. online.wsj.com/article/SB10000872396390443524904577651552635911824.html?
KEYWORDS = autonomous + driving# (2012). Last accessed on 30 September 2014
38. Kolawole, E.: A win for Google's driverless car: Calif. governor signs a bill regulating autonomous vehicles, Washington Post. www.washingtonpost.com/blogs/innovations/post/a-win-for-googles-driverless-car-calif-governor-signs-a-bill-regulating-autonomous-vehicles/2012/09/25/77bd3652-0748-11e2-a10c-fa5a255a9258_blog.html (2012). Last accessed on 30 September 2014
39. Bohnsack, R., Marotzki, W., Meuser, M.: Hauptbegriffe Qualitativer Sozialforschung. 3. edition. Opladen & Farmington Hills: Verlag Barbara Budrich (2011)
40. Mayring, P.: Qualitative Inhaltsanalyse: Grundlagen und Techniken. Beltz Verlag, Weinheim (2010)
41. Bundesministerium für Bildung und Forschung

第30章 自主驾驶的社会风险：分析、历史背景与评估

Armin Grunwald

30.1 简介与概述

技术进步正在改变一系列社会风险。在许多情况下，技术进步导致安全性的提高，从而带来一些积极的结果，例如人们拥有更健康的身体、更长的预期寿命以及更加成功的事业。然而，技术创新的新颖性也常常带来意料之外的后果，包括新的风险类型。技术评估的目的不仅在于确定创新的潜力，而且要尽可能早地研究潜在的风险，从而帮助推行合理的评估和周全的决策[10]。

从许多层面来说，自主驾驶代表了未来移动出行具有吸引力的创新发明。自主驾驶会带来更好的安全性和便利性，人们可以将花在驾驶上的时间用于其他目的。自主驾驶所带来的在系统级别上的效率增益也是人们最期望的优势[5]。同时，就像其他任何技术一样，自主驾驶系统和技术，也容易出现故障，而这些故障可能会引起导致财产损失或人身伤害的事故。自主驾驶以软件作为核心角色可能导致系统性风险出现，这在互联网和计算机界中是众所周知的事实。经济风险以及社会风险也必须考虑，如隐私问题。在发展的早期就全面分析和评估自动驾驶可能存在的风险是一个负责任的研究和创新过程中不可或缺的一部分，并且这也是在个人和社会层面上接受自主驾驶同样重要的前提条件。在此背景下，本章将为以下问题提供答案，因为它们特别适用于技术评估：

- 自主驾驶形成了哪些特定的社会风险类型？哪些人会以多大概率受到哪些损害/伤害？

- 将以往对技术进步的风险评估的经验应用于开发和使用自主驾驶技术上，可以受到哪些启发？

- 如何对制造和运行自主车辆的社会风险进行负责且清晰的评估和组织？

这些问题的答案旨在提高对一些有潜在问题的技术发展的关注度，以便在设计决策和法规中将任何此类问题考虑进去，从而有助于负责且透明地控制这些社会风险。

30.2 风险分析与伦理

我们将风险定义为由于人类行为和决策可能导致的危害。很多时候，我们愿意承担一些风险，例如，我们认为这种损害是近乎不可能发生的，或者是因为决定的收益大于可能造成的损害。然而，在某些情况下，我们需要承担他人做出的决定而产生的风险，例如其他驾驶员的驾驶行为或者有关商业政策的政治或监管决定。

30.2.1 风险——术语维度

这里的风险包含三个核心的要素：不确定性，因为危害的发生非常不确定；不期望性，因为人们永远不会期望危害的发生；社会性，因为机会和风险总是分散的，总是针对特定的个人或群体。

不确定性涉及风险的认知层面：我们知道我们的行为会造成怎样的危害吗？这种认知的可靠性又有多少？这个问题包括两个子问题：①行为或决定可能造成的危害类型和严重程度；②危害真正发生的可信度和可能性又有多少？这两个问题可能的答案范围从科学地证明和统计评估到仅仅只是猜想和推测。如果可以定量地确定危害发生的可能性和预期的损害程度，那么这种风险通常被定义为"客观风险"，这种风险在保险业广泛使用；另一种就是"主观风险"。

不期望性，至少在社会领域，与风险的概念在语义上是不可分割的：作为可能发生的危害的代表，风险本身不被人们期望㊀，然而，一个行为可能产生的后果究竟会被评估为危害还是机遇，可能有争议存在[2]。一个例子是植物转基因到底应该被评价为确保世界营养的方式，还是对人类和环境的风险。评估方式取决于对后果的影响力的预期，而这些后果的不确定性为解释留下一些空间——因此这引起极大的争议。

最后，风险还有一个社会维度：它们永远是某些人的风险。在很多时候，风险和机遇在不同的群体中被不同地分配。在极端情况下，受益者一点都不会受到可能发生的危害的影响，而那些承担风险的人却没有获得一丝预期的收益。所以在风险和机遇的讨论中，简单地应用抽象方法分析是不够的，如宏观经济层面的成本–收益分析。相反，还需要考虑哪些人会以何种方式受到风险和机遇的影响，以及风险和机遇的分配是否公平（第27章）。

我们将风险视为行动和决定引起的人们不期望的结果[15]。鉴于对预期收益和风险的分析时常存在争议，当我们谈论社会风险相关群体时，我们指的是人类群体之间的关系，例如决策者、监管机构、利益相关者、受影响方、顾问、政治家和受

㊀ 在其他领域，并非总是如此。例如，在一些领导职位中，愿意冒险被认为是一种能力，而在电脑游戏或运动等休闲活动中，人们也经常有意识地冒险。

益人之间的关系。本章主要目的是描述自主驾驶带来的一系列社会风险。区分主动与被动承担自主驾驶风险至关重要：

1) 主动：人们在行动中承担风险；他们有意或无意地以个人或集体的形式接受它。那些做出决定或者行动的人自己承担风险，一家将自主驾驶视为商业未来且对其进行大量投资的汽车公司，就要承担可能会损失投资的风险。这种损害主要由公司本身（股东，员工）承担。

2) 被动：风险承担者承担的风险是他人做出的决定所引起的，受风险影响的人并不是做决定引起风险的人。一个冒险的驾驶员既将自己也将他人的生命与健康置于危险之中。

在这些极端之间，可以通过分析来区分以下风险级别：

① 个人可以自行决定是否承担的风险，如骑摩托车、极限运动，或者在将来也许是太空旅行；② 个人能够简单避免的强加风险，例如食品添加剂潜在的健康风险，通过购买其他食品就可以避免；③ 只能通过相当大的努力才能避免的强加风险，例如决定在某地放置废物焚化场、放射性废物储存场所或化学工厂的情况下，理论上可以转移到另一地点，但成本很高；④ 无法避免的强加风险，如臭氧层洞、地下水污染、土壤退化、食物链中有害物质的积聚、噪声、空气中的颗粒等。

与风险相关的核心伦理问题就是：在何种情况下主动承担风险或将其强加给他人是合理的[11]。很多时候，对风险的实际接受程度与一般情况下的期望接受程度是有差别的，即风险的可接受性[8,9]。虽然风险可接受性取决于个人，但是可接受性引起了许多道德问题：一个人在什么样的条件和理由下可以合法地对他人施加风险（第4章）？当潜在受影响的对象既不知道风险也没有机会给予同意的态度时，这个问题就变得非常迫切，例如施加给我们子孙后代的风险。风险伦理学的目标[11]是根据有关危害的类型和严重程度，其发生概率和弹性（抵抗能力）和特定风险相关的事物的关系，规范地评估风险的可接受性和合理性⊖。

30.2.2 风险相关事物分析

一些诸如与特定措施或新技术相关的风险类型和严重程度这类常规的问题，都过于笼统和模糊。必须以基于实际情况且差异化的方式对风险进行仔细和充分的讨论，并尽可能回答以下有关自主驾驶的问题：

- 哪些人可能会受到损伤；哪些群体可能受到影响或遭受不利情况？
- 可能发生的风险在不同群体中是如何分布的？承担自动驾驶风险的群体是否与受益于自动驾驶的群体相同？
- 各自的决策者都是谁？他们是否决定了自己承担风险，还是将风险施加给别人？

⊖ Fraedrich、Lenz[6,50]的结果表明，潜在受益人需要考虑的不仅是个人风险，还有社会风险。

——我们可以想到哪些类型的伤害（人们的健康/生命，财产损失，对工作的影响，企业声誉等）？
——风险发生的合理性或可能性有多少？风险的发生取决于什么因素？
——自主驾驶风险在地理覆盖面和持续时间上的潜在范围有多大？是否存在间接风险，例如系统效应风险？
——风险分析、风险沟通和风险评估应包含哪些行为者，这些行为者带来了哪些观点？
——我们对这些相关的事物有什么了解？我们的了解有多少可信性？涉及哪些不确定性？其中哪些不确定性可能无法消除？

通过上面的方式，"抽象风险"可以在精确的风险相关事物中被分解成若干定义明确的风险，其合法性和合理性可以单独具体地讨论。自主驾驶的社会风险是透明的 ——可以说，风险的"地图"的出现，是了解这一领域的总体风险状况的初步步骤。不同的风险相关事物涉及不同的合法化期望和不同的伦理问题，例如在知情权和共同决定权方面[11,15]，而且社会在处理这些风险方面也有不同的措施。

30.3 自主驾驶的社会风险

自主驾驶的社会风险包括许多方面内容可能存在的危害和缺陷，也包括不同程度的合理性对于可能的危害的发生。

30.3.1 事故风险

自主驾驶的预期优势之一是大量减少交通事故的数量，从而减少对生命、健康和贵重物品的损害[5]（第17章）。这种减少是一个关乎伦理的重大因素[3]。然而，不可否认，由于技术缺陷或在某些情况下技术尚未准备充分，自主驾驶可能会发生事故，而这种事故在人类驾驶时却不大可能发生。比如，在某些不可预见的情况下停车辅助系统自动停车难以操作（第2章）。即使只会导致车辆轻微的压痕，这会产生明确的法律和经济影响，因此必须解决。事故损害越大，情况将会更复杂，比如在高速公路上使用 auto-pilot 导致了严重的事故（第2章）。

车辆交通系统已经建立100多年，我们已经对汽车事故非常熟悉，事故涉及一辆或几辆车，并且会造成一定的人员伤亡和经济损失。针对这种小规模事故的风险类型，建立了广泛而完善的应急服务体系：创伤医学、责任法和保险制度。自主车辆造成的个人事故在很大程度上可能可以在现有制度下进行处理。但是，法律框架的进一步发展也非常重要[7]。

这种类型的事故风险会像对自主驾驶车辆用户那样影响行人。用户需要自己决定是否使用自主驾驶汽车从而决定自己是否承担风险。但自主驾驶的事故风险也可能对其他道路使用者造成影响，其中自然包括不参加自主驾驶的人士。理论上一个人可以通过不参与道路交通而避免这些风险，但这几乎不可能。因此，处理自主驾驶的风险是一个复杂的谈判和监管问题（第4章和第25章），其中不仅市场是关键性的（如购买行为），还有共同福利的问题需要考虑，例如潜在的对他人的危害及对其保护。这将需要民主和合法的程序（注册程序、权限、检查、交通规则、产品责任等）。

这些风险及其复杂的分布并不新鲜，事实上，它们是无所不在的日常交通的做法，也被社会接受。事实证明，德国目前每年3000多人的交通死亡人数不会导致对汽车运输的抗议、拒绝或巨大的变革压力。然而对后者，在20世纪70年代的情况是不同的，根据记载，仅仅在西德，每年交通死亡人数就超过了20000人，尽管当时的交通量大约是今天的十分之一。德国政府制定了旨在改善被动安全的措施，使得死亡率大幅度下降。过去的系统与包括自主驾驶在内的未来系统的任何社会风险的比较决定了交通事故总数及其造成的损害会不会大大减少（第17章和第21章）。自主驾驶不会突然取代目前的系统，而是可能逐渐融入现有交通系统中。在这种背景下，这是一个喜忧参半的事情。一方面，人工驾驶和自主驾驶并存的混合系统与完全切换到自主驾驶的系统相比将具有更大的复杂性和不可预测性。另一方面，将自主驾驶逐步引入到交通运输系统将给自主驾驶系统提供从伤害事故中学习并进行相应改进的机会。在这种情况下，损害事故的监测和原因分析就至关重要（第21章）。

如果引入自主驾驶能够实现人为事故大幅下降，随着自主驾驶技术引起事故的数量（虽然不一定是绝对数量）上升⊖，责任法将具有更重要的意义。在如今的大多数情况下，事故都是驾驶员引起的，因此保险公司承担赔偿责任，而对于自主车辆造成的事故，车主的操作者责任或者制造商的产品责任将被应用来解决赔偿责任的问题（第26章；另见文献[7]）。

30.3.2　运输系统风险

在系统层面上，自主驾驶承诺提高效率，减少拥堵（尽管可能只是稍微好一点；见文献[5，13]）实现更美好的环境（第16章）。在传统的交通系统中，对交通系统的影响以及潜在风险主要会因为可用的交通基础设施无法平衡单个驾驶员行为和日益增长的交通容量而上升。个别情况如严重事故或区域施工可能会影响整个交通系统，如堵车。自主驾驶产生了影响交通系统的另一个可能性：底层技术。以下将仅考虑网联式自主车辆（非车载式自主驾驶）。

通过控制软件和对互联网的依赖（例如作为"物联网"的一部分），可能会出现新的影响（第24章）。对汽车而言，迄今为止车辆几乎或多或少地独立于彼此运行，并且大量现象仅仅在个人单独引导车辆的偶然相互作用的下才会发生，自主

⊖　这附带也将影响到保险行业的主要业务及第三方责任保险。

引导的交通系统将在一定程度上通过控制中心和网络互联。使用互联的自动驾驶系统来优化交通流量（第2章）。因为公司的复杂性和集中度大大限制了供应商的数量，所以对大量车辆的控制很有可能通过基本结构相同的软件进行。从理论上讲，这可能会导致大量车辆因为相同的软件问题同时崩溃或功能异常。在上述事故情况下，这些问题在事故地理占用范围、持续时间和损害规模方面不再一定处于可控范围内。自主驾驶车辆通过互联网或者其他技术在网络中彼此连接时，自主驾驶系统可以被认为是一个相互协调的大型系统。其复杂性将非常高，尤其它还必须整合人工驾驶车辆的交通系统——由于复杂的软件和技术风险与无法预料的人类行为结合会产生人们意想不到的系统问题[15]。

一个完全不同的系统问题——在这种情况下只适用于非车载系统，而不是网络车辆——可能会是一种隐秘的集权行为。由于系统级别的优化只能通过区域外控制中心进行（第24章），所以在控制和管理层面上一定程度的集中化——尽管在所有用户方都是权力的下放。这可能引起人们的担忧，即技术产生的必需性可能会导致病态社会的后果：集中控制的交通系统作为中央集权制社会的先导，其生命线是超出民主秩序的"大型基础设施"。但这不是可以预见的自主驾驶的社会风险，从任何方面来说都不是必要的发展方向。相反，这在建立自主驾驶时应该被认为是一个潜在的问题，值得更多的关注，以便在出现事故时可以采取对策。

在所有这些领域，决策者们都是一个由汽车公司、软件生产者、政治监管机构各个责任机构组成的复杂网络。可能还会有新的加入者，他们其中扮演的角色现在还无法预知。决策者和受影响的人群通常是不同的群体。而且由于道路使用者和其他公民几乎没有办法避免这种风险，所以必须对这些事项进行公开的全社会辩论，以便适当地观察和评估事态的发展，最好引入任何适当的政治或监管措施。

30.3.3 投资风险

研究开发自主驾驶技术是非常精细的工作，费用相当高。供应商和汽车公司现在已经在对此投资，在全面引入自主驾驶之前，还需要大量额外的投资。这些与其他投资一样存在商业风险，如果自主驾驶因为某些原因无法大规模占据市场，投资回报率就可能不能达到预期的规模或不在预期的时限内。相比之下，如果一家公司选择不投资该技术，那么又会存在该公司的竞争对手开发自主驾驶技术的风险，如果成功，将大大增加其市场份额。因此战略性商业决策的制定必须考虑到不同风险。

首先考虑的是，这是企业管理的标准情况，也是管理公司的典型任务。鉴于所需投资的规模和发展自主驾驶所需要的耐心，这方面的决定将产生长期的影响。过失将首先影响各公司的股东和雇员，如果由于这种失败引发重大危机，后果可能会延伸到整个经济体系，例如德国这种严重依赖汽车公司的国家。虽然原则上是一个竞争的局面，但经济挑战的规模可能会有利于形成战略联盟，以设计基于联合标准即使成功上市之后,事故或者甚至与技术有关的系统影响(见上文)仍将会发生,这将对受影响的品牌构成重大风险(第21章和第28章)。这方面特别值得提及的一个问题是自主驾驶所需软件的复杂性所带来的风险因素。复杂的软件不可能全面地测试,这意味着在实际使用中可能会发生意外的问题(参见第21章关于系统的可测试性和备份)。在这个意义上,使用阶段本质上是另一个测试阶段,测试人员是用户。汽车界中在一定程度上已经出现过这种情况,软件问题是发生故障时经常出现的原因。驾驶员是否愿意作为广义上的"测试对象"还有待观察。但是在涉及人身安全的案例中,几乎没有人愿意。当计算机由于软件错误而崩溃时,会让人很烦恼。当自主车辆由于软件错误而导致事故时,这更加不可接受。在这种情况下——发生的事故与"正常情况"不同时——可能引起广泛的媒体的关注。

特别是由于图片的力量和其通过媒体的传播,即使问题容易纠正且后果轻微,这些事件仍然可能会产生重大影响。一个很好的例子就是恶名昭彰的"麋鹿测试",通过发布的一个测试过程中的事故而引起了公众关注。另一个例子是由于1986年美国媒体的一份报道,使得奥迪在美国市场上的声誉受到持续性破坏的故事(第28章)。无论事故的严重程度如何,这些事件都有可能损害公司的声誉,从而造成经济风险。在重大召回行动的情况下也存在这种风险,其中该行动本身造成的重大经济负担普遍超过了公司声誉的损害。这种情况发生的可能性随着所需软件的复杂性增加而增加,因此这成为与自主驾驶相关的风险的核心内容。

30.3.4 劳动力市场风险

技术和社会技术的转型过程通常会对劳动力市场产生影响。人们担忧大规模自动化会导致失业。20世纪80年代的生产和制造自动化导致仅在德国就减少了数百万个工作岗位,其中大部分是以简单的手工任务为主的领域。需要做出大规模的社会努力,通过资格审核和培训使得至少一部分受到工作损失影响的人们找到新工作。如今有人担心下一波自动化可能使更复杂的工作变得多余。往好的方面看,要实现更多的自动化,可能会导致新的活动领域和就业机会的出现,所以整体平衡不一定是负面的。但这些新的活动领域通常只对具有较高素质的人开放。

全面引进自主驾驶无疑将影响劳动力市场。主要输家将是目前人工驾驶车辆的人员:货车司机、出租车司机、物流和运输公司的员工,特别是在车辆按需使用案例中(第2章)。完全转变为自主驾驶的移动出行系统实际上在很大程度上将完全淘汰这些工作。另一方面,可以出现控制和监测自主交通的新工作,在系统的开发、测试和制造方面,特别是供应商行业,需要高素质的人才。

因此,与上述之前的自动化浪潮相似的情况也将在这里出现:淘汰非技术性工作和创造新的高技能的职位。从这个角度来看,工作岗位的净增加或者减少是不可预测的。很明显的是,由于潜在受影响的工作人数众多,所以必须考虑采取积极措施来应对发展的早期阶段，例如制定和提供资格认定措施。可以认为，自主驾驶将逐渐融入当前的交通系统，而且鉴于之前的自动化过程积累的丰富经验，所以有效应对这些问题的前提条件应该得到满足。要在早期阶段确定自主驾驶发展对劳动力市场可能产生的问题，这就需要工会、雇主和职业介绍机构进行合作与研究来观察当前的发展情况。

30.3.5 出行便利性风险

自主驾驶对诸如老年人这类出行较少的人群提供了更大的便利。虽然这从道德角度来看显然是正面的，但也可能会对社会公正有影响，这是一种"可能的危害"，也会被视为风险。这主要包括偶尔出现的对自主驾驶成本导致个人出行成本提高的担忧。在一个混合交通系统中，这个问题也可以反驳说，因为传统的驾驶方式仍然存在，所以情况不会发生变化。

然而，这种情况会引起另外一个疑问，即谁会实际上从自主驾驶中获益——主要是安全和便利。在不考虑较高的前期运营成本的情况下，如果自主驾驶的唯一作用只是让那些目前有能力雇佣司机的人免去司机，甚至在这个过程中省钱。对于移动出行而言，这肯定不会带来更大的便利性。事实上，如果大部分现在自己驾车的人负担不起自主驾驶，这将是有害的。在考虑这些有争议的事态发展时，首先要指出的是，分配公正问题不局限于自主驾驶的问题，如何公正分配新技术的利益才是关于技术进步的根本问题。第二，目前这些担忧仍然是推理出来的，并没有可靠的成本信息来支撑。

关于给自主驾驶建设的基础设施的成本，可能也会引起社会公正问题[5][13]。如果建设自主驾驶基础设施被视为公共责任，并通过税款资助，这样，非自主驾驶用户也参与到资助自主驾驶。如果费用由所有驾驶员承担，非用户也会把自己视为自主驾驶的资助人。根据建设基础设施成本以及分摊到个人的成本的高低，这也可能导致与成本分配有关的社会公正问题。

30.3.6 隐私风险

即使在今天，现代机动车也提供了大量的数据并留下了电子轨迹，例如，通过使用导航设备或通过数据传送给制造商。如果自主驾驶汽车不是车载式自主驾驶，而是必须在任何时候都要联网的网联式自主驾驶，那么电子轨迹将相当于一个完整的动态资料[13]。当然，车辆的动态资料不一定必须与用户的动态资料相同。在按需车辆（第2章）的情况下，当然可以设想，如果订购和付款是匿名进行的，他们可以匿名使用，然而，这似乎与当前的电子预订和支付系统的发展不一致。

动态资料为情报服务提供了有价值的信息，例如可以追踪政权反对者的运动，公司也可以利用这些信息为目标广告制作资料。即使在今天，隐私的终结也被合法化了——这是一个非常大的问题，就像当前关于国家安全局、工业4.0和大数据的争论一样。出现一个由运输系统、信息供应、通信系统、能源系统以及目前独立运作的基础设施组成的巨型结构，是未来几年甚至几十年的最大挑战之一。这个问题将重新定义隐私与公众之间的界限。这必须在政治层面上进行，对民主来说具有根本意义，因为绝对透明是极权体制的另一面。在这场辩论中，自主驾驶大概只是次要的讨论对象。

30.3.7 依赖风险

现代社会越来越依赖于技术的平稳运行。这起始于对个人电脑和汽车的依赖，延伸到全球经济发展完全依赖完整的能源供应、全球数据通信网络和数据处理能力基础设施变得愈发复杂，例如随着可再生能源引起波动的电力供应，现在更多的是产生"系统性风险"，其中有极小的可能性导致系统不稳定，多亏了足够复杂的链式反应和正反馈。这种对技术故障和随机事件的敏感性讨论日益频繁，不仅如此，对社会技术基础设施的恐怖袭击（例如，以网络恐怖袭击的形式，对全球化经济的信息技术主干进行攻击）表现出一个意想不到的和不受欢迎的，但最终不可避免的后果来加速技术进步[10]。目前的问题是随着风险逐渐显露，在明确地权衡了危害与机会后，大多数情况下的风险并没有被有意识地接受，但只有当人们对技术的依赖表现出来的时候，这种风险才会引起公众的注意：如长时间停电导致几乎所有的公共生活场所都瘫痪[12]。

在人们的移动出行方式大规模转移到自主驾驶车辆时，大多数社会移动出行需求自然就依赖于自主驾驶系统的运行。只要有足够的人依然会手动驾驶车辆，即便发生故障，也在可控范围之内。例如，如果允许客运车辆从自动驾驶模式切换到手动驾驶，这就不会发生什么问题。但是在自主驾驶系统常常完全崩溃的情况下，如果很大一部分物流和货运交通切换到自主驾驶模式，为这些物流货运车辆保留足够多的司机将非常困难，更不用说车辆首先还必须具备手动驾驶的功能。即使由于系统故障重要的物流链可能会中断很长一段时间，在供应人口和维持制造业生产方面，瓶颈仍然将会很快形成[12]。这种风险并不是什么新鲜事：自从德国的能源转型政策生效以来，人们对可靠的能源供应的巨大依赖与全球经济对互联网的依赖，在结构上非常相似。

另一种对自主驾驶的依赖可能由于个人驾驶技能的退化产生。大规模使用自主驾驶车辆将导致驾驶训练的丧失。此时如果车辆进行手动驾驶，如在周末或假期，驾驶员较少的驾驶实践可能导致较低的驾驶技能水平，如处理突发状况的能力。在自主驾驶系统完全崩溃的情况下，如果道路上突然出现大量的人工驾驶的车辆，驾驶员的技能降低可能会再次被证明是有问题的。此外，如果系统级（见上文）的预期效率增益突然消失，主要的瓶颈和交通堵塞可能会出现。

最后，进一步的数字化和将自主权转移到技术系统将会使社会更容易受到蓄意破坏和外部攻击。自主驾驶可能会受到恐怖分子、心理变态者或军事场景（网络战)的影响。控制中心可能被黑客入侵,通过恶意行为触发恶意软件的安装甚至是系统崩溃。防御性措施当然是必要的且在技术上是可行的;但在这里,出现了臭名昭著的"龟兔赛跑"问题。也再次重申,这不是一个自主驾驶所特有的问题,这在互联网领域人人皆知,并且已经进入了能源领域。

30.3.8 风险与引入场景之间的关系

这里描述的风险是基于当前移动出行领域的定性和探索性考虑。因此,它们具有一定的合理性,但也包含一些推测。不应该将它们理解为单纯的预测,而是在研究、开发和引入自动驾驶的过程中应该被观察到的控制指标。事实上,它们不能预测任何未来的特定风险,因为它们都依赖于自动驾驶的引入场景和它固有的特征,而这两个因素在今天看来都是未知的。例如,"隐私"风险将在很大程度上取决于是否实现了一个自主式自主驾驶的场景,或者自主驾驶车辆是否需要始终连接到互联网和控制中心。

公众对这种风险的感知在很大程度上取决于自主驾驶是如何被引入的。如果这是一个逐渐自动化的驾驶过程的一部分,那么从获得的经验中逐渐学习的潜力将大大降低自主驾驶作为一种高风险技术对乘客和旁观者的"诽谤"的风险。再进一步自动化,如交通堵塞辅助、自动泊车、自动公路巡航(第 2 章)等未来几年可能会被引入到车辆中(第 10 章)的技术,这些大概不会导致对风险感知的增加,因为沿着技术增量进步的模式,它们似乎是一种自然的发展结果。

例如,与核反应堆的切换不同,目前为止,驾驶员辅助系统的自动化程度已经在逐渐提高。自动变速器已经存在了几十年了,我们对 ABS、ESP 和停车辅助系统感到很满意,更进一步提升驾驶员辅助系统的自动化程度目前也正在进行。循序渐进地引入自主驾驶系统允许最大程度的学习并且也会使劳动力市场逐渐适应这种局面,如公众对个人隐私方面的担忧(见上文)。

在更具革命性的引入场景中(第 10 章),进行对风险的前瞻性分析和感知时会出现其他更令人烦恼的挑战。公众的风险感知会对事故或危急情况出现时做出特别敏感的反应,使得这些事故或危急情况成为"丑闻"的风险更大,而"投资"风险(见上文)可能会成为个别供应商或品牌的真正问题。

30.4 与之前风险辩证的关系

几十年来,德国和其他工业化国家在技术接受和风险辩论方面有着丰富的经验。本节将试图从这些以前的风险沟通中汲取灵感,并将它们应用于自主驾驶,这在不同的风险类型下是可能的。

30.4.1 主要风险辩论中的经验

30.4.1.1 核能

核能源的风险主要是由政治和商业团体的决策者组成，由相关自然科学和工程学科的专家提供支持。另一方面是受影响的团体，包括在核电站附近的居民，在戈莱本的重新加工工厂和计划的核废料库，以及越来越多的德国民众。

核能是一种典型的远离日常生活的技术。尽管许多人从产生的能量中获利，但能源的来源却不可见，正如一句老话所说："电来自电插座"。最坏的情况就像切尔诺贝利和福岛的灾难性损失。事实上，考虑到这些严重事件，没有保险公司愿意为核电站项目承保，核电站的放射性废物带来的危害是长久的，所有这些因素都表明，核电的风险与自主驾驶完全不同。只有一点是有教育意义的：

德国早期的核能辩论的特点是专家们的傲慢态度，他们在面对批评时几乎完全赞成核能。公众的担忧并没有被认真对待，批评人士被描绘成非理性、落伍或无知的人[14]。由于这样，信任被浪费在这些领域：信任专家网络、政治家和核能源背后的商界领袖；信任民主进程；以及信任一般商业技术的技术专家。关于核能的风险辩论表明了政府机构和公众之间相互信任的重要性，以及这种信任失去速度有多快。

30.4.1.2 绿色生物技术

辩论绿色生物技术的风险是另一种有趣的方式。尽管在言辞上着重于风险，例如通过释放及不受控制地传播转基因生物，但实质问题不是风险的具体规模，而是风险和收益的分布。与红色生物技术不同，在这种情况下，终端消费者不会从转基因食品中获得明显的好处。在最好的情况下，转基因食品不会比传统食品更糟糕。其收益主要来自于生产企业。然而，对于潜在的健康风险（如过敏），情况恰好则相反：转基因食品们会影响到消费者健康。

这自然是对消费者不利的交易：被排除在利益之外，却要承担潜在的风险。这一观点可能为转基因缺乏消费者认可提供了一个合理的解释，并为自主驾驶提供了一个教训，即不要强调抽象的利益（如经济或环境），而应该重点关注"终端客户"的切身利益。

还有另外一种视角来看待这个问题。农业企业特别是孟山都公司在欧洲推行绿色生物技术的努力只加剧了不信任和反对。在食品等人们特别敏感的领域，压力和游说反而会提高消费者的意识，从而导致不信任。因此，试图在与日常生活息息相关领域（毫无疑问自主驾驶属于这种领域）内推行"新技术"无疑天生就是一种风险很大的策略。

30.4.1.3 移动通信技术

移动通信技术（移动电话，移动互联网）是一个有趣的关于技术引进的成功案例，在进行了关于风险的公开讨论后仍然被成功引入。尽管关于电磁辐射

（EMF）一直存在着活跃的风险讨论，但这并没有对个体层面的接受产生不利影响。只有信号塔的建设地点是持续性引起抗议和反对的焦点。对于这项技术本身几乎没有任何反对意见。最明显的解释是，利益简直太直观了——这不是对经济上的利益，而是每个用户切身体验到的个人利益。

近年来，由于公司和情报机构从事间谍活动而曝光的隐私问题，即使是严肃公开讨论隐私风险，也几乎没有对消费者的行为产生任何影响。移动电话、网上银行、电子商务和永久在线的生活方式都能产生非常准确的个人资料，但这并不能阻止消费者继续使用这些技术，并在这个过程中不断地提供私人信息。即使我们了解并批评这些风险，显然是直接的利益促使我们接受这些风险。

30.4.1.4 纳米技术

从 15 年前关于纳米技术的风险讨论开始，这项技术就一直受到人们的关注，担心它可能会成为一场类似于核能或转基因作物的公众感知灾难的牺牲品。这是一种在纳米技术引入早期极其广泛但纯属推测的担忧，并以恐怖场景的形式出现，如人类失去对技术的控制。随着这些担忧没有实现，它们就渐渐消失在辩论中。通过公开辩论，纳米技术从欣喜若狂版的期望和世界末日般的恐惧之间的极端推测变成了一种"正常"的技术，它的好处主要在于通过涂层或与纳米粒子的结合实现新材料特性。

这里再次出现了大规模拒绝技术的担忧。诸如 ETC - Group 和 BUND 这样的组织呼吁对预防原则进行严格的解释，例如禁止在化妆品或食品等消费品中使用纳米颗粒，这引起了人们的担忧。然而，尽管这项技术有明显的潜力，但基要主义者的强硬并没有出现。一个原因可能是，在这种情况下，风险沟通与核技术和基因工程有很大的不同。尽管在这些案例中，专家们最初没有慎重地提出担忧和疑虑，他们想当然地认为"我们控制了一切"，但是关于纳米技术的风险讨论是开放的。科学家和企业界代表并没有否认在潜在风险方面还需要进一步的研究，而且在毒理学更先进之前这种风险不能被排除。这有助于建立信任。这种情况可以说有些自相矛盾：因为所有各方都公开讨论了进一步研究潜在风险的必要性，所以这场辩论仍然是具有建设性意义的。与其坚持绝对避免风险（零风险），不如相信任何风险都能负责任地得到处理。

30.4.2 自主驾驶结论

自主驾驶将是一项与人们日常生活息息相关的技术，就像今天开车一样。这与核能有很大的区别，而它与绿色生物技术（通过其在食品生产中使用）和移动通信技术共同影响着日常生活质量。从这两种风险辩论中，我们可以了解到核心的个人利益是多么重要。尽管食用转基因食品的益处没能被它的支持者推动，但移动电话和移动互联网带来的个人利益却显而易见。一旦这个效益非常明显，人们就愿意承担可能的风险。从行动理论的角度来看，这绝对是合理的。不合理的是在收益不明显的时候承担风险,或者只会给其他参与者带来风险(例如,孟山都在绿色生物技术的辩论)。在这种情况下,风险辩论可能会产生严重的后果,并抹杀任何技术被接受的机会。

另一个像这样的淘汰方案是大规模灾难发生的可能性,比如核电站熔毁的"残余风险"。这主要取决于政治层面,外界影响的机会很少。因此,在这种被广泛认为是被动危险的情况下,由于他人的决定导致人们可能会受到伤害。在这个自动驾驶场景中什么也获得不了,但它可能会被引入到传统交通运输中,因此从一开始就依赖于用户的接受。虽然可以想象其他的引入场景(第10章),但国家授权使用自动驾驶几乎是不可想象的。核能历史上唯一的间接教训是,专家式的傲慢会产生不信任。在一个开放的社会里,关于技术的具有建设性的辩论的一个重要前提是"平等"的公开讨论,这也是纳米技术辩论的一个教训。

这些例子还表明,谈到德国人对科技的厌恶是一个从核能和基因工程经验中诞生的神话。所有的实证研究表明,在不同的技术范围(技术、数字娱乐技术、新汽车技术、新材料)内接受度都很高[1]。这也适用于过去或仍在进行的强化风险辩论的一些技术(如移动电话)。如今关于风险的问题被立即提出,并不表明对技术的敌意;相反,它反映了技术的矛盾性和对更多信息的索取。通常被视为对技术的敌意的证据实际上可能与技术无关。斯图加特21次的抗议并不是拒绝铁路技术;在主要机场反对新跑道的抗议并不是反对航空技术;反对高速公路的抗议也没有绕过抵制驾驶汽车的技术。即使是对转基因作物和核能的拒绝也与非技术因素有很大关系:主要原因是对孟山都这样的跨国公司不信任,以及对充分的控制和监控缺乏信心(如日本的Tebco)。

30.5 负责任的风险管理策略

风险管理必须适应相应的风险类型,并在适当的层面上进行(公共辩论、法律法规、政治合法性监管、商业决策等)。它是基于对风险的描述,在各个领域深入的风险分析和社会风险评估。

30.5.1 风险评估

社会风险评估是一个复杂的过程,涉及各种各样的参与者,他们可以发挥自己的力量并导致不可预见的发展情况[15]。从特别引人注目的参与者(在新技术的案例中,常常一边是科学家和企业,另一边是施压团体和环保团体)的陈述开始,在大众媒体和由他们代表的公众辩论中,立场和点对点的情况逐渐集中。个别事件可以给公众舆论极大地加速其发展,正如在切尔诺贝利和福岛核反应堆事件之后,人们对核能态度的迅速转变。这使得预测非常困难。考虑以往的辩论所带来的合理性和教训,以下将对自主驾驶进行初步的陈述。

首先，比较对于风险评估非常重要[8,13,15]。我们通过研究风险的已知形式来评估新的风险形式。在这里，我们有一个已知的风险，由自主驾驶和常规驾驶共享，可以并且应该作为比较的一个关键基准（第 28 章；参见本章的第 30.3 部分）。如果自动驾驶在这一比较中取得了显著而明确的得分（即更安全、更低的事故风险），这将是社会风险评估的一个非常重要的因素。

此外，在许多方面，自动驾驶的风险似乎相对较小。与技术相关的事故将以一定的概率发生，在一个密集的测试阶段，可以被最小化但被不能消除。与核能不同的是，例如，其后果在地理、时间（放射性材料的半衰期）、涉及人数和财产损失方面相对较小。

在很大程度上，新的数字网络可能与驾驶的自动化有关，它对可能的系统风险、漏洞、隐私和监视有潜在的影响。在任何关于自动驾驶的公开辩论中，这些都是不可避免的重大问题。但由于这些挑战也存在于许多其他领域（包括越来越多的非自主驾驶），它们不太可能导致与自主驾驶有关的特殊风险问题。

一个特殊的案例是制造商（见 3.3 节）的商业风险评估，包括投资回报以及事故导致的潜在的声誉问题。任何这样的商业评估都必须以极不确定的假设为前提，例如媒体愿意揭露丑闻，以及这些丑闻本身的影响。夸张的恐惧和天真的乐观这两种情况都有可能出现。在任何情况下，从公众的角度来看，这都是意料之中的事，丑闻将被特别地归因于某一特定品牌商，而不是作为抽象概念的自主驾驶。这对受影响的品牌可能没有任何安慰；但它确实表明，（至少在自主驾驶的好处是毋庸置疑的）这种类型的问题将影响制造商之间的竞争。而这已经成为当今其他技术的案例。

总的来说，公众风险倾向于没有问题。它不能与基因工程或核技术相比较：没有灾难性的情形；利益是显而易见的，通过市场进行引入而不是由"上面的"法令。而且它可能不会在一夜之间发生，而是逐渐引入。

30.5.2 风险和接受

人们的接受（第 29 章）不能像有时候预期的那样"制造"出来，而是只能通过"发展"。"发展"取决于许多因素。粗略地讲，公众以及个人接受在很大程度上取决于对收益和风险的感知。至关重要的是，预期的利益并不仅仅是抽象的宏观经济术语，而是为那些使用新技术的人提供了实实在在的利益。至关重要的是，这将影响一个人是否愿意承担风险。

关于风险问题的另一个重要因素是利益和风险的（相对）公平分配。而且，相关机构（制造商、运营商、监管部门、监控部门）享有公众信任是绝对必要的。要做到这一点，必须在开放的媒体环境下进行风险沟通，没有什么比来自群众的怀疑更重要，而不是断言没有任何风险一切都在控制之中。必须认真对待关切和问题，不能以不合理的方式予以否认。所有这一切都需要与相关公民社会团体以及大众传媒领域进行早期和公开的交流,并在"参与式技术开发"的精神中适当地进行交流。

有理由相信,对于自主驾驶的接受,预期的利益将超过对风险的担忧。毕竟,尽管德国每年有超过 3000 人死于交通事故,但传统的驾驶技术几乎是普遍接受的技术。与核能相比,潜在损害的范围在地理上和时间上似乎都是有限的。其他社会风险(见上文)在本质上更为抽象,而预期的利益在某种程度上是切实可见的。为此,我将把抽象的风险,如依赖于复杂的技术或隐私问题,与安全和舒适方面的具体个人利益并列起来。因此,关注风险可能会忽略挑战的核心:决定性因素似乎是预期的利益。

当然,这只是因为风险评估没有发现戏剧性的结果。相反,自主驾驶的风险在技术进步的过程中代表着"正常的商业",但同时也有机会以负责任和文明的方式解决它们。特别是自主驾驶的逐步引入带来的学习和提高的机会,以及与没有灾难性的风险比例相结合的机会,在进一步的关于自主驾驶的辩论中,劳动力市场和社会公平担忧的风险问题的重要性降低了。与其把重点放在风险上,不如将自主驾驶的元素和选择视为具有更大安全性和效率、更公平、更方便和灵活的,具有吸引力的未来移动出行的组成部分。当然,没有零风险的情况——传统的驾驶模式也是如此。

两个主要的接受风险仍然存在。一个是测试驾驶或技术故障中出现问题时经过媒体报道(麋鹿测试)而成为公司丑闻的可能性。后果将很难预测。但在这里必须再次指出,麋鹿测试并没有引起人们对驾驶技术本身的排斥。问题更在于,任何声誉损害都会影响各自的品牌,而不是自动驾驶技术。

第二大未知因素是人类心理。人们是否会把自己的生命和健康托付给自主驾驶,这是一个悬而未决的问题。对于其他自主交通系统,如地铁或航空飞机服务,也没有公认回答。但铁路车辆被认为与汽车不同,因为在铁路运输中,人们总是坐着车,而不是自己开车;因为各个系统由控制系统集中控制;因为在许多情况下,汽车交通中突发事件的复杂性和可能性比铁路车辆要大得多。

关于接受的另一个方面就是传统汽车交通事故的责任判定和理赔达到高度的精确度和可靠性。相比之下,自主驾驶将会对损害评估系统带来新的挑战,因为"谁造成了伤害,人还是机器?"必须以一种明确的、法律上无懈可击的方式来回答。因此,对自主驾驶的接受程度很大程度上取决于这些问题的答案如何演变,而这些问题与今天的损害评估系统的精确度是一致的(第 4 章和第 5 章)。

30.5.3 社会风险管理的要素

从社会角度出发,对自主驾驶风险的诊断表明,确实需要采取以下风险管理措施:

- 自主驾驶的注册标准必须由主管机关规定;在安全标准方面,必须考虑到基本的伦理问题（安全程度如何）和政治问题（如分配公正、数据保护），并在立法和监管层面上加以处理。

- 关键是建立处理自主驾驶可能发生的小规模事故的法律法规。尤其产品责任问题必须解决（第25章和第26章）。
- 在这种情况下，必须考虑当前交通法规的调整或扩张。
- 这一变化将会影响到驾校对自主驾驶汽车用户的能力要求，特别是从"手动"到"自主"模式的转变，反之亦然。
- 风险管理的关键是安全措施，以确保自动引导车辆能够在危急情况下安全停车，并在事故发生时为乘员提供被动保护。
- 一旦自主驾驶系统具备足够的主动安全功能，可以证明免除安全带和安全气囊等被动安全措施将是合理的。
- 自主驾驶技术的逐步引入，为监测和改进驾驶工作提供了各种可能性。他们以新传感器和评估技术的形式被使用，应该成为社会风险管理方案的一个重要组成部分（第17章，第21章和第28章）。
- 应密切注意劳动力市场的风险；如果预测到即将存在失业的风险，就应及早采取行动，为受影响的人安排教育和再培训机会。
- 如果自主驾驶系统与互联网连接，那么就会出现数据保护和隐私方面的重大问题（尽管自主驾驶在这方面与其他领域相比并没有提出具体的问题）。应该引入技术和法律措施（第24章）来解决关于这些问题的广泛的公众辩论（例如，国家安全局，随心所欲进行数据收集）。
- 在创新和商业政策方面，各国政府有责任与汽车制造商进行讨论，以适当分配那些一旦发生不利事件就会造成重大经济损失的商业风险。例如，由于故障或事故被高度曝光，从而损害公司的声誉。
- 关于公共通信和信息政策的风险管理，对核能和纳米技术辩论的经验教训表明建立公众与相关机构之间的信任是非常有必要的。
- 对于自主驾驶的引进或者"收养"而言，利益相关者显然非常重要，具有决定性作用。这些人群主要是在德国有重要影响力的驾驶员协会。在公众舆论方面，大众传媒扮演着至关重要的角色。消费者保护自然也是一个重要的考虑因素。
- 现代技术的发展不能完全在工程师、科学家和管理者这种封闭的圈子里进行，只在技术开发完成之后才不得不恳求别人接受这种技术。在技术开发过程中（至少是那些不会直接影响公司竞争利益的部分）就应该保留一定的开放程度，让其他群体有机会参与进来。前面提到的利益相关者就应该参与到开发过程，而不仅仅是在之后的市场启动阶段。在技术开发与公开辩论的进程中，也应同时考虑如何处理风险和事故责任如何分配。

这里提到的许多挑战都是复杂的系统类型。在这方面，不同层次的系统研究尤为重要。自主驾驶不应被简单地看作自主引导车辆代替目前的人工驾驶车辆，而应该看作是社会变革中新的移动出行概念的表示。

应用许可

本章根据知识共享署名4.0国际许可（http：//creativecommons.org/licenses/by/4.0/）的条款进行分发，允许通过任何媒介或格式使用、复制、改编，分发和再创作，只要您对原始作者和来源给予适当的说明，提供知识共享许可链接，并指出所做的任何更改。

本章中的图片或其他第三方材料均包含在作品的创作共享许可中，除非在来源中另有说明；如果这些材料不包括在作品的知识共享许可中，并且法律规定不允许相应的操作，那么用户需要获得许可证持有者的许可才可以复制、改编或再创作材料。

参 考 文 献

1. acatech - Deutsche Akademie der Technikwissenschaften: Akzeptanz von Technik und Infrastrukturen. acatech Position Nr. 9, Berlin 2011. Available at: www.acatech.de/de/publikationen/publikationssuche/detail/artikel/akzeptanz-von-technik-und-infrastrukturen.html (accessed 7/29/2014)
2. Bechmann, G.: Die Beschreibung der Zukunft als Chance oder Risiko? Technikfolgenabschätzung – Theorie und Praxis **16** (1), 24-31 (2007)
3. Becker, U.: Mobilität und Verkehr. In: A. Grunwald (Ed.) Handbuch Technikethik, Metzler, Stuttgart (2013), pp. 332-337
4. Beiker, S. (2012): Legal Aspects of Autonomous Driving. In: Chen, L.K.; Quigley, S.K.; Felton, P.L.; Roberts, C.; Laidlaw, P. (Ed.): Driving the Future: The Legal Implications of Autonomous Vehicles. Santa Clara Review. Volume 52, Number 4. pp. 1145-1156. Available online at http://digitalcommons.law.scu.edu/lawreview/vol52/iss4/
5. Eugensson, A., Brännström, M., Frasher, D. et al.: Environmental, safety, legal, and societal implications of autonomous driving systems (2013). Available at: www-nrd.nhtsa.dot.gov/pdf/esv/esv23/23ESV-000467.PDF (accessed 7/29/2014)
6. Fraedrich, E., Lenz, B.: Autonomes Fahren - Mobilität und Auto in der Welt von morgen. Technikfolgenabschätzung - Theorie und Praxis **23**(1), 46-53 (2014)
7. Gasser, T., Arzt, C., Ayoubi, M. et al.: Rechtsfolgen zunehmender Fahrzeugautomatisierung. In: Berichte der Bundesanstalt für Straßenwesen. Fahrzeugtechnik F 83, Bremerhaven (2012)
8. Gethmann, C. F., Mittelstraß, J.: Umweltstandards. GAIA **1**, 16–25. (1992)
9. Grunwald, A.: Zur Rolle von Akzeptanz und Akzeptabilität von Technik bei der Bewältigung von Technikkonflikten". Technikfolgenabschätzung – Theorie und Praxis **14**(3), 54-60 (2005)
10. Grunwald, A.: Technology assessment: concepts and methods. In: A. Meijers (ed.): Philosophy of Technology and Engineering Sciences. Vol. 9, pp. 1103–1146. Amsterdam, North Holland (2009)
11. Nida-Rümelin, J.: Risikoethik. In: Nida-Rümelin, J. (Ed.) Angewandte Ethik. Die Bereichsethiken und ihre theoretische Fundierung, pp. 863-887 Kröner, Stuttgart (1996)
12. Petermann, T., Bradke, H., Lüllmann, A., Poetzsch, M., Riehm, U. (2011): Was bei einem Blackout geschieht. Folgen eines langandauernden und großflächigen Stromausfalls. Berlin, Edition Sigma. Summary in English available at: https://www.tab-beim-bundestag.de/en/pdf/publications/summarys/TAB-Arbeitsbericht-ab141_Z.pdf (accessed 3/24/2016)

13. POST - Parliamentary Office of Science & Technology: Autonomous Road Vehicles. POSTNOTE 443, London www.parliament.uk/business/publications/research/briefing-papers/POST-PN-443/autonomous-road-vehicles (2013) Accessed 7/30/2014
14. Radkau, J., Hahn, L.: Aufstieg und Fall der deutschen Atomwirtschaft. oekom Verlag München 2013
15. Renn, O., Schweizer, P.-J., Dreyer, M., Klinke, A.: Risiko. Über den gesellschaftlichen Umgang mit Unsicherheit. oekom verlag, München (2008)

第31章 开车、搭车：自动驾驶与车辆使用

Eva Fraedrich 和 Barbara Lenz

31.1 引言

一个多世纪以来，汽车以一种空前的方式改变了人们的机动性。在这同样长的时期里，汽车驾驶带来的对环境、社会和健康带来的方方面面的影响也是被批评的对象。

自动驾驶的出现可能会对个人和社会对待汽车的态度带来剧变，同时影响人们的交通方式和机动性以及现代城市结构。最近这一议题受到了非常广泛的关注，在大众媒体上它已经成为常规的新闻报道的一部分，在社交平台上它也被频繁地提出、讨论和分享。公众从自身感受角度出发，讨论这项技术的发展给汽车的用途将带来怎样的翻天覆地的变化，同时人们对车辆驾驶的态度也发生改变。例如，预期的变化包括目前的汽车拥有率[1,2]，减少了目前需要停车的空间[3]，以及汽车持有方式在个人所有和共享车队之间的转变[4]。

这一话题的日益突出表明了围绕着自动驾驶和自动驾驶汽车的争论在社会上愈演愈烈，在任何车辆所有权和车辆使用方法发生转变的新纪元，询问那些和自动驾驶有联系的人们对新技术和相伴而来的争论有何看法是非常有必要的。这些争论是在何种背景下产生的？人们的期望、恐惧和猜想是什么？自动驾驶技术被乐观看待还是被抱有怀疑态度，被认为是可行的还是不可行的？

从道路使用者的角度对这一主题进行了初步的系统深入的结构设计，重点介绍了目前与自动驾驶相关的各种主题、看法和评估的丰富程度（有关本探索性研究的调查和详细调查结果见第29章）。在这方面可以清晰看出自动驾驶是通过主观的使用环境来评估的，且与私家车的使用动机、价值体系与实践密切相关。对于运输方式的选择——决定选择特殊的运输方式——潜移默化地改变了我们的实践，这是一点点的改变，而不是大跨越的变化。目前还不清楚未来的自动驾驶汽车将会变成何种形式，我们日常生活的哪些方面、公共生活以及机动性将会受到什么影响，在包括车辆使用范围和车辆所有权的日常实践中检验自动驾驶技术，使得这项技术

的研究范围更加可信。

31.2 我们开车……开车……和开车……

人们为什么使用汽车这一难题从汽车诞生的那一刻起就困扰着各个学科的科学家，包括心理学家、交通学家、经济学家和社会科学专家[7]。这些争论愈演愈烈[7,8]，关于个人和社会在使用车辆带来的正面效益的研究和文献明显是较少的[9,10]，在可持续生活发展方面，减少个人机动车出行明显有着重大贡献意义，对汽车的使用原因的研究近些年来力度加大，从学术论文和科普文章的上升数量可见一斑。

汽车是非常复杂的非线性系统，汽车行业的扩张需要很多的先决条件，包括工业、供应商之间的强有力的技术、政治和社会关系，基础建设、资源利用和城市区域规划等[11]。这些行为导致了路径依赖和锁定效应，转型难度非常大[11-13]。Stotz（2001）指出了车辆作为一种技术产物被整合在一起进入社会并社会化的过程，以及在这个过程中汽车是作为主体而不是客体的状态[14]。其他作者在相当多的情况下对汽车也不是作为一个独立的外部对象来评价，而是作为人类身体的一个延伸符号[15-17]。也有一系列的研究强调了汽车对身心健康甚至平均寿命的影响[18-20]。

使用或拥有一辆车的动机是多方面的，在后文中我们将阐述最新颖的和最重要的动机解释。

31.2.1 使用汽车的理由和动机是什么？

工具性的动机

在很长一段时间里，拥有一辆汽车的动机被解释为基于工具和功利性方面的行为模型[21]。为了实现他们的日常活动需要——也就是说，在不同的地方从事不同的活动地点——人们有多种出行方式（汽车、自行车、火车等）。这种原因是基于汽车带来的各种好处，例如实用性、速度、金钱成本、灵活性、安全性和便利性等。因此，无论任何人选择开车出行——例如想要快速从 A 地去 B 地，或是想要尽可能性价比高且舒适地度过假期，或是去离家远的地方上班——比其他出行方式更加方便。汽车带来的优势是否被客观衡量是个次要问题，现在的争论重点是主观感知到的利益不需要对应任何实际的利益[22]。

"新城市主义""智能发展"这一类的城市发展概念包括了这样一个重要的假设，即交通方式的选择受到了工具方面的影响。这就形成了基础设施、交通规划和政策活动为一体，以更大的居住密度和混合用途（住宅、工作、购物、休闲）为目标以缩短行程长度和时间，并应能减少个人机动车出行（见文献 [23]）。

情感动机

仅凭单一的工具原因并不足以充分解释对运输工具的选择[27,28]。而且它们不能总是和其他的动机清晰地划分开。独立性和自由度，作为使用汽车的最显著的优势可以从工具和情感方面同时解读。自由度——时间表上的自由——有一辆车就可以在任何时间将车开走。同时，这种自由度一样可以给人自主独立的感受，这是驾驶的情感色彩（见文献[6, 29]）。

情感原因在日常的休闲驾驶中扮演着非常重要的角色，交通方式意味着汽车和情绪情感紧密相连，而这些情感和感受反过来又对选择什么模式和不选择什么模式产生相当大的影响。这种情形下汽车的使用者经常具有倾向性，尽管在相关调查中，汽车用户往往将自己的动机合理化，忽视情感因素[28]，但事实就是如此。因此，驾驶可以伴随着放松和快乐的感觉，兴奋、驾驶或速度的喜悦，但也有压力和紧张。一般来说，开车与积极情绪有关[30-32]。

汽车作为地位象征、动机象征和文化符号象征

除了工具动机和情感动机，象征动机也影响着人们对汽车（或一般的交通方式）的选择。为此，它们履行两项职能：首先，个人价值可以通过使用或拥有特定的车辆来表达。其次，这可能会突显出社会秩序中的某种地位。例如，一辆汽车可能象征着地位和威望，或者一种特殊的生活态度[28-30,33,34]。

此外，汽车也是一种文化象征。它们代表进步、自由、个性和成熟。它们激发了音乐、艺术、文学、电影和广告的创作。它们对家庭生活、社会交往和文化仪式都有影响，是现代社会成规仪式的重要组成部分（见文献[11, 35-37]）。

其他动机

除了工具动机、情感动机和象征动机之间并不总是有明确的区别之外（关于这一点的更多信息，见文献[6, 38]），最近的一些研究和讨论已经将汽车及其使用理由更明确地置于社会技术系统的背景下。这项研究揭示了汽车履行特定社会功能的方式：例如，它们如何深化地理上的不平等和分裂，如何塑造社会结构，或者它们如何定位国家和文化认同[14,39-43]。

在自动驾驶和车辆持有率的关系中，车辆作为"私人空间"的议题将变得重要（见文献[44, 45]）。对于部分人来说，车辆内部就像一个茧，是这个浮躁喧嚣的压力大的现代社会的一处避难所。除此之外，车辆在社交中也意义重大。Laurier和Dant[46]的调查显示，近几十年来汽车的变革逐渐将人们从繁重的驾驶任务中解放出来，这一趋势的原因不再是汽车带来的外在身份象征（这也体现在跑车失去了意义，内部空间较大的封闭式车辆增多），而是汽车作为一种暂时的"居住"空间，这一空间还兼具社交特性。这些研究一直强调，在汽车受到青睐的过

程中，社会因素发挥着重要作用，而不是个人选择。在汽车里，人们扮演着与他们在其他社会交往中（父母、朋友或工人等）相同的特定社会角色[42,47]。

在这种背景下，关于人们在使用各种交通工具的通勤时间也是具有价值的最新研究也可以派上用场（见文献[27,48]）。在很长一段时间里，开车被认为是无产出的消磨时间的行为，一次又一次的单调枯燥的上班路程就是这种负担的典型例子[49]。最近 Jain 和 Lyons[48]的学生对通勤者的调查显示，车里的时间被认为是宝贵的，甚至是生活中的礼物。通勤时间被视作从每日喧嚣中被剥离出来的休息时间，是从工作到家庭的过渡，这些发现与 Mokhtarian 等人（2001）早前在通勤方面的研究一致，他们肯定了花在车上的时间并不总是被视为浪费了[27]。

31.2.2 总结

目前车辆的持有和使用在工业国家接近了一个饱和点，但这并不意味着汽车产业会轻易从当前的主导地位降下来[50]。对绝大部分车主来说，它将更有可能在满足他们的日常需求方面保持其重要性（文献[51]：114）。在关于自动驾驶汽车未来用途的讨论中（以及自动驾驶汽车的接受程度），最重要的是考虑到工具、情感和象征方面的复杂性。乍一看，技术的感知功能品质似乎是一种容易衡量的"客观"效益，但这些功能只有在以情感和象征为主体的背景下才会被重视。自动汽车可以被看作是安全的灵活的和舒适的，但只有在日常生活中这些特点被重视时，技术才会被导向这个方向[51]。

31.3 基于汽车所有权和汽车驾驶背景下的自动驾驶的多重调查

从研究汽车使用和汽车所有权中得到的见解，以及从第一次对自动驾驶探索性研究中得到的启发，形成了我们后续实验工作的概念基础。这些正在进行的研究的目的是以面向运用的方式来调查道路使用者目前对自动车辆具有的具体属性的认识，并对这些属性的"翻译"过程，破译工具性、情感和象征性动机。指导研究的几个问题是：道路使用者把自动驾驶和自动车辆和哪些特点和评价相关联？什么样的动机是决定性的？目前自动驾驶具有怎样的属性也将被分析，并且在可能的情况下，将这些属性与人们的日常生活和出行相关联。这样就可以确定哪种态度和判断被预计会对这项技术的被接受程度产生影响。

为此，我们选择了多手段程序。为了探究人们的观点和判断的潜在变化，受访者将在量化的在线调查中面对自动驾驶的具体用例。这项调查还包含一个自由文本的调查问卷——参与者能够以完全个人的方式表达自主驾驶所具有的特点。一项更深入的分析，包括目前对自动驾驶的理解和允许的探索性定性程序，作为小组讨论的一部分。这里的重点特别在于技术如何被看待中存在的矛盾（见第29章），特别是在技术实装之前，抱有恐惧又有较高的期望。探索性的过程似乎特别适合这个相对年轻的研究领域。到目前为止，人们对自动驾驶的态度和动机几乎没有任何了解，这些研究的开放性特征有助于解释这些动机。

31.3.1 基于具体用例的自主驾驶感知与评估

我们将从接受度方面来对本次调研中的四个案例进行分析研究。这是因为它们不仅在技术方面上有所不同，而且在具体含义、使用范围和与之相关联的属性上有所不同（关于这一点更多信息见第6、11、12和32章）。因此，在一个准代表性的调查中，我们依靠这些案例记录了对自主驾驶的不同态度。有1000人被调查，他们在性别、年龄、收入和受教育水平方面代表了德国的整体人口水准。在与本卷的几位作者的合作下，对该调查进行了深入的讨论，抽样方法见第6章。

共有57%的受调查者宣称他们对自动驾驶的话题比较感兴趣。然而，44%的人表示他们对这个主题不了解，仅有4%的人认为自己是了解较多的信息或拥有专业知识，更不用说专家的人数了。78%的人主要从主流媒体处获得相关资讯，64%直接从专家处获得，56%与朋友或同事对此进行讨论，40%曾在社交媒体上进行讨论。

根据社会人口统计学、交通行为、旅行需求等方面的问题，受访者被随机分配了四种情境中的一个，每个场景都用一个简短的描述来介绍：

自动驾驶在州际驾驶中作为备用驾驶员使用的场景：在高速公路或类似的道路上，驾驶员可以将控制权交给车辆。驾驶员在这段时间内不必关注其他交通或驾驶任务，也可以进行其他活动。

自动代客泊车的场景：在所有乘客离开车辆后，可以自行驶到预定的停车位，也可以从那里自动驾驶到上客点。

作为备用驾驶员全自动驾驶的场景：无论何时何地，驾驶员都可以将控制权交给车辆。驾驶员在这段时间内不必关注其他交通或驾驶任务，也可以进行其他活动。

专车服务（按需车辆）的场景：一辆专车载着它的乘客们，不需要有任何人类驾驶员在场，乘客自身也不再能够驾驶这样的车辆——车辆内部已经没有转向盘和踏板。

正如其被介绍的那样，在每个用例的后续问题中，受访者被询问是否会基本上准备用自动车辆替换现有的首选交通方式。这个问题已经在调查的第一部分以同样的形式中向他们提出，但只是被称为"自动驾驶车辆"而没有进一步的解释说明。无论是否明确地指定，所有的受访者对于将自己的车辆（或"最喜爱的交通工具"）用自动驾驶车辆替代的愿望相对很小。只有11%～15%的人对这一说法大部分或全部同意（见图31.1）。然而，有27%的人表示，他们从未想过，或根本无法想象，用（没有指定的）自动驾驶车辆替代他们首选的交通方式。在调查过程中，当针对具体案例提出自动驾驶时，这种拒绝程度急剧增加到44%～54%。这意味着随着场景描述得更精确，拒绝的想法变得更强烈。接受程度最低的是专车服务——54%的人不愿意用它代替他们原有的模式，只有11%的人能接受。

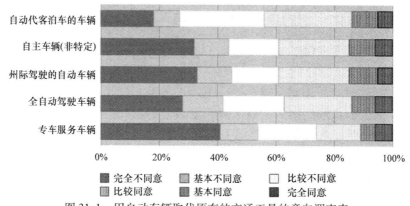

图31.1　用自动车辆取代原有的交通工具的意向调查表

为了探究目前受访者将什么与自动车辆相关联，他们被要求在最多十五个文本框中，用自己的语言来描述他们是怎么理解"自动驾驶"这个词的。那个简短的描述（见上文）也是基于此处。以下分析仅涉及被分配到"作为备用驾驶员全自动驾驶"（以下被称为"全自动车辆"）和"专车服务"用例的受访者的回答。

对250位受访者的回答进行了手动的总结和分类，然后根据含义进行分类（见下文）。"全自动车辆"的相关词条共有3750条；其中2587条（69%）由于各种原因是无效的，因为它不可能成为该问题的参考。专车服务总共也有3750个条目，其中2512个（67%）不可用。图31.2显示了具有各种含义的陈述的分布：正面、矛盾、负面或没有含义，无效条目此时已经被删除，百分比指的是剩下的内容。

虽然对全自动车辆的大部分描述都是正面的，但只能说同样的定义应用于专车服务只有38%。对于这两个用例，分别36%和40%的陈述有负面含义。小部分观念（分别为5%和4%）是矛盾的，即它们不能被明确地被归纳为正面或负面。

总的来说，受访者所认为的两种情形之间的相互独立的品质是相对相似的。许多答案类别在意义上是等同的，在百分比分布中也是相似的。我们将转而研究一些显著的差异。我们还将研究在可能的情况下自动车辆的工具、情感和象征特征的属性。

全自动驾驶作为备用驾驶员

在"正面的评价"部分，舒适占17%，其次是"好"（13%）、"安全"（11%）、"放松"（10%）和"现代感"（10%）——这些比例见表31.1。在"矛盾的评价"中，8%的回答在"奢侈品"的范畴。"负面评价"中有15%是因为他们认为这些情景是"昂贵"的。在这种负面的部分，只有"不适合我"的回答类别被较多地表达，16%。然而，"奢侈"一词并没有在专车服务中被提及，而"昂贵"仅以所有描述中7%的比例排在第7位。

在积极评估的部分中，全自动车辆主要与功能或工具方面相关，比如被描述为

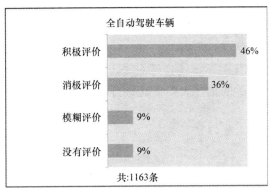

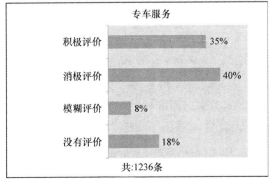

图 31.2　与自动驾驶相关的含义：全自动车辆和专车服务

"舒适""安全""实用""高效""改善流动性""有帮助的""环保"和"灵活"。虽然没有人认为专车服务是"有帮助的"，但也被认为是"有用的"。

表 31.1　描述全自动车辆的回答的总结与分类

积极的	百分比（％）	矛盾的	百分比（％）	消极的	百分比（％）
舒适	17	未来	48	不适合我	16
好	13	乌托邦	23	昂贵	15
安全	11	需要适应	22	不必要	12
放松	10	奢侈	8	怪异	11
现代	10	总计：106	100	不安全	11
实用	9			发展不成熟	9
精妙的	7	无评价	百分比（％）	无聊	7
高效	6	自动化	29	依靠技术	7
有趣	5	不了解	20	无法预测	7
改善流动性	4	不可思议的	18	危险	3
有帮助的	3	与其他交通方式相像	12	糟糕	1
令人激动	2	不是汽车	11	总计：422	100
环境友好	2	汽车	6		
灵活	2	理解问题	5		
总计：553	100	总计：102	100		

关于全自动车辆，只有"放松的""有才华的"和"令人兴奋的"可以被归于情感或感情。这些评价同样适用于专车服务，尽管有程度相对较弱的"伟大"

和"好"类别的含义,而不是"精妙的"。另一方面,负面评价中功能与情感方面的分布是相反的。"怪异""无聊""危险"和"糟糕"是明显的情感类别(并且在专车服务的情况下加入了"可怕"),而"昂贵"和"不充分发展"则更多地表示功能方面。在陈述中几乎没有找到可能被认为具有象征意义的答案类别。"现代""有趣"或"豪华"相关的描述表明了这些自动车辆最有可能被人们用车辆本身所表现的状态理解和评估。

专车服务

对专车服务的总结和分类属性可以从表31.2中看出。"积极评估"区域靠前的一些结果类别与全自动车辆的结果差不多。只有在第一位,我们才能看到一个全新的"有用的"类别占15%。在此之后,受访者将车辆依次描述为"舒适"(14%)、"放松"(13%)、"现代"(12%)和"安全"(10%)。18%对专车服务不发表意见。其中有一半属于"不了解"的类别——相比之下,只有20%的受访者声称他们"不了解"全自动驾驶汽车。"无评价"一栏中只有2%的回答属于"与其他交通方式相似"的类别,而同样的类别比例全自动车辆达到12%。这个类别包括诸如"全自动车辆就像'铁路'"或"专车服务是'出租车'"。

表 31.2　描述专车服务的回答的总结与分类

积极的	百分比(%)	矛盾的	百分比(%)	消极的	百分比(%)
有帮助	15	未来	41	不适合我	16
舒适	14	乌托邦	41	依靠技术	12
放松	13	需要适应	18	不必要	11
现代	12	总计:96	100	可怕	10
安全	10			不安全	10
杰出	9	无评价	百分比(%)	无法预测	7
有趣	7	不了解	50	昂贵	7
高效	6	自动化	22	危险	7
改善流动性	4	不能理解的表达	17	发展不成熟	6
好	4	不是汽车	6	怪异	6
环境友好	4	汽车	2	无聊	5
价值高	2	与其他交通方式相似	2	糟糕	2
令人激动	2	理解问题	1	总计:493	100
总计:431	100	总计:218	100		

在所有关于"专车服务"的负面描述中,有四分之一属于"可怕"(10%)、"危险"(7%)、"怪异"(6%)和"糟糕"(2%)。相比之下,没有一个受访者认为全自动驾驶车辆"可怕",只有15%称它为"奇怪"(11%)、"危险"(11%)

或"糟糕"（1%）。

总结

总体而言，该调查清楚地表明，专车服务是负面评估最多、积极评估最少的主题。在分配给这个使用案例的 250 位受访者中，54% 无法想象用专车服务替换目前的首选运输方式。在与作为备用驾驶员全自动驾驶的直接比较中，专车服务被用相对更负面的表达来描述，其中四分之一的描述甚至将其视为可怕、危险、怪异或糟糕的。显然，这意味着能够想象自己使用专车服务的受访者比坚持自己驾驶汽车的受访者要少，这从声称"不知道"的问卷数量可以看出。"昂贵"和"奢侈"这样的回答表明这些车辆仍然很清晰地与个人私有制相关联。在另一方面，专车服务几乎不和其他交通方式相比较。

从工具性、情感或象征性方面对问卷中的人们对自主驾驶的陈述进行分类，可以看出工具性质在正面的评价中占了主导地位。另一方面，强烈的情绪化反对构成了大部分的负面评价。相比之下，突出自动车辆状态特征的描述几乎没有。在下一节描述的定性调查中，我们将会仔细研究收到的自主驾驶的负面情况，并调查他们的社会背景。如探索性研究所示，这些负面表达明显和汽车使用和所有权的背景下的情感因素是相一致的（第29章）。

31.3.2　未来的自动驾驶："我们真的想要那样生活吗？"

以下发现是基于柏林的三个小组讨论内容得出的，小组讨论的组成成员每次都不同。所有参与者都接受过高等教育；有些在学术界，在大学或其他研究机构学习或工作。这些讨论分别包括五、六、七个人。组内所有人员都住在柏林，其中七人是女性。最年长和最年轻的年龄差距在第一讨论组中是最大的，最年轻的 20 岁，最年长的 50 岁。所有参与者都经常使用汽车，虽然并不都拥有一辆。在每次讨论结束时，有关他们的社会背景、交通方式以及汽车使用和所有权的数据都会被收集。所有参加的人员都已经在讨论会之前听说过自动驾驶。

在会议开始时，参与者收到一张打印有图文并茂的自动驾驶相关信息的 A4 纸。有两种不同的场景——一种是"作为备用驾驶员的全自动驾驶"，另一种是"专车服务"。每组收到一种场景案例后进行小组内思考与讨论。这种个人讨论是有意识地关注不受其他人影响的个人思考过程（文献[52]：493，作者翻译），在研究人员的指导下，小组的参与者对研究对象进行思考并彼此独立地记录个人想法。最后，他们与小组分享他们个人探索的内容。在第二阶段，小组成员通过聆听其他人的报告并将启发写进他们的报告里。以下是议题和参与者的报告：

你刚刚收到了一个关于未来汽车的场景的简短描述——一个关于明天驾驶可能会是如何的简短故事。请仔细阅读故事，想象自己置身于文章描述的场景中，并记录任何你在此课题中滋生的感受、感悟和幻想！

请记下你的启发。

然后，参与者们依次读出他们的笔记，作为所谓的"个人报告"。报告随后被转誊并定性归类。与经常无意识地进行的日常发现过程不同，定性研究是"以规则为导向，以方法学为支撑"，采取系统化和跨主体可追踪的查找和发现的过程形式（文献［53］：226，作者翻译）。该方法基于四个规则：

1）研究人员和课题的开放性。
2）研究对象的开放性。
3）大量观点转变。
4）共同点分析。

此外，定性研究使用所谓的对话原则：一个问题只就一个对象提问（在研究中，被转录的个人报告），给出"回答"。然后从另一个观点或不同的角度就同一对象提出新的问题，之后该过程继续。研究对象与研究人员在密切的对话关系中，也有利于平滑（研究）主体与（研究）对象之间的严格区别。

在撰写个人报告后，这些小组开始进行公开讨论，这些讨论与汽车使用和所有权的隐含行为模式[54]相一致。在我们给出的研究报告中，我们将重点关注参与者个人报告的内容。

31.3.3　结果

分配给小组讨论参与者的场景激发了人们对这个话题的极大兴趣，同时也引发了批判性的质疑。接下来，我们将介绍一些话题的案例，它们在早期的探索性调查中已经被证明是重要的。个人报告显示了对自主驾驶的矛盾态度，这可以与第29章给出的研究结果相对比。

此外，与自主驾驶有关的那些具体的恐惧和担忧和这份负面情绪在那种场景中被变得更加明确。我们将会仔细研究下列对自动驾驶的不利因素范围，结果来自于被分配了"作为备用驾驶员的全自动驾驶"方案的两组。

对自动车辆未来的怀疑论

为了完整性起见，在这一点上应该说明，在向参加者提供的场景描述中，主角"Yvonne"利用了为她空闲出来的不必亲自开车的时间去进行工作活动（例如电子邮件通信），以及其他的事情。尽管一些其他的活动也因此被涉及，但场景的确往往更侧重于典型的组织活动（带孩子上学、进行购物等），而不是休闲和放松的追求（看窗外、看电影、睡觉/放松等）。因此，部分（特别是年轻人）小组成员对自主驾驶的持怀疑态度和反对的态度可能归结于以下事实，即未来的生活如此充分地被日常琐事填满。

另一方面，在之前的调查中，参与者们对自动驾驶质量和属性的观点可以进行分类，和探索性研究和定量问卷中反复出现的分类一致。

"加速地服务社会"

大部分人对将来能将自动汽车上的时间用于进行其他活动这一观点抱有消极态

度。在他们做出的个人报告中，与会者对于今后不再需要集中精力于驾驶任务表示担忧。他们认为，这可能导致私人、休闲的时间和工作活动过于密切地相混合。最终，延续这个思路，技术可能会进一步转向如今已经被许多人认定是危急的趋势：一个越来越指向绩效和效率的功利社会：

Johanna："和私人生活和工作生活混合越来越多，你成了一个完整的工作狂。"

Timo："这种在同一个地方同一时间必须做越来越多的事情的压力也在增加。"

在驾车出行期间以其他方式使用时间的自由和机会，可能会带来用这段时间提高效率的压力。另一方面，在传统的驾驶过程中，必须集中注意力被用积极的态度看待：

Johanna："驾驶实际上是一个很好的事情，你必须专注于它，用你的双手做一些事情，同时恰恰无法检查工作中电子邮件，那是当你坐在办公桌前才开始的。"

"对技术的依赖"

与自动驾驶相关的另一个后果是未来对技术的依赖，它也可能伴随着带来大量的控制失效的负面影响。技术依赖和控制失控也被认为是有问题的，人们因为自己的行为不再对技术的后果产生影响而对技术抱有怀疑态度：

Nico："在特定情况下，你可以简单地自发做决定，实际上这种感觉比全自动汽车好。"

Julian："显然，如果我第一次听到5、4、3、2、1……嘟嘟声，我不可能反应过来。"

显然，在这种担忧的背后，是对于技术的一个根本的怀疑态度，当它对个人的安全造成重大影响时这种怀疑会更加凸显，就像在自动驾驶中一样：

Julian："我的水壶都没有得到我的盲目信任，为什么我应该盲目地用我的生命的代价相信我的车，我莫名其妙地非常不安。"

生活正在"被确定"，而且"你会闲着"

自动车辆中的驾驶员驾驶任务的取消受到了非常强烈的批判。这里的主要观点是，不自己驾驶一台车辆的话会减少乐趣、自发性、个性、灵活性和控制（这里有趣的是，参与者实际上被给予了作为备用驾驶员全自动驾驶的场景描述，如在场景中所述驾驶员可以随时随地地自己驾驶）：

Johanna："这样的话实际上与公共交通有什么不同？因为我实际上对一辆车感到愉快的，就是它在我自己的手中——我可以自己做决策。如果我有点迟到了，那我可以多踩一点加速踏板。"

"被确定"（Timo）的评论一方面非常具体地指的是失去了驾驶的乐趣，而且还指的是被自动驾驶消除了具有乐趣的生活方式：

Bettina："你将不再需要这么多的移动，因为你将能够在任何地方搭乘汽车；你会变得懒惰，你会变得无所事事，你将只会搭乘汽车，因为如果你自己生病或你感觉如何都没有关系——你可以在每一次外出中搭乘汽车。"

社交隔离"人类将不再需要任何人"

在小组的成员看来，这种"被定义"和无所事事的后果是，人类最终会被替代。"人类将不再需要任何人"（Inga），之后会有一台机器来完成所有事情，这样发展下去，甚至思考也会为你完成：

Inga："汽车自己驾驶，你将不再需要开车。食物以某种方式被运送，你可以把自己封在你的公寓中触摸屏幕并且变得迟钝，你不用再做任何思考，你可以上谷歌或者看猫的视频来打发时间。总之你基本上会变成完全的蠢蛋。"

系统缺陷：自动汽车的"自动"有多真实？

总体而言，对自动车辆安全性的信任似乎仍然处于低位。这使得参与者进行了广泛的猜测："那么怎样能够预测这些汽车？"和"如果系统崩溃或者没有互联网接入会怎么样？"（Nico），"他们可以远程遥控驾驶吗？"（Thorsten），"当这个系统遭到黑客攻击时会发生什么？"和"这些自动的汽车真的能够自动吗"（Bettina），"那么，证明整件事情会是安全的证据在哪呢？"（Herta）

在这样的问题和言论的背后，是对于未知的技术以及对存在危险的可能性感到的非常不安。与此同时，参与者目前似乎完全不清楚该技术发展的背后是谁，谁来负责系统的安全。发生意外时谁来负责？谁承担损失？最重要的是：谁会在道德层面上承担责任？

"社会和经济后果"

对自动驾驶的考察也引发了这样的担忧，即技术将在各行业（汽车业、出租车和配送服务等）引发失业。这与自动化车辆将导致汽车之间区别减少的观点相联系："如果你只有这个大家伙"（Bettina），自主驾驶最终会伴随着"更大的垄断"（Eddie）。

31.3.4 总结

在关于自动驾驶的小组讨论中提出的问题，是在社会科学的背景中，同时揭示了未来社会中负面的和以问题为中心的观点。总体而言，参与者倾向于对自动驾驶采取反对立场。虽然也有积极方面的观点，但它们既不是在特定的使用环境中，也不会与未来社会的积极观点相联系——至少和负面的观点不一样。

对自动驾驶的未来所表达出来的担忧涉及社会孤立、社会和经济后果、对技术的过度依赖、空闲的增加以及面对以绩效为主要导向的社会的压力。

31.4 结论

定量问卷的结果挑战了目前广泛流传的假设，即可以预见自主驾驶有普遍的开放度和较高的接受度[55-57]。在我们的研究中可以找到这样的开放性，但只有当自动车辆是什么这个问题仍不明确时才会发现。然而，当受访者被介绍引入到自动驾驶的具体使用案例时，他们的评估结果将变得更为负面。对专车服务的评估特别表明，某些形式的自动驾驶仍然与人们对车辆和出行方式的概念相去甚远。除此之外，负面评估是由于人们对"专车服务"可能出现的潜在风险和危险所感到的更多的是"暴露",而不是能够"控制",因为他们将无法再亲自控制车辆。总的来说,目前有争议的是,大多数人是否有对"自动驾驶"可能意味着什么的概念。在定量调查中,44%的受访者仍然表示,他们对这个问题一无所知,这清楚地表明这个认知远远没有渗透到社会的各个角落。这些发现也可以认为是一个标志,我们需要进一步关注自主驾驶的用途和应用的研究。

此外,自动驾驶和自动车辆之间的消极关联特别地表明,面向应用的检测也必须定位于特定的用户群体。例如,要使用的场景应该更多地考虑不同用户的生活环境。在这方面,至少可以确认的是,对于目前相对未知的技术,人们的信任水平仍然较低。自动车辆是否安全现在仍然是值得怀疑的。与此同时,人们目前也没有任何具体的了解,举例来说,什么样的技术是可靠的,发展的背后是哪些人,如果有怀疑,谁将承担潜在损害的责任。

本章主要着眼于人们通常对自动驾驶和汽车使用的"主观认识"和反思或理论知识(文献[58]:10;文献[54]:40)。这样做的目的是为了追踪这些行为是如何反过来作用于主题的,从而探索他们的动机,然后问:从主观角度来看,人们是如何理解汽车的使用的?人们在使用车辆时会考虑什么?他们的行为表现出什么样的意图?这一层面的意义形成了行动指导知识结构的"指向方案"。在未来的实证工作中,破解方向框架也是有必要的,即行动结构,并调查如何在环境和文化的特定关系中进行汽车使用的实践。

自主驾驶是否会引发汽车系统的根本转型呢,目前还难以预料,到目前为止,能够威胁汽车使用霸权的严重问题依然没有出现的迹象。然而,最终可能正是像自动驾驶一样的新技术,源源不断地不可逆转地改变了我们的运输系统。正如社会学家约翰·乌里(John Urry)所说:"正如互联网和手机也是从'无'中发展,因此,这里的转折点的出现将不可预测,很可能来自一系列技术、公司或政府,它们目前还不是移动产业和文化的中心"(文献[59]:272)。

应用许可

本章根据知识共享署名4.0国际许可(http://creativecommons.org/licenses/by/4.0/)的条款进行分发,允许通过任何媒介或格式使用、复制、改编,分发和再创作,只要您对原始作者和来源给予适当的说明,提供知识共享许可链接,并指出所做的任何更改。

本章中的图片或其他第三方材料均包含在作品的创作共享许可中,除非在来源中另有说明;如果这些材料不包括在作品的知识共享许可中,并且法律规定不允许相应的操作,那么用户需要获得许可证持有者的许可才可以复制、改编或再创作材料。

参 考 文 献

1. Anker, S.: Ist das die Zukunft unserer Mobilität? Die Welt. http://www.welt.de/debatte/kommentare/article128675822/Ist-das-die-Zukunft-unserer-Mobilitaet.html (2014). Last accessed on 30 September 2014
2. Heise online: Autonome Autos machen Privat-Pkw überflüssig. http://www.heise.de/newsticker/meldung/Autonome-Autos-machen-Privat-Pkw-ueberfluessig-1943508.html (2014). Last accessed on 30 September 2014
3. Der Stern/ DPA: So sollen Roboter-Autos den Verkehr revolutionieren. stern.de http://www.stern.de/auto/news/google-car-so-sollen-roboter-autos-den-verkehr-revolutionieren-2122143.html (2014). Last accessed on 30 September 2014
4. Hucko, M. Carsharing mit selbst fahrenden Autos: Daimler eifert Google nach. Spiegel Online http://www.spiegel.de/auto/aktuell/daimler-autobauer-plant-car-sharing-mit-autonom-fahrenden-smarts-a-980962.html#ref=rss (2014). Last accessed on 30 September 2014
5. Sheller, M.: The Emergence of New Cultures of Mobility: Stability, Openings, and Prospects. In: R. Kemp et al. (eds.) Automobility in transition? A socio-technical analysis of sustainable transport, pp. 180-202. Routledge, London (2011)
6. Gardner, B., Abraham, C.: What drives car use? A grounded theory analysis of commuters' reasons for driving. Transp. Res. Part F: Traff. Psychol. Behav. **10**, 187–200 (2007)
7. Ladd, B.: Autophobia. Love and Hate in the Automotive Age. The University of Chicago Press, Chicago (2008)
8. Miller, D.: Car Cultures. Berg, Oxford / New York (2001)
9. Curtis, C., Low, N.: Institutional Barriers to Sustainable Transport. Ashgate, Farnham (2012)
10. Sandoval. J.S.O., Cervero, R., Landis, J.: The transition from welfare-to-work: How cars and human capital facilitate employment for welfare recipients. Applied Geography **31**, 352-362 (2011)
11. Urry, J.: The 'System' of Automobility. Theory, Culture & Society **21**, 25-39 (2004)
12. Geels, F.: The Dynamics of Transitions in Socio-technical Systems : A Multi-level Analysis of the Transition Pathway from Horse-drawn Carriages to Automobiles. Technology Analysis & Strategic Management **17**, 445-476 (2005)
13. Sheller, M., Urry, J.: The City and the Car. International Journal of Urban and Regional Research **24**, 737-757 (2000)
14. Stotz, G.: The Colonizing Vehicle. In: Miller, D.: Car Cultures, S. 223-244. Berg, Oxford / New York (2001)
15. Sheller, M.: Automotive Emotions: Feeling the Car. Theory, Culture & Society **21**, 221-242 (2004)
16. Dant, T.: The Driver-car. Theory, Culture & Society **21**, 61-79 (2004)
17. Thrift, N.: Driving in the city. Theory, Culture & Society **21**, 41-59 (2004)
18. Bergstad, C.J., Gamble, A., Hagman, O., Polk, M., Gärling, T., Olsson, L.E.: Affective-symbolic and instrumental-independence psychological motives mediating effects of socio-demographic variables on daily car use. Journal of Transport Geography **19**, 33-38 (2011)
19. Williams, A.M., Shaw, G.: Future play: tourism, recreation and land use. Land Use Policy **265**, 5326-5335 (2009)
20. Macintyre, S., Ellaway, A., Der, G., Ford, G., Hunt, K.: Do housing tenure and car access predict health because they are simply markers of income or self esteem? A Scottish study. Epidemiol Community Health **52**, 657-664 (1998)

21. Brownstone, D., Small, K.A.: Valuing time and reliability: assessing the evidence from road pricing demonstrations. Transp. Res. Part A: Pol. Pract. **39**, 279-293 (2005)
22. Bamberg, S., Ajzen, I., Schmidt, P.: Choice of travel mode in the theory of planned behaviour: the role of past behaviour, habit, and reasoned action. Basic and Applied Social Psychology **25**, 175-188 (2003)
23. Li, Z.L., Hensher, D.A.: Congestion charging and car use: A review of stated preference and opinion studies and market monitoring evidence. Transport Policy **20**, 47-61 (2012)
24. Litman, T.: Built for comfort, not just speed: valuing service quality impacts in transportation planning. Victoria Transport Policy Institute (2008)
25. Newman, P., Kenworthy, J.: Urban Design to Reduce Automobile Dependence. Opolis **2**, 35-52 (2006)
26. Ewing, R.; Cevero, R.: Travel and the built environment. Journal of the American Planning Association **76**, 265-294 (2001)
27. Mokhtarian, P. L., Salomon, L.: How derived is the demand for travel? Some conceptual and measurement considerations. Transport Research Part A **35**, 695-719 (2001)
28. Steg, L., Vlek, C., Slotegraaf, G.: Instrumental-reasoned and symbolic-affective motives for using a motor car. Transportation Research Part F **4**, 151-169 (2001)
29. Steg, L.: Car use: lust and must. Instrumental, symbolic and affective motives for car use. Transportation Research A **39**, 147-162 (2005)
30. Gatersleben, B.: Psychological Motives for Car Use. In: T. Gärling et al. (eds.), Handbook of Sustainable Travel , S. 85-94. Springer, Dodrecht (2013)
31. Gatersleben, B., Uzell, D.: The journey to work: Exploring commuter mood among driver, cyclists, walkers and users of public transport. Environment and Behaviour **39**, 416-431 (2007)
32. Ellaway, A., Macintyre, S., Hiscock, R., Kearns, A.: In the driving seat: psychological benefits from private motor vehicle transport compared to public transport. Transportation Research Part F **6**, 217-231 (2003)
33. Lois, D, López-Sáez, M.: The relationship between instrumental, symbolic and affective factors as predictors of car use. Transportation Research Part A **43**, 790-799 (2009)
34. Steg, L.; Vertoolen, L. G.J.: Affective motives for car use. In: European Transport Conference: Transport, Planning, Policy and Practice, Cambridge, London (1999)
35. Kent, J.: Secured by automobility: why does the private car continue to dominate transport practices? Dissertation, University of New South Wales, Australia (2013)
36. Freudendahl-Pedersen, A.: Mobility in Daily Life – Between Freedom and Unfreedom. Ashgate, Farnham (2009)
37. Laurier, E., Lorimer, H., Brown, B., Jones, O., Juhlin, O., Noble, A., Perry, M., Pica, D., Sormani, P., Strebel, I., Swan, L., Taylor, A., Watts, L., Weilenmann, A.: Driving and `passengering´´: Notes on the ordinary organization of car travel. Mobilities **3**, 1-23 (2008)
38. Schuitema, G., Anable, J., Skippon, S., Kinnear, N.: The role of instrumental, hedonic and symbolic attributes in the intention to adopt electric vehicles. Transportation Research Part A **48**, 39-49 (2013)
39. Freund, P., Martin, G.: The social and material culture of hyperautomobility: "Hyperauto". Bull. Sci. Technol. Soc. **29**, 476-482 (2009)
40. Sheller, M., Urry, J.: The new mobilities paradigm. Environ. Plann. A **38**, 207-226 (2006)
41. Gilroy, P.: Driving While Black. In: Miller, D.: Car Cultures, S. 81-104. Berg, Oxford / New York (2001)
42. Dowling. R.: Cultures of mothering and car use in suburban Sydney: a preliminary investigation. Geoforum **31**, 435-353 (2000)
43. Augé, M.: Non-Places. Introduction to an Anthropology of Supermodernity. Verso, London (1995)

44. Baumann, Z.: 44 Letters from the Liquid Modern World. Polity Press, Cambridge (2010)
45. Laurier, E.: Doing office work on the motorway. Theory, Culture, Society 21, 261-277 (2004)
46. Laurier, E., Dant, T.: What We Do Whilst Driving: Towards the Driverless Car. In: Grieco, M., Urry, J.: Mobilities: New perspectives on transport and society, S. 223-243. Ashgate, New York / London (2012)
47. Mann, E. & Abraham, C.: The role of affect in UK commuters' travel mode choices: An interpretative phenomenological analysis. British Journal of Psychology 97, 155-176 (2006)
48. Jain, J., Lyons, G.: The gift of travel time. Journal of Transport Geography 16, 81–89 (2008)
49. Jones, P., Thoreau, R., Massot, M.-H., Orfeuil, J.-P.: The Impact of Differences in Commuting Duration on Family Travel and Activity Patterns in the London and Paris Regions. In: Grieco, M., Urry, J.: Mobilities: New perspectives on transport and society, S. 179-205. Ashgate, New York / London (2012)
50. Kuhnimhof, T., Zumkeller, D., Chlond, B.: Who Made Peak Car, and How? A Breakdown of Trends over Four Decades in Four Countries. Transport Reviews 33, 325-342 (2013)
51. Kent, J.: Driving to save time or saving time to drive? The enduring appeal of the private car. Transp. Res. Part A. 65, 103-115 (2014)
52. Witt, H.: Introspektion. In: Mey, G., Mruck, K. Handbuch Qualitative Forschung in der Psychologie, S. 491-505. VS Verlag für Sozialwissenschaften, Wiesbaden (2010)
53. Kleining, G.: Lehrbuch Entdeckende Sozialforschung. Von der Hermeneutik zur qualitativen Heuristik. Psychologie Verlags Union, Weinheim (1995)
54. Bohnsack, R., Marotzki, W., Meuser, M. (eds.): Hauptbegriffe Qualitativer Sozialforschung. Barbara Budrich, Opladen & Farmington Hills (2011)
55. Continental AG: Continental Mobilitätsstudie. http://www.continental-corporation.com/www/download/presseportal_com_de/allgemein/automatisiertes_fahren_de/ov_mobilitaetsstudie_2013/download_channel/praes_mobilitaetsstudie_de.pdf (2013) Last accessed on 30 September 2014
56. AutoScout24 GmbH: Unser Auto von morgen 2013/14 http://ww2.autoscout24.de/special/unserauto-von-morgen–2013-14/was-wuenschen-sichdie-europaeer-vom-auto-von-morgen/4319/392974/ (2013) Last accessed on 30 September 2014
57. AutoScout24 GmbH: Unser Auto von morgen. Studie zu den Wünschen der Europäer an das Auto von morgen https://about.autoscout24.com/de-de/au-press/2012_as24_studie_auto_v_morgen_en.pdf (2012) Last accessed on 30 September 2014
58. Bohnsack, R., Nentwig-Gesemann, I., Nohl, A.: Dokumentarische Methode und ihre Forschungspraxi. VS Verlag für Sozialwissenschaften, Wiesbaden (2013)
59. Urry, J.: Climate change, travel and complex futures. The British Journal of Sociology 59, 261-279 (2008)

第32章 自动驾驶技术的消费者认知：对使用案例和品牌战略的考察

David M. Woisetschläger

32.1 简介

在信息技术快速发展的推动下[10,11]，自动驾驶车辆成了21世纪汽车行业的主要发展项目。自动驾驶领域的技术创新有望为汽车制造商的财务基线做出积极贡献[46]。自动驾驶相关部件作为辅助设备的集成增加了每辆汽车销售的利润。此外，自动化的移动功能为新的商业模式奠定了基础，例如高精度的导航服务。虽然行业专家预计直到21世纪中叶全自动化汽车才将提供给大众市场[42,45]，如今汽车制造商已经开始引入一些支持功能，如变道辅助和防撞系统[43,50,64,66]。市场预测表明客户对使用自动驾驶车辆普遍持开放的态度[51]。除了汽车制造商和供应商，一些科技公司如谷歌也希望能够把握自动驾驶技术的潜力[36,37,43]。

技术公司作为竞争对手的出现对于现有的汽车制造商构成了威胁[58]，因为自动驾驶功能需要不同的组织能力，如信息技术和更快的创新周期，而这些通常正是技术公司的优势，例如苹果或谷歌。最近的行业报告显示，谷歌作为新的市场参与者，迄今为止是与自动驾驶车辆相关联最多的品牌[37]。此外，在对消费者的调查中，技术公司尚未量产的汽车与现有汽车制造商的汽车受到了相似的关注度[37]。因此，一方面现有的汽车制造商需要担心他们目前的市场地位如何能够抵御潜在的新进入者。另一方面，与技术公司的合作可以帮助汽车制造商将自身品牌与竞争对手区分开来，尤其是如果合作伙伴是有选择性的或独家的，例如奥迪与苹果在这个方向的合作关系。

同时，作为一个关键的成功因素，品牌的作用在许多情况下受到了质疑。更确切地说，最近在汽车领域与品牌普遍较高的相关性遭到质疑。一些研究表明，汽车相对于智能手机等其他产品的作用越来越小，至少对于年轻的客户群体来说是这样[12]。基于接入的移动系统例如共享汽车的出现和日益普及意味着汽车实用化的趋势[57]。相比之下，一些导致汽车与品牌高度相关的因素仍然存在，不论随着时间的推移，产品类别的偏好等级发生何种潜在变化。这是因为当购买或使用情景与高风险、信息不对称和象征意义相关联时，品牌作为采购的影响变量通常被认为具有很高的相关性[34]。

现有文献提供了消费品的综合模型，对品牌作为采购行为预测的相对重要性进行评估。在高科技产品的特殊背景下，对品牌知识的作用理解是有限的。同样地，关于替代品牌策略的影响已经有了广泛的研究，关于品牌延伸（例如新式服务）或品牌联盟（例如文献［68］）以及对新产品的介绍如何影响母品牌的认知（例如文献［2］）。然而，对自动驾驶技术一类的高科技产品的考察尚未完成。

在此背景下，首先，本章通过开发一个概念框架来描述自动化汽车背景下消费者接受度与品牌化的结果。第二，本章研究了汽车制造商和技术品牌在接受自动驾驶技术和基于这些技术的服务的重要性。第三，对在品牌联盟中引入这些技术的效果进行了评估。第四，本章概述了潜在客户对不同用例的看法。基于这些实证研究的结果，推断出对理论和管理实践的影响。

32.2 理论背景

32.2.1 科技中介服务、服务机器人和消费者意向

我们主要对辅助驾驶和自动驾驶的新兴现象从技术、法律、政治和伦理角度进行研究（例如文献［5，7，14，26-28，30，35，41，48，52，55，62］）。自动驾驶被定义为将车辆控制从驾驶员向车辆的转变[63]，而自动化程度取决于车辆自动化水平。美国国家公路交通安全管理局（NHTSA）根据驾驶员与车辆控制的比例确定了车辆自动化的五个级别。在最高的级别下，车辆执行所有安全关键的驾驶功能，并监视整个行程的道路状况，使驾驶员与所有职责脱离[63]。最高等级的全面自动化驾驶的前景在商业潜力、安全和交通管理方面被认为是前途无量的[21]。因此，汽车制造商以及苹果或谷歌一类的技术公司正在投资以协助自动驾驶技术的不断进步。虽然从消费者的角度来看这一发展趋势似乎是很有前景的，但一方面，一些文献表明消费者对自动驾驶技术持有强烈的反对意见[25]。

虽然明确地关注消费者对自动驾驶技术看法的研究文献相对较少（例如文献［51］），但是在其他一些文章的上下文中，例如对自助服务技术以及服务机器人的研究，指出了有关向消费者推广技术过程中潜在的利益与问题。

消费者对技术创新接受度的研究基于技术接受模型及其后续变型和推广[8,15-17,47,60,65,67]，消费者接受度及其后续行为的前因变量被概念化为四个不同的因素。第一个因素是性能预期，指技术的感知价值。第二个是易用预期，被定义为借助于系统的方便程度[65]。第三，社会影响会左右个人对使用新科技的主观观

念，同时影响消费者对采用新技术的接受度。第四，基础设施建设或资金支持等促进条件有助于消费者的接受。消费者接受技术创新和技术辅助服务环节中最关键的因素之一就是控制感。即使在智能互动或远程服务这类有限与间接的人际交互环境，控制感的减少也对消费者接受度产生了负面作用[70,71]。此外，消费者对技术辅助服务的信任十分严格，特别是当这类服务被认为有风险时[69,70]。总而言之，对技术接受度和技术辅助服务研究已经确定了感知价值、易用性、社会影响、促进条件等的重要性。而信任度是关键的先决条件。

与一般的技术接受度和技术辅助服务的研究相反，对服务机器人的消费者认知的研究仍处于初级阶段。这部分的研究背景主要集中于智能家居环境（例如文献[31，49]）和医疗设备（例如文献[38]）中的机器人。研究表明，人们倾向于机器人作为值得信赖和可控的辅助角色，而非自主执行者[23]。同样地，对机器同伴的研究表明，人们主要将机器人视为助理与服务设备，只有少部分被调查者表示他们会将机器人视为同事或朋友[18]。这一部分研究建议机器人的角色、外观和行为方式应该更好地与人类契合[9]。这些研究结果指出了自动驾驶机器人应如何与驾驶员建立关系[54]。

人机交互的一个核心议题是消费者的感观自主权[4,29]。虽然一些研究已经直接或间接地处理了消费者自主性的作用，但考虑到消费者对自动化技术接受度这个问题的关键性，现有的研究的背景可能并不完全。限制或去除驾驶员的自主权可能会导致感官抵抗，即消费者的消极心理和对立的行为反应，作为对个人限制自由的回应[6,44]。自动驾驶系统可能被认为是对驾驶员自主权的威胁，从而出现消费者群体中抵制与低的使用率。目前尚不清楚消费者是否愿意接受控制感的损失[56]。

在下一小节中，将会对基于消费者的自动驾驶技术研究结果进行简要总结。

32.2.2 自动驾驶技术的消费者接受度研究

只有相当少的领域特定研究明确关注消费者对自动驾驶系统的看法。由于消费者对自动驾驶技术的了解很少，最近的一项研究分析了德国和美国读者关于自动驾驶的15篇不同报道的评论[25]。他们的结果为灵活性和舒适性的隐含价值定位以及有关自动驾驶技术安全性和可靠性的评论提供了证据。美国读者的评论尤其表明对限制自由的消极反应，体现了消费者自主权在自动驾驶技术接受度问题中的高度相关性。

第二项研究的重点是自动化医疗诊断系统和自动驾驶，为突出品牌作为风险降低机制的重要作用提供了描述性的证据[13]。在另一项由若干来自汽车制造商、公共机构、科研团队和环境团体的专家负责的研究中，展示了未来交通流动性的四种不同情景[19]。这其中有两种与自动驾驶有关，并区分了私有和共享的自动化车辆。相对于现状来说，这两种情景在个人使用性能上都表现较差，不过在系统整体上则具有优势。

在一项量化使用和购买意向对心理前因影响的研究中，421名法国消费者普遍有积极的使用意向[51]。研究结果表明，对自动驾驶的看法产生重要积极影响的是在寻求使用意图中的可接受性和感觉（即新颖性）。此外，研究同时发现性别因素的影响，男性的使用意向较高。后一种影响因素符合现有的技术文献，通常认为男性消费者更有可能成为早期使用者。

本研究试图基于这些发现概念化一个模型，该模型考虑了本节讨论的关键变量，品牌的作用以及自动驾驶的不同使用案例。在下一节中，将讨论品牌权益，品牌联盟和不同使用案例对购买意向的影响。

32.3　概念模型

32.3.1　品牌权益、自动化汽车的接受者和购买意向

品牌权益（Brand Equity，BE）被定义为品牌赋予产品的附加价值[20]，被视为商业实践和学术研究的重要概念。公司可以通过成功的品牌获得竞争优势，因为品牌能够提供差异化的机会，增加客户忠诚度以及获得溢价的可能性[39]。强大的品牌特征在于消费者对这些品牌了解程度的显著差异。Keller的研究[33]表明，基于消费者的品牌知识包括品牌意识和品牌形象两个维度。品牌意识指的是品牌在记忆中的实力，以及在各种条件中品牌被意识或回忆起的可能性和容易性[59]。品牌形象被定义为在消费者记忆中的品牌联想影响下所反映的品牌观念[33]。品牌形象的优越性、实力和独特性使得品牌在消费者心目中有战略上的分化和定位。

品牌权益被发现与客户忠诚度和支付意愿呈正相关。虽然强大的品牌通常有助于产品和服务的营销，品牌的重要性在不同的行业领域中并不相等，而在汽车营销中品牌有很高的作用[22]。品牌化的相关性强烈依赖于品牌作为风险降低因素的功能、其提高信息效率的功能及其象征价值。由于购买新车是一项重大的决定，涉及相对高额的支出和广泛的信息收集，强势品牌可以促进采购过程。

除了在自动驾驶背景中强大品牌具有风险降低效应的少量实证证据[13]，上述品牌功能应与消费者对自动驾驶系统的接受度成正相关。具有自动驾驶技术知识和经验的消费者十分稀少。结合自动驾驶功能的额外成本，消费者有可能认为做出购买决定是具有风险的。强大的品牌可以有效地减少这种风险看法。

在区分强弱汽车和技术品牌之外，根据上述文献的描述，为引入相应的自动驾驶系统，对几个额外的前提也进行了考虑。更准确地说，功能性信任、系统的感观便利性、价格价值比和系统的象征价值影响着消费者购买意图的强弱。这些因素很可能受到消费者对系统安全性的认识、感观主动性、隐私权限以及品牌观念的影响。

为了控制独立于上述情景在消费者层面的差异，下文对采取产品创新、自主权

偏好和品牌占有欲的个人亲和力进行了分析。

32.3.2 自动驾驶汽车的品牌联盟与购买意向

除了在单一汽车制造商或科技公司的品牌下引入自动驾驶系统，品牌联盟也是另一个考虑的选择。品牌联盟在各个行业中越来越频繁[40]。在品牌联盟研究中最重要的发现之一是，不知名或发展不顺的品牌可以从加入知名和业绩良好品牌的联盟中获益[53,61]。品牌联盟由至少两个品牌实体组成。品牌联盟可以分为水平和垂直两种类型[1]。垂直品牌盟友在价值链中扮演着不同的角色（例如英特尔作为供应商而戴尔作为制造商），而水平品牌盟友属于同一行业或类似产品类别（例如Häagen-Dazs 和 Baileys）。对于当前的研究，汽车品牌和技术公司之间的垂直品牌联盟逐渐成为现实的情景，越来越多的汽车制造商和技术公司之间的联盟已经在媒体上宣布[32,37]。购买意向的差异取决于强弱汽车制造商品牌与强大技术公司的品牌联盟的存在与否。

32.3.3 自动驾驶的使用案例及其对采购意向的影响

如上所述，美国国家公路交通安全管理局（NHTSA）根据驾驶员与车辆控制的比例确定了车辆自动化的5个级别[63]。为了评估购买意向的潜在差异，考虑了与完全驾驶自动化的第四级自动驾驶的不同用例。具体来说，第一项研究向受试者提供了具有驾驶员扩展可用性的州际驾驶。第二项研究通过考虑品牌联盟来扩展研究1，而在研究3中引入了另外两个用例。第二个用例是自动代客泊车，反映了较低的个人身体风险和较低水平的个人自主权损失。第三个用例是 NHTSA 列出的第五个等级，并暂停驾驶员的驾驶。实验车辆是按需车辆。预计对第三种用例的研究是最为关键的评估，因为它可能涉及更高水平的个人身体风险和个人自主权的限制。

32.4 样本说明

拟建模型被划分为三个研究，并通过对一个在线面板供应商成员中的在线消费者的调查进行测试。调查样本根据持有有效驾驶执照、拥有汽车以及德国在18~70岁之间人口性别和年龄的可比较性的要求进行选择。在操纵实验车辆之前，受访者被询问他们主要使用的汽车品牌与型号。此外，他们需要回答对汽车的总体依赖度，以及对实验场景中使用的品牌的熟悉程度和看法。此后每个受访者被随机分配到一个单独的情景。在前两项研究中，州际驾驶被视为自动驾驶系统的主要特点。研究3则明确地研究消费者如何看待替代用例（自动代客泊车与专车服务）。在完成其中一种情景之后，受访者被要求指出对可选自动驾驶系统的购买意向。接下来，他们被要求评估几个假设中与州际驾驶的购买意图有正相关或负相关的因素。调查根据操控检验、受访者驾驶能力的自我评估、压力感知、交通安全的主观感受以及受访者的社会经济特征得出结论。最终样本包含545个答复。55.2%的受访者为男性，受访者平均年龄为42.83岁（标准偏差（SD）= 12.62岁）。

32.5 研究1

32.5.1 研究设计、数据采集和检测方法

第一项研究尝试使用一种实验设计来测试品牌权益对消费者接受度的影响，要求受访者阅读虚构的新闻稿，其中包含了具有驾驶员扩展可用性的州际驾驶的公告。为了隔离品牌权益差异的潜在影响（即强弱品牌）和行为者的信誉潜在差异（即汽车公司与新的市场参与者），研究为不同受访者设计了不同的新闻稿。研究构建了一个2×2的实验设计，其中不同的情景仅在所选品牌方面存在差异，而其他一切都保持恒定。图32.1展示了研究1中使用的新闻稿。

| News | Automobile Sector | Newsflash |
June 8th 2014
09:45 MESZ
[Brand] presents automated driving on highways – market launch by the middle of 2015

Berlin (dpa). As **[brand]** announced today, an optional module named ADX ("Automated Driving Experience") will be offered in the course of the yearly car updates by the middle of 2015. The module will be offered for all car models of **[brand]** and allows fully automated driving on all German highways.

The driver can activate the ADX system on the highway with a simple push of a button. The ADX is linked to the navigation system and takes over any preset target. **All driving functions will be taken over by ADX at a manually adjustable speed up to 160 km/h.** "The driver becomes a passenger and can use the time to relax or for work," said Herbert Mueller, chairman of **[brand]**. Nevertheless, the driver can intervene at any time and take-over the control from the system. Prior to reaching the last exit before the target destination, an acoustic signal indicates the driver to take over control. The engineers of **[brand]** have also thought about the fact that drivers could fall asleep. If no reaction is monitored by the system after prompting twice, the car will pass the exit and drive automatically to the next rest area, where the car will be safely parked.

ADX will be available by the **middle of 2015** as optional component **for all car models of [brand]** for a **price of €3,500.** "By introducing automated driving on highways, **[brand]** provides a valuable contribution to the increase of safety on German streets," the car-manager pointed out.

图32.1 研究1使用的虚拟新闻稿 图片版权：作者版权

共有239名受访者参加了调查1。参与者大致平均分配到两个附加场景中。单元大小范围为49~65个受试者，并且在单元中没有年龄和性别分布的差异。为了检验受访者是否对品牌权益的不同等级和从业者能力有差异性的看法，研究进行了操控检验。为了检查受访者是否对品牌有不同的认知，品牌观念被设定为操控检验变量。品牌观念反映了品牌及其相关产品的优势和实力，是品牌权益的两个维度之一。由于汽车品牌在品牌知名度（回忆或认出）得分方面表现良好，品牌观念是

衡量品牌权益差异的一个更为可靠的变量。品牌观念以三个项目进行衡量，分别为品牌的支持度、喜爱度和表现力。结果显示，在强［平均值（MV）=5.40；标准偏差（SD）=1.44］和弱（MV=4.55；SD=1.55）汽车制造商品牌（$p<0.05$）以及强（MV=5.54；SD=0.99）和弱（MV=3.75；SD=1.79）技术品牌（$p<0.01$）之间存在着显著差异。除了操控检验之外，品牌拥有和个人创新的差异被列为协变量。因变量购买意向以三个项目进行衡量，表明个人购买/考虑特定品牌的汽车或州际驾驶产品（指导价格为3500欧元）的可能性。价格的设定依据辅助驾驶组合系统的当前价格。检查规模显示出良好的信度（克朗巴哈系数 $\alpha=0.94$）。

为了解释购买意向不同等级的原因，对几个被推荐的驱动程序和障碍在感官等级进行了判断。受访者被要求评估系统的建议值（即方便性）。此外，功能性信任、价格价值比和声望被列为评价因子。这些因子受到自主权认知、自主权偏好、隐私关注、安全性、保障性和品牌观念的影响。该模型还控制品牌拥有变量，以及受访者是否认为自己是早期或晚期的创新接受者。验证性因子分析（CFA）的结果表明有效和可靠的检查规模。此外，调查还评估了模型的判别效度[24]。每个模型的平均方差提取值（AVE）超过了所有其他模型。因此，我们认为本研究中的措施具有足够的可靠性和有效性。研究内容和评价项足够满足研究要求。

32.5.2 研究结果

平均来说，对购买可选的具有驾驶员扩展可用性的州际驾驶的意图被评估为适度的（MV=3.30；SD=1.81），这一发现符合对创新型技术的接受度。在面对四种情景之一的239名受访者中，共有17.2%的受访者表示对自动驾驶系统有高或非常高的购买意向。然而，超过三分之一的受访者（39.1%）表示，他们（非常）不太可能在不久的将来采用这种系统。这些研究结果表明，早期汽车制造商占有巨大的市场份额，同时也体现了新技术接受度的问题。因此，下一步将评估这些发现是否会因供应商的品牌权益和行业类别有所差异。

研究通过进行方差分析（ANOVA）来检验假设效果。方差分析的结果显示，品牌权益（$p<0.01$）有着显著的主要影响，而企业的行业类别（即汽车制造商还是科技公司）的影响并不重要。此外，个体的综合创新能力和拥有汽车与否的差异也很大程度上影响着购买意向水平。对购买意向的操控检验效果如图32.2所示。

研究结果表明，购买意向受到品牌权益的影响，不论是汽车制造商还是科技公司。强势的汽车品牌（MV=3.67；SD=1.91）和强势的科技品牌（MV=3.63；SD=1.70）价值水平相当。同样地，相对较弱的汽车品牌（MV=2.94；SD=1.81）和较弱科技品牌（MV=2.88；SD=1.82）的购买意向差异也不大。

为了阐释购买意向前因变量的相对影响，研究建立了一个结构方程模型。结果表明，功能性信任是与购买意向最相关的驱动因素（$\beta=0.432$，$p<0.01$），其次是所描述的州际驾驶产品直观的便利性（$\beta=0.237$，$p<0.01$）。其他因子同样值

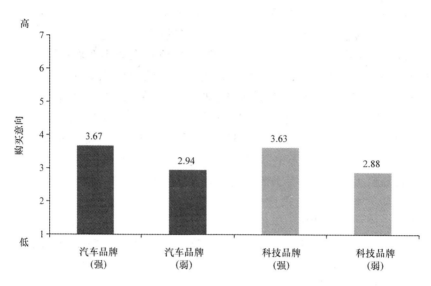

图 32.2　对不同品牌的州际驾驶产品的购买意向　图片版权：作者版权

得注意，但重要性较低（价格价值比 $\beta = 0.124$，$p < 0.05$；象征价值 $\beta = 0.117$，$p < 0.05$；综合创新亲和力 $\beta = 0.169$，$p < 0.01$）。这些因素构成了总共 67.9% 的购买意向差异。

功能性信任受到安全性和保障性（$\beta = 0.383$，$p < 0.01$）、自主权认知（$\beta = 0.327$，$p < 0.01$）、综合创新亲和力（$\beta = 0.163$，$p < 0.01$）和品牌观念（$\beta = 0.130$，$p < 0.01$）的显著正向影响。自主权偏好与购买意向呈显著负相关（$\beta = -0.138$，$p < 0.01$）。与预期相反，隐私关注方面的差异对购买意图没有明显的关系（$\beta = 0.012$，$p > 0.1$）。这些因素构成了总共 71.8% 的功能性信任差异。州际驾驶的关键价值定位与受访者的自主权认知有正相关性（$\beta = 0.598$，$p < 0.01$），而与自主权偏好则为负相关（$\beta = -0.298$，$p < 0.01$）。品牌态度（$\beta = 0.238$，$p < 0.01$）与便利性感知呈正相关，而其他所有因素没有明显相关性。上述前因变量构成了 63.3% 便利性方面的差异。类似地，价格价值比受到自主权（$\beta = 0.450$，$p < 0.01$）和自主权偏好（$\beta = -0.122$，$p < 0.05$）的强烈影响。此外，创新型消费者更积极地评估价格价值比（$\beta = 0.241$，$p < 0.01$）。品牌态度也与价格价值比观念相关（$\beta = 0.131$，$p < 0.05$）。该模型反映了 42.8% 价格价值比方面的差异。象征价值受品牌观念差异的显著影响（$\beta = 0.575$，$p < 0.01$），构成了总体差异的 33.1%。

第一项研究的结果提供了对具有驾驶员扩展可用性的州际驾驶产品购买意向的相关见解。在便利性之前，功能性信任被视为影响系统认知的最关键因素。除了提升中心价值定位（即便利值），市场经理应强调对安全性、保护性和自主权的看法，因为这些变量与关键的结果变量即购买意向间接相关。强大的品牌可以促进在高速公路上采用自动驾驶因为品牌观念的差异与象征价值、价格价值观、便利性和功能性信任呈正相关。如图 32.2 所示，受访者一般并未区分汽车和科技品牌，而是区分强弱品牌。因此，强势科技品牌，例如苹果或谷歌，可能会严重冲击已有厂商的地位，特别是品牌不佳的厂商。因此，研究 2 分析了一个弱势（强势）汽车品牌是否可以通过与强势科技品牌建立品牌联盟而获益。

32.6 研究 2

32.6.1 研究设计、数据采集和检测方法

第二项研究试图测试当自动驾驶系统是由 OEM 和技术合作伙伴构成的品牌联盟提供时，消费者的接受程度是否有所不同。这部分研究将品牌联盟设置的结果与研究 1 中单一品牌战略的结果进行比较。与研究 1 类似，每个受访者接触两个附加场景之一，并阅读虚构的新闻稿，其中包含了具有驾驶员扩展可用性的跨州领航的公告。新闻稿将第二个品牌名称添加到标题中并将两个品牌名称整合到文本中。

拟建的模型通过对一个在线座谈小组的会员进行消费者调查。研究使用与上述研究 1 相同的样本选择标准、调查采用相同的结构。

在第一项研究的参与者之外，92 位受访者参加了研究 2 的调查。参与者大致平均地分配到两个附加场景中。单元大小范围为 45~47 个受访者，并且在单元中没有年龄和性别分布的差异。对品牌观念的操控检验显示，强势的汽车品牌（MV = 5.35；SD = 1.62）与弱势汽车品牌（MV = 4.74；SD = 1.49）之间存在显著差异（$p < 0.01$）。此外，在品牌联盟方案中使用技术品牌的评价明显优于弱势汽车品牌，而与强势汽车品牌的差别不大（MV = 5.50；SD = 1.01）。

与研究 1 类似，购买意向从三个方面进行测量，并且包括相同的协变量。结构模型也被复制，以便确定构成购买意向差异的可能解释变量。研究内容有足够有效和可靠的规模。

32.6.2 研究结果

研究通过进行方差分析（ANOVA）来检验假设效果。方差分析的结果显示，联合品牌（$p < 0.01$）对购买意向有着显著的主要影响，而创新亲和力同样有重要作用。结果表明联合品牌对购买意向有显著的负面影响。强势汽车品牌的因变量从 3.67 降至 2.67（SD = 1.93），而弱势汽车品牌的因变量从 3.01 降至 2.78（SD = 1.80）。操控检验的结果与预期相反。至少对于弱势的汽车品牌，与更具吸引力的技术品牌进行联系的积极作用本应是合理的。为了分析观测到的效应的潜在解释，研究设计了一个结构方程模型。结果与研究 1 中的模型有显著差异。详细来说，在汽车品牌与技术品牌之间进行品牌联盟的情况下，功能性信任对购买意图起着更重

要的作用（$\beta = 0.747$，$p < 0.01$）。价格价值比对购买意向也有显著影响（$\beta = 0.180$，$p < 0.01$），而其余的直接影响因素均不显著。另外，在品牌联盟环境中安全性和保障性对功能性信任的影响较大（$\beta = 0.550$，$p < 0.01$）。自主权认知对功能性信任也有显著但相对较小的影响（$\beta = 0.208$，$p < 0.05$）。

这些研究结果表明，消费者对自动驾驶系统的评估并没有通过与技术品牌相结合的战略得以提升，即使技术品牌相对于汽车品牌进行了相似或更好的评估。相反，消费者基于整体的可靠度来形成他们的购买意图，并主要受到对安全性、保障性以及自主权认知的影响。在强势汽车品牌的情景中，自动驾驶系统的安全性和保障性在与技术品牌相关联的品牌联盟中（$MV = 4.15$；$SD = 1.82$）相对于单一品牌策略（$MV = 4.94$；$SD = 1.65$）呈现显著负面作用（$p < 0.05$）。而对于弱势汽车品牌，这种效果是微不足道的。总体而言，研究2的结果表明，汽车制造商和技术公司例如苹果或谷歌，需要强调潜在品牌联盟的具体优势。消费者认为这样的伙伴关系风险较高，而功能性信任是采用自动驾驶系统的先决条件。

为了测试这些研究结果的普遍性，研究3使用两个自动驾驶的替代用例来重复研究2。

32.7 研究3

32.7.1 研究设计，数据采集和检测方法

研究3试图衡量自动驾驶替代方案的差异效应，每种方案都分别使用弱势与强势的品牌。除了在研究1、2中使用的具有驾驶员扩展可用性的州际驾驶之外，还设计了反映低水平个人风险（自动代客泊车）和高水平个人风险（专车服务）的两种场景。表32.1展示了研究3中使用的用例说明。

一个强势与一个弱势的OEM品牌被用作单一品牌，并为各自的额外用例构成了两种新情景。与研究1和研究2类似，每个受访者都接触到四个附加情景之一，并被要求阅读一个虚构的新闻稿，其中包含自动代客泊车或专车服务的公告。

表32.1 研究3中使用的用例说明

用例2：完全自动化汽车，低的个人风险（自动代客泊车）	用例3：完全自动化汽车，高的个人风险（专车服务）
［品牌名］将在2015年年中之前推出全自动化停车系统	［品牌名］将在2015年年中之前推出全自动化驾驶系统
德新社柏林电讯。［品牌名］今日宣布，一个名为APT（"自动停车技术"）的可选模块将在2015年年中的汽车升级之前完成。该模块将提供给所有［品牌名］的汽车型号，并将允许全自动停车	德新社柏林电讯。［品牌名］今日宣布，一个名为ADX（"自动驾驶机器人"）的可选模块将在2015年年中的汽车升级之前完成。该模块将提供给所有［品牌名］的汽车型号，并将允许在德国所有道路上的全自动驾驶

(续)

驾驶员可以仅仅将车停在目标目的地，并通过智能手机激活 APT 系统。APT 将独立地在半径 5km 范围内搜索免费停车位。所有驾驶功能将由 APT 以最高 30km/h 的手动可调速度接管。[品牌名]董事长赫伯特·穆勒（Herbert Mueller）表示："驾驶员可以直接到达市中心的目标，汽车自身将负责停车任务。经过一个商业活动或参观剧院之后，汽车可通过智能手机起动并行驶到任何位置。在整个过程中，汽车对于第三方一直是锁定的，并且得到警方的豁免"	乘客与汽车之间的通信由导航系统实现。在进入目标目的地之后，汽车由系统自动驱动，不允许乘客进行转向动作。乘客只能修改目标目的地，而紧急停止功能允许汽车的安全停止和乘客离开。所有驾驶功能将由 ADX 以最高 160km/h 的手动可调速度接管。[品牌名]董事长赫伯特·穆勒（Herbert Mueller）表示："驾驶员将成为乘客，并且可以利用驾驶时间来放松或工作。我们的研究表明，驾驶机器人在危险情况下能够比人类驾驶员做出更可靠的反应。"
APT 将于 2015 年年中进入市场，作为所有[品牌名]汽车型号的可选组件，价格为 3500 欧元。汽车管理人员指出："通过引进全自动停车服务，[品牌名]为降低寻找稀缺的停车位时的压力做出了宝贵的贡献。"	特别是经过一段时间的不活动之后，乘客反应过度的危险将会很高，因此[品牌名]将更多依靠全自动驾驶。虽然如此，[品牌名]的工程师也考虑了紧急情况，乘客随时可以接管，ADR 使汽车接近一个安全停靠点
	ADR 将于 2015 年年中进入市场，作为所有[品牌名]汽车型号的可选组件，价格为 3500 欧元。汽车管理人员指出："通过引入全自动驾驶，[品牌名]为提高德国道路的安全性做出了宝贵的贡献。"

拟建的模型对一个在线座谈小组的成员进行消费者测试调查。研究使用与研究 1 和研究 2 相同的样本选择标准，调查采用相同的结构。

共有 342 位受访者构成了第三次研究的样本。参与者大致均匀分布在 6 个附加场景中（三种用例×强/弱势品牌）。单元大小范围为 45~65 个受访者，并且在单元中没有年龄和性别分布的差异。根据先前的研究，购买意向从三个方面进行测试，并且包括相同的协变量。结构模型也被复制，以便确定构成购买意向差异的可能解释变量。研究内容有足够有效和可靠的规模。

32.7.2 研究结果

相对于研究 1 和研究 2 中使用的具有驾驶员扩展可用性的州际驾驶产品，两个附加用例的结果略有不同。平均而言，购买全自动停车辅助的意向大体相似（MV = 3.59；SD = 1.93），而全自动驾驶机器人则得到了显著较低的评估（MV = 2.97；SD = 1.83）。在 113 名被要求评估全自动停车辅助的受访者中，有 18.6% 的人表示出了非常高或较高的购买意向。这比研究 1 中对州际驾驶表现出（非常）高购买意向的 17.2% 受访者比例略高。38.9% 的受访者表示他们（很可能）拒绝购买自动停车辅助产品，这与研究 1 中怀疑者的比例处于同一水平。正如在购买意向平均值的比较中已经表明的，对全自动驾驶机器人持有（非常）高购买意向的受访者比例较低（10.9%）。在总共 101 名受访者中有近一半的样本表示，他们（非常）不太可能在不久的将来购买这类系统。这些调查结果表明，不同用例也会引起购买意向的差异。在下一步工作中，利用 ANOVA 评估不同案例和品牌权益的影响。结果显示，使用案例的不同存在显著的主要影响（$p<0.05$），而品牌权益和相互作用的影响并不明显。

为了分析观测到差异的潜在原因，研究设计了多组结构方程模型。根据各自用例的模型，结果呈现出显著差异。具体来说，在完全自动停车辅助的情景下，功能性信任（$\beta=0.170$，$p<0.1$）和声望（$\beta=0.08$，$p>0.1$）的相对重要性要低得多或不重要。价值价格比的影响稍高（$\beta=0.146$，$p<0.1$），而创新亲和力的影响要低一些（$\beta=0.122$，$p<0.1$）。与购买意向最为相关的驱动因素被认为是感观便利性（$\beta=0.445$，$p<0.01$）。功能信任的形成强烈依赖于对安全性和保障性的评估（$\beta=0.469$，$p<0.01$）和自主权偏好（$\beta=-0.165$，$p<0.1$），而其余前因变量仍然保持相应的效果大小。此外，作为中心价值主张的便利性评估更加强烈地依赖于受访者是否重视从自动停车中获得的自主权（$\beta=0.640$，$p<0.01$），以及受访者是否具有较高的自主权偏好（$\beta=-0.436$，$p<0.01$）。总而言之，成功引进全自动停车辅助主要取决于其便利性。与其他用例相比，对功能性的关注并未起到重要的作用。

购买全自动驾驶机器人的意向在很大程度上取决于功能性信任（$\beta=0.477$，$p<0.01$）。此外，相对于其他两种用例，感官上的象征价值是更为相关的购买意向前提（$\beta=0.254$，$p<0.05$）。对便利性的看法和其余的前因变量相关度较低。对功能性信任的研究结果与另外两种用例不同。功能性信任受到安全性和保障性的影响较弱（$\beta=0.256$，$p<0.05$），而受到自主权认知（$\beta=0.447$，$p<0.01$）和自主权偏好（$\beta=-0.260$，$p<0.01$）的影响较强。便利性感觉的形成较低程度上依赖于自主权认知（$\beta=0.380$，$p<0.01$），而显著依赖于自主权偏好（$\beta=-0.394$，$p<0.01$）。结果体现了强烈的自我选择效应，偏爱高度自主权的消费者将不会购买全自动驾驶机器人，对大多数这类受访者来说全自动驾驶没有吸引力。

32.8 结果讨论与未来研究

这项结论从三项驾驶员对自动驾驶汽车的个人购买意向的实验研究中总结得出。与法国一项研究报告中对使用意向的普遍正面看法[51]相反，目前的分析显示德国人对自动驾驶技术整体持怀疑态度。由于两项研究在所采用的方法和向受访者提供的信息量方面有很大不同，因此并不能在国家层次上解释这种差异。然而，至少六分之一的受访者在能够获取有限信息的情况下，仍然表示非常高或较高的对州际驾驶或自动代客泊车的购买意向。十分之一的受访者甚至考虑对全自动驾驶机器人（专车服务）有高购买意向，即使这将乘客排除在任何驾驶操作之外。这些数字可以与其他在市场引入前衡量技术创新的预期价值的消费者研究相比较。如果描述的系统在引入后被认为是有用和可靠的，接受度预计会随着时间的推移而上升。

第32章 自动驾驶技术的消费者认知：对使用案例和品牌战略的考察

不考虑影响购买水平的心理价值尺度，总体创新亲和力的差异一定程度上解释了消费者考虑购买自动驾驶系统的原因。此外，具有高度自主权偏好的受访者对自动驾驶技术的反应更为负面。在自主权偏好之外，用例产生的自主权认知差异也是影响购买意向的原因。因此，自动驾驶汽车的供应商必须仔细分配目标市场，并为保守的消费者提供非自动驾驶汽车。

表32.2总结了三项研究的其余发现及其结论。

在本研究有一些限制因素，可以作为未来研究的一个方向。首先，本次实证研究是根据年龄和性别分布，以德国人口的代表性样本作为基础进行的。然而受访者被要求表明的购买意向与其目前拥有的汽车品牌无关，而是针对某个特定的品牌。模型中控制了品牌所有和品牌观念引起的潜在差异。而未来的研究应试图将具体的汽车品牌集中在相应的目标群体上，以获得更为实际的结果。第二，实验室实验的性质意味着高度的内在有效性，但外部有效性有限。未来的研究应试图通过使用更现实和生动的交流例如视频刺激，而不是本文中采用的新闻稿，来展示自动驾驶的性质。第三，未来的研究应该考虑消费者如何看待自动驾驶引起的危机事件，以及他们对相关品牌的看法。第四，研究应在其他环境（即国别）中进行重复，以探讨其边界条件。

表32.2 研究结果与结论总结

分析范围	研究结果	研究意义
品牌权益与公司类别	● 购买意向受品牌权益影响，与公司的行业类别无关	● 强大的技术品牌可以拥有相似的接受程度，因此对现有汽车品牌构成威胁
垂向品牌联盟	● 对品牌联盟的负面看法 ● 功能性信任主要受安全性和保障性的影响，解释了对品牌联盟负面看法的原因	● 功能性信任是汽车品牌的核心品牌资产 ● 在进行品牌联盟之前，技术合作伙伴必须优先关注安全性和保障性的影响
用例差异 ● 具有驾驶员扩展可用性的州际驾驶 ● 自动代客泊车 ● 专车服务	● 17.2%考虑度，主要受功能性信任与便利性影响（用例1） ● 18.6%考虑度，主要受便利性影响（用例2） ● 10.9%考虑度，主要受功能性信任与象征价值影响（用例1）	● 需要关注可靠性与实用性 ● 需要宣传从系统得到的收益 ● 可靠性与安全性是主要障碍，建议宣传象征价值

应用许可

本章根据知识共享署名4.0国际许可（http://creativecommons.org/licenses/by/4.0/）的条款进行分发，允许通过任何媒介或格式使用、复制、改编、分发和再创作，只要您对原始作者和来源给予适当的说明，提供知识共享许可链接，并指出所做的任何更改。

本章中的图片或其他第三方材料均包含在作品的创作共享许可中，除非在来源中另有说明；如果这些材料不包括在作品的知识共享许可中，并且法律规定不允许相应的操作，那么用户需要获得许可证持有者的许可才可以复制、改编或再创作材料。

参 考 文 献

1. Aaker D (1996) Building Strong Brands. New York: Free Press.
2. Albrecht CM, Backhaus C, Gurzki H, Woisetschläger DM (2013) Drivers of Brand Extension Success: What Really Matters for Luxury Brands. Psychology & Marketing 30(8), 647-659.
3. Araujo L, Mason K, Spring M (2012) Self-driving cars: A case study in making new markets, Lancaster University.
4. Arras KO, Cerqui D (2005). Do we want to share our lives and bodies with robots? A 2000 people survey (No. LSA-REPORT-2005-002).
5. Beiker SA (2012) Legal Aspects of Autonomous Driving. Santa Clara L. Rev. 52(4), 1145-1156.
6. Brehm JW, Brehm SS (1981) Psychological reactance: A theory of freedom and control. San Diego, CA: Academic Press.
7. Berger C (2012) From Autonomous Vehicles to Safer Cars: Selected Challenges for the Software Engineering. In Computer Safety, Reliability, and Security. Springer Berlin Heidelberg, 180-189.
8. Bitner MJ, Ostrom AL, Meuter ML (2002) Implementing Successful Self-Service Technologies. The Academy of Management Executive 16(4), 96-108.
9. Broadbent E, Stafford R, MacDonald B (2009) Acceptance of Healthcare Robots for the Older Population: Review and Future Directions. International Journal of Social Robotics 1(4), 319-330.
10. Brynjolfsson E, McAfee A (2012) Winning the Race with Ever-Smarter Machines. MIT Sloan Management Review 53(2), 53-60.
11. Burns LD (2013) Sustainable mobility: A vision of our transport future. Nature 497(7448), 181-182.
12. Cairns S, Harmer C, Hopkin J, Skippon S (2014) Sociological perspectives on travel and mobilities: A review. Transportation research part A: policy and practice 63, 107-117.
13. Carlson MS, Desai M, Drury JL, Kwak H, Yanco HA (2013). Identifying Factors that Influence Trust in Automated Cars and Medical Diagnosis Systems.
14. Chen H, Gong X, HU YF, LIU QF, GAO BZ, GUO HY (2013) Automotive Control: the State of the Art and Perspective. Acta Automatica Sinica 39 (4), 322-346.
15. Curran JM, Meuter ML, Surprenant CF (2003) Intentions to Use Self-Service Technologies: AConfluence of Multiple Attitudes. Journal of Service Research 5 (3), 209-224.
16. Curran JM, Meuter ML (2005) Self-service technology adoption: comparing three technologies. Journal of Services Marketing 19(2), 103-113.
17. Dabholkar PA, Bagozzi RP (2002) An Attitudinal Model of Technology-Based Self-Service: Moderating Effects of Consumer Traits and Situational Factors. Journal of the Academy of Marketing Science 30(3), 184-201.
18. Dautenhahn K, Woods S, Kaouri C, Walters ML, Koay KL, Werry I (2005) What is a Robot Companion-Friend, Assistant or Butler?. In Intelligent Robots and Systems, 2005 (IROS 2005). 2005 IEEE/RSJ International Conference, 1192-1197.
19. Epprecht N, von Wirth T, Stünzi C, Blumer YB (2014) Anticipating transitions beyond the current mobility regimes: How acceptability matters. Futures 60, 30-40.
20. Farquhar PH (1989) Managing Brand Equity. Marketing Research, 1, 24–33 (September).

21. Fagnant DJ, Kockelman, K (2014) Preparing a Nation for Autonomous Vehicles: Opportunities, Barriers and Policy Recommendations for capitalizing on Self-Driven Vehicles. Transportation Research 20.
22. Fischer M, Hieronymus F, Kranz M (2002) Markenrelevanz in der Unternehmensführung – Messung, Erklärung und empirische Befunde für B2C-Märkte. Arbeitspapier Nr. 1, Marketing Centrum Münster und McKinsey.
23. Flemisch F, Kelsch J, Löper C, Schieben A., Schindler J ,Heesen, M (2008) Cooperative Control and Active Interfaces for Vehicle Assistance and Automation. In FISITA World automotive Congress.
24. Fornell C, Larcker DF (1981) Evaluating structural equation models with unobservable variables and measurement error. Journal of Marketing Research, 18(1), 39–50.
25. Fraedrich E, Lenz B (2014) Automated Driving - Individual and Societal Aspects Entering the Debate. Transportation Research Record: Journal of the Transportation Research Board (TRR). 93nd Annual Meeting Transportation Research Board (TRB), 12.-16. Jan. 2014, Washington D.C.
26. Garza, AP (2011) "Look Ma, No Hands": Wrinkles and Wrecks in the Age of Autonomous Vehicles. New Eng. L. Rev. 46, 581-615.
27. Goodall NJ (2014). Ethical Decision Making During Automated Vehicle Crashes. In TRB Annual Meeting, Washington DC.
28. Goodall NJ (2014) Machine Ethics and Automated Vehicles. Road Vehicle Automation. Springer, 93-102.
29. Heide A, Henning K (2006) The "cognitive car" : A roadmap for research issues in the automotive sector. Annual reviews in control 30(2), 197-203.
30. Hevelke A, Nida-Rümelin J (2014) Responsibility for Crashes of Autonomous Vehicles: An Ethical Analysis. Science and Engineering Ethics, 1-12.
31. Huijnen C, Badii A, van den Heuvel H, Caleb-Solly P, Thiemert D (2011) Maybe it becomes a buddy, but do not call it a robot--seamless cooperation between companion robotics and smart homes. In Ambient Intelligence. Springer Berlin Heidelberg, 324-329.
32. IHS Automotive (2014) Automotive Technology Research. Emerging Technologies, Autonomous Cars - Not if, but when. http://orfe.princeton.edu/~alaink/SmartDrivingCars/PDFs/IHS%20_EmergingTechnologies_AutonomousCars.pdf, last accessed on July 25th 2014.
33. Keller KL (1993) Conceptualizing, measuring, and managing customer-based brand equity. Journal of Marketing 57(1), 1-22.
34. Keller KL (2012) Strategic Brand Management – Building, Measuring, and Managing Brand Equity, 4th revised edition. Prentice Hall, Upper Saddle River, New Jersey.
35. Khan AM, Bacchus A, Erwin S (2012) Policy challenges of increasing automation in driving. IATSS research 35(2), 79-89.
36. KPMG (2012) Self-Driving Cars-The next revolution. http://www.kpmg.com/US/en/IssuesAndInsights/ArticlesPublications/Documents/self-driving-cars-next-revolution.pdf, last accessed on July 25th 2014.
37. KPMG (2013) Self-Driving Cars-Are We Ready? http://www.kpmg.com/US/en/IssuesAndInsights/ArticlesPublications/Documents/self-driving-cars-are-we-ready.pdf, last accessed on July 25th 2014.
38. Kuo IH, Rabindran JM, Broadbent E, Lee YI, Kerse N, Stafford RMQ, MacDonald BA (2009) Age and gender factors in user acceptance of healthcare robots. In Robot and Human Interactive Communication, 2009. The 18th IEEE International Symposium. Toyama, Japan, 214-219.
39. Lassar W, Mittal B, Sharma A (1995) Measuring customer-based brand equity. Journal of consumer marketing 12 (4), 11-19.
40. Levin IP, Levin, AM (2000) Modeling the Role of Brand Alliances in the Assimilation of Product Evaluations. Journal of Consumer Psychology 9 (1), 43-52.

41. Lin TW, Hwang SL, Green PA (2009) Effects of time-gap settings of adaptive cruise control (ACC) on driving performance and subjective acceptance in a bus driving simulator. Safety Science 47(5), 620-625.
42. Litman T (2014) Autonomous Vehicle Implementation Predictions. Implications for Transport Planning.
43. Lutin JM, Kornhauser AL, Lerner-Lam E (2013) The Revolutionary Development of Self-Driving Vehicles and Implications for the Transportation Engineering Profession. ITE Journal 83 (7), 28-32.
44. Maak N (2014) Googles „Self-Driving Car" - In welche Zukunft fahren wir? Unter: http://www.faz.net/aktuell/feuilleton/debatten/googles-self-driving-car-wohin-fahren-wir-13002612.html?printPagedArticle=true#Drucken, last accessed on July 25th 2014.
45. Marchau VAWJ, van der Heijden RECM (1998) Policy aspects of driver support systems implementation: results of an international Delphi study. Transport Policy 5(4), 249-258.
46. Meseko AA (2014) The Influence of Disruptive Innovations in A Cardinally Changing World Economy. Journal of Economics and Sustainable Development 5(4), 24-27.
47. Meuter ML, Ostrom AL, Roundtree RI, Bitner MJ (2000). Self-Service Technologies: Understanding Customer Satisfaction with Technology-Based Service Encounters. Journal of Marketing 64(3), 50-64.
48. Meyer G, Beiker S (2014) Road Vehicle Automation. Heidelberg.
49. Oestreicher L, Eklundh KS (2006) User Expectations on Human-Robot Co-operation. In Robot and Human Interactive Communication, 2006. ROMAN 2006. The 15th IEEE International Symposium, 91-96.
50. Özgüner Ü, Stiller C, Redmill K (2007) Systems for Safety and Autonomous Behavior in Cars: The DARPA Grand Challenge Experience. Proceedings of the IEEE 95(2), 397-412.
51. Payre W, Cestac J, Delhomme P (2014) Intention to use a fully automated car: Attitudes and a priori acceptability. Transportation Research Part F, in press.
52. Rakotonirainy A, Soro A, Schroeter R (2014) Social Car Concepts to Improve Driver Behaviour. Pervasive and Mobile Computing.
53. Rao AR, Qu L, Ruekert, RW (1999) Signaling Unobservable Product Quality Through a Brand Ally. Journal of Marketing Research 36(2), 258-268.
54. Reddy R (1996) The Challenge of Artificial Intelligence. Computer 29 (10), 86-98.
55. Reece DA (1992) Selective Perception for Robot Driving (No. CMU-CS-92-139), Doctoral Thesis in the field of Computer Science, School of Computer Science. Carnegie Mellon University, Pittsburgh.
56. Rupp JD, King AG (2010). Autonomous Driving-A Practical Roadmap (No. 2010-01-2335). SAE Technical Paper.
57. Schaefers T (2013) Exploring Carsharing Usage Motives: A Hierarchical Means-End Chain Analysis. Transportation Research Part A: Policy and Practice 47(1), 69-77.
58. Seidel M, Loch CH, Chahil S (2005) Quo Vadis, Automotive Industry? A Vision of Possible Industry Transformations. European Management Journal 23(4), 439-449.
59. Silverman SN, Sprott DE, Pascal VJ (1999) Relating consumer-based sources of brand equity to market outcomes. Advances in Consumer Research 26, 352-358.
60. Simon F, Usunier JC (2007) Cognitive, demographic, and situational determinants of service customer preference for personnel-in-contact over self-service technology. International Journal of Research in Marketing 24 (2), 163-173.
61. Simonin BL, Ruth JA (1998) Is a Company Known by the Company it Keeps? Assessing the Spillover Effects of Brand Alliances on Consumer Brand Attitudes. Journal of Marketing Research 35 (1), 30-42.

62. Soriano BC, Dougherty SL, Soublet BG, Triepke KJ (2014) Autonomous Vehicles: A Perspective from the California Department of Motor Vehicles. In Road Vehicle Automation, Springer International Publishing, 15-24.
63. Trimble TE, Bishop R, Morgan JF, Blanco M (2014) Human factors evaluation of level 2 and level 3 automated driving concepts: Past research, state of automation technology, and emerging system concepts. (Report No. DOT HS 812 043). Washington, DC: National Highway Traffic Safety Administration.
64. Vahidi A, Eskandarian A (2003) Research Advances in Intelligent Collision Avoidance and Adaptive Cruise Control. Intelligent Transportation Systems, IEEE Transactions on 4(3), 143-153.
65. Venkatesh V, Morris MG, Davis FD, Davis GB (2003) User Acceptance of Information Technology: Toward a Unified View. MIS Quarterly, 27 (3), 425-478.
66. Wallace R (2013) Self-Driving Cars: The Next Revolution. Global Symposium on Connected Vehicles (5-8 August), Traverse City Michigan USA.
67. Weijters B, Rangarajan D, Falk T, Schillewaert N. (2007) Determinants and Outcomes of Customers' Use of Self-Service Technology in a Retail Setting. Journal of Service Research 10 (1), 3-21.
68. Woisetschläger D, Michaelis M, Backhaus C (2008) The "Dark Side" of Brand Alliances: How the Exit of Alliance Members Affects Consumer Perceptions. Advances in Consumer Research 35, 483-490.
69. Wünderlich N (2010) Acceptance of Remote Services: Perception, Adoption, and Continued Usage in Organizational Settings. Springer-Verlag, Berlin Heidelberg New York.
70. Wünderlich N, Wangenheim F, Bitner MJ (2012) High Tech and High Touch: A Framework for Understanding User Attitudes and Behaviors Related to Smart Interactive Services. Journal of Service Research 16 (1), 3-20.
71. Zhu Z, Nakata C, Sivakumar K, Grewal D (2007) Self-service technology effectiveness: the role of design features and individual traits. Journal of the Academy of Marketing Science 35(4), 492-506.

Translation from the English language edition：
Autonomous Driving：Technical, Legal and Social Aspects
edited by Markus Maurer, J. Christian Gerdes, Barbara Lenz and Hermann Winner
Copyright © Daimler und Benz – Stiftung, Ladenburg 2016
This work is published by Springer Nature
The registered company is Springer – Verlag GmbH Germany
All Rights Reserved

This title is published in China by China Machine Press with license from Springer. This edition is authorized for sale in China only, excluding Hong Kong SAR, Macao SAR and Taiwan. Unauthorized export of this edition is a violation of the Copyright Act. Violation of this Law is subject to Civil and Criminal Penalties.

本书中文简体版由 Springer 授权机械工业出版社在中国境内（不包括香港、澳门特别行政区及台湾地区）出版与发行。未经许可之出口，视为违反著作权法，将受法律之制裁。

版权所有，侵权必究。

北京市版权局著作权合同登记　图字：01-2018-0803。

图书在版编目（CIP）数据

自动驾驶：技术、法规与社会/（德）马库斯·毛雷尔等主编；白杰，黄李波，白静华译．—北京：机械工业出版社，2020.9
（汽车先进技术译丛．智能网联汽车系列）
书名原文：Autonomous Driving: Technical, Legal and Social Aspects
ISBN 978-7-111-65965-5

Ⅰ.①自… Ⅱ.①马… ②白… ③黄… ④白… Ⅲ.①汽车驾驶-自动驾驶系统　Ⅳ.①U463.61

中国版本图书馆 CIP 数据核字（2020）第 113401 号

机械工业出版社（北京市百万庄大街22号　邮政编码100037）
策划编辑：孙　鹏　责任编辑：孙　鹏
责任校对：刘雅娜　封面设计：鞠　杨
责任印制：孙　炜
北京联兴盛业印刷股份有限公司印刷
2021年1月第1版第1次印刷
169mm×239mm·36印张·6插页·743千字
0 001—1 900 册
标准书号：ISBN 978-7-111-65965-5
定价：199.00元

电话服务　　　　　　　　网络服务
客服电话：010-88361066　　机　工　官　网：www.cmpbook.com
　　　　　010-88379833　　机　工　官　博：weibo.com/cmp1952
　　　　　010-68326294　　金　书　网：www.golden-book.com
封底无防伪标均为盗版　　　机工教育服务网：www.cmpedu.com